Die große Enzyklopädie der Wildpflanzen

Die große Enzyklopädie der Wildpflanzen

Text von Zdenka Podhajská und Milan Rivola

KARL MÜLLER VERLAG

Text von Dr. Zdenka Podhajská und Dr. Milan Rivola
Illustrationen von E. Demartini, V. Fišerová, J. Lockerová,
J. Polák, F. Severa, V. Štolfa, D. Toušová, O. Ušák und P. Žilák
Ins Deutsche übertragen von Dr. Lieselotte Teltscherová
Graphische Gestaltung von Eva Adamcová

Bearbeitung: Dr. Peter Titze, Institut für Botanik der Universität
Erlangen/Nürnberg
Redaktion: Wilhelm Kopp
ISBN 3-86070-108-8
Printed in Slovakia by Neografia, Martin
3/19/06/52-01

Inhalt

Einleitung

Die grüne Pflanzenwelt ist allgegenwärtig. Pflanzen findet man in Wäldern, auf Wiesen und Feldern, in menschlichen Siedlungen, selbst in der eigenen Wohnung. Sie wachsen in Gewässern und an ihren Ufern ebenso wie auf dürrem Gelände und auf Felsen, von den Niederungen bis hoch ins Gebirge. Sie wachsen ohne unser Zutun wild und frei oder werden vom Menschen planmäßig gezogen.

Die Pflanzen bilden eine der grundlegenden Voraussetzungen des menschlichen Daseins und des Lebens auf der Erde überhaupt. Seit uralten Zeiten haben sie die Entwicklung der menschlichen Gesellschaft beeinflußt. Ihre Bedeutung für den Menschen kann von verschiedenen Gesichtspunkten gewertet werden.

Vom wirtschaftlichen Standpunkt stellen die Pflanzen vor allem eine Quelle von Nahrungsmitteln und Rohstoffen für die Industrie dar, liefern heilkräftige Drogen und bilden eine reiche Reserve für die Züchtung und Einführung neuer Arten in die Kultur; das betrifft alle Pflanzenarten, denn der Mensch kennt die Natur noch längst nicht zur Gänze.

Von außerordentlicher Bedeutung sind die Pflanzen für die Gestaltung unserer Umwelt; sie besiedeln die verschiedensten Stellen und beeinflussen das Klima und andere Umweltkomponenten. Die wissenschaftliche und kulturelle Bedeutung der Pflanzen gründet sich auf ihren Wert als Beweismittel der Entwicklung des Lebens auf der Erde. Sie werden zum Gegenstand der wissenschaflichen Forschung wie auch der Volkserziehung und Belehrung. Die ästhetische Wirkung der Pflanzen leitet sich vom Gepräge der einzelnen Arten, ihren Formen, Farben und nicht zuletzt von ihrem Duft ab. Sie bereichern die sinnlichen Eindrücke und das Gefühlsleben des Menschen und haben sein künstlerisches Schaffen seit alters angeregt. Die ethische Bedeutung endlich liegt in der Verantwortung des Menschen für das Schicksal jedes Lebewesens, mit dem er auf dem gemeinsamen Planeten zusammenlebt, sie verrät sein Verhältnis zur Natur und ihrem Artenreichtum als Komponente des Kulturlebens.

Bei vielen Pflanzen sind die angeführten Gesichtspunkte miteinander verbunden, ergänzen einander und betonen um so mehr das Grundprinzip des Naturschutzes, die Ausrottung keiner einzigen Pflanzenart zuzulassen. In Wirklichkeit bleibt aber die Praxis weit hinter dieser moralischen und letztendlich auch praktischen Norm zurück. Die Fachleute haben festgestellt, daß die Zahl der Pflanzenarten, besonders in der letzten Zeit, immer rascher abnimmt. Nach den neuesten Angaben sind auf der Erde ca. 25 000 Arten höherer Pflanzen, also ganze 10 Prozent ihrer Gesamtzahl so gefährdet, daß ihr völliges Aussterben in nächster Zeit vorausgesetzt werden kann. Diese Angaben kann jeder bestätigen, der die Natur länger als 30 Jahre beobachtet hat. Eine Reihe von Pflanzen, denen er in seiner Jugend häufig begegnete, ist heute spurlos verschwunden. An ihre Stelle tritt eine artenarme Flora von anderem Aussehen, die sich aus anpassungsfähigen, sich rasch verbreitenden Arten zusammensetzt, die oft aus den verschiedensten Gebieten der Erde eingeschleppt wurden.

Die wichtigste Ursache der Artenabnahme auf der Erde sind die Folgen der Zivilisationsprozesse, die immer intensivere Nutzung der natürlichen Ressourcen durch den Menschen, Anhäufung von schädlichem Abfall, die Verunreinigung von Luft und Wasser, die Regulierung der Wasserläufe, Entwässerung von nassem Gelände, intensive landwirtschaftliche Bewirtschaftung (Chemisierung, Meliorationen und Rekultivierungen), Bautätigkeit aller Art und das Erholungswesen mit dem Bau von Einrichtungen, die damit zusammenhängen. Die Pflanzen verlieren so die ihnen eigenen Umweltbedingungen, die für ihr Leben unumgänglich sind. Die verheerende Wirkung dieser Prozesse ist meist eine Begleiterscheinung von gutgemeinten Plänen, aber um so mehr muß jedes Eingreifen in das natürliche Milieu überlegt werden.

Vorläufig umgibt uns noch eine mannigfaltige, farbenprächtige Pflanzenwelt, die unser Leben voller, schöner und freudiger macht. Die Flora unseres Planeten ist aber bedroht und bedarf dringend unserer Hilfe. Helfen kann jedoch nur derjenige, der das Leben der Pflanzen kennt. Dieses Buch möge Ihr bescheidener Begleiter auf Ihren ersten Schritten auf dem Wege zu dieser Erkenntnis sein.

Die Grundformen des Pflanzenkörpers

Der Körper der höheren Pflanzen ist ein hochorganisiertes Gebilde, das in einzelne, in einem gesetzmäßigen Verhältnis zueinander stehende Organe gegliedert ist. Man unterscheidet Organe, die die Aufrechterhaltung der Lebensfunktionen des Individuums gewährleisten, und solche, die zur Fortpflanzung, zur Erhaltung der Art dienen.

Die Grundorgane der Pflanze sind Wurzel, Sproßachse und Blatt. In der Regel sind sie gesetzmäßig angeordnet (z. B. die Blätter an der Sproßachse, die Seitentriebe in den Blattachseln), aber infolge von äußeren Einflüssen können sie an beliebigen Stellen erscheinen (z. B. Wurzeln auf den Blättern oder Knospen auf den Wurzeln). Es kommt auch häufig vor, daß ein zur Erfüllung einer konkreten Funktion bestimmtes Organ eine andere Aufgabe übernimmt, was eine Veränderung seiner Form und seines Baus zur Folge hat. Nicht selten verkümmern auch manche Organe oder verschwinden vollständig.

Der Körper der Gefäßpflanzen und seine Organe sind selten regelmäßig entwickelt, wie dies z. B. bei den Sporenpflanzen der Fall ist. Es lassen sich bei ihnen höchstens Symmetrieebenen bestimmen. Organe mit einer größeren Anzahl von Symmetrieebenen werden als radialsymmetrisch bezeichnet. Bilateralsymmetrische Organe weisen nur eine Symmetrieebene auf. Es existieren aber auch asymmetrische (unregelmäßige) Organe.

Die **Wurzel** befestigt die Pflanze im Boden und sorgt für die Wasser- und Nährstoffaufnahme. Sie trägt niemals Blätter. Die Wurzelanlage ist schon im Samen vorhanden. Bei der Samenkeimung entwickelt sie sich rasch zur Hauptwurzel, die sich bald in Seitenwurzeln verzweigt. Die Hauptwurzel bleibt oft während des ganzen Lebens der Pflanze bestehen. Sie entwickelt sich zu einer mächtigen Pfahlwurzel oder zu einer verkürzten, verdickten herzförmigen Wurzel.

Außer den Seitenwurzeln können sich an beliebigen Stellen der Pflanze auch Adventivwurzeln entwickeln. Stirbt die Hauptwurzel ab, entsteht aus ihnen eine dichte Büschelwurzel. Auch die sog. Haftwurzeln, die z B. die Efeustämmchen *(Hedera)* an der Unterlage festhalten, sind Adventivwurzeln, ebenso die Wurzeln verschiedener kriechender Pflanzenarten (Erdbeeren – *Fragaria,* Fingerkraut – *Potentilla*).

Die Oberfläche der Wurzeln, besonders ihrer jüngeren Teile, ist mit feinen, dichten Härchen, den sog. Wurzelhaaren besetzt, die die Wurzelfläche erheblich vergrößern und die Wasser- und Nährstoffaufnahme erleichtern.

Die Wurzelform steht mit der Lebensweise der Pflanze in engem Zusammenhang. Einjährige Kräuter haben eine faserige Wurzel, die zusammen mit der ganzen Pflanze abstirbt, mehrjährige weisen dickere, oft verholzte Wurzeln auf, teilweise auch Speicherwurzeln. Nach der Form unterscheidet man z. B. walzenförmige Wurzeln (Meerrettich), spindelförmige (Möhre) oder rübenformige (Rettich). Bei manchen Knollen- und Zwiebelpflanzen oder solchen, die Wurzelstöcke besitzen, entwickeln sich besondere Zugwurzeln, die sich während ihrer Entwicklung stark verkürzen und die ganze Pflanze, besonders ihre unterirdischen Teile, in die Erde ziehen.

Außer ihrer grundlegenden Funktionen, der Befestigung der Pflanzen im Boden und der Wasser- und Nährstoffaufnahme, übernimmt die Wurzel manchmal noch andere Aufgaben. Dadurch ändern sich ihre Form und ihr Bau. Solche modifizierte Wurzeln sind z. B. die Stützwurzeln von Arten, die in lockerem oder weichem Substrat wachsen, die Wurzelranken mancher, vor allem tropischer Lianen, die Luftwurzeln von Epiphyten, die Assimilationswurzeln, die bei manchen Orchideen die Funktion von Blättern übernehmen, wie auch die Wurzeln von Schmarotzern (Mistel – *Viscum*), die dem Saugen von Nährstoffen aus dem Körper der Wirtspflanze angepaßt sind.

Die **Sproßachse** verlängert sich in der Regel an der Spitze und trägt seitlich Blätter. Ihre Form entspricht dem Bau und den Lebensbedingungen der Pflanze. Pflanzen mit einer saftigen Sproß-

Die Grundformen des Pflanzenkörpers

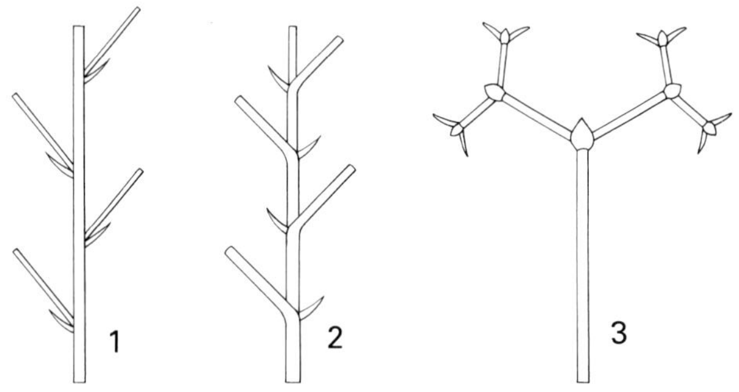

I. Haupttypen der Sproßverzweigung: 1. Monopodiale Verzweigung: aus der Hauptachse entspringen schwächere Seitenzweige. 2. Sympodiale Verzweigung: die Seitenzweige drängen die Hauptachse zur Seite und stellen sich in ihre Richtung ein. 3. Dichotome Verzweigung: die Hauptachse gabelt sich in zwei gleichwertige Tochterachsen.

achse werden Kräuter genannt, und ihre Achse wird als Stengel bezeichnet. Ein unbeblätterter blütentragender Stengel wird Schaft genannt, der hohle, mit Knoten ausgestattete Stengel der Gräser heißt Halm. Bei manchen Pflanzen verholzen die Stengel (Bäume und Sträucher).

Verhältnismäßig wenige Pflanzen weisen einfache, unverzweigte Stengel auf. Gewöhnlich bilden sie Seitenzweige, die sich noch weiter verzweigen können. Bei der Verzweigung entstehen Seitenzweige unter dem Vegetationskegel in der Achsel von Blättern, die Stützblätter genannt werden. Die Seitenzweige sind meist dünner als die Hauptachse und überragen sie nicht. Manchmal entwickeln sie sich aber stärker und werden länger als die Mutterachse; in seltenen Fällen entwickelt sich ein Tochterzweig so stark, daß er den oberen Teil der Mutterachse zur Seite drängt und selbst ihre Richtung einnimmt. Bei einer anderen Verzweigungsart stellt die Mutterachse ihr Wachstum ein und ihr Vegetationskegel teilt sich in zwei gleichwertige Teile, aus denen sich zwei gleichwertige Tochterzweige entwickeln.

Die jungen Seitenzweige erscheinen als Achselknospen, die den Vegetationskegel umschließen. Nach ihrer Stellung unterscheidet man Achselknospen (in den Blattachseln seitlich am Stengel) oder Endknospen (an der Spitze des Stengels). Von diesen normalen Knospen muß man die sog. Adventivknospen unterscheiden, die sich manchmal sekundär an beliebigen Stellen der Pflanze entwickeln. Bei manchen Pflanzen können beide Knospenarten auch zur Fortpflanzung dienen, z. B. die Brutzwiebeln im Blütenstand des Lauchs oder in den Blattachseln der Zwiebelzahnwurz *(Dentaria bulbifera)*.

Die Art der Verzweigung des Stengels und der Knospenbildung sind für eine bestimmte Art charakteristisch und tragen zum typischen Erscheinungsbild (Habitus) der Pflanze bei.

Die wichtigste Funktion des Stengels ist es, die Assimilationsorgane, also die Blätter zu tragen und sie so im Raum zu verteilen, daß Licht und Luft ausreichenden Zugang zu ihnen haben. Erfüllt der Stengel auf Kosten seiner ursprünglichen Funktion noch weitere Aufgaben, verändern sich seine Form und sein Bau. Zu den auffallendsten Modifikationen des Stengels gehören die Kurztriebe, sog. Brachyblasten (blütentragende Zweige der Bäume, kurze Zweige mit Nadelbüscheln bei Nadelgehölzen), Dornen (Schlehe oder Weißdorn), grüne assimilierende, als Phyllokladien bezeichnete Stengel (Spargel), fleischige Stengel der Sukkulenten, die als Assimilationsorgane und zur Wasserspeicherung dienen), Ranken, mit deren Hilfe sich schlaffe Pflanzen an ihrer Stütze festhalten (Weinrebe, Kürbis), Wurzelstöcke, die die Pflanze im Boden verankern, Reservestoffe speichern und zur vegetativen Vermehrung dienen (viele unserer ausdauernden Pflanzen) und Sproßknollen, die Reserveorgane darstellen (Kartoffel, Kohlrabi).

Die **Blätter** sind regelmäßig auf dem Stengel angeordnete Seitenorgane, die meist laubblattförmig ausgebreitet sind und der Assimilation und Atmung der Pflanze dienen. Ein typisch entwickeltes Blatt besteht aus drei Teilen: der flächigen Blattspreite, dem stengelartig verjüngten Blattstiel und der Blattscheide am Grunde, mit der es am Stengel angeheftet ist. Oft fehlt aber einer dieser Teile, oder er ist verkümmert. Meist fehlt die Blattscheide, die nur bei einkeimblättrigen Pflanzen häufiger vorkommt. Zwischen Scheide und Blattspreite befindet sich (besonders wenn der Blattstiel nicht entwickelt ist) das Blatthäutchen, das besonders für die Süßgräser *(Poaceae)* und Sauergräser *(Cyperaceae)* typisch ist. Seitlich entwickeln sich an der Scheide manchmal Auswüchse von verschiedener Form, sog. Öhrchen. Bei den zweikeimblättrigen Pflanzen finden sich seitlich am Stiel statt der Scheide oft verschieden große Auswüchse, die Nebenblätter. Wenn sie miteinander verwachsen, entsteht ein walzenförmiges, den Stengel umfassendes Gebilde, die Tute, die besonders für die Knöterichgewächse *(Polygonaceae)* charakteristisch ist. Auch der Blattstiel kann fehlen, und solche Blätter werden im Unterschied zu den gestielten als sitzend bezeichnet.

Der wichtigste Teil des Blattes ist die Spreite, die verschiedene Formen aufweisen kann. Sie kann einfach sein (ungeteiltes Blatt) oder ist gegliedert und besteht aus kleinen Blättchen (zusammengesetztes Blatt). Die Spreite ist von einem dichten Netzwerk von Leitbündeln durchzogen, die die Blattaderung (Nervatur) bilden. Die Blattaderung beeinflußt die Form der Spreite. Bei einfachen Blättern unterscheidet man nach dem Umriß der Spreite vor allem borstige, fadenförmige, pfriemliche (nadelförmige), lanzettliche, elliptische, eiförmige, verkehrt eiförmige, rundliche, rauten-, nieren-, herz-, spieß-, pfeil-, leier- und schrotsägeförmige Blätter.

Zusammengesetzte Blätter sind aus einfachen Blättern entstanden. Ihre Spreite setzt sich aus selbständigen Abschnitten, Blättchen, zusammen. Sie können gefiedert oder handförmig geteilt sein. Bei gefiederten Blättern sind die Blättchen paarig an der Blattspindel angeordnet (Fiederpaare). Steht an der Spindelspitze ein unpaariges Blättchen, spricht man von einem unpaarig gefiederten Blatt, läuft die Spindel nur in eine Spitze oder eine Ranke aus, handelt es sich um ein paarig gefiedertes Blatt. Gefingerte Blätter sind aus an der Stielspitze fingerförmig angeordneten Blättchen zusammengesetzt, nach deren Zahl man zwei-, drei- bis vielzählig gefingerte Blätter unterscheidet.

Ein beständiges Merkmal der einzelnen Pflanzenarten ist auch der Spreitenrand. Er kann ganzrandig, gesägt, gezähnt, gekerbt und gebuchtet sein. Nach der Tiefe der Einschnitte unterscheidet man gelappte Blätter (die Einschnitte reichen bis zu etwa einem Drittel der Spreite), gespaltene (Einschnitte bis zur Spreitenmitte), geteilte (die Einschnitte reichen über die Spreitenmitte hinaus) und geschnittene (die Einschnitte reichen fast bis zur Spreitenbasis).

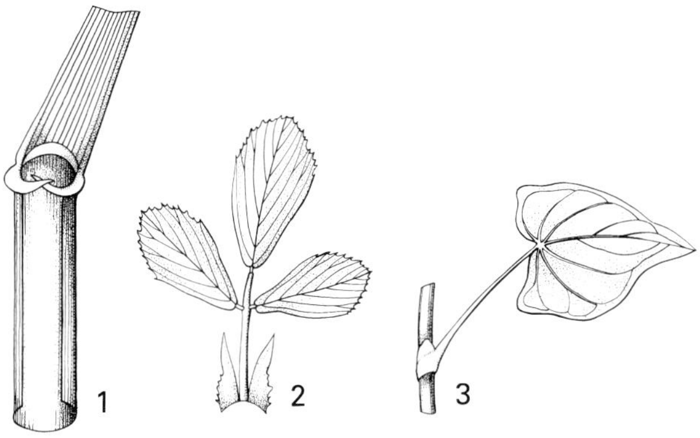

II. Die grundlegenden Teile des Laubblattes: 1. Einkeimblättrige Pflanzen haben paralleladrige Spreiten, am Blattgrund entwickelt sich oft eine Scheide. Zwischen Spreite und Scheide findet sich häufig ein membranartiges Blatthäutchen; aus dem Spreitenrand wachsen verschieden lange Öhrchen hervor, die den Stengel umfassen. 2. Die Spreite zweikeimblättriger Pflanzen ist netzadrig, am Blattgrund bilden sich manchmal Nebenblätter. 3. Bei manchen Pflanzengruppen verwachsen die Nebenblätter zu einer häutigen, stengelumfassenden Tute.

III. Die häufigsten Formen einfacher Blätter: 1. borstig, 2. fadenförmig, 3. nadelförmig, 4. pfriemlich, 5. lanzettlich, 6. elliptisch, 7. eiförmig, 8. umgekehrt eiförmig, 9. rundlich, 10. rautenförmig, 11. nierenförmig, 12. herzförmig, 13. spießförmig, 14. pfeilförmig, 15. leierförmig, 16. schrotsägeförmig.

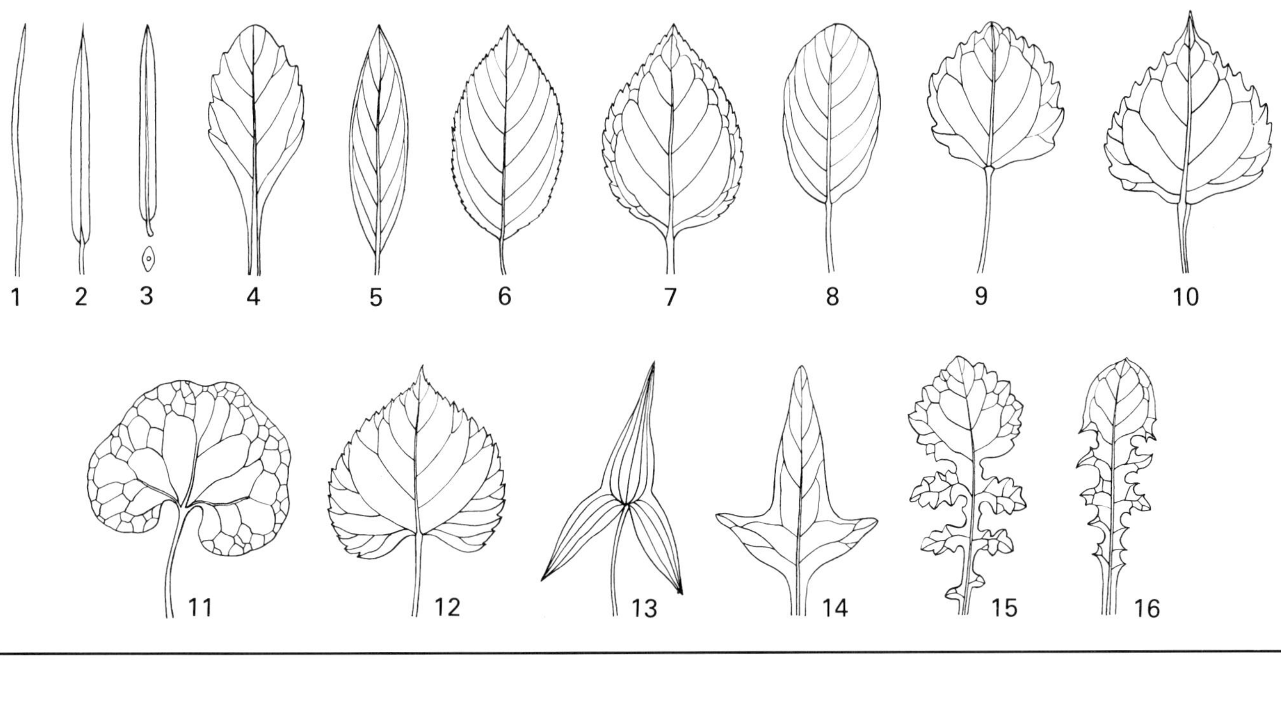

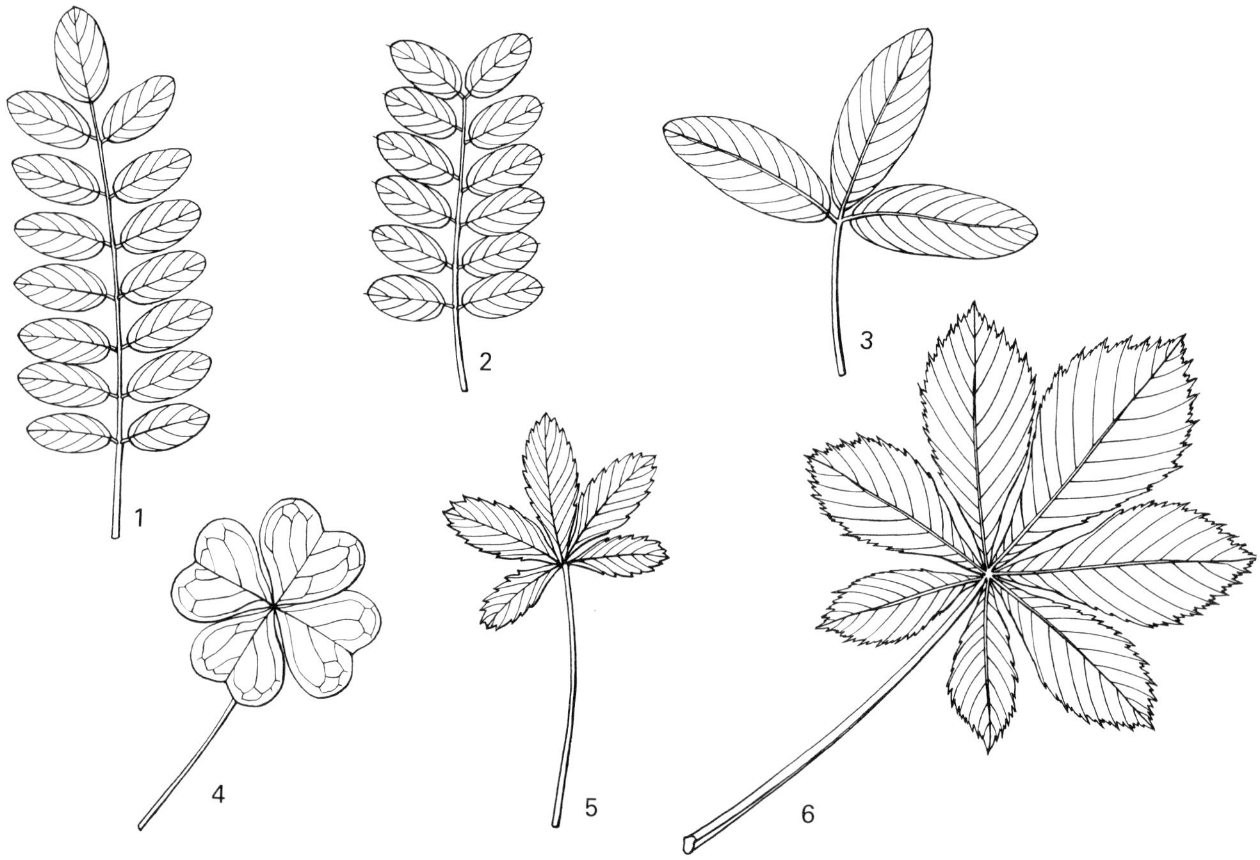

IV. Zusammengesetzte Blätter sind: unpaarig gefiedert (1), wenn sich an der Spindelspitze ein unpaariges Blättchen befindet; paarig gefiedert (2), wenn die Blättchen paarig an der Blattspindel angeordnet sind; handförmig geteilt, z. B. dreizählig (3), vierzählig (4), fünfzählig (5), siebenzählig (6), wenn die Blättchen handförmig an der Stielspitze angeordnet sind.

V. Nach der Ausbildung des Spreitenrandes unterscheidet man Blätter in: ganzrandige (1), gesägte – Zähne und Einschnitte sind scharf (2), gezähnte – die Zähne sind scharf, die Einschnitte abgerundet (3), gekerbte – die Zähne sind abgerundet, die Einschnitte scharf (4) und buchtig gezähnte – Zähne und Einschnitte sind abgerundet (5).

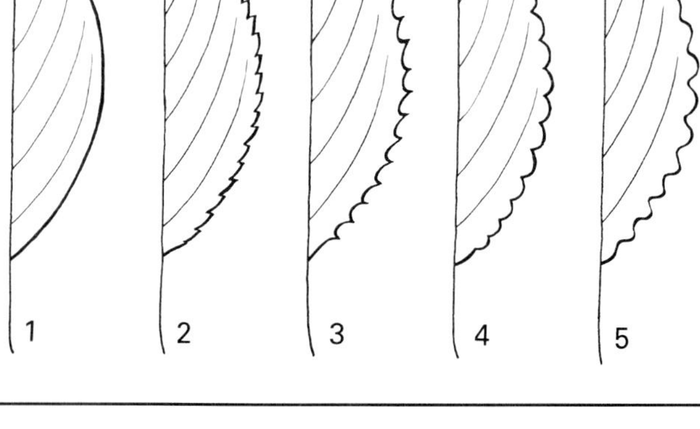

Auch die Stellung der Blätter auf dem Stengel ist beständig und für eine bestimmte Art charakteristisch. Sie kann von dreierlei Art sein. Wechselständige Blätter stehen einzeln am Stengel, gegenständige stehen immer zu zweit einander gegenüber und quirlständige stehen zu dritt oder mehreren in derselben Ebene.

Das Blatt unterliegt von allen Organen der Pflanze den größten Veränderungen. An jeder Pflanze kann man im Laufe der Entwicklung eine unterschiedliche Ausbildung der Blätter beobachten. Die ersten Blätter, deren Anlage schon im Samen vorhanden ist, werden Keimblätter genannt. Sie bleiben bei der Keimung entweder im Samen eingeschlossen (z. B. bei der Eiche) oder wachsen hervor und beteiligen sich an der Assimilation (bei der Bohne). Schuppen sind farblose Blätter, die meist an den unterirdischen Teilen des Stengels oder an seinem Grund erscheinen, manchmal auch in den Knospen. Die eigentlichen Blätter haben eine flache, grüne Spreite und dienen der Assimilation, Transpiration und Atmung. Hochblätter (Deckblätter) sind schuppenförmige, oft farbige Blätter, aus deren Achseln die Blüten hervorwachsen. Die größten Veränderungen findet man bei den reproduktiven Blättern, die sich in Teile der Blüte umgewandelt haben und somit der Fortpflanzung dienen.

Paßt sich das Blatt einer anderen besonderen Funktion an, so verändert sich auch seine Form. So ersetzen z. B. bei manchen Pflanzen Blätter die fehlenden Wurzeln (Schwimmfarn – *Salvinia*). Die Blätter der fleischfressenden Pflanzen besitzen die Fähigkeit, kleine Lebewesen einzufangen, die für sie eine Quelle zusätzlicher, vor allem stickstoffreicher Nahrung darstellen. Dieser Funktion dienen die mannigfaltigsten Einrichtungen, z. B. Drüsenköpfe, die ein klebriges Verdauungssekret absondern beim Sonnentau *(Drosera)* oder Fettkraut *(Pinguicula)*, kleine Blasen beim Wasserschlauch *(Utricularia)* oder andere komplizierte Einrichtungen bei manchen tropischen Arten. Zwiebeln sind fleischige Blätter, die als Speicherorgane dienen und für die Vegetation ungünstige Perioden überdauern. In den fleischigen Blättern der Sukkulenten wird Wasser gespeichert. Die Blattdornen schützen die Pflanzen vor Pflanzenfressern. Mit Hilfe von Blattranken, die für eine Reihe von Schmetterlingsblütlern *(Fabaceae)* charakteristisch sind, hält sich die Pflanze an ihrer Stütze fest.

Der Stengel und die Blätter (einschließlich der Blütenblätter) können kahl sein, meist sind sie aber mit verschieden ausgebildeten **Haaren** besetzt. Sie können einfach oder verschiedenartig verzweigt, fein oder derb borstenförmig sein. Die papillenförmigen Ausstülpungen auf den Kronblättern des Stiefmütterchens rufen seine samtartige Beschaffenheit hervor. **Drüsenhaare** sondern verschiedene Sekrete ab, z. B. bei Sonnentau oder Hopfen. Honigdrüsen (Nektarien) scheiden Nektar aus, der die Insekten in die Blüten lockt. Die Flughaare auf den Samen mancher Pflanzen unterstützen ihre Verbreitung durch den Wind. Eine starke Behaarung ist bei manchen Arten auffallend, die an trockenen, der Sonne ausgesetzten Standorten wachsen. Zum Schutz gegen Tiere dienen zu **Stacheln** umgewandelte Haare (zum Beispiel bei der Rose oder der Brombeere) oder Brennhaare (bei der Brennnessel).

Wie bereits erwähnt, stellen die Fortpflanzungsorgane der Pflanzen der Vermehrung dienende umgebildete Blätter dar. Bei den Samenpflanzen sind die in Geschlechtsorgane umgewandelten Blätter immer unterschiedlich gestaltet und zu Gebilden vereint, die auf verkürzten Stengeln stehen und Blüten genannt werden.

Die **Blüten** enthalten männliche Geschlechtsorgane, die Staubblätter, und weibliche, die Stempel. Die Geschlechtsorgane sind von einer schützenden Hülle umgeben. Sie kann als Perigon (Blütenhülle mit gleichartigen Gliedern) oder als Kelch (äußere, in der Regel grüne Hülle) und Krone (innere, meist farbige Hülle) ausgebildet sein. Ähnlich wie bei den Blättern können auch bei den Blüten einzelne Teile völlig fehlen oder umgewandelt sein. Sie sind verwachsen oder frei.

Blüten, die nur männliche oder weibliche Geschlechtsorgane enthalten, werden als eingeschlechtig bezeichnet. Enthält die Blüte beiderlei Geschlechtsorgane, wird sie zwitterig genannt. Eingeschlechtige männliche und weibliche Blüten können auf derselben Pflanze vereint sein (einhäusige Pflanzen) oder auf verschiedenen (zweihäusige Pflanzen). Pflanzen, die neben eingeschlechtigen auch Zwitterblüten aufweisen, werden als vielehig bezeichnet.

VI. Schematische Darstellung verschieden gestalteter Blätter: 1. Keimblätter, 2. Schuppen, 3. Laubblätter, 4. Hochblätter, 5. der Fortpflanzung dienende umgewandelte Blätter (die einzelnen Teile der Blüte).

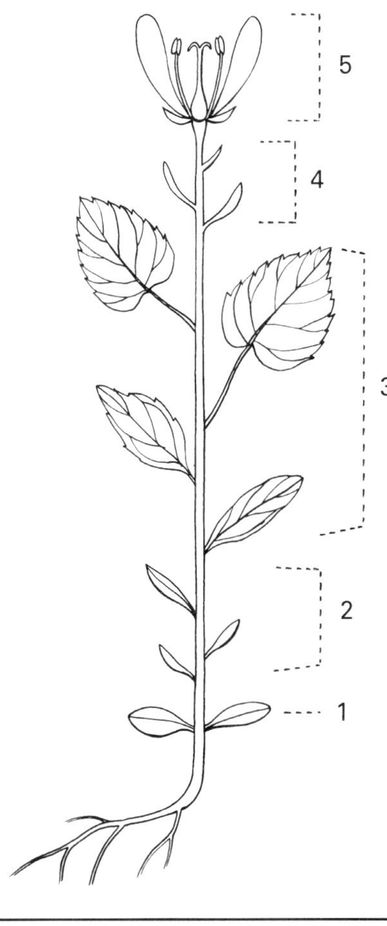

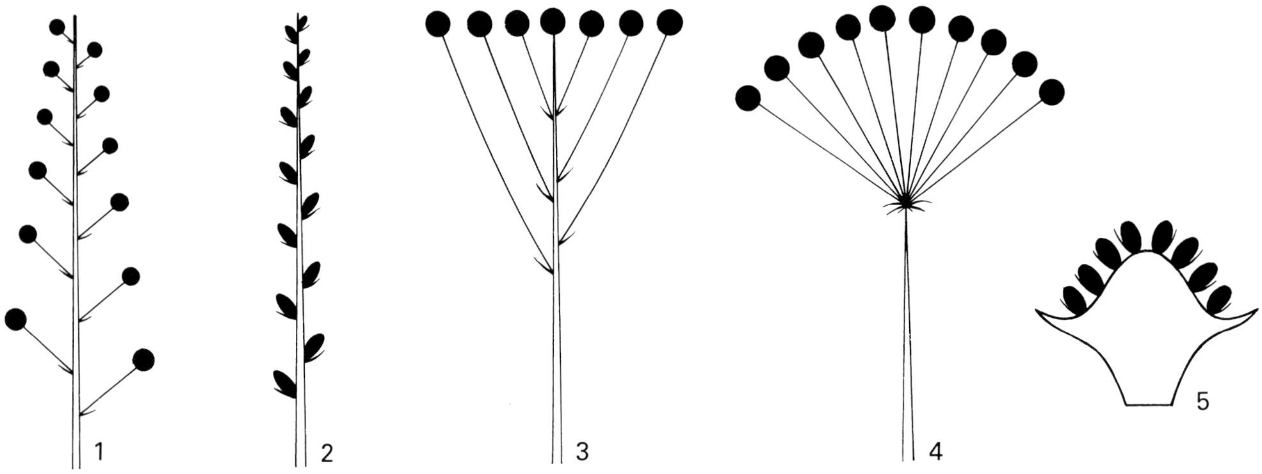

VII. Schematische Darstellung der Grundtypen eines razemösen Blütenstandes: 1. Traube, 2. Ähre, 3. Schirmtraube, 4. Dolde, 5. Köpfchen.

Nur wenige Pflanzen entwickeln einzelne Blüten. Gewöhnlich sind sie zu **Blütenständen** vereinigt, die in zwei grundlegende Gruppen eingeteilt werden: Bei razemösen Blütenständen werden die Seitenachsen nicht länger als die Hauptachse und die Blüten entfalten sich nach ihrem Alter von unten nach oben, gegebenenfalls von der Peripherie des Blütenstandes zu seiner Mitte. Bei zymösen Blütenständen sind die Seitenachsen immer länger als die Hauptachse, und die Blüten entfalten sich von oben nach unten, gegebenenfalls von der Mitte zur Peripherie.

Zu den wichtigsten razemösen Blütenständen gehören Traube, Ähre, Schirmtraube, Dolde und Köpfchen. Besondere Formen der Ähre sind Kätzchen (mit schwacher, hängender Spindel), Kolben (mit verdickter fleischiger, oft von einem Deckblatt, der Scheide, umschlossener Spindel) und Zapfen (eine Ähre, deren Spindel und Hochblätter verholzt sind). Ein Köpfchen, dessen Achse zu einem sog. Korbboden verbreitert ist, wird als Körbchen bezeichnet und ist für die Korbblütler *(Asteraceae)* bezeichnend.

Die hauptsächlichsten zymösen Blütenstände sind der vielsprossige Fächel und der einsprossige Wickel.

Alle angeführten Blütenstände sind einfach. Daneben kommen aber in der Natur ebenso

VIII. Schematische Darstellung der Grundtypen eines zymösen Blütenstandes: 1. mehrarmige Zyme, 2. zweiarmige Zyme (Trugdolde), 3. einarmige Zyme (Wickel).

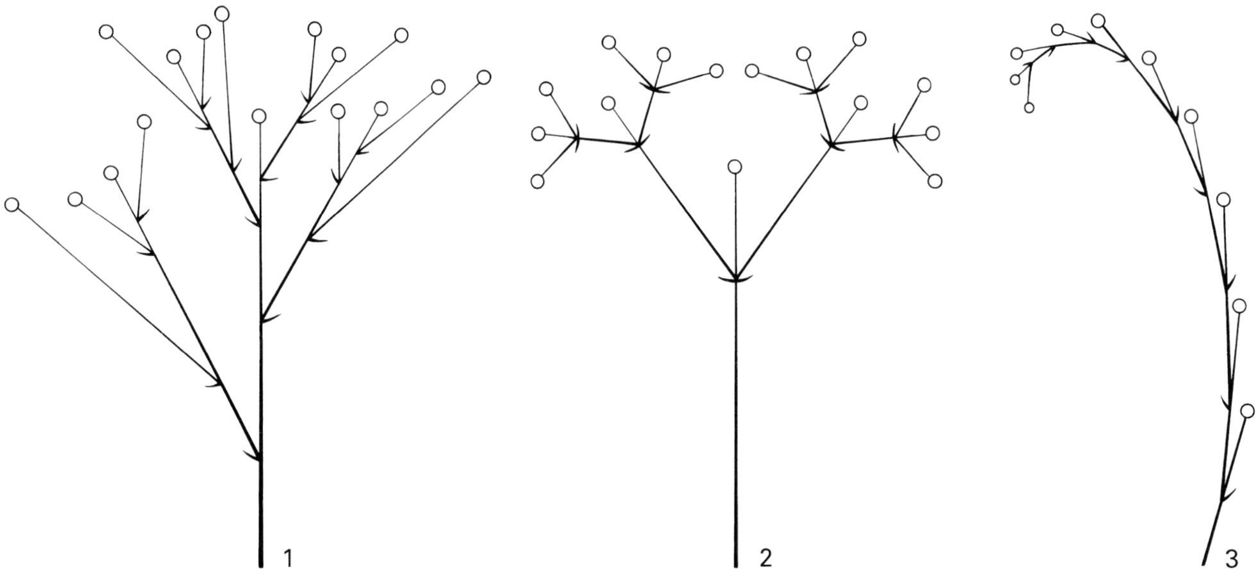

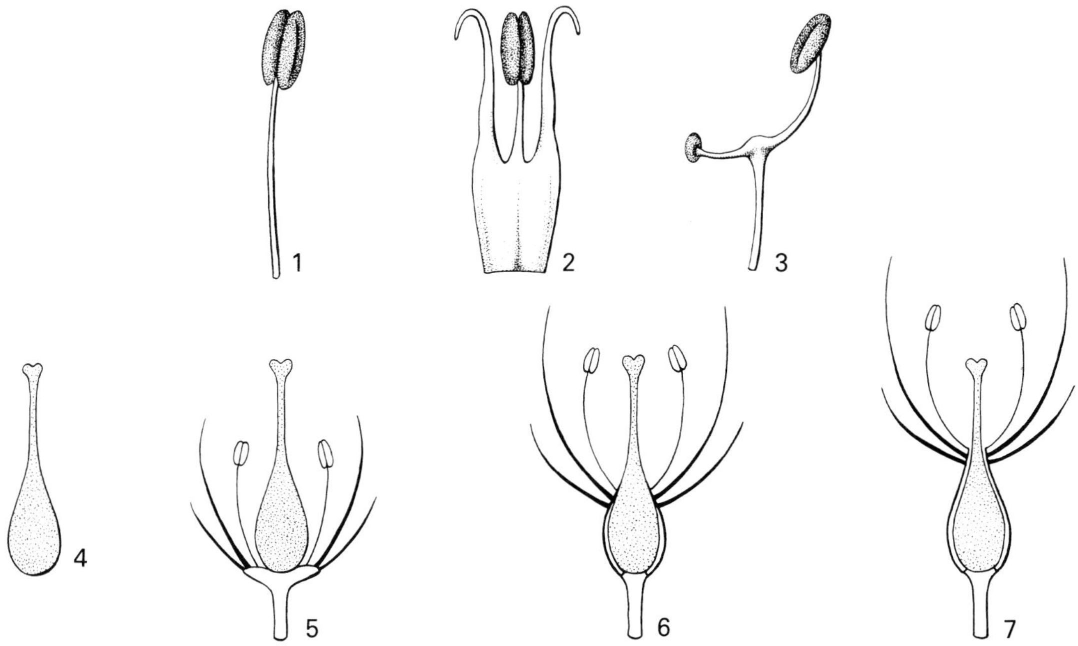

IX. Staubblätter und Stempel: 1. typisches Staubblatt mit Staubfaden und Staubbeuteln, 2. Staubblatt des Knoblauchs, der Staubfaden ist am Grunde verbreitert und seitlich gezähnt, 3. Staubblatt des Salbei mit Konnektiv, 4. typischer Stempel mit Fruchtknoten, Griffel und Narbe; der Fruchtknoten ist nach seiner Stellung in der Blüte oberständig (5), mittelständig (6) oder unterständig (7).

häufig zusammengesetzte Blütenstände vor, die durch die Kombination einfacher Typen entstehen. Zusammengesetzte Blütenstände können gleichförmig sein, wenn sie eine Kombination von Typen derselben Gruppe darstellen (so eine aus Trauben zusammengesetzte Traube, die als Rispe bezeichnet wird), oder ungleichförmig, wenn sie aus einfachen Typen verschiedener Gruppen bestehen (z. B. eine aus Fächeln zusammengesetzte Traube).

Ein Blütenstand kann auch eine biologische Einheit bilden, die eine Einzelblüte vortäuscht. Dies gilt z. B. von den Körbchen der Korbblütler oder dem komplizierten Blütenstand der Wolfsmilcharten *(Euphorbia)*.

Die männlichen Geschlechtsorgane, die **Staubblätter**, bestehen in der Regel aus zwei Teilen: dem Staubbeutel, der Pollen erzeugt, und dem Staubfaden. Die Staubfäden sind meist schmal walzenförmig, manchmal aber verschiedenartig verbreitert und oft mit Anhängseln oder Haaren ausgestattet. Nach der Art der Bestäubung können sie gleich oder verschieden lang sein. Manchmal verwachsen die Staubfäden, seltener die Staubbeutel. Die Zahl und Beschaffenheit der Staubblätter in der Blüte sind für die einzelnen systematischen Pflanzengruppen charakteristisch.

An einem typisch ausgebildeten **Stempel** einer bedecktsamigen Pflanze lassen sich drei Teile unterscheiden: unten befindet sich der bauchig verbreiterte Fruchtknoten, der eine bis mehrere Samenanlagen enthält. Er verschmälert sich in einem walzenförmigen Griffel, der die verschiedenartig geformte Narbe trägt. Nach seiner Stellung in der Blüte ist der Fruchtknoten oberständig (die Staubblätter und Blütenhüllen stehen unter ihm), unterständig (die Staubblätter und Blutenhüllen stehen über ihm) oder mittelständig (die Staubblätter und Blütenhüllen umgeben den oberen Teil des Fruchtknotens).

Die Blütenorgane sind in Kreisen oder in einer Spirale angeordnet. In manchen Fällen steht ein Teil der Blütenorgane in Kreisen (meist die Blütenhüllen), der zweite Teil in einer Spirale (die Staubblätter und Stempel). Nach den Symmetrieverhältnissen unterscheidet man regelmäßige Blüten mit mehreren Symmetrieebenen und symmetrische mit nur einer Symmetrieebene. Asymmetrische Blüten sind selten.

Die **Bestäubung**, d. i. die Übertragung des Pollenkornes auf die Narbe, erfolgt durch Insekten, Käfer, Vögel und Fledermäuse, Wind, Wasser oder Selbstbestäubung. Sie bildet die Voraussetzung für die Befruchtung der Samenanlagen und der weiteren Entwicklung des Samens und der Frucht.

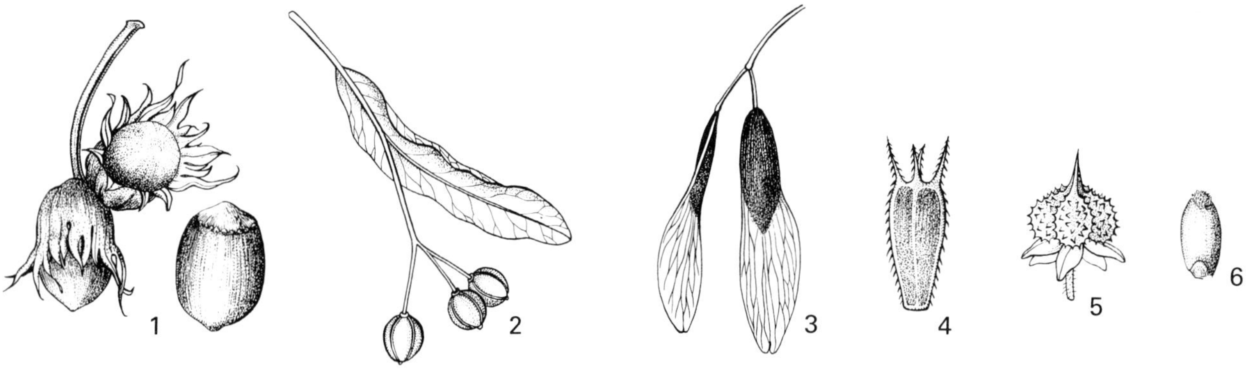

X. Früchte, die nur einen Samen enthalten, öffnen sich in der Regel nicht (Schließfrüchte). Zu ihnen gehören z. B. Nuß (1, 2), Achäne (3, 4), Klause (5) und Kornfrucht (Grasfrucht – 6).

Die **Frucht** ist ein umgewandelter Stempel, der die Samen einschließt. Die Vereinigung von Früchten, die aus einem Blütenstand hervorgehen, wird Fruchtstand genannt. Zu den wichtigsten Früchten, an deren Entwicklung außer dem Stempel auch andere Blütenteile beteiligt sind, gehören die Scheinfrüchte von Pflanzen aus der Familie Rosengewächse, die Erdbeere, die Rosenfrucht (Hagebutte) und der Apfel.

Die nur aus dem Stempel hervorgehenden Früchte werden nach der Beschaffenheit der Fruchtwand in fleischige und trockene geteilt. Bei den trockenen Früchten unterscheidet man nach der Art des Freiwerdens der Samen Schließfrüchte, Springfrüchte und Bruchfrüchte.

XI. (Manche mehrsamige Früchte zerfallen zur Reifezeit in einsamige Bruchstücke. Zu ihnen gehören Doppelachäne (1), Schnabelfrucht (2) und Gliederschote (3).

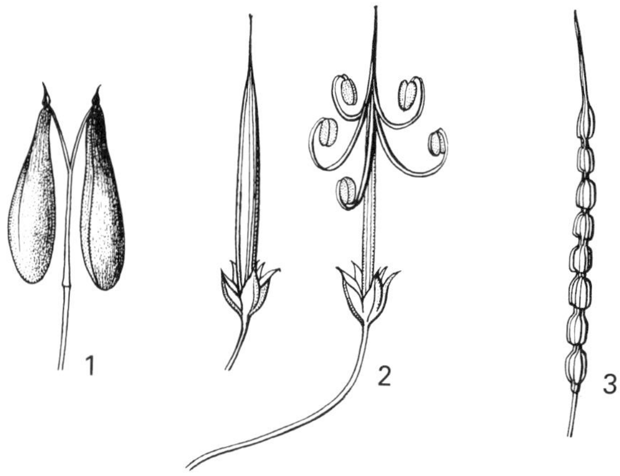

Die Grundtypen der fleischigen Früchte sind **Beeren** (das Fruchtfleisch schließt einen oder mehrere Samen ein) und **Steinfrüchte** (das Fruchtfleisch enthält einen harten Kern mit dem Samen).

Trockene **Schließfrüchte** enthalten einen einzigen Samen. Zu ihnen gehören Nuß (Hasel, Linde), Achäne (Hahnenfuß, Korblütler, Birke, Esche, Eiche), Grasfrucht (Gräser) und Klause (die Frucht der Lippenblütler – *Lamiaceae* und Borretschgewächse – *Boraginaceae*).

Spaltfrüchte sind in der Regel vielsamig und ihre trockene Fruchtwand öffnet sich zur Reifezeit durch einen Riß, Löcher, Klappen oder einen Deckel. Zu ihnen gehören Balg (Pfingstrose, Dotterblume), Hülse (die Frucht der Schmetterlingsblütler), Schote und Schötchen (bezeichnend für die Kreuzblütler) und Kapsel (Mohn, Schwertlilie, Glockenblume, Wegerich).

Bruchfrüchte sind vielsamig, öffnen sich aber zur Reifezeit nicht, sondern zerfallen in selbständige einsamige Bruchstücke. Zu ihnen gehören Doppelachäne (Doldengewächse), Gliederschote (Rettich, Kronwicke) und Schnabelfrucht (Storchschnabelgewächse). Auch die scheibenförmige Frucht der Malvengewächse, die zur Reifezeit in einsamige Schließfrüchte zerfällt, gehört diesem Typ an.

Neben der vegetativen Vermehrung (durch Wurzelstöcke, Knollen, Zwiebeln, Brutknospen oder wurzelnde Ausläufer) sind die Früchte und die in ihnen enthaltenen Samen die wichtigsten Vermehrungsorgane der Pflanze. Früchte und Samen sind befähigt, sowohl für die Vegetation ungünstige Perioden zu überdauern, als auch sich auf beträchtliche Entfernungen zu verbreiten.

Die Verbreitung von Früchten und Samen erfolgt, ähnlich wie beim Pollen, durch den Wind, das Wasser und durch Tiere. Früchte und Samen von Pflanzen, die durch den Wind verbreitet werden, sind klein und leicht. Manchmal sind sie mit einem Flugapparat ausgestattet, z. B. mit Flügeln (Nadelhölzer, Ulme, Ahorn, Esche) oder Flughaaren (Weide, Pappel, Löwenzahn, Kratzdistel). In anderen Fällen übernimmt ein Deckblatt die Rolle eines Flugorgans (Linde, Hainbuche). Pflanzen, deren Früchte und Samen durch das Wasser verbreitet werden, besitzen verschiedene Schwimmvorrichtungen, am häufigsten Schichten leerer, lufthaltiger Zellen in der Fruchtwand oder Samenschale (z. B. Schwanenblume – *Butomus,* Wasserhahnenfuß – *Batrachium* und Laichkraut – *Potamogeton*). Am mannigfaltigsten sind die Einrichtungen, die der Verbreitung von Früchten und Samen am Körper von Tieren oder mit ihrem Kot dienen. Außer Früchten mit eßbarem Fruchtfleisch gibt es Samen mit eßbaren Anhängseln (Veilchen, Schöllkraut), die Ameisen anlocken, die dann die Samen weiter verbreiten. Für eine Verbreitung am Körper von Tieren sind manche Früchte und Samen mit verschiedenen Widerhaken und Stacheln (Klette, Nelkenwurz, Zweizahn) oder mit einer Schleimschicht (Lein) ausgestattet. Mit dem Kot werden die Samen vor allem von Vögeln verbreitet, denen verschiedene Beeren und Steinfrüchte als Nahrung dienen (Wacholder, Kirsche, Holunder, Mistel). Die reifen Früchte mancher Pflanzenarten springen plötzlich auf und schleudern dabei die Samen auf beträchtliche Entfernungen aus (Springkraut, Wicke).

Das Leben der Pflanze

Die Pflanze ist ein lebender Organismus. In ihrem Körper laufen unaufhörlich verschiedene **Stoffwechselvorgänge** ab, die sich in zwei grundlegende Kategorien einteilen lassen: Assimilation (Aufbau) und Dissimilation (Abbau). Die Pflanzen entwickeln sich, wachsen und sterben schließlich ab.

Die Grundbausteine des Pflanzenkörpers sind die **Zellen**. Eine Pflanzenzelle hat eine feste, elastische Zellwand, die den Zellinhalt, das Protoplasma mit dem Zellkern, einschließt. Chemisch bilden die Eiweißstoffe die Grundsubstanz des Protoplasmas. Bei ihrer Synthese spielen die Nukleinsäuren die wichtigste Rolle. Diesen Verbindungen kommt auch bei der Weitergabe der Eigenschaften des Organismus, der Vererbung, eine vorrangige Bedeutung zu. Das Protoplasma enthält einen oder mehrere Hohlräume, die mit Zellsaft gefüllt sind und bei der Aufnahme von Wasser und Nährstoffen und ihrer Umwandlung eine wichtige Aufgabe erfüllen.

Nach der **Ernährungsweise** werden die Lebewesen in heterotrophe und autotrophe eingeteilt. **Heterotrophe Organismen** benötigen für ihre Ernährung organische Stoffe. Außer den Tieren gehören zu dieser Gruppe auch die Schmarotzerpflanzen, die sich von lebenden Geweben ernähren, also parasitieren, und die Saprophyten, die von organischen Überresten leben. **Autotrophe Organismen** sind imstande, sich von Mineralstoffen zu ernähren, die sie in organische Verbindungen umwandeln. Nach der Energiequelle, die die autotrophen Organismen für ihre Lebensvorgänge ausnutzen, unterscheidet man die Chemosynthese (die Energiegewinnung erfolgt durch chemische Reaktionen) und die Photosynthese (als Energiequelle dient die Sonnenstrahlung). Die Photosynthese ist der wichtigste Vorgang, der auf der Erde vor sich geht, denn sie ermöglicht das Fortbestehen aller Lebewesen einschließlich des Menschen.

Bei der **Photosynthese** erfolgt der chemische Umbau von Kohlendioxid und Wassermolekülen unter Teilnahme der absorbierten Strahlungsenergie durch die grüne Pflanze. Ihre Produkte sind organische Stoffe und Sauerstoff. Die Ausnützung der Strahlungsenergie ist von der Anwesenheit eines grünen Farbstoffs, des Chlorophylls, abhängig, denn weder Wasser noch Kohlendioxid sind imstande, sie zu absorbieren.

Gleichzeitig mit dem Aufbau organischer Substanz laufen in der Pflanze Prozesse ab, bei denen organische Stoffe zerfallen (Dissimilation). Diese Prozesse, die mit der Aufnahme von Sauerstoff, der Abgabe von Kohlenstoff und der Freisetzung von chemischer Energie verbunden sind, werden **Atmung** genannt. Bei der Atmung werden Stoffe gebildet, die für die Entstehung und Erneuerung aller wichtigen Zellteile notwendig sind. Von der Ausnützung der durch die Atmung freigesetzten Energie sind so lebenswichtige Funktionen abhängig wie die Aufnahme und der Transport von Wasser und Nährstoffen bei der Assimilation.

Produkte der Stoffwechselvorgänge sind eine Reihe von Stoffen, die in den Pflanzengeweben gespeichert werden. Viele von ihnen weiß der Mensch schon zu nutzen, andere sind Gegenstand weiterer Untersuchungen, und man kann annehmen, daß die Zukunft neue Erkenntnisse über die Möglichkeit ihrer Nutzung bringen wird. Hier seien wenigstens die wichtigsten dieser Stoffe angeführt: Saccharide und Polysaccharide, Fette, Eiweiße, Vitamine, ätherische Öle, Bitterstoffe, Saponine, Schleimstoffe, Alkaloide, Glykoside, Gerbstoffe, Harze, Latex (Kautschuk), Farbstoffe und Auxine (Wuchsstoffe). Obwohl sich manche dieser Stoffe synthetisch herstellen lassen, haben ihre natürlichen Quellen, (die oft billiger sind als die synthetische Herstellung) ihre Bedeutung doch nicht eingebüßt.

Ein unentbehrlicher Bestandteil jeder Pflanze ist das **Wasser**. Es ist in allen ihren Organen in verschiedenen Mengen enthalten und bewegt sich in einem ununterbrochenen Strom durch die Pflanze fort. Im Wasserhaushalt der Pflanze lassen sich drei Grundprozesse unterscheiden: Wasseraufnahme, Leitung des aufgenommenen Wassers und seine Verdunstung (Transpiration). Von den gegenseitigen Beziehungen dieser Prozesse hängt die Wasserbilanz der Pflanze ab. Bei den höheren Pflanzen kommt vor allem den Wurzeln große Bedeutung bei der Wasseraufnahme zu. An der Abgabe des Wassers beteiligen sich in erster Linie die Blätter. Die Aufnahme von Wasser und seine Leitung durch die Pflanze wird durch die gemeinsame Wirkung des Wurzeldruckes und der Transpiration erreicht. Die Wurzeln besitzen die Fähigkeit, aktiv Wasser aus dem Boden aufzunehmen und es in die Gefäße fortzudrücken. Die Verdunstung des Wassers aus den Blättern erfolgt vor allem durch kleine Öffnungen (Spaltöffnungen), die sich mit Hilfe der nierenförmigen Schließzellen vergrößern oder verkleinern können, oder auch durch die ganze Blattoberfläche.

XII. Die Wurzeln der Schmetterlingsblütler *(Fabaceae)* sind mit auffälligen Knöllchen besetzt, in denen sogenannte Knöllchenbakterien leben. Sie sind imstande, Luftstickstoff zu binden.

Am Aufbau des Pflanzenkörpers beteiligen sich viele **Mineralstoffe**. Die organogenen Elemente, zu denen Kohlenstoff, Sauerstoff, Wasserstoff und Stickstoff gehören, bilden 95 % seiner Trockensubstanz. Zusammen mit den anderen allgegenwärtigen Elementen (wie z. B. Schwefel, Phosphor, Kalium, Kalzium, Natrium, Magnesium, Eisen) werden sie als biogene Elemente bezeichnet. Früher wurde die Bedeutung der einzelnen Elemente für die Pflanze nach ihren Mengenverhältnissen im Pflanzenkörper beurteilt. Erst später wurde durch Vegetationsversuche bewiesen, daß auch Spurenelemente für die normale Existenz des Organismus unerläßlich sind. Phosphor beteiligt sich vor allem am Aufbau der Eiweißstoffe des Zellkerns. Einen hohen Phosphorgehalt weisen auch die Bildungsgewebe auf, in denen die Wachstumsprozesse ablaufen. Eine entscheidende Funktion erfüllt der Phosphor bei den photosynthetischen und Atmungsprozessen. Schwefel ist am Aufbau energiereicher Verbindungen beteiligt, und daher kommt ihm gleichfalls eine besondere Bedeutung für die Atmung zu; schwefelhaltige Aminosäuren sind Bausteine der Eiweißstoffe. Trotz ihrer engen chemischen Verwandtschaft unterscheiden sich Kalium und Natrium in ihrer physiologischen Wirkung. Die Anwesenheit von Kalium ist für die Synthese komplizierter organischer Stoffe notwendig; es erhöht die Fähigkeit des Protoplasmas, Wasser zu binden, und beeinflußt dadurch auch die Lebensprozesse der Zelle. Natrium hat vor allem für die Wasseraufnahme Bedeutung und steht in antagonistischer (gegensätzlicher) Wirkung zu Kalium. Kalzium dient der Pflanze vor allem zur Neutralisation organischer Säuren; es ist auch ein unentbehrlicher Bestandteil von verschiedenen Teilen des Protoplasmas. Magnesium ist am Aufbau des grünen Farbstoffes Chlorophyll beteiligt. Eine besondere Stellung unter den Elementen nimmt der **Stickstoff** ein. Bedeutung kommt ihm vor allem als Bestandteil der Aminosäuren zu, die Bausteine der Eiweißstoffe des Protoplasmas sind. Die

Pflanzen sind nicht in der Lage, atmosphärischen Stickstoff (78 % in der Luft) auszunutzen. Sie können ihren Bedarf nur aus löslichen stickstoffhaltigen Salzen aus dem Boden decken. Eine ausreichende Stickstoffversorgung der Pflanzen wird durch die Tätigkeit mancher Mikroorganismen gewährleistet, die Luftstickstoff zu binden vermögen. Am bedeutsamsten ist die Bakterie *Rhizobium leguminosarum,* die in Symbiose mit den Wurzeln der Schmetterlingsblütler lebt, an denen sie Auswüchse in Form von Knöllchen bildet. Diese Knollenbakterien binden eine ungeheure Menge von Luftstickstoff, der nicht nur ihrem eigenen Bedarf dient, sondern auch die Wirtspflanzen versorgt. Darüber hinaus bleiben auch große Mengen von gebundenem Stickstoff mit den Wurzeln der Schmetterlingsblütler im Boden zurück. Sie stellen eine Quelle für die Stickstoffernährung anderer Pflanzen dar.

Zu den wichtigsten Lebenserscheinungen aller Organismen gehören **Entwicklung und Wachstum**. Bei den Pflanzen versteht man unter Wachstum die nicht umkehrbare Vergrößerung ihrer Ausmaße oder Organe; das Wachstum führt zur Entstehung von Organen und Zellen. Als Entwicklung werden die Veränderungen bezeichnet, die in der Pflanze im Laufe ihres Lebenzyklus vom Samen bis zum Absterben vor sich gehen. Die einzelnen Pflanzen weisen zwar einen verschieden langen Lebenszyklus auf, ihr individueller Lebensrhythmus (Ontogenese) läuft jedoch in ähnlicher Weise ab. In der Ontogenese lassen sich zwei Etappen unterscheiden. In der ersten bildet die Pflanze vegetative Organe aus (Wurzeln, Stengel, Blätter), in der zweiten Fortpflanzungsorgane (Blüten und Früchte mit Samen). Zwischen den einzelnen Pflanzengruppen bestehen auch markante Unterschiede in bezug auf die Beeinflussung ihrer weiteren Entwicklung durch die Fortpflanzungsorgane. Zur ersten Gruppe gehören Pflanzen, die nur einmal Früchte tragen, zur zweiten Pflanzen, bei denen dies mehrmals geschieht. Zur ersten Gruppe gehören nicht nur kurzlebige Ephemere, wie das Durchwachsenblättrige Täschelkraut

XIII. Eine langsame, durch, ungleichmäßiges Wachstum hervorgerufene Bewegung findet man z. B. beim Getreide: lagernde Halme kehren in die senkrechte Stellung zurück.

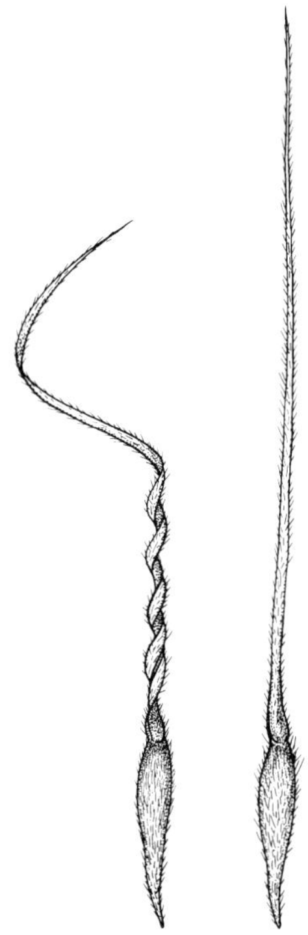

XIV. Die Granne auf der Frucht des Reiherschnabels *(Erodium)* führt in Abhängigkeit von der Luftfeuchtigkeit Drehungen aus, mit deren Hilfe die ganze Frucht tiefer in den Boden eindringt. Es handelt sich um eine physikalische Bewegung, die durch das Austrocknen verschieden dicker Zellwände hervorgerufen wird.

XV. Manche Pflanzen reagieren auf Lichtreiz durch Bewegungen. Das Körbchen der Gemeinen Kuhblume *(Taraxacum officinale)* öffnet sich in der Sonne und schließt sich, wenn die Lichtintensität sinkt.

(Thlaspi perfoliatum) oder das Hungerblümchen *(Erophila verna)* sowie einjährige (Mohn, Erbse) und zweijährige Pflanzen (Möhre, Petersilie), sondern auch mehrjährige (Agave, manche Palmen). Die zweite Gruppe bilden Pflanzen, die gewöhnlich als ausdauernd bezeichnet werden (Stauden, Zwergsträucher, Sträucher und Bäume).

Das Wachstum der Pflanze erfolgt in der Regel in den Vegetationskegeln, die aus nicht spezialisierten, zu rascher Teilung befähigten Zellen bestehen. Die Verbände dieser teilungsfähigen

XVI. Die Blätter des Sauerklees *(Oxalis)* führen sogenannte Schlafbewegungen aus. In der Nacht falten sie sich dem Mittelnerv entlang zusammen und senken sich herab, bei Tag breiten sie sich wieder waagerecht aus.

Zellen werden Bildungsgewebe genannt. Man kann drei Wachstumsphasen oder -zonen unterscheiden: die Entstehung neuer Zellen, die Vergrößerung der Zellen und Verdickung der Zellwände und die Ausbildung der grundlegenden Gewebegruppen und -typen.

Es könnte scheinen, daß die Fähigkeit, sich zu bewegen eine der Eigenschaften darstellt, die die Tiere von den Pflanzen unterscheidet, aber das stimmt nicht ganz. Auch Pflanzen sind imstande, sich zu bewegen. Nur manche niedere Pflanzen können sich wirklich fortbewegen. Die höheren Pflanzen sind in der Lage, **Bewegungen** bestimmter Organe auszuführen, und das nicht nur passiv (durch Einwirkung von Wind, Wasser u. a.), sondern auch aktiv. Das Öffnen und Schließen der Zapfen von Nadelhölzern, das Aufspringen der Hülsen von Schmetterlingsblütlern oder die schraubenförmigen Drehungen der Grannen auf den Deckspelzen mancher Gräser oder auf den Früchten des Reiherschnabels, mit deren Hilfe sie tiefer in den Boden eindringen, werden durch das Austrocknen der Zellwände hervorgerufen. Durch ungleichmäßiges Wachstum kommen die kreisenden Bewegungen von Ranken oder Stengeln der Schlingpflanzen zustande. Die Pflanzen reagieren auch auf äußere Reize. Gelagerte Getreidehalme erheben sich wieder, Pflanzen, die bei einseitiger Beleuchtung (am Fenster) gezogen werden, wachsen in Richtung zur Lichtquelle, und wenn man sie umdreht, neigen sie sich ihr wieder zu. Ebenso folgen die Blütenköpfe der Sonnenblumen tagsüber der Bahn der Sonne am Himmel. Die auffallendsten, durch Erschütterungen hervorgerufenen Bewegungen führt die Mimose aus, die nach einem Anstoß die einzelnen Blättchen zusammenfaltet und das ganze Blatt nach unten senkt; diese Reaktion breitet sich allmählich vom gereizten Blatt auf die ganze Pflanze aus. Eine ähnliche, aber viel langsamere Reaktion kann man beim Sauerklee oder bei jungen Blättern der Roßkastanie beobachten. Die raschen Bewegungen, die durch Berührung gereizte Staubblätter in den Blüten mancher Pflanzen ausführen (Berberitze, Kornblume, Distel), sind für die Bestäubung wichtig. Bei anderen Pflanzen werden Bewegungen durch Veränderung der Lichtintensität hervorgerufen. So öffnen sich die Blütenköpfe mancher Korbblütler bei Beleuchtung und schließen sich bei Verdunkelung. Umgekehrt verhält sich z. B. die Nachtkerze *(Oenothera)*, bei der die Blüten bei voller Beleuchtung geschlossen bleiben und sich erst bei geringerer Lichtintensität öffnen. Auffallend sind auch die durch den Wechsel von Tag und Nacht hervorgerufenen rhythmischen Bewegungen, die sog. Schlafbewegungen: die Blattspreiten sind tagsüber geöffnet, schließen sich am Abend und bleiben über Nacht geschlossen. Die Regelmäßigkeit dieser Bewegungen fiel 1775 dem schwedischen Botaniker Linné auf, der aufgrund seiner Beobachtungen eine sog. Blumenuhr zusammenstellte. Das war ein Beet, auf dem die Blumen nach der Zeit, zu der sich die Blüten öffnen und schließen, gestaltet waren.

Nachdem die Pflanze ein bestimmtes Alter und die entsprechende Entwicklungsphase erreicht hat, beginnt sie sich fortzupflanzen, neue Individuen hervorzubrigen, die den Fortbestand der Art sichern. Entweder trennen sich vom Körper der Pflanze Teile ab, die selbständig werden und zu neuen Einzelwesen heranwachsen (vegetative, ungeschlechtliche Fortpflanzung), oder es werden Keimzellen erzeugt, die sich, oft nach einer bestimmten Ruhezeit, ebenfalls zu neuen Individuen entwickeln (geschlechtliche Fortpflanzung). Der ungeschlechtlichen Fortpflanzung ordnet man auch die sog. Parthenogenese zu, bei der ein neues Individuum aus einer unbefruchteten Eizelle entsteht. Die vegetative Fortpflanzung ist bei den Pflanzen eine allgemeine Erscheinung. Höhere Pflanzen vermehren sich vegetativ durch wurzelnde Ausläufer (Erdbeere, Fingerkraut), Wurzelstöcke (Quecke, Maiglöckchen), Knollen und Zwiebeln (Lilie, Lauch), oder Knospen, die sich von der Mutterpflanze lostrennen (Sprossende Hauswurz, Lebendgebärender Knöterich). Die Fähigkeit vieler Kulturpflanzen, sich vegetativ zu vermehren, wird auch vom Menschen häufig genutzt (Vermehrung durch Stecklinge, Absenken, Pfropfen von Bäumen und Sträuchern). Für manche Gattungen ist die vegetative Fortpflanzung durch die Entwicklung einer unbefruchteten Eizelle charakteristisch (Frauenmantel).

Bei der geschlechtlichen Fortpflanzung entwickelt sich das neue Einzelwesen erst nach Verschmelzung zweier Geschlechtszellen (Gameten) zu einer einzigen Zelle (Zygote). Die verschiedenen Arten der Bestäubung und die Bedeutung der Fortpflanzungsorgane für das Überdauern von für die Vegetation ungünstigen Perioden und die Verbreitung der einzelnen Arten wurden bereits erwähnt.

Die Kenntnis der allgemeinen Gesetzmäßigkeiten des Lebens der Pflanze, das Studium des Wachstums und der Entwicklungsprozesse, der Blüten- und Fruchtbildung, Ernährung, Synthese und Speicherung organischer Stoffe, d. h. aller Vorgänge, die das Wachstum und die Fortpflanzung ermöglichen, ist eine Grundbedingung für die praktische Nutzung des ungeheuren natürlichen Potentials, der grünen Pflanze.

Pflanze und Umwelt

Form und Bau der Pflanzen, ihre Verbreitung auf der Erde, ihre Lebenserscheinungen und ihr Artenreichtum sind von ihrer Umwelt abhängig. Die Lehre von den Beziehungen der Pflanzen zu ihrer Umwelt heißt **Pflanzenökologie,** und die einzelnen äußeren Bedingungen, die auf die Pflanzen einwirken, werden als ökologische Faktoren bezeichnet. Zu den wichtigsten ökologischen Faktoren gehören Klima (Luft, Wärme, Licht, atmosphärische Niederschläge), Boden (mechanische Zusammensetzung, physikalische und chemische Eigenschaften und im Boden lebende Organismen) und biotische Faktoren (Beziehungen zwischen Pflanzen und Tieren), gegebenenfalls auch anthropogene Faktoren (Beziehungen zwischen Pflanzen und Mensch).

In der Natur sind alle ökologischen Faktoren gegenseitig bedingt und zu Komplexen vereinigt, so daß die Veränderung eines Faktors in der Regel eine Kette von Veränderungen der übrigen Faktoren auslöst. Diese Einflüsse wirken niemals einzeln auf die Pflanze ein, sondern immer in ihrem ganzen Komplex. Die Reaktionen der einzelnen Pflanzenarten und ihre Anpassung an bestimmte Einwirkungen sind auch nicht immer identisch.

Pflanzen, die sich in Hinsicht auf ihre Form und Funktionen in gleicher Weise an die Umweltbedingungen angepaßt haben, gehören derselben Lebensform (demselben biologischen Typ) an. Es wurde eine ganze Reihe von Systemen der **Lebensformen** (biologischen Typen) aufgestellt. Am häufigsten wird das System des dänischen Botanikers Christian Raunkiaer verwendet, das sich auf die Lage der Erneuerungsorgane der Pflanze und ihren Schutz vor ungünstigen Bedingungen stützt. Die prozentuale Verteilung der einzelnen biologischen Typen in der Flora eines bestimmten Gebietes wird als biologisches Spektrum bezeichnet.

Wie beeinflussen die einzelnen ökologischen Faktoren das Leben der Pflanzen? Das **Licht** ist neben seiner grundlegenden Bedeutung für die Photosynthese der grünen Pflanzen auch für die Verbreitung und morphologische Gestaltung der Pflanzenarten wichtig. Nach dem Lichtbedarf unterscheidet man Lichtpflanzen (Heliophyten, z. B. Kiefer) und Schattenpflanzen wie Mondviole; Lichtpflanzen treten an freien, offenen Standorten auf, Schattenpflanzen gedeihen im Schatten anderer Gewächse. Bei Lichtmangel tritt bei Lichtpflanzen Vergeilung ein (übermäßige Verlängerung, schwach entwickeltes Festigungsgewebe und geringe Chlorophyllbildung). Auf ungleichmäßige Beleuchtung reagieren sie durch Krümmung des Stengels in Richtung des Lichtes. Bei sog. Kompaßpflanzen stellen sich die Blätter mit der Kante in Richtung der stärksten Sonneneinstrahlung, nämlich in Nord-Südrichtung. Für Schattenpflanzen ist das Blattmosaik charakteristisch, das heißt die Verteilung der Blätter senkrecht zum Licht, um es optimal auszunutzen.

Auch die **Temperatur** gehört zu den unerläßlichen Lebensbedingungen der Pflanzen. Alle Lebensprozesse laufen bei einem bestimmten Temperaturoptimum ab und kommen bei einem bestimmten Minimum oder Maximum der Dauer der Temperatureinwirkung und der Wärmemenge zum Stillstand. Diese Werte sind für verschiedene Pflanzenarten und Lebensphasen derselben Pflanze unterschiedlich.

Im Laufe der Entwicklung haben sich einzelne Arten vorübergehendem Wärmemangel bzw. -überschuß angepaßt. Diese Anpassungen sind meist physiologischer Natur und kommen verhältnismäßig wenig in der äußeren Erscheinung und im Bau der Pflanze zum Ausdruck. Manche Pflanzen kühlerer Regionen sind zum Beispiel behaart (wie Edelweiß) oder weisen eine niedrige, polsterartige Wuchsform auf. Das trifft auch für Gehölze zu (Spalierformen, z. B. Hochgebirgsarten der Weide).

Auf ähnliche Weise wehren sich die Pflanzen gegen übermäßig hohe Temperaturen und gegen Wasserverlust, so daß die Anpassungen, die als Schutz gegen Kälte angeführt wurden, auch als Schutz gegen allzu große Verdunstung des Wassers aufgefaßt werden können. Es unterliegt aber keinem Zweifel, daß auch die Temperaturverhältnisse der Vegetation ausgedehnter klimatischer Zonen und Höhenstufen ihren Stempel aufdrücken.

Die **Luft** wirkt auf die Pflanzen nicht nur als chemischer Faktor ein (als Quelle von Kohlendioxid für die Photosynthese und von Sauerstoff für die Atmung), sondern auch als physikalischer

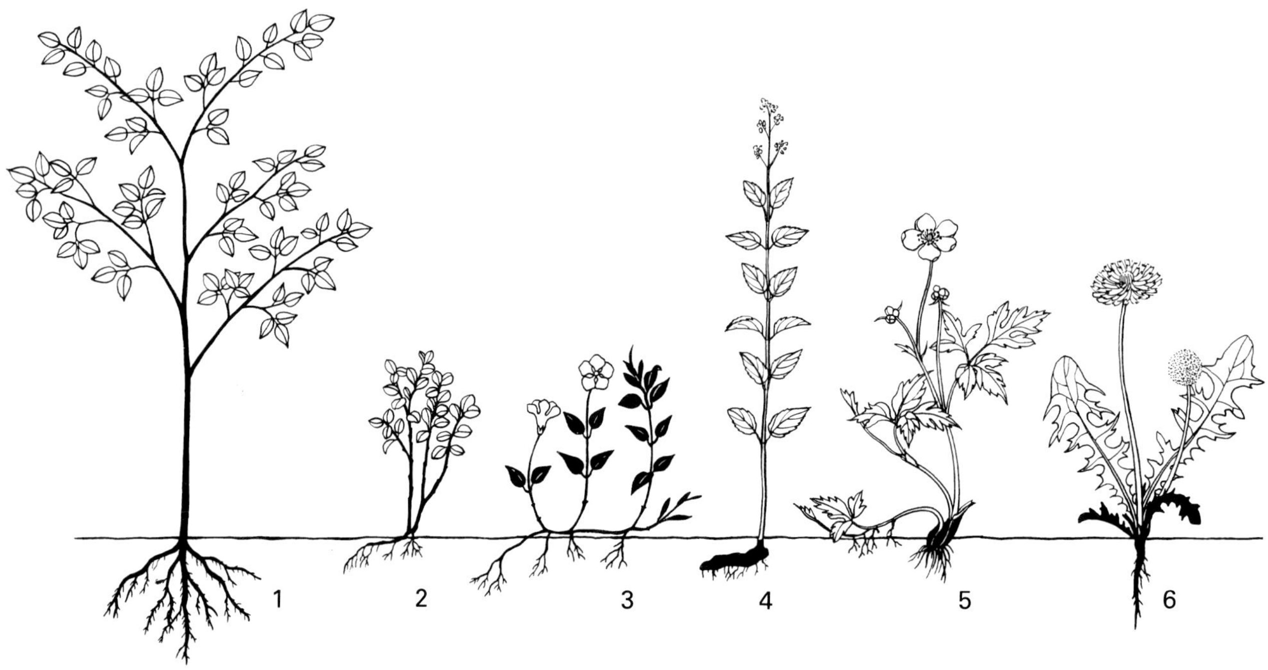

Faktor, der ihre Gestalt beeinflußt (z. B. Fahnenbäume). Die Luftbewegungen (Wind) sind für die Bestäubung und die Verbreitung der Samen von Wichtigkeit. Ihre Bedeutung haben auch sekundäre Einflüsse des Windes, z. B. Schnee oder Sandgebläse.

Die Bedeutung des Wassers für das Leben der Pflanze ist allgemein bekannt. Ohne **Wasser** gibt es kein Leben. Die Pflanzen nehmen die mineralischen Nährstoffe in Form von wäßrigen Lösungen auf, Wasser dient als Transportmittel von Stoffen im Körper der Pflanze. Es ist ein ökologischer Faktor des Klimas sowie des Bodens. Die Pflanzen brauchen vor allem Wasser in flüssigem Zustand, aber auch seine anderen Aggregatzustände (Schnee, Eis, Dampf) haben ökologische Bedeutung. Nach ihren Ansprüchen an das Wasser unterscheidet man dürrefeste Pflanzen (Xerophyten), feuchtigkeitsliebende (Hygrophyten), Pflanzen mit mittelgroßen Ansprüchen an das Wasser (Mesophyten) und Wasserpflanzen (Hydrophyten).

Dürrefeste Pflanzen vertragen trockene Luft und trockenen Boden für lange Perioden und haben sich diesen Bedingungen auf verschiedene Weise angepaßt. Nach der Art dieser Anpassungen unterscheidet man zwei Grundtypen: Sukkulenten und Sklerophyten. Sukkulenten sind saftige, fleischige Pflanzen mit einem gut entwickelten Wassergewebe in den Blättern und Stengeln. Zu ihren Vertretern in der heimischen Flora gehören z. B. Fetthenne und Hauswurz. Sklerophyten sind ihrer Erscheinung nach das genaue Gegenteil der Sukkulenten. Sie sind trocken und derb und welken lange nicht, wenn sie abgerissen werden. Von ihren morphologischen Merkmalen sind besonders die dicken, harten Blätter auffallend, die oft mit Haaren oder einem Wachsüberzug ausgestattet sind. Sie können auch gefaltet, eingerollt oder sehr klein sein. Typische Vertreter dieser Gruppe sind z. B. Federgras *(Stipa)* oder Feldbeifuß.

XVII. Die Pflanzen überdauern ungünstige Umweltbedingungen auf verschiedene Weise. Nach der Lage der Knospen, d. h. der Erneuerungsorgane auf der Pflanze (auf der Abbildung schwarz), werden folgende Lebensformen der Pflanzen unterschieden: Phanerophyten (1), Chamaephyten (2, 3), Hemikryptophyten (4–6), Kryptophyten (7, 8) und Therophyten (9), die die ungünstige Jahreszeit in Form von Samen überdauern.

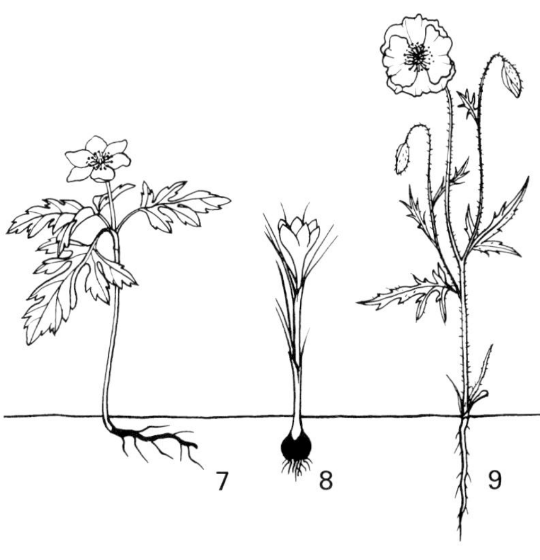

Feuchtigkeitsliebende Pflanzen verlangen ständig hohe Feuchtigkeit und weisen unter den Landpflanzen die geringste Widerstandsfähigkeit gegen Trockenkeit auf. Zu ihnen gehören in der heimischen Flora die krautigen Pflanzen schattiger Wälder, wo die Luftschicht über dem Boden eine hohe Feuchtigkeit aufweist (Sauerklee, Moschuskraut, Springkraut) oder Pflanzen, die auf ständig nassen Böden gedeihen (Sumpfdotterblume, Wiesenschaumkraut) und daher auch manchmal als Sumpfpflanzen (Helophyten) bezeichnet werden.

Zu den Mesophyten gehören verschiedene Arten, die in Hinsicht auf ihren Wasserhaushalt und die Feuchtigkeitsbedingungen ihrer Standorte eine Mittelstellung zwischen den dürrefesten und den feuchtigkeitsliebenden Pflanzen einenehmen. Es handelt sich um laubabwerfende Gehölze, ausdauernde krautige Pflanzen mit überwinternden unterirdischen Organen oder Kräuter mit einem einjährigen Lebenszyklus (Ephemere), oder auch um mehrjährige Kräuter mit einer kurzen Vegetationsperiode, die den Rest des Jahres im Ruhezustand überdauern (Ephemeroide). Zu den einjährigen Ephemeren gehören in der heimischen Flora z. B. das Frühlingshungerblümchen *(Erophila verna)*, die Doldenspurre *(Holosteum umbellatum)* oder das Durchwachsene Täschelkraut *(Thlaspi perfoliatum)*. Zu den ausdauernden Ephemeroiden gehören viele Zwiebel- und Knollenpflanzen (Tulpe, Goldstern – *Gagea,* Frühe Segge – *Carex praecox* u. a.). Ephemere, deren Lebenszyklus im Herbst beginnt und im Frühjahr endet, werden als winterharte einjährige Pflanzen (Winterannuelle) bezeichnet.

Wasserpflanzen sind dem Leben im Wasser angepaßt. Obgleich sie unter außergewöhnlichen

Bedingungen fähig sind, Landformen auszubilden, läuft ihre normale Entwicklung nur im Wasser ab. Die höheren Wasserpflanzen lassen sich in zwei Gruppen einteilen: ganz im Wasser untergetauchte Pflanzen, bei denen sich nur die Blüten manchmal über das Wasser erheben, und Pflanzen mit Blättern, die wenigstens teilweise aus dem Wasser hervorragen oder an der Wasseroberfläche schwimmen. Beide Gruppen können weiter in nicht wurzelnde (freischwimmende) und im Grunde wurzelnde Arten unterteilt werden. Beispiele untergetauchter, nicht wurzelnder Pflanzen sind Wasserschlauch *(Utricularia)* oder die Untergetauchte Wasserlinse *(Lemna trisulca)*. Zu den untergetauchten wurzelnden Pflanzen gehören z. B. die Kanadische Wasserpest *(Anacharis canadensis)* oder manche Wasserhahnenfuß- *(Batrachium)* oder Laichkrautarten *(Potamogeton)* ohne Schwimmblätter. Als Beispiel von nicht wurzelnden Pflanzen mit Schwimmblättern können Froschbiß *(Hydrocharis morsus-ranae)* oder die Kleine Wasserlinse *(Lemna minor)* dienen. Die Gruppe der mit Schwimmblättern ausgestatteten, im Grunde wurzelnden Pflanzen ist verhältnismäßig groß und umfaßt auffallende Pflanzen wie Seerose *(Nymphaea)* oder Mummel *(Nuphar)*, Wasserknöterich *(Polygonum amphibium)*, manche Wasserhahnenfuß- und Laichkrautarten usw.

Die spezifischen ökologischen Bedingungen des Lebens im Wasser äußern sich durch manche Baueigentümlichkeiten. Zu den auffallendsten gehören die Oberflächenvergrößerung der Blätter, die unterschiedliche Gestaltung der untergetauchten und schwimmenden Blätter und die Zurückbildung des Wurzelsystems bei freischwimmenden Arten.

Ein weiterer bedeutsamer ökologischer Faktor ist der **Boden.** Nach ihrer Beziehung zur Bodenreaktion werden die Pflanzen in azidophile (vorwiegend auf sauren Unterlagen wachsende), neutrale und basiphile (vorwiegend auf basischen Unterlagen wachsende) eingeteilt. Indifferente Arten werden nicht von der Bodenreaktion beeinflußt. Von den im Boden enthaltenen Elementen hat für die Pflanzen vor allem Kalzium Bedeutung (man unterscheidet kalkliebende und kalkmeidende Arten) und ebenso Stickstoff (Pflanzen, die ihn in höheren Konzentrationen verlangen, werden als nitrophil bezeichnet). Für manche Spezialisten sind auch andere Elemente, besonders Schwermetalle, wichtig. Auf den Flachküsten der Meere und Ozeane, in der Umgebung von salzigen Quellen und Sprudeln oder dort, wo die Böden nicht genügend durch atmosphärische Niederschläge ausgewaschen werden und ein aufsteigender Strom des Grundwassers vorherrscht, reichern sich leicht lösliche Natrium-, Magnesium- oder Kalziumsalze im Boden an. Pflanzen, die dem Leben auf Salzböden angepaßt sind, werden Halophyten genannt. Die meisten ihrer Vertreter gehören der Familie Gänsefußgewächse *(Chenopodiaceae)* an.

Ein eigenartiger Biotop sind **Torfmoore**. Infolge der extremen Lebensbedingungen (Nährstoff- und Luftmangel im Boden, saure Bodenreaktion, hoher Grundwasserstand) werden sie nur von wenigen Pflanzenarten besiedelt. Den zahlreichen Faktoren, die das Leben der Pflanzen in diesem Milieu behindern, entspricht eine Reihe verschiedener morphologischer und biologischer Anpassungen. Von höheren Pflanzen wachsen auf Torfmooren vor allem immergrüne kleine Sträucher mit flachen oder zurückgerollten Blättern (Moosbeere – *Vaccinium oxycoccus*, Heidekraut – *Calluna vulgaris*), laubabwerfende kleine Sträucher (Weiden, Rauschbeere – *Vaccinium uliginosum*), Kräuter mit langen, schmalen, manchmal gefalteten oder zurückgerollten Blättern (Seggen, Scheidiges Wollgras – *Eriophorum vaginatum*), insektenfressende Pflanzen (Sonnentau) und einige Gehölze (Kiefer, Birke).

Die Anpassung an die physikalischen Eigenschaften der Unterlage macht sich am deutlichsten bei den Pflanzen bemerkbar, die auf lockerem, beweglichem **Sand** wachsen, den sog. Psammophyten. Trotz ihrer größeren, durch unterschiedlichen Chemismus und Gehalt an Mineralstoffen und Wasser bedingten floristischen Mannigfaltigkeit weisen die Psammophyten einige gemeinsame morphologische und biologische Besonderheiten auf, die sie vor Verschüttung oder umgekehrt Entblößung des Wurzelsystems schützen. Sie entwickeln zusätzliche Wurzeln und Sprosse, die die Sandablagerungen durchwachsen, weisen ein ausgebreitetes, umfangreiches Wurzelsystem oder leichte, bewegliche Früchte auf, die nicht im Sand versinken.

Jede Pflanzenart besiedelt ein bestimmtes, ihren Umweltansprüchen entsprechendes Gebiet, das als **Areal** bezeichnet wird. Nur wenige Pflanzen sind fast auf der ganzen Erde verbreitet (die sog. Kosmopoliten, z. B. das Einjährige Rispengras – *Poa annua*).

Arten, deren Vorkommen dagegen auf einen sehr kleinen Raum beschränkt ist, werden als

Endemiten des betreffenden Gebietes bezeichnet. Manchmal tritt eine Pflanzenart auch auf kleineren Fundgebieten außerhalb ihres zusammenhängenden Areals auf. Es handelt sich hier entweder um neue, günstige Standorte, die die Art bei ihrer Verbreitung besetzt hat (sogenannte Vorposten), oder umgekehrt um Überreste der ursprünglichen Standorte.

Arten, die sich als Rest einer ursprünglich weiten Verbreitung erhalten haben, werden als Relikte bezeichnet.

Außer den erwähnten ökologischen Faktoren haben auch die geologischen, geographischen und klimatischen Verhältnisse eines bestimmten Gebietes sowie die Art seiner Ausnutzung durch den Menschen große Bedeutung für die Verbreitung der Pflanzen. Eine wichtige Rolle spielen hier die Lage der Entwicklungszentren der einzelnen Pflanzengruppen und die möglichen Wege ihrer **Verbreitung**. Mit der Verbreitung der landwirtschaftlichen Tätigkeit des Menschen aus Vorderasien nach Europa (etwa 4 500 v. Chr.) wurde eine Reihe von Unkräutern eingeschleppt. Andere, meist nitrophile Arten (die sog. Ruderalarten), begleiten die menschlichen Behausungen. Arten, die in prähistorischen oder in den ältesten historischen Zeiten zu uns eingeschleppt wurden, nennt man Archeophyten, solche, die später eingeschleppt wurden oder eindrangen, Neophyten. Auch in der Gegenwart gelangen neue Arten in unser Gebiet, vor allem durch die Transportmittel und mit den beförderten Gütern. Meist verbreiten sie sich aber von ihren neuen Standorten nicht weiter, überdauern nur einige Jahre oder überleben nicht einmal den nächsten Winter.

In Zusammenhang mit der Intensivierung und Chemisierung des Pflanzenbaus zeichnet sich in der letzten Zeit eine ganz neue Phase in der Entwicklung der Vegetation ab. Durch die Verwendung von Herbiziden, durch Meliorationen und Entwässerung feuchter Standorte und die übermäßige Anreicherung der Gewässer und wenig fruchtbaren Böden mit Nährstoffen verarmt unsere Flora unglaublich rasch, und manche Arten schwinden sogar massenhaft.

Die Vegetation der Erde kann auch vom Standpunkt der Zonalität, Ozeanität und der Höhenstufen charakterisiert werden, besonders in Zusammenhang mit den Klimaverhältnissen großer Gebiete. Die Zonalität hängt mit den Klimazonen der Erde zusammen und wird daher durch die geographische Breite und Länge be-

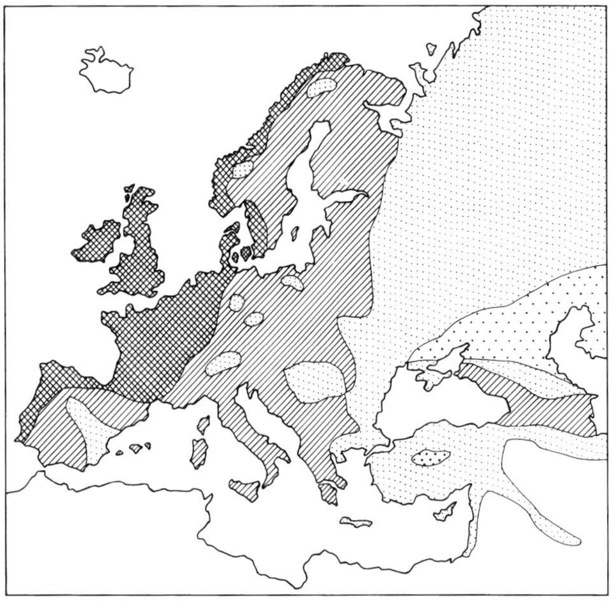

XVIII. Die Zusammensetzung und das Erscheinungsbild der Vegetation werden auch vom Klima in Abhängigkeit von der Entfernung der Wassermassen des Weltozeans beeinflußt. *Euozeanische* Arten treten nur im durch Gitterschraffierung bezeichneten Gebiet auf, das Verbreitungsgebiet der *ozeanischen* Arten ist schräg schraffiert, das der *kontinentalen* Arten ist punktiert. *Eukontinentale* Arten finden sich nur in dem durch dünne Punktierung bezeichneten Gebiet.

stimmt. Auf der nördlichen Halbkugel unterscheidet man folgende Zonen: die arktische (Tundra – jenseits der polaren Waldgrenze), die boreale (nordische Nadelwälder – Taiga), die temperate, gemäßigte (teilweise mit Nadelwäldern gemischte Laubwälder), die submeridionale (sommergrüne Trockenwälder und Steppen), die meridionale (immergrüne Laub- und Nadelwälder, Steppen und Wüsten), die subtropische (Savannen und Trockenwälder) und die tropische (immergrüne Regenwälder).

Nach der Verbreitung der Arten in verschiedenen Seehöhen bezeichnet man sie als kollin (Eichen-Stufe), montan (Buchen-, Tannen-Stufe), subalpin (Fichten-, Lärchen-, Zirben- und Krummholz-Stufe) und alpin (Matten-Stufe oberhalb des Krummholzgürtels).

Die geographische Lage vom Standpunkt der Zonalität kann durch die Lage vom Gesichtspunkt der Höhenstufen ausgeglichen werden: Arten, die in weiter nördlich gelegenen Zonen in niedrigen Seehöhen auftreten, können in milderen Zonen in höheren Lagen geeignete Lebensbedingungen finden.

Das Klima und damit auch die Verbreitung der Pflanzen werden auch durch die Entfernung von den Wassermassen der Weltozeane beeinflußt. Nur wenige Arten besiedeln innerhalb ihrer Zone den gesamten Erdkreis. Man bezeichnet sie als zirkumpolar. Die euozeanischen Arten sind an Gebiete mit extremem Seeklima gebunden, weiter entfernt von der Küste wachsen die ozeanischen Arten. Die kontinentalen Arten sind an Gebiete mit Festlandsklima gebunden. Die subozeanischen Arten treten in der Nähe des Ozeans auf, reichen aber in verschiedenem Maße auch in Gebiete mit kontinentalem Klima. Eine ähnliche Verbreitung wie die subozeanischen Arten haben die subkontinentalen, wobei jedoch ihr Gesamtareal weiter im Innern der Kontinente liegt.

Die Pflanzen wachsen in der Natur nicht voneinander isoliert. Ihre gegenseitigen Beziehungen können direkt oder indirekt sein. Zu den direkten Beziehungen zählen vor allem **Parasitismus** und **Symbiose** sowie ein epiphytisches Zusammenleben. Von unseren höheren Pflanzen sind z. B. Seide *(Cuscuta)* und Sommerwurz *(Orobanche)* Parasiten. Halbparasitisch leben Augentrost *(Euphrasia)* und Mistel *(Viscum)*. Die meistverbreitete Form der Symbiose bei höheren Pflanzen ist die Mykorrhiza, eine Lebensgemeinschaft von höheren Pflanzen und Pilzen. Sie findet sich bei den meisten Gehölzen, aber auch bei manchen Kräutern, so den Orchideen und Heidegewächsen, die ohne sie nicht existieren können. Als Epiphyten bezeichnet man Arten, die auf anderen Pflanzen leben, sich aber selbständig ernähren.

Die indirekten Wechselbeziehungen sind sehr mannigfaltig und kompliziert. Die einzelnen Populationen verschiedener Pflanzenarten bilden in einem bestimmten Gebiet **Pflanzengesellschaften**, die sog. Phytocoenosen. Diese bilden zusammen mit den Tiergesellschaften (Zoocoenosen) und Mikroorganismen die sog. Biocoenose. Mit den Klima- und Bodenfaktoren bildet die Biocoenose ein offenes System, dessen Glieder sich gegenseitig beeinflussen, ein Ökosystem.

Die Pflanzen- und Tiergesellschaften spiegeln also die Verhältnisse ihrer Umwelt wider. Mit ihrer Hilfe kann man den ganzen Komplex der Standortsbedingungen charakterisieren und Veränderungen in der Biosphäre feststellen.

Pflanze und Mensch

Ebenso wie die Umweltbedingungen auf die Pflanzen einwirken, üben diese eine Rückwirkung auf die Umwelt aus. Sie beeinflussen die Feuchtigkeit, Temperatur und Lichtverhältnisse sowie die Bodenbeschaffenheit. Der Mensch hat gelernt, diese Tatsachen für verschiedene biotechnische Maßnahmen in der Landschaft zu nutzen. Der wichtigste, für die grünen Pflanzen bezeichnende Prozeß ist die Photosynthese, die Bildung organischer Stoffe aus Mineralstoffen, Kohlendioxid und Wasser mit Hilfe der absorbierten Sonnenenergie. Die grünen Pflanzen bilden so den Anfang der Nahrungsketten, die das Leben aller Lebewesen auf der Erde ermöglichen. Ebenso wichtig ist die Tatsache, daß bei der Photosynthese Sauerstoff frei wird, der für die Atmung aller lebenden Organismen, einschließlich der Pflanzen, notwendig ist. Der gesamte freie (atmosphärische) Sauerstoff auf der Erde ist durch die Tätigkeit der Pflanzen entstanden.

XIX. Der Austausch von Gasen und Wasserdampf zwischen der Pflanze und ihrer Umwelt erfolgt vor allem mit Hilfe von kleinen Öffnungen in der Blattoberhaut, den Spaltöffnungen. Die Abbildung zeigt eine geöffnete und eine geschlossene Spaltöffnung mit den sog. Schließzellen.

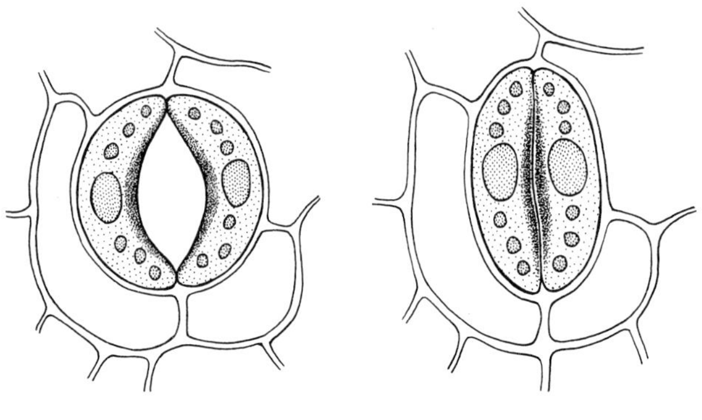

Die Pflanzen liefern uns Nahrung, Bekleidung und Behausung. Man darf nicht vergessen, daß wir ohne Pflanzen auch keine tierischen Produkte hätten, denn auch die Tiere ernähren sich direkt oder indirekt von Pflanzen.

Das Holz der Bäume findet im Bauwesen, der Möbelindustrie, als chemischer Rohstoff und zur

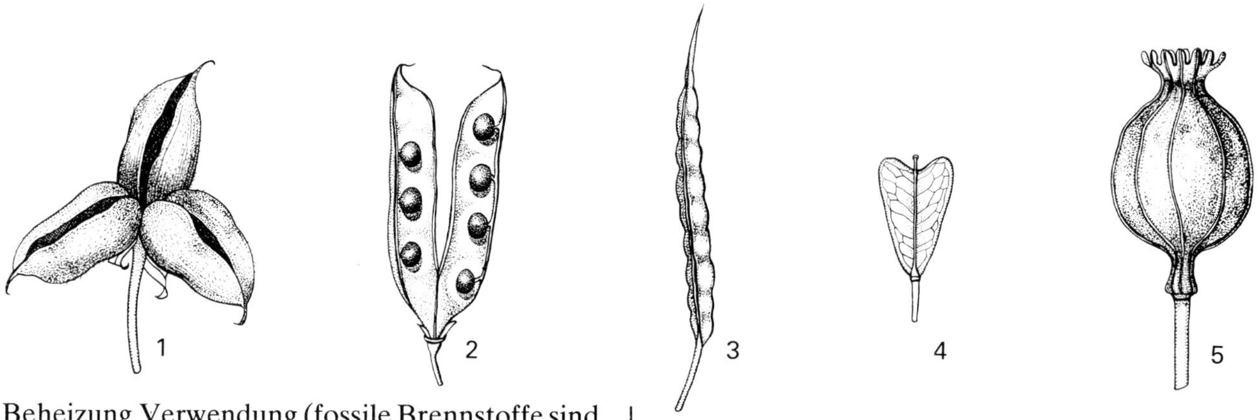

XX. Zu den mehrsamigen Früchten, die sich auf verschiedene Weise öffnen und die Samen ausstreuen, gehören z. B. Balg (1), Hülse (2), Schote (3), Schötchen (4) und Kapsel (5).

Beheizung Verwendung (fossile Brennstoffe sind gleichfalls pflanzlicher Herkunft). Die Textilpflanzen (Flachs, Hanf, Baumwolle) liefern Fasern, die die Grundlage für die Textilindustrie geschaffen haben. Aus anderen Pflanzen wird Lohe gewonnen, die zum Gerben von Leder und Pelzwerk verwendet wird. Trotz des großen Aufschwungs der Erzeugung synthetischer Farbstoffe werden immer noch Farbstoffe pflanzlicher Herkunft verwendet. Die Kautschukpflanzen liefern den unersetzlichen Rohstoff für die Gummiindustrie. Duftende, ätherische Öle enthaltende Pflanzen haben große Bedeutung für die Parfümerie. Die Zierpflanzen verschönern die Umgebung des Menschen in Gärten und Parks sowie in Innenräumen. Die Erforschung der Heilpflanzen (offizinellen Pflanzen) ist bis auf den heutigen Tag noch nicht beendet, und ihre Bedeutung für die Human- und Veterinärmedizin kann nicht hoch genug eingeschätzt werden. Die Drogen (getrocknete Pflanzen oder ihre Teile) werden entweder direkt verwendet oder dienen als Rohstoff in der pharmazeutischen und kosmetischen Industrie.

Die größte und wichtigste Gruppe bilden die Pflanzen, die dem Menschen als Nahrung dienen. An erster Stelle seien die **Getreidepflanzen** genannt (Weizen, Reis, Mais, Roggen, Gerste, Hafer), die die wichtigste Quelle der menschlichen Nahrung und die Futtergrundlage der Haustiere bilden. Ähnliche Bedeutung haben Hackfrüchte (Kartoffel), Hülsenfrüchte (Bohne, Erbse, Soja), Ölpflanzen (Lein, Sonnenblume, Raps, Olive, Erdnuß) und Pflanzen, die Zucker liefern (Zuckerrohr, Zuckerrübe, Ahorn). Obst und Gemüse haben für den Menschen nicht nur als Nahrungsmittel Bedeutung, sondern vor allem als Quelle von Vitaminen und Mineralstoffen. Schließlich sind noch die **Gewürzpflanzen** zu erwähnen (Pfeffer, Zimt, Vanille, Gewürznelke, Kümmel u. a.), die den Geschmack der Speisen verbessern und die Verdauung fördern.

Schon die Menschen der Urzeit haben begonnen, manche wildwachsenden Pflanzen zielbewußt zu kultivieren und allmählich umzuwandeln. Im Laufe der Jahrtausende sind so zuerst Halbkultur- und schließlich Kulturpflanzen entstanden. Dazu kam es zu verschiedenen Zeiten und an verschiedenen Stellen der Erde. Die Gebiete, in denen die Entwicklung der Landwirtschaft ihren Anfang nahm, werden als primäre Ursprungszentren der Kulturpflanzen bezeichnet. Daneben gibt es sekundäre Zentren, in die die Pflanzen gelangten und wo sich durch ihre Weiterkultivierung neue Sorten entwickelt haben. Die Mehrzahl der heutigen Kulturpflanzen stammt aus acht Hauptzentren, die sich größtenteils in der Alten Welt befinden. Aus der Neuen Welt sind nur zwei Zentren bekannt.

1. Das vorderasiatische Zentrum (Irak, ein Teil des Irans und Kleinasien) hat vor allem als Ursprungsgebiet Bedeutung, aus dem sich die Landwirtschaft zuerst ins Mittelmeergebiet und später nach ganz Europa verbreitet hat. Hier hat das Getreide seinen Ursprung, von Hülsenfrüchten z. B. Erbsen und Linsen, von Gemüsepflanzen Knoblauch, Zwiebel, Lauch, Möhre, Petersilie, Sellerie und Kopfsalat. Von einer Reihe weiterer Kulturpflanzen sei wenigstens die Weinrebe erwähnt.

2. Das mittellmeerische Zentrum stellt für viele Kulturpflanzen ein sekundäres Usprungszentrum dar. Trotzdem stammen aus dem Mittelmeergebiet z. B. manche Weizenarten, von Futterpflanzen Puffbohne, Saatwicke und Luzerne.

3. Das ostafrikanische Zentrum liegt im Sudan und in Äthiopien. Von hier stammen z. B. Durra (*Sorghum*), Sesam (*Sesamum*), manche

Baumwollarten und vor allem der Kaffeestrauch.

4. Das mittelasiatische Zentrum umfaßt Afghanistan, einen Teil von Pakistan und reicht bis nach Tadshikistan und Usbekistan. Hier haben Hirse, Buchweizen, Spinat und Hanf ihren Ursprung, von den Obstbäumen z. B. die Aprikose.

5. Das ostasiatische Zentrum nimmt einen großen Teil Chinas und Koreas ein. Zu den bedeutsamsten Kulturpflanzen aus diesem Ursprungsgebiet gehören manche Gersten- und Haferarten, von Hülsenfrüchten Soja und manche Bohnenarten, von Zucker liefernden Pflanzen Zuckerrohr, von Obstbäumen vor allem Pfirsich und manche Apfelarten sowie die Orange.

6. Das südasiatische Zentrum erstreckt sich über einen großen Teil des indischen Subkontinents und Südostasiens mit den dazugehörigen Inseln bis zu den Philippinen. Vor allem aus diesem Zentrum stammen Gurke, Aubergine, Zitrone, Pfeffer, Zimt, Banane und Kokospalme.

7. Das mittelamerikanische Zentrum liegt größtenteils auf dem Gebiet von Mexiko. Für die Entstehung der Kulturpflanzen hatte es dieselbe Bedeutung wie die wichtigsten Zentren der Alten Welt. Von hier kommen vor allem Mais, Batate (*Ipomaea batatas*) und einige Bohnenarten.

8. Das südamerikanische Zentrum zerfällt in einige Gebiete, die vor allem in einem Streifen zu beiden Seiten der Anden liegen. Von den wichtigen Kulturpflanzen haben hier Kartoffel, Erdnuß, Tabak und Manioka (*Manihot*), Ananas und Tomate ihren Ursprung.

Die jüngeren Kulturpflanzen stammen aus anderen Gebieten. So sind z. B. Johannisbeere, Stachelbeere, Kirsche, Hopfen, von den Futterpflanzen manche Kleearten und die Zuckerrübe europäischen Ursprungs.

Mit der landwirtschaftlichen Tätigkeit des Menschen und dem Anbau von Kulturpflanzen haben sich auch zahlreiche Unkräuter aus den Ursprungszentren in andere Gebiete verbreitet. Auch unter ihnen finden sich nützliche Arten (z. B. Heilpflanzen u. a.). Manche von ihnen haben die ursprüngliche Flora um neue Arten bereichert.

Der einzige Kontinent, auf dem keine Kulturpflanzen entstanden sind, ist Australien. Keine der dortigen Pflanzen wies nämlich Eigenschaften auf, die eine Kultur im großen ermöglichten, und daher fehlten die Voraussetzungen für die Entstehung einer primitiven Landwirtschaft. Aus diesem Grund sind die ursprünglichen Bewohner Australiens, ähnlich wie die der nordischen Gebiete mit ungünstigem Klima, bis in die neueste Zeit auf dem Niveau der vorzeitlichen Jäger und Sammler geblieben. Daraus geht hervor, daß der Charakter der Flora den Charakter und die Entwicklung der menschlichen Gesellschaft seit alters beeinflußt hat.

System und Nomenklatur der Pflanzen

Man kann beobachten, daß manche Pflanzen einander sehr ähneln, während andere sich beträchtlich voneinander unterscheiden. Aus den Samen einer bestimmten Pflanze entwickeln sich Individuen, die einander und der Mutterpflanze sehr ähnlich sind. Faßt man alle Merkmale zusammen, in denen diese Pflanzen übereinstimmen, und umgekehrt diejenigen, in denen sie sich von den übrigen Pflanzen unterscheiden, gelangt man zum abstrakten **Begriff der Art** (Species). Als Pflanzenart wird also die Gesamtheit aller genetisch zusammenhängenden Individuen bezeichnet, deren Merkmale sich unter gleichbleibenden Existenzbedingungen bei der Nachkommenschaft nicht verändern.

Aber auch unter den zur selben Art gehörenden Pflanzen findet man keine zwei völlig gleiche. Diese unwesentlichen (nicht spezifischen)

Unterschiede sind auf die Variabilität zurückzuführen, die allen lebenden Wesen eigen ist. Die in der Natur am häufigsten vorkommende Form wird als typisch bezeichnet. Die abweichenden Formen werden nach ihrem Wert verschieden benannt, z. B. Formen (geringfügige, nicht erbliche Abweichungen), Varietäten (bedeutsamere, teilweise erbliche Abweichungen) oder Unterarten (Subspecies – markante erbliche, oft auch geographisch charakterisierte Abweichungen). Die Art ist also die systematische Grundeinheit, die anderen angeführten Einheiten werden innerhalb der Arten unterschieden.

Auf dieselbe Weise werden verwandte Arten zu höheren Einheiten, den Gattungen, zusammengefaßt. So gehören z. B. alle Kleearten zur Gattung Klee **(Trifolium)**, alle Fingerkrautarten zur Gattung Fingerkraut **(Potentilla)**. Noch höhere Einheiten sind in aufsteigender Reihenfolge Familie, Ordnung, Klasse und Stamm.

Noch im 17. Jahrhundert begnügten sich die Botaniker mit der Beschreibung der Pflanzen, denen sie die verschiedensten Namen gaben. Der Name war in der Regel nichts anderes als eine verkürzte Beschreibung, die von der praktischen Nutzung der Pflanze ausging. Eine wissenschaftliche Klassifikation der Pflanzen gab es damals noch nicht, und deshalb wurden oft Pflanzen von ganz unterschiedlichem Charakter derselben Gruppe zugeordnet. So führte der berühmte französische Botaniker Clusius in seinem Werk aus dem Jahre 1583 drei Lungenkrautarten an, **Pulmonaria I–III.** Die erste war das Echte Lungenkraut **(Pulmonaria officinalis),** die zweite das Schmalblättrige Lungenkraut **(P. angustifolia),** aber die dritte war kein Lungenkraut, nicht einmal eine Samenpflanze, sondern die Lungenflechte **(Lobaria pulmonaria).** Die Pflanzen wurden damals nach den auffallendsten Merkmalen in Bäume, Sträucher und Kräuter eingeteilt. Die Kräuter gliederte man weiter in Zwiebelpflanzen, Knollenpflanzen, Pflanzen mit einer kräftigen Wurzel, auffallenden Blüten usw.

Später versuchten verschiedene Botaniker Systeme aufgrund der einfachsten morphologischen Merkmale aufzustellen. Das wichtigste Kriterium für die Schaffung eines übersichtlichen Systems war die Ähnlichkeit bestimmter Merkmale, nicht der Verwandtschaftsgrad der Pflanzen. Diese Bestrebungen gipfelten im Werk des schwedischen Naturwissenschaftlers C. Linné (1707 bis 1778). Bisher hatte man den Pflanzen beschreibende, aus mehreren Wörtern bestehende Namen gegeben. Linné verwendete in seiner Schrift Species plantarum (die Pflanzenarten, 1753) als erster die binäre (aus zwei Worten bestehende) Nomenklatur, in der der erste Name die Gattung bezeichnet (**Trifolium** – Klee), der zweite die Art (**T. pratense** – Rotklee). Sein eigentliches System stellte Linné aufgrund der morphologischen Beschaffenheit der Geschlechtsorgane, besonders der Staubblätter, auf. So erhielt er zwar eine einfache Übersicht aller Pflanzenarten, aber die einzelnen Arten waren in ganz unnatürliche Gruppen gegliedert, die ihre Verwandtschaft aufgrund der stammesgeschichtlichen Zusammenhänge nicht respektierten.

Erst im Laufe des 19. Jahrhunderts, als vor allem dank dem französischen Naturwissenschaftler Lamarck (1744–1829) und dem englichen Gelehrten Darwin (1809–1882) die Vorstellung von der Beständigkeit und Unveränderlichkeit der Arten aufgegeben und die Abstammungslehre (Deszendenztheorie) begründet wurde, entstanden neue, sog. natürliche Pflanzensysteme. Sie gingen davon aus, daß die heutige Flora der Erde das Ergebnis der Entwicklung der Pflanzen im Laufe der geologischen Erdepochen ist, und waren bemüht, die Verwandtschaftsbeziehungen (phylogenetischen Zusammenhänge) zwischen den einzelnen Pflanzengruppen aufzuzeigen. Das phylogenetische System weist auch heute noch Lücken auf, und die übrigen botanischen Disziplinen tragen zu seiner Vervollkommnung bei: die Paläobotanik durch die Untersuchung ausgestorbener Pflanzenarten, die vergleichende und experimentelle Morphologie durch den Vergleich von Pflanzenorganen und Veränderungen, denen sie unterliegen, die Physiologie durch das Studium der Stoffwechselvorgänge und nicht zuletzt durch die Untersuchung der Individualentwicklung des Organismus (Ontogenese).

Die von Linné eingeführte **binäre Nomenklatur** wird bis zum heutigen Tag verwendet. Um Unklarheiten zu vermeiden und die Verständigung der Botaniker auf der ganzen Welt zu erleichtern, bedient man sich zur Benennung der Pflanzen der lateinischen Sprache. Neben dieser wissenschaftlichen Nomenklatur, die genauen Regeln unterliegt, werden freiere Nomenklaturen in den Nationalsprachen der einzelnen Länder gebraucht. Dem wissenschaftlichen Pflanzennamen wird die Abkürzung des Namens des Botanikers (z. B. L. = Linné) angefügt, der die Art erstmals wissenschaftlich beschrieben und die Beschreibung auf die vorgeschriebene Weise veröffentlicht hat (z. B. **Lamium album** L.).

Manchmal werden dem wissenschaftlichen (lateinischen) Namen der Pflanze die Namen zweier Autoren (oder ihre Abkürzung) angefügt, wenn der spätere Autor die Abgrenzung der Art verändert oder eine andere Umwandlung ihrer systematischen Zuordnung vorgenommen hat, was in der Regel auch mit einer Änderung des Namens der jeweiligen Pflanze verbunden ist. Mehrere Autorennamen werden auch in dem Falle angeführt, wenn der Autor die Art nicht in seiner eigenen Arbeit veröffentlicht hat, sondern in der eines anderen.

Die Benennung der Pflanzenarten und die Verwendung der Autorennamen unterliegen festgelegten internationalen Normen („Intern. Code der Botanischen Nomenklatur", JCBN von 1978).

Diese Praxis ermöglicht es, Mißverständnissen vorzubeugen, für den Fall, daß zwei Autoren denselben Namen für zwei verschiedene Arten verwenden oder dieselbe Art mit verschiedenen Namen bezeichnen. Gleichzeitig ermöglicht sie, den Grundsatz der Priorität einzuhalten, der besagt, daß jeweils der älteste gültig veröffentlichte Name korrekt ist.

Große Bedeutung für die botanische Taxonomie (d. i. die Zuordnung der Pflanzen zu den einzelnen systematischen Einheiten) sowie auch für andere botanische Disziplinen kommt den Herbarien zu, denn wichtige morphologische Merkmale sind auch an trockenen Pflanzen gut sichtbar. Jedes Exemplar muß mit einem Zettel (der sog. Scheda) versehen sein, auf dem der Name der Pflanze, der Fundort, eventuell auch seine Charakteristik, das Datum des Sammelns und der Name des Sammlers angeführt sind.

Bestimmung von Pflanzen

Jedermann findet wohl hin und wieder eine Pflanze, die er nicht kennt und nicht zu benennen weiß. Wie stellt man den Namen einer unbekannten Pflanze fest? Diesem Zweck dienen die sog. **Bestimmungsschlüssel**. Die Pflanzen werden in der Regel aufgrund ihrer morphologischen Merkmale (ihrer Körpergestalt) zuerst in große und dann immer engere Gruppen gegliedert, bis man zum Namen der bestimmten Art gelangt. Früher wurden die Bestimmungschlüssel gewöhnlich in Form von Tabellen zusammengestellt. Die modernen Bestimmungswerke sind zweiteilig: jeder These (Behauptung, Beschreibung) wird eine Antithese gegenübergestellt. Durch Vergleich der Merkmale der zu bestimmenden Pflanze mit der Beschreibung im Bestimmungsschlüssel entscheidet man, welche der beiden Möglichkeiten zutrifft. Nach den entsprechenden Schlüsselziffern geht man zum nächsten Thesenpaar über und wiederholt dies so lange, bis man zur Bestimmung des Pflanzennamens gelangt. Wenn man zu einem bestimmten Thesenpaar von einem Punkt gelangt, der weiter entfernt ist als das unmittelbar vorangehende Paar, wird dieser Punkt in Klammern angeführt. Das erleichtert eine Kontrolle des Bestimmungsweges und des umgekehrten Vorgehens beim Suchen von Fehlern. Um eine Pflanzenart nach dem Schlüssel bestimmen zu können, bedarf es einer wenigstens oberflächlichen Kenntnis der Morphologie. Trotzdem empfehlen wir Anfängern zu lernen, wie man Pflanzen mit Hilfe eines Schlüssels bestimmt. Zuerst sollten sie versuchen, Pflanzen zu bestimmen, die sie schon kennen. Aber auch später sollten sie ihre Befunde so lange von einem erfahreneren Botaniker kontrollieren lassen, bis sie die nötigen Kenntnisse und Sicherheit erworben haben. Der auf den folgenden Seiten angeführte Bestimmungsschlüssel soll als Beispiel dienen und kann nur zur Bestimmung der Familien verwendet werden, denen die im vorliegenden Buch angeführten Arten angehören.

Will sich jemand eingehender mit der Bestimmung von Pflanzen befassen, muß er genauere Bestimmungsschlüssel verwenden, die meist für bestimmte größere oder kleinere Gebiete herausgegeben werden.

Bestimmungsschlüssel der angeführten Familien

1 a) Pflanzen zur Blütezeit ohne grüne Blätter 2
b) Pflanzen zur Blütezeit mit grünen, wenn auch nur kleinen Blättern 9

2 a) Nicht wurzelnde Schmarotzer mit gelblichem oder rötlichem, unbeblättertem, windendem Stengel, Blüten klein, in Knäueln – *Cuscutaceae (Cuscuta)*
b) Pflanzen anders gestaltet 3

3 a) Stengelstiel rund, mit weißem Mark gefüllt, an der Basis von gelben bis braunen Scheiden eingehüllt; Blätter fehlen nur scheinbar, sie sind vollkommen stengelähnlich – *Juncaceae (Juncus)*
b) Stengel ohne weißes Mark, ohne Scheiden an der Basis 4

4 a) Blüten groß, violettes bis fleischfarbenes Perigon mit langer, bis in den Boden reichender Röhre; die Pflanzen blühen im Herbst (Stengel und Blätter erscheinen erst im nächsten Frühjahr) – *Liliaceae (Colchicum)*
b) Stengel erscheinen gleichzeitig mit den Blüten 5

5 a) Blüten in Körbchen, Stengel schuppig, im Frühjahr erscheinend, im Sommer entwickeln sich große grüne Blätter 6
b) Blüten nicht in Körbchen, grüne Blätter entwickeln sich auch später nicht . . 7

6 a) Blüten goldgelb, jeder Stengel trägt ein einziges Körbchen – *Asteraceae (Tussilago)*
b) Blüten weißlich oder violett überlaufen, jeder Stengel trägt mehrere Körbchen – *Asteraceae (Petasites)*

7 a) Blüten regelmäßig, getrenntblättrig, Staubblätter 8 oder 10; Pflanzen wachsgelb, Stengelspitze zur Blütezeit nikkend – *Monotropaceae (Monotropa)*
b) Blüten symmetrisch, Staubblätter 4 oder 1 8

8 a) Fruchtknoten unterständig, Staubfaden 1, Perigon mit Unterlippe – *Orchidaceae (Neottia)*
b) Fruchtknoten oberständig, Staubblätter 4 (2 längere und 2 kürzere), Krone zweilippig – *Orobanchaceae (Orobanche)*

9 a) (1) Wasserpflanzen, schwimmend, freischwebend oder im Grunde wurzelnd 10
b) Land- oder Sumpfpflanzen 16

10 a) Pflanzen klein, in Form von kleinen Blättchen, an der Oberfläche schwimmend oder untergetaucht – *Lemnaceae (Lemna)*
b) Pflanzen anders gestaltet 11

11 a) Blätter untergetaucht, in feine fadenförmige Abschnitte gegliedert, Blattabschnitte mit 0,5–2 mm großen Fangblasen besetzt, gelbe, zweilippige Blüten mit Sporn in Trauben, Stengel aus dem Wasser herausragend – *Utriculariaceae (Utricularia)*
b) Blätter ohne Blasen 12

Bestimmungsschlüssel der angeführten Familien

12 a) Untergetauchte Blätter in fadenförmige Abschnitte geteilt, Einzelblüte weiß – *Ranunculaceae (Batrachium)*

b) Blätter mit großer flacher Spreite, meistens schwimmend, wenn untergetaucht, niemals in fadenförmige Abschnitte gegliedert 13

13 a) Blätter sitzend, länglich lanzettlich, meist in dreizähligen Quirlen, untergetaucht – *Hydrocharitaceae (Anacharis)*

b) Blätter mit verschieden langen Stielen, schwimmend 14

14 a) Schwimmblätter rundlich herz- bis nierenförmig, Spreite am Grund ausgeschnitten, Blüten groß, einzelstehend – *Nymphaeaceae*

b) Schwimmblätter lanzettlich bis eiförmig, Spreite am Grunde nicht oder nur flach ausgeschnitten, Blüten klein, in ährenförmigen Blütenständen 15

15 a) Blätter mit netzförmiger Nervatur, Blattstiele mit Tute – *Polygonaceae (Polygonum amphibium)*

b) Blätter parallelnervig, Blattstiele mit einem Nebenblatt – *Potamogetonaceae (Potamogeton*

16 a) (9) Blüten ohne Hüllen oder mit undeutlichem oder deutlichem drei-, sechs- oder neunzähligem Perigon, einkeimblättrig *(Monocotyledonae)* 17

b) Blütenhüllen weder drei- noch sechs- oder neunzählig, zweikeimblättrig *(Dicotyledonae)* 27

17 a) Blütenhüllen undeutlich, borstenförmig, schuppig oder ganz fehlend, oft durch zwei spelzenförmige Hochblätter ersetzt 18

b) Blütenhüllen als Perigon entwickelt oder in äußeren Kelch und innere Krone unterschieden; die spelzenförmigen Blütenhüllen sind drei- oder sechszählig 22

18 a) Blüten in kugeligen Köpfen oder dicken walzenförmigen Kolben 19

b) Blüten in von anderen Blütenständen 21

19 a) Blüten in von einem Hochblatt (Scheide) umhüllten Kolben – *Araceae*

b) Blütenstand nicht von Hochblatt (Scheide) umhüllt 20

20 a) Blüten in sehr dichten, walzenförmigen Kolben – *Typhaceae (Typha)*

b) Blüten in kugeligen, stacheligen Köpfen – *Sparganiaceae (Sparganium)*

21 a) (18) Stengel hohl, in der Regel stielrund oder flachgedrückt, mit Knoten (Halm), Blätter oft mit Blatthäutchen zwischen Scheide und Spreite – *Poaceae*

b) Stengel markig, meist dreikantig, ohne Knoten, Blätter meist ohne Blatthäutchen – *Cyperaceae*

22 a) (17) Fruchtknoten oberständig . . 23

b) Fruchtknoten unterständig 25

23 a) Blütenhüllen nicht in Kelch und Krone unterschieden 24

b) Blütenhüllen in äußeren Kelch und innere Krone unterschieden – *Alismataceae (Alisma)*

24 a) Perigon kronartig, farbig – *Liliaceae*

b) Perigon häutig – *Juncaceae*

25 a) (22) Blüten symmetrisch, Staubblatt 1 (selten 2) – *Orchidaceae*

b) Blüten (fast) regelmäßig, immer mehrere Staubblätter 26

26 a) Staubblätter 6, Narbe einfach oder dreilippig – *Amaryllidaceae (Galanthus)*

b) Staubblätter 3, Narben 3, Griffel meist kronblattartig – *Iridaceae (Iris)*

27 a) (16) Blütenhüllen nicht in Kelch und Krone unterschieden oder fehlend . 28

b) Blütenhüllen in Kelch (meist grün) und Krone (meist farbig) unterschieden 52

28 a) Blüten mit 2 bis zahlreichen freien Stempeln, Staubblätter 5 bis zahlreich – *Ranunculaceae*

b) Blüten mit einem Stempel 29

29 a) Blütenstand kugelförmig, aus vielen einblütigen Köpfchen bestehend, die von einer mehrblättrigen Hülle umgeben

sind – *Asteraceae (Echinops)*
b) Blüten anders gestaltet 30

30 a) Scheinblüten (Cyathien genannte Blütenstände) in glockenförmigen Gebilden (Hüllbechern), mit ovalen bis mondförmigen Drüsenanhängseln zwischen ihren Zipfeln; Cyathien in Zymen angeordnet – *Euphorbiaceae (Euphorbia)*
b) Blüten anders gestaltet 31

31 a) Blüten in vielblütigen Körbchen mit gemeinsamer Hülle – *Asteraceae*
b) Blüten nicht in Körbchen mit Hülle 32
32 a) Fruchtknoten unterständig oder mittelständig 33
b) Fruchtknoten oberständig 40

33 a) Blätter quirlständig, Krone 3–4zipflig, ebenso viele Staubblätter wie Kronzipfeln – *Rubiaceae*
b) Blätter nicht quirlständig 34

34 a) Blätter gegenständig 35
b) Blätter wechselständig 39

35 a) Blüten einzeln, mittelgroß, Perigon dreizählig, matt braun – *Aristolochiaceae (Asarum)*
b) Kleine Blüten in größerer Zahl, Perigon 4-oder 5zählig 36

36 a) Blätter ungeteilt, schmal-lineal bis pfriemlich, Blüten grünlich, Staubblätter 10, Griffel 2 – *Silenaceae (Scleranthus)*
b) Blätter tief eingeschnitten, falls ungeteilt, haben breite Spreite 37

37 a) Staubblätter 3 oder 1, Krone fünfzipflig – *Valerianaceae*
b) Staubblätter 8 oder 10 38

38 a) Blätter dreizählig bis zweimal dreizählig, Blüten gelbgrün, in endständigem Kopf – *Adoxaceae (Adoxa)*
b) Blätter nierenförmig bis rundlich, gezähnt – *Saxifragaceae (Chrysosplenium)*

39 a) Blüten in einfachen oder zusammengesetzten Dolden, Staublätter 5, Griffel 2 – *Apiaceae*
b) Blüten in anderen Blütenständen, Staubfäden 4 oder 1 – *Rosaceae*

40 a) (32) Blätter in einer Grundrosette – *Plantaginaceae (Plantago)*
b) Blätter gegenständig oder wechselständig 41

41a) Blätter gegenständig 42
b) Blätter wechselständig 44

42 a) Blüten eingeschlechtig 43
b) Blüten zwitterig, Staubblätter 4–10, Griffel 1–5 – *Silenaceae*

43 a) Staubblätter 4, Pflanzen mit Brennhaaren – *Urticaceae (Urtica)*
b) Staubblätter 9–12, Pflanzen ohne Brennhaare – *Euphorbiaceae (Mercurialis)*

44 a) (41) Nach Verwundung tritt Milchsaft aus, Blüten einzeln, groß, Kronblätter 4, Kelchblätter 2, nur an den Knospen, beim Erblühen abfallend – *Papaveraceae*
b) Pflanzen ohne Milchsaft 45

45 a) Blätter mit häutiger, stengelumfassender Tute oder zwei mit dem Blattstiel verwachsenen Nebenblättern 46
b) Blätter ohne Tute und mit dem Stiel verwachsene Nebenblätter 47

46 a) Blätter ungeteilt, mit Tüte, Staubblätter 5–9, Griffel 2 oder 3 – *Polygonaceae*
b) Blätter handförmig oder fiederförmig gegliedert oder lappig, mit zwei mit dem Blattstiel verwachsenen Nebenblättern – *Rosaceae*

47 a) (45) Blüten mit Sporn oder beutelartig aufgeblasen 48
b) Blüten ohne Sporn und nicht aufgeblasen 49

48 a) Blätter ungeteilt, Kelchblätter 3, wie Kronblätter gefärbt, ein Kelchblatt viel größer, mit Sporn – *Impatientaceae (Impatiens)*
b) Blätter fiederartig gegliedert, Krone rosa bis weißlich, am Grunde aufgeblasen, 2 Kelchblätter sehr klein, vor dem Erblühen abfallend, Staubblätter 6, paarig verwachsen – *Papaveraceae (Fumaria)*

49 a) Staubblätter zahlreich, Beerenfrüchte – *Ranunculaceae (Actaea)*
b) Staubblätter 2–8 50

50 a) Staubblätter 6 (4 längere und 2 kürzere), Kronblätter 4, Frucht Schote oder Schötchen – *Brassicaceae*
b) Andere Staubblattzahl, Früchte weder Schoten noch Schötchen 51

51 a) Perigonblätter häutig, meist farbig, Staubblätter frei – *Amaranthaceae (Amaranthus)*
b) Perigonblätter krautig, meist grün, Staubblätter mit dem Perigon verwachsen, Pflanzen oft mehlig bestäubt – *Chenopodiaceae*

52 a) (27) Kronblätter frei 53
b) Kronblätter miteinander verwachsen 84

53 a) Fruchtknoten unterständig oder mittelständig 54
b) Fruchtknoten oberständig 59

54 a) Griffel 1 55
b) Griffel 2 57

55 a) Blüten in reichen kopfförmigen Dolden, Krone blau – *Campanulaceae (Jasione)*
b) Blüten nicht in Dolden 56

56 a) Kronblätter 2 oder 4 – *Oenotheraceae*
b) Kronblätter 6 – *Lythraceae (Lythrum)*

57 a) (54) Staubblätter 5, Blüten in einfachen oder zusammengesetzten Dolden oder Köpfen, Kronblätter 5, Spaltfrucht (Doppelachäne) – *Apiaceae*
b) Staubblätter 10, Blüten nicht in Dolden 58

58 a) Frucht zweikantige Kapsel, Blätter ungeteilt – *Saxifragaceae*
b) Frucht im Blütenbecher mit hakenförmigen Stacheln eingeschlossen, Blätter gefiedert – *Rosaceae (Agrimonia)*

59 a) (53) Fruchtknoten in größerer Zahl (2 bis zahlreich) 60
b) Fruchtknoten 1 62

60 a) Blätter fleischig – *Crassulaceae*
b) Blätter dünn, krautig bis häutig, nicht fleischig 61

61 a) Durch Verwachsen des Grundes von Kelch, Krone und Staubblättern entsteht ein Blütenbecher mit mittelständigem Fruchtknoten, daher sind die Kelchblätter scheinbar verwachsen – *Rosaceae*
b) Kelchblätter deutlich frei – *Ranunculaceae*

62 a) (59) Krone symmetrisch, Kronblätter ungleich 63
b) Krone regelmäßig, alle Kronblätter gleichförmig 69

63 a) Blüten an der Basis gespornt oder beutelartig aufgeblasen 64
b) Blüten an der Basis nicht gespornt und nicht beutelartig aufgeblasen . . . 66

64 a) Staubblätter 5 65
b) Staubblätter 6, paarig verwachsen, Kelchblätter 2, hinfällig – *Papaveraceae (Fumaria)*

65 a) Kelchblätter 3, farbig, ein gesporntes Blatt bedeutend größer – *Impatientaceae (Impatiens)*
b) Kelchblätter 5, grün, mit Anhängsel an der Basis, Kronblätter 5, das untere mit kurzem sackförmigem Sporn – *Violaceae (Viola)*

66 a) (63) Kelchblätter ganz frei oder nur am Grunde verwachsen 67
b) Kelchblätter zu einer fünfzipfligen oder zweilippigen Röhre verwachsen, Schmetterlingsblüte – *Fabaceae*

67 a) Staubblätter 6 (4 längere und 2 kürzere), Kelch- und Kronblätter 4 – *Brassicaceae*
b) Andere Zahl von Staubblättern . . 68

68 a) Kelchblätter 5, die beiden seitlichen größer und farbig, Kronblättern ähnlich („Flügel“) – *Polygalaceae (Polygala)*
b) Kelchblätter 6 (selten weniger), Kronblätter unregelmäßig zerschlitzt – *Resedaceae (Reseda)*

69 a) Mindestens 12 Staubblätter 70
b) Staubblätter 2–10 75

70 a) Kelchblätter verwachsen 71
b) Kelchblätter frei, meist hinfällig . . 72

71 a) Kelch mit 8–12 Zipfeln, Kronblätter 6, Staubblätter frei, Blätter ungeteilt, Frucht Kapsel – *Lythraceae (Lythrum)*
b) Kelch fünfteilig, mit Außenkelch, Kronblätter 5, Staubfäden zu einer Röhre verwachsen, Blätter lappig bis geteilt, Frucht eine Spaltfrucht, aus vielen Teilen bestehend – *Malvaceae (Malva)*

72 a) (70) Kelchblätter 2, nach Verwundung tritt Milchsaft aus – *Papaveraceae*
b) Kelchblätter zahlreich, Pflanzen ohne Milchsaft 73

73 a) Kelchblätter und Kronblätter 4, hinfällig, Blätter dreizählig bis doppelt fiederig gegliedert, Frucht Beere – *Ranunculaceae (Actaea)*
b) Kronblätter 5 (meist gelb), Kelchblätter 5 (2 oft deutlich kleiner), Blätter ungeteilt, Frucht Kapsel 74

74 a) Staubblätter zu 3–5 Bündeln verwachsen, Kapsel dreifächerig – *Hypericaceae (Hypericum)*
b) Staubblätter frei, Kapsel einfächerig – *Cistaceae (Helianthemum)*

75 a) (69) Stempel und Narbe 1, Narbe einfach oder zweilappig 76
b) Stempel 2–5 oder 1 mit einer größeren Zahl von Narben 78

76 a) Kelch 8–12zähnig, Kronblätter 4 oder 6 – *Lythraceae (Lythrum)*
b) Kelch 4- oder 5teilig oder aus 4–8 freien Blättchen, meist hinfällig 77

77 a) Staubblätter 6 (4 längere und 2 kürzere), Kelch- und Kronblätter 4 – *Brassicaceae*
b) Staubblätter 8 oder 10, Kronblätter 5, Blätter ungeteilt, immergrün – *Pyrolaceae (Pyrola)*

78 a) (75) Blätter gelappt bis gefiedert oder dreizählig 79
b) Blätter ungeteilt 80

79 a) Blätter dreizählig, Kleeblättern ähnlich, Frucht Kapsel – *Oxalidaceae (Oxalis)*
b) Blätter handförmig gegliedert, lappig oder gefiedert, Spaltfrucht in Schnabelfrüchte zerfallend – *Geraniaceae*

80 a) (78) Blätter gegenständig, Kelchblätter 4–5, frei oder zu einer 4–5zipfligen Röhre verwachsen, Zahl der Kronblätter dieselbe, Staubblätter 1–10 (meist 5 oder 10) – *Silenaceae*
b) Blätter wechselständig oder nur grundständig 81

81 a) Blätter ganzrandig, herzförmig, bis auf ein stengelumfassendes Blatt etwa in der Mitte des Stengels grundständig, Blüten einzeln, weiß – *Saxifragaceae (Parnassia)*
b) Blätter wechselständig oder alle grundständig 82

82 a) Nur Grundblätter 83
b) Blätter wechselständig, Staubblätter 10, Griffel 2 – *Saxifragaceae*

83 a) Blüten in von Deckblättern eingehüllten Köpfen, Blätter schmal linear – *Plumbaginaceae (Armeria)*
b) Blüten in traubenförmigen Blütenständen, Blätter gestielt, mit rundlicher Spreite, oberseits mit Drüsenhaaren besetzt – *Droseraceae (Drosera)*

84 a) (52) Schmetterlingsblüten 85
b) Blüten anders gestaltet 86

85 a) Blätter dreiteilig – *Fabaceae (Trifolium)*
b) Blätter ungeteilt – *Polygalaceae (Polygala)*

86 a) (84) Blüten in Köpfen mit einer Hülle aus Deckblättern 87
b) Blüten nicht in Köpfchen oder Köpfe ohne Deckblatthüllen 89

87 a) Staubblätter 4, Staubbeutel frei, Krone 4- oder 5teilig – *Dipsacaceae*
b) Staubblätter 5 88

88 a) Kronblätter nur mit den Spitzen verwachsen, Staubbeutel frei – *Campanulaceae (Phyteuma)*
b) Kronblätter im unteren Teil verwachsen,

Krone röhrig-fünfzipflig oder zungenförmig, Staubbeutel zu einer Röhre verwachsen – *Asteraceae*

89 a) (86) Fruchtknoten unterständig oder mittelständig 90
b) Fruchtknoten oberständig 94

90 a) Stattliche Pflanzen von strauchartigem Wuchs, Blätter gegenständig, Staubblätter 5 – *Loniceraceae (Sambucus)*
b) Krautige Pflanzen 91

91 a) Quirlständige Blätter, Krone (3-)4 teilig – *Rubiaceae*
b) Blätter anders gestaltet 92

92 a) Blatter gegenstandig 93
b) Blätter wechselständig oder fast grundständig, Blüten meist blau, selten weiß, Griffel mit 2 oder 3 Narben, Frucht 2–5 fächerige Kapsel – *Campanulaceae*

93 a) Blüten in Zymen, Krone fünfteilig – *Valerianaceae*
b) Blüten in dichtem, endständigem Kopf, Gipfelblüten vierzählig, mit zweiteiligem Kelch, Seitenblüten fünfzählig mit dreiteiligem Kelch – *Adoxaceae (Adoxa)*

94 a) (89) Fruchtknoten vierteilig, reife Frucht in 4 Klausen zerfallend 97
b) Fruchtknoten nicht vierteilig (höchstens innen mit vier Fächern), Frucht nicht in 4 Klausen zerfallend 97

95 a) Blätter gegenständig, Krone meist deutlich zweilippig (selten Oberlippe verkümmert), Staubblätter 4 (2 längere, 2 kürzere), selten 2 96
b) Blätter wechselständig, Krone fünfzählig, regelmäßig, selten schwach symmetrisch, Staubblätter 5 – *Boraginaceae*

96 a) Blüten in schmalen langen Ähren, auf demselben Niveau nur eine Blüte, Krone violett überlaufen, klein, undeutlich zweilippig, Fruchtknoten zur Blütezeit nur vierlappig – *Verbenaceae (Verbena)*
b) Blüten in Scheinquirlen, Krone meist deutlich zweilippig, Fruchtknoten meist bis zur Basis, mindestens aber bis zur Hälfte vierteilig – *Lamiaceae*

97 a) (94) Staubblätter 8 oder mehr . . . 98
b) Staubblätter weniger als 8 100

98 a) Krone symmetrisch 99
b) Krone regelmäßig, Griffel oder Narben 2, Blätter gegenständig – *Gentianaceae*

99 a) Staubblätter 8, zu einem Bündel verwachsen – *Polygalaceae (Polygala)*
b) Staubblätter frei, zahlreich – *Ranunculaceae*

100 a) (97) Staubblätter 5–7 101
b) Staubblätter 2–4 107

101 a) Blätter gegenständig quirlig oder grundständig 102
b) Blätter wechselständig 105

102 a) Fruchtknoten 2, frei, 2 Griffel oder Narben verwachsen manchmal, Blätter gegenständig 103
b) Fruchtknoten 1 104

103 a) Stengel aufrecht, Blüten in größerer Zahl, Blätter nur im Sommer entwikkelt – *Asclepiadaceae (Cynanchum)*
b) Stengel niederliegend, Blüten einzeln, blau, Blätter immergrün – *Apocynaceae (Vinca)*

104 a) (102) Staubblätter stehen vor den Kronzipfeln, Griffel 1, Samen auf einer Zentralsäule – *Primulaceae*
b) Staubfäden wechseln mit den Kronzipfeln ab, Griffel und Narben 1 oder 2, Samen an den Wänden der Kapsel – *Gentianaceae*

105 a) (101) Narben 2, Blüten einzeln, groß, trichterförmig, Stengel kriechend oder windend – *Convolvulaceae*
b) Griffel 1 mit einer Narbe 106

106 a) Staubfäden mindestens einiger Staubblätter mit violetten Wollhaaren besetzt, Krone radförmig, leicht symmetrisch, mit sehr kurzer breiter Röhre – *Scrophulariaceae (Verbascum)*
b) Staubfäden aller Staubblätter kahl, höchstens an der Basis bewimpert, Krone glocken-, trichter- oder radförmig – *Solanaceae*

107 a) (101) Staubblätter 2, Krone radförmig vierzipflig oder trichterförmig, oft zweilippig – *Scrophulariaceae*
b) Staubblätter 4, oft nur 2 mit entwickelten Staubbeuteln 108

108 a) Krone regelmäßig 109
b) Krone ± symmetrisch 110

109 a) Blätter gegenständig, ungeteilt, Blüten einzeln oder in Trauben, Krone groß, auffallend gefärbt – *Gentianaceae*
b) Blätter grundständig, Blüten in dichten Ähren, Blüten klein, Perigon häutig, Staubblätter weit über die Blüte herausragend – *Plantaginaceae (Plantago)*

110 a) (108) Krone zweilippig (manchmal gespornt) oder vierzipflig, Frucht zweifächerige Kapsel – Scrophulariaceae
b) Krone fünfteilig, trichterförmig, Fruchtknoten vierlappig, die Frucht zerfällt zur Reifezeit in 4 Klausen – *Verbenaceae (Verbena)*

Bildteil

Symbole, die auf die betreffenden Standorte hinweisen:

 Wälder und Waldschläge

 Wiesen und Weiden

 Felsen und Steinböden

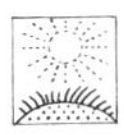 sonnige Hänge, Feldraine und Sandböden

 Torf und Moorgrund

 feuchte Standorte, Sümpfe, Ufer

 stehende und fließende Gewässer

 Felder und Brachen

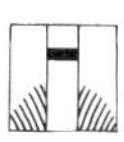 Menschensiedlungen, Schuttplätze, Ablageplätze, Wegränder

Seerosengewächse
Nymphaeaceae

Große Mummel, Große Teichrose

Nuphar lutea

Kapsel

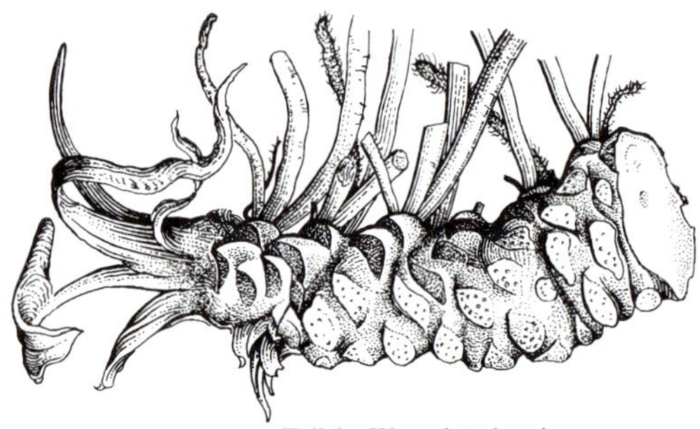

Teil des Wurzelstocks mit Wurzeln

Diese ausdauernde Wasserpflanze wächst aus einem kräftigen, kriechenden, bis 3 m langen Wurzelstock hervor, der fest im schlammigen Grund verankert ist. Auf seinen älteren Teilen finden sich zahlreiche halbmondförmige Blattnarben an den Stellen, wo die Blätter abgefallen sind. Die breit eiförmige Blattspreite ist am Grund keilförmig eingeschnitten und mit einem biegsamen, langen Stiel am Wurzelstock angeheftet. Das lederige Blatt hat oberseits einen unbenetzbaren Wachsüberzug. Die langen Schäfte tragen ziemlich kleine, kugelförmige, zart duftende Blüten, die über das Wasser herausragen. Sie bestehen aus fünf gelben perigonähnlichen Kelchblättern, die zahlreiche kurze, zungenförmige Kronblätter umschließen. Diese sondern als Honigblätter (Nektarien) einen süßen, Insekten anlockenden Saft ab. Die zahlreichen Staubblätter umgeben den oberständigen Fruchtknoten mit einer scheibenförmigen Narbe. Nach der Befruchtung entwickelt sich aus dem Fruchtknoten eine fleischige bauchige Kapsel, die über dem Wasser reift und später in einige Teile zerfällt. Die von Luftkammern erfüllte Schale gibt den schweren Samen im klebrigen Fruchtfleisch den Auftrieb im Wasser. Die Samen schwimmen auf dem Wasser und entfernen sich von der Mutterpflanze. Wenn das Fruchtfleisch verfault ist, sinken die Samen auf den Grund. Die Mummel verbreitet sich auch leicht durch Bruchstücke des Wurzelstocks.

Die Gelbe Mummel ist eine Pflanze der europäischen, nordasiatischen und nordafrikanischen stehenden und langsam fließenden Gewässer, Tümpel, Teiche und Altwässer großer Flüsse. Früher wurde sie nicht nur als Heilpflanze geschätzt, sondern vor allem als Ersatz für die zauberkräftige Mandragorenwurzel oder den ostasiatischen Ginseng. Heute ist sie in manchen Gebieten geschützt.

Weiße Seerose

Nymphaea alba

Seerosengewächse
Nymphaeaceae

Die Weiße Seerose ist eine ausdauernde Wasserpflanze, die im lehmigen Schlamm des Grundes durch einen kriechenden, bis 1 m langen, dicken, fleischigen wurzelnden Wurzelstock befestigt ist. Ihm entspringen die runden Stiele der weichen Blätter; ihre Länge richtet sich nach der Wassertiefe. Von der lederartig derben, wachsartig glänzenden, mit Spaltöffnungen ausgestatteten Blattoberseite rinnen die Wassertropfen leicht herab. Den biegsamen Stielen und kräftigen Stengeln gibt das Durchlüftungsgewebe (Aerenchym) den Auftrieb. Die Blüten haben einen Durchmesser von 12–15 cm. Die unterseits grünen, oberseits weißen Kelchblätter gehen allmählich in 15–18 reinweiße Kronblätter über, die in einer Spirale angeordnet sind. Zur Mitte hin verkleinern und verschmälern sich die Kronblätter und gehen gleichzeitig in goldgelbe Staubblätter über, die den Fruchtknoten bis unter die strahlige Narbe besetzen. Die Bestäubung erfolgt durch Insekten und der befruchtete Fruchtknoten entwickelt sich im Wasser. Die reife schleimige Frucht quillt, platzt, und die von einem mit Luft gefüllten Gehäuse umgebenen Samen steigen zur Wasseroberfläche auf und werden durch die Bewegungen des Wassers oder von Vögeln und Fischen über weitere Entfernungen verbreitet.

Die Weiße Seerose tritt in stehenden oder langsam fließenden Gewässern in ganz Europa bis ins östliche Transkaukasien zerstreut auf. Stellenweise tritt sie im selben Standort auf, wie die ihr nahestehende Kleine Seerose *(N. candida)*, deren Blütenboden kantig ist, im Unterschied zu der rundlichen Blüte der Weißen Seerose.

Die von Mythen und Aberglauben umwobene Pflanze, die besonders mit dem Wassermann und den Nixen in Zusammenhang gebracht wird, ist in vielen Ländern geschützt.

Blatt mit Nervatur

Querschnitt durch den Stiel

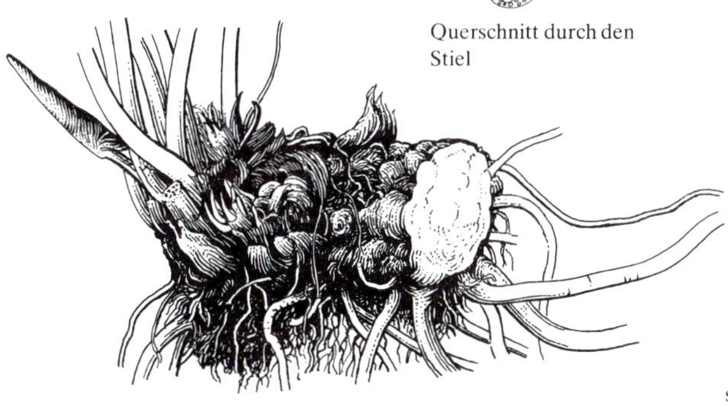

Teil des Wurzelstocks

sich entfaltende Blütenknospe

Hahnenfußgewächse
Ranunculaceae

Sumpfdotterblume

Caltha palustris

Samen

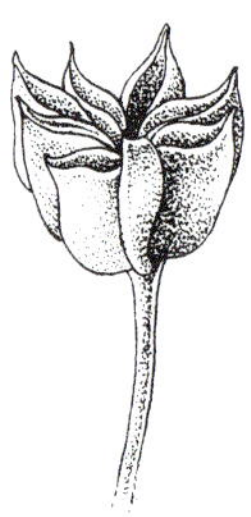

Balgfrüchte

Die Sumpfdotterblume ist eine ausdauernde Pflanze mit einem kahlen hohlen Stengel und einer Büschelwurzel. Die matt glänzenden Blätter sind langgestielt, rund herz- bis nierenförmig, am Rande gekerbt. Im Sommer kann die Spreite einen Durchmesser von 25 cm erreichen. Die Blüten entfalten sich zeitig im Frühjahr, im März oder April. Die glänzenden goldgelben Blüten haben fünf Kronkelch- (=Perigon-) blätter und eine große Menge Staubblätter. Nach dem Abblühen verwandeln sich die Stempel in 5–10 Bälge: Früchte mit mehreren Samen. Vor dem Öffnen sind sie bogenförmig nach außen gerichtet und stehen ab.

Die Dotterblume ist eine sehr veränderliche Art. In Europa bildet sie einige Unterarten oder selbständige kleine Arten, die sich durch die Form der Bälge oder die Größe der Blätter voneinander unterscheiden oder auch niederliegende Stengel haben können.

Die Sumpfdotterblume wächst auf der ganzen nördlichen Halbkugel auf nassen Wiesen, in Gräben, am Ufer von Bächen und stehenden Gewässern von den Niederungen bis in die montane Stufe. Als mit den Hahnenfußarten verwandte Pflanze wird sie vom Vieh wegen ihres bitteren Geschmacks gemieden. Sie enthält das schwach giftige Alkaloid Protoanemonin.

Aus den einfachen Blüten der Sumpfdotterblume sind durch Züchtung gefüllte Gartenformen entstanden, bei denen sich die Staubblätter zu zusätzlichen Blütenblättern verbreitert haben.

Die zerriebenen gelben, mit Alaun vermengten Blüten liefern einen gelben Farbstoff zum Färben von Stoffen.

Trollblume

Trollius europaeus

Hahnenfußgewächse
Ranunculaceae

Die über 60 cm hohe ausdauernde Pflanze hat einen unverzweigten Stengel. Die Grundblätter sind langgestielt, die Stengelblätter sitzend, wechselständig. Alle sind handförmig geteilt, mit 3 bis 5 tief gezähnten Zipfeln. Die Blüten können einen Durchmesser von 3 cm erreichen. Die äußere Hülle der kugeligen Blüten besteht aus fünf dottergelben Kelchblättern, die die schmalen, kleinen, an der Innenseite mit Honigdrüsen ausgestatteten Kronblätter völlig überdecken. Das Blüteninnere ist mit zahlreichen Staubblättern und Stempeln ausgefüllt. Die Frucht ist ein länglicher gekrümmter Balg mit einer Anzahl von glänzend schwarzen Samen.

Die Trollblume blüht von Mai bis Juni auf feuchten Wiesen vom Hügelland bis in die Vorgebirge und Gebirge Europas. Sie tritt gesellig nicht nur auf feuchteren Wiesen, sondern auch auf den trockneren, humosen und lehmigen Böden von Bergwiesen, Matten und lichten Waldschlägen auf. Infolge der Entwässerung und des Düngens der Böden und anderer Maßnahmen zur Erhöhung ihrer Fruchtbarkeit, und auch weil die Pflanzen oft zu Sträußen gepflückt werden, schwindet die Trollblume allmählich aus der freien Natur. In manchen Ländern wurde sie deshalb ins Verzeichnis der geschützten und gefährdeten Pflanzen aufgenommen.

Der wissenschaftliche Name der Gattung hängt mit der kugeligen Form der Blüten zusammen und ist von der lateinischen Form des althochdeutschen Wortes troll (rund) abgeleitet, woraus trolleus (einem runden Gefäß ähnlich) entstanden ist. Die Blüte ist so dicht verschlossen, daß die bestäubenden Insekten keinen Zutritt zu den Stempeln und Staubblättern haben. Die Befruchtung erfolgt durch kleine Fliegen, die ständig in der Blüte leben.

In Gärten wird eine gefüllte Hybridform mit orangegelben Blüten gezogen, zu deren Vorfahren der sibirische *T. asiaticus* und der ostasiatische *T. chinensis* gehörten.

Grundblatt

Balgfrüchte

Samen

Hahnenfußgewächse
Ranunculaceae

Stinkende Nieswurz

Helleborus foetidus

Tragblatt des Blütenstandes

Blütenblatt

Die ausdauernde Pflanze mit einem stielrunden beblätterten Stengel wird 0,5 m hoch. Die immergrünen überwinternden Blätter sind fast lederig, dunkelgrün und nicht glänzend. Der bis 14 cm lange gefurchte Blattstiel trägt eine handförmig geteilte, am Rande fein gesägte Spreite. Der verzweigte Blütenstand aus 10–15 geschlossenen, glockigen, hellgrünen Blüten ist von eiförmigen ganzrandigen Deckblättern umgeben. Die Blütenstiele sind fein drüsig. Drüsen bedecken auch die Außenseite der 5 Kelchblätter, die als Krone fungieren. Die Kelchblätter sind grün, an der Spitze purpurn. Die eigentlichen Kronblätter ähneln kleinen Bechern mit Honigblättern am Grund. Die drei bis vier Stempel reifen zu schnabelförmigen Bälgen, die sich an der Bauchnaht öffnen.

Die Art stammt aus Süd- und Westeuropa, wo sie auf leichtem kalkhaltigem Boden im strauchigen Unterwuchs trockener Wälder oder auf Lichtungen auftritt.

Zur Beliebtheit der Nieswurz als Gartenpflanze hat vor allem ihre ungewöhnliche Blütezeit beigetragen. Einige Nieswurzarten entfalten ihre Blüten schon im Winter und blühen bis zum Vorfrühling oft sogar im Schnee. Aus diesem Grund wird sie in vielen Sprachen als Weihnachts-, Winter-, Schneerose oder als Schneekönigin bezeichnet.

Die giftigen Nieswurzarten wurden früher als Heilpflanzen verwendet. So diente die Schwarze Nieswurz *(H. niger)* im Altertum als Mittel gegen Geistesstörungen und Schwermut. Das Gift aus dem unterirdischen Wurzelstock verwendeten die Gallier als Pfeilgifte für die Jagd auf wilde Tiere. Auf die Giftigkeit der Pflanzen ist wohl auch ihr wissenschaftlicher Gattungsname zurückzuführen: Das griechische helein bedeutet töten, bora bedeutet Speise.

Christophskraut

Actaea spicata

Hahnenfußgewächse
Ranunculaceae

Das Christophskraut ist eine bis 60 cm hohe, ausdauernde Pflanze, die aus einem kräftigen Wurzelstock hervorwächst. Die Stengel sind nur schwach verzweigt und haben große, waagerecht stehende Blätter mit einer dreizählig gefiederten Spreite. Die Blüten sind klein, gelblich weiß, in einer dichten Traube angeordnet. Die vier weißlichen Kelchblätter sind hinfällig. Der einzige Stempel ist von hellgelben Staubblättern und 4–6 fadenförmigen Kronblättern umgeben. Die Blüten erscheinen in den Monaten Mai bis Juni. Die Frucht ist eine glänzend schwarze Beere mit halbkugeligen Samen.

Die Art ist auf der ganzen nördlichen Halbkugel von den Niederungen bis in die Vorgebirge verbreitet. Sie wächst in schattigen Laubwäldern, in felsigen Schluchten, auf Schlägen und an Bachufern, wo der Boden feuchter und fruchtbarer ist. Am häufigsten tritt sie in Vorgebirgs- und Gebirgslaubwäldern auf und ist hier eine typische Begleitart der Buchenwälder.

Die ganze Pflanze ist etwas giftig, denn sie enthält das Glykosid Ranunculin, das in Protoanemonin zerfällt und nach Genuß starke Übelkeit hervorruft. Zu Vergiftungen durch Verwechslung der Beeren mit denen von eßbaren Waldpflanzen kommt es selten.

Früher wurde der aus dem Wurzelstock und dem Kraut bereitete Tee in der Volksheilkunde verwendet. Mehr als zu Heilzwecken wurde die Pflanze aber als Zaubermittel zum Suchen von Schätzen verwendet und war dem heiligen Christoph, dem Patron der Schatzgräber, geweiht. Viele Bezeichnungen in den Nationalsprachen sind vom alten lateinischen Namen der Pflanze, *Christophoriana,* abgeleitet. Der heutige wissenschaftliche Gattungsname rührt wohl von der Ähnlichkeit der Früchte oder der Blattform mit dem Schwarzen Holunder (griechisch aktaia) her.

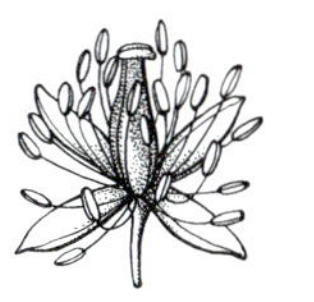

einzelne Blüte

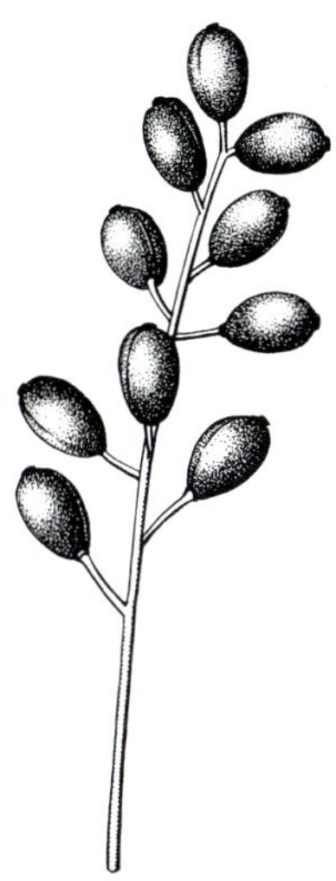

Fruchtstand

Hahnenfußgewächse
Ranunculaceae

Gemeine Akelei

Aquilegia vulgaris

Balgfrüchte

wie die Krone gefärbtes Kelchblatt

Das ausdauernde, mehr als einen halben Meter hohe Kraut hat langgestielte, doppelt dreizählige Grundblätter mit keilförmig-eiförmigen, stumpfen, am Rande gekerbten Blättchen. An einer Pflanze entwickeln sich 5–10 überhängende Einzelblüten. Die langgestielten Blüten sind blauviolett, manchmal auch weiß oder rosa. Die Kelchblätter sind kronartig gefärbt und wechseln mit den trichterförmigen Kronblättern ab, die einen langen, umgebogenen, nektarhaltigen Sporn tragen. Die Staubblätter bilden ein Büschel. Die Blüte enthält fünf Stempel, deren Fruchtknoten zu schmalen Bälgen mit einer länglichen, umgebogenen Spitze reifen. Die Samen sind klein, glänzend schwarz. Die Blüten entfalten sich Ende Mai und im Juni.

Die Blüten der Akelei können nur von Hummeln oder anderen Insekten mit einem langen Saugrüssel befruchtet werden. Die Bienen mit kurzen Saugrüsseln beißen den Sporn oft an, um den süßen Saft aussaugen zu können.

Die Akelei wächst in Europa und Nordafrika in lichten Laub- und Mischwäldern, an Waldsäumen, auf Lichtungen und Bergwiesen auf humosen, lockeren Böden.

Sie gehört zu den dankbaren Gartenpflanzen. Als Zierpflanzen werden vor allem nordamerikanische und sibirische Arten und ihre Hybriden mit attraktiven, auffallend gefärbten Blüten gezogen.

Der wissenschaftliche Gattungsname wurde entweder von der Form der gebogenen Sporne abgeleitet, die dem gebogenen Schnabel oder der Kralle eines Adlers ähneln (lat. aquila = Adler), oder von den trichterförmigen Honigblättern, in denen sich auch Wasser hält (aqua = Wasser, legere = sammeln).

Blauer Eisenhut, Sturmhut

Aconitum napellus

Hahnenfußgewächse
Ranunculaceae

Das ausdauernde, bis 1,5 m hohe Kraut hat knollenförmig verdickte Wurzeln, aus denen ein aufrechter Stengel hervorwächst, der nur im Blütenstand verzweigt ist. Die Blätter sind wechselständig, derb, mit einer handförmig geteilten bis geschnittenen Spreite, deren Abschnitte tief eingeschnitten und länglich rautenförmig sind. Der vielblütige traubenförmige Blütenstand besteht aus gestielten blauvioletten Blüten. Die markante Blüte bilden fünf kronartig gefärbte Kelchblätter, von denen das obere charakteristisch helmförmig gewölbt ist und zwei Kronblätter schützt, die die Rolle von Honigblättern übernommen haben. Der Helm ist halbkugelförmig, etwas höher als breit. Die zwei bis drei Fruchtknoten sind kahl. Die Pflanzen blühen von Juli bis September. Die Frucht ist ein Balg mit scharfkantigen schwarzen Samen.

Der Blaue Eisenhut ist eine sehr veränderliche Art. Er ist in den europäischen Gebirgen verbreitet. Am häufigsten tritt er auf feuchten Bergwiesen und steinigen Ufern von Gebirgsbächen auf.

Die ganze Pflanze ist giftig, sie enthält ein Gemisch stark giftiger Alkaloide, von denen das Aconitin und seine Derivate am wichtigsten sind. Eines der stärksten Pflanzengifte wird für den Gebrauch in der Medizin aus den Knollen isoliert. Als Heilmittel war der Blaue Eisenhut schon den Gelehrten des Altertums bekannt. Man verwendete ihn bei neuralgischen Schmerzen, Gicht, Rheumatismus und gegen Schüttelfrost. Giftig ist auch der Nektar aus den Blüten. Berühmtheit hat der Eisenhut eher als beliebte Zierpflanze erlangt, als durch die Tatsache, daß er im Mittelalter als Zutat von zauberkräftigen Salben diente.

In vielen Sprachen hängt die Bezeichnung der Pflanze mit der Blütenform zusammen, die einem Helm oder einer Mönchskapuze ähnlich ist.

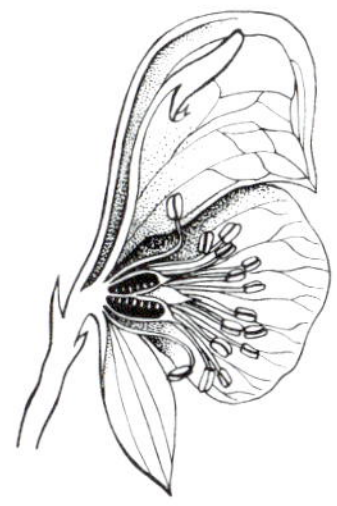

Schnitt durch die Blüte

Blüte

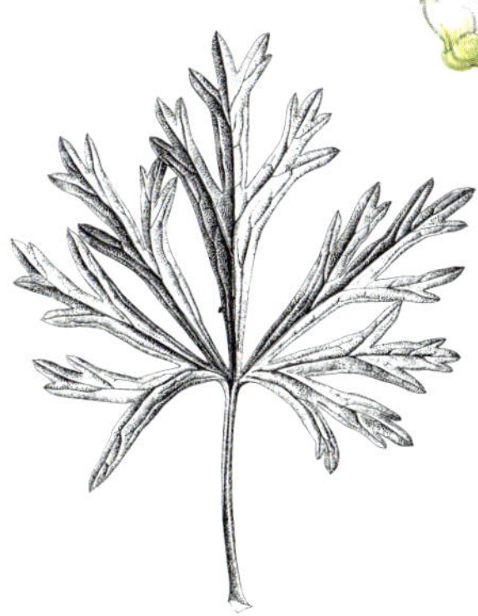

Blatt

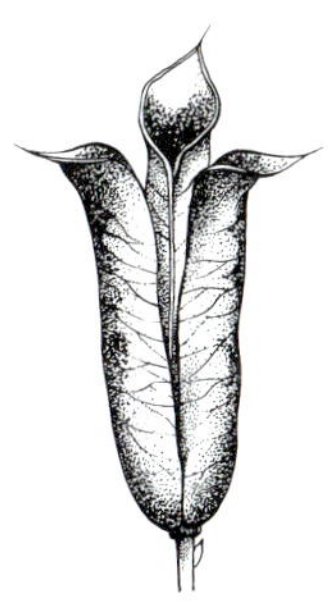

3 Balgfrüchte

Hahnenfußgewächse
Ranunculaceae

Gelber Eisenhut

Aconitum vulparia

Die Pflanze ist ausdauernd, 50–120 cm hoch und hat einen dünnen, verzweigten Wurzelstock. Der verzweigte Stengel ist schwach behaart. Die wechselständigen Blätter sind im Umriß rundlich, handförmig geteilt, mit breit keilförmigen dreilappigen Abschnitten. Der traubig-rispige Blütenstand besteht aus gelben, behaarten Blüten, die im Juni und Juli erscheinen. Der blaßgelbe kronartige Kelch hat einen länglich walzenförmigen Helm, der zweimal höher als breit ist. Die Kronblätter sind in Honigblätter umgewandelt, die einen dünnen Sporn aufweisen. Die Staubblätter und Fruchtknoten sind kahl, ebenso die Bälge, die warzenförmige dunkle Samen enthalten.

Die eigentümlich geformte Blüte kann nur von Hummeln mit einem langen Saugrüssel bestäubt werden. Hat ein anderes Insekt durch Anbeißen des Sporns den süßen Saft erbeutet, läßt die Hummel die Blüte unbestäubt stehen.

Die Art gedeiht in feuchteren Bergwäldern, besonders in Laubwäldern, auf Waldschlägen und in Gebüschen Mittel- und Südeuropas (vom Hügelland bis ins Gebirge). In den Alpen steigt sie bis in eine Höhe von 2 500 m ü. M. auf.

Die ganze Pflanze ist stark giftig, auch wenn sie andere Alkaloide enthält als der Blaue Eisenhut. Von ihrer Giftigkeit zeugt auch ihr Gattungsname. Das lateinische *vulparia* ist von vulpes = Fuchs abgeleitet. Der als Synonym gebrauchte Artname *A. lycoctonum* stammt aus dem Griechischen, wo lykos „Wolf“ und kteino „ich töte“ bedeutet. Der altgriechische Arzt Dioskorides berichtet, daß die schwarze Wurzel dieses Eisenhuts in rohes Fleisch gewickelt und zum Vertilgen von Wölfen und Füchsen verwendet wurde. Dieser uralten Verwendungsweise liegt auch die Bezeichnung der Pflanze in vielen Nationalsprachen zugrunde.

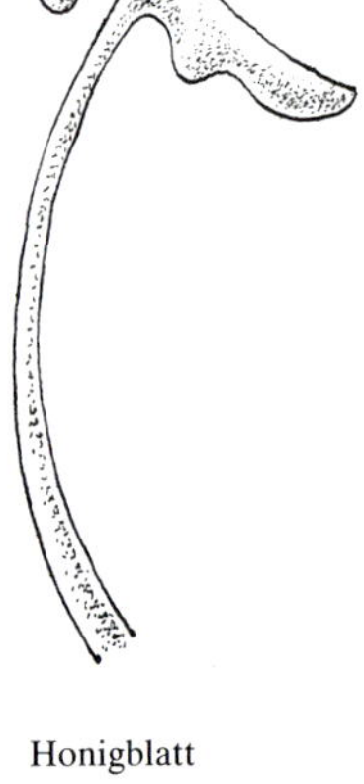

Honigblatt

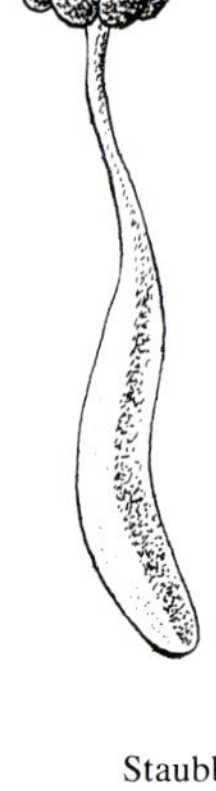

Staubblatt

Buschwindröschen

Anemone nemorosa

Hahnenfußgewächse
Ranunculaceae

Der einfache, aufrechte, bis 25 cm hohe Stengel entspringt einem dünnen, waagerecht kriechenden, bräunlichen Wurzelstock. Er trägt einen Quirl aus drei dreizähligen, kurzgestielten Hochblättern von derselben Form wie das einzige Grundblatt, das fehlen kann. Die Abschnitte der Blättchen sind am Rande grobgezähnt. Die Pflanze entwickelt eine einzige langgestielte Blüte, deren Perigon meist aus 6, manchmal aus 8 oder 12 kahlen Kronkelchblättern besteht, die innen weiß, außen rosaviolett sind. Auffallend sind die gelben Pollensäcke der zahlreichen Staubblätter, die eine größere Anzahl von Stempeln umgeben. Die oberständigen Fruchtknoten reifen zu rauhhaarigen Schließfrüchten. Diese bilden einen kugeligen Fruchtstand auf einem nickenden Stiel. Die Blüten erscheinen nicht an derselben Stelle wie im Vorjahr. Der Wurzelstock des Buschwindröschens verlängert sich alljährlich um ein Stückchen und verschiebt dadurch auch die Endknospe, aus der ein neuer blütentragender Stengel hervorwächst.

Das Buschwindröschen ist in Europa, Ostasien und Nordamerika weit verbreitet. Diese Frühlingspflanze tritt in Laubwäldern, Gebüschen und feuchteren Wiesen in Fluß- und Bachauen meist gesellig auf. Die Blüten erscheinen von März bis Mai. Die Art besiedelt lockere, humose, nährstoffreiche Böden. Die frische Pflanze ist giftig, der Saft enthält Glykoside und das Alkaloid Anemonin, das auf empfindlicher Haut Blasenbildung hervorruft. Gelangt er ins Auge, verursacht er Bindehautentzündung. Als Bestandteil von Grünfutter kann sie beim Vieh zu Darmentzündungen führen.

Der Gattungsname *Anemone* hat seinen Ursprung in der griechischen Bezeichnung für Wind (anemos); die langgestielte Blüte bewegt sich im Wind, und die Blütenblätter werden in die Umgebung geweht.

Frucht

Wurzelstock

Hahnenfußgewächse
Ranunculaceae

Gelbes Windröschen

Anemone ranunculoides

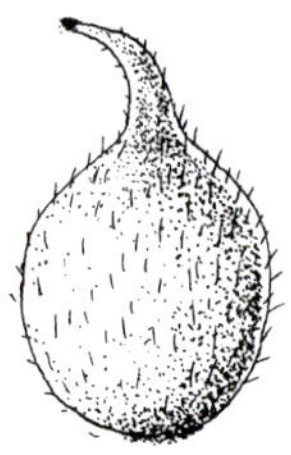

Frucht

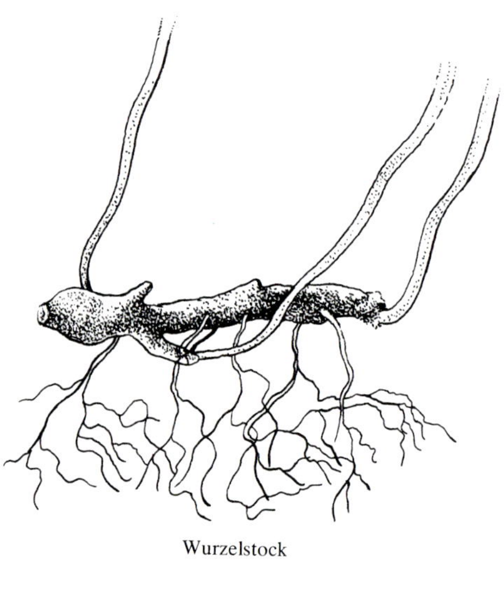

Wurzelstock

Das Gelbe Windröschen ist ein ausdauerndes Kraut mit einem langen, kriechenden schuppigen Wurzelstock. Manchmal wächst aus ihm ein langgestieltes dreizähliges Grundblatt hervor, das auch fehlen kann, und außerdem ein 15–25 cm hoher, dünner aufrechter Stengel mit drei quirlständigen Hochblättern, die in der Form mit dem Grundblatt übereinstimmen. Ihre Lappen sind tief eingeschnitten und am Rande gezähnt. Dem Quirl der kurzgestielten bis sitzenden Hochblätter entspringt gewöhnlich eine fünfzählige Blüte, oft auch zwei, selten 3–5. Die goldgelben Blüten sind langgestielt und aufrecht. Die eiförmigen Kronkelchblätter sind an der Außenseite anliegend behaart. Sie schützen eine Vielzahl von Staubblättern und Stempeln mit oberständigen Fruchtknoten im Inneren der Blüte. Die Art blüht zur selben Zeit wie das Buschwindröschen, von März bis Mai. Die Schließfrüchte bilden einen kugeligen Fruchtstand.

Die Art kommt fast in ganz Europa vor, mit Ausnahme des westlichen Teils der französischen Küste, Nordbelgiens, Skandinaviens und Griechenlands. Im Osten reicht sie bis in den Kaukasus und nach Sibirien. Stellenweise steigt sie von den Niederungen bis in die Gebirgsstufe auf. Das Gelbe Windröschen ist feuchtigkeitsliebender als das Buschwindröschen, tritt aber oft gesellig mit ihm in schattigen Laubgehölzhainen, auf feuchteren Wiesen, in Gebüschen, an Waldrändern und in Flußauen auf. Es bevorzugt Kalkböden.

Ähnlich wie das weißblühende Buschwindröschen ist auch das Gelbe Windröschen für Menschen und Tiere giftig. An Orten, wo beide Arten gemeinsam auftreten, entstehen manchmal Bastarde mit cremefarbenen oder nur gelblichen Blüten.

Leberblümchen

Hepatica nobilis

Hahnenfußgewächse
Ranunculaceae

Das niedrige, 5–15 cm hohe Kraut treibt aus einem braunen kriechenden Wurzelstock dünne Stengel mit jeweils einer Blüte, so daß die Stengel für lange Blütenstiele gehalten werden. Auf dem abstehend behaarten Stengel befindet sich ein dreizähliger Quirl kleiner, ungegliederter Hochblätter, die nahe unter der Blüte sitzen, so daß sie eher Kelchblättern ähneln. Die langgestielten Grundblätter sind in einem Busch angeordnet. Sie überwintern, und im Frühjahr erscheinen an den verblühenden Pflanzen junge sprießende, hellgrüne, dreilappige Blätter. Die Blattspreite ist später lederig, dunkelgrün, unterseits violett überlaufen. Die 6–10 Kronkelchblätter sind blau, blauviolett, manchmal auch weiß oder rosa. Die Pflanze blüht 7–8 Tage. Die älteren Blüten färben sich rosa. Vom dunklen Hintergrund des Perigons hebt sich eine Vielzahl von Staubblättern mit weißen Pollensäcken ab. Aus den zahlreichen Stempeln entstehen spitzige Schließfrüchte. Die Pflanzen blühen von März bis April.

Die Pflanze schützt die inneren Blütenorgane vor Nachtfrösten, Regen und Tau, indem sich die Blüten schließen und herabneigen, so daß der Pollen nicht durch Nässe beschädigt wird. Die Blüten werden gewöhnlich von Insekten bestäubt, die fremden Pollen bringen, aber unter ungünstigen Umständen können sie auch mit dem eigenen Pollen bestäubt werden.

Das Leberblümchen kommt in Laubholzhainen und Gebüschen fast in ganz Europa von den Niederungen bis ins Hügelland – insbesondere auf kalkhaltigem Lehmboden – vor, stellenweise auch in Ostasien und Nordamerika. Im Mittelalter wurde es als Heilpflanze benutzt, besonders gegen Leberkrankheiten. In der Form seiner Blätter ähnelt es einer Leber. Auch der Gattungsname ist vom griechischen hepar (Leber) abgeleitet.

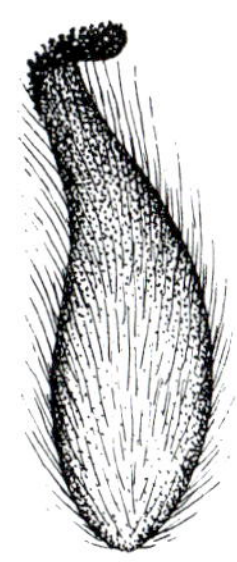

Schließfrucht

Tragblätter unter der Blüte

Hahnenfußgewächse
Ranunculaceae

Gemeine Küchenschelle, Kuhschelle

Pulsatilla vulgaris

Schließfrucht

Dieses ziemlich niedrige Kraut hat eine Grundrosette aus langgestielten Blättern, deren Spreiten im Umriß breit eiförmig und doppelt bis dreifach gefiedert sind. Die Blättchen haben tief fiederteilige, lanzettliche Abschnitte. Die Blätter überwintern nicht. Zeitig im Frühjahr treibt der kräftige Wurzelstock einen 5–20 cm langen Stengel mit einer Einzelblüte, der sich nach dem Verblühen um mehr als das Doppelte verlängern kann. Die Grundblätter entwickeln sich erst nach dem Abblühen, anfangs sind sie filzig-wollig, später spärlich behaart. Auch der Stengel ist abstehend wollig, silbrig behaart und ebenso die Hochblätter unter der Blüte, deren schmale fadenförmige Abschnitte tief eingeschnitten sind. Sie schützen die sich entwickelnde Knospe vor Kälte. Die großen Blüten haben sechs Kronkelchblätter, die außen seidig behaart sind. Die anfangs glockige Blüte öffnet sich später, die länglich eiförmigen Kronkelchblätter sind matt hellviolett bis weißlich gefärbt. Die gelben Staubblätter reichen kaum bis zur Hälfte des Perigons. Die Pflanze wirkt sehr dekorativ, nicht nur durch ihre Blüte, sondern auch wenn die Früchte reifen, die einen Fruchtstand aus Schließfrüchten mit langen behaarten Anhängseln bilden (zur Verbreitung durch den Wind).

Die Gemeine Küchenschelle blüht von März bis Mai auf trockenen, rasigen Hängen. Oft bildet sie größere Bestände, aber nur stellenweise in Mittel- und Südeuropa.

Daß die Küchenschelle schon im Altertum bekannt war, bekundet die antike Sage von ihrer Entstehung aus den Tränen der Göttin Aphrodite. Plinius der Ältere nennt die Küchenschelle, wie auch das Windröschen, *Anemone*. Die gegenwärtige Bezeichnung der Gattung verwenden die Botaniker erst seit dem 16. Jahrhundert. Wegen ihrer anmutigen Erscheinung sollten alle Küchenschellenarten in der Natur vor dem Ausrotten geschützt werden.

Scharfer Hahnenfuß

Ranunculus acris

Hahnenfußgewächse
Ranunculaceae

Das stattliche ausdauernde Kraut erreicht eine Höhe von 1 m. Aus seinem kurzen dicken Wurzelstock wächst ein hohler, kahler oder anliegend behaarter, reichverzweigter, aufrechter Stengel hervor. Die Grundblätter weisen oft eine auffallende schwarze Zeichnung auf, sie sind langgestielt, handförmig fünf- bis siebenteilig, mit dreispaltigen, tief eingeschnittenen Abschnitten. Die Stengelblätter sind den Grundblättern ähnlich. Die mittelgroßen Blüten sind glänzend goldgelb, fünfzählig, mit zahlreichen Staubblättern und Stempeln. Sie stehen auf einem langen, runden, nicht gefurchten Stiel. Der fünfzählige grüne, anliegend behaarte Kelch liegt der fünfzähligen, doppelt so langen Krone an. Auf der Innenseite der Kronblätter befinden sich am Grunde Nektar ausscheidende Honigdrüsen, die von einer viereckigen Schuppe bedeckt sind. Die Fruchtknoten der zahlreichen Stempel reifen zu kurzgeschnäbelten Schließfrüchten. Sie bedecken den kahlen Blütenboden vollständig.

Der Scharfe Hahnenfuß blüht von Mai bis zum Herbst. Er vermehrt sich nur durch Samen, die in den reifen Schließfrüchten besonders bei der Heuernte verbreitet werden. Mit dem Heu gelangen sie in die Heuschuppen und Ställe und mit dem Mist wieder in den Boden.

Die Pflanze ist auf Wiesen, an Wegen, in Gräben und an anderen Stellen sehr häufig. Sie ist in ganz Europa, Nord- und Südasien, Nordafrika und Amerika eine markante, sehr veränderliche Komponente der Spätfrühlings- und Sommervegetation. Da sie das giftige Protoanemonin enthält, gehört sie zu den Giftpflanzen, die vom Vieh auf der Weide gemieden werden. Mit ihrem scharfen Geschmack hängt auch der lateinische Artname zusammen (acris = scharf). Der Saft ruft auf empfindlicher Haut Blasenbildung hervor.

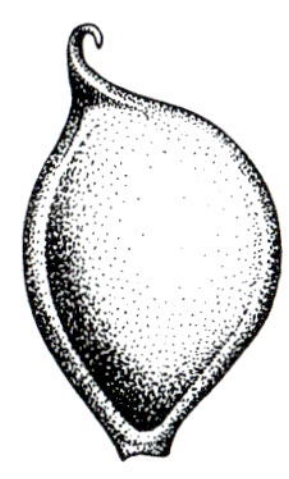

Schließfrucht

Hahnenfußgewächse
Ranunculaceae

Acker-Hahnenfuß

Ranunculus arvensis

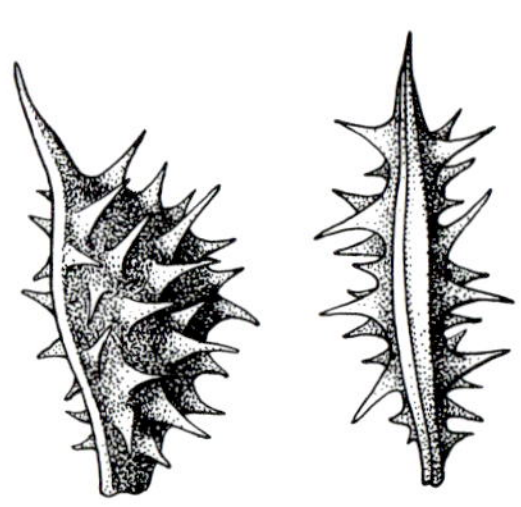

Schließfrucht von vorne
und von der Seite

Der aufrechte, verzweigte Stengel dieses einjährigen Krauts wird höchstens 60 cm lang. Im Boden steckt eine Büschelwurzel, und die Stengelblätter sind vielgestaltig. Die Blätter der Grundrosette sind gestielt, ungegliedert, oben gezähnt, mit der Scheide sitzend. Die Stengelblätter sind dreispaltig, schmal keilförmig, die Abschnitte laufen in zwei bis drei Zähne aus. Die oberen Stengelblätter sind ungegliedert, aber schmal und sitzend. Der Blütenstand besteht aus einigen kleinen, regelmäßigen Blüten. Der blaß gelbgrüne Kelch steht von der schwefelgelben Krone leicht ab. Die Blüten erscheinen von Mai bis August. Die von zahlreichen Staubblättern umgebenen Stempel wandeln sich in einsamige Schließfrüchte um. Diese sind langgeschnäbelt, flachgedrückt, an den Flächen mit groben Borsten besetzt, an den Rändern mit einem gelben Saum.

Die Schließfrüchte bleiben mit ihren Borsten am Haarkleid der Tiere haften und werden so verbreitet. Die Pflanzen sind sehr fruchtbar, an einer Pflanze reifen mehr als hundert Schließfrüchte. Pflanzen mit Früchten sind aber im Grünfutter schädlich, denn die scharfen Borsten rufen Schleimhautverletzungen bei Tieren hervor.

Der Acker-Hahnenfuß ist ein Ackerunkraut, das besonders auf kalkreichen und schwereren, nährstoffreichen feuchten Lehmböden in wärmeren Gebieten zerstreut auftritt. Er wächst in Europa, Westasien und Nordafrika, gehört aber nicht zu den gefährlichen Unkräutern. Bei richtiger Pflege der Felder und gründlicher Reinigung des Saatguts verringert sich sein Vorkommen. Ähnlich wie andere Hahnenfußarten enthält er das giftige Protoanemonin.

Gold-Hahnenfuß

Ranunculus auricomus

Hahnenfußgewächse
Ranunculaceae

Das mittelgroße, bis 0,5 m hohe Kraut überdauert die ungünstige Jahreszeit mit einem kurzen Wurzelstock. Der Stengel ist aufrecht, im lockeren Blütenstand schwach verzweigt. Ein auffallendes Merkmal der Art ist die Vielgestaltigkeit der Blätter. Die langgestielten Grundblätter sind rundlich bis nierenförmig und entweder handförmig in 3–5 breite Abschnitte gespalten oder ungegliedert. Die Stengelblätter sind sitzend, handförmig geschnitten, mit linearen Abschnitten. Sie sind in Scheinquirle angeordnet. Die ziemlich kleinen, goldgelben, fünfzähligen, regelmäßigen Blüten haben lange, runde Stiele. Die Kronblätter mancher Blüten sind verkümmert. Die grünen Kelchblätter sind behaart und an die Krone angedrückt. Die die Honigdrüsen am Grunde der Kronblätter deckenden Schuppen sind nur schwach entwickelt. Die zahlreichen Staubblätter und Stempel mit oberständigen Fruchtknoten sitzen auf einem behaarten Blütenboden. Aus den Fruchtknoten entwickelt sich ein kugeliger Fruchtstand aus behaarten, flachgedrückten und in einen gekrümmten Schnabel auslaufenden Schließfrüchten.

Die Pflanzen blühen von April bis Juni. Die Früchte bleiben mit ihren gebogenen Schnäbeln am Haarkleid von Tieren haften, die sie auch auf größere Entfernungen verschleppen. Sie können sich auch durch das Wasser verbreiten. Die Art ist sehr veränderlich und leicht giftig. Am häufigsten tritt sie in lichten Laub- und Mischwäldern und an Waldrändern auf. Sie geht auch auf die benachbarten Wiesen und Weiden über und findet sich auch in Rasen von Parks und Gärten. Sie wächst auf nährstoffreichen Mineral- und Kalkböden, die ausreichend mit Grundwasser versorgt sind. Sie ist über ganz Europa verbreitet.

vielgestaltige Blätter der Pflanze

Schließfrucht

Hahnenfußgewächse
Ranunculaceae

Knolliger Hahnenfuß

Ranunculus bulbosus

Schließfrucht

Ein auffallendes Erkennungsmerkmal der ausdauernden Art ist der knollenartig verdickte untere Teil des Stengels. Er befindet sich dicht unter dem Boden und geht in einen kurzen Wurzelstock über, dem die Büschelwurzel entspringt. Die Grundblätter sind im Umriß dreieckig, mit langen, fein behaarten Stielen. Die Stengelblätter sind den Grundblättern ähnlich, ihre Stiele sind kürzer, die oberen sind sitzend, mit lanzettlichen Abschnitten. Die regelmäßigen langgestielten, fünfzähligen Blüten stehen einzeln. Die behaarten Kelchblätter umschließen die fünf glänzend gelben Kronblätter nicht, sondern sind auf charakteristische Weise zurückgeschlagen. Die zahlreichen Staubblätter umgeben die Stempel, deren Fruchtknoten zu einsamigen Schließfrüchten reifen, die rings um den borstigen Blütenboden angeordnet sind. Die Schließfrüchte sind flachgedrückt, kahl, mit einem kurzen Schnabel ausgestattet.

Die Pflanze erreicht eine Höhe von 15–35 cm. Sie blüht von Mai bis August oder September in Europa von den Niederungen bis ins Hügelland. Sie kommt häufig auf trockeneren sonnigen, rasigen Hügeln und Hängen, an Wegrändern, auf Rainen, Wiesen und Weiden vor. Sie gedeiht besser auf nährstoffarmen Böden und schwindet aus gedüngten Kulturen, weil sie sich in den dichten Kulturgräser- und Futterkleebeständen nicht behaupten kann.

Die ganze Pflanze ist giftig. Früher wurde sie in der Volksheilkunde verwendet. Der wissenschaftliche Gattungsname ist eine Verkleinerung des lateinischen Wortes *rana* = Frosch, und hängt wohl damit zusammen, daß viele Hahnenfußarten dort wachsen, wo Frösche leben, nämlich an nassen Stellen. Nach einer anderen Erklärung bezieht sich die Verkleinerungsform *ranunculus* auf die bauchförmigen Schließfrüchte, die kleinen Fröschen ähneln.

Brennender Hahnenfuß

Ranunculus flammula

Hahnenfußgewächse
Ranunculaceae

Das bis 0,5 m hohe Kraut überdauert die ungünstige Jahreszeit dank seinem kurzen, ausläuferartigen Wurzelstock, aus dem alljährlich im Frühjahr ein aufrechter oder etwas niederliegender Stengel hervorwächst. Der Stengel ist krumm, verzweigt und wurzelt oft an den unteren Knoten. Die ganze Pflanze ist glatt, kahl, gelbgrün. Die Blätter unterscheiden sich deutlich von denen der festländischen Hahnenfußarten, die oft gegliedert sind. Die Grundblätter sind ungegliedert, langgestielt, eiförmig und ganzrandig. Die Stengelblätter sind sitzend, schmaler als die Grundblätter, fadenförmig lanzettlich und zugespitzt. Die Blütenstiele sind lang und gefurcht. Sie tragen verhältnismäßig kleine blaßgelbe Blüten von höchstens 1,5 cm Durchmesser. Die regelmäßigen Blüten haben einen kahlen Kelch, der von den breit eiförmigen Kronblättern absteht. Die Pflanze blüht von Juni bis Oktober, die jungen Schließfrüchte bleiben bis zur völligen Reife auf dem kugelförmigen, kahlen Blütenboden. Sie sind kahl, eiförmig, mit einem kurzen, beinahe geraden Schnabel.

Der Brennende Hahnenfuß wächst in Europa und Westsibirien auf feuchten Sandböden, im Schatten. Seine großen Büsche verbreiten sich von den Ufern in seichte stehende Gewässer und Sümpfe. An feuchten Standorten steigt er von den Niederungen bis in die subalpine Stufe auf. Auf Sumpf- und Moorwiesen und Weiden gilt er als Unkraut. Wegen seiner Giftigkeit bildet er eine unerwünschte Beimischung von Grün- und Trokkenfutter. Sein Auftreten in Entwässerungsgräben behindert das Abfließen von überschüssigem Wasser aus nassen Wiesen und Feldern.

Fruchtstand

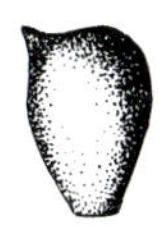

Schließfrucht

Hahnenfußgewächse
Ranunculaceae

Wolliger Hahnenfuß

Ranunculus lanuginosus

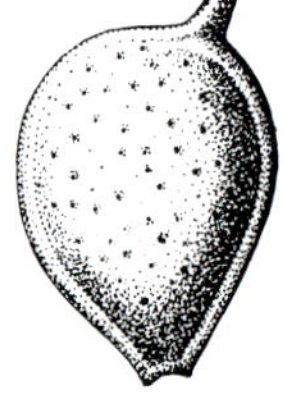

Schließfrucht

Fruchtstand

Das ausdauernde, 20–100 cm hohe Kraut mit einem kurzen Wurzelstock fällt auf den ersten Blick durch seine gelbgrüne Farbe und die dichte abstehende Behaarung des beblätterten, fein gefurchten Stengels und der gestielten Grundblätter auf. Die Spreite der Grundblätter ist dreilappig, die Abschnitte sind breit eiförmig, am Rand gezähnt. Die Stengelblätter sind kurzgestielt, die oberen sitzend, in der Form den Grundblättern ähnlich. Die Hochblätter unter dem verzweigten Blütenstand sind einfacher und haben lanzettliche Abschnitte. Die Blüten auf nicht gefurchten, runden Stielen erreichen einen Durchmesser von 4 cm. Sie sind regelmäßig, fünfzählig. Die hinfälligen grünlichen, behaarten Kelchblätter stehen von den dottergelben Kronblättern ab, die kahl und glänzend sind und unterseits eine Nektargrube aufweisen. Die Blüten haben zahlreiche Staubblätter und Stempel mit oberständigen Fruchtknoten. Auf dem Blütenboden sind sie, wie bei den anderen Hahnenfußarten, spiralig angeordnet. Der kugelige Blütenboden ist beim Wolligen Hahnenfuß kahl. Die Früchte sind eiförmige, kahle, stark flachgedrückte Schließfrüchte, die in einen längeren, sichelförmig eingerollten Schnabel auslaufen. Sie bleiben an Tieren haften, die so für ihre Verbreitung sorgen. Blühende Pflanzen erscheinen in den Sommermonaten.

In der Natur tritt der Wollige Hahnenfuß in schattigen und feuchten humosen Wäldern von den Niederungen bis in die subalpine Stufe auf. Er bevorzugt mit Grundwasser reichlich versorgte Böden. Er wächst vor allem in Mittel- und Südeuropa. Wahrscheinlich enthält er das giftige Protoanemonin.

Kriechender Hahnenfuß

Ranunculus repens

Hahnenfußgewächse
Ranunculaceae

Die ausdauernde Art hat im Boden keinen Wurzelstock, sondern eine Büschelwurzel. Weitere Wurzeln entwickeln sich an den Knoten der über 50 cm langen, liegenden, verzweigten Stengel, wo die Knoten (Nodi) mit feuchterer Erde in Berührung kommen. Stengel und Blätter sind kahl, manchmal zerstreut behaart. Der kriechende Stengel ist manchmal schraubenförmig zusammengerollt. Die Grundblätter haben lange, abstehend behaarte Stiele. Ihre Spreiten sind dreizählig, mit langgestielten, tief eingeschnittenen, dreiteiligen, unregelmäßig gezähnten Blättchen. Die Stengelblätter unterscheiden sich in der Form nicht von den Grundblättern. Sie sind aber kurzgestielt bis sitzend, dreizählig, die oberen haben lanzettliche Abschnitte. Die fünfzähligen, regelmäßigen Blüten sind mittelgroß, glänzend goldfarben. Die Stiele sind gefurcht und behaart. Auch der abstehende Kelch ist behaart. Die Kronblätter sind eiförmig. Die Pflanzen blühen von Mai bis zum Herbst. Aus den Stempeln entwickeln sich nach dem Verblühen Schließfrüchte, die auf dem borstigen Blütenboden sitzen. Die braunen Schließfrüchte mit einem helleren Saum sind kahl, flachgedrückt und kurz geschnäbelt.

Die Pflanze ist sehr fruchtbar und bildet einige hundert Schließfrüchte aus. Außerdem vermehrt sie sich leicht auch vegetativ durch die wurzelnden Stengelteile.

Die Art ist ein sehr häufiges, lästiges Ackerunkraut und tritt vor allem im Getreide, in mehrjährigen Futterpflanzen und Gartenkulturen auf. Sie wächst in ganz Europa, Nordafrika und Westasien auf Wiesen und Weiden mit feuchteren stickstoffreichen Lehmböden.

Fruchtstand

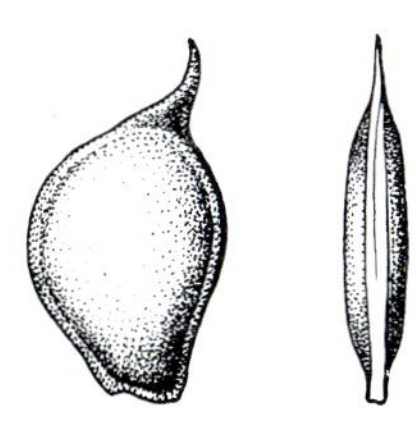

Schließfrucht, Vorder- und Seitenansicht

Hahnenfußgewächse
Ranunculaceae

Gemeiner Wasserhahnenfuß

Batrachium aquatile

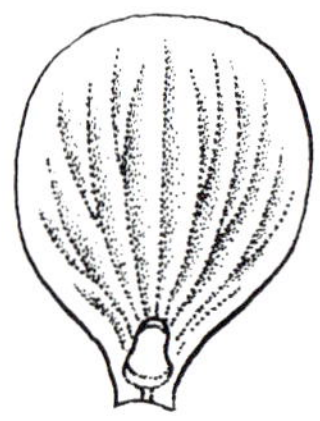

Kronblatt

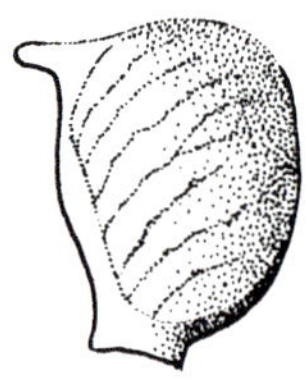

Schließfrucht

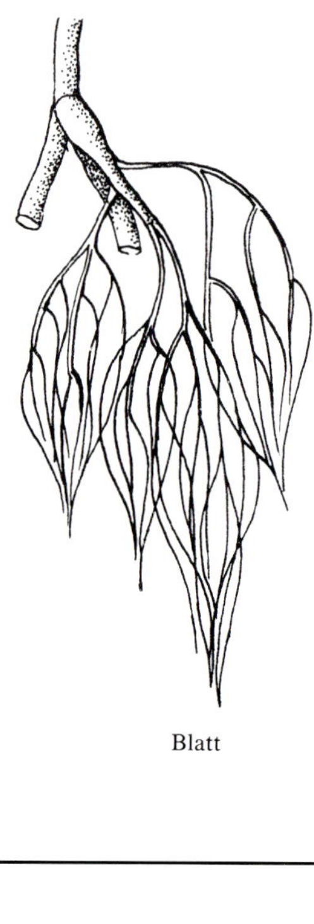

Blatt

Der untergetauchte Stengel dieses ausdauernden Krauts ist 10 bis 150 cm lang, kahl, verzweigt und schwimmt im Wasser. Die Pflanze weist zwei Blattformen auf. Die ständig im Wasser untergetauchten Blätter sind in fadenförmige Abschnitte gegliedert, die eher feinen Wurzeln als Blättern ähnlich sind. Die feinen, schlaffen Abschnitte bilden Büschel, die zusammenfallen, wenn sie aus dem Wasser gezogen werden, im Unterschied zum Spreizenden Wasserhahnenfuß *(B. circinatum)*, dessen borstige Abschnitte derb sind. Der obere Teil des Stengels steigt über das Wasser auf und trägt gestielte Blätter mit einer flachen, rundlich 3–5 lappigen, gekerbten Spreite. Die langgestielten Einzelblüten entfalten sich über dem Wasser, oft in großer Zahl. Die Blüte besteht aus fünf der Krone anliegenden, spät abfallenden Kelchblättern, 5 cm breiten, umgekehrt eiförmigen, weißen Kronblättern und mehr als 20 Staubblättern, die länger sind als die aus den befruchteten Fruchtknoten entstehenden Schließfrüchte. Diese sind kurz geschnäbelt, kahl oder behaart und quergerunzelt. Die Blüten erscheinen in den Monaten Juni bis September.

Die Pflanze kommt hier und da in stehenden und langsam fließenden Gewässern niedrigerer Lagen vor. Sie ist in Europa, Asien, Australien und Amerika verbreitet. Im warmen Wasser von Altwässern, Gräben oder alten, nicht verwendeten Kanälen bildet sie große, dichte Kolonien, die die Wasserfläche bedecken und beschatten. In Brutteichen erschweren sie das Abfischen. Auf entblößten Teichböden entwickeln sich kürzere Stengel und Blätter mit rundlicher Spreite.

Diese überaus zierende Pflanze steht in bezug auf den Bau ihrer Blüten und auf andere Merkmale den Hahnenfußarten so nahe, daß sie von vielen Botanikern nicht in eine besondere Gattung eingereiht wird.

Flutender Wasserhahnenfuß

Batrachium fluitans

Hahnenfußgewächse
Ranunculaceae

Der Flutende Hahnenfuß ist eine ausdauernde Wasserpflanze mit einem schwimmenden, 10–60 cm langen Stengel. Die Blätter dieser Art ragen nicht aus dem Wasser hervor, sondern sind untergetaucht; manchmal werden sie bis 20 cm lang. Die unteren Blätter sind kurzgestielt, die oberen sitzend, sämtliche Blätter haben Scheiden und sehr dünne, feine, fadenförmige Abschnitte. Die Blüten sind sehr klein, von 1–2 cm Durchmesser und stehen immer einem Blatt gegenüber. Die Pflanze blüht sehr selten, die weißen Blüten stehen auf langen kahlen Stielen, die die Blüte über das Wasser heben. Der grüne Kelch mit schmal eiförmigen Blättern liegt der Krone an und fällt bald ab. Am Grund jedes der 5–12 Kronblätter befindet sich eine nackte Nektargrube (Nektarium). Das Innere der Blüte enthält eine größere Zahl von Staubblättern, die kürzer sind als die Stempel oder dieselbe Länge aufweisen. Die geschnäbelten kahlen Schließfrüchte entwickeln sich aus den oberständigen Fruchtknoten. Die Blüten entfalten sich von Juni bis August. Für den Flutenden Hahnenfuß ist nur ein Typ schmaler, parallel gerichteter Blattzipfel charakteristisch, die an frisiertes Haar erinnern. In seltenen Fällen erscheinen an auf entblößtem Grund wachsenden und manchmal auch an schwimmenden Pflanzen kleine nierenförmige Blätter mit einer ungegliederten, am Rande lappig geschweiften Spreite.

Die Art ist von den niedrigsten Lagen bis ins Hügelland verbreitet. In reinen, fließenden Gewässern ist sie stellenweise sehr häufig.

Der Flutende und der Wasserhahnenfuß haben viele Merkmale mit den Hahnenfußarten gemein und werden oft derselben Gattung *Ranunculus* zugeordnet.

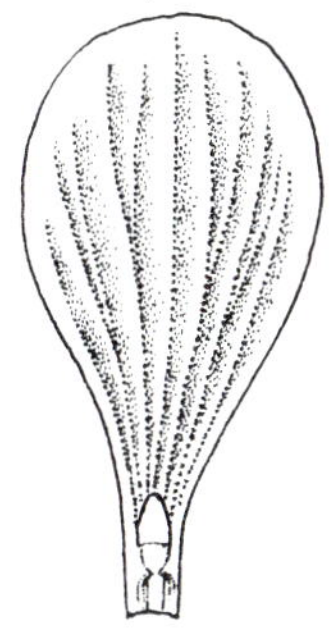

Kronblatt

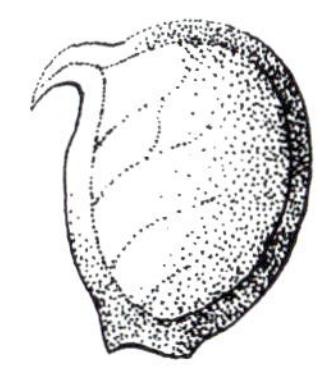

Schließfrucht

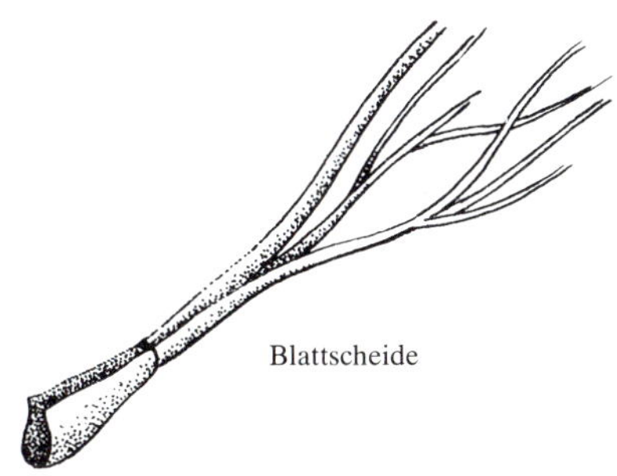

Blattscheide

Hahnenfußgewächse
Ranunculaceae

Scharbockskraut

Ficaria verna

Kronblatt mit Honigdrüse

aufsteigender Stengel

Das ausdauernde Kraut hat zweierlei Wurzeln: verzweigte fadenförmige, die der Ernährung der Pflanze dienen und sie im Boden verankern, und zu keulenförmigen Knollen verdickte, die Reserveorgane sind und Stärke enthalten. Die aufsteigenden Stengel werden 20 cm lang. Die langgestielten Grundblätter bilden einen Busch. Die kahlen Spreiten sind glänzend grün und derb. Die Blüten stehen einzeln, sind langgestielt und regelmäßig. Sie haben drei grüne Kelchblätter und 3–12 glänzend gelbe Kronblätter mit einer Nektargrube (Nektarium), die von einer länglichen Schuppe bedeckt ist. Früchte werden nur selten ausgebildet oder sie sind verkümmert. Die Pflanze blüht zeitlich im Frühjahr, von März bis Mai. Zu dieser Zeit ist die rasche Entwicklung der Pflanze in der Regel beendet. In den Achseln der unteren Blätter entwickeln sich oft weißliche eiförmige Brutknöllchen. Aus einer Seitenknospe in der Blattachsel wächst eine kleine Adventivwurzel hervor, die sich knollenartig verdickt und Reservestoffe speichert. Die Knöllchen mit der Knospe teilen sich von der absterbenden Pflanze ab, und nach einer Ruhepause entwickeln sich neue Pflanzen aus ihnen. Durch die intensive vegetative Vermehrung wird die selten auftretende Samenbildung ersetzt. Bei starkem Regen werden die Getreidekörnern ähnlichen Knöllchen zuweilen an niedriger gelegene Stellen gespült, was im Volksmund als „Getreideregen" bezeichnet wird.

Das Scharbockskraut ist in ganz Europa und in Westasien verbreitet und wurde auch nach Nordamerika eingeschleppt. Es wächst an feuchten, beschatteten Stellen, aber auch in Parks, Gärten und Obstpflanzungen; oft bildet es größere Bestände.

Die Pflanze ist giftig, aber wegen ihres hohen Gehaltes an Vitamin C wird sie oft Frühlingssalaten beigemischt.

Haselwurz

Asarum europaeum

Osterluzeigewächse
Aristolochiaceae

Das niedrige ausdauernde Kraut von typischer Erscheinung ist nur 5–10 cm hoch. Im Boden befindet sich ein dünner kriechender Wurzelstock mit 3–4 schuppenförmigen Niederblättern. Der Wurzelstock wächst dicht unter der Oberfläche, manchmal nur unter einer verwesenden Laubschicht. Der aufsteigende Stengel trägt 2–3 langgestielte, behaarte, überwinternde Blätter. Die rundliche bis nierenförmige, ledrige, ganzrandige Blattspreite ist oberseits glänzend dunkelgrün, unterseits heller. Jedes Blattpaar verbirgt in der Regel eine einzige unscheinbare, kurzgestielte Blüte. Sie ist außen braungrün, innen dunkelpurpurn gefärbt und hebt sich kaum vom Boden ab, zu dem sie herabgeneigt ist. Die regelmäßige Blüte hat eine bauchig glokkige Blütenhülle, die außen behaart und ziemlich fleischig ist. Sie bleibt auch bestehen, nachdem sich die Frucht entwickelt hat. Die 12 Staubblätter stehen in zwei Kreisen um den Stempel mit einem unterständigen Fruchtknoten und einem dicken Griffel, der die sechslappige Narbe trägt. Die Frucht ist eine eiförmige behaarte Kapsel. Die länglichen schwarzen Samen enden in ölhaltigen Auswüchsen, den sog. Samenschwielen, von denen sich die Ameisen ernähren und so zur Verbreitung der Samen beitragen (Myrmekochorie). Die Pflanzen blühen von März bis April.

Die unscheinbaren Blüten riechen nach Pfeffer, und wenn man sie zerreibt, auch nach Kampfer. Ein scharfer Geschmack und Kampfergeruch ist der ganzen Pflanze eigen, besonders aber dem zerriebenen Wurzelstock, der ein ätherisches Öl mit dem giftigen Asaron enthält, das auch als Haselwurzkampfer bezeichnet wird.

Die Haselwurz tritt in ganzen Beständen in Laubwäldern und schattigen Gebüschen auf humosem Boden auf. Sie ist von den Niederungen bis ins Gebirge in Süd- und Mitteleuropa, Kleinasien und Sibirien verbreitet.

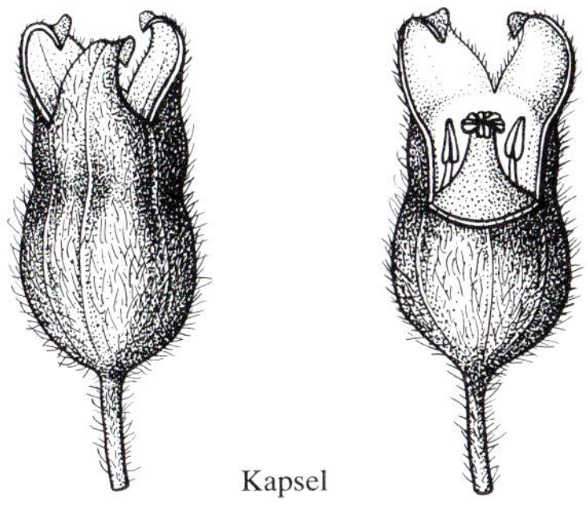

Kapsel

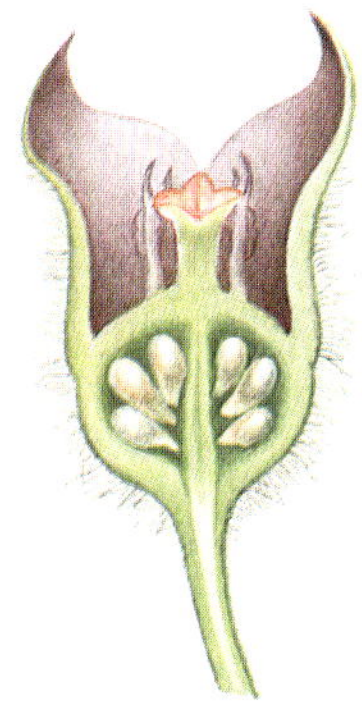

Längsschnitt durch die Blüte

Samen

Mohngewächse
Papaveraceae

Großes Schöllkraut

Chelidonium majus

Das ausdauernde brüchige Kraut hat einen verzweigten, zerstreut behaarten, 30–80 cm hohen Stengel. Die Blätter sind gleichförmig, unterbrochen unpaarig gefiedert, mit geflügelten Stielen. Die dünnen, eiförmigen Blättchen sind am Rande grob gekerbt. Die gelben Blüten von bis 2 cm Durchmesser bilden lockere Dolden. Sie erscheinen von Mai bis September und haben vier gelbe bis orangefarbene freie Kronblätter und zwei hinfällige, ebenso gefärbte Kelchblätter. Der Stempel ist von einer Vielzahl von Staubblättern umgeben. Er besteht nur aus zwei Fruchtblättern. Die Frucht ist eine Kapsel, die sich mit zwei Klappen öffnet und dadurch, wie auch durch ihre Form, an die Frucht der Kreuzblütler – die Schote – erinnert. An der Verbreitung der Samen beteiligen sich die Ameisen, die sich von ihren weißen, fleischigen Anhängseln ernähren.

Das Große Schöllkraut begleitet die menschlichen Behausungen in niedrigeren Lagen Europas und Asiens. Sehr häufig ist es auf Schutthalden und in Gärten, aber auch in schattigen Hainen und Gebüschen am Wasser auf stickstoffreichen Böden. Wie alle Mohngewächse ist die ganze Pflanze von Milchröhren durchzogen, aus denen nach Verwundung ein übelriechender orangefarbener Milchsaft austritt, der giftige Alkaloide enthält. Der Milchsaft reizt die Schleimhäute und die Haut mancher Menschen; gefährlich ist er besonders für die Augen. In der Volksheilkunde wurde der Milchsaft seit Menschengedenken gegen Warzen verwendet. Die meisten Wirkstoffe liefern das blühende Kraut im Frühjahr und die Wurzelstöcke im Herbst. Früher verwendete man den Saft auch als wenig dauerhaftes Mittel zum Färben von Textilien im Haushalt. In den alchimistischen Laboratorien durfte er bei der Herstellung des „Steins der Weisen“ nicht fehlen.

Aus der verletzten Pflanze tritt orangefarbener Milchsaft aus.

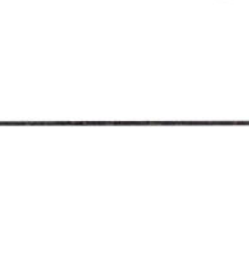

Samen mit Ölkörper

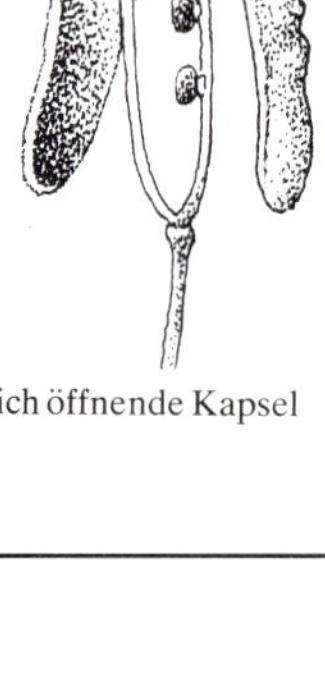

sich öffnende Kapsel

Sandmohn

Papaver argemone

Mohngewächse
Papaveraceae

Die kleine, einjährige bis winterannuelle Pflanze wird 15–30 cm hoch. Der einfache Stengel ist anliegend borstig. Die 1–2mal fiederschnittigen Blätter haben lanzettliche, zugespitzte Abschnitte. Die Einzelblüten stehen auf langen, anliegend behaarten Stielen. Die Knospen sind nickend, beim Erblühen richten sie sich auf. Die dunkelroten, nach unten verschmälerten Kronblätter mit einem auffallenden schwarzen Fleck am Grund sind klein und überlappen einander nicht wie beim Klatschmohn, sondern berühren sich kaum. Die zwei Kelchblätter fallen beim Erblühen ab, und die in der Knospe zerknitterten Kronblätter glätten sich, fallen aber gleichfalls bald ab. Die zahlreichen Staubblätter haben violette, keulenförmig verbreiterte Staubfäden, im Unterschied zum Klatschmohn und dem Saatmohn *(P. dubium)*, deren Staubfäden nicht verdickt sind. Die sitzende, scheibenförmige Narbe hat 4–6 Lappen, deren Ränder einander überdekken. Die obere Hälfte der keulenförmigen, längsgerippten Kapsel ist abstehend borstig. Sie enthält eine Vielzahl von öligen Samen mit einer netzartigen Oberfläche.

Der Sandmohn blüht von Ende April bis Juli in Kulturen als nicht allzu gefährliches Ackerunkraut. Er ist eine wärmeliebende Pflanze, die in den Niederungen auf Brachland, Hängen, in Weingärten, auf Rainen, Aufschüttungen und an anderen sonnigen Stellen vorkommt. Er ist in Mitteleuropa, im Mittelmeergebiet, in Westasien, Indien und Nordamerika verbreitet. Die ganze Pflanze enthält, ähnlich wie die anderen Mohnarten, einen weißen Milchsaft. Auf Feldern gedeihen auch der Klatschmohn, der Saatmohn mit einer länglich keilförmigen Kapsel und einer 4–8lappigen Narbe sowie der Bastardmohn *(P. hybridum)* mit hellroten Blüten, kugeligen Kapseln und keulig verdickten Staubblättern.

Kapsel

Mohngewächse
Papaveraceae

Klatschmohn

Papaver rhoeas

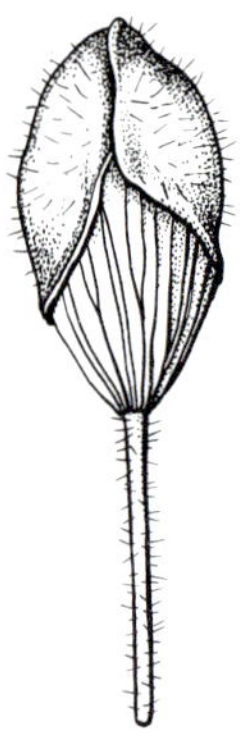

Entfaltung der Blüte

Kapsel

Der Klatschmohn ist ein winterhartes einjähriges Unkraut mit einer verzweigten Pfahlwurzel. Der dicht beblätterte, 30–90 cm hohe Stengel ist abstehend borstig, schwach verzweigt. Die Blätter sind borstig, 1–2mal fiederspaltig bis fiederschnittig, mit scharfgezähnten Abschnitten. Die großen Einzelblüten stehen auf langen, abstehend borstigen Stielen. Die Knospe ist anfangs überhängend, nach dem Öffnen der Blüte richtet sie sich auf, beide mit langen Borsten besetzten Kelchblätter fallen ab, und die vier großen, feuerroten Kronblätter, die in der Knospe zerknittert waren, stellen sich so, daß sie einander teilweise überlappen. Die Kronblätter haben am Grund einen schwarzen Fleck. Der kräftige, unten abgerundete Stempel ist kahl, mit einer sitzenden, gespaltenen, 10lappigen Narbe. Der Stempel ist von dünnen, schwarzen Staubblättern umgeben, deren Staubfäden nicht verdickt sind. Die Pflanzen blühen von Mai bis Juli. Die ovale kahle Kapsel öffnet sich mit Poren unter der lappigen Narbe. Die dunklen Samen sind nierenförmig.

Die Art stammt aus Südosteuropa, ist aber heute in Europa und den gemäßigten Gebieten von Asien, Nordafrika, Nordamerika, Australien und Neuseeland als Ackerunkraut verbreitet, das in Getreide, Hackfrüchten, Hülsenfrüchten und Raps auftritt. Sie wächst auf schwereren Böden in wärmeren Gebieten. Durch wirksame ackerbauliche Maßnahmen wird sie von den Feldern an ihre Ränder, auf Raine, Brachland, Wegränder, Aufschüttungen und Schutthalden verdrängt.

Der Klatschmohn war eine Heilpflanze. Er enthält Alkaloide, ein Glykosid und Schleime und in den Kronblättern die Farbstoffe Mecocyanin und Mecopelargonin. Die getrockneten Blüten sind eine heilkräftige Droge zur Beruhigung von hartnäckigem Husten.

Hohler Lerchensporn, Hohlwurz

Corydalis cava

Mohngewächse
Papaveraceae

Das ausdauernde Kraut ist 10–30 cm hoch. Der kahle, aufrechte Stengel wächst aus einer großen, hohlen unterirdischen Knolle hervor, die von unten abstirbt. Der kräftige, fleischige Stengel trägt in der Regel zwei gestielte graugrüne Blätter mit doppelt dreizähligen Spreiten. Die in einer dichten Traube angeordneten Blüten sitzen einzeln, sind symmetrisch, schmutzig rosa, blau bis gelblich weiß. Die zwei unscheinbaren Kelchblätter fallen sehr bald ab. Es sind vier Kronblätter vorhanden, von denen das äußere einen auffallenden gekrümmten Sporn bildet, in dem eine langgestreckte Honigdrüse verborgen ist. Aus der Blütenkrone ragen zwei Bündel Staubblätter hervor, deren Staubfäden so miteinander verwachsen, daß jedes Bündel ein ganzes Staubblatt und zwei halbe Staubbeutel enthält. Der oberständige Fruchtknoten reift zu einer länglichen, geschnäbelten Kapsel. Die Pflanze blüht von März bis April oder Mai. Alle Farbformen treten in den ausgedehnten Beständen gemeinsam auf.

Der Lerchensporn ist in Mittel- und Südeuropa und im europäischen Teil der ehem. Sowjetunion verbreitet und reicht im Norden bis nach Skandinavien, im Süden in die spanischen Gebirge. Diese dekorative Frühlingspflanze wächst in lichten, feuchten Wäldern, vor allem in Buchenwäldern auf humosen, lockeren Böden.

Die einen Harzduft verströmende Pflanze enthält in allen ihren Teilen, besonders in den Knollen, verschiedene Alkaloide. Am giftigsten ist das Bulbocapnin, das die Gliedmaßen lähmt und bei Tieren und Menschen Starrezustände hervorruft. Die stark giftige Droge wird in der Medizin bei Nerven- und Geisteskrankheiten verwendet.

Deckblatt

Kapsel

Schnitt durch die Knolle

Mohngewächse
Papaveraceae

Gemeiner Erdrauch

Fumaria officinalis

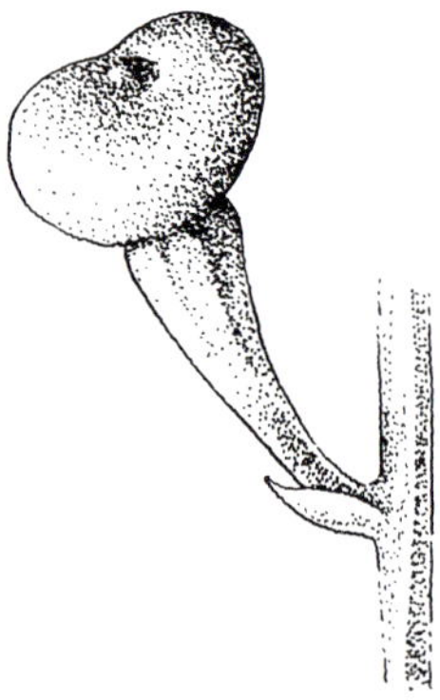

Schließfrucht

Blüte

Der Gemeine Erdrauch ist ein einjähriges, bis 30 cm hohes Kraut ohne unterirdische Knolle, dafür aber mit reich verzweigten Wurzeln. Der blaugrün bereifte, hohle, gefurchte Stengel ist aufsteigend bis aufrecht, verzweigt. Die sehr zarten, gestielten, zahlreichen Blätter sind doppelt gefiedert, die gestielten Blättchen sind in fadenförmige Abschnitte gegliedert. Die rosaroten Blüten bilden dichte, mit Deckblättern ausgestattete Trauben. Der Kelch besteht aus zwei kleinen, hinfälligen Blättern. Das obere, äußere Kronblatt läuft in einen Sporn mit dunkler Spitze aus. Die beiden inneren Kronblätter sind vorne verwachsen. Die Blüten erscheinen von Mai bis zum Herbst. Die Frucht ist eine abstehend gestielte, kugelige, einsamige Schließfrucht, die am Ende flach- bis eingedrückt ist. Beim verwandten Schnabelerdrauch *(F. rostellata)* hat die kugelige Schließfrucht eine kurze Spitze.

Als ausgesprochen lichtbedürftige Art ist der Gemeine Erdrauch ein häufiges Unkraut in Hackfruchtbeständen, Gemüse und anderen locker gepflanzten Kulturen. Er stammt wahrscheinlich aus Vorderasien, wurde aber mit dem Getreide weltweit verschleppt.

Seit dem Altertum ist er eine bekannte Heilpflanze. Er enthält giftige Alkaloide, vor allem Fumarin, einen Bitterstoff und Schleime. Man gewinnt aus ihm auch einen gelben und einen grünen Farbstoff, die früher zum Färben von Wolle verwendet wurden. Aus dem getrockneten Kraut wird ein heilkräftiger Tee gegen Leber- und Magenleiden bereitet.

Der wissenschaftliche Gattungsname bezieht sich auf die rauchig blaugrüne Farbe der Pflanze oder hängt damit zusammen, daß der Saft des Erdrauchs wie Rauch in die Augen beißt (lat. fumus = Rauch). Manche Leute finden, daß auch die zerriebene Pflanze nach Rauch riecht.

Ackersenf

Sinapis arvensis

Kreuzblütler
Brassicaceae

Die einjährige, rasch wachsende, mehr als einen halben Meter hohe Pflanze hat eine lange, spindelförmige Wurzel, die bis in den Untergrund des Ackerbodens reicht. Der Stengel ist aufrecht steif, zerstreut steifborstig, im Blütenstand kahl. Die unteren Stengelblätter sind gestielt, die oberen sitzend, ungegliedert oder leierförmig-fiederspaltig. Die leuchtend gelben Blütenstände entwickeln sich den ganzen Sommer und Herbst über. Die in einer Traube angeordneten Blüten entfalten sich von unten nach oben. Sie sind vierzählig, dottergelb. Die Kronblätter sind doppelt so lang wie die gelbgrünen, waagerecht abstehenden Kelchblätter. Die Blüten fallen rasch ab, und an ihre Stelle treten schmal walzenförmige Schoten mit einem kurzen kegelförmigen Schnabel. Sie enthalten mehrere kugelige Samen.

Die Pflanze bildet eine ungeheure Menge von Samen. Sie keimen nach dem Überwintern zeitig im Frühjahr, bewahren aber ihre Keimfähigkeit über viele Jahre hinweg. Die jungen Pflanzen in dichten Beständen behindern als üppig wachsendes Unkraut die Entwicklung der Kulturen.

Der Ackersenf stammt wahrscheinlich aus dem Mittelmeergebiet, ist heute aber ein in ganz Europa und auch in den anderen Weltteilen allgemein verbreitetes Unkraut. Er tritt auf fruchtbarem Boden in den verschiedensten Kulturen auf, vor allem in niedrigeren, wärmeren Lagen.

Die Samen sind nicht eßbar und wirken abführend. Der Speisesenf, den man als beliebte Beilage zu Wurstwaren verwendet, wird aus zermahlenen Samen des verwandten Weißen Senfs *(Sinapis alba)* hergestellt.

Blüte

Schote

Samen

Kreuzblütler
Brassicaceae

Ackerrettich, Hederich

Raphanus raphanistrum

Blüte

Wurzel

unreife und reife Frucht – Gliederschote

Samen von vorne und von der Seite

Der mehr als einen halben Meter hohe Stengel dieses einjährigen Krauts ist mit einer spindelförmigen Wurzel im Boden verankert. Er ist verzweigt, aufrecht, im unteren Teil spärlich borstig, im oberen kahl. Die Borsten sind einfach, unverzweigt. Die unteren Blätter sind leierförmig-fiederteilig, am Rande unregelmäßig gezähnt, die oberen sind meist ungegliedert. Die Blüten sind hellgelb bis weißlich, oft violett geadert. Der Kelch ist an die Krone angedrückt, die grünen Kelchblätter stehen aufrecht. Die Pflanzen blühen den ganzen Sommer und Herbst über. Auch die vierzähligen Blüten und später die länglichen, walzenförmigen, langgestielten Früchte stehen aufrecht.

Der Ackerrettich unterscheidet sich durch seine Frucht von dem sonst sehr ähnlichen Ackersenf (siehe vorhergehende Seite). Während sich die walzenförmigen Schoten des Ackersenfs mit seitlichen Klappen öffnen und die Samen mit Stielchen an einem peripheren Rahmen befestigt sind, ist die Frucht des Ackerrettichs eine längs geschnabelte Gliederschote, die regelmäßig nach jedem Samen eingeschnürt ist. Zur Reifezeit zerfällt sie in einsamige Bruchstücke, deren Zahl von der der Samen abhängt. Ein weiteres verläßliches Merkmal ist der Kelch. Beim Senf steht er von der Krone ab, beim Ackerrettich liegt er ihr an. (Senf senkt, Hederich hebt die Kelchblätter.)

Der Ackerrettich ist in Südeuropa ursprünglich, begleitet aber seit Menschengedenken als Unkraut das Getreide. Auch in Hackfrüchten und anderen Kulturen ist er verbreitet.

Das aus den Samen gewonnene Öl wird für technische Zwecke verwendet, früher z. B. zur Beleuchtung. Sowohl der Senf als auch der Ackerrettich sind Honigpflanzen.

Pfeilkresse, Türkenkresse

Cardaria draba

Kreuzblütler
Brassicaceae

Das ausdauernde Kraut von mittlerer Größe hält eine Reihe von Jahren auf einem Standort aus und vermehrt sich durch ein verzweigtes Netz von unterirdischen Wurzelausläufern. Der aufrechte Stengel ist mit grauen, weichen Haaren besetzt. Die Stengelblätter sind schwach gezähnt, mit pfeilförmigem Grund, stengelumfassend. Der obere Teil des Stengels bildet einen verzweigten, dichten traubenförmigen Blütenstand und verlängert sich nach dem Verblühen. Die duftenden Blüten sind sehr klein, vierzählig und langgestielt. Aus ihnen entwickeln sich ungeflügelte, herzförmige Schötchen, die in einen langen Schnabel auslaufen. Die Fruchtstiele stehen waagerecht ab und sind kahl. In den beiden Fächern der Frucht entwickelt sich je ein flachgedrückter schwarzbrauner Samen mit einer fein netzartigen, bei Feuchtigkeit klebrigen Oberfläche.

Die Pfeilkresse stammt aus den asiatischen Steppen und dem Mittelmeergebiet und gehört zu den Pflanzen, die sich in der Gegenwart weiter verbreiten. Ihren Weg in die weite Welt begann sie zu Beginn des 19. Jahrhunderts. Zuerst wanderte sie entlang von Eisenbahnen und Straßen, und von dort verbreitete sie sich in die Umgebung. Im Mai und Juni blüht sie auf allen brachliegenden Böden und ebenso an Ödstellen wie Schutthalden, Wegränder, Aufschüttungen, Raine oder Lagerflächen von Baustellen u. ä. Diese Art ist ein Ackerunkraut wärmerer Gegenden, am häufigsten tritt sie in Getreide- und mehrjährigen Futterpflanzen auf. Zu ihrer Verbreitung hat der Mensch auch dadurch beigetragen, daß er sie hier und da im Garten als Gewürzpflanze zog.

Die Samen der Pfeilkresse wurden mancherorts als Pfefferersatz verwendet, weil sie einen sehr scharfen, brennenden Geschmack haben. Deshalb ist es unerwünscht, wenn die Art in Futterpflanzenkulturen auftritt.

Blüte

Frucht – Schötchen

Kreuzblütler
Brassicaceae

Feldkresse

Lepidium campestre

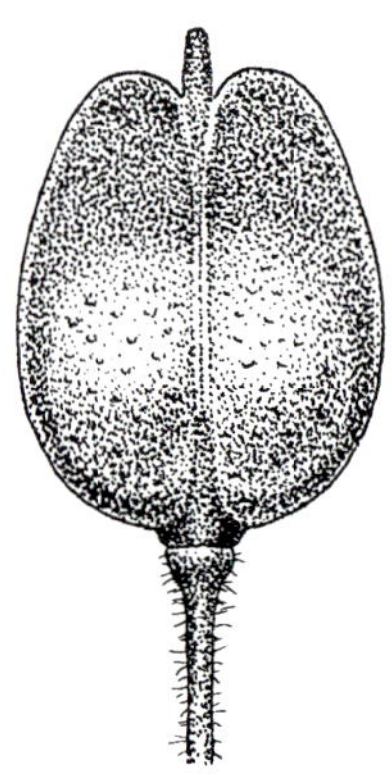

Frucht – Schötchen

Die Feldkresse ist eine graufilzig behaarte, ein- bis zweijährige, 20–50 cm hohe Pflanze. Der aufrechte Stengel entspringt einer Bodenrosette aus leierförmigen, fiederspaltigen Blättern mit stumpfen Abschnitten. Die Stengelblätter sind ungegliedert, nur buchtig gelappt und sitzend. Der mit Öhrchen ausgestattete, pfeilförmige Blattgrund ist stengelumfassend. Die kleinen weißen Blüten sind in einer dichten aufrechten Traube angeordnet. Die weiße Blumenkrone ist nur wenig länger als der Kelch. Von den Staubblättern sind die zwei äußeren kürzer, die vier inneren länger. Der oberständige Fruchtknoten reift zu einem eiförmigen Schötchen. Die Fruchtstiele stehen waagerecht ab und sind ebenso lang wie die ausgerandeten Früchte, die schaufelförmig vom Stengel abstehen. Die braune, fein körnige Oberfläche der Samen wird bei Feuchtigkeit schleimig. Die Vermehrung erfolgt nur durch Samen, eine Pflanze kann bis 600 gut und rasch keimende Samen bilden.

Die Feldkresse blüht in den Sommermonaten auf trockenen Hügeln, steinigen Hängen und niedrigen Rasen. Sie ist eine europäische wärmeliebende Art, die von ihren natürlichen Standorten auf sekundäre, vom Menschen geschaffene Standorte umgesiedelt ist, auf Felder, Brachland, Abfallshaufen, Straßen- und Eisenbahndämme, Schutthalden. Sie ist in Europa und Westasien von den Niederungen bis in die subalpine Stufe verbreitet und wurde auch nach Nordamerika eingeschleppt. Sie wächst auf schweren Kalkböden.

Früher wurde die Feldkresse als Heilpflanze benutzt. Die ihr nahestehende Gartenkresse *(L. sativum)* stammt aus Westasien. Sie wird in Gärten und im Haushalt als Gemüse gezogen; das frische Kraut ist reich an Vitamin C.

Ackerhellerkraut, Ackertäschelkraut

Thlaspi arvense

Kreuzblütler
Brassicaceae

Die hellgrüne einjährige Pflanze hat einen aufrechten, längsgefurchten, kantigen, fast unverzweigten und kahlen, bis 50 cm hohen Stengel. Zur Blütezeit sind nur Stengelblätter vorhanden. Sie sind wechselständig und mit dem pfeilförmig verschmälerten Blattgrund stengelumfassend. Die spitzigen Öhrchen sind abstehend, die Blätter sind am Rand buchtig gezähnt. Die kleinen Blüten sind zu einer endständigen Traube angeordnet, die beim Entfalten der Blüten kurz und dicht ist. Erst wenn die Früchte reifen, verlängert sie sich und wird lockerer. Die vier Kronblätter sind reinweiß und doppelt so lang wie die ausgebreiteten gelbgrünen Kelchblätter. Die Früchte sind große, flache, rundliche, ringsum geflügelte Schötchen, die oben tief ausgerandet sind. Das Schötchen ist durch eine Scheidewand in zwei Fächer geteilt, die etwa zehn Samen enthalten. Die Pflanzen blühen von März bis Juni, vereinzelt bis zum Herbst.

Die Art stammt aus Südeuropa und Westasien. Mit der Landwirtschaft hat sie sich über ganz Europa, Asien, Nordafrika und Nordamerika verbreitet und wurde zu einem allgemein verbreiteten Ackerunkraut, das auf allen Bodenarten von den Niederungen bis ins Gebirge vorkommt. Als Unkraut ist sie nicht gefährlich, aber unangenehm, denn beim Zerreiben wird das aromatische Allylsulfid frei, und die Pflanze riecht dann nach Knoblauch. Tiere verschmähen sie, wenn sie ins Futter gelangt. Die Milch von Kühen, die auf der Weide Ackerhellerkraut gefressen haben, schmeckt nach Knoblauch.

Mancherorts wurden die Samen in der Volksheilkunde gegen Rheuma verwendet. Aus den Bodenrosetten, die nur bei jungen Pflanzen vorhanden sind, kann vitaminhaltiger Salat bereitet werden.

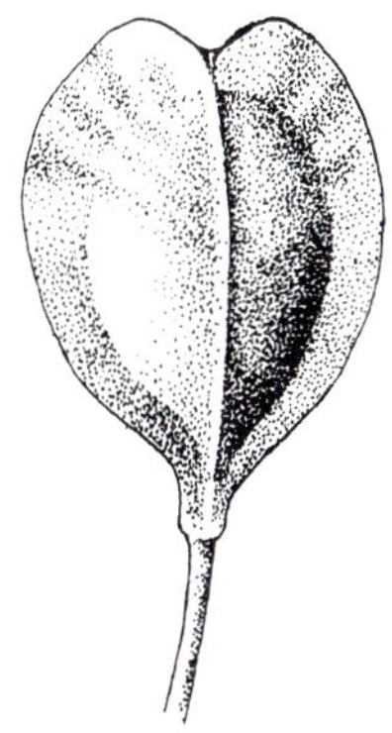

Frucht – Schötchen

Wurzel und Teil des Stengels

Samen

Kreuzblütler
Brassicaceae

Durchwachsenblättriges Täschelkraut

Thlaspi perfoliatum

Frucht – Schötchen

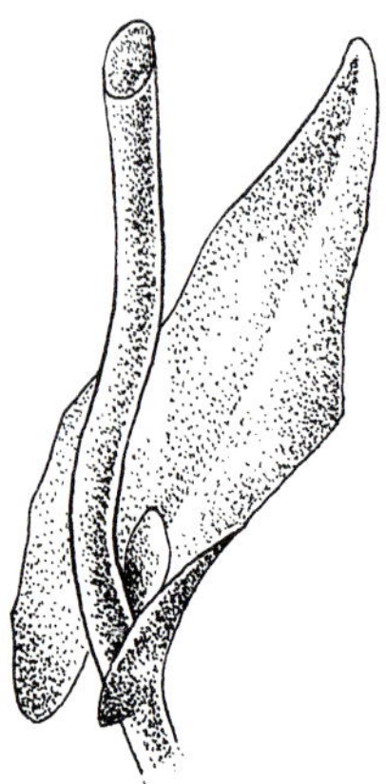

stengelumfassendes Blatt

Die niedrige graugrüne einjährige Pflanze wird höchstens 20 cm hoch. Aus der Pfahlwurzel im Boden wächst ein kahler, stielrunder, einfacher oder von unten her schwach verzweigter Stengel hervor. Die wenigen Grundblätter haben ovale, in den kurzen Stiel verschmälerte Spreiten. Die Grundblätter vertrocknen bald. Die Stengelblätter sind wechselständig, ganzrandig, nach unten zu nicht verschmälert (im Unterschied zu *T. arvense*) und herzförmig-stengelumfassend. Die kleinen Blüten haben weiße bis rosa überlaufene Kronen, die doppelt so lang sind wie der grünliche Kelch. Die flachen Schötchen sind unterseits etwas gewölbt, umgekehrt herzförmig, mit einem breiten, flachen Einschnitt an der Spitze und einem sehr kleinen Überrest des Stempels. In den Fruchtfächern finden sich meist vier kleine, flachgedrückte, gelbe bis gelbbraune Samen. Die glatte Samenschale wird bei Nässe schleimig.

Die kleine Pflanze bringt einige hundert Samen hervor, die jahrelang keimfähig bleiben. Meistens keimen sie schon im Herbst und die Pflanzen entfalten in den ersten warmen Frühlingstagen ihre Blüten. Wachstum, Blüte und Reifen der Früchte verlaufen sehr schnell. Diese Ephemere beendet ihren ganzen Entwicklungszyklus schon am Ende des Frühjahrs, wenn sich die Bestände der Kulturen, in denen sie auftritt, zu schließen beginnen.

Das Durchwachsenblättrige Täschelkraut ist in Europa, Nordafrika und in der gemäßigten Zone Asiens verbreitet und wurde auch nach Nordamerika eingeschleppt. Es stammt aus dem Mittelmeergebiet. In wärmeren Gebieten tritt es häufig in lockeren Feldkulturen auf, ebenso auf Brachland, Ödstätten, entlang von Wegen, auf Schutthalden, Aufschüttungen u. ä. Es gehört nicht zu den lästigen Unkräutern.

Gemeines Hirtentäschel

Capsella bursa-pastoris

Kreuzblütler
Brassicaceae

Das winterharte einjährige, manchmal auch zweijährige Kraut hat einen 15–40 cm hohen Stengel. Es können auch einige Stengel vorhanden sein, die gleichzeitig aus der Bodenrosette hervorwachsen. Die Pflanze ist meist kahl oder spärlich mit Sternhaaren besetzt. Die gestielten Grundblätter sind schrotsägeförmig fiederspaltig. Die Stengelblätter umfassen den Stengel mit ihrem pfeilförmigen Grund. Die verzweigten Stengel tragen endständige, aus unscheinbaren Blüten zusammengesetzte Trauben. Nach dem Verblühen verlängert sich der Stengel. Die Pflanzen blühen fast das ganze Jahr. Die Blüten sind zwitterig, die weißen bis rosa überlaufenen Kronblätter können manchmal fehlen. Die Früchte sind flache, dreieckige, verkehrt-herzförmige Schötchen. Unten sind sie keilförmig, oben tragen sie eine Narbe in einem oberflächlichen Einschnitt. In einer Frucht reifen etwa 20 kleine, ovale Samen mit einer gelbbraunen Samenschale.

Die Pflanze stammt wahrscheinlich aus dem Mittelmeergebiet. Sie ist ein kosmopolitisches Unkraut, das auf bearbeiteten sowie brachliegenden Böden, Schutthalden, Wegrändern und Aufschüttungen wächst. Sie tritt auch in Gärten, Gewächshäusern und Frühbeeten auf. Sie gehört nicht zu den lästigen Unkräutern, schadet aber durch ihren raschen Wuchs und ihre große Zahl, wodurch sie die Entwicklung der Keimpflanzen in den Kulturen unterdrückt. Das Hirtentäschel ist eine Heilpflanze. Man sammelt das blühende Kraut ohne die Bodenrosette und verwendet es in getrocknetem Zustand gegen übermäßige Blutungen. Verkrümmte, von weißem Rost (dem Schmarotzerpilz *Albugo candida*) befallene Pflanzen eignen sich nicht zum Sammeln.

Die Art hat ihren Namen von den typisch geformten Früchten erhalten, *capsula* ist die lateinische Verkleinerungsform von capsa, d. h. Behälter, Tasche, Geldbörse der Hirten.

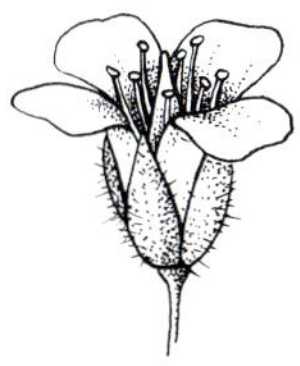

Blüte

Samen von vorne und von der Seite

Kreuzblütler
Brassicaceae

Bergsteinkraut

Alyssum montanum

Blüte von der Seite und von oben

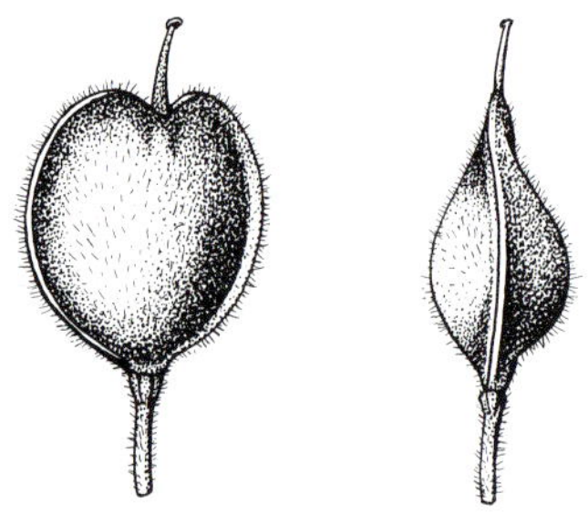

Schötchen von vorne und von der Seite

Das Bergsteinkraut ist eine ziemlich niedrige, ausdauernde, 5–30 cm hohe Pflanze mit grau behaarten Stengeln und Blättern. Wenn auch die Art sehr veränderlich ist, hat sie doch niemals eine Grundrosette wie das ähnliche Felsensteinkraut (auf der nächsten Seite); manchmal entwickelt sie aber kurze sterile Triebe. Die Stengel verholzen zuweilen am Grunde. Den grau bereiften Überzug der Pflanze bilden Sternhaare, mit denen sie dicht besetzt ist. Die dekorativen goldgelben Blüten sind in einer einfachen Traube angeordnet. Der Kelch und die doppelt so langen Kronblätter fallen bald ab. Die vier längeren der insgesamt sechs Staubblätter haben geflügelte Staubfäden. In den Fächern des fast kreisrunden Schötchens entwickeln sich jeweils zwei Samen mit schmal geflügelten Samen. Auch die Schötchen sind mit Sternhaaren besetzt. Die Blüten erscheinen von Ende April bis Juni. Nach dem Verblühen verlängert sich die Traube, in der die Früchte angeordnet sind, und lockert sich auf.

Das Bergsteinkraut ist im Mittelmeergebiet und in wärmeren Gebieten Mitteleuropas verbreitet. Es wächst zerstreut auf trockenen, sonnigen Hängen, Felsen, Sandböden und auch an den Rändern von Kiefernwäldern.

Die veränderliche Art bildet Unterarten, die sich durch die Zahl der Arme auf den Sternhaaren, die Form der Flügel auf den Staubfäden, die Blütenfarbe u. a. unterscheiden. In manchen Ländern gehört das Bergsteinkraut, ähnlich wie das mit ihm verwandte Felsensteinkraut, zu den gefährdeten und geschützten Arten. Eine andere Art, das Kelchsteinkraut *(b. alyssoides),* ist eine einjährige Ruderalpflanze, die keine Bodenrosette besitzt. Die Stengel wachsen aus einer einfachen Wurzel hervor.

Felsensteinkraut

Alyssum saxatile

Kreuzblütler
Brassicaceae

Die niedrige Pflanze dringt mit ihren langen, oft verholzten Wurzeln in Felsspalten ein. Die von weitem sichtbaren Büsche der Pflanzen bilden die graufilzigen Rosetten aus länglichen bis verkehrt eiförmigen Blättern. Die ganze Pflanze ist mit Sternhaaren besetzt, die ihr ermöglichen, an ihren unwirtlichen Standorten die Wasserabgabe zu beschränken. Der Grundrosette entspringen einige aufsteigende, bis 30 cm hohe Stengel mit einigen Blättern. In den endständigen Blütenständen sind sie schwach verzweigt. Die unteren Stengelteile verholzen. Die kleinen, vierzähligen Blüten sind in einer Schirmtraube angeordnet. Die Kronblätter sind frei, goldgelb und doppelt so lang wie der Kelch, der bald nach dem Verblühen abfällt. Die Staubfäden der ungleich langen Staubblätter sind nicht geflügelt, sondern haben nur unterseits einen kleinen Zahn. Der oberständige kahle Fruchtknoten reift zu einem kahlen rundlichen Schötchen mit 4 kleinen, schmal geflügelten Samen.

Das Felsensteinkraut ist von Mitteleuropa bis auf die Balkanhalbinsel, nach Kleinasien und ins südliche europäische Rußland verbreitet. Es stammt aus dem östlichen Mittelmeergebiet und der Umgebung des Schwarzen Meeres und hat sich von dort auf warme, unzugängliche, felsige Standorte verbreitet. Es gehört zu den echten Felsenbewohnern, den sog. Petrophyten, die sich an die ungünstigen Lebensbedingungen auf steilen Felsen angepaßt haben.

Als Zierpflanze des zeitlichen Frühjahrs ist das Felsensteinkraut eine beliebte Alpine. In manchen Ländern gehört es zu den geschützten Arten.

Der wissenschaftliche Name der Pflanze ist möglicherweise aus dem griechischen a (gegen) und lyssa (Tollwut) entstanden. Früher wurde das Felsensteinkraut als Heilmittel gegen Tollwut verwendet.

Blüte

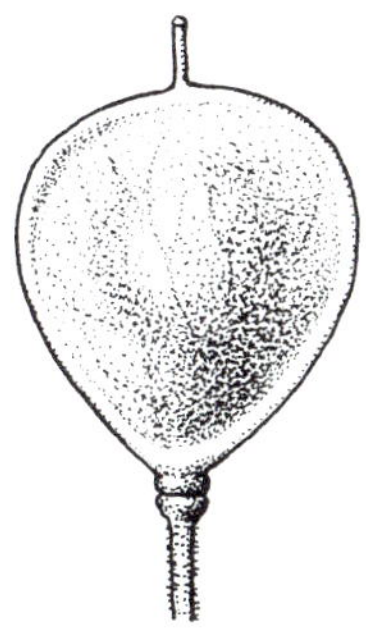

Schötchen

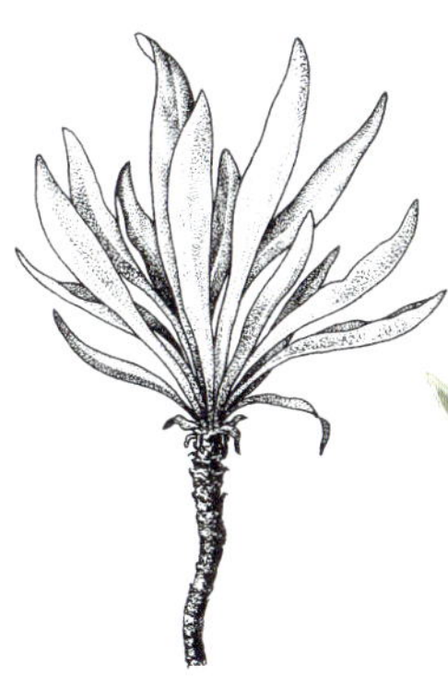

Blattrosette mit Wurzelstock

Kreuzblütler
Brassicaceae

Frühlingshungerblümchen

Erophila verna

Blüte

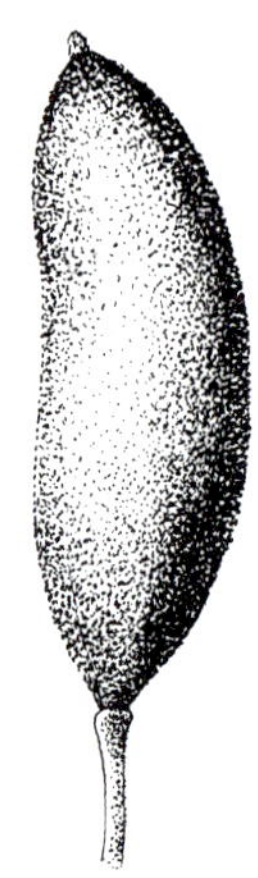

Schötchen

Die kleinen Grundrosetten des einjährigen, ephemer auftretenden Krautes sind an den Boden angedrückt. Manchmal entwickeln sie sich schon im Herbst und überwintern. Die Blätter sind elliptisch, ganzrandig oder gezähnt. Die Blätter und der untere Teil der Blütenschäfte sind mit Gabelhaaren besetzt. Aus der Rosettenmitte wachsen ein oder mehrere unbeblätterte Stengel hervor, die lockere Trauben aus kleinen, vierzähligen, weißen Blüten tragen. Die Kronblätter sind tief zweispaltig. Sie sind vom Kelch umhüllt, dessen Blätter oberseits behaart und am Rand weiß oder violett gefärbt und häutig sind. Blühende Pflanzen erscheinen schon von Februar bis März oder April. Die länglich-eiförmigen, flachgedrückten Schötchen sind langgestielt, am Ende abgerundet, am Grunde keilförmig verjüngt. In einer Frucht reifen bis 30 kleine ovale, gelbbraune Samen.

Die kleine Pflanze hat eine ungewöhnlich kurze Vegetationszeit. Ihr ganzer Lebenszyklus läuft im kühlen Vorfrühling ab. In dieser Zeit keimt sie, wächst heran, blüht und entwickelt Früchte. Wenn die anderen Pflanzen zu wachsen beginnen, stirbt das Hungerblümchen schon ab. Nur seine Samen werden von Wasser und Wind in die Umgebung verbreitet.

Das Frühlingshungerblümchen ist in Europa, Nordafrika, Asien und Nordamerika in den Niederungen wie auch im Gebirge verbreitet. Seine Standortansprüche sind gering. Natürlich wächst es auf Sandböden, Felsen, Geröll, auf Felsenriffen und steinigen Steppenhängen. Sekundär tritt es auch als gesellig wachsendes, unschädliches Unkraut in Feldern auf.

Die Art ist sehr veränderlich, besonders in bezug auf die Form der Früchte und Blätter.

Meerrettich, Kren

Armoracia rusticana

Kreuzblütler
Brassicaceae

Das ausdauernde, bis 1 m hohe Kraut hat eine lange, walzige fleischige Wurzel. Die großen Grundblätter bilden Büsche; sie sind langgestielt, ungegliedert, am Rande gekerbt. Die Stengelblätter sind kleiner und sitzend. Die weißen Blüten stehen in dichten Trauben. Die Früchte sind kugelige Schötchen mit flachgedrückten, in zwei Reihen angeordneten Samen.

In Mitteleuropa entwickelt der Meerrettich nur selten Früchte mit Samen. Er vermehrt sich vor allem vegetativ durch Wurzelbruchstükke, auf denen sich zahlreiche Adventivknospen befinden. Schon aus einem kleinen Wurzelstück wächst eine neue Pflanze hervor.

Der Meerrettich ist in Europa stark verbreitet. Aus Südosteuropa gelangte er nach Mittel- und Ostasien, Nord- und Südamerika und Neuseeland. Er wächst auf nährstoffreichen Böden, Wiesen, Ufern, in feuchten Gebüschen und an Ödstellen in der Umgebung menschlicher Behausungen, auf Müllhaufen und Abladeplätzen. Zur Verbreitung des Meerrettichs trägt seine Beliebtheit im Haushalt bei. Seit alters her wird er in Gärten gezogen, verwildert leicht und verbreitet sich in der Umgebung. Mancherorts werden hochgezüchtete Meerrettichsorten auch auf Feldern angebaut. Seine Einführung in die Kultur verdankt er der dicken, langen Wurzel von beißendem Geschmack. Der Meerrettich enthält Phytonzide, ein ätherisches Öl mit Senfglykosiden von nachhaltiger Wirkung gegen Bakterien, Schimmelpilze und Viren und bis 200 mg Vitamin C in 100 g.

Die Meerrettichwurzel ist in manchen Ländern ein offizinelles Heilmittel. In der Volksmedizin ist die frische Wurzel ein beliebtes Mittel zum Auflegen gegen rheumatische Beschwerden, Kreuzschmerzen, Insektenstiche u. a. Innerlich fördert er die Magen- und Darmtätigkeit.

Blüte

Schötchen

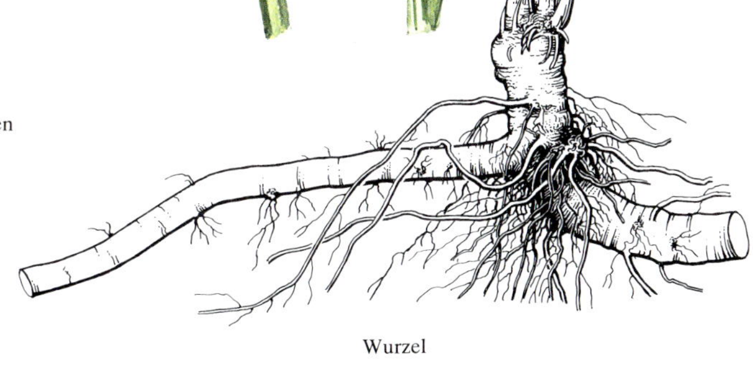

Wurzel

Kreuzblütler
Brassicaceae

Zwiebelzahnwurz

Dentaria bulbifera

Blüte

Brutzwiebel

Frucht – Schote

Die ausdauernde, 30–70 cm hohe Pflanze hat einen horizontal kriechenden, mit fleischigen Schuppen bedeckten Wurzelstock. Die Blätter sind unpaarig gefiedert, meist siebenzählig. Die Grundblätter unterscheiden sich nicht von den wechselständigen Stengelblättern. Die einzelnen Blättchen haben kurze Stiele oder sind sitzend, grob gekerbt. Am Stengel sind die schwarzen Brutzwiebeln in den Blattachseln auffallend. Sie fallen ab, überdauern den Winter unter abgefallenem Laub, und im Frühjahr entwickeln sich aus ihnen junge Pflanzen. Die hellvioletten, rosa bis weißen Blüten stehen in einer lockeren, endständigen Traube. Die Früchte sind schmale Schoten, die nur selten reifen. Die Pflanzen blühen von April bis Mai.

Die Art ist in Europa in feuchten, schattigen Laub- und Mischwäldern im Bergland verbreitet, besonders in Buchenwäldern. Ausnahmsweise steigt sie auch in die Niederungen herab. Sie ist eine bedeutsame Zeigerart lockerer, humoser Böden.

Im Bau der Blätter, Blüten und Früchte steht die Zahnwurz dem Schaumkraut nahe. Manche Fachleute ordnen sie deshalb der Gattung *Cardamine* zu. Andere betrachten sie wegen ihres geraden, unverzweigten Stengels und des horizontalen Wurzelstocks als selbständige Gattung *Dentaria.*

In schattigen Buchenwäldern bildet die verwandte Weiße Zahnwurz *(D. enneaphyllos)* ausgedehnte Bestände. Ihre dreizähligen Blätter sind quirlständig; aus ihrer Mitte wächst ein aus gelben Blüten bestehender Blütenstand hervor.

Der Extrakt aus dem Wurzelstock der Zahnwurz wird mancherorts als Volksheilmittel gegen Verdauungsbeschwerden benutzt.

Bitteres Schaumkraut

Cardamine amara

Kreuzblütler
Brassicaceae

Die ausläuferförmigen Wurzelstöcke des ausdauernden Bitteren Schaumkrauts wurzeln oberflächlich im Boden. Aus ihnen wächst ein kahler einfacher oder schwach verzweigter, aufsteigender, stellenweise wurzelnder, kantiger, beblätterter Stengel hervor. Eine Grundrosette fehlt. Die Blätter sind gestielt, die Spreite besteht aus 3–4 Fiederpaaren, deren Blättchen am Rande entfernt gezähnt und sitzend sind. Das unpaarige endständige Blättchen ist größer als die anderen und langgestreckt. Die langgestielten kleinen Blüten erscheinen im Mai und Juni und sind zu je 5 bis 11, ausnahmsweise bis zu 30 in einer Traube angeordnet. In den weißen Blüten treten die violetten Staubbeutel hervor. Die Früchte sind dünne, gerade, schmal stabförmige Schoten ohne Schnabel mit einreihig angeordneten Samen. Sie öffnen sich von unten mit Klappen. Die freigewordenen Samen werden durch das Wasser verbreitet.

Das Bittere Schaumkraut wächst vor allem in Europa und Westsibirien in tieferen Lagen, an Bächen, in Quellgebieten und Auen. An feuchten oder nassen, beschatteten Stellen bildet es dichte, oft reine Bestände, die keine andere Art aufkommen lassen. Es bevorzugt nasse, sogar sumpfige, nährstoffreiche Böden.

Die Blätter des Bitteren Schaumkrauts haben einen brennenden, bitteren Geschmack und werden deshalb vom Vieh auf der Weide gemieden. In kleinen Mengen gibt man die Blätter, die einen hohen Gehalt an Vitamin C haben, Frühlingssalaten zu. Als verdauungsfördernde Heilpflanze hat die dem Schaumkraut ähnliche Gemeine Brunnenkresse, mit der es manchmal verwechselt wird, größere Bedeutung. Die Brunnenkresse hat einen kantig gefurchten, hohlen Stengel, während der Stengel des Bitteren Schaumkrauts zwar kantig, aber markig ist.

Blatt

Früchte – Schoten

Blüte

Kreuzblütler
Brassicaceae

Viermänniges Schaumkraut

Cardamine hirsuta

Blatt

Schote mit Fruchtstiel

Das mittelgroße ein-, manchmal auch mehrjährige Kraut ist 10–30 cm hoch. Die Grundblätter bilden eine deutliche Rosette, aus der einige meist kahle oder nur wenig behaarte Stengel hervorwachsen. Die Grundblätter sind unpaarig gefiedert mit 3–6 Blättchenpaaren. Das endständige Blättchen ist rundlich bis nierenförmig. Am Stengel befinden sich meist nur vier gefiederte Blätter mit 2–4 Blättchenpaaren. Diese sind länglich und zerstreut mit feinen Haaren besetzt. Im traubenförmigen Blütenstand sind bis 25 kleine Blüten vereint, die auf 1–2 mm langen Stielen stehen. Die vier Kronblätter sind weiß, schmal keilförmig. Die Blüten haben oft nur 4 Staubblätter. Der Stempel hat einen oberständigen Fruchtknoten und einen Griffel, dessen Länge der Breite der Narbe gleicht. Der Fruchtknoten reift zu einer Schote mit braunen, schmal geflügelten Samen.

Das Viermännige Schaumkraut blüht von März oder April bis Mai, manchmal auch im Herbst. Es wächst in Europa und Westasien an beschatteten, feuchten Stellen von den Niederungen bis ins Gebirge, vor allem auf frischen Böden in Bergwäldern und auf Lichtungen. Als Unkraut tritt es auf feuchten Feldern, in Gärten, Weinbergen, Gewächshäusern, entlang von Wegen, in Gräben und auf alten Mauern auf.

Durch die zerstreut behaarten Stengel und besonders die in der gleichen Richtung wie die Stiele stehenden Schoten unterscheidet sich das Viermännige Schaumkraut vom nahe verwandten Waldschaumkraut *(C. flexuosa)* mit einem dicht beblätterten Stengel und aufrechten Schoten auf abstehenden Stielen.

Das früher gebrauchte Synonym *C. tetrandra* bezieht sich darauf, daß in der Blüte des Viermännigen Schaumkrauts nur 4 Staubblätter vorhanden sind.

Wiesenschaumkraut

Cardamine pratensis

Kreuzblütler
Brassicaceae

Das ausdauernde, ziemlich niedrige Kraut hat im Boden einen kurzen, einköpfigen Wurzelstock, der von zahlreichen Büschelwurzeln bedeckt ist. Die aufrechten, hohlen, stielrunden Stengel wachsen aus einer lockeren Grundrosette hervor. Die gestielten Blätter bestehen aus 2–5 Paaren eiförmig rundlicher, unregelmäßig gezähnter Blättchen. Das endständige Blättchen ist größer und nierenförmig. Die unverzweigten Stengel erreichen eine Höhe von 40 cm und tragen lockere Blütentrauben. Die regelmäßigen großen Blüten sind violett überlaufen, selten weiß mit dunkleren violetten Adern. Die deutlich genagelten Kronblätter sind länger als die an die Krone angedrückten Kelchblätter. Die 6 Staubblätter haben gelbe Staubbeutel. Der oberständige Fruchtknoten entwickelt sich zu einer schmal stabförmigen Schote auf einem gerade abstehenden Stiel. Die Schote öffnet sich mit Klappen von unten und enthält kleine gelbbraune Samen.

Das Wiesenschaumkraut blüht von April bis Juni, zur Zeit der Heuernte sind die Früchte schon reif. Außer durch Samen vermehrt sich die Art auch vegetativ durch Brutknospen, die sich manchmal an der Unterseite der unteren Blätter entwickeln.

Das Wiesenschaumkraut ist in Europa, Nordasien und Nordamerika zirkumpolar verbreitet. Es ist auf feuchten, saueren Wiesen, Weiden, in Gräben, an Ufern und ähnlichen grasbewachsenen Standorten von den Niederungen bis zur montanen Stufe gemein. An gemeinsamen Standorten wird es leicht mit dem verwandten Bitteren Schaumkraut *(C. amara)* verwechselt, das kantige, markige Stengel und weiße Blüten mit dunkelvioletten Staubbeuteln aufweist.

Das Wiesenschaumkraut ist die Nährpflanze der gefräßigen Raupe des Aurorafalters.

Blüte

Blatt

Frucht – Schote

Kreuzblütler
Brassicaceae

Echte Winterkresse, Barbarakraut

Barbarea vulgaris

Blüte

Frucht – Schote

Die Echte Winterkresse ist eine kahle, zweijährige oder ausdauernde, bis 80 cm hohe Pflanze. Der Stengel ist reichverzweigt und beblättert. Die unteren Blätter sind leierförmig gefiedert, mit 2–4 Blättchenpaaren und einem endständigen rundlich-eiförmigen Abschnitt. Die Blätter umfassen den Stengel mit dem pfeilförmigen, abstehend geöhrten Grund. Die oberen Blätter sind tief gezähnt. An der dichten Blütentraube fallen die abstehenden Blütenstiele auf. Die leuchtenden, sattgelben Blüten, deren Krone doppelt so lang ist wie der Kelch, entfalten sich von unten nach oben und reifen zu geraden, kantigen Schoten auf geraden abstehenden, kurzen Stielen. Die Klappen der viereckigen Schoten haben eine hervortretende Mittelrippe. In den Fächern der Schote sind die nicht geflügelten Samen in einer Reihe übereinander angeordnet. Die Blüten erscheinen von April bis Juni.

Diese europäische Art ist auf der ganzen nördlichen Halbkugel verbreitet. Sie tritt häufig an feuchten Stellen auf mineral- und stickstoffreichen Böden von den Niederungen bis ins Gebirge auf. Sie wächst auf nassen Wiesen, in Gräben, auf Rainen, an Wegrändern, auf feuchten Feldern und Schutthalden.

Der Gattungsname *Barbarea* wird schon seit dem 15. Jahrhundert verwendet, wohl zu Ehren der heiligen Barbara, deren Namenstag der 4. 12. ist. Zu dieser Zeit lassen sich noch die spröden Blätter pflücken, die man zur Bereitung von Salat verwendet. Wegen ihres schärferen würzigen Geschmacks wird z. B. in Frankreich *B. praecox* mit dem Bitteren Schaumkraut und der Gemeinen Brunnenkresse *(Nasturtium officinale)* in feuchten künstlichen Gräben gezogen.

Kahle Gänsekresse, Turmkraut

Turritis glabra

Kreuzblütler
Brassicaceae

Der unverzweigte, zarte, starr aufrechte Stengel dieser zweijährigen Art wird über 1 Meter hoch. Der Stengel des kahlen, bläulich bereiften Krauts ist in seinem unteren Teil durch die einfachen, abstehenden derben Borsten rauh. Im Boden ist die Pflanze mit einer Spindelwurzel verankert. Es sind zweierlei Blätter vorhanden. Die Grundrosette besteht aus schrotsägeförmig gezähnten, rauhhaarigen, mit Sternhaaren besetzten Blättern. Die Stengelblätter sind ganzrandig, kahl und mit dem pfeilförmigen Grund stengelumfassend. Die Pflanze reckt sich mit einer Traube aus gelblichen, sich nach und nach entfaltenden Blüten und später mit den in einer Traube angeordneten dünnen, langen Schoten in die Höhe. Wenn sich die Blüten entfalten, nimmt die Unterseite der Grundblätter eine violette Färbung an, und die Blätter vertrocknen. Die Kronblätter sind schmal, oben abgerundet, die vier geraden Kelchblätter stehen aufrecht. Die rundlich vierkantigen Schoten sind dreimal länger als breit und siebenmal länger als die Fruchtstiele. Sie bleiben auch nach dem Reifen der Samen an die Traubenspindel angedrückt. Die Samen sind in der Schote in zwei Reihen nebeneinander angeordnet.

Die wärmeliebende Art blüht in den Sommermonaten an Waldrändern, auf steinigen Hängen, Lichtungen, in lichtem Gebüsch, manchmal auch auf Schutthalden und Aufschüttungen. Sie ist in Europa und andernorts auf der nördlichen Halbkugel verbreitet. Wegen ihres Gehaltes an Vitamin C und anderen Wirkstoffen wurde sie früher mancherorts als volkstümliches Heilmittel verwendet.

Die Pflanze, die einem schmalen, in die Höhe ragenden Turm ähnelt, verdankt ihren Namen ihrer charakteristichen Erscheinung (lat. turris = Turm).

Schote

Grundblatt

Lage der Samen in der Frucht

Kreuzblütler
Brassicaceae

Gemeine Brunnenkresse

Nasturtium officinale

Frucht – Schote

Samen

wurzelnder Stengel

Die Gemeine Brunnenkresse ist ein ausdauerndes, bis 90 cm hohes Kraut mit einem kantig gefurchten, hohlen, ausläuferartigen Stengel. Der aufsteigende Stengel wurzelt an den Stellen, die mit der Erde in Berührung kommen. Er ist verzweigt und dicht beblättert. Die Blätter sind unpaarig gefiedert, etwas fleischig, sattgrün, mit rundlichen, ganzrandigen oder seicht gezähnten Blättchen. Im offenen Kelch sitzt eine weiße Krone, die länger als der Kelch ist. Die Staubblätter mit gelben Staubbeuteln sind kürzer als die Krone. Die Früchte sind sichelförmig aufwärts gebogene, stielrunde Schoten mit rippenlosen Klappen. Die waagerecht abstehenden Schoten enden in einem kurzen Griffel. Die Fruchttraube ist länger als die Blütentraube. Die Samen sind in den Fächern zweireihig angeordnet. Die Blüten entfalten sich von Mai bis Juli.

Die Brunnenkresse ist ein zirkumpolares Kraut der nördlichen Halbkugel, stellenweise kommt sie selten vor. Sie wächst an Bachufern und Quellen von den Niederungen bis in die Gebirge. Das frische Kraut enthält Vitamin C und E, Provitamin A, das Glykosid Gluconasturtiin und einen Bitterstoff. Sie dient als natürliche Vitamin-C-Quelle, vor allem als Zusatz zu Frühjahrssalaten. Sie fördert die Verdauung und den Appetit. Das blühende Kraut wird gesammelt und getrocknet. Die trockenen zerriebenen Blätter haben einen scharf beißenden, würzigen Geruch und schmecken wie Radieschen. Ein Extrakt aus der Droge ist gegen Hautkrankheiten, Exzeme, Gallen- und Leberbeschwerden wirksam. Die Samen der Brunnenkresse können Senfsamen ersetzen.

Gemeine Sumpfkresse

Rorippa islandica

Kreuzblütler
Brassicaceae

Die Gemeine Sumpfkresse ist ein zweijähriges bis ausdauerndes, manchmal nur einjähriges Kraut mit einer spindelförmigen Wurzel und einem etwa einen halben Meter hohen Stengel. Die Pflanzen bilden keine Ausläufer. Der aufrechte, manchmal verzweigte Stengel ist kantig, hohl und kahl oder nur am Grunde spärlich behaart. Die länglichen, grasgrünen Blätter sind leierförmig-fiederspaltig mit 3–6 Abschnitten. Die unteren Blätter sind gestielt, die oberen sitzend, geöhrt stengelumfassend. Aus ihren Achseln entspringen langgestielte, dichte Trauben unscheinbarer Blüten. Die hellgelbe Krone ist ebenso lang wie der Kelch oder kürzer und fällt bald ab. An ihrer Stelle entwikkeln sich längliche, aufgeblasene, gebogene Schoten, die kürzer sind als ihre 4–10 mm langen, geraden Stiele. Nach dem Abblühen stehen die Fruchtstiele waagerecht ab und sind leicht herabgebogen. Die Klappen der Schote sind gewölbt, ohne Rippe. Die Blüten entwickeln sich von Juni bis September.

Die Gemeine Sumpfkresse ist auf der nördlichen Halbkugel zirkumpolar verbreitet. Sie wächst auf feuchten und sumpfigen Flußufern, am Grund von im Sommer trockengelegten Teichen, aber auch auf feuchten, nährstoffreichen Feldern oder auf stickstoffhaltigen Böden an Ruderalstellen.

Außer dem Namen *R. islandica* wird auch der Name *R. palustris* gebraucht, der den Biotop der Pflanze charakterisiert. An gemeinsamen Standorten wird die Sumpfkresse oft mit der sehr ähnlichen Wasserkresse *(R. amphibia)* verwechselt, die auffallende goldgelbe Blüten und gezähnte, ungegliederte Stengelblätter hat.

Frucht

Kreuzblütler
Brassicaceae

Ackerschotendotter, Schöterich

Erysimum cheiranthoides

Blüte

Schote mit Fruchtstiel

Die Art ist ein einjähriges oder winterhart einjähriges, 60–100 cm hohes Kraut. Der aufrechte, schwach verzweigte Stengel ist kantig, manchmal kahl, meist mit angedrückten dreispaltigen Borsten zerstreut besetzt. Der Stengel trägt länglich lanzettliche, kurzgestielte bis sitzende, unregelmäßig seicht gezähnte Blätter. Ihre Oberfläche ist durch die angedrückten, 3–4armigen Borsten rauh. Die unscheinbaren Blüten mit kleinen gelben Kronblättern wandeln sich bald in dünne lange Schoten um. Die Blütenstengel sind doppelt so lang wie der Kelch, aber bei der Entwicklung der Früchte verkleinert sich dieses Verhältnis; der Fruchtstiel ist ebenso lang oder kürzer als die halbe Schote und viel dünner. Die viereckigen dünnen Schoten haben einreihig angeordnete Samen. Sie reichen durchaus für die Fortpflanzung, denn eine Pflanze bringt ihrer bis 5000 hervor. Sie keimen gut, nachdem sie überwintert haben, und bleiben lange keimfähig.

Die Art blüht von Mai bis September oder Oktober in tieferen Lagen auf der nördlichen Halbkugel. Sie ist frostfest und kann auch in milden Wintern blühen. Sie wächst an Ufern von Gewässern und in Gebüschen. Immer häufiger besiedelt sie auch Schutthalden, Wegränder und dringt in Feldkulturen ein. Häufig tritt sie auf Sandböden auf, wächst aber auch auf Ton- oder schweren Lehmböden. Größere Beschattung verträgt sie nicht und gehört deshalb nicht zu den lästigen Unkräutern.

Der Ackerschotendotter ist eine der etwa 100 Arten der Gattung *Erysimum*, die meistens giftig sind und kardiotonische Glykoside enthalten.

Lauchhederich, Knoblauchsrauke

Alliaria officinalis

Kreuzblütler
Brassicaceae

Der Lauchhederich ist ein mittelgroßes, zweijähriges bis ausdauerndes Kraut, das 1 m hoch wird. Der bereifte aufrechte Stengel ist völlig kahl, bis auf den unteren Teil, der zerstreut abstehende, einfache Haare aufweist. Die Blätter sind dünn, kahl und glänzend, die unteren vertrocknen bald. Der Kelch der kleinen weißen Blüten ist länger als der Blütenstiel, aber kürzer als die Krone. Von den sechs Staubblättern sind zwei kürzer und vier länger, der Stempel hat einen oberständigen Fruchtknoten. Nach der Bestäubung entwickeln sich auf dikken Stielen schief abstehende oder aufrechte Schoten. Ihre Klappen haben drei Adern, von denen die mittlere deutlicher hervortritt. Die schwarzen, kugeligen Samen sind in den Fächern einreihig angeordnet. Auf dem Blütenboden finden sich Honigdrüsen, deren Nektar die bestäubenden Insekten anlockt.

Der Lauchhederich blüht von April bis Juni in schattigen Wäldern, Gebüschen und feuchteren Hainen Europas und Westasiens. Lockere, humusreiche Böden findet er auch auf Schutthalden, in schattigen Gärten, Parks, an Mauern und Zäunen und in Siedlungen.

Die krautigen zerriebenen Blätter riechen nach Knoblauch. Das ist nicht nur ein verläßliches Merkmal zur Bestimmung der Art, sondern auch die Eigenschaft, die ihrem Gattungsnamen zugrunde liegt, denn *Alliaria* ähnelt der lateinischen Bezeichnung für Knoblauch *(Allium)*. Der Lauchhederich ist eine uralte Heilpflanze. Die zerdrückten Blätter wurden früher zum Auflegen bei Hautausschlägen oder entzündeten Wunden verwendet, ein Aufguß aus den Blättern diente bei Angina und Asthma zum Gurgeln. Das Kraut enthält Askorbinsäure und liefert Vitamine gegen Frühjahrsmüdigkeit. Aus den frischen Blättern wird Salat bereitet.

Schote

Blüte von oben und von der Seite

Kreuzblütler
Brassicaceae

Wegerauke

Sisymbrium officinale

Frucht – Schote

Lage der Samen in der Schote

Das einjährige oder winterhart einjährige Kraut wird nicht höher als 30–60 cm. Der derbe Stengel ist spärlich beblättert und oft verzweigt. Die Zweige stehen rechtwinklig vom Stengel ab. Stengel und Blätter sind mit einfachen, angedrückten zurückgebogenen Haaren besetzt. Die Blattspreite ist typisch schrotsägeförmig, mit einem großen endständigen spießförmig dreieckigen Zipfel. Die oberen Blätter sind pfeilförmig dreilappig. Weder die oberen noch die unteren Blätter sind stengelumfassend. Die kleinen Blüten sind in einem traubenförmigen Blütenstand angeordnet, der sich bei der Entwicklung der Früchte verlängert. Die gelben Kronblätter sind nur um weniges länger als die Blätter des geschlossenen Kelchs. Die kurzgestielten, kegelförmigen Schoten sind ihrer ganzen Länge nach an die Traubenspindel angedrückt. Die Pflanzen blühen von Mai bis Oktober oder November. Die Klappen der Frucht sind borstig behaart, dreinervig und derb. Die mattbraunen Samen sind in den Fächern einreihig angeordnet.

An der Pflanze reifen einige hundert Samen, die auch nach mehreren Jahren keimfähig bleiben. Manche Samen keimen schon im Herbst, die frostfesten Sämlinge überwintern und setzen im Frühjahr ihre Entwicklung fort.

Die Wegerauke stammt aus dem Mittelmeergebiet und hat sich von dort in die warmen Gebiete auf der ganzen Erde verbreitet. Sie wächst auf allen Böden in den Niederungen und im Hügelland. Sie gehört zu den allgemein verbreiteten Pflanzen. Auf Feldern tritt sie als Unkraut auf, häufiger begegnet man ihr aber auf Schutthalden, Aufschüttungen, Trümmerplätzen, an Wegen, in Siedlungen u. a. Wie der Artname der Pflanze besagt, wurde sie früher für Heilzwecke genutzt.

Gelbe Resede

Reseda lutea

Resedengewächse
Resedaceae

Das einjährige, manchmal auch ausdauernde Kraut gehört zu den mittelgroßen Arten mit einem aufrechten, meist unverzweigten Stengel. Im Boden ist es durch eine einfache Pfahlwurzel verankert. Die Pflanze ist ganz kahl. Die Blätter der Grundrosette sind ungegliedert, die Stengelblätter sind mit Nebenblättern ausgestattet. Ihre Spreite ist in länglich lanzettliche, am Rande rauhe Abschnitte geteilt. Über die Blätter erhebt sich eine endständige Blütentraube. Beim Reifen der Früchte verlängert sie sich noch. Sechs grüne, nicht abfallende Kelchblätter und sechs gelbgrüne Kronblätter umgeben einen oberständigen Fruchtknoten und zahlreiche Staubblätter, deren Staubfäden mit dem Fruchtknotenstiel verwachsen sind. Die Kronblätter sind ungleich groß, am größten sind die beiden oberen, die tief in 3 Zipfel gespalten sind. Der mittlere Abschnitt ist fadig, die seitlichen Abschnitte sind halbmondförmig. Die Pflanze blüht von Mai bis September. Die Kapsel im ausdauernden Kelch ist oben offen, die zahlreichen glänzenden Samen sind an ihren inneren Wänden angeordnet.

Die Pflanzen der Familie Resedengewächse sind im Mittelmeergebiet beheimatet. Sie wachsen dort als Kräuter oder kleine Sträucher. Die Gelbe Resede wurde auch in anderen warmen Gebieten Europas heimisch, verbreitete sich auch nach Mittelasien und wurde nach Nordamerika eingeschleppt. Als Neophyt, also als in neuerer Zeit eingeschleppte Pflanze, hat sie sich in die ursprünglichen Pflanzengesellschaften eingegliedert. Sie wächst auf Schutthalden, an Wegrändern, in Steinbrüchen, auf Umladeplätzen, aber auch als Unkraut, besonders in Futterpflanzen.

In Gärten wird die Gartenresede *(R. odorata)* gezogen, die ein sehr wohlriechendes ätherisches Öl enthält.

Cistrosengewächse
Cistaceae

Gemeines Sonnenröschen

Helianthemum nummularium

Blatt mit Nebenblättern

Blütenknospe

Die ausdauernden Stengel des niedrigen Halbstrauchs sind unten unbelaubt und verholzt. Sie sind nur 10–20 (manchmal bis 50) cm hoch, niederliegend oder aufsteigend und borstig behaart. Die gegenständigen, linear-lanzettlichen bis eiförmig-rundlichen Blätter haben lineare Nebenblätter. Der Blattrand ist auf die feinhaarige bis dünn weißfilzige Blattunterseite umgerollt. Die langgestielten Blüten bilden lockere, endständige Blüten tragende Wickel. Die Blüten haben einen Durchmesser von mehr als 2 cm. Die spitzigen Knospen sind nikkend, beim Entfalten der Blüten richten sie sich auf und wenden sich der Sonne zu. Das Sonnenröschen gehört zu den Pflanzen, die in den alten Herbarien als Sonnenblüte bezeichnet wurden; der Name *Helianthemum* ist aus dem griechischen helios (= Sonne) und anthemon (= Blume, Blüte) entstanden. Bei Regenwetter schließen sich die Blüten und neigen sich zur Erde. Die fünf tellerförmig geöffneten, satt- oder hellgelben Kronblätter umschließen eine größere Anzahl von Staubblättern, deren Staubfäden am Grunde zu fünf Bündeln verwachsen. Der oberständige, kegelförmige Fruchtknoten trägt einen geraden Griffel mit einer schlegelförmigen Narbe. Der Fruchtknoten und die dreieckig eiförmige Kapsel sind behaart. Die Kapsel öffnet sich mit drei Klappen und setzt die reifen Samen frei.

Das Sonnenröschen ist eine stark veränderliche Art mit einigen Unterarten, die im gemäßigten Europa und in Vorder- und Westasien verbreitet ist. Die Blüten dieser anmutigen Pflanze erscheinen von Mai bis September an sonnigen, trockeneren Standorten, auf Hängen, Rainen, in Rasen, auf Weiden, felsigem Gelände, in lichten Wäldern und an Waldrändern.

Hundsveilchen

Viola canina

Veilchengewächse
Violaceae

Das Hundsveilchen ist ein ausdauerndes, 5–20 cm hohes Kraut mit einem kurzen Wurzelstock ohne Ausläufer. Die kahlen, aufsteigenden oder aufrechten Stengel sind unten verzweigt und rasig. Es sind nur Stengelblätter vorhanden, die Grundblätter fehlen. Der Stengel trägt langgestielte, ungegliederte Blätter mit einer schmal eiförmigen, seicht gekerbten Spreite und einem herzförmigen Blattgrund. Die kleinen Nebenblätter am Grund sind schmal lanzettlich, gefranst; sie reichen bis zu einem Viertel des Stieles. Die Blüten wachsen einzeln auf langen Stielen aus den Achseln der Stengelblätter hervor. Im oberen Fünftel des Stieles sitzen paarige Deckblätter. Die Kelchblätter sind zugespitzt und mit großen viereckigen Anhängseln ausgestattet. Die hell blauviolette, im Schlund weißliche Krone läuft in einen gelbgrünen Sporn aus. Er ist leicht gekrümmt und zweimal so lang wie die Kelchanhängsel. Die Blüten riechen nicht. Die eiförmige Kapsel mit den Samen ist länger als der Kelch. Die Pflanze blüht von April bis Mai, stellenweise bis Juli.

Das Hundsveilchen gehört zu den Veilchengewächsen, die außer den auffallenden, aber unfruchtbaren, im Frühjahr erscheinenden Blüten später oder fast gleichzeitig kleinere, unauffällige, aber fruchtbare Blüten ausbilden. Die fruchtbaren Blüten sind in der Regel unvollkommen entwickelt, ihre Krone ist verkümmert und öffnet sich nicht. Die Bestäubung erfolgt in der geschlossenen, kleistogamen Blüte mit dem eigenen Pollen.

Das Hundsveilchen wächst in Europa und Westasien auf trockenen, mageren Böden. Oft tritt es auf Rasen, in lichten Kiefernwäldern, Gebüschen und Heiden in Küstengebieten auf. Die Art ist taxonomisch uneinheitlich und veränderlich und bildet einige Varietäten.

Blüte von der Seite

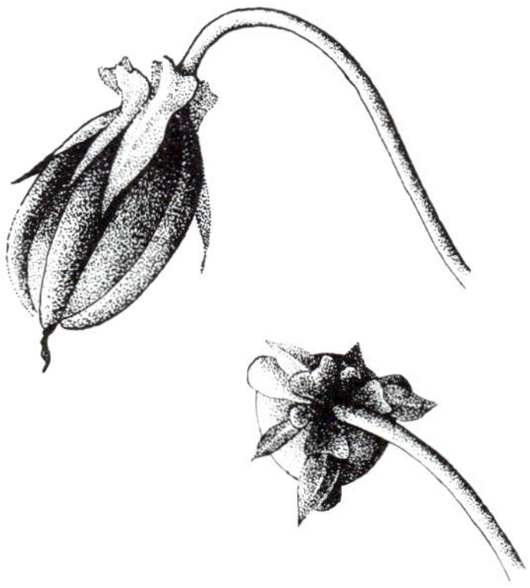

Kapsel von der Seite und von unten

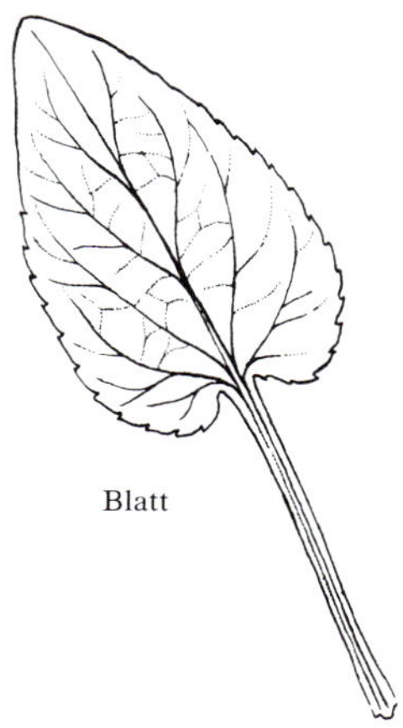

Blatt

Veilchengewächse
Violaceae

Rauhhaarveilchen

Viola hirta

Nebenblatt

hakenförmige Narbe

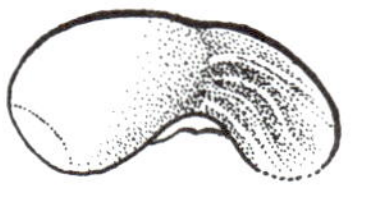
Samen mit Ölkörper

Das niedrige ausdauernde Kraut hat im Boden einen mehrköpfigen Wurzelstock ohne Ausläufer. Es gehört zu den Veilchengewächsen, die keinen beblätterten Stengel mit Blüten entwickeln, die Blätter und Blütenstiele wachsen nämlich aus dem Wurzelstock hervor. Die dichte Grundrosette besteht aus langgestielten, kurz abstehend behaarten, später kahlen Blättern. Ihre Spreiten sind eiförmig bis schmal herzförmig, am Rande fein gekerbt. Am Blattgrund befinden sich lanzettliche, ungegliederte oder kurz gefranste, behaarte Nebenblätter. Die nach dem Verblühen erscheinenden Blätter sind größer, länglich eiförmig und tief herzförmig. Zwischen den Blättern erscheinen im Frühjahr die hellvioletten, selten weißen, gespornten, geruchlosen Blüten. Ihre Kelchblätter sind eiförmig, stumpf, mit kurzen, rundlichen, angedrückten Anhängseln. Die Kronblätter sind leicht ausgerandet, im Schlund geht die violette Farbe in Weiß über, von dem sich die orangefarbenen Konnektive der Staubblätter und die hakenförmige Narbe des behaarten Stempels deutlich abheben. Der rotviolette Sporn ist dünn, am Ende gebogen. Die kugeligen Kapseln enthalten kleine Samen mit einem orangefarbenen fleischigen Anhängsel. Dank diesem Ölkörper werden die Samen von Ameisen verbreitet.

In den wärmeren Gebieten Europas und Westasiens gehört das Rauhhaarveilchen zu den Frühlingsblühern, deren Blüten sich von April bis Mai entfalten. Es ist in lichten Wäldern, Gebüschen, an Waldrändern und auf Trockenhängen von den Niederungen bis ins Hügelland häufig. Im Gegensatz zu anderen Veilchenarten läßt es sich auch nach dem Verblühen verhältnismäßig verläßlich an den Blättern erkennen.

Märzveilchen, Wohlriechendes Veilchen

Viola odorata

Veilchengewächse
Violaceae

Das ausdauernde niedrige Kraut hat einen kurzen, walzenförmigen, verdickten Wurzelstock, dem dünne, wurzelnde Ausläufer entspringen. Die dunkelgrünen Blätter der Grundrosette sind in der Jugend tütenförmig zusammengerollt. Später breiten sie sich aus und weisen rundlich nierenförmige bis breit eiförmige Spreiten auf. Am Grund des langen Stiels befinden sich breit eiförmige, zugespitzte, ganzrandige oder oben drüsig gefranste Nebenblätter. Die Blätter sind angedrückt feinhaarig. Der Stengel fehlt, die einzelnen Blüten entfalten sich auf langen Stielen, in deren Mitte gegenständige lineare Deckblätter stehen. Die stark duftenden Blüten haben eine dunkel-rotviolette Krone mit weißem Schlund. Das untere Kronblatt läuft in einen zugespitzten violetten Sporn aus. Der Stempel mit dem oberständigen flaumhaarigen Fruchtknoten hat einen kurzen Griffel und eine hakenförmig gebogene Narbe. Die zierenden Blüten erscheinen im März und April. Die unscheinbaren fruchtbaren Blüten, die auf kürzeren Stielen stehen, entwickeln sich später. Diese kleistogamen Blüten bleiben geschlossen, und die Bestäubung erfolgt durch den eigenen Pollen. Die Früchte sind Kapseln. Wenn sie aufspringen, werden die Samen frei, deren fleischige Anhängsel den Ameisen als Nahrung dienen.

Die Art ist in Europa verbreitet. Sie stammt wahrscheinlich aus dem Mittelmeergebiet. Als beliebte Gartenpflanze verwildert sie oft auf humosen Böden in der Nähe von menschlichen Behausungen, in Gebüschen, Rasen und an Mauern.

Das Märzveilchen ist eine alte Heilpflanze, die auswurffördernde Saponine enthält. Wegen der schlichten Anmut seiner Blüten erscheint das Märzveilchen in der altgriechischen Mythologie und in Sagen und Sprüchen als Sinnbild der Bescheidenheit und Demut.

kleistogame Blüte

Inneres der Blüte

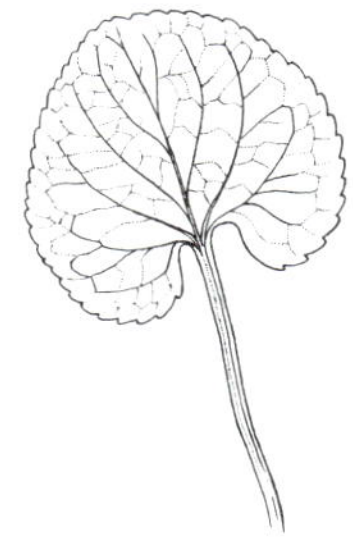

Blatt

Veilchengewächse
Violaceae

Hainveilchen
Viola riviniana

Vergleich der Blüten von *V. riviniana* (links) und *V. reichenbachiana* (rechts)

Kelchblätter

Vergleich der Blätter von *V. riviniana* (links) und *V. reichenbachiana* (rechts)

Die niedrige, nur 5–15 cm hohe ausdauernde Pflanze hat einen kurzen Wurzelstock, aus dem eine Grundrosette aus graugrünen Blättern hervorwächst. Die langgestielten Blätter haben eine breit herzförmige, stumpfe Spreite, die ebenso breit wie lang ist. Die Nebenblätter am Blattgrund sind lanzettlich, am Rande schwach gefranst. Später erscheint auch ein aufrechter, kahler Stengel mit gestielten Blättern, auf dem sich die einzelstehenden Blüten entwickeln. Im oberen Teil der kahlen, langen Blütenstiele befinden sich zwei Deckblätter. Die fünfzähligen geruchlosen Blüten haben breite, hellviolette, im Schlund weiße Kronblätter. Das untere Kronblatt läuft in einen weißlichen, kräftigen, stumpfen, leicht ausgerandeten Sporn aus. Er weist eine deutliche Rinne auf, die ein Nektarium enthält. Der Kelch ist fünfzählig und besteht aus breit lanzettlichen Blättern mit fast viereckigen Anhängseln, die länger als breit sind. In der Mitte der Blüte befindet sich der Stempel mit einem oberständigen Fruchtknoten, einem verlängerten Griffel und einer hakenförmigen, kahlen Narbe. Die Blüten erscheinen, ähnlich wie bei vielen anderen Veilchenarten, im April und Mai. Die Früchte sind dreifächerige Kapseln mit zahlreichen kleinen, mit Ölkörpern ausgestatteten Samen.

Das Hainveilchen ist eine europäische Art aus Wäldern und Hainen. Es wächst in schattigen, trockeneren, humosen Wäldern und Gebüschen.

Manchmal tritt das Hainveilchen in Gesellschaft des ihm ähnlichen Waldveilchens *(V. reichenbachiana)* auf. Seine geruchlosen hellvioletten Blüten sind kleiner, die Kronblätter sind schmal eiförmig und der gerade, zugespitzte Sporn ist violett, ohne deutliche Rinne, der Stempel trägt eine behaarte Narbe.

Wildes Stiefmütterchen

Viola tricolor

Veilchengewächse
Violaceae

Das Wilde Stiefmütterchen ist ein einjähriges bis ausdauerndes Kraut mit einem niedrigen kahlen Stengel. Es wird bis 30 cm hoch. Der Stengel ist kantig, hohl, aufrecht oder aufsteigend, von unten verzweigt und beblättert. Außer den Blättern mit eiförmig rundlichen Spreiten sind am Stengel auffallend große Nebenblätter vorhanden. Sie sind tief fiederteilig, mit einem großen fiederschnittigen mittleren Abschnitt. Aus den Blattachseln wachsen die langgestielten, großen, bunten Blüten hervor. Ihre Farbe ist veränderlich. Die Kronen sind gelb, weiß und sattblau bis violett. Die Kelchblätter haben rundliche Anhängsel, die kürzer sind als die Krone. Auf dem gebogenen Griffel des Stempels sitzt eine köpfige Narbe.

Die Art blüht von April bis Oktober. Sie ist in Europa, Vorderasien und Sibirien verbreitet. Das echte Wilde Stiefmütterchen wächst vor allem auf Gebirgs- und Vorgebirgsweiden, an Wegen, in tieferen Lagen auf Felsen und Sandböden. Stellenweise tritt es im Bergland auch auf Feldern mit magerem Sand- und Silikatboden auf. Eine Unterart ist auch auf den Dünen an der Meeresküste in Nord- und Westeuropa verbreitet.

Die Art ist sehr veränderlich und wird oft mit dem Feldstiefmütterchen *(V. arvensis)* verwechselt, einem häufig vorkommenden Ackerunkraut, das das ganze Jahr über auf allen Bodenarten in verschiedenen Feldkulturen auftritt. Das Feldstiefmütterchen hat kleine, unscheinbare Blüten (die Krone ist ebenso lang wie der Kelch). Sein Kraut liefert eine heilkräftige Droge. Sie enthält Saponine und Flavonoide, die gegen Hautausschläge wirksam sind.

geöffnete Kapsel mit Samen

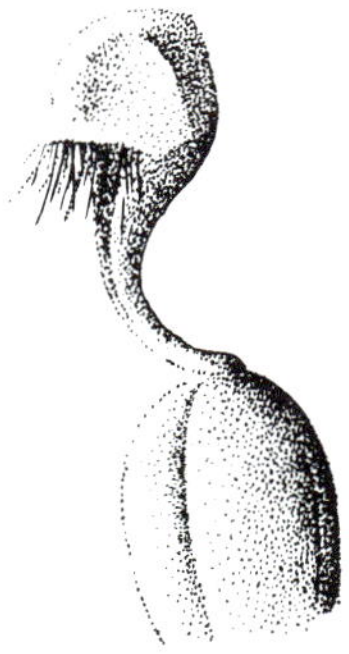

köpfige Narbe

Nelkengewächse
Silenaceae

Dreinervige Nabelmiere

Moehringia trinervia

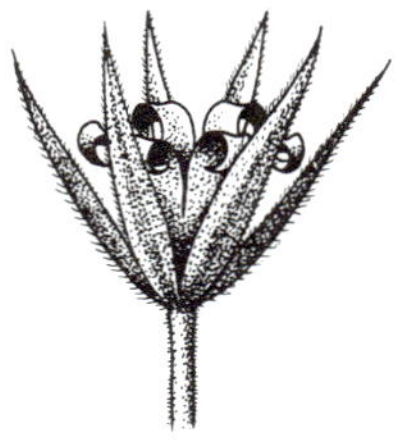

Frucht – Kapsel

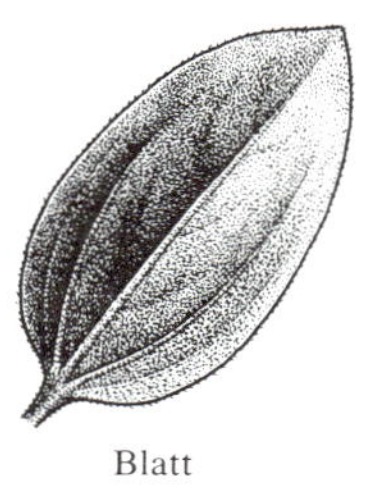

Blatt

Blüte

Das ein- bis zweijährige, manchmal auch ausdauernde Kraut hat dünne reichverzweigte Stengel. Die nur 30 cm hohe Pflanze ist lockerrasig. Im Boden steckt eine feine Pfahlwurzel mit vielen Seitenwurzeln. Die aufrechten oder niederliegenden flaumigen Stengel tragen dünne Blätter. An ihrer Unterseite treten 3 Adern hervor. Der Rand ist gewimpert. Die Blüten haben lange, krumme Stiele. Sie bilden eine lockere Trugdolde. Die fünfzählige weiße Blüte hat eiförmige, ungespaltene Kronblätter, die kürzer sind als die Kelchblätter. Die zehn Staubblätter umgeben den Stempel mit einem oberständigen Fruchtknoten und drei Griffeln mit Narben. Er reift zu einer nickenden, eiförmig-kugeligen Kapsel, in deren Fächern sich schwarze, glänzende Samen mit weißen, höckerigen Anhängseln befinden. Die Kapsel ist im ausdauernden Kelch eingeschlossen. Beim Reifen öffnet sie sich am oberen Ende mit 6 Klappen.

Die unscheinbaren Blüten der Dreinervigen Nabelmiere erscheinen in den Monaten Mai und Juni. Sie wächst in schattigen Wäldern und Gebüschen, vor allem in Europa und Asien.

Ein markantes Merkmal der Art sind die Blätter mit drei in der Längsrichtung verlaufenden Adern und der flaumige Stengel, der sie von der ihr ähnlichen Quellsternmiere *(Stellaria alsine)* unterscheidet, mit der sie stellenweise gemeinsam an feuchten Standorten auftritt. Die brüchigen Stengel der Quellsternmiere sind vierkantig, kahl, und tragen einnervige Blätter.

In höheren Lagen der subalpinen und alpinen Stufe tritt auf beschatteten Felsen stellenweise die verwandte kalkliebende Moosnabelmiere *(M. muscosa)* auf, die auch in Steingärten in beschatteten Spalten zwischen den Steinen kultiviert wird.

Quendelsandkraut

Arenaria serpyllifolia

Nelkengewächse
Silenaceae

Das kleine rasige Kraut ist einjährig, manchmal auch zweijährig. Die etwa 15 cm hohen Stengel wachsen aus einer dünnen, kurzen Wurzel hervor. Die flaumig behaarten, niederliegenden Stengel sind reichverzweigt und ausgebreitet. Die gegenständigen eiförmigen Blätter sind klein, elliptisch und in der Form Quendelblättern ähnlich. Die kleinen Blüten auf fadigen Stielen bilden eine dichte Trugdolde. Die Blüten sind fünfzählig, weiß, die Kronblätter ganzrandig, kürzer als der Kelch. Die Kelchblätter sind lanzettlich, zugespitzt, dreinervig, mit einem weißhäutigen Rand. Die Blüten enthalten 10 Staubblätter und einen Stempel mit drei Griffeln. Die Pflanze blüht von Mai bis zum Spätherbst. Die im ausdauernden Kelch eingehüllte Frucht ist eine kugelige bis eiförmige Kapsel auf einem abstehenden Fruchtstiel. In reifem Zustand sind die Kapseln gerade, aufgeblasen und etwas länger als der Kelch. Sie öffnen sich mit 6 Zähnen im oberen Teil und verstreuen die kleinen, fast schwarzen Samen mit einer fein warzigen Oberfläche.

Das Quendelsandkraut ist in Europa, Nordafrika und im gemäßigten Asien verbreitet. Es wurde auch nach Nordamerika eingeschleppt. Es wächst auf Trockenhängen, Brachland, an Wegen, auf steinigem Ödland und auf Feldern als unschädliches Unkraut. Es tritt vor allem auf leichteren, mageren Böden in Hackfrüchten, Wintergetreide und lockeren Futterkleebeständen auf.

Ein verwandtes Unkraut ist die Vogelmiere (Seite 100). Sie unterscheidet sich vom Quendelsandkraut vor allem durch den einreihig behaarten Stengel und die tief gespaltenen Kronblätter.

Blüte

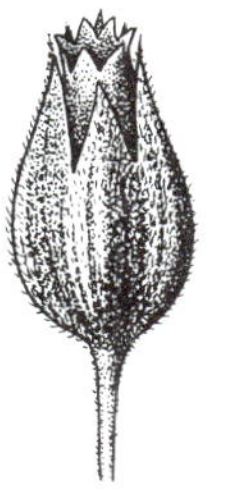

Kapsel

Grassternmiere

Stellaria graminea

Nelkengewächse
Silenaceae

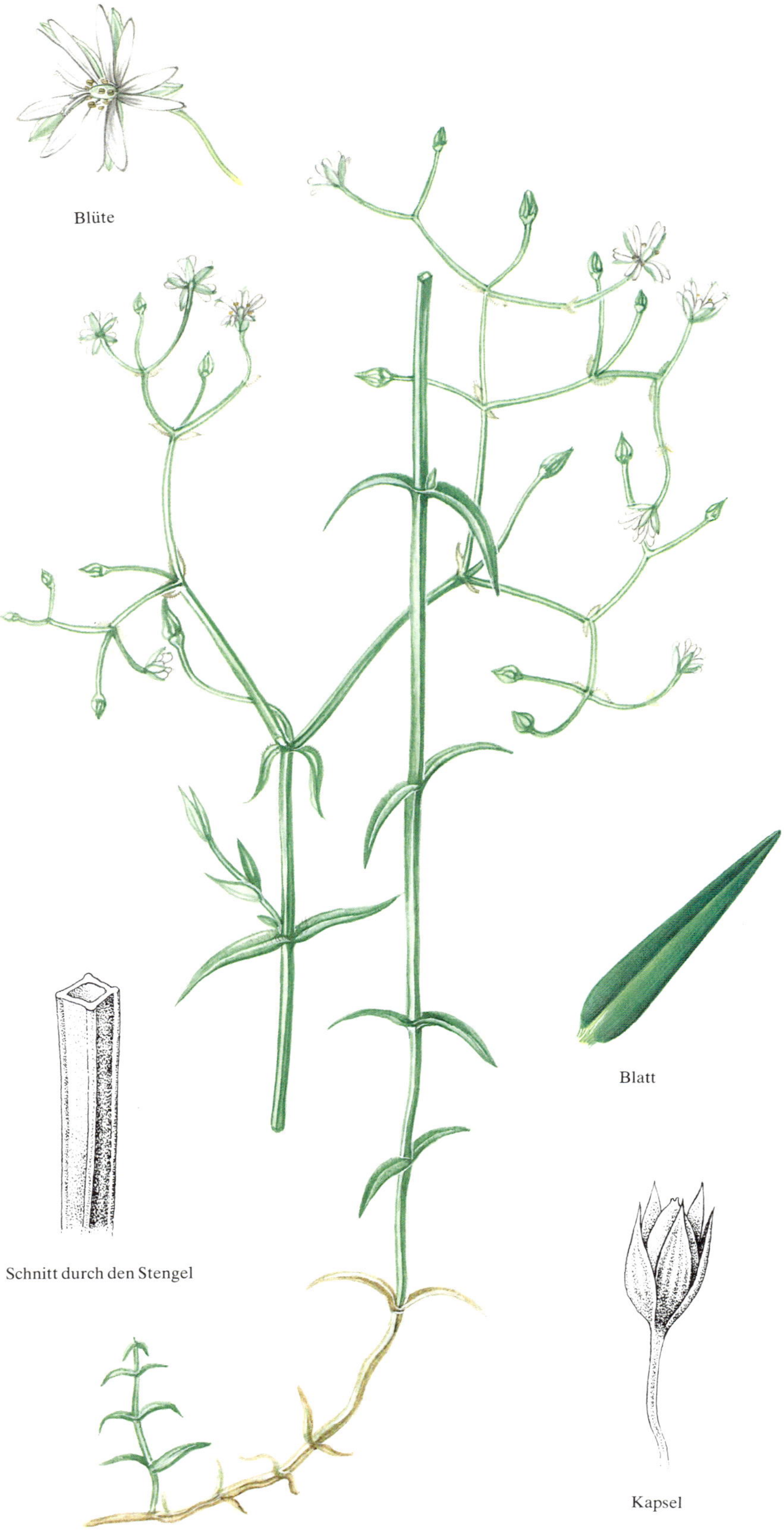

Blüte

Schnitt durch den Stengel

Blatt

Kapsel

Das ausdauernde Kraut hat einen 10–30 cm, manchmal über 1 m langen, aber schwachen, aufsteigenden und immer gekrümmten verzweigten Stengel. Es ist viereckig und glatt, nur oberwärts rauh. Die grasgrünen Blätter sind schmal-lanzettlich bis linear, sitzend, am Rande rauh zugespitzt. Die Deckblätter im Blütenstand haben einen trockenhäutigen gewimperten Rand. Die Blüten stehen auf langen, vierkantigen Stielen und bilden eine sehr lockere, ausgebreitete Trugdolde. In den weit geöffneten, sternähnlichen Blüten wechseln die gleich großen zweispaltigen Kronblätter mit den schmalen dreinervigen grünen Kelchblättern ab. Die Pflanzen blühen von Mai bis Juli. Die Frucht ist eine längliche Kapsel, die länger als der Kelch ist. Die reife Frucht springt mit 6 Zähnen auf und setzt kleine Samen mit einer feingekörnten Oberfläche frei. Die Grassternmiere gehört zu den Pflanzen, die außer den normal entwickelten, geöffneten Blüten noch unscheinbare kleistogame Blüten bilden.

Diese allgemein verbreitete Art wächst in Europa und Asien in Grasland- und Waldgesellschaften, auf feuchten Wiesen und Weiden, Rainen, in Gräben, an Wegrändern, auf Heiden und in lichten Wäldern.

Die ähnliche Sumpfsternmiere *(S. palustris)* hat blaugrüne Blätter, gerade Stengel und im Blütenstand Deckblätter, die am Rande kahl sind. Sie wächst an Teichufern, sumpfigen Stellen und auf Mooren.

Echte Sternmiere

Stellaria holostea

Nelkengewächse
Silenaceae

Die Echte Sternmiere ist ein lokkerrasiges Kraut. Aus dem dünnen kriechenden Wurzelstock wachsen lebhaft grüne, brüchige Stengel hervor, von denen manche kurz sind und keine Blüten tragen, während andere blütentragend, bis 30 cm lang und vierkantig sind und rauhe Kanten aufweisen. Die Blätter sind linear, charakteristisch waagerecht abstehend, kreuzgegenständig und am Grund teilweise miteinander verwachsen, am Rande und unterseits rauh. Die verhältnismäßig großen weißen Blüten sind langgestielt und abstehend feinhaarig. Die Kronblätter sind zweimal länger als der Kelch und fast bis zur Hälfte gespalten. Die Blüten stehen in lockeren Trugdolden, deren Deckblätter im Unterschied zur Grassternmiere krautig sind. Die Deckblätter der Grassternmiere sind am Rande trockenhäutig. Die Frucht ist eine im Kelch eingeschlossene Kapsel. Wenn sie reif ist, neigt sie sich auf ihrem dünnen Stiel herab und öffnet sich oberseits mit 6 Zähnen. Die Samen sind kugelig, mit einer fein warzigen Oberfläche.

Die hübsche Pflanze blüht von April bis Juni in lichten Laubwäldern, Gebüschen, auf Lichtungen mit lockerem, trockenerem und humosem Boden. Ihr geselliges Auftreten in Eichen-Hainbuchenwäldern macht sie zu einer pflanzensoziologisch bedeutsamen Art. Sie kennzeichnet eine selbständige Pflanzengesellschaft der Tieflandwälder, die Assoziation *Stellario-Carpinetum*. Typisch ist sie auch in den Hainbuchenwäldern des Hügellandes, wo sie gemeinsam mit Bingelkraut, Zahnwurz und Waldmeister auftritt. Sie ist in den meisten europäischen Ländern und ebenso in Kleinasien und Nordafrika verbreitet.

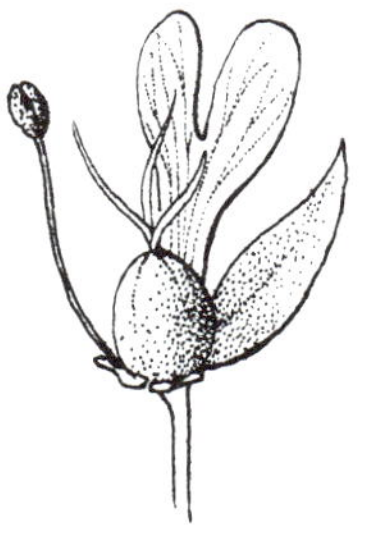

Teil der Blüte mit Kelch- und Kronblatt

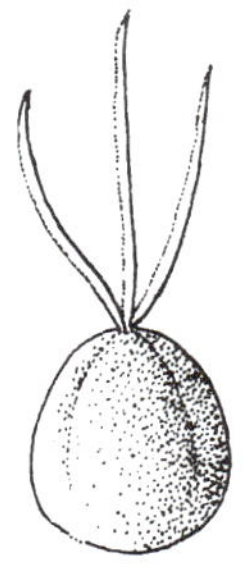

Staubblatt und Stempel

Blatt

Nelkengewächse
Silenaceae

Vogelmiere

Stellaria media

Blüte

Blatt

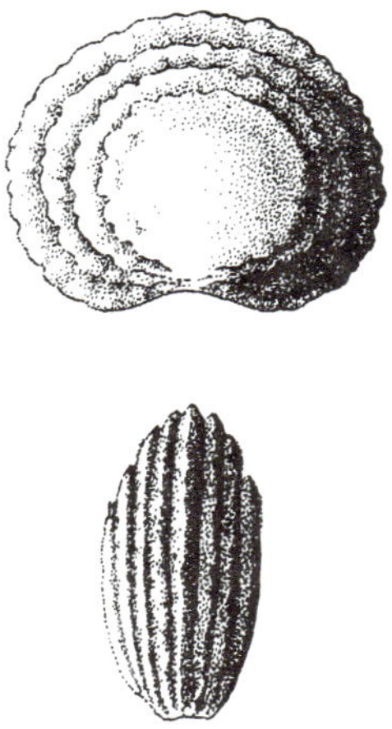

Samen von vorne und von der Seite

Das polsterförmig ausgebreitete ein- bis zweijährige Kraut bildet im Boden ein reiches Wurzelsystem aus feinen Büschelwurzeln, die sich oft auch auf den Knoten der liegenden Stengel entwickeln. Die dichtverzweigten, beblätterten Stengel sind einreihig behaart und erreichen eine Länge von mehr als einem halben Meter. Aus den Deckblattachseln wachsen die einzelnen Blüten auf langen, einreihig behaarten Stielen hervor. Der Blütenkelch ist bedeutend kürzer als der Blütenstiel, die Kelchblätter sind lanzettlich, weißhäutig, wollig und einnervig. Die Kronblätter erreichen kaum die Länge des Kelchs; sie sind tief zweispaltig, weiß. Die Blüte enthält einen Stempel mit drei Griffeln, der von 10 Staubblättern umgeben ist. Die Blütezeit wird nicht einmal durch die Wintermonate eingeschränkt. Bald nach der Blüte erscheinen die mehrsamigen, eiförmig länglichen Kapseln. Sie öffnen sich mit 6 Zähnen bis zur Hälfte, und die breit nierenförmigen, warzigen Samen werden frei.

Zur großen Vitalität dieser kosmopolitischen Pflanze trägt sowohl die Unmenge gut keimender Samen bei als auch die Fähigkeit, sich durch die spröden Bruchstücke der wurzelnden Stengel vegetativ zu vermehren. Diese ungewöhnlich widerstandsfähige Art ist auf der ganzen gemäßigten nördlichen und südlichen Halbkugel verbreitet. Sie wächst auf allen Böden, häufiger auf feuchterer humoser Unterlage.

Die Droge aus dieser alten Heilpflanze wurde in der Volksheilkunde gegen Rheuma, ischiatische Schmerzen und schwer heilende Wunden verwendet. Sie ist ein Bestandteil von Augentropfen gegen beginnenden Star. Im Kraut wurden Saponine, Vitamin C und E, Karotin und andere Wirkstoffe nachgewiesen.

Ackerhornkraut

Cerastium arvense

Nelkengewächse
Silenaceae

Die niedrigen graugrünen Büsche sind dank dem dichtverzweigten, dünnen Wurzelstock mit zahlreichen Wurzeln ausdauernd. Das lokkerrasige Kraut entwickelt zweierlei Stengel. Die nichtblühenden sind liegend, niedrig und schlagen Wurzeln. Die stärkeren und höheren (bis 30 cm) blütentragenden Stengel verzweigen sich in ihrem oberen Teil. Die schmalen, gegenständigen Blätter sind sitzend, am Grund verwachsen. Sie sind kurzhaarig und unten lang gewimpert. Der Blütenstand ist eine aus 5–15 langgestielten Blüten bestehende Trugdolde. Die Deckblätter sind eiförmig, stumpf, mit einem breiten trockenhäutigen Rand. Die weißen glockigen Blüten haben bis zu einem Drittel gespaltene Kronblätter, die doppelt so lang sind wie der Kelch. Die Kronblätter sind durchscheinend gestreift. Die Kelchblätter sind stumpf lanzettlich, flaumig bis behaart, mit einem breiten weißhäutigen Saum. Der Kelch ist kürzer als die Frucht und abstehend. Die Frucht ist eine länglich walzenförmige Kapsel, die oben mit zehn Zähnen aufspringt. Der Fruchtstiel ist nach dem Verblühen herabgeneigt, beim Reifen der Kapsel richtet er sich auf. In der vielsamigen Kapsel befinden sich unregelmäßig nierenförmige, warzige Samen.

Die blühenden Ackerhornkrautpflanzen erscheinen von April bis August an freien, sonnigen Stellen. Die Art ist in der ganzen gemäßigten Zone der nördlichen Halbkugel, besonders in Europa verbreitet. Sie wächst auf Rainen, in Rasen, an Wegrändern, auf Brachland, sonnigen Hängen und Ruderalstandorten.

Eine ähnliche, dem Ackerhornkraut nahe verwandte Art ist das Filzige Hornkraut *(C. tomentosum)*, das in Steingärten und als Einfassung von Beeten gezogen wird. Es ist markant weißfilzig und stammt aus Gebirgen Mittel- und Süditaliens.

Blüte

Stempel

gegenständige Deckblätter

Nelkengewächse
Silenaceae

Gemeiner Wasserdarm

Myosoton aquaticum

Kronblatt

Blüte von vorne

Blüte von hinten

Das ausdauernde Kraut hat einen langen, liegenden, wurzelnden, bis 0,5 m langen Stengel. Der sattgrüne Stengel ist spärlich gabelförmig verzweigt. Er ist kahl, nur im oberen Teil abstehend behaart und schwach drüsig. Außer den langen blütentragenden Stengeln entwikkeln sich auch kurze blütenlose. Die spröden Stengel tragen herzförmig eiförmige, krautige Blätter; die unteren sind gestielt, die oberen sitzend. Sie sind glänzend, lebhaft grün, gegenständig. Die langgestielten weißen Blüten bilden lockere Trugdolden. Die Kronblätter sind tief gespalten und doppelt so lang wie der Kelch. Es sind 5 Kelch- und 5 Kronblätter vorhanden. Sie umschließen 10 Staubblätter und den Stempel mit einem oberständigen Fruchtknoten und einem fünfzähligen Griffel. Der drüsige Stiel mit der reifenden Frucht verlängert sich, steht vom Stengel ab und ist etwas herabgeneigt. Die vielsamige Kapsel überragt den ausdauernden Kelch. In reifem Zustand springt sie mit fünf Klappen auf. Die Samen sind klein, nierenförmig.

Der Wasserdarm tritt in Europa und Asien vereinzelt auf lockeren, feuchten, mit Stickstoff versorgten Böden auf, in schattigen, feuchten Wäldern, an Ufern von Wasserläufen, in Gebüschen, Gräben und Quellgebieten. Blühende Pflanzen erscheinen von Mai an den ganzen Sommer über an schattigen Stellen, ähnlich wie die Hainsternmiere *(Stellaria nemorum)*, die einen stattlicheren Stengel und mit weichen Haaren dicht besetzte Blätter aufweist. Beide Arten lassen sich vor allem dadurch voneinander unterscheiden, daß der Wasserdarm auffallend spröde, brüchige Stengel hat, besonders in den Knoten. Ein feineres Unterscheidungsmerkmal ist die Zahl der Griffel. Die Sternmiere hat drei, im Gegensatz zu den fünf Griffeln des Wasserdarms.

Liegendes Mastkraut

Sagina procumbens

Nelkengewächse
Silenaceae

Das kleine, rasig ausgebreitete ausdauernde Kraut hat zahlreiche liegende bis aufsteigende, nur 5–15 cm lange Stengel. Sie sind gelblich grün und wachsen aus einer Grundrosette hervor. Die Blätter sind linear, stachelspitzig, bis 1 cm lang, gegenständig und am Grund verwachsen. Die einzelnen weißen Blüten auf langen, dünnen, kahlen Stielen sind hakenförmig herabgebogen, beim Erblühen richten sie sich auf. Die vierzähligen Blüten haben vier ausgebreitete, breit eiförmige Kelchblätter, mit stumpf abgerundeter Spitze. Die weißen Kronblätter sind meist verkümmert und reichen nur bis zur Hälfte des Kelchs. Die vier Staubblätter umgeben einen Stempel mit oberständigem Fruchtknoten und vier Griffeln. Die Blütenstiele neigen sich nach dem Verblühen bogenförmig herab und richten sich mit den Früchten (Kapseln) wieder auf. Die Kapseln sind kugelig eiförmig, etwas länger als der Kelch. In reifem Zustand springen sie der Länge nach mit vier Klappen auf. Die braunen Samen sind nierenförmig.

Die Pflanze verbreitet sich nicht nur durch Samen, sondern auch durch wurzelnde oberirdische Ausläufer. Auf Feldern wächst sie größtenteils als einjähriges Kraut.

Die unscheinbaren kleinen Blüten erscheinen von Mai bis September. Die Pflanze tritt auf der ganzen Erde an feuchten Standorten auf. Dieser kleine Kosmopolit ist eine natürliche Zeigerart (Indikator) für Feuchtigkeit. Er wurzelt oberflächlich auf Feldern, an Wegen, Teichufern, auf Sandböden und in Quellgebieten. Er wächst auch in Fugen zwischen Pflastersteinen und auf Fußwegen, denn er ist trittfest. Dies wird in der Blumengärtnerei genutzt. Die Fugen zwischen Trittsteinen werden oft mit Mastkraut bepflanzt, besonders mit dem dekorativeren Pfriemenmastkraut *(S. subulata)*.

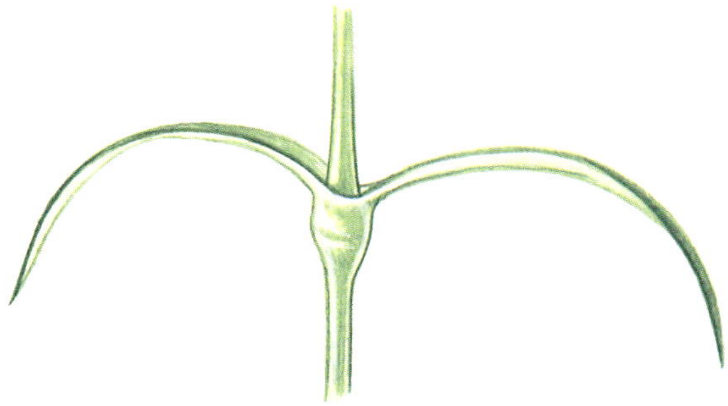

gegenständige Blätter

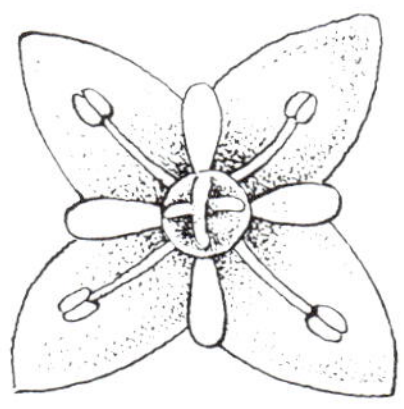

Inneres der Blüte

In der verblühten Blüte verwandelt sich der Stempel in eine Kapsel.

Nelkengewächse
Silenaceae

Ackerspörgel, Spark

Spergula arvensis

Dieses einjährige grasgrüne Kraut ist schon von unten locker verzweigt und bildet einige kurze, unten kahle, oben drüsige Stengel. Die Blätter sind schmal linear bis fadig, gegenständig, häufig drüsig behaart, mit großen trockenhäutigen Nebenblättern. Sie sind nur scheinbar quirlständig, denn in ihren Achseln entspringen Büschel ähnlicher Blätter. Der Blütenstand ist eine lockere Trugdolde aus langgestielten, weißen, fünfzähligen Blüten. Die weißen Kronblätter sind hinfällig. Nach dem Verblühen neigen sich die Blüten herab, die Früchte richten sich wieder auf. Die Pflanzen blühen von Juni bis September. Die Frucht ist eine kugelige mehrsamige Kapsel, die mit fünf Klappen aufspringt. Die kleinen, nicht glänzenden Samen fallen leicht aus der Kapsel heraus. Sie sind matt schwarz, linsenförmig mit einer fein warzigen Oberfläche und einem schmalen Saum. Die Vermehrung erfolgt nur durch Samen, deren Zahl bis 10 000 auf einem Busch betragen kann. Bei schlechtem Wetter öffnen sich die Blüten nicht, und es kommt zur Selbstbestäubung.

Der Ackerspörgel ist als anspruchsloses Ackerunkraut in allen Weltteilen verbreitet. Er wächst auf mageren, saueren Böden von den Niederungen bis ins Gebirge. Natürlich tritt er an Stellen mit einer beschränkten Zahl von konkurrenzfähigen Arten auf, z. B. auf offenem Boden an Wegrändern und auf Rainen, wo die Bestände nicht zu dicht sind.

Mancherorts wird der Ackerspörgel (Kultursorten) als Futterpflanze für Haustiere kultiviert. Er kann auch eingesäuert werden. Die Samen dienen als Futter für Geflügel und Vögel.

Samen von vorne und von der Seite

Blüte

Einjähriger Knäuel

Scleranthus annuus

Nelkengewächse
Silenaceae

Blüte von *S. perennis*

Blüte, von *S. annuus*

Das ein- oder zweijährige niedrige graugrüne Kraut bildet Rasen aus gabelig verzweigten, liegenden und aufsteigenden Stengeln. Die knotigen Stengel sind höchstens 20 cm hoch, meist einseitig flaumhaarig, mit gegenständigen, schmal linearen Blättern ohne Nebenblätter. Die flachen, stachelspitzigen Blätter sind am Grunde verwachsen und in den Achseln der untersten entwickeln sich Büschel weiterer Blätter. Die kleinen grünen Blüten haben keine Kronen und werden nur vom Kelch, 5–10 Staubblättern und einem Stempel gebildet. Die Pflanze blüht vom Frühling bis in den kühlen Herbst. Der mittelständige Fruchtknoten wandelt sich zu einer nicht aufspringenden Kapsel um, die im vertrockneten, glockigen Kelch eingeschlossen ist. Sie enthält einen linsenförmigen, glatten Samen. Der Kelch fällt zur gleichen Zeit wie die reife Frucht ab. Eine Pflanze bringt bis 2 000 Samen hervor, die schon im Herbst keimen können, vorwiegend aber nach dem Überwintern im Frühjahr.

Der Einjährige Knäuel ist in Europa, Nordafrika und Kleinasien weitverbreitet und wurde auch nach Nordamerika eingeschleppt. Er wächst vor allem auf trockenen, sandig-lehmigen Böden von den Niederungen bis ins Hügelland. Er tritt auf steinigen Hängen, Weiden und an Wegrändern auf und ist ein häufiges, wenn auch nicht lästiges Unkraut in Wintergetreide und aufgelockerten Futterkleebeständen.

Dieselben Standorte besetzt oft der verwandte Ausdauernde Knäuel *(S. perennis)*, der kleine, gefällige Büsche unverzweigter Stengel bildet. Die Kelchblätter des Einjährigen Knäuels sind spitz, mit einem schmalen weißhäutigen Saum und bleiben auch nach dem Verblühen geöffnet, während die des Ausdauernden Knäuels abgerundet sind, einen breiten weißen Saum aufweisen und nach der Entwicklung der Früchte aufrecht stehen.

einzelne Blüte

Nelkengewächse
Silenaceae

Kuckuckslichtnelke

Lychnis flos-cuculi

reife Kapsel

Stempel und Staubblätter

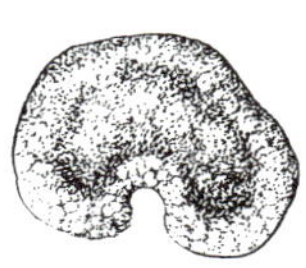

Samen

Das ausdauernde Kraut treibt einen 60–90 cm hohen, kahlen Stengel, der aus einer lockeren Grundrosette hervorwächst. Den Winter überdauert ein mehrköpfiger Wurzelstock. Die aufrechten Stengel mit den lanzettlich-linearen, kahlen Blättern sind unter den Knoten klebrig. Die rosaroten (ausnahmsweise weißen) Blüten bestehen aus fünf tief gefransten Kronblättern. Die Abschnitte sind linear. Die Frucht ist eine kugelig-eiförmige Kapsel. Sie springt mit fünf Zähnen auf und setzt eine Vielzahl von kleinen, nierenförmigen Samen mit körniger Oberfläche frei.

Die Kuckuckslichtnelke vermehrt sich reichlich nicht nur durch gleich nach dem Reifen keimende Samen, sondern auch vegetativ aus unterirdischen Ausläufern. Die Pflanzen blühen von Mai bis August. Sie sind von den Niederungen bis in die Gebirge verbreitet. Die Art kommt in Europa und Westsibirien vor. Oft wächst sie auf feuchten Wiesen, Flach- und Torfmooren und anderen grasbewachsenen Stellen, wo sie auch größere Bestände bilden kann. Als Futterpflanze ist sie wertlos, trägt aber zusammen mit der Wiesenmargerite *(Chrysanthemum leucanthemum)*, dem Scharfen Hahnenfuß *(Ranunculus acris)* und anderen Arten zur Farbenpracht der Wiesen im Spätfrühling bei. Infolge der Entwässerung der Wiesen schwindet sie aber aus den Grasbeständen.

Im wissenschaftlichen Namen der Pflanze, wie auch in ihrer Bezeichnung in den Nationalsprachen wird der Kuckuck erwähnt (lat. flos cuculi = Kuckucksblüte). Im Volksmund wird die Kuckuckslichtnelke auch Kuckucksspeichel genannt. An den Pflanzen findet man nämlich oft speichelartige Schaumballen, die von Insekten herrühren, die an ihnen saugen; in der schaumigen Hülle entwickeln sich die Larven der Schaumzikaden *(Cercopidae)*.

Rote Lichtnelke

Melandrium rubrum

Nelkengewächse
Silenaceae

Die Rote Lichtnelke ist ein ausdauerndes, 30–90 cm hohes Kraut mit einem weichhaarigen Stengel ohne Drüsen. Die Stengel sind aufrecht, erst oben spärlich verzweigt. Die gegenständigen, eiförmigen, zugespitzen Blätter verschmälern sich im unteren Teil des Stengels in einen Stiel, die anderen Stengelblätter sind sitzend, kurzhaarig. Die Pflanze ist zweihäusig, es gibt männliche und weibliche Exemplare. Die männlichen Blüten haben einen walzenförmigen, länglichen, verwachsenen Kelch mit zehn Längsnerven. Der Kelch der weiblichen Blüten ist breiter, aufgeblasen und hat 20 Nerven. Die grünen Kelche sind rot überlaufen, wollig oder langhaarig, mit eingesprengten weißen Haaren. Der fünfzählige, in fünf Zähne auslaufende Kelch umgibt die rote Krone, die aus fünf freien Kronblättern besteht. Die Nebenkrone in der Mitte hat vier Zähne. Die Kronblätter sind umgekehrt eiförmig, zweilappig. Die reife Kapsel ist sitzend und öffnet sich mit fünf nach außen umgebogenen Zähnen. Die Pflanzen blühen von Mai bis August.

Diese europäische und westsibirische Art tritt vor allem in höheren Lagen auf Wiesen, in lichten Wäldern und an Waldrändern auf. Sie ist von den Niederungen bis in die subalpine Stufe verbreitet, wo sie in den Pflanzengesellschaften der Bergwiesen ziemlich häufig ist. Sie verlangt lockere, feuchte Strukturböden, die ausreichend mit Stickstoff versorgt sind.

Die Rote Lichtnelke ist ein bis 50 cm tief wurzelnder Nährstoffzeiger.

Nelkengewächse
Silenaceae

Weiße Lichtnelke, Weiße Nachtnelke

Melandrium album

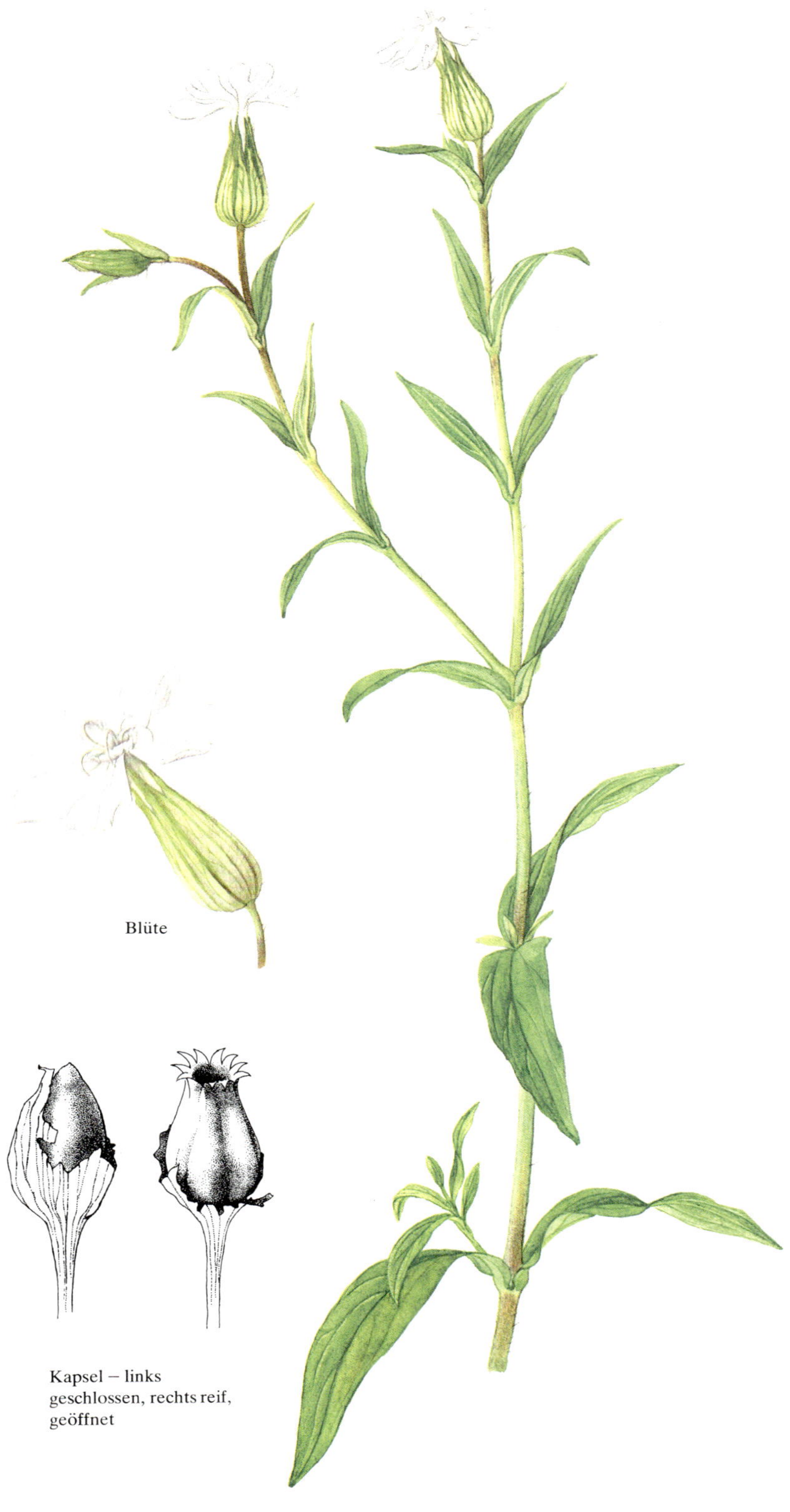

Blüte

Kapsel – links geschlossen, rechts reif, geöffnet

Die Weiße Lichtnelke ist ein einjähriges bis ausdauerndes Kraut. Ihre weich- und kurzhaarigen, im Blütenstand drüsigen Stengel werden bis 1 m hoch. Die Blätter sind kraus flaumhaarig, an den Rändern und Nerven behaart, gegenständig. Die nur dreiblütigen Blütenstände bilden end- oder achselständige Trugdolden. Die Pflanze ist zweihäusig, die Blüten sind fünfzählig. Die weißen Blüten der weiblichen Pflanzen sind größer, die fünf langen, fadenförmigen Griffel des Stempels ragen aus der Krone hervor. Die Kronblätter sind tief in zwei Lappen zerschlitzt. In der Mitte der Blüte, dort, wo die breite Platte des Kronblattes in den schmalen Nagel übergeht, befindet sich eine kurze Nebenkrone. Der hellgrüne Kelch der weiblichen Blüten ist aufgeblasen, dunkelgrün geadert, manchmal rot überlaufen. Er ist ausdauernd und umhüllt die eiförmige Kapsel, die sich in reifem Zustand mit geraden Zähnen öffnet und zahlreiche kleine, nierenförmige Samen ausstreut. Die männlichen Blüten wirken schlanker, denn sie haben einen schmal walzenförmigen Kelch.

Die Weiße Lichtnelke kommt von den Niederungen bis ins Gebirge auf nährstoffreichen Böden vor. Sie wächst in Europa, Asien und Nordamerika auf Wiesen, Rainen, an Wegen, auf Feldern, Weiden und Schutthalden. Die Blüten erscheinen von Juni bis September. Die schwach duftenden Blüten öffnen sich erst nachmittags und werden gern von Abend- und Nachtfaltern aufgesucht.

Zur Benennung der Pflanze werden einige Synonyme gebraucht – *Silene alba pratensis, M. pratense, M. dioicum.*

Nickendes Leimkraut

Silene nutans

Nelkengewächse
Silenaceae

Das Nickende Leimkraut ist ein 50–60 cm hohes ausdauerndes Kraut. Typisch sind die grundständigen Blattrosetten, von denen manche steril bleiben, während andere blütentragende Stengel treiben. Die aufrechten, unverzweigten Stengel sind flaumig behaart, oben drüsig-klebrig. Sie entspringen einem einfachen Wurzelstock. Die Grundblätter sind elliptisch und langgestielt. Die Stengelblätter sind sitzend, gegenständig, schmaler als die unteren Blätter. Aus den Achseln der Deckblätter im oberen Teil des Stengels wachsen die überhängenden langgestielten Blüten hervor. Sie sind zu einer einseitigen Trugdolde vereinigt. Die Blüten sind zwitterig. Aus dem schmalen, walzig-keuligen Kelch ragen fünf tief zweispaltige, weiße Kronblätter hervor. Tagsüber sind sie ins Innere der Blüte zur kleinen, in zwei lanzettliche Abschnitte geschlitzten Nebenkrone eingerollt, nachts entfalten sie sich und duften. Die geöffneten Blüten mit weit herausragenden 10 Staubblättern haben grüne Staubbeutel und einen Stempel mit drei Griffeln. Sie werden von Nachtfaltern und anderen Nachtinsekten aufgesucht, die der Duft anlockt. Die Früchte sind eiförmig kugelige, vielsamige Kapseln, die sich zur Reifezeit bei Trockenheit mit sechs Zähnen öffnen. Sie enthalten kugelige Samen. Die Pflanzen blühen von Mai bis August.

Das Nickende Leimkraut kommt zerstreut in den wärmeren Gebieten Europas und einem Teil von Asien und Afrika an trockenen, steinigen Stellen, auf sonnigen Hängen, Rainen, Waldrändern und in Gebüschen vor. Nahe verwandt und ähnlich ist das Hain-Leimkraut *(S. nemoralis)* mit aufrechten, in einer ausgebreiteten Rispe angeordneten Blüten. Diese aus Südeuropa stammende Art tritt in Deutschland aber nur selten und unbeständig auf.

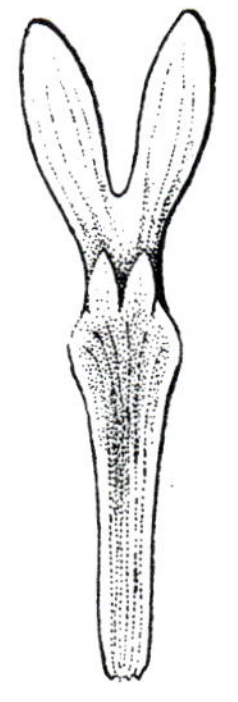

Kronblatt

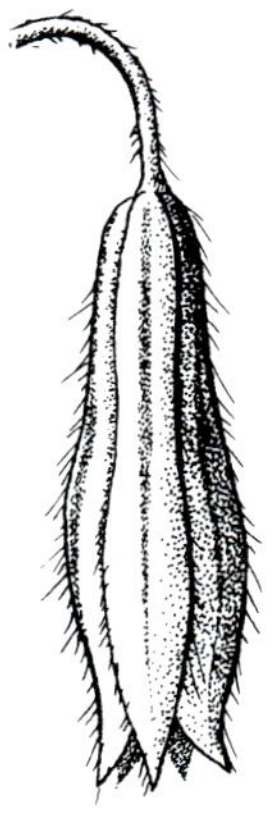

Kelch

Nelkengewächse
Silenaceae

Gemeines Leimkraut, Taubenkropf

Silene vulgaris

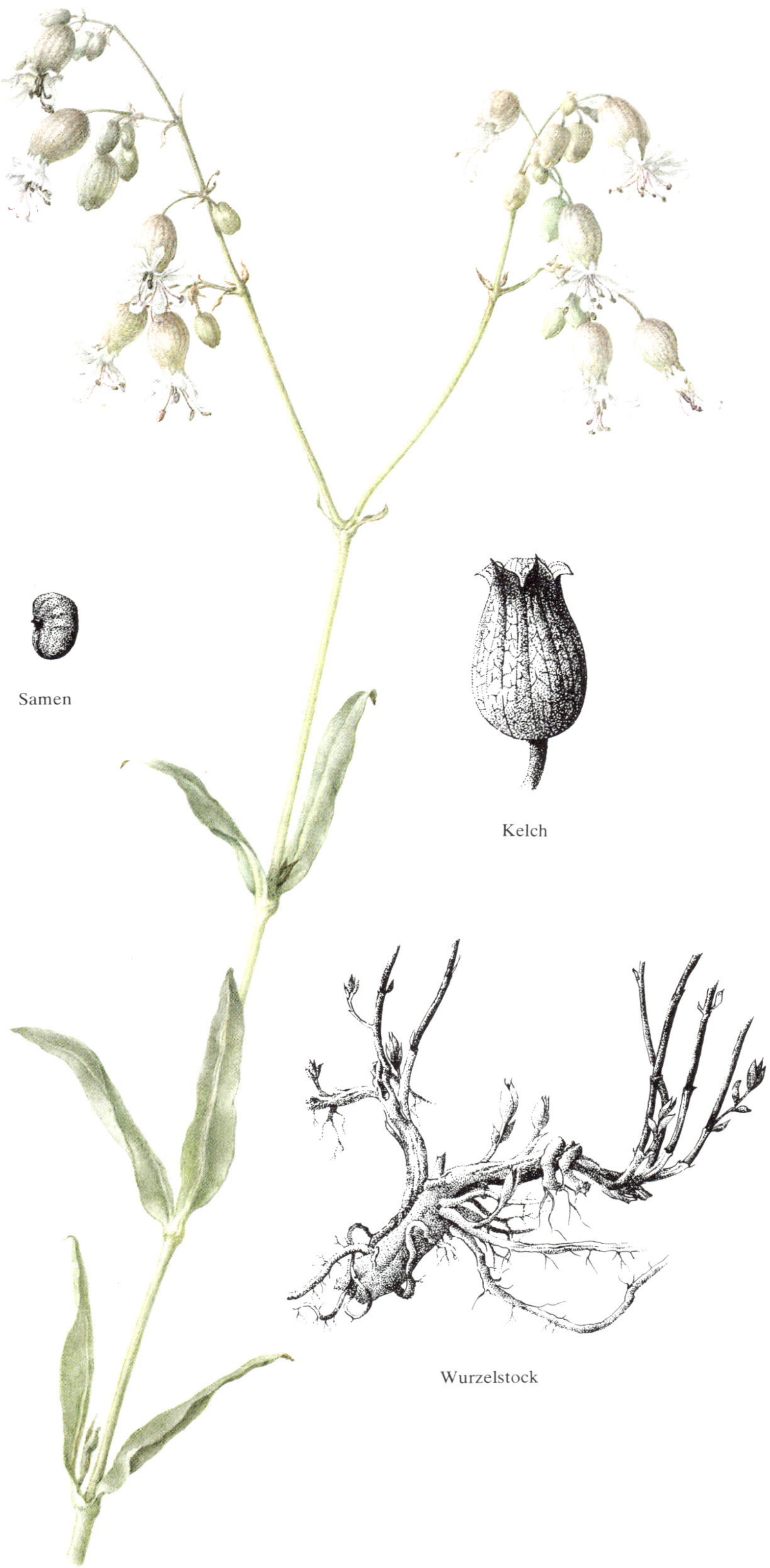

Samen

Kelch

Wurzelstock

Aus dem mehrköpfigen Wurzelstock des ausdauernden Krauts wachsen Grundrosetten und in deren Mitte kahle, aufrechte Stengel, die höchstens einen halben Meter hoch werden. Die Stengel tragen gegenständige, graugrüne Blätter. Die Grundblätter sind kurzgestielt, die Stengelblätter sitzend. Der obere Teil des Stengels verzweigt sich zu einer dichten Zyme. Die zwitterigen, gestielten Blüten sind weiß oder rosa überlaufen, ohne Nebenkrone, die beim Leimkraut und bei der Lichtnelke in der Regel vorhanden ist. Jedes Kronblatt ist zweispaltig. An der Blüte fällt der Kelch auf; er ist deutlich aufgeblasen, kahl, netzadrig, mit 20 in der Längsrichtung verlaufenden Nerven. Die eiförmig-kugelige, vielsamige Kapsel ist im ausdauernden Kelch eingehüllt. Die nierenförmigen Samen weisen an der Oberfläche regelmäßige Reihen von Auswüchsen auf. Die Pflanzen blühen von Mai bis September.

Das Gemeine Leimkraut ist ein allgemein verbreitetes euroasiatisches Kraut trockener grasbewachsener Standorte von den Niederungen bis in die Gebirgsstufe. Nach der Höhenlage des Standorts und den morphologischen Abweichungen unterscheidet man verschiedene Unterarten. Sie wächst auf Wiesen, Rainen, in Gräben, an Wegrändern, auf frischen Böden entlang von Eisenbahnlinien und auf Brachland. Aus dichteren Beständen schwindet sie rasch.

Auch diese Art wird mit einigen Synonymen bezeichnet, z. B. *S. cucubalus, S. inflata, S. venosa, Cucubalus behen, C. inflatus, Behen vesicarius,* wobei sich die meisten Namen auf den auffallenden Kelch beziehen.

Beim Nickenden Leimkraut, das dieser Art ähnlich ist, sind Stengel, Blätter und Kelch kurz flaumhaarig, und die schlankeren überhängenden Blüten sind in einseitigen lockeren Trugdolden angeordnet.

Kartäusernelke

Dianthus carthusianorum

Nelkengewächse
Silenaceae

Das dichtrasige ausdauernde Kraut hat im Boden einen verzweigten Wurzelstock. Ihm entspringen zweierlei Stengel – kürzere blütenlose und längere (bis 60 cm) blühende. Der spärlich beblätterte Stengel trägt einige gegenständige, am Grund zu einer Scheide verwachsene Blattpaare. Die sitzenden Blüten sind in einem zymenartigen Blütenstand gehäuft. Am Grund des walzigen braunen bis braunroten Kelchs befinden sich lederige, hell- bis dunkelbraune grannenspitzige Hochblätter. Die Granne ist nicht so lang wie das Kelchblatt. Die purpurrote Krone besteht aus fünf lang genagelten, am vorderen Rand gezähnten Kronblättern. Die Blüten erscheinen von Juni bis August. Die Früchte sind länglich-walzige, einfächrige Kapseln, die mit vier Zähnen aufspringen. Die Samen sind schwarz.

Die Kartäusernelke ist in Mittel- und Südeuropa und in Kleinasien verbreitet. Sie besiedelt trockene, sonnige Standorte mit Kalkmagerrasen und Rainen auf Hängen und an steinigen Stellen.

Aus der roten Krone der auffallenden Blüte ragen manchmal zwei lange Narben und die Staubbeutel der zehn Staubblätter hervor, die oft dunkelviolett gefärbt sind. Solche Pflanzen sind aber krank, ihre Staubbeutel sind nicht mit Pollen gefüllt, sondern mit den Sporen des Rostpilzes *Ustilago antherarum*. Die Staubblätter gesunder Pflanzen sind blaugrau.

C. Linné benannte diese Art nach den Brüdern J. und F. Karthauser, deutschen Naturwissenschaftlern des 18. Jahrhunderts.

Blüte

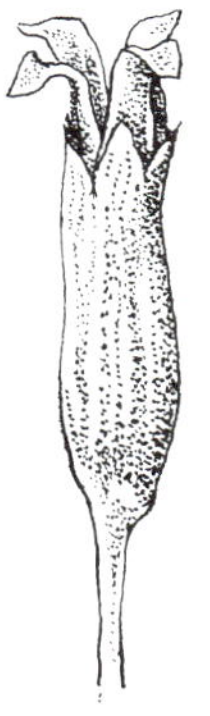

reife geöffnete Kapsel

Hochblatt unter dem Kelch

Nelkengewächse
Silenaceae

Heidenelke

Dianthus deltoides

Blüte

Kronblatt

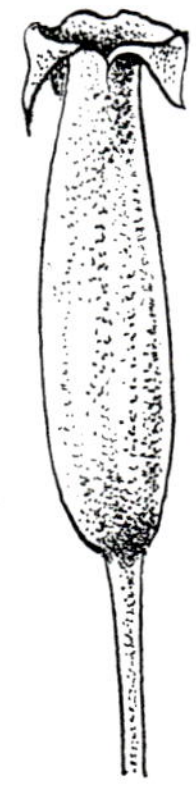

Kapsel

Das niedrige lockerrasige Kraut bildet kurze blütenlose und längere blütentragende Stengel aus. Das ganze Kraut ist rauh bis kurzhaarig. Die Grundblätter überwintern. Die gegenständigen Stengelblätter sind am Grund kaum verwachsen. Sie sind kurz linear, mit einem feingezähnten, rauhen Rand. Im oberen Teil verzweigt sich der Stengel zu einem lockeren Blütenstand. Die obersten Blätter sind in breit häutige, zugespitzte Hochblätter am Kelchgrund umgewandelt. Der purpurfarbene Kelch ist schmal walzig, mit spitzig lanzettlichen Zähnen. Der Kelch umgibt die fünfblättrige, auffallend karminrote Krone, die im Schlund weiße Punkte und ein dunklerer Ring zieren. Die walzige Kapsel springt mit vier Klappen auf.

Natürlich ist die Heidenelke in Europa und Westsibirien verbreitet, eingeschleppt wurde sie nach Nordamerika. Sie ist ein anspruchsloses, in tieferen Lagen weitverbreitetes, ausdauerndes Kraut. Sie wächst auf durchlässigen Sandböden an warmen, trockenen Standorten, so auf Rainen, Weiden, an Waldrändern und anderen grasbestandenen Stellen. In manchen europäischen Ländern ist sie geschützt. Andernorts dient sie als Heilpflanze, denn sie enthält Alkaloide, Glykoside und einige andere Wirkstoffe.

An die weißen Flecken auf den Kronblättern knüpft sich eine alte Legende, nach der die Blüten aus den Tränen der Heiligen Jungfrau entstanden seien, die den Tod ihres Sohnes beweint habe; die Blüten sind ein Sinnbild des Schmerzes und der Liebe. Der Artname hängt mit der unregelmäßigen Form der weißen Punkte oder mit dem dreieckigen Umriß der Kronblätter zusammen, die an den griechischen Buchstaben Delta (eidos = Aussehen, Gestalt) erinnern.

Pfingstnelke

Dianthus gratianopolitanus

Nelkengewächse
Silenaceae

Das ausdauernde dichtrasige Kraut ist nur 10–30 cm hoch. Aus dem verzweigten Wurzelstock entspringen kurze blütenlose Stengel und höhere, schütter beblätterte Stengel mit endständigen Einzel-blüten. Die Pflanzen bilden graugrüne polsterförmige Rasen. Die Blätter sind linear, derb, spitzig, gegenständig und schief von den Stengeln abstehend. Der Blattrand ist schwach gezähnt. Die großen anmutigen, gestielten Blüten wachsen zu je 1–2 aus den Achseln der gegenständigen Hochblätter hervor. Die eiförmigen Deckblätter am Kelchgrund sind in zwei Paaren, einem inneren und einem äußeren, angeordnet. Sie laufen in lange Spitzen aus, die bis zu einem Drittel des Kelches reichen. Der walzige Kelch ist rötlich, dicht gerippt, an der Spitze mit kurzen gewimperten Zähnen. Die hellpurpurfarbene Krone besteht aus rundlich keilförmigen, am Rande geschlitzt gezähnten Kronblättern. Die Blüten entfalten sich von Mai bis Juli. Die Frucht ist eine längliche, walzige einfächerige Kapsel.

Die Pfingstnelke tritt sehr selten an einigen Standorten in West- und Mitteleuropa auf. Sie wächst in Niederungen und im Hügelland auf sonnigen, schwer zugänglichen, steilen Felsen und auf Geröll. Diese zierende Wildpflanze wird in der Natur immer seltener und wurde in Europa ins Verzeichnis der gefährdeten, seltenen und geschützten Arten aufgenommen. Außerdem ist sie in manchen europäischen Ländern gesetzlich geschützt (Großbritannien, BRD, ČR, SR). Die Art ist eine beliebte Steingartenpflanze.

Das Synonym *D. caesium* hängt mit der graugrünen Farbe der Pflanzen zusammen.

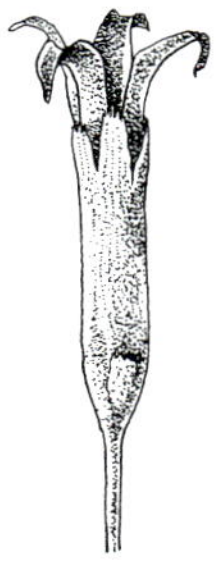

reife Kapsel

Blatt

Kronblatt

Nelkengewächse
Silenaceae

Prachtnelke

Dianthus superbus

Blüte

Kronblatt

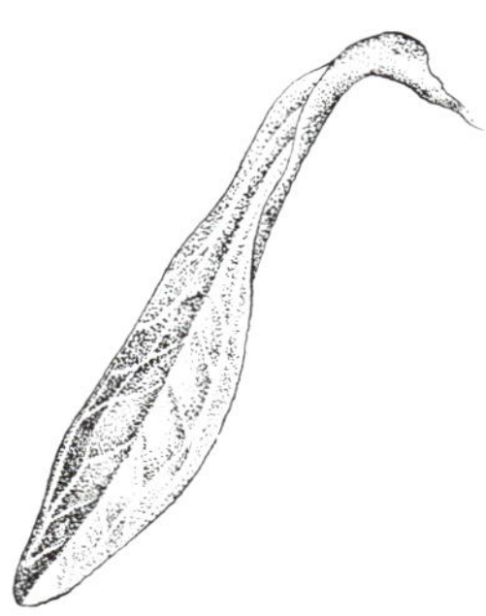

Nervatur des Blattes

Der verzweigte Wurzelstock des ausdauernden, bis 50 cm hohen Krauts verholzt. Die Stengel sind aufsteigend, stielrund und glatt, im oberen Teil spärlich verzweigt. Auf den Stengeln stehen einige gegenständige Blattpaare. Die grasgrünen Blätter sind 5nervig (die mittlere Ader ist auffallender), der Rand ist rauh. Der endständige Blütenstand besteht aus 5–6, manchmal bis 12 einzelnen Blüten. Die auffallend zierenden, wohlriechenden rosa Blüten sind fünfzählig. Das Kronblatt hat einen langen weißen Nagel und eine breite hellrosa, in einige schmale Abschnitte tief geschlitzte Platte. Der schmal walzige Kelch ist violett überlaufen, im oberen verschmälerten Teil spitzgezähnt. Am Kelchgrund befinden sich schuppige, am Rande häutige Hochblätter. Die Unterart *D. s. superbus* hat eiförmige, grüne Hochblätter, die Unterart *D. s. speciosus* eiförmig lanzettliche, zugespitzte, violett gefärbte. Die Pflanzen blühen von Juni bis September. Die zehn Staubblätter umgeben den Stempel mit oberständigem Fruchtknoten, der zu einer länglich-walzigen einfächerigen Kapsel mit zahlreichen kleinen Samen reift.

Die Art ist in Europa und Asien auf Wiesen und in lichten Laubwäldern, besonders Buchenwäldern, zerstreut verbreitet. Die Unterart *superbus* aus den Niederungen steigt bis ins Hügelland auf, die dekorativere Unterart *speciosus* wächst auf Fluren und an steinigen grasbewachsenen Standorten der alpinen bis subalpinen Stufe.

Wegen ihrer wohlriechenden, zierenden Blüten wird die Art auch in Gärten kultiviert, vor allem *subsp. speciosus*. In der freien Natur sind die Pflanzen aber geschützt.

Echtes Seifenkraut

Saponaria officinalis

Nelkengewächse
Silenaceae

Das stattliche, bis einen dreiviertel Meter hohe Kraut hat kräftige, aufrechte, rauhe Stengel, die unten etwas verholzen. In den Achseln der auffallend dreinervigen Blätter entwickeln sich Bündel kleinerer Blätter. Die großen, rosa überlaufenen, wohlriechenden Blüten bilden dichte achsel- und endständige Trugdolden. Der walzige Kelch ist hellgrün bis rötlich gefärbt. Die Kronblätter sind lang genagelt und flach ausgerandet. In der Mitte der Blüte befinden sich auf jedem Kronblatt zwei unauffällige Hökker, die die Nebenkrone bilden. Die Blüten erscheinen in den Monaten Juni bis September.

Das dichte Geflecht der sich weit ausbreitenden kriechenden Wurzelstöcke ermöglicht es dem Seifenkraut nicht nur, sich am Standort zu behaupten, sondern sich auch weiter zu verbreiten. Neue Pflanzen entwickeln sich aus Bruchstücken des spröden Wurzelstocks. Die Art tritt in Mittel-, Südeuropa und in Westsibirien in Flußtälern, Ufergebüsch, auf Sandböden, Aufschüttungen, an feuchten und Ruderalstellen auf.

Die Pflanze enthält giftige Saponine, gehört aber, wie schon der wissenschaftliche Name besagt, auch zu den Heilpflanzen. Der „rote Seifenkrautwurzel" genannte Wurzelstock wird im Herbst gesammelt. In kleinen Mengen wird die Droge als Aufguß bei Erkrankungen der Atemwege und äußerlich gegen Hautkrankheiten verwendet. Der getrocknete, gemahlene Wurzelstock wurde als Bleich- und Waschmittel für feine Textilien benutzt. In manchen Ländern kultiviert man das Seifenkraut als Nutzpflanze, die stellenweise verwildert. Die gefüllte Form wird manchmal in Gärten als Zierpflanze gezogen. Der wissenschaftliche Name ist vom lateinischen sapo (= Seife) abgeleitet, wegen der in allen Teilen der Pflanze enthaltenen Saponine.

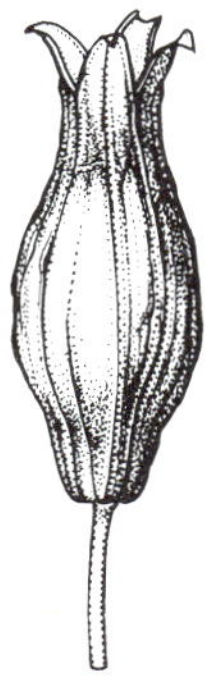

Frucht – Kapsel

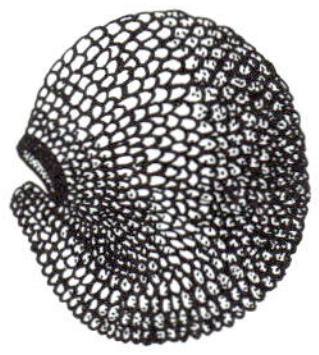

Samen

Wurzelstock

Zurückgebogener Fuchsschwanz, Amarant

Amarantgewächse
Amaranthaceae

Amaranthus retroflexus

Samen

weibliche Blüte

Das einjährige Kraut hat einen aufrechten, unverzweigten, hellgrünen, bis 1 m hohen Stengel, dessen gefurchte Oberfläche von sehr kurzen, derben Haaren besetzt ist. Die unscheinbaren grünlichen Blüten sind in Knäuel gehäuft. Diese sind zu einer kurzen, dichten Scheinähre vereinigt. Die derben, stacheligen Vorblätter sind zweimal so lang wie die fünfzähligen Blüten mit einem stachelspitzigen Kronkelch. Die Früchte sind einsamige Kapseln mit kleinen, glänzend schwarzen, linsenförmigen Samen. Eine Pflanze kann einige tausend Samen hervorbringen, was von der ungeheueren Fruchtbarkeit der Art zeugt.

Der Zurückgebogene Fuchsschwanz stammt aus dem tropischen Amerika. Im 18. Jahrhundert verbreitete er sich nach Europa und wächst heute auf der ganzen gemäßigten nördlichen Halbkugel. Er blüht von Juni bis zum Herbst an trockeneren Ruderalstellen, auf Müllhaufen, Umschlaglätzen, in der Nähe von Bahnhöfen, an Wegen. Als Neophyt wurde er auch zu einer Komponente der Unkrautvegetation auf Äckern und Brachland. Oft wächst er auch auf Komposthaufen und an anderen nährstoffreichen, feuchten Stellen.

Der wissenschaftliche Name der Pflanze ist vom griechischen „a" (= nicht) und „maraino" (= ich welke, vertrockene) abgeleitet, also nicht welkende Pflanze.

Der verwandte Gartenfuchsschwanz *(A. caudatus)* mit langen Scheinähren aus roten Blüten wird als Gartenzierpflanze kultiviert. Früher glaubte man, er besitze Zauberkraft, der Jüngling, der ihn bei sich trage, gewinne die Liebe seines auserwählten Mädchens. Sein Name wurde als „Liebesblüte" ausgelegt – *Flos amoris,* aus dem lat. amare (= lieben) und dem griechischen „anthos" (= Blüte).

Weißer Gänsefuß

Chenopodium album

Gänsefußgewächse
Chenopodiaceae

Der Weiße Gänsefuß ist ein einjähriges stattliches Kraut mit einem Stengel, der 2 m hoch werden kann. Die ganze Pflanze sieht aus, als sei sie mit weißem Mehl bestäubt. Besonders die jungen Blätter und Stengel sind mit kugeligen Haaren besetzt. Der Stengel ist dicht beblättert, die Blätter sind gestielt, mit eiförmig-rhombischen Spreiten. Die kleinen Blüten bilden gehäufte Knäuel, die in dichten Trauben angeordnet sind. Die Blüten sind meist zwitterig und haben eine deutliche fünfzählige, weißlich grüne Blütenhülle, die später vertrocknet und die Frucht – eine Schließfrucht – schützt. Löst man die eigentliche Frucht aus der Wachshülle, hat sie eine stark glänzende Oberfläche (Fruchtschale). An den Pflanzen reifen zweierlei Schließfrüchte: eine große Anzahl von schlecht keimenden, schwarzen Schließfrüchten, deren Keimfähigkeit viele Jahre erhalten bleibt und kleinere gelbbraune Schließfrüchte, die dank ihrer dünnen Fruchtschale gleich nach dem Reifen gut keimen (später sterben sie ab). Die Fähigkeit, sich so zu vermehren und die ungeheuere Produktion von Früchten (einige hundert bis tausend Schließfrüchte auf einer Pflanze) läßt den Weißen Gänsefuß als überaus vitale Art in großen Beständen erscheinen. Untersuchungen haben bestätigt, daß die Schließfrüchte ihre Keimfähigkeit auch nach tausend Jahren bewahrt haben.

Der Weiße Gänsefuß ist auf der ganzen nördlichen und südlichen Halbkugel verbreitet. Er wächst auf allen Böden von den Niederungen bis ins Hügelland. Die Gänsefußarten gehören zu den treuen Begleitern der menschlichen Behausungen. Sie besiedeln vor allem Böden, in denen sich durch die Tätigkeit des Menschen große Nährstoffmengen angesammelt haben – Schutthalden, Müllhaufen, Ablagerungsplätze, Dorfplätze und gedüngte Böden auf Feldern und in Gärten.

Detail des Stengels

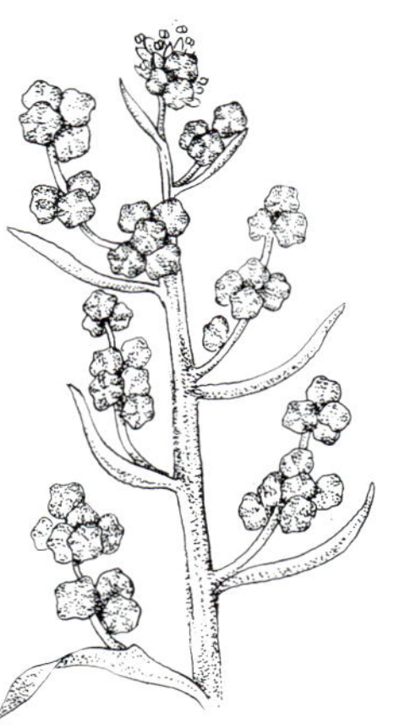

zu Knäueln vereinigte Früchte

Frucht

Gänsefußgewächse
Chenopodiaceae

Guter Heinrich

Chenopodium bonus-henricus

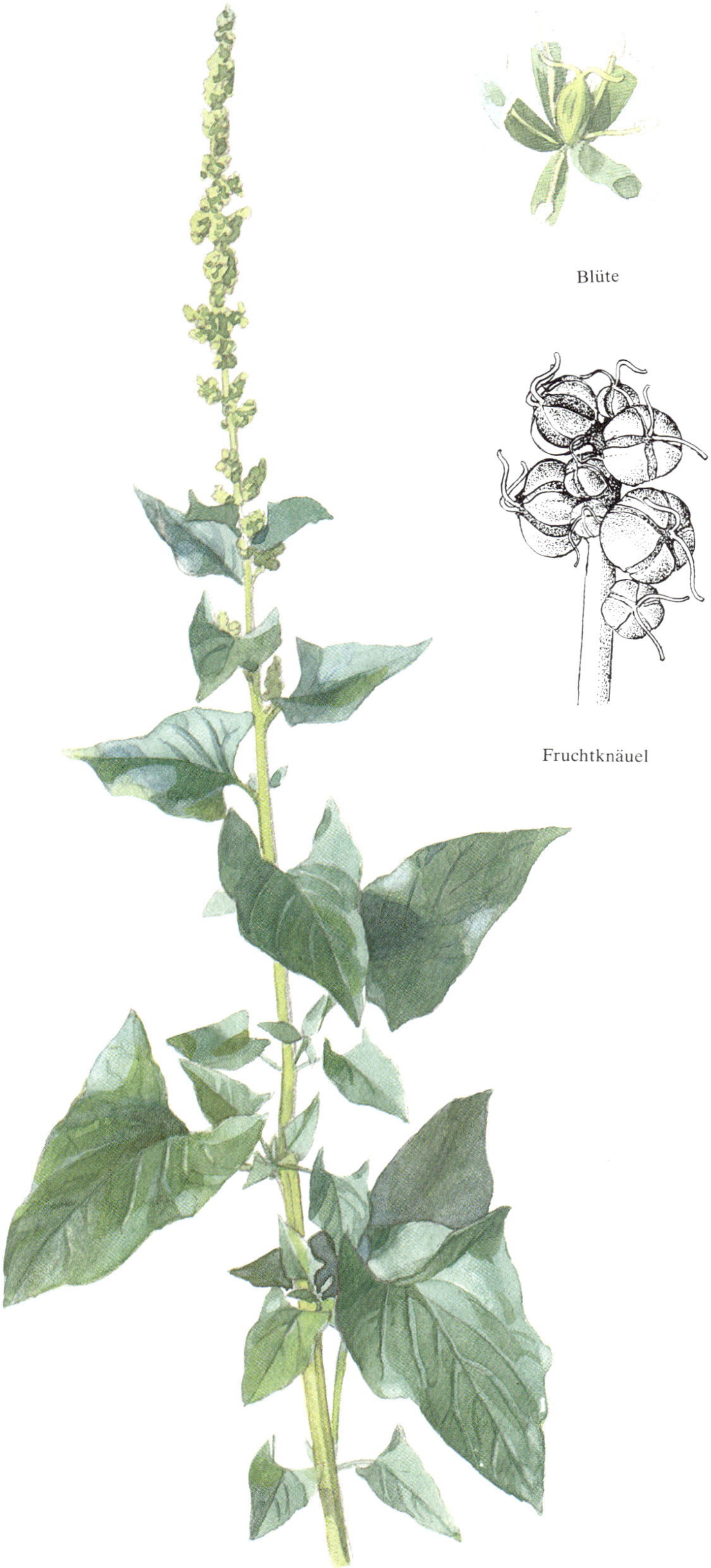

Blüte

Fruchtknäuel

Im Unterschied zu den anderen Gänsefußarten ist der Gute Heinrich eine ausdauernde Pflanze. Im Boden überdauert eine kräftige Pfahlwurzel, aus der alljährlich ein oder mehrere beblätterte, unverzweigte, 20–60 cm hohe Stengel hervorwachsen. Die langgestielten Blätter sind dreieckig, zugespitzt, fast ganzrandig, am Grund spießförmig. Der gelbgrünen Färbung der wechselständigen Blätter entspricht auch die Farbe des drüsig klebrigen Stengels. Die kleinen Blüten haben eine fünfzählige, grünliche Blütenhülle und sind in dichten Knäueln vereinigt, die eine dichte, schmale, endständige Scheinähre bilden. Die Pflanzen blühen von Juni bis September. In der bleibenden vertrockneten Blütenhülle entwickeln sich braunschwarze Schließfrüchte. Der Gute Heinrich bringt eine große Zahl von Schließfrüchten hervor. Im ersten Jahr nach dem Keimen bilden die Sämlinge nur Grundrosetten. Sie blühen erst vom zweiten Jahr an. Die Vermehrung kann auch vegetativ durch Wurzelknospen erfolgen.

Diese europäische Art tritt auch in Westasien und Nordamerika auf. Sie stammt aus den Bergen Nordgriechenlands und hat sich von dort als treuer Begleiter des Menschen weiter verbreitet. Sie wächst in der Nähe von menschlichen Behausungen, auf Dorfplätzen, an Wegen und Zäunen, in vernachlässigten Winkeln und auf Schutthalden, von den Niederungen bis in eine Höhe von 2.200 m ü. M.

In vielen Nationalsprachen und auch in der wissenschaftlichen Bezeichnung wird die Pflanze mit dem heiligen Heinrich (Henricus), dem Schutzpatron des häuslichen Herdes, in Verbindung gebracht. Die stärkehaltige Wurzel und das Kraut, die Saponine, ätherische Öle und Mineralsalze enthalten, werden in der Volksmedizin genutzt.

Spreizende Melde

Atriplex patula

Gänsefußgewächse
Chenopodiaceae

Die Spreizende Melde ist ein einjähriges Kraut mit einem reichverzweigten, bis 1 m hohen Stengel. Die unteren Zweige sind oft abstehend. Stengel und Blätter sind stark weiß bemehlt. Die unteren Blätter sind länglich-rhombisch, seitlich mit nach vorne gerichteten Lappen, wie das für spießförmige Blätter typisch ist. Die oberen lanzettlichen Blätter verkleinern und verschmälern sich in Richtung zur Stengelspitze und werden schließlich linear und ganzrandig. Die kleinen Blüten sind in Knäueln angeordnet, die eine unterbrochene Scheinähre bilden. Die Pflanzen sind einhäusig, die männlichen Blüten ohne Deckblätter haben 5 Staubblätter. In den weiblichen Blüten bleiben die Deckblätter auch während der Entwicklung der Frucht in Form von zwei am Grunde verbundenen Vorblättern bestehen. Der zusammengedrückte Stempel trägt zwei Narben. Sie blüht von Juli bis Oktober.

Die Form der Vorblätter ist ein wichtiges Merkmal zur Bestimmung der Gattung *Atriplex*. Die Vorblätter der Spreizenden Melde weisen an den Seiten 1–2 Zähne auf und sind am Grunde verwachsen, im Unterschied zur Glanzmelde *(A. nitens)*, deren Vorblätter rundlich eiförmig bis herzförmig sind. Die allgemein verbreitete Glanzmelde unterscheidet sich auch durch die auffallend glänzendgrüne Oberseite ihrer Blätter von der Spreizenden Melde, deren Blätter beiderseits bemehlt sind.

Die Spreizende Melde ist in Europa, Sibirien und Nordamerika verbreitet. Sie ist anspruchsvoll in bezug auf den Nährstoffgehalt des Bodens, besonders den Stickstoffgehalt. Sie tritt auf gedüngten Feldern, in Gärten, auf Komposthaufen u. ä. auf.

Der wissenschaftliche Gattungsname *Atriplex* wurde schon von den alten Römern verwendet. Im Altertum wurden die Melden in der Küche verwendet, denn sie ersetzten Spinat, der damals noch nicht kultiviert wurde.

Schließfrucht

Valven

Knöterichgewächse
Polygonaceae

Wiesensauerampfer

Rumex acetosa

Valven

Grundblätter mit Wurzelstock

Der Wiesensauerampfer ist ein über einen halben Meter hohes Kraut. Die langgestielten Blätter der Grundrosette sind länglich-eiförmig und spießförmig mit abstehenden Ecken, die nach unten gerichtet sind. An der Stelle, wo der kurze Stiel der ganzrandigen Stengelblätter am Stengel angeheftet ist, befindet sich eine gezähnte stengelumfassende, häutige Tute, die durch das Verwachsen der Nebenblätter entstanden ist. Im oberen Teil verzweigt sich der Stengel zu einem gehäuften Blütenstand, der aus kleinen, zwittrigen, grünlich oder rötlich gefärbten Blüten zusammengesetzt ist. Die dreizählige Blüte hat 6 in zwei Kreisen angeordnete Blütenblätter. Die inneren sind doppelt so lang wie die äußeren und bleiben auch beim Reifen der Frucht erhalten, die sie als sogenannte Valven umhüllen. Am Grund jeder Valve befindet sich ein rundes bis viereckiges Anhängsel, die sogenannte Schwiele.

Der Wiesensauerampfer blüht von Juni bis August auf feuchten Wiesen, Weiden und rasigen Stellen von den Niederungen bis in die subalpine Stufe der nördlichen Halbkugel. Die sechs Staubblätter der Blüten haben Staubbeutel, die eine große Menge Pollen erzeugen. Die Bestäubung erfolgt durch den Wind, an einer Pflanze reifen bis 8 000 Samen, die in kleinen dreieckigen Schließfrüchten verschlossen sind. Nicht nur aus den Samen, sondern auch aus Bruchstücken der Wurzel entwickeln sich neue Pflanzen. Die zuweilen den Aspekt der Wiesen bildende Art hat einen mäßigen Futterwert und wird als Heil- und Genußpflanze gesammelt. Wegen ihres hohen Oxalsäuregehaltes ist die Pflanze sauer wie Essig (lat. acetum). Trotzdem werden die jungen zarten Frühjahrsblätter zu Salat verwendet. In größeren Mengen schädigen sie aber die Nieren.

Kleiner Ampfer

Rumex acetosella

Knöterichgewächse
Polygonaceae

Das ausdauernde, oft rötlich überlaufene, nur 30–50 cm hohe Kraut ist ziemlich veränderlich. Besonders die einfachen Blätter mit langen, dünnen Stielen haben verschieden geformte Spreiten: spießförmige, länglich-lanzettliche, lineare bis linear fadenförmige, am häufigsten aber pfeilförmige mit schmalen, deutlich abstehenden Ecken. Die den Blattgrund umfassende Tute ist trockenhäutig, weiß und gespalten. Die dünne Blütentraube besteht aus Quirlen kleiner Blüten. Die grünlichen inneren Kronkelchblätter sind größer als die äußeren, die abfallen, und bilden eine ausdauernde Hülle, die sog. Valven, die die inneren Blütenorgane und später die Frucht, eine Schließfrucht, schützen. Die Valven sind netznervig und im Unterschied zu der vorhergehenden Art, dem Wiesensauerampfer, schwielenlos. Die Schließfrüchte liegen frei in den Valven und fallen selbst aus ihnen heraus. Eine Pflanze kann einige tausend unregelmäßig dreieckige Schließfrüchte mit gewölbten Kanten bilden. Die Pflanzen blühen von Mai bis August.

Die verzweigten Wurzeln treiben waagerechte Ausläufer, mit deren Hilfe sich die Pflanzen neben den Sämlingen am Standort verbreiten. Dank seiner großen Anpassungsfähigkeit und Anspruchslosigkeit hat sich der Kleine Ampfer als Kosmopolit in alle Weltteile verbreitet. Er besetzt unfruchtbare sauere Sandböden, Felsen, Weiden, Futterkleebestände und Raine von den Niederungen bis ins Gebirge.

Pflanzen, deren Schließfrüchte mit den Valven verwachsen sind und sich nicht mit den Fingern ausreiben lassen, werden als selbständige Art *R. angiocarpus* (Hüllfrüchtiger Ampfer) betrachtet oder als Unterart des Kleinen Ampfers.

Schließfrucht mit Valven

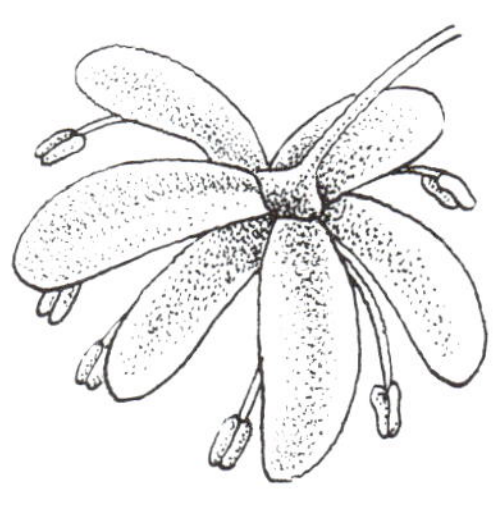

männliche Blüte

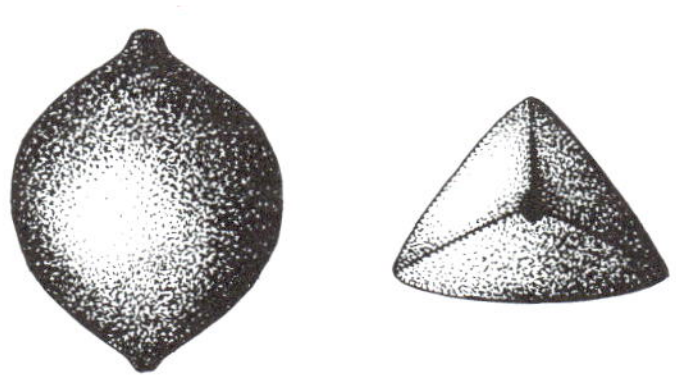

Schließfrucht ohne Valven

Knöterichgewächse
Polygonaceae

Krauser Ampfer

Rumex crispus

Stengelblatt

Grundblatt

Valven

Aus der kräftigen Pfahlwurzel wachsen ein oder mehrere bis 1 m hohe Stengel dieses ausdauernden Krauts hervor. Die großen Grundblätter bilden einen Busch. Sie sind langgestielt, die Spreite ist am Rande gekräuselt und verschmälert sich am Grund. Die wechselständigen Stengelblätter sind ebenfalls gestielt, aber kleiner. Der gerade Stengel trägt einen reichen Blütenstand, später einen Fruchtstand aus Schließfrüchten, die in großen geflügelten Valven eingeschlossen sind. Die zahlreichen Blüten sind zwitterig oder eingeschlechtig, die Blütenhülle besteht aus sechs Blütenblättern in zwei Kreisen. Die kleineren Blätter des äußeren Kreises fallen nach dem Verblühen ab, die inneren, viel größeren, bleiben als Valven erhalten. Die braunen herzförmig abgerundeten, netznervigen Valven haben kugelige Schwielen. Die in der Blütenhülle eingeschlossenen Schließfrüchte sind glatt und glänzend. Eine Pflanze bildet einige tausend Schließfrüchte, die durch den Wind verbreitet werden. Außerdem pflanzt sie sich auch vegetativ fort.

Der Krause Ampfer blüht von Juni bis in den Herbst, solange die Tage warm sind. Er tritt auf brachliegendem Land, Ödstellen, Schutthalden, in Gräben, an Wegen, aber auch auf Feldern, feuchten Wiesen und Weiden auf. Er wächst in den Niederungen und auch im Gebirge. Er stammt aus Europa und Asien, hat sich aber über die ganze nördliche Halbkugel verbreitet.

Die Wurzel liefert eine heilkräftige Droge mit einem beachtlichen Anthrachinongehalt. In der Volksmedizin wird sie gegen Hautkrankheiten und Durchfall benutzt. Die Droge ist schwach giftig, in größeren Mengen kann sie Magenbeschwerden verursachen.

Knäuelampfer

Rumex conglomeratus

Knöterichgewächse
Polygonaceae

Das ausdauernde Kraut hat einen reichverzweigten, bis 1,5 m hohen Stengel. Die rutenförmigen, abstehenden Stengel sind oft rotbraun überlaufen. Die gestielten Grundblätter sind länglich bis schmal herzförmig, am Grunde abgerundet oder gestutzt. Die Spreite ist länger als 15 cm, flach, mit einem schwach gewellten Rand. Die mittleren und oberen Blätter sind schmal länglich bis lanzettlich. Der ganze Blütenstand ist bis zur Spitze von Deckblättern bewachsen. Er ist auffallend pyramidenförmig, unterbrochen. Die kleinen Blüten bestehen aus sechs Blütenblättern, deren drei innere als sogenannte Valven die Frucht umhüllen. Die kleineren äußeren fallen ab. Die Valven sind eiförmig oder linear länglich, ganzrandig, ohne pfriemliche Zähne; sie nehmen an der Verbreitung der Früchte teil. Der Fruchtknoten, dessen drei Griffel pinselförmige Narben tragen, reift zu einer dreiekkigen Schließfrucht, die von den drei Valven dicht umhüllt ist. Alle drei haben verdickte Schwielen. Die Pflanzen blühen im Juli und August.

Der Knäuelampfer ist in Europa und Westasien weit verbreitet. Er tritt von den Niederungen bis ins Gebirge in bewachsenen Gräben, an Wegen, auf Feldern und an Waldrändern auf.

Der Artname bezieht sich auf die gebüschelten Blüten und später Früchte (lat. glomus = Knäuel).

Die Art wird häufig mit dem ähnlichen Blutampfer *(R. sanguineus)* verwechselt, dessen lockerer Blütenstand fast blattlos ist und nur im unteren Teil Deckblätter aufweist. Die Blattnerven sind meist rötlich. Nur eine, ausnahmsweise zwei Valven sind mit einer roten Schwiele ausgestattet.

Valven mit Schwielen

Grundblatt

Knöterichgewächse
Polygonaceae

Wiesenknöterich

Bistorta major

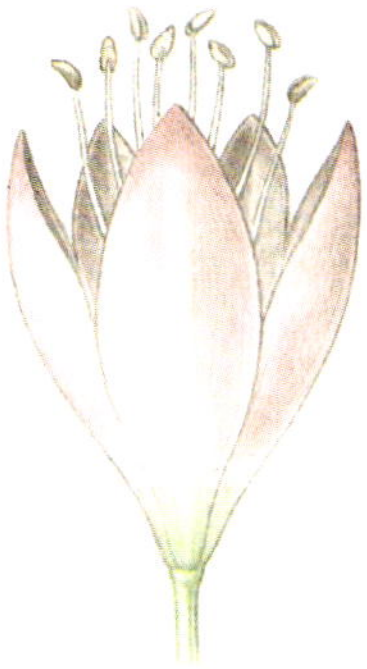

Blüte

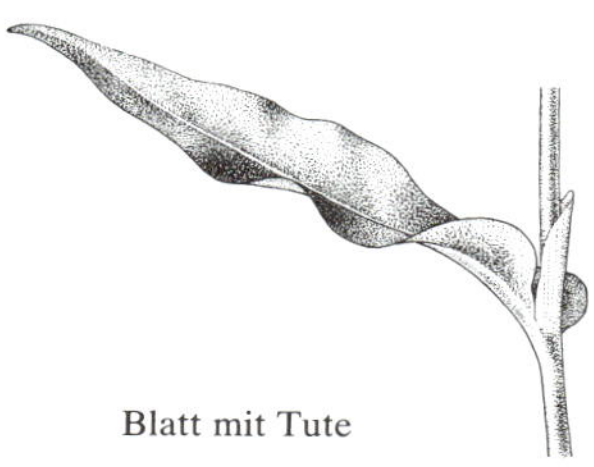

Blatt mit Tute

Das ausdauernde, bis 1 m hohe Kraut hat einen dicken, fleischigen Wurzelstock im Boden. Er ist rotbraun, gekrümmt, gebogen, runzlig und verholzt allmählich. Die großen Grundblätter sind länglich lanzettlich, bis 15 cm lang, mit einem geflügelten Stiel. Aus dem Blätterbüschel wächst ein aufrechter, unverzweigter Stengel mit einem endständigen, 7 cm langen walzigen Blütenstand hervor. Die Blüten entfalten sich im Juni und Juli von unten aufwärts. Der Blütenstand besteht aus zu Büscheln vereinigten kleinen rosa, manchmal weißen Blüten. Aus der fünfzähligen Blütenhülle ragen 8 Staubblätter hervor. Die glänzenden braunen Schließfrüchte sind von der vertrockneten Blütenhülle umhüllt. Die Stengelblätter stehen ziemlich weit voneinander entfernt und sind mit einem geflügelten Stiel am Stengel angeheftet. Der Stiel umfaßt den Stengel mit einer braunen häutigen, walzigen Tute, die aus umgebildeten Nebenblättern entsteht. Die Pflanze ist bis auf den gewimperten Rand der Tute fast ganz kahl.

Der Wiesenknöterich ist in Europa, Asien und Nordamerika im Gebirge und im Hügelland verbreitet. Gesellig tritt er auf feuchten Wiesen auf, denen er besonders in der Blütezeit ihr charakteristisches Gepräge verleiht. Er wächst auch auf Torfmooren, auf Weiden, an Bächen und überall dort, wo das Gelände feucht und der Boden nicht kalkhaltig ist. An gedüngten Stellen entwickelt er üppige Bestände.

In früheren Zeiten wurde der Wurzelstock als Mittel gegen den Biß der Kreuzotter gesammelt, wohl wegen seiner Ähnlichkeit mit dem Körper einer Schlange. In der Volksheilkunde wurde er auch gegen Durchfall und Ruhr verwendet. Noch heute werden der gelbe Wurzelstock und das ganze Kraut gesammelt. Sie enthalten Gerbstoffe, die entzündungshemmend, zusammenziehend und stopfend wirken. Die Pflanze ist eine wertvolle Bienentracht.

Wasserknöterich

Polygonum amphibium

Knöterichgewächse
Polygonaceae

Dieses ausdauernde Kraut ist ein Beispiel für die ungeheure Anpassungsfähigkeit der Art an so unterschiedliche Umweltbedingungen, wie Land und Wasser es darstellen. Der Wasserknöterich existiert in zwei Typen, die als Wasser- und Landform bezeichnet werden. Die Wasserform hat bis 3 m lange Stengel. Sie entspringen einem verzweigten, langen, kriechenden Wurzelstock. Die laichkrautähnliche Pflanze hat längliche Schwimmblätter. Sie sind kahl, langgestielt, oberseits wachsartig glänzend, unterseits dunkelgrün. Die kleinen sattrosa, in schlanken, walzigen Ähren angeordneten Blüten ragen über den Wasserspiegel hervor. Sie blühen von Juni bis September. Die ausdauernde fünfzählige Blütenhülle umschließt zuerst 5 Staubblätter und die großen schlegelförmigen Narben des Stempels, später die dreieckige schwarze, glänzende Schließfrucht.

Die Landform ist nicht höher als 50–60 cm. Sie hat gerade oder aufsteigende Stengel mit länglichen, am Rande flaumigen Blättern. Die Tuten sind mit langen Wimpern besetzt. Blüten und Früchte entwikkeln sich nur selten, häufiger erfolgt die Vermehrung vegetativ durch die Wurzelstöcke.

Die Wasserform wächst in stehenden seichten und versumpften Gewässern, meist in Röhrichtbeständen. Sie verträgt auch das natürliche oder durch sommerliches Trockenlegen der Teiche bewirkte Austrocknen des Wassers. Die Landform tritt in Gräben, auf nassen Feldern und Wiesen auf. Die Art wächst in der ganzen gemäßigten Zone der nördlichen Halbkugel, zerstreut kommt sie auch in Ostindien, Südafrika und Mexiko vor.

Daß es sich um eine Knöterichart handelt, beweisen die an Ufern wachsenden Pflanzen. Sie breiten nämlich einige Stengel im Wasser aus, andere auf dem Land.

einzelne Blüte

Knöterichgewächse
Polygonaceae

Vogelknöterich

Polygonum aviculare

Stengelglied mit Tute und Blüten

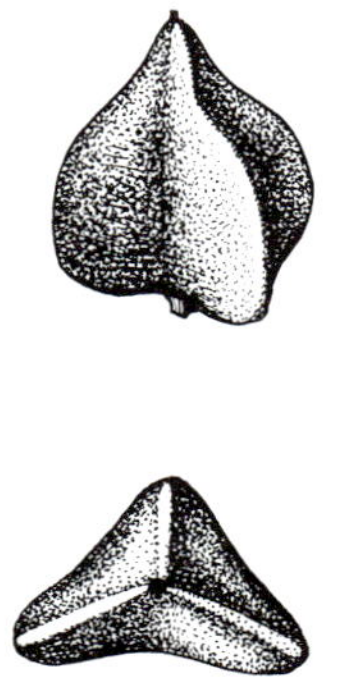

Schließfrucht ohne Blütenhülle

Das kleine niederligende Kraut ist nicht hoch, wenn auch seine Stengel bis zu einen halben Meter lang werden können. Es verzweigt sich oft, und die dichten Büsche sind an den Boden angedrückt. Die Stengel sind von fast sitzenden, lanzettlichen, länglichen Blättern dicht bedeckt. An den Blattbasen befinden sich Tuten, d. h. verwachsene häutige, oben gefranste Nebenblätter. Die Blüten stehen in lockeren Bündeln in den Achseln der wechselständigen Blätter. Die unauffällige weißliche oder rosa überlaufene Blütenhülle färbt sich purpurfarben, wenn die Früchte reifen. Die auf der Erde ausgebreiteten Büsche entfalten ihre Blüten von Mai oder Juni bis in den späten Herbst. Die Pflanze entwickelt im Laufe eines Jahres mehrere hundert braunschwarze, dreieckige Schließfrüchte mit einer fast matten Oberfläche. Die Samen können schon im Herbst keimen und den Winter als Sämlinge überdauern.

Diese sehr veränderliche und anpassungsfähige Art ist auf der ganzen Erde als Kosmopolit verbreitet, mit Ausnahme mancher tropischer Gebiete. Sie wächst auf allen Böden von den Niederungen bis ins Gebirge, auf bebauten Feldern, Sandböden sogar an Stellen, wo die Menschen am meisten hin und her gehen. Sie verträgt es gut, auf Wegen, Dorfplätzen, Spielplätzen, Flughäfen und in Parks niedergetreten zu werden. Aus den in neolithischen Siedlungen gefundenen Samen läßt sich schließen, daß sie den Menschen seit alters begleitet. Auch heute kann man sie oft in den Fugen von Steinpflaster oder in rissigem Asphalt finden.

Die kleinen, in den Schließfrüchten eingeschlossenen Samen werden gern von Vögeln aufgesucht, und damit hängt auch der wissenschaftliche Artname zusammen (lat. avis = Vogel). Der Vogelknöterich wird bis zum heutigen Tag als Heilpflanze genutzt.

Wasserpfeffer, Pfefferknöterich

Polygonum hydropiper

Knöterichgewächse
Polygonaceae

Der Wasserpfeffer ist ein einjähriges, 60–70 cm hohes Kraut mit spärlich verzweigten Stengeln. Die Stengelknoten sind etwas verdickt. Die stengelumfassenden Tuten sind fast kahl, spärlich drüsig und am Rande gewimpert. Die Blätter sind länglich-lanzettlich und durchscheinend punktiert, wenn man sie gegen das Licht hält. Die Punkte sind Drüsen, die ein beißendes ätherisches Öl enthalten. Die kurzgestielten bis sitzenden dunkelgrünen Blätter sind wechselständig. Der längliche, endständige Blütenstand ist dünn, unterbrochen, bei der Entwicklung der Früchte überhängend. Die vierzähligen Blüten entfalten sich in der Scheinähre von Juli bis September oder Oktober. Sie haben einen grünlichen oder rosa überlaufenen Perigon mit gelben Drüsen.

Der Wasserpfeffer verbreitet sich nur durch Samen, weil es aber in den geschlossenen Blüten zu Selbstbestäubung (Kleistogamie) kommt, entwickelt sich ihrer eine ausreichende Zahl. Die Früchte sind ovale, am Ende zugespitzte Schließfrüchte, schwarzbraun bis schwarz, glatt, an der Oberfläche fein körnig. Auf einer Pflanze reifen an 500 in der ausdauernden Blütenhülle eingeschlossene Schließfrüchte.

Das gesellig auftretende Kraut ist in Europa, Asien und Nordafrika allgemein verbreitet. Es wurde auch nach Nordamerika und Australien eingeschleppt. Es wächst an feuchten Stellen auf Waldwegen, Feldern, an Gewässern, auf entblößten Teichböden und in Gräben.

Als Wiesen- oder Ackerunkraut setzt es den Wert der geernteten Kulturen herab, denn es hat einen beißenden Geschmack und ist giftig.

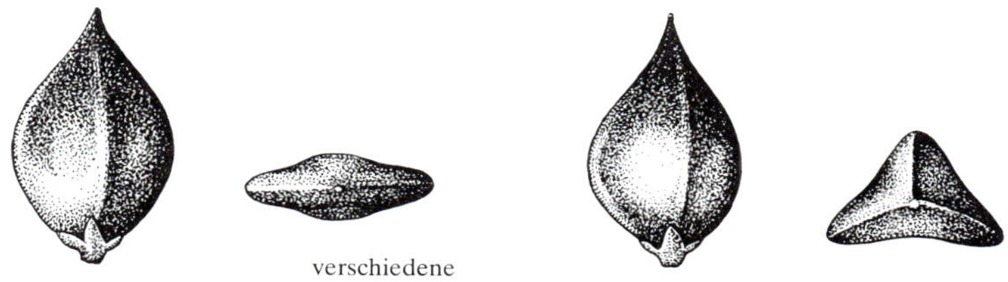

verschiedene Schließfruchtformen

Blatt mit Tute auf dem Stengelglied

Knöterichgewächse
Polygonaceae

Ampferknöterich

Polygonum lapathifolium

Das einjährige stattliche, bis 1 m hohe Kraut hat aufsteigende, verzweigte, knotige, dicht beblätterte Stengel. Die wechselständigen, länglich-lanzettlichen Blätter sind 4 – 8mal länger als breit. Auf der grünen Blattoberseite befinden sich weißliche bis gelbliche Drüsen, auf der Unterseite sind die Blätter kahl oder weißfilzig. Die häutige, den Stengelknoten umfassende Tute ist ganzrandig und kurz gewimpert. Die Blüten in den geraden, walzigen Blütenständen sind rosa oder grünlichweiß. Auch die Blütenhülle und die Blütenstiele sind mit gelben Drüsen besetzt. Die Blüten entfalten sich von Juli bis Oktober. Die Schließfrüchte sind von der vertrockneten braunen Blütenhülle umschlossen.

Die Art ist sehr veränderlich. Sie tritt sehr häufig auf und ist fast kosmopolitisch auf der nördlichen und südlichen Halbkugel verbreitet. Sie wächst an feuchten Standorten, auf kultivierten und brachliegenden Böden, Feldern, Schutthalden, an Wegen, auf Dorfplätzen, an den Ufern von Gewässern und auf dem entblößten Grund von Teichen. Sie tritt dort gemeinsam mit dem ähnlichen Flohknöterich *(P. persicaria)* auf, der niedriger und zierlicher ist. Seine häutigen Tuten umfassen den unteren Teil des Stengelgliedes und sind kurzhaarig, am Rande mit langen Borsten besetzt. Auf der Blattunterseite, der Blütenhülle und den Blütenstielen sind keine Drüsen vorhanden.

Nach der Meinung mancher Botaniker ist der wissenschaftliche Name der Gattung vom knotigen Stengel und den auffallend verdickten Stengelgliedern abgeleitet, von den griechischen Wörtern polys (viel) und goni (Knoten).

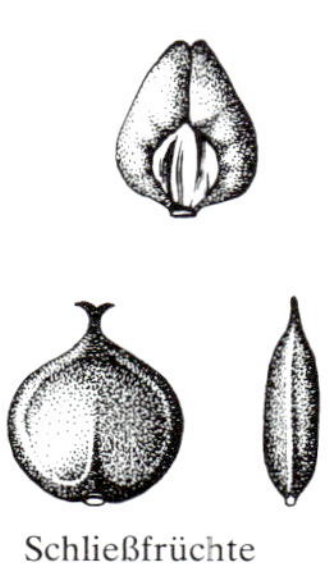

Schließfrüchte

Blatt mit Tute auf dem Stengelglied

Japanischer Staudenknöterich

Reynoutria japonica

Knöterichgewächse
Polygonaceae

Die dekorative ausdauernde Pflanze hat im Boden einen ausgebreiteten, verzweigten Wurzelstock, der alljährlich stattliche, mehr als 2 m hohe, hohle Stengel mit braunroten Flecken treibt. Sie sind dicht beblättert und verzweigt. Die großen, lang zugespitzten, einfachen Blätter sind wechselständig, flach in zwei Reihen angeordnet. Aus den Achseln der Deckblätter wachsen lange schlanke Ährchen weißer Blüten hervor. Die Blütenblätter sind reinweiß oder grünlich, die äußeren laufen mit den verbreiterten Flügeln bis zum Blütenstiel herab. Die Pflanzen blühen von Juli bis Oktober.

Dieses ostasiatische ausdauernde Kraut stammt aus Japan, in Europa ist es verwildert und heimisch geworden. Es wurde als attraktive orientalische Pflanze in den großen Schloßparks gepflanzt und verbreitete sich von dort in die Umgebung. Es bildet ausgebreitete Bestände an feuchten, schattigen Stellen im Gebüsch, auf Schutthalden und in der Nähe von Wasserläufen.

Sehr groß wird auch der nahe verwandte Sachalinstaudenknöterich *(R. sachalinensis),* der aus Sachalin stammt. Ähnlich wie der Japanische Staudenknöterich wurde auch er in Gärten gezogen, verwilderte und wurde in Europa heimisch. Er hat länglich eiförmige Blätter mit einem herzförmigen Grund, die oben nur schwach zugespitzt sind. Die als Zierpflanze gezogene Form ist gelb oder weißbunt.

Der Japanische Staudenknöterich hat einige wissenschaftliche Bezeichnungen, die als Synonyme verwendet werden. Die älteren Namen *Polygonum cuspidatum* oder *P. sieboldii* zeugen davon, daß er der Gattung Knöterich, von der er als selbständige Gattung abgeteilt wurde, sehr nahesteht.

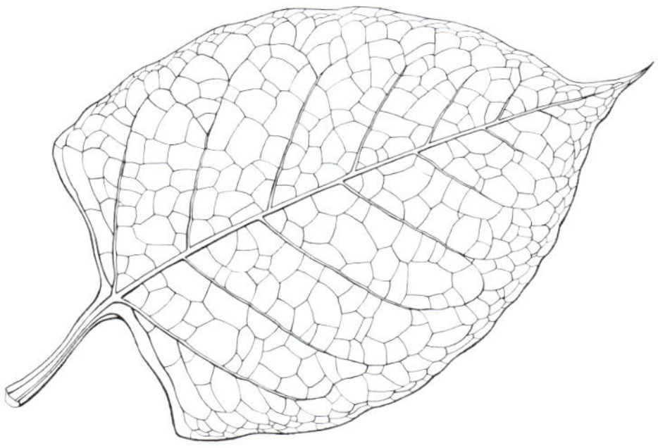

charakteristisch geformtes Blatt

Brennesselgewächse
Urticaceae

Große Brennessel

Urtica dioica

Teil des Stengels mit Brennhaaren

männliche (oben) und weibliche (unten) Blüte

Wurzelstock mit dem unteren Stengelteil

Schließfrucht

Das ausdauernde zweihäusige Kraut hat im Boden einen ausgebreiteten gelben Wurzelstock und ein dichtes Wurzelgeflecht und verbreitet sich mit ihrer Hilfe rasch. Die vierkantigen, manchmal fast zwei Meter hohen Stengel tragen kreuzgegenständige Blätter mit einem grobgezähnten Rand. Die ganze Pflanze ist dicht mit einzelligen Brennhaaren besetzt. Ihre Zellwand ist verkieselt, deshalb ist sie spröde. Die Spitze des Haares bricht leicht ab, und es tritt eine giftige, eiweißhaltige Flüssigkeit aus, die auf der Haut einen brennenden Schmerz hervorruft und Blasenbildung verursacht. Den ganzen Sommer und Herbst über erscheinen auf der Pflanze kleine grünliche Blütenstände. Die Blütenstände der männlichen Pflanzen sind aufrecht und bestehen aus unscheinbaren Blüten mit einer vierzähligen Blütenhülle und vier Staubblättern. Die Blütenstände der weiblichen Pflanzen sind zur Blütezeit nickend. Sie bestehen aus kleinen Blüten, deren Blütenhülle nur zweizählig ist und einen einzigen Stempel enthält. Dieser reift nach der Befruchtung zu einer Schließfrucht. Nur ausnahmsweise treten beiderlei Blüten an einer Pflanze auf.

Die Große Brennessel und die nahe verwandte Kleine Brennessel (siehe nächste Seite) sind auf der ganzen Erde in der gemäßigten Zone allgemein verbreitet. Ihr Auftreten zeigt gut gedüngte Böden mit einem Überschuß an Stickstoff an.

Die Große Brennessel hat sehr feste, lange Bastfasern, die aus fest verbundenen Zellen bestehen. Ein Gewebe aus Brennesseln ist aber unangenehm rauh. Die Brennessel ist auch heute noch eine begehrte Heilpflanze. Man sammelt entweder das ganze Kraut oder nur die Blätter. Der Extrakt aus den Pflanzen findet auch in der Kosmetik vielseitige Verwendung.

Kleine Brennessel

Urtica urens

Brennesselgewächse
Urticaceae

Die einjährige einhäusige Pflanze ist im Boden mit einer einfachen Spindelwurzel verankert. Sie ist zwar kleiner als die Große Brennessel (höchstens 50 cm hoch), brennt aber um so mehr, denn sie ist dicht mit Brennhaaren besetzt, deren Inhalt dieselbe Wirkung hervorruft wie bei der Großen Brennessel. In der Achsel des langen Stiels der scharfgezähnten Blätter befinden sich kleine ganzrandige Nebenblätter. Die kleinen eingeschlechtigen Blüten sind zu aufrechten Blütenständen gehäuft, die etwa so lang sind wie die Blattstiele. Weibliche zweizählige Blüten finden sich häufiger an den Pflanzen als vierzählige männliche. Die Blütenhülle ist hellgrün, am Rande borstig behaart. Die Pflanzen blühen von Mai bis in den späten Herbst. Die drüsig behaarte, eiförmige Schließfrucht ist in der ausdauernden Blütenhülle eingeschlossen.

Die Pflanze hat sich als Unkraut kultivierter Böden und Begleiter menschlicher Behausungen als Kosmopolit über alle Weltteile verbreitet. Eine fruchtbare Pflanze entwikkelt einige tausend Schließfrüchte. Das bedeutet, daß im Boden ausreichende Samenmengen vorhanden sind. Als Unkraut besiedelt die Kleine Brennessel Komposthaufen, Gärten, Felder, Gewächshäuser und Frühbeete. Sie wächst auch auf Schutthalden und an Wegen.

Die jungen Blätter, die sich im Frühjahr entwickeln, sind reich an Vitaminen und stärken den Organismus. Man verwendet sie als Gemüse. Sie sind auch ein ausgezeichneter Zusatz zum Futter von Hühnern, jungen Gänsen und Enten. Ähnlich wie die Große Brennessel dient auch die Kleine Brennessel seit Menschengedenken als Heilpflanze. Gesammelt werden das Kraut oder nur die Blätter. Der wissenschaftliche Name der Gattung zeigt an, daß die Pflanze auf der Haut brennt (lat. urere = brennen).

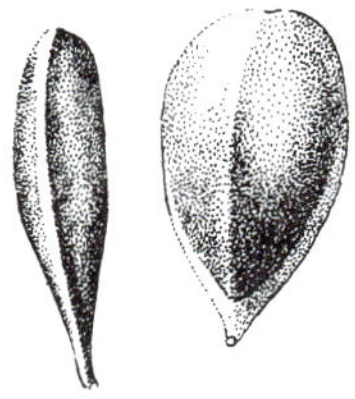

Schließfrucht

von der Blütenhülle umschlossene Schließfrucht

Wurzel

Sonnentaugewächse
Droseraceae

Rundblättriger Sonnentau

Drosera rotundifolia

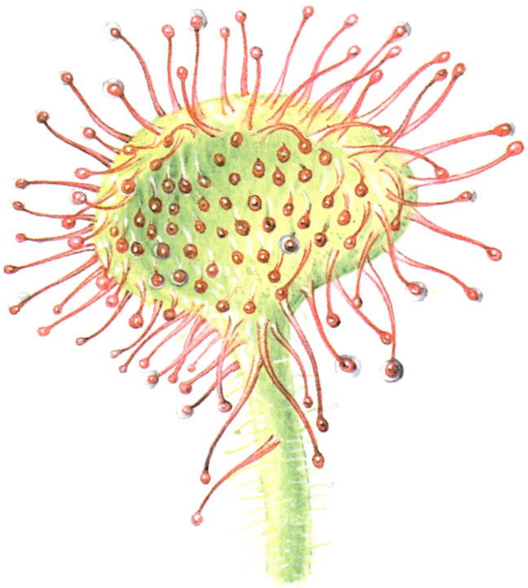

mit Drüsenhaaren besetztes Blatt

Blüte

Die kleine ausdauernde Pflanze hat in einer Bodenrosette ausgebreitete Blätter und ist in blühendem Zustand bis 20 cm hoch. Die kreisrunden, fleischigen, langgestielten Blätter erscheinen erst spät im Frühjahr. Unterseits sind sie glänzend, kahl, und oberseits dicht mit Drüsenhaaren besetzt, die dem Blatt eine rötliche Färbung verleihen. Die Haare sondern eine klebrige Flüssigkeit ab, die wie ein Tautropfen glänzt. Der Blattrosette entspringen ein oder mehrere Stengel mit einem einseitigen Wickel aus einigen fünfzähligen kurzgestielten Blüten. Die weißen Kronblätter sind länger als die am Grunde verwachsenen Kelchblätter. Die Frucht ist eine eiförmige einfächerige Kapsel. Die Blüten erscheinen im Juli und August.

Die Blätter dieser insektenfressenden Pflanze sind Fangvorrichtungen. Die angelockten Insekten bleiben an den schleimigen Tröpfchen haften, reizen durch ihre Bewegungen bei ihren Befreiungsversuchen weitere Drüsenhaare, und das Blatt schließt sich langsam um sie. Die Haare scheiden Verdauungsfermente aus, die die Weichteile des Insektenkörpers zersetzen, und die Pflanze nimmt ihren Fang im Laufe von einigen Tagen als Nahrung auf. Das unlösliche Chitin aus den Deckflügeln und Flügeln wird vom Wind fortgeweht, wenn sich das Blatt wieder öffnet. So gewinnt die Pflanze stickstoffhaltige Nahrung, an der es an ihrem nährstoffarmen Standort mangelt.

Der Sonnentau ist vor allem in Europa verbreitet, tritt aber auch andernorts auf der nördlichen Halbkugel auf. Er wächst zerstreut auf nassen Wiesen und auf Moospolstern in Torfmooren, wird aber immer seltener. Die Pflanze galt seit jeher als Heilmittel gegen Altern und Sklerose, ohne daß ihre Wirkung ihrem Ruf entsprach. Sie wurde von den Sammlern fast ausgerottet. Heute ist sie in vielen Ländern geschützt.

Scharfer Mauerpfeffer

Sedum acre

Dickblattgewächse
Crassulaceae

Die frostfesten beblätterten Stengel des dichtrasigen Krautes sind 5–15 cm hoch. Die nicht blühenden Triebe sind dicht mit dachziegelartigen Blättern bedeckt, die blühenden Stengel nur spärlich. Die fleischigen Blätter sind rundlich, breit eiförmig, glatt und stumpf, oberseits flach, unterseits gewölbt. Am Stengel sind sie sitzend, wechselständig. Die blühenden Stengel tragen einen endständigen lockeren Blütenstand aus kurzgestielten fünfzähligen Blüten mit gelben, sternförmig ausgebreiteten Kronblättern, die die 5 stumpfen Kelchblätter verdecken. Im Inneren befinden sich 10 gelbe Staubblätter und 5 Stempel. Die schuppenförmigen Drüsen unter dem Fruchtknoten sondern süßen Nektar ab. Die Früchte sind auseinanderstehende rote Bälge. Sie öffnen sich im Regen, und das Wasser spült die kleinen Samen heraus.

Die leuchtenden Blüten des Scharfen Mauerpfeffers entfalten sich im Juni und Juli auf sonnigen Felsen und Hängen, in Sandtrockenrasen, auf Meeresklippen und an anderen steinigen Stellen. Als europäischer Sukkulent ist der Mauerpfeffer dem Leben in Felsspalten, die der Sonnenhitze ausgesetzt sind, gut angepaßt. In den fleischigen Blättern und Stengeln speichert er Wasser, ähnlich wie die amerikanischen Kakteen oder die afrikanischen Sukkulenten.

Der Artname acre (= scharf) weist darauf hin, daß die Pflanze einen beißenden Geschmack hat. Sie enthält das Alkaloid Sedamin, ein Flavonglykosid und organische Säuren. Die Droge aus dem Kraut senkt den Blutdruck und wird äußerlich gegen bestimmte Hautkrankheiten angewendet. Sie übt auch eine starke Reizwirkung auf die Darmschleimhaut aus und wird deshalb als Abführmittel benutzt.

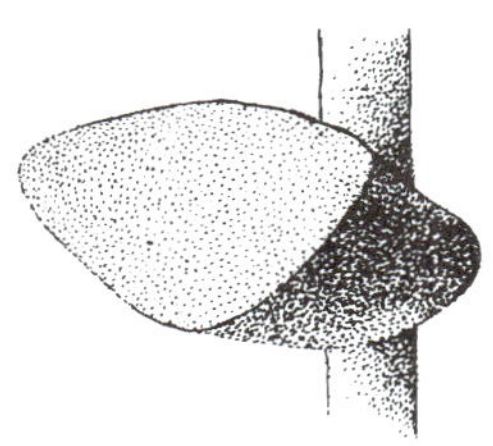

Querschnitt durch das Blatt

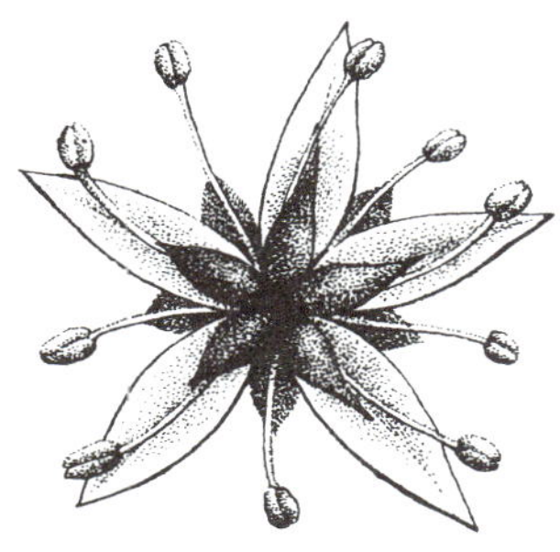

Blüte

Dickblattgewächse
Crassulaceae

Weiße Fetthenne

Sedum album

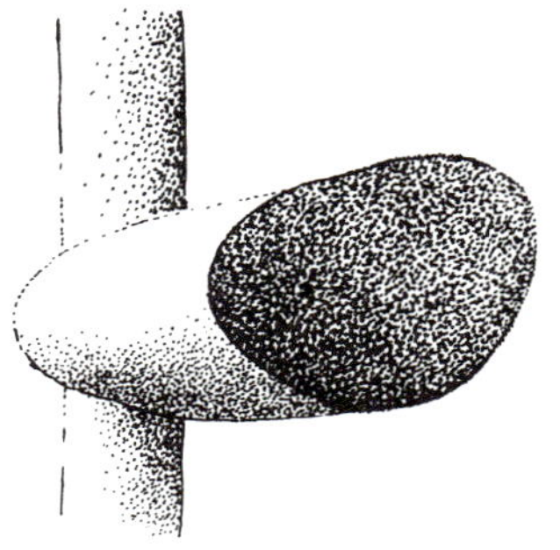

Querschnitt durch das Blatt

Blüte von hinten

Die Weiße Fetthenne ist ein ausdauerndes, 8–20 cm hohes, fleischiges Kraut mit einem dünnen Wurzelstock. Die frostfesten Stengel sind kahl und nur sehr spärlich beblättert, liegend bis aufsteigend und kaum verzweigt. Die walzigen Blätter sind graugrün, wechselständig, linear-länglich, sitzend. Die Pflanzen blühen von Juni bis August mit kleinen weißen Blüten. Die fünfzähligen Blüten haben eiförmig lanzettliche Kronblätter und grüne dreinervige Kelchblätter. Von den weißen Kronblättern heben sich zehn Staubblätter mit roten Staubbeuteln ab, die länger sind als die Kronblätter. Die Blüten locken Insekten an, die die Bestäubung besorgen, denn unter den Fruchtknoten der fünf Stempel befinden sich schuppige Nektardrüsen. Aus den befruchteten Fruchtknoten entstehen 5 gerade, walzige, 5 mm lange Bälge. Die Früchte springen an der inneren Naht auf. Sie enthalten viele glatte, zweireihig angeordnete Samen, die durch das Regenwasser verbreitet werden.

Die Pflanze ist dem Leben an unwirtlichen felsigen Standorten angepaßt. Weil die fleischigen Blätter nur wenige Spaltöffnungen haben, trocknen sie auch bei langfristiger Dürre nicht aus.

Die Weiße Fetthenne ist vor allem in Europa, mit Ausnahme der kühlen Gebiete Skandinaviens, verbreitet. Sie tritt auch in Nordafrika, Westasien und Nordamerika auf. Man findet sie auf sonnenbeschienenen Felsen, Felsvorsprüngen, Rainen und an sandigen und steinigen Ruderalstellen.

Der wissenschaftliche Gattungsname der Pflanze ist aus dem lateinischen sedere (= sitzen) entstanden und bezeichnet eine Pflanze, die dicht am Boden sitzt.

Große Fetthenne

Sedum maximum

Dickblattgewächse
Crassulaceae

Das ausdauernde, stattliche, bis 80 cm hohe Kraut hat knollenförmig verdickte Wurzeln, aus denen fleischige, kräftige Stengel hervorwachsen. Der beblätterte Stengel ist gerade und nur im Blütenstand verzweigt. Die Blätter sind flach, fleischig, rundlich-lanzettlich und am Rande unregelmäßig seicht gezähnt bis ganzrandig. Die graugrünen Blätter sind mit dem breiten herzförmigen, stengelumfassenden Blattgrund sitzend. Der lockere langgestreckte Blütenstand besteht aus kleinen fünfzähligen Blüten. Ihre regelmäßigen Kronen haben hellgelbgrüne, selten rosa Kronblätter. Sie sind aufrecht, häutig gesäumt, mit einer kapuzenförmigen Spitze. Im Inneren der Blüte befinden sich 10 Staubblätter mit braungelben Staubbeuteln und 5 Stempel mit oberständigen Fruchtknoten. Die Pflanzen blühen von Juli bis September. Aus den befruchteten Fruchtknoten entwikkeln sich vielsamige spitzige Bälge. Sie öffnen sich ähnlich wie bei den verwandten Fetthennearten durch Einwirkung der Feuchtigkeit, denn das Wasser, besonders das Regenwasser, hilft, die kleinen Samen an Stellen zu befördern, die für die Keimung geeignet sind.

Die Art ist in Europa auf Stein- und Schotterböden, Sandtrockenrasen, trockenen Gebüschrändern, aber auch auf extensiv bewirtschafteten Feldern verbreitet.

Die unter dem Namen Große Fetthenne beschriebene Pflanze wird heute als selbständige Art anerkannt. In vielen noch benutzten Bestimmungsschlüsseln wird sie aber als Subspecies (Unterart) der Art *Sedum telephium* angeführt, die außer anderen Unterscheidungsmerkmalen auch rote Blüten hat.

Blüte

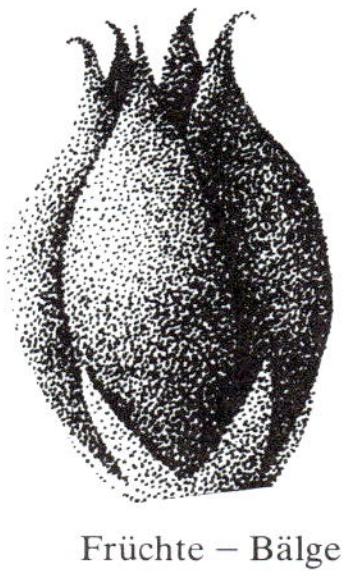

Früchte – Bälge

Dickblattgewächse
Crassulaceae

Dachhauswurz

Sempervivum tectorum

Tochterrosetten

Blüte

Für die ausdauernde Dachhauswurz ist eine Grundrosette aus gehäuften fleischigen Blättern charakteristisch. Die Pflanze ist mit zahlreichen kleinen Wurzeln und einem kurzen, dicken Wurzelstock im Boden oder am Felsen befestigt. Die Grundblätter sind lanzettlich, flach und kahl mit einem gewimperten Rand. Die grünen Blätter haben eine rote Spitze. Die Rosette erreicht einen Durchmesser von 20 cm. Sie wächst alljährlich weiter, bis sie ihre Entwicklung mit der Blüte vollendet. Aus der Mitte der ausgewachsenen Rosette wächst ein 20–40 cm hoher, kräftiger, aufrechter, beblätterter Stengel hervor, der sich oben zu einem ausgebreiteten, aus einigen Wickeln bestehenden Blütenstand verzweigt. Die rosa bis purpurfarbenen Blüten sind dunkelrot punktiert. Die Blüte enthält eine große Anzahl von Staubblättern mit rosa Staubfäden und orangefarbenen Staubbeuteln. Die 12 Stempel mit oberständigen Fruchtknoten stehen den einzelnen Kronblättern gegenüber. Blütezeit im Juni und Juli. Die Früchte sind vielsamige gekrümmte Bälge.

Die Hauswurz vermehrt sich vegetativ durch Tochterrosetten, die der Nähe der Mutterpflanze bleiben und mit ihr größere Polster bilden oder sich ablösen und fortrollen. Berührt die Wurzel beim Fallen nicht den Boden, ist eine aktive Bewegung der Pflanze zu beobachten. Die Rosette dreht sich wie ein Käfer um, der auf die Deckflügel gefallen ist. Fällt die Rosette auf die Seite, dreht sie sich so um, daß die beschatteten unteren Blätter beginnen, rascher zu wachsen. Andere Rosetten drehen sich mit Hilfe der Wurzeln, die im Boden verankert sind. Sie ziehen die Rosette zu sich, bis sie sich umdreht. Ziehen die Wurzeln gegeneinander, geht die Pflanze ein. Die Hauswurz ist ein Sukkulent aus Mitteleuropa und dem Mittelmeerraum. Sie wächst auf Felsen, Mauern und wurde früher auf Schindeldächern als Schutz gegen Blitzschlag gezogen.

Körnchensteinbrech

Saxifraga granulata

Steinbrechgewächse
Saxifragaceae

Das ausdauernde kleine, bis 50 cm hohe Kraut bildet ein dichtes Geflecht von Büschelwurzeln. Der schlanke, unverzweigte, drüsig klebrige Stengel trägt eine kleine Anzahl von Blättern. Er entspringt einer lockeren Bodenrosette aus gestielten, drüsig behaarten Blättern mit einer rundlich nierenförmigen, tief gekerbten Spreite. In den Achseln der Grundblätter befinden sich zahlreiche weiße und rosa überlaufene Brutzwiebeln. In den Achseln der Stengelblätter sind keine Brutzwiebeln. Der lockere drüsige Blütenstand mit linearen Deckblättern besteht nur aus wenigen weißen Blüten. Die länglichen Kelchblätter sind am Grunde verwachsen und bis dreimal kleiner als die Kronblätter. Die fünfzählige Blüte ist unterwärts zu einem eiförmig trichterförmigen Blütenbecher (dem sog. Hypanthium) verwachsen, der bei der vorliegenden Art dicht mit Drüsen besetzt ist. In der Blüte sind 10 in zwei Kreisen angeordnete Staubblätter vorhanden und meist 5 (manchmal 2) Stempel. Die Frucht ist eine breit eiförmige, der Länge nach aufspringende Kapsel mit zahlreichen Samen. Der Körnchensteinbrech blüht im Mai und Juni, und die Stengel und Blätter vertrocknen bald nach dem Verblühen. Er vermehrt sich nicht nur durch die zahlreichen kleinen Samen, sondern auch vegetativ durch die Brutzwiebeln, die Körnern ähnlich sind (lat. granum = Korn, Körnchen).

Die Art wächst in ganz Europa auf trockenen Wiesen und Hängen mit mageren Rasen, auf Rainen und Weiden mit leichteren Sand- und Steinböden, vor allem in den Niederungen und im Hügelland.

Das getrocknete blühende Kraut des Körnchensteinbrechs ist eine offizinelle Droge, die als Diuretikum verwendet wird. Sie enthält Gerb- und Bitterstoffe. Der Brutzwiebel wird die Fähigkeit zugeschrieben, Nieren- und Blasensteine und -gries aufzulösen.

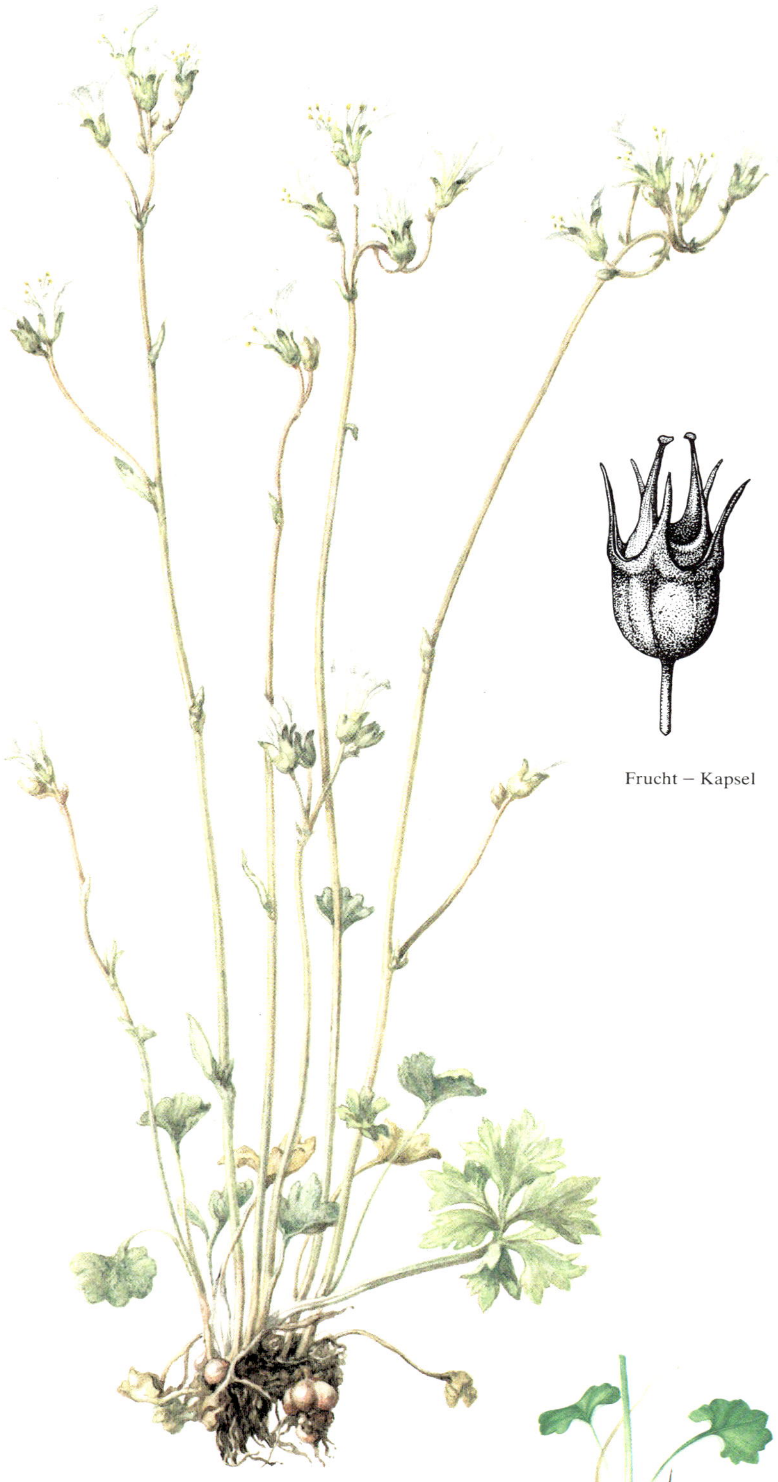

Frucht – Kapsel

Grundblätter mit Brutzwiebeln

Steinbrechgewächse
Saxifragaceae

Wechselblättriges Milzkraut

Chrysosplenium alternifolium

Blüte mit Deckblatt

Grundblatt

Das ausdauernde niedrige Kraut hat einen dünnen, schuppigen, langen kriechenden Wurzelstock. Die aus ihm hervorwachsenden Stengel sind 5–20 cm hoch, dreikantig und lockerrasig, zu größeren Beständen vereint. Die Blätter haben eine rundlich-nierenförmige, am Rande breit gekerbte Spreite. Sie sind hellgrün, glänzend, spärlich anliegend behaart bis kahl. An der Stengelspitze gehen sie unter dem flachen zymenförmigen Blütenstand in gelbgrüne Deckblätter über, die die kleinen, gelben, kronlosen Blüten stützen. Die Blütenhüllen vertritt ein Kelch mit vier rundlichen Zipfeln. Der halbunterständige Fruchtknoten ist von 8 Staubblättern in zwei Kreisen umgeben. Die Pflanzen blühen von April bis Juni. In den von Schnecken bestäubten Blüten entstehen einfächerige Kapseln mit kleinen Samen.

Die Pflanze vermehrt sich sowohl geschlechtlich durch Samen als auch vegetativ durch verzweigte Wurzelstöcke, die an den Knoten wurzeln und einige Grundblätter bilden.

Das Wechselblättrige Milzkraut tritt auf der nördlichen Halbkugel, vor allem in Europa, Asien und im westlichen Nordamerika auf. Oft kommt es an Bächen, in Ufergebüschen, an beschattenen, nassen Stellen und in Quellgebieten, ferner in Erlenbeständen der Auenwälder vor. Es ist an Standorte mit einem hohen Grundwasserspiegel gebunden. Bei der Trockenlegung von Wiesen tritt es zurück.

Der Artname bezieht sich auf die wechselständige Stellung der Stengelblätter, im Unterschied zum Gegenblättrigen Milzkraut *(Ch. oppositifolium)*, einer verwandten Art aus höheren Lagen, die einen vierkantigen Stengel und gegenständige Blätter aufweist.

Sumpfherzblatt

Parnassia palustris

Steinbrechgewächse
Saxifragaceae

Das kleine dekorative Kraut hat im Boden einen kräftigen, schrägen, von Büschelwurzeln bewachsenen Wurzelstock. Die in einer Rosette angeordneten Grundblätter sind langgestielt, mit einer herzförmig-eiförmigen, ganzrandigen, oft punktierten Spreite. Das einzige Stengelblatt umfaßt den 10 bis 25 cm hohen Stengel im unteren Drittel oder in der Hälfte. An der Stengelspitze steht eine einzige Blüte. Der Durchmesser der zierenden Blüte kann 3 cm erreichen. Die 5 stumpf eiförmigen Kelchblätter sind ungleich groß, kürzer als die regelmäßige Krone. Die Kronblätter sind weiß bis rötlich und etwas ausgerandet. Auf dem Blütenboden stehen abwechselnd 5 normale und fünf innere gefranste, zurückgebildete Staubblätter (sog. Staminodien). Sie sind mit gelben Drüsen ausgestattet und täuschen Honigblätter vor. Die Frucht ist eine vielsamige Kapsel, die sich mit vier Klappen öffnet.

Das Sumpfherzblatt ist in Europa, Asien und Nordamerika verbreitet. Es tritt von den Niederungen bis ins Hügelland auf, stellenweise bis in die subalpine und alpine Stufe. In den Niederungen blüht es von August bis September, im Gebirge von Juni bis August. Es tritt am häufigsten auf nassen Flach- und Torfmoorwiesen, nassem Geröll und ständig nassen Felsen auf, vorzugsweise auf kalkhaltigem Untergrund. Auch der Parnaß in Mittelgriechenland, mit dem der wissenschaftliche Name der Gattung wahrscheinlich zusammenhängt, ist ein Kalkgebirgsstock. Dieselbe Herkunft hat die Bezeichnung der Pflanzen in manchen Nationalsprachen, z. B. das englische Grass of Parnassus. Der deutsche Name bezieht sich auf die herzförmige Blattspreite, die volkstümliche Bezeichnung Studentenrose hängt mit der Blütezeit im September, wenn die Schule beginnt, zusammen.

Frucht – Kapsel

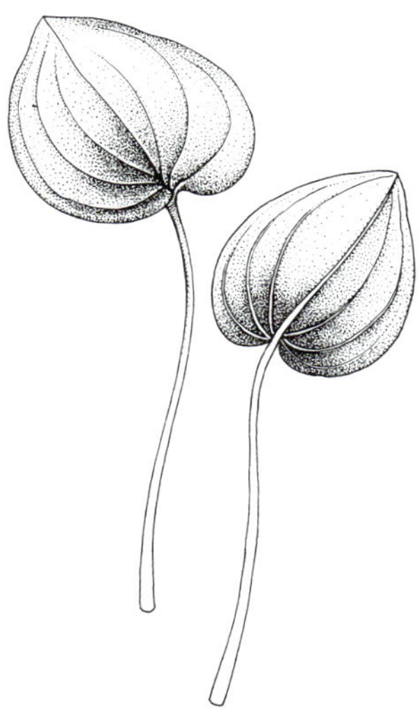

Grundblätter

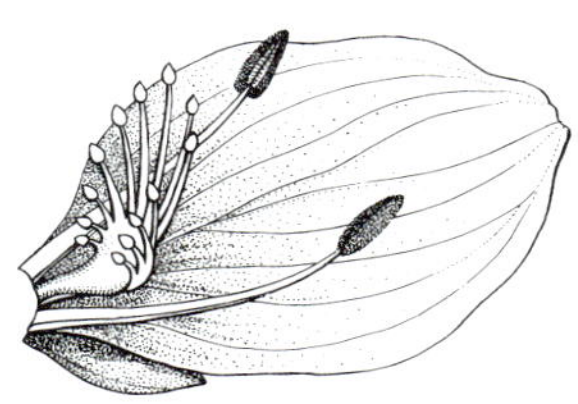

Staubblätter und Staminodien

Rosengewächse
Rosaceae

Waldgeißbart

Aruncus sylvestris

weibliche Blüte

Früchte – Bälge

männliche Blüte

Das ausdauernde, stattliche, meist zweihäusige Kraut erreicht eine Höhe von 0,5–1,5 m, manchmal auch 2 m. Der kahle Stengel ist aufrecht, spärlich verzweigt. Die im Umriß breit dreieckigen Blätter sind meist doppelt handförmig dreizählig. Die Spreite ist aus kurzgestielten, am Rande doppelt scharfgesägten Blättchen zusammengesetzt. Mit dem langen Stiel erreicht das nebenblattlose Blatt eine Länge bis von einem Meter. Der endständige Blütenstand ist eine reiche Rispe aus in langen, später überhängenden Trauben angeordneten kleinen Blüten. Diese sind kurzgestielt, eingeschlechtig. Die fünfzähligen Blüten beider Geschlechter haben Kelch und Krone. In den gelblichweißen männlichen Blüten befinden sich 20–30 Staubblätter. Die reinweißen weiblichen Blüten weisen im Blüteninneren außer drei Stempeln noch verkümmerte Staubblätter auf. Die Pflanzen blühen von Ende Mai bis Juli. Die Früchte sind braune, kahle oder zerstreut behaarte Bälge.

Der Waldgeißbart wächst in West-, Mittel- und Osteuropa, stellenweise auch im gemäßigten Asien und in Nordamerika. Er ist eine zur Blütezeit anziehende Pflanze aus feuchten Bergwäldern, Schluchten und Gebüschen, der Umgebung von Gebirgsbächen und beschatteten verwachsenen Schlägen. Er tritt vor allem auf der alpinen und subalpinen Stufe auf, steigt aber entlang von Wasserläufen macherorts in tiefere Lagen herab. In einigen europäischen Ländern, so zum Beispiel in Deutschland, gehört er zu den geschützten Arten.

Der wissenschaftliche Gattungsname ist aus der lateinischen Bezeichnung für einen Ziegenbart (aruncus) entstanden, mit dem man den überhängenden weißlichen Blütenstand vom 16. Jahrhundert an verglichen hat.

Echtes Mädesüß, Große Spierstaude

Filipendula ulmaria

Rosengewächse
Rosaceae

Das Echte Mädesüß ist ein 1,5 m hohes, ausdauerndes Kraut. Der derbe Stengel entspringt einem unterirdischen kriechenden, gegliederten Wurzelstock. Die Pflanze ist wenig verzweigt oder unverzweigt, kahl, mit wechselständigen Blättern. Die Blätter sind unterbrochen unpaarig gefiedert, oberseits kahl, dunkelgrün, unterseits hellgrün, manchmal auch weißfilzig (bei *subsp. nivea*). An der Stengelbasis befinden sich große, breit herzförmige, gezähnte Nebenblätter. Die Spreite besteht aus 2–5 Paaren breit eiförmiger, am Rande doppelt gesägter, sitzender Blättchen. Das endständige Blättchen ist handförmig 3–5lappig. Die reiche Schraubel aus kleinen gelblichweißen Blüten verströmt einen mandelartigen Duft. Die regelmäßigen Blüten haben 5–6 Kronblätter, 20–40 Staubblätter, die doppelt so lang sind wie die Krone, und 6–10 sitzende Stempel, deren Fruchtknoten zu gekrümmten, kahlen, braunen, einsamigen Bälgen reifen. Die Blüten erscheinen in den Monaten Juni bis August.

Das Echte Mädesüß wächst auf sumpfigen humosen Wiesen, in Ufergebüschen und Gräben, besonders in im Frühjahr überschwemmten Erlenbeständen in Auenwäldern. An ständig nassen Standorten tritt es aber zurück. Sein Auftreten ist oft gesellig, manchmal zerstreut. In Europa und Westasien reicht es von den Niederungen bis in die montane Stufe.

Die getrockneten Blüten sind eine heilkräftige Droge. Sie enthalten Salizylsäure, Salizylaldehyd, Gaultherin, Spiraein und andere Stoffe und werden gegen fieberhafte und rheumatische Erkrankungen benutzt, früher gegen Kopfweh und zum Süßen von Bier (Met), was der Pflanze den Namen gab.

Nebenblätter

Blüte

Rosengewächse
Rosaceae

Sumpfblutauge

Comarum palustre

Blüte

Schließfrucht

Kelch mit Außenkelch

Die ausdauernde stattliche, mehr als einen halben Meter hohe Sumpfpflanze wächst aus einem verholzten Wurzelstock hervor. Die blütenlosen Stengel sind unverzweigt, die blütentragenden nur wenig verzweigt. Die unpaarig gefiederten Blätter sind langgestielt und haben 2 bis 3 fast sitzende Blättchenpaare. Die Blättchen sind länglich lanzettlich, am Rande grobgezähnt. Oberseits sind sie dunkelgrün und kahl, unterseits graugrün mit behaartem Adernetz, am Rande gewimpert. Die großen, breit eiförmigen Nebenblätter sind mit dem Blattstiel vollkommen verwachsen. Der lokkere Blütenstand trägt Deckblätter, die einfacher als die Laubblätter sind. Er besteht aus einigen fünfzähligen Blüten, deren Kelch die purpurfarbene Krone und die dunkelroten Staubblätter überragt. Die Kelchblätter sind außen grün, innen wie die Kronblätter dunkel purpurfarben. Der grüne Außenkelch steht vom Kelch ab. Die Kronblätter bleiben auch bei der Entwicklung der Frucht erhalten. Die Früchte sind hakig eiförmige Schließfrüchte, die auf einem halbkugeligen, behaarten, fleischigen Blütenboden sitzen. Die Verbreitung erfolgt durch die in den Schließfrüchten eingeschlossenen Samen. Die Früchte bleiben mit ihren Haken am Haarkleid der Tiere haften oder werden durch das Wasser verbreitet.

Das Sumpfblutauge wächst in Mittel- und Nordeuropa, Sibirien, Grönland und Island. Im Juni und Juli blüht es an nassen Stellen mit stehendem, seichtem Wasser, auf Torfmooren und sauren Sümpfen von den Niederungen bis ins Hügelland. In den Alpen steigt es bis in eine Höhe von 2 100 m ü. M. auf.

Wegen des hohen Gerbstoffgehaltes wurde die Pflanze früher zum Gerben und Rotfärben von Wolle benutzt.

Gänsefingerkraut

Potentilla anserina

Rosengewächse
Rosaceae

Aus dem dicken, verzweigten Wurzelstock wächst sowohl eine Bodenrosette aus liegenden Blättern hervor als auch kriechende, über 50 cm lange, spärlich beblätterte und häufig an den Knoten wurzelnde Stengel. Die Blätter sind gestielt, unterbrochen unpaarig gefiedert, und bestehen aus einigen Paaren sitzender Blättchen mit einem gesägten Rand. Im Umriß sind sie länglich eiförmig, unterseits charakteristisch silberweiß flaumhaarig. Die geöhrten Nebenblätter sind besonders auf den unteren Blättern groß und braun. Die langgestielten Blüten entspringen den Blattachseln. Die goldgelben Kronblätter sind doppelt so lang wie der Kelch und Nebenkelch. Die Blüte enthält 20 Staubblätter und zahlreiche Stempel. Die Pflanzen blühen von Mai bis August oder länger. In einer Blüte können sich bis 30 Schließfrüchte auf dem trockenen, nicht fleischigen Blütenboden entwikkeln. Die Schließfrüchte sind oval, matt braun.

Die Art kommt häufig auf schweren, stickstoffreichen Lehmböden vor, wie sie auf Dorfplätzen, Höfen, Weiden, an Teich- und Flußufern u. a. zu finden sind. Sie wächst auch auf etwas salzhaltigen Wiesen im Binnenland und auf Salzböden in Küstengebieten. Oft bildet sie größere zusammenhängende Bestände. Sie stammt aus Südostasien, ist aber auf der ganzen nördlichen Halbkugel verbreitet und wurde auch nach Südamerika und Australien eingeschleppt. Die dichten, teppichartigen Bestände der Pflanzen schützen den Boden vor Erosion.

Das Kraut des Gänsefingerkrauts ist ein altes Volksheilmittel und wird bis auf den heutigen Tag auch als offizinelle Droge gesammelt. Es enthält Gerbstoffe, Flavonoide, Schleime und Bitterstoffe; es wirkt entzündungshemmend und antibakteriell.

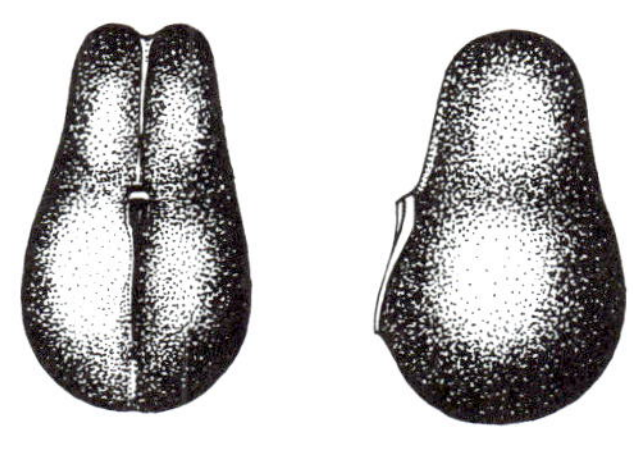

Schließfrüchte

Rosengewächse
Rosaceae

Silberfingerkraut

Potentilla argentea

Blattunterseite

Das mittelgroße Kraut hat im Boden einen langen verzweigten Wurzelstock, der eine Grundrosette und einen aufrechten oder aufsteigenden, nicht wurzelnden, 20–50 cm hohen Stengel treibt. Er ist derb und reich beblättert. Die Stengelblätter sind sitzend und gefiedert. die Grundblätter langgestielt, schmal handförmig fünf-, manchmal siebenzählig. Der Stiel der Stengelblätter ist zum größten Teil mit den linear-lanzettlichen Nebenblättern verwachsen. Ein auffallendes Merkmal dieser Art sind die silberweiß flaumig behaarten Stengel, Stiele und Blattunterseiten. Auch die Stiele der Blüten in den gegabelten, zymösen Blütenständen sind weißfilzig. Nach dem Verblühen der gelben fünfzähligen Blüten verlängern sich die Stiele. Die Pflanzen blühen von Mai bis zum Herbst. In jeder Blüte entwikkeln sich einige eiförmig ovale, matte Schließfrüchte.

Das Silberfingerkraut ist eine europäische und westasiatische Art. Allgemein verbreitet ist es an sonnigen, nicht beschatteten Standorten, so grasbewachsenen Felsen, Waldsteppenhängen, Waldrändern und Lichtungen, auf flachgründigen, leichten bis sandigen Böden. Es wächst in warmen Gebieten in den Niederungen und im Hügelland, gedeiht auch an sandigen Ruderalstellen und ist kalkmeidend. Es bildet keine größeren Bestände, sondern wächst meist einzeln.

Das Silberfingerkraut tritt oft gemeinsam mit verwandten Arten mit ähnlichen Ansprüchen auf, z. B. dem Frühlingsfingerkraut *(P. verna)*, dem Sandfingerkraut *(P. arenaria)* und dem Hügelfingerkraut *(P. collina)*.

Blutwurz, Tormentill

Potentilla erecta

Rosengewächse
Rosaceae

Die Blutwurz ist ein ausdauerndes Kraut mit einem kräftigen, verholzten, innen roten Wurzelstock. Der aufrechte, bis 30 cm hohe Stengel wurzelt nicht, auch wenn er am Boden liegt. Die für die Art charakteristischen Blätter sind dreizählig, die langgestielten Grundblätter können jedoch auch vier- bis fünfzählig sein. Die Stengelblätter sind sitzend oder kurzgestielt, mit grobgezähnten Blättchen. An den Stengelblättern sitzen auffallend große, 5–7spaltige Nebenblätter. Die Blätter sind beiderseits grün, kahl oder unterseits zerstreut angedrückt behaart. Die gelben Blüten stehen auf langen Stielen und weisen eine kleinere Zahl von Blütenblättern als die anderen Fingerkrautarten auf. Kelch und Krone bestehen nur aus vier Blättern. Auch die Nebenkrone hat nur vier schmal eiförmige Blätter, die länger als die lanzettlichen Kelchblätter sind. Auch die leicht ausgerandeten Kronblätter überragen die Kelchblätter. Auf dem mehr oder weniger kahlen Blütenboden sitzt eine größere Zahl von Staubblättern und Stempeln, später auch Schließfrüchten.

Die Blutwurz blüht von Juni bis August auf feuchten und trockenen Wiesen, in lichten Wäldern, auf Torfmooren und Heiden von den Niederungen bis ins Gebirge. Sie ist in ganz Europa verbreitet, im Norden reicht sie bis nach Nordskandinavien, im Süden auf die Pyrenäen-, Apenninen- und Balkanhalbinsel. In Asien tritt sie von Westsibirien bis zum Altai auf.

Die Art ist in bezug auf die Boden- und Klimabedingungen anspruchslos. Sie wirkt heilkräftig und desinfizierend. Die Wurzel enthält einen Farbstoff, mit dem sich Leder rot färben läßt.

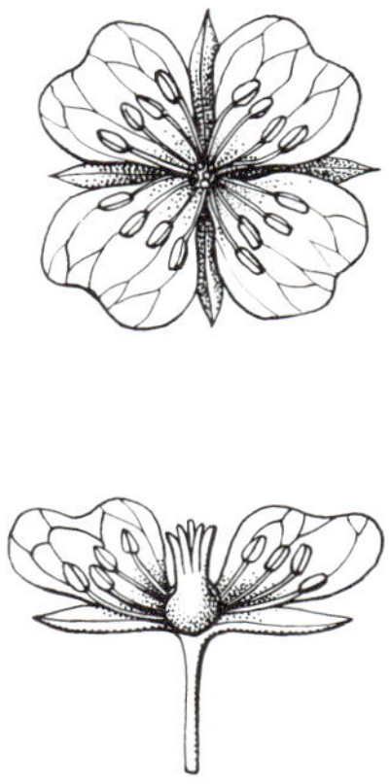

Blüte

Querschnitt durch den Wurzelstock

Rosengewächse
Rosaceae

Kriechendes Fingerkraut

Potentilla reptans

Außenkelch nach dem Verblühen

Das ausdauernde, mit einem kräftigen Wurzelstock ausgestattete Kraut ist nicht hoch, wenn auch die dünnen, kriechenden Stengel 30–100 cm lang sind. Sie breiten sich nach verschiedenen Richtungen aus und wurzeln leicht, wenn die Knoten mit feuchtem Erdreich in Berührung kommen. Die Pflanze bildet keine blütenlosen Triebe. An den Stellen, wo sie wurzelt, wachsen ein oder zwei langgestielte, handförmig fünfzählige Blätter mit sitzenden oder kurzgestielten Blättchen hervor. Sie haben geöhrte Nebenblätter, die mit dem Stiel verwachsen. Die gelben Blüten von 2–3 cm Durchmesser stehen auf langen Stielen einzeln. Die fünfzählige Krone hat doppelt so lange Blätter wie der Kelch, unter dem sich noch ein Nebenkelch befindet, der sich nach dem Verblühen vergrößert. Die kleinen Schließfrüchte reifen auf einem trockenen, harten Blütenboden, der einen verbreiterten Stengel darstellt.

Die Art verbreitet sich vorwiegend vegetativ. Die Seitentriebe bedecken die Umgebung der Mutterpflanze oft so dicht, daß zusammenhängende Bestände entstehen. In Gärten ist das Kriechende Fingerkraut ein unerwünschtes Unkraut.

Es blüht von Juni bis August auf feuchten Wiesen, an Wegen, Flußufern, in Gräben und an Ödstellen. Es ist in Europa, Westasien und Ostafrika von den Niederungen bis ins Hügelland, stellenweise bis ins Gebirge verbreitet.

Der wissenschaftliche Gattungsname *Potentilla* ist möglicherweise als Verkleinerung des lateinischen potens (= mächtig, stark, wirksam) entstanden, in Anspielung auf die Heilwirkung der verwandten Blutwurz.

Erdbeerfingerkraut

Potentilla sterilis

Rosengewächse
Rosaceae

Das ausdauernde niedrige Kraut hat einen verholzenden, mehrköpfigen Wurzelstock. Ihm entspringen eine Grundrosette und bis 30 cm lange, kriechende, an den Knoten wurzelnde Ausläufer. Die nur 5–10 cm großen aufsteigenden, blütentragenden Stengel sind kaum höher als die Grundblätter. Die ganze Pflanze – Stengel, Blattstiele und -spreiten – ist schwach oder dicht behaart, lebhaft- bis hellgrün gefärbt. Die dreizähligen Blätter haben lanzettliche Nebenblätter. Die Blattstiele sind sehr kurz. Den lockeren Blütenstand bilden ein bis drei Blüten mit dichtbehaarten Stielen. Auch die eiförmigen Kelchzipfel sind zottig. Die Nebenkelchblätter sind kürzer als die Kelchblätter, während die ausgerandeten weißen Kronblätter etwas länger sind als der Kelch. Die kahlen Staubblätter mit dünnen Staubfäden stehen auf einem zottigen Blütenboden.

Die Blüten erscheinen in den Monaten April und Mai. Die Früchte sind Schließfrüchte.

Die Pflanze ist der Erdbeere sehr ähnlich, der Blütenboden wird aber nicht fleischig, wie die „Erdbeerfrucht". Das entspricht dem älteren Synonym der Art, *Potentilla fragariastrum* (*Fragaria* ist die wissenschaftliche Bezeichnung der Erdbeere, und das griechische aster, astrum bedeutet ähnlich, unecht). Von den meisten anderen gelbblühenden Fingerkrautarten unterscheidet sich das Erdbeerfingerkraut unter anderem durch seine weißen Blüten.

Die Art wächst an ähnlichen Standorten wie das ebenfalls weiß blühende Weiße Fingerkraut *(P. alba)* am Rande lichter Wälder, besonders Laubwälder, in Gebüschen, auf Schlägen und grasbewachsenen Hängen.

Blatt

Rosengewächse
Rosaceae

Frühlingsfingerkraut

Potentilla verna

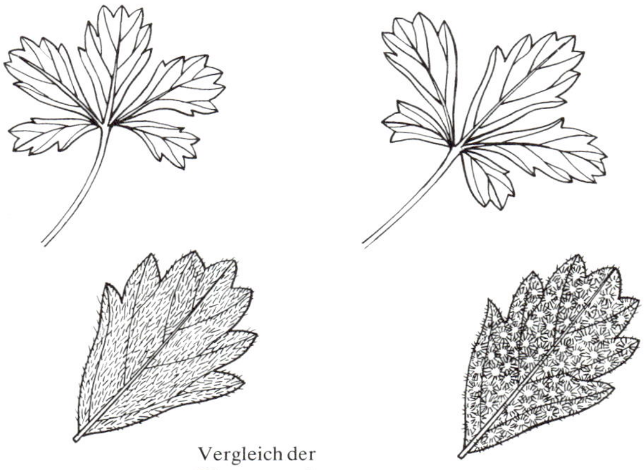

Vergleich der Blattunterseite von *Potentilla verna* (links) und *P. arenaria* (rechts)

Das niedrige ausdauernde Kraut mit einem kriechenden Wurzelstock hat eine dichte Grundrosette und kurze, wurzelnde Ausläufer. Die blütentragenden Stengel sind an der Spitze aufsteigend. Die behaarten Stengel tragen zweierlei Blätter. Die Stengelblätter sind fast sitzend, meist handförmig dreizählig, die Grundblätter sind gestielt, handförmig fünf- bis siebenzählig, mit keilförmigen, von der Mitte an gezähnten Blättchen. Die Grundblätter weisen schmal lineare Nebenblätter auf, die Stengelblätter eiförmige und ganzrandige. Aus den Achseln der Grundblätter entspringen blütentragende Stengel mit einigen gestielten Blüten. In der Blüte wechseln fünf auffallend gelbe Kronblätter mit fünf kürzeren grünen Kelchblättern ab. Außerhalb des Kelchs sitzen fünf herabgebogene Außenkelchblätter, die, ähnlich wie bei allen anderen Arten der Familie *Rosaceae,* durch Verwachsen der paarigen Nebenblätter der Kelchblätter entstanden sind. Am besten sieht man den Nebenkelch bei einer geschlossenen Knospe, wo er absteht. Die zahlreichen Staubblätter umgeben eine Gruppe kleiner Stempel, die zu einsamigen Schließfrüchten reifen.

Das Frühlingsfingerkraut blüht auf sonnigen Hängen, Felsen, Rainen und grasbewachsenen Hängen in tieferen Lagen als eine der ersten Frühlingsblumen. Die Blüten erscheinen von März bis Juni. Im Unterschied zum ähnlichen Sandfingerkraut bevorzugt es kalkarme Böden. Es ist besonders in wärmeren Gebieten in Mittel-, Nord- und Westeuropa verbreitet.

Das wärmeliebende Sandfingerkraut *(P. arenaria)* ist seiner Gesamterscheinung nach dem Frühlingsfingerkraut ähnlich, hat aber graugrüne, unterseits mit Sternhaaren dicht besetzte Blätter. Das Frühlingsfingerkraut hat keine mehrarmigen, sondern nur einfache Haare.

Walderdbeere

Fragaria vesca

Rosengewächse
Rosaceae

Aus einem schiefen, verholzenden Wurzelstock wächst eine Grundrosette aus langgestielten, dreizähligen Blättern mit sitzenden, am Rande gesägten Nebenblättern hervor. Das mittlere Blättchen hat einen kleinen Stiel und das endständige Zähnchen ist etwas eingesenkt. Außer den Blättern und blütentragenden, 10–20 cm hohen Stengeln entspringen der Blattrosette auch lange, dünne, kriechende, wurzelnde Ausläufer. Die Stengel und Blätter sind abstehend oder angedrückt behaart. Die Nebenblätter am Blattgrund sind lanzettlich und behaart. Der Stengel trägt einige Blüten, deren Außenkelch ebenso lang ist wie die spitzigen, bei der Entwicklung der Früchte zurückgebogenen Kelchblätter. Die reinweiße Krone birgt 20 Staubblätter und mehrere kahle Stempel. Die Blüten erscheinen von Mai bis Juli, manchmal noch im September. Nach der Befruchtung verwandelt sich die Blüte in eine Erdbeere (eine Sammelfrucht aus Schließfrüchten). Der Blütenboden wird fleischig, färbt sich rot und auf ihm sitzen die kleinen Schließfrüchte, die die eigentlichen Früchte darstellen. Sie tragen auch zur Fortpflanzung der Erdbeere bei, die Verbreitung erfolgt aber vor allem vegetativ durch die Ausläufer.

Die Walderdbeere ist auf der ganzen nördlichen Halbkugel auf Waldschlägen, sonnigen, grasbestandenen Hängen und Rainen verbreitet.

Beliebt sind nicht nur die aromatischen Früchte, sondern auch die Blätter. Sie enthalten Gerbstoffe, Flavonoide, ein nach Zitronen duftendes ätherisches Öl und Vitamin C. Sie dienen zur Bereitung von erfrischenden und heilkräftigen Tees, die in der Rekonvaleszenz, bei Entzündungen der Darmschleimhaut und als Ersatz von echtem Tee gereicht werden. Eine ähnliche Wirkung haben auch die Zimterdbeere *(F. moschata)* und Knackerdbeere *(F. viridis)*, die mit der Walderdbeere verwandt sind.

Frucht mit Kelch

Behaarung der Blütenstiele

Rosengewächse
Rosaceae

Bachnelkenwurz

Geum rivale

Schließfrucht

Das ausdauernde Kraut mit einem kräftigen, von Blattresten bedeckten Wurzelstock wird über einen halben Meter hoch. Der aufrechte, fast unverzweigte Stengel ist mit einfachen Haaren und gestielten Drüsen besetzt. Die Blätter der Grundrosette sind unterbrochen leierförmig gefiedert und langgestielt, mit einem langen endständigen Blättchen; die Stengelblätter sind dreizählig. Alle Blätter sind anliegend behaart und haben Nebenblätter. Bei den Grundblättern verwachsen sie mit dem Stiel, bei den Stengelblättern nicht. Die fünfzähligen Blüten sind vor und während der Blüte überhängend, die Stiele sind dicht behaart und drüsig. Nach dem Verblühen richten sich die stacheligen, kugeligen, mit langen fiederigen zurückgebogenen Anhängseln ausgestatteten Fruchtstände auf. Der Außenkelch und der um die Hälfte höhere Kelch sind braunrot. Aus der hellroten Krone ragen zahlreiche Stempel hervor. Die Pflanzen blühen in den Monaten April bis Juli.

Die Bachnelkenwurz kommt fast auf der ganzen nördlichen Halbkugel vor, vor allem aber in Mitteleuropa, Westasien und Nordamerika. Sie tritt von den Niederungen bis ins Gebirge auf feuchten bis nassen Wiesen und in der Umgebung von Bächen und Quellgebieten auf.

Die Pflanze hat ein viel gefälligeres Aussehen als die verwandte, allgemein verbreitete Echte Nelkenwurz (auf der nächsten Seite) mit kleineren gelben Blüten und gleichfalls leierförmig gefiederten Blättern. Beide Arten kreuzen sich miteinander an feuchten Stellen. Die in Gärten kultivierte ausdauernde Scharlachnelkenwurz. *(G. coccineum)* hat leuchtend ziegelrote Blüten und gleichfalls unterbrochen gefiederte Blätter; sie stammt aus dem Kaukasus und von der Balkanhalbinsel.

Echte Nelkenwurz

Geum urbanum

Rosengewächse
Rosaceae

Das ausdauernde, 30–60 cm hohe Kraut hat einen kräftigen, unverzweigten Wurzelstock. Ihm entspringt eine Grundrosette aus gestielten, unterbrochen einpaarig gefiederten Spreiten. Die Blättchen sind rundlich eiförmig, das größte endständige Blättchen ist meist dreilappig, mit großen, den Blättchen ähnlichen Nebenblättern. Die Echte Nelkenwurz entfaltet ihre gelben Blüten von Mai bis September. Die Blüten sind kleiner, die Kronblätter hinfällig, die Kelchblätter sind nach dem Abblühen zurückgeschlagen. Zwischen dem Kelch und dem behaarten Blütenstiel befindet sich noch ein kleiner Außenkelch aus linearen Blättern. An die Stelle der unscheinbaren Blüte tritt später ein stacheliges Köpfchen aus borstigen, behaarten, mit Haken ausgestatteten Schließfrüchten. Der Haken – ein langes, umgebogenes, im unteren Teil völlig kahles Anhängsel – erleichtert das Haften der Schließfrüchte am Haarkleid von Tieren oder an den Kleidern. Die Bachnelkenwurz (siehe vorhergehende Seite) hat völlig behaarte Anhängsel.

Die Echte Nelkenwurz wächst in nährstoffreichen Laubwäldern, vor allem Auenwäldern. Ebenso häufig tritt sie auf Schutthalden und als Unkraut in ungepflegten Parks und Gärten auf. Sie kommt von den Niederungen bis in die alpine Stufe im ganzen gemäßigten Europa, Asien, Amerika und Nordafrika häufig vor. Auch nach Australien wurde sie eingeschleppt.

Der getrocknete Wurzelstock mit den Wurzeln der Echten Nelkenwurz enthält Gerbstoffe, ein Glykosid, ätherisches Öl mit Eugenol als wichtigsten Wirkstoff und einen Bitterstoff. Er wirkt zusammenziehend bei Schleimhautentzündungen, Durchfällen und Zahnfleischblutungen. In der Küche wird die Nelkenwurz als Ersatz für Zimt und Gewürznelken verwendet.

Kronblatt

hakige Schließfrüchte

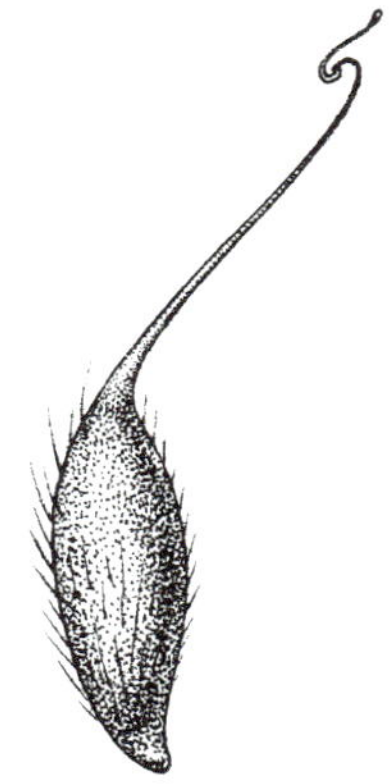

einzelne Schließfrucht

Rosengewächse
Rosaceae

Kleiner Odermennig

Agrimonia eupatoria

Frucht

Aus dem kurzen verholzten Wurzelstock des ausdauernden Krauts wächst ein bis 1 m hoher, wenigästiger, zerstreut abstehend behaarter Stengel hervor. Die unterbrochen unpaarig gefiederten Blätter haben gesägte, unterseits grauhaarige Blättchen. An der Stelle, wo der Blattstiel an den Stengel angeheftet ist, befinden sich auffallende Nebenblätter. Die aufrechten Stengel enden in langen, schlanken Ähren aus kleinen gelben Blüten. Die fünfzähligen kurzgestielten Blüten haben eine hinfällige Krone. Der Kelch ist ausdauernd, derb. Der gefurchte Blütenbecher, der durch Verwachsen der unteren Blütenteile entsteht, enthält in der Regel eine Schließfrucht. Er ist mit derben, hakenförmigen Haaren besetzt und bleibt leicht am Haarkleid der Tiere haften (Klettverbreitung).

Der Kleine Odermennig blüht von Juni bis August auf trockenen Hängen, Rainen, Weiden und an Waldrändern. Er wächst in den Niederungen und im Hügelland in ganz Europa und reicht bis nach Westasien. Am häufigsten tritt er in warmen Gebieten auf.

Die Art ist eine bekannte Heilpflanze, die schon im Altertum gegen verschiedene Krankheiten verwendet wurde. Ihre heilkräftige Wirkung soll vom pontischen König Mithridates Eupator (132 – 63 v. Chr.) entdeckt worden sein. Die Pflanze hat ihren Artnamen wohl zu seinen Ehren erhalten. Das Wort „eupator“ im Sinne von adlig, vornehm kann sich aber auch auf die wertvolle Heilpflanze selbst beziehen. Der Odermennig enthält Gerbstoffe vom Catechintyp, Flavonoide, organische Säuren, Spuren von ätherischem Öl und Vitamin C. Innerlich verwendet man ihn bei Verdauungsstörungen, Gallen-, Nieren- und Leberentzündungen. Äußerlich behandelt man mit ihm langwierige Hautkrankheiten.

Kleiner Wiesenknopf, Kleine Bibernelle

Sanguisorba minor

Rosengewächse
Rosaceae

Das ausdauernde, höchstens 0,5 m hohe Kraut hat einen kräftigen, verholzten Wurzelstock im Boden. Der Stengel ist fast aufrecht, unten zerstreut behaart, verzweigt und beblättert. Die Blätter der lockeren Bodenrosette sind unpaarig gefiedert und besitzen kleine, mit dem Stiel verwachsene Nebenblätter. Die Blättchen sind hellgrün, kahl, am Rande grob gezähnt; sie sind in 2–6 Paaren angeordnet. Die kleinen Blüten sind in einigen kugeligen, grünlichen, später rötlichen Blütenköpfchen zusammengedrängt. Die Blüten entfalten sich von unten, wo sich die männlichen Blüten befinden. Über ihnen sitzen zwitterige Blüten und im oberen Teil des Blütenstandes weibliche. Die Blüten sind vierzählig, ohne Krone. Die vier Kelchblätter stehen am Rande eines eiförmigen Blütenbechers. Er hat 4 starke glatte Kanten und ist undeutlich netzig. Die Früchte, meist 1–2 Schließfrüchte, sind im ausdauernden trockenen Blütenbecher eigeschlossen. In den weiblichen Blüten befinden sich nur zwei Stempel mit unterständigen Fruchtknoten, in den zwitterigen Blüten zwei Stempel und Staubblätter und in den männlichen nur eine größere Zahl von Staubblättern. Die weißen oder rötlichen Staubfäden tragen gelbe Staubbeutel.

Der Kleine Wiesenknopf blüht von Mai bis August. Sein Verbreitungsareal erstreckt sich über das warme Europa. Ähnlich ist der Höckerfrüchtige Wiesenkopf *(S. muricata)*, dessen Kelchblätter auffallend genetzt sind. Dieser stammt aus Südeuropa und tritt bei uns selten und unbeständig in lückigwarmen Trockenfluren auf. Als Gewürz werden die jungen Blätter verwendet. Sie haben einen angenehm herben und erfrischenden Geschmack, der etwas an Gurken erinnert. Man reicht sie zu Fisch, in Suppen, Saucen, Salaten, Brotaufstrichen und verwendet sie als Zugabe zu Essig.

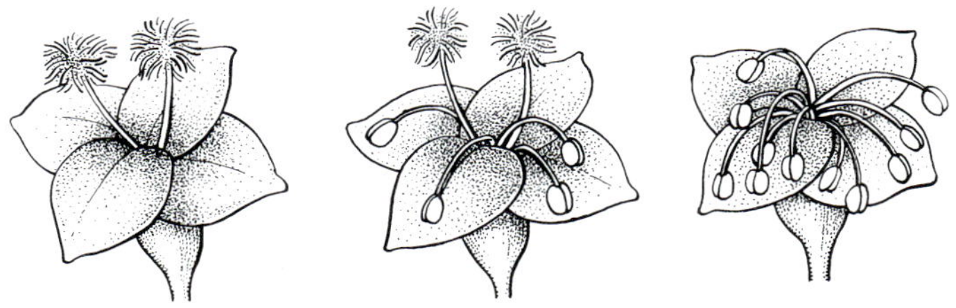

weibliche Blüte (links), zwitterige (in der Mitte) und männliche (rechts)

Blattoberseite und – Unterseite

Rosengewächse
Rosaceae

Großer Wiesenknopf

Sanguisorba officinalis

Blüte

Blatt

Das ausdauernde Kraut hat einen verzweigten, kräftigen Wurzelstock und wird über 1 m hoch. Der gefurchte, kahle Stengel ist oben verzweigt, gerade. Die Blätter der Bodenrosette sind unpaarig gefiedert mit kurzgestielten, länglich eiförmigen, gezähnten Nebenblättern. Die Blätter sind oberseits dunkelgrün, unterseits heller. Die kleinen Blüten ohne Kronen sind an den Spitzen der Seitensprosse in eiförmig walzigen, dunkelroten Blütenköpfchen gehäuft. Die zwitterigen Blüten entfalten sich von unten nach oben. Der rotbraun gefärbte Kelch ist vierzipfelig, ohne Blütenbecher, bei der Entwicklung der Frucht geflügelt. Die vier Staubblätter haben lange rote Staubfäden und gelbe Staubbeutel. Es ist ein kurzer Stempel mit einer köpfchenartig verbreiterten Narbe vorhanden. Auf seinem Grund befindet sich ein Nektarring. Die Blüten entfalten sich von Juni bis September. Die Schließfrucht ist im ausdauernden Kelch eingeschlossen.

Die Art kommt in größeren Beständen auf feuchten bis nassen Wiesen und Flachmooren von den Niederungen bis ins Gebirge vor. Sie tritt im ganzen gemäßigten Europa und Asien auf und ist auch in Nordamerika zu finden.

Diese uralte Heilpflanze ist nicht nur in der Volksmedizin bekannt. Sie enthält Gerbstoffe und Saponine. Die getrockneten Wurzelstöcke und Wurzeln werden als Droge bei Hämorrhoiden, Durchfall, Darmentzündung und Zahnfleischblutungen verwendet. Aus Wiesenknopf zubereiteter Tee wirkt schweißtreibend. Die Droge wird ebenfalls in der Veterinärmedizin verwendet.

Der Gattungsname der Pflanze bezieht sich auf die Farbe des Blütenstandes (lat. sanguis = Blut).

Gemeiner Frauenmantel

Alchemilla vulgaris

Rosengewächse
Rosaceae

Die ausdauernde, 5–30 (50) cm hohe Pflanze hat einen dicken, schrägen, mit abgestorbenen Blattresten bedeckten Wurzelstock. Aus der Blattrosette entspringen aufrechte, abstehend behaarte Stengel. Die Grundblätter sind langgestielt. Die für den Frauenmantel typischen rundlichen Blattspreiten sind handförmig 5–9lappig, in der Jugend gefaltet, so daß sie wie plissiert aussehen. Der flache Trichter enthält einen Wassertropfen, der durch das Zusammenfließen der kleinen Tröpfchen entsteht, die sich an den Lappenrändern bilden. Durch die vom Wurzeldruck hervorgerufene Guttation wird das überschüssige Wasser durch besondere Öffnungen am Blattrand ausgeschieden. Die kleinen, in verzweigten Zymen angeordneten Blüten sind grünlich gelb, zwitterig, vierzählig. Der Blütenstiel ist kahl und ebenso die Außenkelchblätter, die kürzer als der grüngelbe Kelch sind. Die Früchte sind kleine Schließfrüchte. Die Samen werden ohne vorausgehende Befruchtung, also parthenogenetisch, gebildet.

Der Gemeine Frauenmantel blüht von Mai bis September auf feuchten Bergwiesen, Weiden, Hängen und entlang von Bächen von den Niederungen bis hoch ins Gebirge. Er tritt in Europa, Westasien und Ostamerika auf.

Diese Sammelart wird heute in einige Arten unterteilt, die sich unter anderem auch durch die Größe der Blattlappen, die Behaarung, Farbe u.a. unterscheiden. Alle Arten sind Heilpflanzen. Das blühende Kraut enthält Gerb- und Bitterstoffe und wird deshalb als Rohstoff für die Erzeugung von Heilmitteln benutzt. In der Volksmedizin hat sich der Frauenmantel bei Stoffwechselstörungen und bei der Behandlung von Wunden und Ekzemen schon längst bewährt. Der Gattungsname bezieht sich auf die mittelalterlichen Chemiker, die Alchimisten.

Blüte

Schmetterlingsblütler
Fabaceae

Staudenlupine, Vielblättrige Lupine

Lupinus polyphyllus

Frucht – Hülse

Lage der Samen in der Hülse

Wurzel mit Knollenbakterien enthaltenden Knöllchen

Die Staudenlupine ist ein stattliches, 1–1,5 m hohes Kraut, das im Boden einen kräftigen Wurzelstock entwickelt. Die beblätterten Stengel sind aufrecht und unverzweigt und tragen an ihrer Spitze eine reiche Blütentraube. Die Grund- und Stengelblätter sind langgestielt, handförmig aus 10–15 lanzettlichen Blättchen zusammengesetzt, die oberseits kahl, unterseits seidig behaart sind. Die borstigen Nebenblätter verwachsen scheidenförmig. Die dichten, aufrechten Blütentrauben sind bis 50 cm lang und entfalten sich von unten nach oben. Die Krone der fünfzähligen Blüten ist für die Schmetterlingsblütler charakteristisch. Sie besteht aus einem auffallenden, breiten oberen Blatt (Fahne), zwei schmalen seitlichen Blättern (Flügeln) und zwei unteren, die zum sog. Schiffchen verwachsen sind. Der Kelch ist seidig behaart. Die blauen oder weißlichen Blüten entfalten sich von Juni bis August. Die Früchte sind große, dichtbehaarte Hülsen mit einigen kugeligen Samen.

Die Staudenlupine stammt aus Nordamerika. Sie wird in Gärten als Zierpflanze und in Wäldern als Futter für das Wild kultiviert, in Europa ist sie mancherorts verwildert und verbreitet sich weiter. Oft wird sie auf den Hängen entlang von Autobahnen gepflanzt, wo sie nicht nur den Boden festigt, sondern auch ästhetisch wirkt. Sie ist auch als Gründüngung geeignet, denn sie liefert eine große Menge grüner Masse, und ihre Wurzeln leben in Symbiose mit Knollenbakterien, die den Boden mit Stickstoff bereichern. Die weiß- oder gelbblühenden südeuropäischen Lupinensorten werden deswegen mancherorts auf Feldern als Futterpflanzen und zur Gründüngung kultiviert.

Echter Steinklee

Melilotus officinalis

Schmetterlingsblütler
Fabaceae

Aus der mächtigen Wurzel der zweijährigen, selten einjährigen Pflanze wächst ein stattlicher, manchmal über 1 m hoher Stengel hervor. Er ist aufrecht, kantig und mit gestielten dreizähligen Blättern besetzt. Die Blättchen sind länglich-umgekehrt eiförmig, stumpf, am Rande gezähnt. Das mittlere Blättchen ist deutlich gestielt, die beiden anderen sind sitzend. Die mit dem Stiel verwachsenen Nebenblätter sind lanzettlich und ganzrandig. Die reichen achselständigen, schlanken, dichten Trauben bestehen aus 30–70 Blüten. Die einzelnen Blüten sind kurzgestielt, symmetrisch. Im fünfzähnigen Kelch sitzt eine gelbe Krone mit einer zurückgeschlagenen Fahne. Nach dem Verblühen verbleichen die Blüten und fallen ab. Der Echte Steinklee blüht von Mai oder Juni bis zum Herbst. Die Früchte sind kleine, ovale, bräunliche Hülsen, mit einem Schnabel an einem Ende und den rostbraunen Kelchresten am anderen. Die Hülse enthält einen glatten eiförmigen, in der Mitte deutlich gefurchten Samen.

Der Steinklee wächst wild von den Niederungen bis in wärmere Lagen in den Hügelländern von Europa, Asien und Amerika. Er tritt an Wegen, Feldrändern, auf Brachland, Hängen, Schutthalden u.a. auf. Mancherorts wird er zur Erhöhung der Fruchtbarkeit von devastiertem Boden verwendet. Das mächtige Wurzelsystem ermöglicht der Pflanze, Wasser und Nährstoffe aus tieferen Bodenschichten aufzunehmen.

Nach dem Zerreiben und beim Trocknen riecht die ganze Pflanze nach Cumarin. Das Kraut wird schon seit den Zeiten von Hippokrates und Plinius als heilkräftige Droge gesammelt und getrocknet. Ein Aufguß aus dem Kraut wird bei chronischer Bronchitis, Darmkoliken, Krämpfen und hohem Blutdruck verwendet.

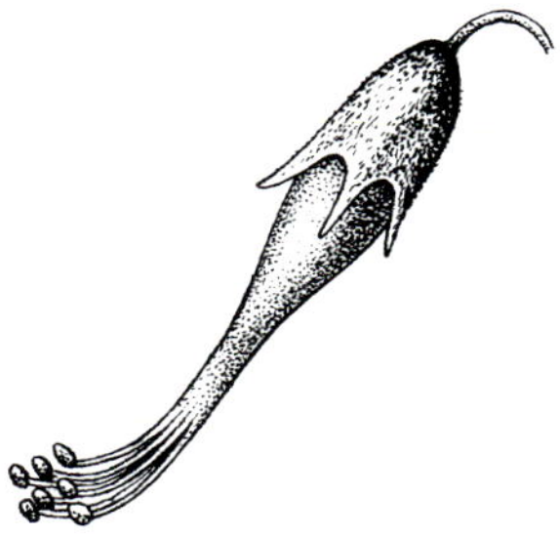

Staubblattbündel

Hülse

Samen

Schmetterlingsblütler
Fabaceae

Sichelluzerne, Schneckenklee

Medicago falcata

Früchte – Hülsen

Blatt

Das ausdauernde Kraut hat im Boden eine Pfahlwurzel mit zahlreichen Seitenwurzeln. Aus der Hauptwurzel entspringen Büschel verzweigter, mehr als einen halben Meter langer Stengel. Die Blätter sind dreizählig, mit eiförmigen, spitzigen Nebenblättern. Die umgekehrt eiförmigen Blättchen sind oben gezähnt und grannenspitzig. Die kopfige Blütentraube besteht nur aus 10–25 kurzgestielten, etwa 1 cm langen Blüten. Der Kelch ist behaart, nur die Kelchzipfel sind kahl. Die Krone der fünfzähligen Blüte ist hell- bis dunkelgelb und fällt bald nach dem Verblühen ab. Sie hat eine eiförmige Fahne, die länger als die Flügel ist. Die Früchte – Hülsen mit mehreren Samen – sind vom ausdauernden Kelch umhüllt. Sie sind sichelförmig gebogen, zerstreut behaart und dunkelbraun, beim Reifen braunschwarz.

Die Pflanzen blühen von Mai bis Oktober auf Weiden und trockenen Wiesen, an Wegen und auf Schutthalden auf trockeneren, vor allem kalkhaltigen Böden. Sie treten in Europa und Asien von den Niederungen bis ins Hügelland auf.

Früher wurde diese Art als subsp. *falcata* der Saatluzerne (siehe S. 160) zugeordnet, die beiden Arten unterscheiden sich aber schon auf den ersten Blick durch die Blütenfarbe und die Form der Früchte voneinander; die Blüten der Saatluzerne sind blauviolett bis weißlich, mit einer dunkleren Zeichnung auf dem Schiffchen. Die Hülse ist spiralig eingerollt. Die beiden Arten kreuzen sich aber, und die Bastarde tragen Merkmale beider Eltern, ihre Farbe ist veränderlich und ändert sich beim Verblühen; der Bastard wurde als *Medicago varia* beschrieben.

Der Artname der Sichelluzerne betont die sichelförmige Form der Hülse (lat. falcatus).

Hopfenluzerne, Hopfenklee, Gelbklee

Medicago lupulina

Schmetterlingsblütler
Fabaceae

Die Hopfenluzerne ist ein- oder zweijährig, manchmal auch mehrjährig. Sie hat einen liegenden oder aufsteigenden, verzweigten, etwa einen halben Meter langen Stengel. Die Blätter am behaarten Stengel sind langgestielt, dreizählig mit lanzettlich eiförmigen Nebenblättern. Die Blättchen sind umgekehrt eiförmig, ungleich groß, angedrückt behaart, mit einem Zähnchen an der Spitze. Der langgestielte Blütenstand ist eine kugelig bis oval kopfige Traube mit 10–50 sehr kleinen, kaum 3 mm langen Blüten. Die kurzgestielten Blüten bleiben auch nach dem Verblühen aufrecht. Der behaarte Kelch vergrößert sich nach dem Verblühen, während die gelbe Krone bald abfällt. Im ausdauernden Kelch entwickelt sich eine schwarzbraune, nierenförmige bis halbkreisförmig eingerollte Hülse mit einem schwarzen Samen und einer glatten oder schwach behaarten Oberfläche.

Die Hopfenluzerne blüht von Mai bis Oktober an grasbewachsenen Stellen, auf Weiden, an Wegen und Eisenbahnstrecken, auf Rainen und Schutthalden. Sie wächst in Europa und Asien von den Niederungen bis in die montane Stufe. Sie hat minimale Klima- und Bodenansprüche, tritt aber häufiger auf nährstoffreichen, vor allem kalkhaltigen Böden auf.

Die Art gehört zu den Kulturpflanzen, die mancherorts als Futterpflanzen verwendet werden. Von den ähnlichen gelben Kleearten *(Trifolium)* unterscheidet sie sich vor allem durch die Früchte. Untereinander lassen sich die Luzernearten gut nach den Früchten auseinanderkennen. Die Hülse der Saatluzerne ist spiralenförmig eingerollt, die der Sichelluzerne sichelförmig und die der Hopfenluzerne ist nierenförmig und einsamig.

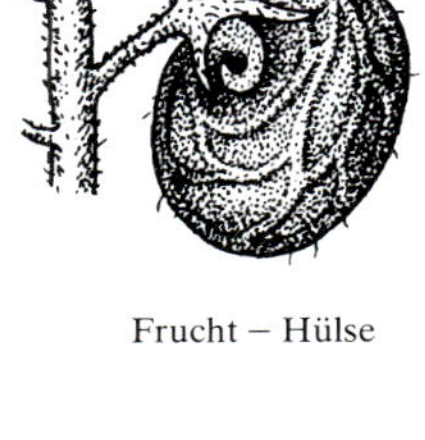

Frucht – Hülse

Schmetterlingsblütler
Fabaceae

Saatluzerne

Medicago sativa

Die mächtige Pfahlwurzel der Saatluzerne dringt mehr als zwei Meter tief in den Boden ein. In der Ackerkrume verzweigt sie sich wenig. Erst in den unteren Bodenschichten, von wo die Pflanze die aus der Ackerkrume ausgewaschenen Nährstoffe aufnimmt, ist sie reichverzweigt. Das ausdauernde Kraut bildet bis 80 cm hohe Büsche aus aufrechten Stengeln, die dreizählige, langgestielte Blätter tragen. Die umgekehrt eiförmigen Blättchen sind sitzend, nur das Mittelblättchen ist gestielt. Die lanzettlichen Nebenblätter sind mit dem Stiel verwachsen. Aus den Blattachseln wachsen aus blauvioletten oder weißlichen Blüten zusammengesetzte Trauben hervor. Die symmetrischen fünfzähligen Blüten haben einen auf den Adern behaarten Kelch. Das Schiffchen weist eine deutliche dunkle Zeichnung auf. Neun Staubblätter verwachsen mit ihren Staubfäden zu einer Röhre, die den Stempel umgibt, das zehnte Staubblatt bleibt frei und bedeckt einen Spalt an der oberen Seite der Röhre. Die Pflanzen blühen von Mai bis Oktober. Die Früchte sind nicht aufspringende, schwärzliche Hülsen mit einer bis drei lockeren Windungen. Sie sind angedrückt feinhaarig und netznervig. In der Hülse befinden sich mehrere gelbbraune, nierenförmige Samen.

Die Saatluzerne ist eine der ältesten kultivierten Futterpflanzen. Ihre Herkunft ist nicht genau bekannt, wir wissen nur, daß sie schon vor 2 500 Jahren auf dem Gebiet des heutigen Irans angebaut wurde. Sie wird in wärmeren, trockeneren Gebieten auf der ganzen Welt kultiviert. Da sie ihrem Ursprung nach eine Steppenpflanze ist, verlangt sie nahrhaften Boden und ausreichend Licht; gegen Trockenheit ist sie widerstandsfähig. Ihre Wurzeln sind, ähnlich wie die der anderen Schmetterlingsblütler, mit zahlreichen weißlichen Knöllchen mit symbiotischen Bakterien bedeckt, die Luftstickstoff binden.

Hülse

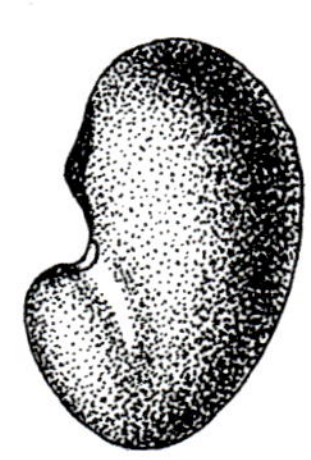

Samen

Pfahlwurzel

Hasenklee

Trifolium arvense

Schmetterlingsblütler
Fabaceae

Der Hasenklee ist ein einjähriges Kraut. Die verzweigten Stengel sind nur 20–40 cm hoch. Der Stengel ist kurz filzhaarig, rötlich, mit wechselständigen dreizähligen Blättern, deren Blättchen schmal keilförmig und beiderseits weich seidig behaart sind. Die keilförmigen Nebenblätter verwachsen bei den Stengelblättern mit dem Stiel, die unteren Blätter vertrocknen bald. Die ovalen Köpfchen stehen auf kurzen Stielen in den Blattachseln. Sie sind fein zottig und erinnern an feines Katzenfell oder Hasenpfötchen. Die Krone und der Kelch verleihen der Blüte ihre ungewöhnliche graurosa Farbe. Der Kelch der kleinen Blüten ist langhaarig, zehnnervig, mit fünf fiederig langhaarigen Zähnen. Die kleine Krone ist kürzer als der Kelch. Die Pflanzen blühen von Mai bis Juni, und noch zu Herbstbeginn kann man vereinzelt blühende Pflanzen finden. Die Frucht ist eine nicht aufspringende Hülse, die im graubraunen behaarten Kelch eingeschlossen ist.

Der Hasenklee kommt häufig in warmen Lagen von den Niederungen bis in die submontane Stufe auf trockeneren, leichteren, vor allem sandigen, kalkarmen Böden vor. Sein Auftreten auf Feldern, vor allem im Wintergetreide, zeigt einen niedrigen Gehalt an Nährstoffen und Kalk im Boden an. Er wächst auch auf trockenen Wiesen, Rainen, Brachland, Hängen und an Wegen. Er ist in Europa, Westasien und Nordafrika verbreitet und wurde auch nach Nordamerika eingeschleppt.

Als Futterpflanze ist er minderwertig, denn er ist hart und schmeckt bitter. Er wird aber seit alters in der Volksmedizin genutzt.

Blüte

Samen

Schnitt durch die Blüte

Schmetterlingsblütler
Fabaceae

Goldklee

Trifolium aureum

Blatt

Der Goldklee ist ein zweijähriges Kraut mit einem reich beblätterten, 20–30 cm hohen Stengel. Die dreizähligen Blätter sind kurzgestielt und weisen längliche, spitzige, auffallend geaderte Nebenblätter auf. Alle drei länglich eiförmigen, vorne feingesägten Blättchen sind kurzgestielt. Sie sind beiderseits angedrückt behaart, unterseits heller gefärbt. Die goldgelben Blütenköpfchen stehen aufrecht auf kräftigen Trieben. Sie sind breit eiförmig, etwa 1 cm breit und bestehen aus 20–50 kleinen Blüten. Das verblühende Köpfchen wird von unten aufwärts braun, weil die Kronen der kurzgestielten fünfzähligen Blüten vertrocknen und ihre Farbe von Sattgelb in Gelbbraun übergeht. Die Kronen mit einer löffelförmig verbreiterten Fahne fallen aber nicht ab, sondern bleiben an den reifenden Früchten, wohl um bei ihrer Verbreitung durch den Wind behilflich zu sein. Die Frucht ist eine einsamige Hülse, die fest im Kelch verschlossen ist. Die Pflanzen blühen überwiegend in den Monaten Juni bis August.

Die Art tritt in warmen Lagen auf. Ziemlich häufig ist sie in kalkarmen, mageren Rasen, auf Hängen, Weiden, an Feldrändern, auf Brachland und Aufschüttungen vom Hügelland bis in die submontane Stufe anzutreffen. Sie wächst in ganz Europa mit Ausnahme der nördlichsten Gebiete und gilt als Indikator der Bodenreaktion.

Eine ähnliche Kleeart ist der Feldklee (siehe nächste Seite), bei dem das mittlere Blättchen des dreizähligen Blattes einen längeren Stiel aufweist.

Feldklee

Trifolium campestre

Schmetterlingsblütler
Fabaceae

Der Feldklee ist ein ein- bis zweijähriges, 10–30 cm hohes Kraut mit einem zerstreut behaarten, liegenden oder aufsteigenden Stengel. Der Stengel ist verzweigt und trägt kurzgestielte Blätter mit eiförmigen Nebenblättern, die kürzer als die Stiele sind. Die hellgrünen Blättchen sind eiförmig und an der stumpfen Spitze fein gezähnt. Das mittlere Blättchen ist langgestielt. Die kugeligen, später eiförmigen, dichten Blütenstände, gelbe Köpfchen, bestehen aus 20–30 Blüten. Nach dem Verblühen bei der Entwicklung der Früchte werden sie hellbraun. Die Blätter der fünfzähligen Krone fallen nicht ab, sondern vertrocknen und umschließen zusammen mit dem Kelch die Frucht. Dadurch vergrößert sich die einsamige Frucht und läßt sich leichter durch den Wind verbreiten. Die Krone ist trockenhäutig, mit einer löffelförmig gewölbten Fahne. Die Pflanzen blühen von Juni bis Oktober.

Der Feldklee ist in den wärmeren Gebieten Europas und in Ostafrika verbreitet. Er wächst auf trockenen sandigen Rasen, Wiesen, Weiden, Rainen, Feldern und Brachland.

Um den Feldklee gut vom Goldklee (siehe vorhergehende Seite) unterscheiden zu können, sollte man vor allem die Blätter beachten. Während beim Goldklee alle drei Blättchen des dreizähligen Blattes gleich kurze Stiele aufweisen, ist der Stiel des mittleren Blättchens beim Feldklee deutlich länger als der der Seitenblättchen.

Blüte

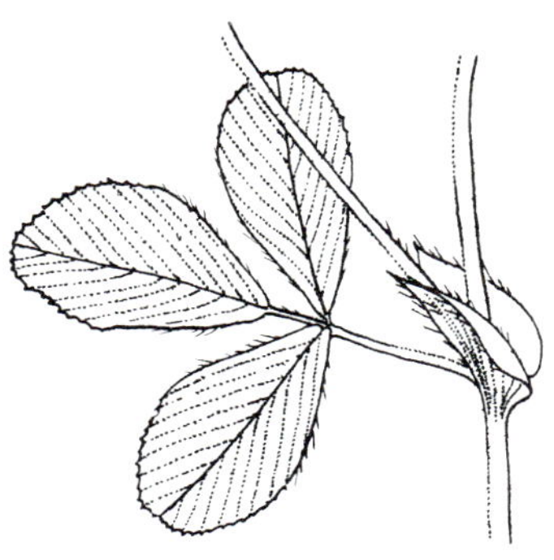

Blatt

Schmetterlingsblütler
Fabaceae

Kleiner Klee, Fadenklee

Trifolium dubium

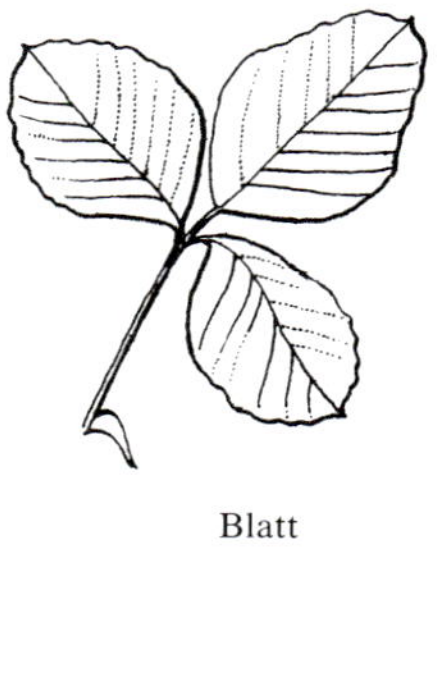

Blatt

Das meist einjährige, manchmal zweijährige kleine Kraut hat dünne, verzweigte, liegende, gekrümmte, höchstens 30 cm hohe Stengel. Die dreizähligen wechselständigen Blätter sind kurzgestielt, mit kleinen eiförmigen Nebenblättern. Die Blättchen sind keilförmig umgekehrt eiförmig, mit einer gestutzten bis ausgerandeten, am Rande gezähnten Spitze. Das mittlere Blättchen ist gestielt. Die kugeligen Blütenköpfchen stehen an den geraden, fadigen Seitentrieben. Die kleinen, lockeren Blütenstände bestehen aus nur 5–15 Blüten. Sie sind sehr klein, hell- bis sattgelb, nach dem Verblühen bräunlich. Die Blütenstiele sind kürzer als die Kelchröhre. Die Flügel der Krone sind vorwärts gerichtet. Nach dem Verblühen neigen sich die aufrechten Blüten herab.

Diese kleine, unauffällige Art blüht von Mai bis September und Oktober. Sie tritt häufig auf Lehmböden von den Niederungen bis ins Hügelland in Europa auf. Als dürrefeste Wiesenart wächst sie meist auf Wiesen, Weiden, Rainen, an Weg- und Feldränderen.

Von der ähnlichen Hopfenluzerne (siehe S. 159) läßt sich der Kleine Klee leicht nach der Frucht unterscheiden: die Hopfenluzerne hat eine nierenförmige Frucht, beim Kleinen Klee überragt die winzige Hülse den ausdauernden Kelch nicht und ist von der vertrockneten Krone bedeckt. Beide Arten können auch nach den verblühten Blüten unterschieden werden: bei der Hopfenluzerne bleiben sie aufrecht, beim Kleinen Klee sind sie nach dem Verblühen nickend. Den Kleinen Klee könnte man auch mit dem Feldklee *(T. campestre)* verwechseln. Er unterscheidet sich von dieser Art durch das blütenärmere Köpfchen und die flache Fahne der Krone.

Rotklee

Trifolium pratense

Schmetterlingsblütler
Fabaceae

Das ausdauernde Kraut hat einen geraden, anliegend behaarten, bis 50 cm hohen Stengel. Aus dem buschigen Wurzelstock wächst eine kräftige, bis 50 cm lange Pfahlwurzel hervor. Über dem Boden breitet sich eine Grundrosette aus langgestielten, dreizähligen Blättern aus. Die Stengelblätter sind kurzgestielt bis sitzend. Die behaarten, eiförmig lanzettlichen, in eine scharfe Spitze auslaufenden Nebenblätter sind hoch mit dem Stiel verwachsen. Die einzelnen Blättchen sind fast sitzend, ganzrandig, umgekehrt eiförmig und oberseits mit einem hellen halbmondförmigen Fleck geziert. Die hell karmin- oder fleischroten Schmetterlingsblüten sind zu je 30–50 in kugeligen Blütenköpfchen gehäuft, die meist paarweise angeordnet sind. Die Blütenkelche sind behaart, zehnnervig, der untere Zahn ist länger als die vier anderen. Die fünf Kronblätter sind am Grund verwachsen. Die Frucht ist eine eiförmige, einsamige, im Kelch eingeschlossene Hülse.

Der Rotklee blüht von Juni bis September oder Oktober auf Wiesen, an Wegen, Waldrändern und auf Lichtungen und Ödstellen. In den Niederungen und im Gebirge wird er als Futterpflanze und zur Verbesserung des Bodens kultiviert. Er ist fast in ganz Europa und in Westasien verbreitet. Verwildert wächst er in Nord- und Südamerika und in Neuseeland.

Er ist eine bedeutsame Honig- und Heilpflanze. Ein Aufguß aus den Blütenköpfchen fördert die Magentätigkeit. Die Art ist sehr veränderlich und bildet einige Rassen. In der landwirtschaftlichen Praxis unterscheidet man beim Rotklee wilden, ein- und zweischürigen Klee.

Blüte

Samen

Schmetterlingsblütler
Fabaceae

Weißklee

Trifolium repens

Blüte

Blatt

Die kriechenden, stellenweise wurzelnden und an den Spitzen aufsteigenden Stengel des Weißklees sind 10–30 cm lang. Die dreizähligen Blätter haben über 20 cm lange Stiele mit großen häutigen, verwachsenen Nebenblättern am Grund. Es sind meistens drei, manchmal auch vier oder fünf Blättchen vorhanden. Sie sind sitzend, umgekehrt eiförmig, stumpf, seicht ausgerandet, am Rande fein gezähnt, oberseits mit einem gebrochenen hellen Streifen. Das kleine kugelige Köpfchen enthält 40–80 weiße, grünliche oder rosa überlaufene Schmetterlingsblüten. Die langgestielten Köpfchen überragen die Blätter. Die Blüten entfalten sich im Köpfchen von unten nach oben, werden beim Verblühen braun und neigen sich herab. Der häufigste Bestäuber der Kleearten ist die Hummel, die dank ihrem langen Saugrüssel in die tiefe Krone eindringen kann. Die Früchte sind zwei- bis viersamige Hülsen. Den Samen bleibt sehr lange ihre Keimfähigkeit erhalten.

Diese häufige Kleeart blüht den ganzen Sommer über auf Wiesen, Weiden, in Parkrasen, an Wegrändern, auf Brachland und in Gräben. Sie tritt von den Niederungen bis in die subalpine Stufe auf und ist in ganz Europa, Nord- und Westasien und in Nordafrika verbreitet. In ganz Amerika, Ostasien und Südafrika ist sie verwildert. Oft wird sie in Gemengen mit Gräsern ausgesät; denn sie ist eine wertvolle Futterpflanze, verbessert die Bodenqualität und deckt den Boden (im Laufe eines Jahres bedeckt die Pflanze einige Quadratmeter).

Bergklee

Trifolium montanum

Schmetterlingsblütler
Fabaceae

Der Bergklee ist ein ausdauerndes Kraut mit abstehend wollig behaarten, buschigen Stengeln. Die aufrechten, meist nicht verzweigten Stengel sind stielrund, nur spärlich beblättert. Sie werden ungefähr einen halben Meter hoch. Die in einer Rosette angeordneten Grundblätter sind langgestielt (bis 20 cm). Die Nebenblätter der Grund- und Stengelblätter sind eiförmig und laufen in eine lange Spitze aus. Die Blättchen der dreizähligen Blätter sind länglich, am Rande scharfgezähnt, oberseits kahl, unterseits seidig behaart, später kahl. Die Blütenköpfchen sitzen meist paarweise auf seidig behaarten Stielen. Die kugeligen bis eiförmigen Köpfchen sind dicht. Die einzelnen Blüten haben weiße bis schwach gelbliche Kronen, nach dem Verblühen nehmen sie eine hell-rotbraune Farbe an. Der Kelch hat eine behaarte Röhre und lanzettlich pfriemliche Zähne. Die Früchte sind rundlich eiförmige einsamige Hülsen, die die Kelchröhre nicht überragen.

Der Bergklee blüht von Mai bis August auf trockenen Wiesen, Weiden, sonnigen Hügeln und in lichten Wäldern im Hügelland und im Gebirge, besonders auf kalkreichem Untergrund. Die Art hat lange Wurzeln und meidet flachgründige Böden. Ähnlich wie die anderen Kleearten sind die Wurzeln mit Knöllchenbakterien besetzt, die fähig sind, Luftstickstoff zu binden.

Mancherorts wird der Bergklee seit alters her als Heilpflanze benutzt. Als Futterpflanze ist er wegen des großen Zellulosegehalts in den Zellwänden zu derb.

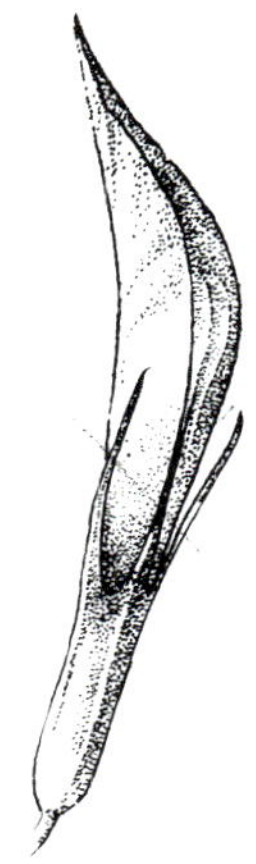

Blüte

Schmetterlingsblütler
Fabaceae

Gemeiner Wundklee

Anthyllis vulneraria

Blüte

Staubblätter mit Griffel

Der Gemeine Wundklee ist ein ausdauerndes, bis 40 cm hohes Kraut mit einem mehrköpfigen Wurzelstock. Die aufsteigenden, anliegend feinhaarigen Stengel entspringen einer Grundrosette. Die ganze Pflanze ist behaart, vor allem ihr oberer Teil. Die Blätter sind oberseits kahl, unterseits hellgrün und fein seidig behaart. Die unpaarig gefiederten Stengelblätter haben 3–5 Blattpaare mit elliptischen Blättchen. Das endständige Blättchen ist auffallend vergrößert. Die Nebenblätter sind klein und verwachsen vollständig mit dem Stiel. Die gelben Blüten bilden ein, öfter mehrere breite endständige Köpfchen. Die Blüten haben hellgelbe, oft rötlich überlaufene Kronen. Die Flügel sind etwas kürzer als die Fahne und länger als das Schiffchen, das oft rot ist. In der Blüte befinden sich 10 verwachsene Staubblätter und ein kahler Stempel. Der röhrige Kelch ist 8–11 mm lang und nach dem Verblühen auffallend aufgeblasen; er ist weiß behaart, manchmal oben rot überlaufen, kurz fünfzähnig. Die Pflanzen blühen von Mai bis August. Die Blüten mit einer langen Kelchröhre werden von Hummeln bestäubt, die einen langen Saugrüssel haben. Die Früchte sind schief eiförmige, ein- bis zweisamige Hülsen.

Der Gemeine Wundklee wächst auf sonnigen Hängen, Rainen, auf trockenen Wiesen und an Waldrändern. Er ist kalkliebend und tritt in Europa von den Niederungen bis ins Hügelland auf. Er bildet eine Reihe von Unterarten oder sogar Kleinarten, die sich morphologisch und in bezug auf die Ansprüche an die Umweltbedingungen voneinander unterscheiden. Er wird seit alters in der Volksmedizin benutzt. Als Futterpflanze wird die Subspezies *kerneri*, der sogenannte Gelbklee kultiviert.

Gemeiner Hornklee

Lotus corniculatus

Schmetterlingsblütler
Fabaceae

Das ausdauernde Kraut hat einen mehrköpfigen Wurzelstock und liegende, an der Spitze aufsteigende, 20–40 cm lange, meist markerfüllte vierkantige Stengel. Die Blätter sind unpaarig gefiedert, mit zwei Blättchenpaaren. Das untere Paar ist sitzend, so daß es großen Nebenblättern ähnelt. Die eigentlichen Nebenblätter sind zu Borsten oder Drüsen verkümmert. Die Blättchen sind kurzgestielt, ganzrandig, unterseits graugrün. Die sattgelben, außen manchmal rot überlaufenen Blüten sind in lockeren, 3–6 blütigen achselständigen Köpfchen vereinigt, die 1–3 Deckblätter aufweisen. Die großen kurzgestielten Blüten haben eine rundlich eiförmige, aufwärts gebogene Fahne. Die Pflanzen blühen von Mai bis September. Die Früchte sind walzige, mehrsamige, an der Spitze in einen kurzen, gebogenen Schnabel auslaufende Hülsen. Nach dem Reifen springen sie plötzlich auf und schleudern die kleinen kugeligen Samen in die Umgebung.

Die Art ist eine häufig auftretende Wiesenpflanze, die außer den kühlen nördlichen Gebieten in ganz Europa, im gemäßigten Asien, in Vorderindien, Nord- und Ostafrika und Australien vorkommt. Sie wächst von den Niederungen bis ins Gebirge auf Wiesen und Weiden, wo sie eine wertvolle, anspruchslose Futterpflanze darstellt. Aus diesem Grund wird sie mancherorts schon seit dem 17. Jahrhundert kultiviert. Sie liefert auch dort Erträge, wo anspruchsvollere Kleearten nicht mehr gedeihen können. Dank der sehr langen, verzweigten Wurzeln leidet sie in flachgründigen Böden nicht unter Trockenheit. Um mehr Erträge zu erzielen, wurden auch stattlichere, bis 1 m hohe Sorten gezüchtet.

Der verwandte Sumpfhornklee *(L. uliginosus)* hat einen stielrunden, hohlen Stengel.

Blüte von der Seite

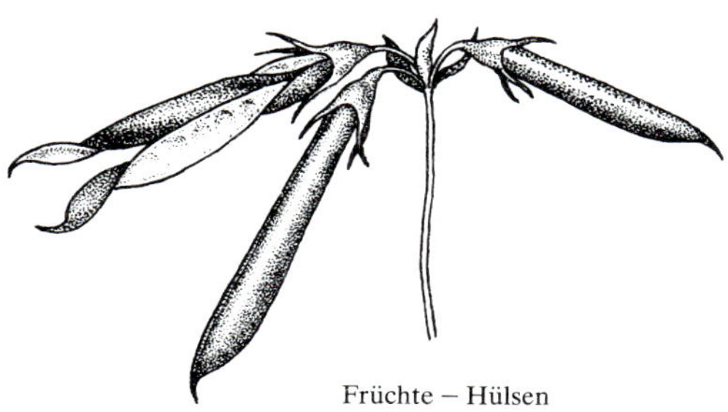

Früchte – Hülsen

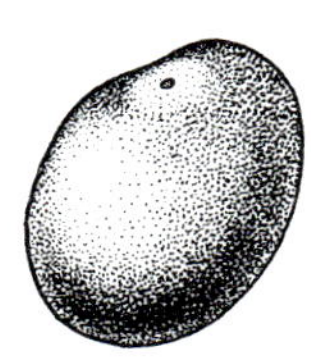

Samen

Schmetterlingsblütler
Fabaceae

Bärenschote

Astragalus glycyphyllos

Blüte

Nebenblätter

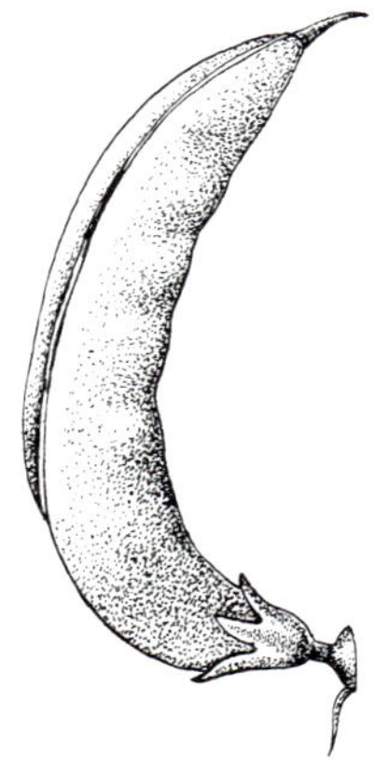

Hülse

Das stattliche ausdauernde Kraut hat liegende, gekrümmte, kahle Stengel, deren Länge einen Meter erreichen kann. Die unpaarig gefiederten, lebhaft grünen Blätter sind aus 4–7 Paaren breit eiförmiger, ganzrandiger Blättchen zusammengesetzt, die oben abgerundet und nur unterseits manchmal schwach behaart sind. Die großen lanzettlichen Nebenblätter sind frei. Die gelblich weißen bis grünlichen Schmetterlingsblüten sind zu je 11–13 in dichten Trauben angeordnet, die aus den Achseln der Deckblätter auf den Seitentrieben hervorwachsen. Der Kelch ist weißlich, breit glockig, mit kurzen pfriemlichen Zähnen. In der Blüte befindet sich ein Stempel mit einem oberständigen Fruchtknoten und sog. zweibrüderige Staubblätter, von denen neun zu einer Röhre verwachsen sind und eines frei ist. Die Pflanzen blühen vor allem in den Monaten Juni und Juli. Die Früchte sind zweifächerige, kahle, lineare, sichelförmig gebogene, mehrsamige Hülsen.

Die Bärenschote wächst in Europa und Westsibirien von den Niederungen bis ins Hügelland an lichten, trockenen Standorten in Gebüschen, an Waldrändern und in lichten Wäldern.

Das Kraut und der saftige, süße Wurzelstock wurden früher in der Volks- und Veterinärmedizin als leicht blutdrucksenkendes Mittel und Sedativum verwendet. Die Droge enthält glyzerinhaltige Stoffe, Flavonoide, Alkaloide, Vitamin C, einfache Eiweiße, Fette, Gerbstoffe, Saponine und organische Säuren.

Der Artname bezieht sich auf den Zuckergehalt in den Blättern und im Wurzelstock (griechisch glykys = süß, phyllon = Blatt).

Das Vieh sucht diese Pflanze auf der Weide auf; die Bärenschote ist eine gute Beimischung im Heu und wird deshalb mancherorts kultiviert.

Bunte Kronwicke

Coronilla varia

Schmetterlingsblütler
Fabaceae

Die liegenden oder aufsteigenden, bis 1 m langen Stengel dieses stattlichen ausdauernden Krauts wachsen aus einem dicken, verzweigten Wurzelstock hervor. Die Stengel sind auffallend kantig, gebogen und in der Jugend kurzhaarig. Die langen, unpaarig gefiederten Blätter mit schmalen, begrannten Blättchen sind über Nacht zusammengefaltet, wodurch Wärmeverlust verhindert wird. Die kleinen Nebenblätter sind frei. Die Dolden aus 10–20 rosa oder rosaweißen Blüten stehen auf langen Stielen. Der glockig trichterförmige Kelch hat kurze Zähne. Die Fahne ist dunkelrosa und kürzer als die weißen Flügel und das geschnäbelte Schiffchen. Die Kronwicke blüht von Juni bis September. Die Früchte sind flache Gliederhülsen mit einem langen Schnabel, die in 4–6 Bruchstücke mit braunem nierenförmigem Samen zerfallen.

Die Art tritt auf Weiden, Trockenwiesen, Hängen, Rainen, in Gebüschen und an trockeneren Ruderalstellen auf, besonders auf kalkhaltigem Untergrund.

Als Heilpflanze war die Kronwicke schon im Altertum bekannt. Sie enthält – ähnlich wie der Fingerhut – als Herzgift wirkende Glykoside. Der wirksamste Teil der Pflanze sind die Samen, die Flavon-C-Glykoside, Provitamin A und Vitamin E, Cumarinderivate, Alkaloide u.a. enthalten. Die Kronwicke ist nicht nur für manche Tiere und den Menschen giftig, sondern hemmt auch die Keimung der Samen anderer Pflanzen.

Mit seinem umfangreichen Wurzelsystem und den ausgebreiteten Stengeln gehört der Wundklee zu den Pflanzen, die sich gut zum Festigen von Hängen eignen.

Blüte

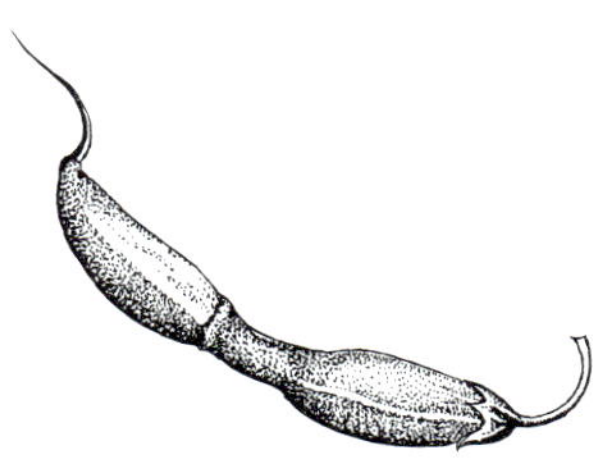

Hülse

Samen

Schmetterlingsblütler
Fabaceae

Saat-Esparsette

Onobrychis viciifolia

Blüte

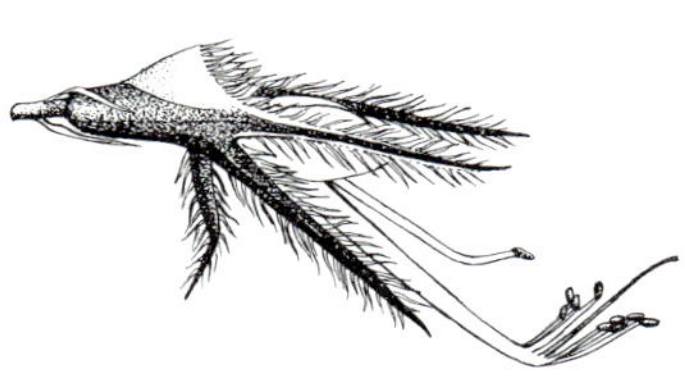

Kelch mit Staubblättern und Griffel

Das ausdauernde, mehr als einen halben Meter hohe Kraut hat im Boden einen kräftigen, verholzten Wurzelstock, aus dem Wurzeln mit Nebenwurzeln hervorwachsen. Das ganze Wurzelsystem reicht tief in die unteren Bodenschichten. Der aufrechte, armästige Stengel ist mit feinen anliegenden Haaren bedeckt. Die unpaarig gefiederten Blätter sind aus zahlreichen Blättchenpaaren zusammengesetzt. Die Blättchen sind kurzgestielt. Die braunen, lanzettlichen Nebenblätter sind frei. Aus den Deckblattachseln der langen Nebentriebe wachsen in Trauben angeordnete, rosarot gestreifte Blüten hervor. Der Kelch ist glockig, mit langen borstigen Zähnen. Die Fahne der fünfzähligen Schmetterlingsblüte ist ebenso lang wie das Schiffchen und die Flügel. Die Pflanzen blühen von Mai bis Juli, manchmal bis zum Herbst. Die Frucht ist eine verholzte netznervige, gerippte Hülse mit einer gekerbten Naht. Die Samen sind über 3 mm lang, oval, glatt und in der einsamigen, nicht aufspringenden Hülse fest verschlossen.

Die Saat-Esparsette ist eine kalkliebende Pflanze trockener, sonniger Hänge. Sie wächst in Europa von den Niederungen bis in die alpine Stufe. Als ausgezeichnete eiweißreiche Futterpflanze wird sie häufig kultiviert. Sie wird auch auf Eisenbahn- und Straßendämmen ausgesät, die sie mit ihren Wurzeln festigt. Man verwendet sie auch als Beimischung für artenarme Rasenflächen in Städten.

Obwohl das griechische Wort onobrychis Eselsfutter bedeutet, wurde die Saat-Esparsette im Altertum noch nicht kultiviert; dieser Name wurde für eine andere, südliche Art verwendet. Der Artname drückt die Ähnlichkeit der Blätter mit denen der Wicke aus.

Schmalblättrige Wicke

Vicia angustifolia

Schmetterlingsblütler
Fabaceae

Das einjährige Kraut wird 15–60 cm hoch und hat liegende, manchmal auch windende, kantige, nur im unteren Teil verzweigte Stengel. Die Blätter sind ungleich, 3–6 paarig, mit einer geteilten Ranke an der Spitze. Die unteren Blätter sind rankenlos. Die hellgrünen Blättchen sind umgekehrt eiförmig, flach ausgerandet, die oberen sind fast linear. In den Achseln der Deckblätter stehen einzeln drei bis vier purpurfarbene Blüten. Der Kelch ist kahl, die gerade violette Fahne der Krone ist länger als die rotvioletten Flügel und das weißliche Schiffchen. Die Früchte sind Hülsen, die in der Jugend behaart, beim Reifen kahl und schwarz, vom Stengel abstehend sind.

Die Schmalblättrige Wicke blüht von Mai bis Juni. Sie wächst auf nährstoffreichen Böden auf Feldern und Schutthalden, aber auch auf Brachland, Rainen, Trockenwiesen und Weiden in den Niederungen und im Hügelland. Sie tritt in den wärmeren Gebieten Europas und Westasiens auf.

Die als Schmalblättrige Wicke bezeichnete Pflanze wurde aus der Sammelart Saatwicke (siehe Seite 176) in eine selbständige Art überführt. In manchen botanischen Werken wird sie noch immer als subsp. *angustifolia* der Kulturart *V. sativa* angeführt.

Die Wurzeln aller Wickenarten sind, wie die der anderen Schmetterlingsblütler, mit Knöllchenbakterien besetzt, die Luftstickstoff zu binden vermögen.

Blüte

Schmetterlingsblütler
Fabaceae

Vogelwicke

Vicia cracca

Früchte – Hülsen

Die ausdauernde, über einen Meter hohe Vogelwicke wächst aus einem kräftigen kriechenden Wurzelstock hervor. Die windenden Stengel sind kantig und schwach anliegend behaart; die sitzenden, paarig gefiederten Blätter haben 8–10 (manchmal 12) Paare sitzender, linearer, unterseits behaarter Blättchen. Die Blätter sind mit lanzettlichen Nebenblättern und langen geteilten Ranken an der Spitze ausgestattet. Die sattblauen bis rotvioletten Blüten sind 8–11 mm lang. Sie bilden 20–30blütige langgestielte Trauben, die das Deckblatt überragen. In der Krone ist die Platte der Fahne etwa so lang wie ihr Nagel. Das gebogene Schiffchen ist kürzer als die schief eiförmigen Flügel. Die Früchte sind kahle, kurzgestielte Hülsen. Sie enthalten 4–5 kugelige Samen mit einer matten Oberfläche. Die Pflanze vermehrt sich nur durch Samen.

Die verzweigten Wurzeln sind mit zahlreichen Knollenbakterien (Rhizobium) besetzt. Die Bakterien verbessern den Boden durch ihre Fähigkeit, Luftstickstoff zu binden und zu Stickstoffverbindungen zu verarbeiten.

Die Vogelwicke blüht von Juni bis August. Sie wächst in Europa und Asien von den Niederungen bis in die Gebirge auf feuchten Wiesen, in Gebüschen, Gräben, lichten Wäldern und an ihren Rändern. Sie ist eine uralte Kulturpflanze und wird mancherorts noch immer in verschiedenen Sorten kultiviert. Aus diesem Grund sind die Grenzen ihres natürlichen Auftretens nicht ganz klar.

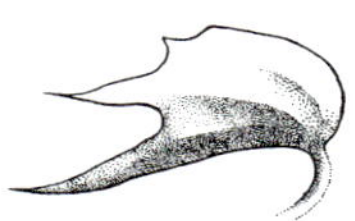

Kelch

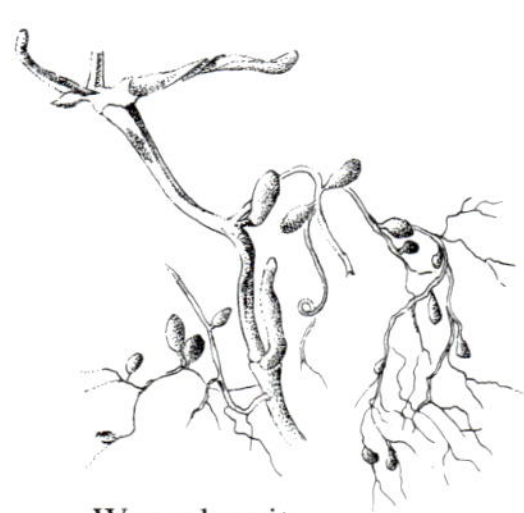

Wurzeln mit Knollenbakterien enthaltenden Knöllchen

Rauhhaarige Wicke, Zitterlinse

Vicia hirsuta

Schmetterlingsblütler
Fabaceae

Die dünne, bis einen halben Meter hohe Rauhhaarige Wicke ist ein winterhart einjähriges oder einjähriges Kraut. Im Boden steckt eine dünne Pfahlwurzel; die feinen Seitenwurzeln sind mit Knöllchen besetzt, in denen Bakterien aus der Gattung *Rhizobium* leben. Die verzweigten Stengel sind spärlich anliegend behaart. Die paarig gefiederten Blätter mit 6–8 Blättchenpaaren haben kleine spitzige Nebenblätter und an der Spitze eine lange einfache oder geteilte Ranke. Die Blättchen sind stumpfspitzig. Die langgestielte Traube besteht aus 3–5 unscheinbaren, weißlichen, schmalen Schmetterlingsblüten. Der glockige Kelch hat pfriemliche Zähne. Die Blüten sind kurzgestielt, nickend. Für die Rauhhaarige Wicke sind nur zweisamige, weichhaarige Hülsen typisch. Die linsenartigen Samen sind glatt, graugrün, dunkel marmoriert.

Die Vermehrung erfolgt durch Samen, deren eine Pflanze einige Dutzend ausbildet. Unreife Samen keimen besser, Herbstsämlinge überwintern gut.

Die Pflanze blüht von Mai bis August oder bis zum Herbst. Sie tritt auf Feldern und Brachland, Trockenwiesen, Weiden, an Wegrändern und auf Schutthalden von den Niederungen bis ins Hügelland auf. Sie ist in Europa, Westasien und Nordafrika verbreitet und wurde auch in andere Weltteile eingeschleppt.

Von der ähnlichen Viersamigen Wicke (siehe Seite 178), mit der sie oft gemeinsam auftritt, läßt sie sich leicht nach den Früchten unterscheiden; die Viersamige Wicke hat kahle, viersamige Hülsen.

Kelch

Hülse

Blatt

Schmetterlingsblütler
Fabaceae

Saat- oder Sommerwicke

Vicia sativa

Blüte

Samen

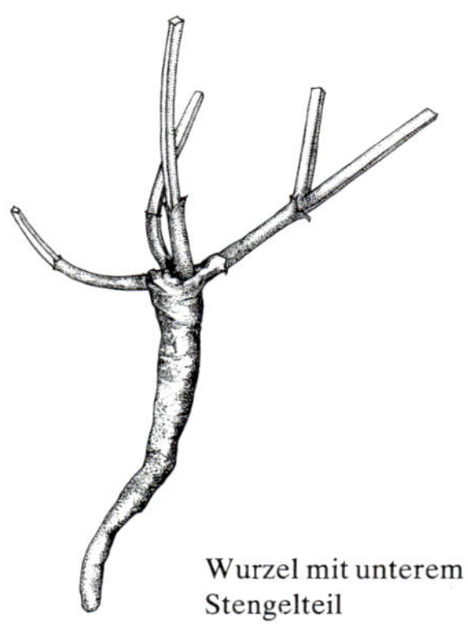

Wurzel mit unterem Stengelteil

Das ein- bis zweijährige Kraut hat zahlreiche behaarte bis kahle, 30–80 cm hohe, kantige, schlaffe Stengel. Die wechselständigen Blätter haben 3–6 (oder 8) Blättchenpaare, am Grund befinden sich gezähnte Nebenblätter, die unterseits eine Drüse aufweisen. Im unteren Teil des Stengels sind die Blätter oft rankenlos und haben breitere und stärker ausgerandete Blättchen. Die oberen Blätter weisen eine größere Zahl von Blättchenpaaren mit schmäleren Blättchen auf. Die kurzgestielten Blüten entspringen einzeln oder zu zweit den Deckblattachseln. Die Kronblätter sind rosa bis rotviolett mit einer bläulichen, zurückgeschlagenen Fahne, längeren purpurfarbenen Flügeln und einem kurzen, hellen Schiffchen. Der röhrige, geaderte Kelch hat lanzettliche Zähne, die ebenso lang wie die Röhre sind. Die geraden Hülsen sind kahl oder kurzhaarig, schwarzbraun gefärbt. Sie enthalten bis 12 Samen. Diese sind kugelig, mit einer glatten, matten Oberfläche und violetten Flekken. An einer Pflanze können einige hundert Samen reifen, die schon zeitig im Frühjahr gut keimen.

Die Saatwicke ist ein europäisches Kraut, das wahrscheinlich aus dem Mittelmeergebiet stammt. Sie wächst vor allem in mittlerschweren bis schweren Böden in den Niederungen und im Hügelland. Mancherorts wird sie kultiviert und gelangt von den Feldern oft auf Brachland, Raine, sonnige Hänge und Schutthalden. Sie blüht von Mai bis Juli.

Die Pflanze spielt in der Landwirtschaft eine wichtige Rolle. Man verwendet sie als eiweißreiches Grünfutter. Auch die Samen sind reich an Eiweiß und Mineralstoffen und dienen als Kraftfutter.

Zaunwicke

Vicia sepium

Schmetterlingsblütler
Fabaceae

Das ausdauernde Kraut hat einen windenden oder aufrechten, 30–50 cm hohen, einfachen, kantigen Stengel. Dem ausläuferartigen Wurzelstock entspringen kleine Wurzeln mit seitlichen Knöllchen, die stickstoffbindende Bakterien enthalten. Die paarig gefiederten, bis 10 cm langen Blätter mit einer geteilten Ranke bestehen aus elliptischen, leicht ausgerandeten, gewimperten Blättchen. Die kleinen gezähnten Nebenblätter haben unterseits eine rote Drüse. Die sitzenden oder kurzgestielten Blüten sind zu 2–6blütigen, in den Deckblattachseln stehenden Trauben vereinigt. Die Krone der Schmetterlingsblüte ist blaß- oder schmutzigviolett. Die Fahne ist violett geadert, die Flügel eiförmig und länger als das Schiffchen, mit einer dunkelvioletten Spitze. Die Pflanze blüht hauptsächlich von Mai bis Juli. Die Hülsen sind erst weich behaart, beim Reifen kahl und glänzend schwarz. Sie enthalten bis 10 kugelige, braune Samen. Die Wicke vermehrt sich verläßlich durch Samen, keimt aber unregelmäßig.

Sie ist in den meisten Gebieten Europas verbreitet, mit Ausnahne eines Teils des Mittelmeergebietes (Griechenland, Korsika, Sardinien) und auch in West- und Mittelasien. Sie wächst an Zäunen und Wegen, auf Wiesen, Rainen und grasbewachsenen Hängen von den Niederungen bis ins Gebirge. Von Weiden schwindet sie infolge des Niedertretens. Mancherorts wird sie wegen ihres hohen Eiweißgehaltes als Futterpflanze für das Vieh kultiviert. Sie stellt auch eine gute Bienentracht dar.

Die ähnliche Schmalblättrige Wicke (siehe Seite 173) ist einjährig, hat schmalere Blättchen, purpurfarbene Einzelblüten und aufrechte, abstehende Hülsen (die Zaunwicke hat überhängende Hülsen.)

Hülse

Samen

Nebenblatt

Staubblätter mit Griffel

ausläuferartiger Wurzelstock

Schmetterlingsblütler
Fabaceae

Viersamige Wicke

Vicia tetrasperma

Kelch

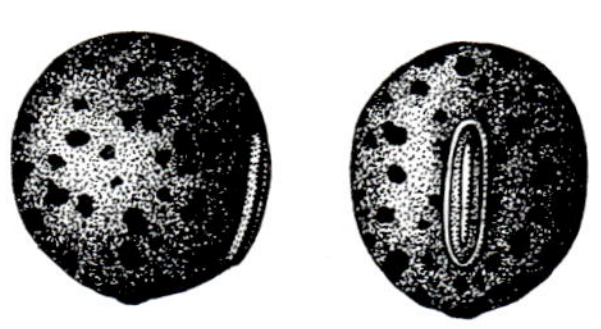

Samen von zwei Seiten

Hülse

Das winterhart einjährige Kraut mit einem schlaffen, windenden Stengel erreicht eine Länge von etwa einem halben Meter. Es hält sich an Stützen in seiner Umgebung mit Hilfe von langen, einfachen oder verzweigten Ranken am Ende der unpaarig gefiederten, in 3–4 Paaren angeordneten, linearen Blättchen fest. Die Blätter sind sitzend, die Nebenblätter pfeilförmig. Aus den Blattachseln entspringen je 1–5 einzelne, langgestielte Blüten, die lockere Blütenstände bilden. Der Kelch der kleinen Blüte hat ungleiche Zähne, die Krone ist hell rosaviolett oder bläulich. Blühende Pflanzen erscheinen vor allem im Juni und Juli, manche blühen aber bis zum Herbst. Die schmale, kahle Hülse enthält vier kugelige Samen mit einer matten, glatten Oberfläche und dunklen Flecken. Die Früchte haben dünne, aufrechte, 2–4 cm lange Stiele. Keimpflanzen überstehen den Winter gut.

Die Viersamige Wicke stammt aus dem Mittelmeergebiet und dem Orient. Mit der Zeit hat sie sich in der ganzen Welt verbreitet. Sie gehört zu den lichtliebenden Arten, die Beschattung durch andere Pflanzen in der Umgebung schlecht vertragen. Deshalb tritt sie nicht allzuoft als Ackerunkraut auf, denn dichtere Kulturpflanzen- und Unkrautbestände unterdrücken sie. Häufiger findet man sie in Frühjahrsgetreide und lockeren Futterkleebeständen. Sie tritt häufig in den Niederungen oder wärmeren Gebieten des Hügellandes auf, an trockenen, sonnigen, grasbewachsenen Stellen, Wegen, auf Weiden, Rainen und Schutthalden.

Von der ähnlichen, gleichfalls einjährigen Rauhhaarigen Wicke (siehe Seite 175) unterscheidet sie sich durch die kleinere Zahl von Blättchenpaaren und vor allem durch die Früchte: die Hülsen der Viersamigen Wicke sind kahl und viersamig, die der Rauhaarigen Wicke sind behaart und nur zweisamig.

Bergplatterbse

Lathyrus linifolius

Schmetterlingsblütler
Fabaceae

Das ausdauernde kahle, 15–30 cm hohe Kraut wächst aus einem unterirdischen, ausläuferartigen, kriechenden, stellenweise knotenförmig verdickten Wurzelstock hervor. Die aufsteigenden oder aufrechten Stengel sind nur unten etwas verzweigt und der ganzen Länge nach deutlich geflügelt. Auch die Stiele der wechselständigen, paarig gefiederten Blätter sind geflügelt. Die Nebenblätter sind groß, ganzrandig, mit zwei bis drei Blättchenpaaren, rankenlos. Die Blättchen sind länglich lanzettlich, unterseits blaugrün. Die lockere Traube enthält nur 2–5 kurzgestielte, nickende Blüten. Der Kelch hat ungleich große Zähne, die hellviolette Krone verbleicht nach dem Verwelken und nimmt eine bläuliche Farbe an. Die Fahne ist rundlich, zurückgeschlagen, das Schiffchen stark aufwärts gebogen. Die Blüten erscheinen von April bis Juni. Die Früchte sind schwarze, rundliche, mit zwei Klappen aufspringende Hülsen.

Die Bergplatterbse tritt vor allem in West-, aber auch in Mitteleuropa auf, nach Osten wird sie seltener. Sie wächst von den Niederungen bis ins Hügelland in helleren Laub- und Mischwäldern, auf Schlägen, Weiden und an Wegen auf kalkarmen Sand- oder Lehmböden.

Die Blütenfarbe ändert sich beim Verblühen, ähnlich wie bei der Frühlingsplatterbse (siehe Seite 183), von Rot und Rotviolett in ein trübes Blau. Die Veränderung der Farbe wird durch die chemische Reaktion des Zellsafts hervorgerufen, die bei der verblühenden Blüte von sauer in neutral oder basisch umschlägt.

Für die Bezeichnung der Art wird auch das Synonym *L. montanus* verwendet.

geöffnete Hülse

Schnitt durch den geflügelten Stengel

Schmetterlingsblütler
Fabaceae

Wiesenplatterbse

Lathyrus pratensis

Samen

Blüte

Hülse

Aus dem dünnen, kriechenden, verzweigten Wurzelstock der ausdauernden Wiesenplatterbse wachsen schlaffe, aufsteigende oder windende Stengel hervor. Sie sind kantig, ungeflügelt, anliegend weichhaarig und 30–100 cm hoch. Die paarig gefiederten Blätter haben nur ein Paar lanzettlicher Blättchen und enden in einer einfachen Ranke. Die gelben Blüten sind zu je 10–12 in einer endständigen, einseitswendigen und langgestielten Traube angeordnet. Der Kelch hat lanzettliche, ungleiche Zähne, die kürzer als die Röhre sind. Die verblühten gestielten Blüten wandeln sich in linear-lanzettliche, etwa 3 cm lange, kahle, in reifem Zustand schwarze Hülsen um, die einige ovale dunkle Samen enthalten. Nach dem Reifen springen sie mit zwei Klappen auf.

Die Wiesenplatterbse blüht von Juni bis Juli von den Niederungen bis ins Gebirge auf Wiesen, Flachmooren, am Rande lichter Wälder, an Wegen, in Gräben und Gebüschen. Auf Weiden tritt sie zurück, weil sie das Niedertreten schlecht verträgt. Sie ist fast über ganz Europa verbreitet und reicht bis Nordskandinavien. Sie tritt auch in Westasien, Sibirien und Ostafrika auf. Nach Nordamerika wurde sie eingeschleppt. Sie wächst auf stickstoff- und humushaltigen Lehmböden.

Ihrem Eiweißgehalt nach könnte die Wiesenplatterbse zu den wertvollen Futterpflanzen gezählt werden, da sie aber verschiedene Alkaloide enthält, macht sie das Heu bitter. Die Samen werden von größeren Vögeln (Tauben, Geflügel) gefressen.

Die verwandte Knollenplatterbse (siehe Seite 182) hat gleichfalls nur aus einem Blättchenpaar bestehende Blätter, die in einer Ranke enden, und scharf vierkantige Stengel. Im Boden bildet sie aber Knollen, und ihre Blüten sind sattrot und duftend.

Waldplatterbse

Lathyrus sylvestris

Schmetterlingsblütler
Fabaceae

Zu den Platterbsen mit einem geflügelten Stengel gehört auch die ausdauernde Waldplatterbse. Aus einem langen kriechenden Wurzelstock wachsen stattliche, bis 2 m hohe, liegende oder windende Stengel hervor. Zwei Kanten des vierkantigen Stengels sind zu flachen Flügeln verbreitert. Sie sind breiter als die halbpfeilförmigen Nebenblätter am Grund der wechselständigen Blätter. Die Blattstiele sind nur schmal geflügelt. Die paarig gefiederten Blätter bestehen gewöhnlich nur aus einem Paar lanzettlicher bis elliptischer Blättchen. Die Blätter enden in einer verzweigten Ranke. Die großen, geruchlosen Blüten sind beim Entfalten gelblich grün, später werden sie rot. Sie haben einen glockigen Kelch mit fünf lanzettlichen, ungleichen Zipfeln, das Schiffchen und die äußere Seite der Fahne sind bräunlich oder grünlich. Die Blüten sind zu gestielten, achselständigen, 3–12blütigen Blütenständen vereinigt. Die Früchte sind große, netznervige, braune Hülsen.

Die Waldplatterbse ist eine süd- und mitteleuropäische Art aus lichten Laubwäldern, von Gebüsch bewachsenen Hängen in Waldsteppen, auf Waldsäumen und Wegen. Sie blüht im Juli und August von den Niederungen bis ins Hügelland. Sie ist ein lichtliebendes, in lockeren Böden tief wurzelndes Kraut und reichert durch die Tätigkeit der auf ihren Wurzeln symbiotisch lebenden Bakterien den Stickstoffgehalt des Bodens an. Früher diente sie mancherorts als Futterpflanze.

Die Art ist veränderlich. Es existiert ein schmalblättriger, ein breitblättriger sowie ein verschiedenblättriger Typ.

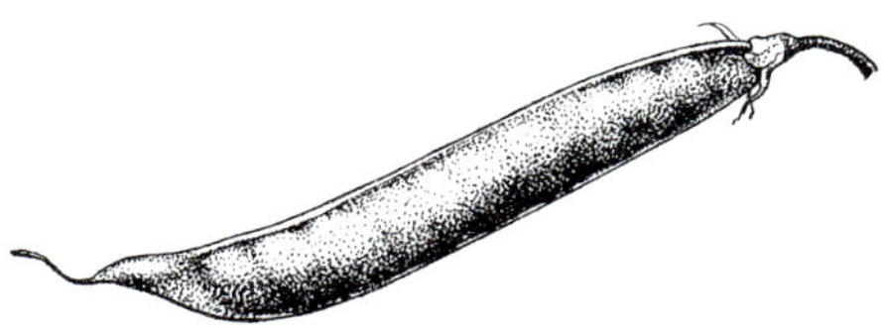

Hülse

geflügelter Blattstiel

Schmetterlingsblütler
Fabaceae

Knollen- oder Erdnußplatterbse

Lathyrus tuberosus

Nebenblätter

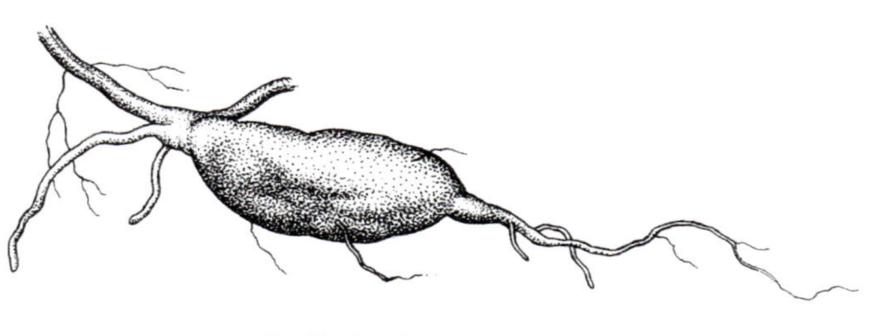

knollenförmig verdickte Wurzel

Das ausdauernde Kraut hat im Boden einen kriechenden Wurzelstock und charakteristische knollenförmig verdickte Wurzeln. Der Stengel ist liegend oder windend, bis 1 m lang, scharf vierkantig, verzweigt. Ein wichtiges Merkmal dieser matt graugrünen Platterbse ist der ungeflügelte Stengel. Die gestielten Blätter sind gefiedert und bestehen aus einem einzigen Blattpaar. Sie enden in einer verzweigten Ranke. Die Blättchenspreite ist netznervig mit einem deutlichen Hauptnerv. Die Nebenblätter sind schmal, halbpfeilförmig. Die langgestielte Blütentraube besteht nur aus 3–5 Schmetterlingsblüten. Die wohlriechenden, karminfarbenen Blüten haben eine auffallend breite Fahne, dunkelviolette kürzere Flügel und ein weißliches Schiffchen. Die Blüte fällt vor allem in die Sommermonate Juni und Juli, manchmal blühen die Pflanzen auch später. Die verhältnismäßig großen, kahlen Hülsen enthalten 2 bis 5 bräunliche, kantig ovale Samen mit einer fein warzigen Oberfläche.

Die Knollenplatterbse ist eine dekorative Pflanze, aber gleichzeitig ein Ackerunkraut, besonders in Niederungen und wärmeren Gebieten des Hügellandes. Sie wächst auch auf Brachland, Rainen und in Gräben. Sie stammt aus Westasien, und außer in Europa tritt sie auch in Nordafrika auf.

Die Wurzelknollen haben besonders im Herbst einen höheren Stärkegehalt. Sie sind eßbar und wohlschmeckend. In Holland wurde die Knollenplatterbse früher als eßbare Pflanze kultiviert, andernorts verwendet man das junge Kraut als Futter. Die Knollen entwickeln sich bis zu je drei auf den Knoten der verzweigten unterirdischen Wurzelstöcke und enthalten auch gutes, eßbares Öl. In gebranntem Zustand wurden sie früher als Kaffee-Ersatz verwendet.

Frühlingsplatterbse

Lathyrus vernus

Schmetterlingsblütler
Fabaceae

Diese ausdauernde Art hat niedrige, nur 20–30 cm hohe, aufrechte, unverzweigte Stengel. Sie sind kantig, aber ungeflügelt. Im Boden befindet sich ein dicker verzweigter Wurzelstock. Der Stengel trägt einige kurzgestielte, meist aus drei Blättchenpaaren bestehende Blätter. Die Blättchen laufen in eine lange Spitze aus. Die Nebenblätter sind halbpfeilförmig. Der Blütenstand besteht gewöhnlich aus einzelnen endständigen, wenigblütigen Trauben. Die etwas nickenden Schmetterlingsblüten haben anfangs eine rotviolette, beim Verblühen blauviolette Krone. Die Flügel sind schon beim Entfalten der Blüte eher blau.

Nach der Bestäubung, die vor allem von Hummeln vorgenommen wird, und der Befruchtung entwikkeln die Pflanzen Früchte – kahle, glatte, dünne, nach den Seiten abstehende Hülsen mit dunklen linsenartigen Samen.

Die Frühlingsplatterbse blüht von April bis Mai in Niederungen und im Hügelland. Sie wächst vor allem auf kalkhaltigem Untergrund in humosen Laubwäldern, Auen und Gebüschen. Sie ist in fast ganz Europa verbreitet und reicht bis nach Westasien.

An ähnlichen Stellen wächst auch die Schwarze Platterbse *(L. niger)*. Von der Frühlingsplatterbse unterscheidet sie sich dadurch, daß sie höher ist (30–80 cm) und Blätter mit 4–6 Blättchenpaaren aufweist. Die Blüten sind matt violett bis bräunlich. Nach dem Vertrocknen wird die ganze Pflanze schwarz. Sie blüht gleichfalls im April und Mai.

Variabilität der Blütenfarbe im Laufe der Blütezeit

Staubblätter mit Griffel

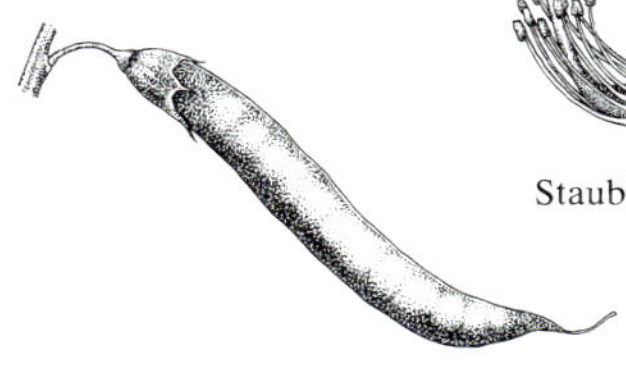

Hülse

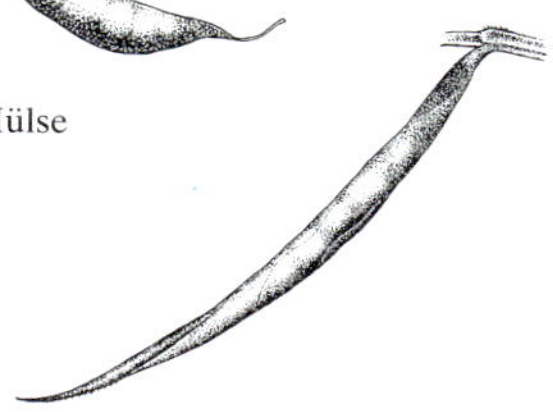

Storchschnabelgewächse
Geraniaceae

Zwergstorchschnabel

Geranium pusillum

Das ein- bis zweijährige Kraut hat kurz flaumhaarig belaubte und reichverzweigte Stengel, die dicht am Boden ausgebreitet sind und einen lockeren Rasen bilden. Die Pflanzen sind nur 10–30 cm hoch. Die Blätter sind langgestielt, mit einer runden, 5–7teiligen, am Rande gezähnten Spreite. Die kleinen Blüten bilden zweiblütige Trugdolden. Die Blütenstengel mit den Blüten sind herabgeneigt, bei der Entwicklung der Früchte richten sie sich auf. Die hellvioletten Blüten haben fast gleich lange Kron- und Kelchblätter. Die Kronblätter sind vorne herzförmig ausgerandet, oberseits flaumig behaart, unterseits kahl. Der Kelch ist seidig behaart und drüsig. Einige der zehn Staubblätter sind verkümmert. Die Blüten erscheinen von Mai bis in den Frühherbst. Die geschnäbelte Frucht teilt sich in reifem Zustand in 5 einsamige Teilfrüchte, die angedrückt behaart, nicht runzlig und mit einem drüsigen Schnabel ausgestattet sind. Der eiförmige Same ist von der graubraunen Fruchtwand umgeben. Die Früchte bleiben mit den sichelförmig gebogenen Schnäbeln am Haarkleid der Tiere oder an den Kleidern der Menschen haften und verbreiten sich so in die Umgebung (sog. Zoochorie).

Der Zwergstorchschnabel ist eine anspruchslose und anpassungsfähige Art. Er wächst auf trockenen Feldern, Brachland, Weiden, Rainen, in Weinbergen, auf Schutthalden und entlang von Wegen, von den Niederungen bis ins Gebirge. Verhältnismäßig häufig tritt er in Europa, West- und Mittelasien und Nordafrika auf und wurde nach Nord- und Südamerika eingeschleppt. Er stammt wahrscheinlich aus dem Mittelmeergebiet.

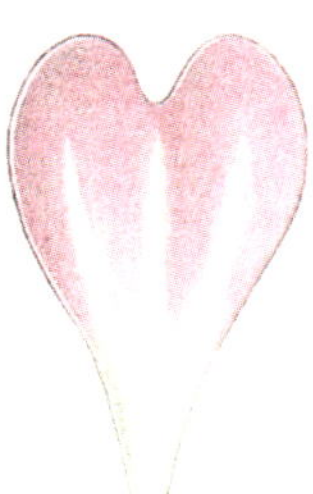

Kronblatt

Frucht

Wiesenstorchschnabel

Geranium pratense

Storchschnabelgewächse
Geraniaceae

Die stattlichen, 30–40 cm hohen verzweigten Stengel des ausdauernden Wiesenstorchschnabels entspringen einem kurzen, kräftigen Wurzelstock mit zahlreichen Wurzeln. Die in einer Grundrosette angeordneten Blätter sind langgestielt, handförmig geteilt. Die Stengelblätter sind kurzgestielt, die oberen sitzend. Die tief siebenteiligen Spreiten haben spitzgezähnte Abschnitte. Die Knospen und verblühte Blüten tragenden Stiele sind nikkend, aber die Blüten und Früchte stehen aufrecht. Der Blütenstand ist eine lockere, zweiblütige Trugdolde. Der obere Teil des Stengels, die Blütenstiele und Früchte sind drüsig. Die großen blauen bis hellblauvioletten Blüten haben einen drüsig behaarten, fünfzipfeligen Kelch mit einem weißen Saum und einer 2–4 mm langen Granne. Die Kronblätter sind umgekehrt eiförmig, flach ausgebreitet. Die Staubblätter sind am Grunde dreieckig verbreitert; die Staubfäden sind gewimpert, violett. Die Pflanzen blühen von Mai und Juni bis zum September. Die Bestäubung erfolgt durch Insekten. Die charakteristische geschnäbelte Frucht des Storchschnabels zerfällt zur Reifezeit in fünf einsamige Teilfrüchte mit einem langen gebogenen Schnabel. Die Teilfrüchte sind drüsig behaart, so daß sie leicht am Haarkleid von Tieren oder am Gefieder von Vögeln haften bleiben. Oft verbreiten sie sich auch durch das Wasser.

Diese häufige eurasische Art ist vor allem in warmen Gebieten niedriger Lagen verbreitet. Sie wächst auch im Hügelland, stellenweise auch in Gebirgsgegenden. Die Blüten sind eine Zierde der Sommerwiesen, Raine, Wegränder und anderer grasbewachsener Stellen. Obwohl die Art sehr anpassungsfähig ist, gibt sie doch gedüngten Böden oder solchen mit einem natürlichen hohen Nährstoffgehalt den Vorzug.

Kronblatt

reife Frucht

Grundblatt

Staubblatt

Storchschnabelgewächse
Geraniaceae

Pyrenäenstorchschnabel

Geranium pyrenaicum

Kronblatt

Frucht

Die mehrjährige Art hat im Boden einen verzweigten Wurzelstock. Ihm entspringen eine Bodenrosette und einige beblätterte Stengel. Diese sind liegend oder aufsteigend und erreichen etwa einen halben Meter. Die Pflanze ist dicht abstehend behaart, mit eingesprengten kurzen Drüsenhaaren. Der Stiel der Grundblätter ist etwa 20 cm lang, die Blattspreiten sind rundlich-nierenförmig, in 7–9 gezähnte Abschnitte geteilt. Aus den Achseln der den Grundblättern ähnlichen Deckblätter wachsen zweiblütige Blütenstände. Die Blüten sind violettrot. Die drüsigen Blütenstiele sind 1–2 cm lang. Anfangs sind sie abwärts gebogen, wenn sie aber Blüten und Früchte tragen, richten sie sich auf. Die fünfzähligen Blüten bestehen aus einem dreinervigen Kelch und umgekehrt herzförmigen, ausgerandeten Kronblättern, die doppelt so lang sind wie der Kelch. In der Blüte befinden sich zehn Staubblätter und ein Stempel mit einem oberständigen fünffächerigen Fruchtknoten, dessen Griffel zu einem Schnabel verwachsen sind. Nach der Befruchtung entwickelt sich aus dem Fruchtknoten eine Schnabelfrucht, die in jedem Fach einen Samen hat. In völlig reifem Zustand teilen sich die mit biegsamen Grannen ausgestatteten Teilfrüchte voneinander ab, die Grannen rollen sich ein, und nur ihre Spitzen bleiben vorübergehend noch mit der Mittelsäule verbunden.

Wie der Name besagt, stammt der Pyrenäenstorchschnabel aus Westeuropa. Er tritt häufiger in warmen Gegenden auf, wo er an grasbestandenen und Ruderalstandorten wächst, sich entlang von Eisenbahndämmen und Brachland verbreitet bis hinein in Parks und Gärten. Anfang des 19. Jahrhunderts wurde er als Zierpflanze in deutschen Gärten gehalten.

Stinkender Storchschnabel, Ruprechtskraut

Storchschnabelgewächse

Geranium robertianum *Geraniaceae*

Die Stengel des einjährigen bis winterhart einjährigen Stinkenden Storchschnabels sind verzweigt, liegend und spröde. Die ganze übelriechende Pflanze ist abstehend behaart und rötlich überlaufen. Sie erreicht eine Höhe von 40 cm. Purpurfarben sind vor allem die aufgeblasenen Knoten. Die Blätter sind im Umriß dreieckig, doppelt gefiedert, 3–5zählig, gestielt. Die Blättchen sind kurzgestielt, mit scharfgezähnten Abschnitten. Die Grundblätter vertrocknen bald. Der Blütenstand ist nur zweiblütig. Die rosa Blüten haben weiß gestreifte Kronblätter mit langen Nägeln. Im Unterschied zu den anderen Storchschnabelarten sind sie nicht ausgerandet. Die Kelchblätter sind kürzer, deutlich dreinervig und drüsig behaart. Sie umschließen sowohl den Grund der Krone als auch die Frucht. Die Blüten- und Fruchtstiele stehen aufrecht. In der Blüte befinden sich 10 Staubblätter und ein Stempel mit einem oberständigen, fünffächerigen Fruchtknoten. Am Grund jedes Kronblattes befindet sich eine aromatische Drüse. Die Staubbeutel sind rotbraun, die Pollenkörner orangefarben.

Der Stinkende Storchschnabel blüht von Mai bis Oktober. Er wächst in Europa und Asien auf humosen, feuchten Böden in Wäldern, Gebüschen und auf Schutthalden von den Niederungen bis ins Gebirge.

Die langgeschnäbelten Früchte zerfallen in reifem Zustand in fünf Teilfrüchte mit hygroskopischen Grannen, mit deren Hilfe sie an den Haaren der Tiere haften bleiben. Beim Pflücken oder Zerreiben riechen die Pflanzen übel, denn die in ihnen enthaltenen ätherischen Öle werden frei. Diese uralte Heilpflanze enthält außerdem auch Gerbstoffe, einen Bitterstoff und ein bisher unbekanntes Alkaloid. Das getrocknete blühende Kraut empfiehlt das deutsche Arzneibuch zur äußerlichen Anwendung gegen Blasen, Wunden und Brandwunden, innerlich gegen Entzündungen.

Blatt

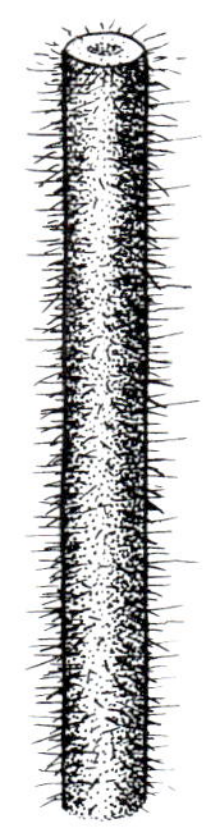

Detail des Stengels mit der Behaarung

Storchschnabelgewächse
Geraniaceae

Gemeiner Reiherschnabel

Erodium cicutarium

Teilfrucht

Der Gemeine Reiherschnabel ist ein ein- oder zweijähriges, sehr veränderliches Kraut. Die behaarten liegenden Stengel sind 10–60 cm lang, oft verzweigt und bilden ausgebreitete, kreisförmige Büsche. Die in einer Grundrosette angeordneten Blätter sind langgestielt. Die Stengelblätter sind kurzgestielt, im Umriß elliptisch, unpaarig gefiedert, mit fiederspaltigen Blättchen. Die regelmäßigen Blüten sind in einer Dolde angeordnet. Die Deckblätter des Blütenstandes sind miteinander verwachsen. Die rosavioletten Kronblätter sind doppelt so lang wie die mit kurzen Grannen ausgestatteten Kelchblätter. Die Früchte sind langgeschnäbelt und behaart. Aus der Frucht spalten sich Teilfrüchte ab. Sie sind mit einer langen, spiraligen Granne ausgestattet, die durch hygroskopische Bewegungen die ganze Teilfrucht in die Erde einbohrt.

Die Pflanzen blühen von April bis August oder bis zum Frühherbst. Sie treten von den Niederungen bis ins Gebirge auf Brachland, Schutthalden, in Rasen, auf Rainen, Weiden, oft auch als Ackerunkraut auf. Die Art stammt aus dem Mittelmeergebiet und hat sich von dort als Unkraut nicht nur über ganz Europa, sondern auch nach Afrika, Ostasien, Nord- und Südamerika und andere Gebiete der südlichen Halbkugel verbreitet. Im Unterschied zu den verwandten Storchschnabelarten (siehe vorhergehende Seiten) hat sie gefiederte Blätter.

Heute wird sie nicht mehr als Heilpflanze betrachtet, aber im Mittelalter wurde ein Extrakt aus der Pflanze zur Blutstillung verwendet. Sie sollte auch fieberwidrig wirken, besonders wenn sie als Amulett getragen wurde.

Der Gattungsname vergleicht den Fruchtschnabel mit einem Vogelschnabel (griechisch erodios = Reiher).

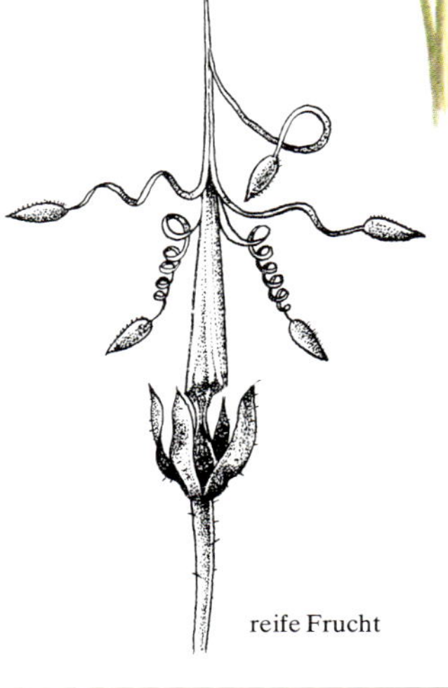
reife Frucht

Blatt

Europäischer Sauerklee

Oxalis europaea = O. fontana

Sauerkleegewächse
Oxalidaceae

Der beblätterte Stengel des einjährigen bis ausdauernden Krauts ist aufrecht, verzweigt, zerstreut feinhaarig, 15–40 cm hoch. Manchmal ist er auch liegend, wurzelt aber nicht. Die einzelligen Haare auf den Stengeln und Blattstielen sind gekräuselt. Die langgestielten Blätter stehen waagerecht vom Stengel ab. Die dreizähligen Spreiten bestehen aus herzförmig ausgerandeten, ganzrandigen, kahlen Blättchen. Die kleinen fünfzähligen Blüten sind gelb. Sie stehen einzeln oder sind in achselständigen lockeren Dolden angeordnet. Sie reifen zu verhältnismäßig großen, 8–15 cm langen, länglich walzigen, zugespitzten, von mehrzelligen Haaren spärlich bewachsenen Kapseln. Die Pflanzen blühen von Juni bis Oktober.

Diese ursprünglich nordamerikanische und ostasiatische Art hat sich auch auf den europäischen Kontinent verbreitet, wo sie seit Beginn des 19. Jahrhunderts heimisch geworden ist, ebenso wie im tropischen Afrika und in Neuseeland. Der Sauerklee tritt immer häufiger auf feuchten, beschatteten, frischen, lehmigen, nährstoffreichen Böden von Waldschulen, Gärten, Gärtnereien und Feldern, aber auch auf Schutthalden, an Häusern und in Auenwäldern auf. Er ist ein kleines, aber lästiges Unkraut, das sich nicht nur leicht durch Samen verbreitet, sondern auch vegetativ, durch dünne, lange Wurzelstöcke, an denen sich im Herbst kleine Knöllchen bilden. Für diese Art wird auch der Name *O. stricta* verwendet, der den geraden, höheren Stengel betont.

Der verwandte Waldsauerklee *(O. acetosella)* ist ein allgemein verbreitetes, gesellig auftretendes Kraut in Wäldern der nördlichen Halbkugel mit mäßig sauren, modrighumosen Lehmböden, so daß er als Moderhumuszeiger gewertet werden kann.

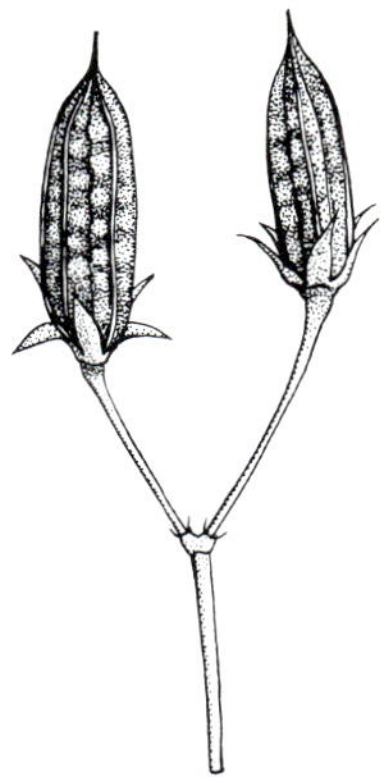

Früchte – Kapseln

Blüte

Kreuzblümchengewächse
Polygalaceae

Bitteres Kreuzblümchen

Polygala amara

Kelchblatt, ein kronblattartiger Flügel

Blüte

Kapsel

Die kleine, 5–20 cm hohe ausdauernde Art hat einen stark verzweigten Wurzelstock und einen lockerrasigen Stengel, der einer Bodenrosette entspringt. Die Stengel sind kahl oder oben behaart, einfach und beblättert. Die ganze Pflanze hat einen bitteren Geschmack. Die Grundblätter sind umgekehrt eiförmig und deutlich größer als die rundlichen Stengelblätter. Die oberen Blätter sind linear. Die zahlreichen Blütentrauben sind anfangs dicht und tragen einen deutlichen endständigen Schopf aus Deckblättern, später verlängern sie sich. Die Blüten sind kurzgestielt, ihre Deckblätter sind kaum länger als die Stiele. Auf den Blütenstielen befinden sich noch zwei kleinere Stützblätter. Die blauen, roten oder weißlichen Blüten haben zwei länglich eiförmige, kronblattartige Kelchblätter (Flügel). Sie weisen drei unverzweigte Längsadern auf. Die Krone ist ebenso lang wie die Flügel oder nur wenig länger. Die Frucht ist eine Kapsel mit schmalen Flügeln. Die Blüten erscheinen im Mai und Juni.

Diese europäische Art aus humosen Rasen und Waldwiesen kommt zerstreut vom Hügelland (Jura, Alb) bis zur alpinen Stufe vor.

Es handelt sich um eine Sammelart. Eine ihrer Unterarten, das Sumpfkreuzblümchen *(P. amarella),* wird als selbständige Art betrachtet. Seine Flügel sind deutlich schmäler als die Kapsel, und das Schiffchen der Krone ist undeutlich gegliedert. Es blüht von April bis Juni auf frischen Böden, auf Moorwiesen und in Quellgebieten.

Das Bittere Kreuzblümchen ist auf Wirtschaftswiesen unerwünscht, da es dem Futter einen bitteren Geschmack verleiht. Diese uralte Heilpflanze enthält Saponine, Bitterstoffe und ein Phenolglykosid. Im deutschen und holländischen Arzneibuch wird eine Abkochung aus der Droge als verdauungs- und auswurfförderndes Mittel empfohlen.

Schopfkreuzblümchen

Polygala comosa

Kreuzblümchengewächse
Polygalaceae

Das ausdauernde, buschige Kraut wird nicht mehr als 30 cm hoch. Die Grundblätter bilden keine Rosette; sie sind elliptisch, stumpf und halten nicht länger als bis zum Entfalten der Blüten aus, dann fallen sie ab. Die Stengelblätter sind wechselständig; die oberen sind linear-lanzettlich, zugespitzt und ganzrandig. An der Spitze der vierblütigen Trauben befindet sich ein charakteristischer Schopf aus Deckblättern. Die gestielten Blüten entspringen den Achseln langer lanzettlicher Deckblätter und zweier Tragblätter. Die äußeren Kelchblätter sind klein, linear, die inneren bilden Flügel, die die Krone umgeben. Die rotviolette, seltener blaue oder weiße Krone ist ebenso lang wie die Flügel. Die Pflanzen blühen von Mai bis Juni. Die Bestäubung erfolgt gewöhnlich durch Schmetterlinge. Die Früchte sind schmal geflügelte, umgekehrt herzförmige Kapseln.

Das Schopfkreuzblümchen ist eine europäische Art, die im trockenen Rasen, auf sonnenbeschienenen Wiesen und Weiden, in Gebüschen und lichten Wäldern in den Niederungen und im Hügelland auftritt, besonders auf kalkhaltigem Untergrund.

Das Synonym *P. vulgaris subsp. comosa* zeugt von der nahen Verwandtschaft und Ähnlichkeit der vorliegenden Art mit der Sammelart Gemeines Kreuzblümchen (s. folgende Seite), von der man sie nach dem auffallenden Deckblattschopf an der Spitze der Blütentraube verläßlich unterscheiden kann.

Der wissenschaftliche Gattungsname ist vom griechischen polys (= viel) und gala (= Milch) abgeleitet, denn man glaubte, daß die Kühe nach dem Genuß des Kreuzblümchens mehr Milch geben.

Blüte

Gemeines Kreuzblümchen

Polygala vulgaris

Kreuzblümchengewächse
Polygalaceae

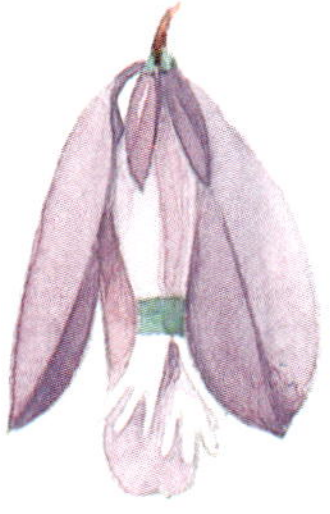

Blüte

Das ausdauernde, lockerrasige Kraut treibt aus einem verzweigten Wurzelstock einige beblätterte, 5–30 cm hohe Stengel. Die Grundblätter bilden keine Rosette. Die wechselständigen Stengelblätter sind länglich, die oberen bis linear lanzettlich, zugespitzt und zerstreut behaart. Die Stengel tragen Trauben intensiv blauer bis rosa Blüten. Die Blüten sind symmetrisch, fünfzählig. Der Kelch ist wie die Kronblätter gefärbt und bildet mit seinen zwei vergrößerten Blättern die seitlichen Flügel der zusammengedrückten Blüte. Die Flügel sind rundlich, eiförmig elliptisch, länger als die Kapsel und auffallend geadert. Sie schützen die Seiten der dreiblättrigen Krone, die im unteren Teil zu einer Röhre verwachsen und an der Spitze kammförmig gegliedert ist. Nach der Entwicklung der Frucht wird die Kapsel etwas von den Flügeln überragt. Die Pflanzen blühen in den Monaten Mai bis August.

Das Gemeine Kreuzblümchen ist eine Sammelart. Es ist auf halbtrokkenen oder mäßig feuchten Wiesen, Weiden und Hängen von den Niederungen bis ins Gebirge allgemein verbreitet.

Die Art ist sehr veränderlich und wird in niedrigere Taxone (Systemeinheit) oder kleine selbständige Arten unterteilt. Ein Typ, das Spitzflügelige Kreuzblümchen *(P. oxyptera),* hat vorne zugespitzte, lanzettliche Flügel, die schmaler und nicht länger als die Kapsel sind. Die Blüten sind bläulich. Die Pflanze ist eine subatlantische Art aus europäischen Torfmooren und lichten Wäldern.

Beim verwandten Schopfkreuzblümchen (siehe vorhergehende Seite) sind die Knospen vor dem Entfalten in einem auffallenden Büschel an der Spitze der Traube zusammengedrängt. Beim Bitteren Kreuzblümchen (siehe Seite 190) sind die Grundblätter in einer Rosette angeordnet.

Einjähriges Bingelkraut

Mercurialis annua

Wolfsmilchgewächse
Euphorbiaceae

Der vierkantige verzweigte Stengel dieses einjährigen Krauts ist 20–50 cm hoch und hat auffallend verdickte Knoten. Die Pflanzen sind von Gerbstoffkanälen durchzogen, nicht von Milchröhren wie andere Arten aus der Familie Wolfsmilchgewächse. Beim Zerreiben riechen die Pflanzen unangenehm. Die gegenständigen, gestielten, einfachen Blätter sind am Rande stumpf gezähnt und am Grunde abgerundet. Aus den Blattachseln wachsen lange Ähren männlicher Blüten hervor. An anderen Exemplaren dieser zweihäusigen Pflanze entspringen den Achseln sitzende weibliche Blüten. Selten finden sich beide Blütenarten auf einer Pflanze. Die Blüten erscheinen von April bis Juni. Die Frucht ist eine borstige Kapsel.

Am Morgen absorbieren die Zellen der Staubbeutel so viel Feuchtigkeit, daß sie aufspringen und den Pollen entleeren. Diese windblütige Pflanze kann ihren Pollen bis in eine Entfernung von 20 cm ausstreuen.

Das Bingelkraut ist ein allgemein verbreiteter Kosmopolit. Es wächst vor allem in wärmeren Gebieten auf nahrhaften, von der Sonne gut durchwärmten Ackerböden (besonders in Hackfrüchten), in Weinbergen, Gärten, Gewächshäusern, auf Komposthaufen und Schutthalden. Sein Auftreten zeigt fruchtbaren Boden an.

Das Bingelkraut gehört zu den Giftpflanzen, denn es enthält Glykoside, deren Spaltprodukt Zyanwasserstoff ist. Außerdem enthält es ein ätherisches Öl, Saponine, Gerbstoffe und andere Wirkstoffe. Durch das Trocknen verringert sich seine Giftigkeit.

Das Ausdauernde Bingelkraut (siehe nächste Seite) hat gleichfalls eingeschlechtige Blüten und ist meist zweihäusig, aber im Unterschied zum Einjährigen Bingelkraut stehen die weiblichen Blüten auf längeren Stielen.

weibliche Blüte

männliche Blüte

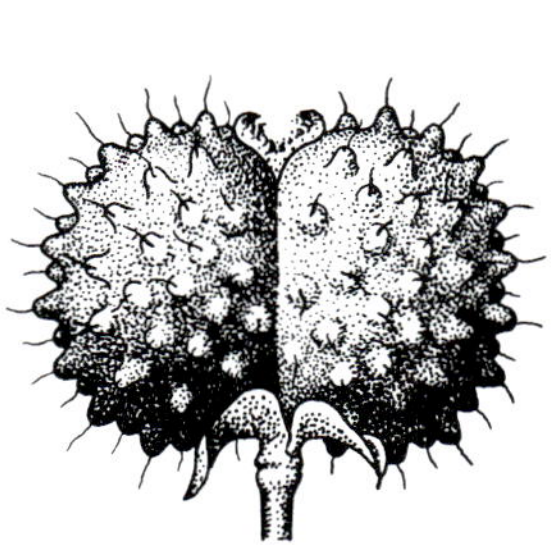

Frucht – Kapsel

Teil der blühenden männlichen Pflanze

Wolfsmilchgewächse
Euphorbiaceae

Ausdauerndes Bingelkraut

Mercurialis perennis

männliche Blüte

weibliche Blüte

Der dünne, kriechende Wurzelstock ermöglicht dem Ausdauernden Bingelkraut, viele Jahre auf einem Standort auszuhalten. Der aufrechte, kantige Stengel ist unverzweigt, kahl, an der Basis schuppig und 10–40 cm hoch. Er trägt gegenständige, kurzgestielte, länglich eiförmige Blätter, die am Rande gekerbt-gezähnt sind, sich plötzlich in den Stiel verschmälern und mit kleinen Nebenblättern ausgestattet sind. Aus ihren Achseln wachsen die Blütenstände hervor. Bei den männlichen Exemplaren sind die kleinen Blüten mit einer grünlichen Blütenhülle in Knäueln gehäuft, die aufrechte, lockere Trauben bilden. Die weiblichen Blüten sind gleichfalls grün, sitzen aber meist paarweise nebeneinander; sie stehen bei der weiblichen Pflanze auf langen Stielen in den Achseln der oberen Blätter. Die Blüten erscheinen von April bis Mai oder Juni. Die Früchte sind zweifächerige, borstige Kapseln, die plötzlich aufspringen, sich in zwei Teile spalten und die weißgrauen, kugeligen, runzligen Samen ausschleudern.

Das Ausdauernde Bingelkraut bildet große Bestände auf nährstoffreichen, feuchten Böden, vor allem in Blockhalden- und Buchenwäldern der Bergstufe in ganz Europa mit Ausnahme des nördlichsten Teils. Es wächst auch in Nordafrika und hat sich nach Australien verbreitet.

Die Pflanze ist giftig und diente seit alters her als Heilpflanze. Sie enthält Saponine, ein ätherisches Öl, ein Alkaloid und ein Glykosid. Der Wurzelstock des Ausdauernden Bingelkrauts ist in trockenem Zustand dunkelviolett gefärbt. Beim Trocknen verfärbt sich die ganze Pflanze blau.

Der wissenschaftliche Gattungsname hängt mit einer Legende zusammen, nach der die Heilkraft des Bingelkrauts vom griechischen Gott Merkur entdeckt wurde. Plinius der Ältere hat die Pflanze, die im Altertum als Brechmittel benutzt wurde, nach ihm benannt.

Mandelwolfsmilch

Euphorbia amygdaloides

Wolfsmilchgewächse
Euphorbiaceae

Das strauchige, verzweigte, ausdauernde Kraut hat zweierlei Stengel, die aus einem verholzten, verzweigten Wurzelstock hervorwachsen. Die zahlreichen sterilen Stengel sind dicht mit kurzgestielten, umgekehrt eiförmigen, ganzrandigen Blättern besetzt; die Blätter auf den blühenden Stengeln sind kleiner, sitzend, stumpf und ganzrandig, weichhaarig. Die Deckblätter unter den Blütenständen sind rundlich, umgekehrt eiförmig, grüngelb, nur schwach ausgerandet. Der obere Teil des 30–60 cm hohen Stengels ist in zahlreiche blütentragende Äste verzweigt, die Scheindolde besteht aus 5–9 Strahlen. Die Deckblätter der Hülle sind fast rund, bis auf zwei seichte Einschnitte. Die halbmondförmigen Honigdrüsen sind zweikantig, gelb oder rot. Die Pflanzen blühen von April bis Mai. Die Früchte sind dreifächerige, kahle Kapseln mit einer fein punktierten Oberfläche.

Wird die Pflanze abgebrochen, so strömt aus den Milchröhren, wie bei allen Wolfsmilcharten, weißer Milchsaft. Für die vorliegende Art sind die gegenständigen rundlichen Deckblätter charakteristisch, die im Blütenstand paarweise verwachsen sind.

Die Mandelwolfsmilch wächst in Laub- und Auenwäldern und Gebüschen, im Gebirge wie in den Niederungen, vorzugsweise auf kalkhaltigem Untergrund. Sie ist im atlantischen, zentralen und mediterranen Teil Europas verbreitet.

Die Pflanzen haben einen bitteren Mandelgeruch, und davon ist auch ihr Artname abgeleitet. Über die Bedeutung des wissenschaftlichen Gattungsnamens lassen sich nur Vermutungen anstellen. Er mag von den sukkulenten Wolfsmilcharten herrühren, die „gut genährt" (= griechisch euphorbos) aussehen, oder vom Arzt Euphorbos aus dem 1. Jahrhundert v. u. Z.

verwachsene Hüllblätter

Honigdrüsen auf den Hüllblättern

Wolfsmilchgewächse
Euphorbiaceae

Zypressenwolfsmilch

Euphorbia cyparissias

Blatt

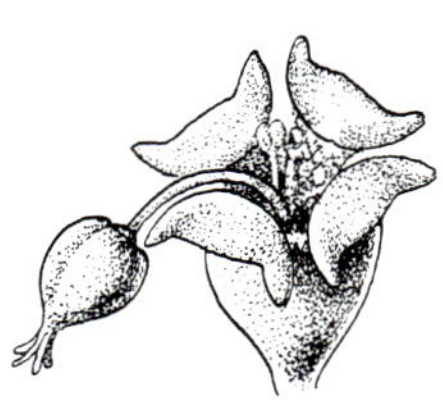

Drüsen auf den Hüllblättern

Aus dem verletzten Stengel tritt Milchsaft aus.

Das ausdauernde Kraut hat einen verholzten, verzweigten Wurzelstock mit dicken Ausläufern, aus dem buschige, 10–30 cm hohe Stengel hervorwachsen. Sie sind wenigästig oder unverzweigt. Die ganze Pflanze ist von Milchröhren durchzogen, die einen klebrigen, weißen, bitteren Saft enthalten. Die sterilen Stengel sind mit schmalen linearen Blättern dicht besetzt, die blütentragenden Stengel tragen breitere Blätter. Die Blätter sind wechselständig, kahl, kurz zugespitzt. Die Deckblätter im Blütenstand sind ähnlich geformt wie die Blätter. Der ungemein komplizierte Blütenstand täuscht eine Einzelblüte vor. Die eigentlichen Blüten sind einfach. Die weibliche besteht aus einem Stempel mit kugeligem Fruchtknoten und drei Narben. Sie hängt auf einem langen Stiel heraus. Die weibliche Blüte ist von männlichen, in Wickeln angeordneten Blüten umgeben, die zu gegliederten Staubblättern reduziert sind. Der Blütenstand ist von breit eiförmigen Hüllblättern umgeben, die bei der Entwicklung der Früchte ihre Farbe von Gelb in Rot ändern. Die bestäubenden Insekten werden von vier wachsgelben halbmondförmigen Honigdrüsen angelockt. Die Pflanzen blühen von April bis Juli. Aus dem befruchteten Blütenstand entwickelt sich eine warzige Kapsel mit drei Samen. Die Samen sind mit einem Ölkörper (einem ölig-eiweißhaltigen Anhängsel) ausgestattet, dem sie ihre Verbreitung durch Ameisen verdanken.

Die Zypressenwolfsmilch ist in Europa auf Rainen, Wiesen, Weiden, Hängen, Schutthalden und in Gebüschen von den Niederungen bis ins Gebirge verbreitet. Sie wurde auch nach Nordamerika eingeschleppt. Mancherorts wird sie zu einem lästigen, weil giftigen Weideunkraut, das sich durch unterirdische Triebe stark vegetativ vermehren kann.

Süße Wolfsmilch

Euphorbia dulcis

Wolfsmilchgewächse
Euphorbiaceae

Die Süße Wolfsmilch ist ein ausdauerndes, 20–50 cm hohes Kraut mit einem kriechenden, knolligen Wurzelstock. Ihm entspringen einzelne aufsteigende, zerstreut behaarte und fein gefurchte Stengel. Die Blätter sind wechselständig, sitzend, umgekehrt eiförmig bis länglich lanzettlich, an der Spitze fein gesägt. Den Blütenstand bildet meist eine fünfstrahlige Scheindolde, deren Äste Wickel mit gegenständigen herzförmigen Hüllblättern tragen. Die vier querständigen, ovalen Honigdrüsen, sogenannte Nektarien, sind gelbgrün, später braunrot; sie stellen umgewandelte Nebenblätter der Deckblätter dar. Die Pflanzen blühen von Mai bis Juni. Nach dem Verblühen entwickeln sich in der Regel behaarte, warzige Kapseln.

Die Süße Wolfsmilch wächst in Europa zerstreut in schattigen, humosen Wäldern, in Buchen- und Auenwäldern, von den Niederungen bis in die Gebirgsstufe, auf frischen, nährstoffreichen Böden.

Die Pflanze ist giftig. Aus der Bruchstelle fließt weißer Milchsaft aus, der das giftige Euphorbon enthält. Aus einer verwundeten Milchröhre fließen erst einige Tropfen Milchsaft aus, aber dann entsteht ein Gerinnsel, das sie wie ein Pfropfen verstopft. Die bitteren Verbindungen, die giftige Alkaloide enthalten, schützen die Pflanze vor Pflanzenfressern.

unreife Kapsel

Drüsen auf den Hüllblättern

Wolfsmilchgewächse
Euphorbiaceae

Sonnenwendwolfsmilch

Euphorbia helioscopia

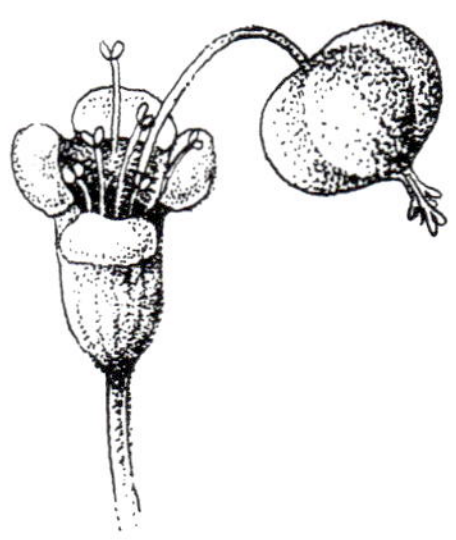

Drüsen auf den Hüllblättern

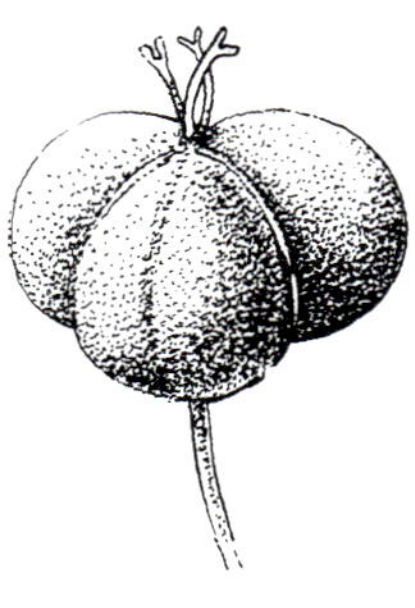

Kapsel

Blatt

Die Sonnenwendwolfsmilch ist ein einjähriges niedriges Kraut, das nur 10–30 cm hoch wird. Der einfache, aufrechte Stengel ist meist stielrund. Die wechselständigen Blätter werden in Richtung nach oben größer, bei der Entwicklung der Frucht fallen sie ab. Sie sind sitzend, keilförmig, umgekehrt eiförmig, an der Spitze fein gesägt. Einige den Stengelblättern gleichende Deckblätter bilden die Hülle der fünfstrahligen Scheindolde. Jeder Ast trägt drei kleinere Blütenstände, Wickel, an deren Spitze der eigentliche Blütenstand der Wolfsmilchgewächse, das Cyathium, steht. Es enthält sehr einfache männliche und weibliche Blüten. Der Blütenstand hat zwei Hüllblätter und besteht aus einem gestielten Fruchtknoten und gegliederten Staubblättern. Die wachsgelben Honigdrüsen sind querständig oval. Die Pflanzen blühen von Juni bis September. Die Frucht ist eine gelbgrüne, glatte, fein punktierte Kapsel, die drei Samen mit einem ölig-eiweißhaltigen Anhängsel, der Caruncula, enthält.

Die Sonnenwendwolfsmilch ist von den Niederungen bis ins Gebirge als häufiges Unkraut auf Feldern, in Gärten und Weinbergen verbreitet. Als treuer Begleiter des Menschen fand sie sich schon in den prähistorischen Siedlungen. Heute wächst sie auch auf Schutthalden und auf allen nährstoffreichen Böden. Sie tritt fast in ganz Europa, in Asien, Japan und Nordafrika auf und wurde auch in andere Weltteile eingeschleppt.

Im Artnamen der Wolfsmilchart hat C. Linné die Beobachtung des antiken Gelehrten Plinius festgehalten, daß sich der Blütenstand der Sonne zuwendet (griechisch helios = Sonne, scopein = schauen).

Drüsiges Springkraut

Impatiens glandulifera

Balsaminengewächse
Balsaminaceae

Das einjährige, bemerkenswert stattliche, baumartig verzweigte Kraut wird über 2 m hoch. Der Stengel ist fleischig bis fast glasig durchscheinend, kahl und an den Knoten (Nodi) verdickt. Die Honigdrüsen befinden sich an einer ungewöhnlichen Stelle, nicht auf der Blüte, sondern auf den Stielen und im unteren Teil der eiförmig lanzettlichen Blätter. Die duftenden Drüsen haben die Form von keulenförmigen Warzen. Die großen, auffallenden, roten Blüten sind langgestielt und zu je 2–14 in lockeren achselständigen Trauben vereinigt. Die Blüten haben einen Durchmesser von 3–4 cm. Sie sind symmetrisch, gespornt. Das größte Kelchblatt läuft in einen kurzen Sporn aus, der ähnlich wie die fünfzählige Krone gefärbt ist. In der Blüte befinden sich fünf einbrüderige (verwachsene) Staubblätter und ein oberständiger Fruchtknoten. Die Pflanze blüht von Juni bis August. Der befruchtete Fruchtknoten reift zu einer keulenförmig länglichen, kahlen Kapsel. Schon beim Berühren zerreißt die reife Kapsel jäh in 5 Klappen, die sich spiralig einrollen und die reifen Samen weit herausschleudern.

Das Drüsige Springkraut stammt aus dem Himalaja und aus Ostindien. Als Zierpflanze begann man es in europäischen Gärten zu ziehen und von dort hat es sich in die Umgebung verbreitet und eingebürgert. Die Art verbreitet sich vor allem entlang von Gewässern, wo sie größere Uferbestände bildet. Sie ist aber gegen Kälte sehr empfindlich, beim ersten Sinken der Temperatur werden die Pflanzen völlig vernichtet. Sie gehören zu den ausgiebigen Honigpflanzen.

Als Zimmerpflanzen werden häufig *I. balsamina* und *I. sultani* gezogen.

Balsaminengewächse
Balsaminaceae

Echtes Springkraut

Impatiens noli-tangere

Blüte

Blattgrund

Die bis 1 m hohe einjährige Art hat einen kahlen, sehr fleischigen Stengel. Der aufrechte Stengel ist unten knotig verdickt, weiter oben verzweigt er sich strauchförmig. Im unteren Teil ist er unbeblättert, weiter oben stehen wechselständige, langgestielte, kahle, eiförmig längliche, am Rande gezähnte Blätter. Am keilförmigen Blattgrund befinden sich einige einzelne Honigdrüsen. Die auffallend geformten gespornten Blüten sind bis 4 cm lang, sattgelb, die Krone ist innen rot punktiert. Der gelbe Kelch besteht aus 3–5 Blättern, das größte läuft in einen langen, gebogenen Sporn aus. Die langgestielte Blüte hängt unter dem Blatt herab. Die Blüten bilden lockere endständige Trauben. Die Früchte sind schmale, walzige, kahle Kapseln, die in reifem Zustand „zum Platzen gespannt“ sind. Es genügt, sie zu berühren, und die Kapsel zerspringt; jede der fünf Klappen dreht sich spiralig ein, und durch den Anstoß werden die Samen bis in eine Entfernung von einigen Metern ausgestreut.

Der bemerkenswerte Mechanismus des Auschleuderns der Samen beruht auf dem starken Druck einer konzentrierten Zuckerlösung in den Zellen des inneren Gewebes der Kapsel. Die Naht der Fruchtblätter hält diese Spannung nicht aus, zerreißt, und die eingerollten Klappen schleudern die Samen jäh aus.

Diese Waldpflanze blüht von Juni bis September in größeren Beständen im Unterwuchs feuchter Wälder, in Auenwäldern und im Ufergebüsch. Nach den ersten Frösten erfriert die saftige Pflanze, hinterläßt aber im Boden einen ausreichenden Vorrat von gut keimenden Samen. Sie ist in Mittel- und teilweise auch in Südeuropa verbreitet, ebenso in Vorder-, Mittel- und Ostasien und in Westamerika.

Kleinblütiges Springkraut

Impatiens parviflora

Balsaminengewächse
Balsaminaceae

Die Art ist ein einjähriges, 50–60 cm hohes Kraut. Der kahle Stengel ist aufrecht, beblättert und fast von unten an verzweigt. Die eiförmigen bis länglich zugespitzten Blätter sind kurzgestielt, wechselständig, am Rande gesägt, keilförmig in den Stiel verschmälert und mit einigen Honigdrüsen bewachsen. Die kleinen, hellgelben, höchstens 1,5 cm langen Blüten stehen aufrecht auf langen Stielen und bilden achselständige, 4–10blütige lockere Trauben. Der hellgelbe Kelch besteht aus drei Blättern, von denen das hintere in einen geraden, 8–10 cm langen, dünnen Sporn ausläuft. Die kahlen, länglich keulenartigen Kapseln springen bei Berührung auf und verstreuen durch den plötzlichen Anstoß der spiralig eingerollten Klappen die Samen in die Umgebung der Mutterpflanze. Die Art blüht von Juni bis September.

Diese mittelasiatische Art hat sich aus Ostsibirien, der Mongolei und Turkestan als Neophyt in Europa und Nordamerika eingebürgert, gehört also zu den Arten, die in neuerer Zeit unabsichtlich in die ursprünglichen Gesellschaften eingeschleppt wurden. Sie ist bei uns vor allem in die Parks und siedlungsnahen Wälder eingedrungen, wo sie große, dichte Bestände bildet.

In den Niederungen tritt sie in Auenwäldern auf; im Hügelland und in den Vorgebirgen bildet sie den Unterwuchs von Gebüschen und feuchten Hainen. Sie besiedelt auch Ruderalstellen, verunkrautet Waldschulen, Komposthaufen, Parks und Gärten. Sie wächst auf lockeren, mit Stickstoff und anderen Nährstoffen ausreichend versorgten Böden in Blockhaldenwäldern.

Blüte

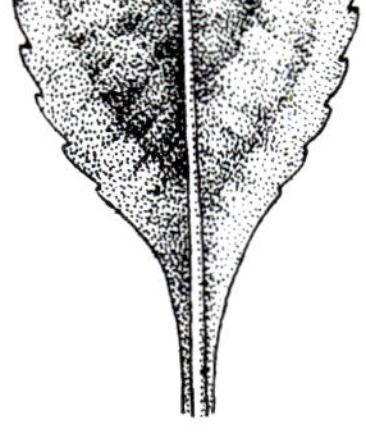

Blattgrund

Malvengewächse
Malvaceae

Moschusmalve

Malva moschata

Stengelblatt

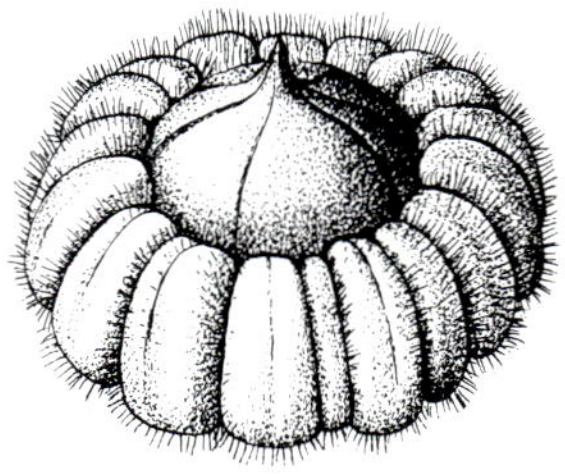

Spaltfrucht

Grundblatt

Das ausdauernde Kraut wird bis 1 m hoch. Der behaarte Stengel ist aufrecht, beblättert und im oberen Teil verzweigt. Der Stengel und die Blätter sind mit abstehenden einfachen Haaren besetzt, nur am Kelch befinden sich außerdem noch Sternhaare. Die Blätter sind handförmig fünflappig, die Lappen sind unregelmäßig gezähnt. Die Grundblätter sind langgestielt, handförmig gegliedert. Die Stengelblätter sind kurzgestielt, wechselständig und tiefer als die Grundblätter in 5–7 gespaltene, abstehende Abschnitte gegliedert. Die kleinen Nebenblätter sind linear-lanzettlich und borstig gewimpert. Die kurzgestielten, regelmäßigen Blüten sind fünfzählig, achsel- und endständig, zu je 1–3 angeordnet. Unter der Krone befinden sich ein bis zur Hälfte verwachsener, ausdauernder, borstiger Kelch und außerdem ein abstehender Außenkelch. Die ausgebreiteten Kronblätter sind dreieckig, ausgerandet, gewöhnlich hellrosa mit feinen dunkleren Adern, manchmal auch weiß. Die Blüte enthält eine größere Anzahl von Staubblättern, deren Staubfäden zu einer Röhre verwachsen sind. Der Stempel ist stark abgeflacht und reift nach der Befruchtung zu einer behaarten Spaltfrucht mit einer Mittelsäule, die im ausdauernden Kelch eingehüllt ist. Von der kurzen Mittelsäule trennen sich die einzelnen halbmondförmigen, einsamigen Teilfrüchte ab. Die Pflanzen blühen von Juni bis August.

Die Moschusmalve ist eine europäische Art, die auf trockenen Wiesen und strauchigen Hängen, an Wegrändern und Eisenbahndämmen gedeiht. Sie stammt aus Südeuropa, wurde aber auch in anderen Teilen Europas von den Niederungen bis ins Hügelland heimisch.

Als nach Moschus riechende Heilpflanze wurde sie gegen Entzündungen der oberen Atemwege genutzt.

Rauhhaariges Hartheu

Hypericum hirsutum

Hartheugewächse
Hypericaceae

Das ausdauernde 0,5–1 m hohe Kraut ist ganz mit dichten, kurzen, weichen Haaren bedeckt. Die buschigen, aufrechten, einfachen Stengel sind stielrund, der ganzen Länge nach dicht beblättert und an der Spitze nur kurz zu einem verlängerten kegeligen Blütenstand aus achselständigen Rispen verzweigt. Die Blätter sind gegenständig, mit sehr kurzen Stielen, eiförmig, ganzrandig, am Rande gewimpert. Sie sind durchscheinend punktiert, aber ohne schwarze Punkte (Drüsen). Schwarze Punkte finden sich an der Spitze der hellgelben Kronblätter. Die Kelchblätter haben gestielte Drüsen. Die regelmäßigen fünfzähligen Blüten enthalten zahlreiche Staubblätter und einen oberständigen Fruchtknoten mit drei Griffeln. Die gelben Blüten erscheinen von Juni bis August. Die Frucht ist eine vielsamige Kapsel mit samtig behaarten Samen.

Das Rauhhaarige Hartheu wächst am häufigsten in lichten Laub- und Nadelwäldern, an ihren Rändern, auf Weiden, von Buschwerk bewachsenen Hängen und Lichtungen. Es tritt meist einzeln, nicht gesellig in Europa und Westasien auf. Es kommt zerstreut, stellenweise auch ziemlich häufig von den Niederungen bis ins Gebirge vor.

Von ähnlichen Hartheuarten unterscheidet es sich sehr deutlich durch die weiche Behaarung der ganzen Pflanze.

Der Gattungsname ist wahrscheinlich ursprünglich für das Tüpfelhartheu (siehe nächste Seite) geprägt worden, denn das griechische hyper und eikon bezeichnet eine Pflanze von außergewöhnlicher Heilkraft, was vor allem für das Tüpfelhartheu zutrifft.

Frucht – Kapsel

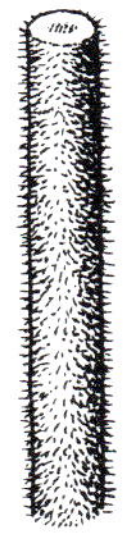

Detail des Stengels

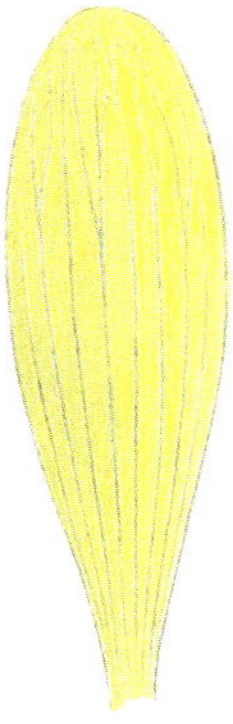

Kronblatt

Hartheugewächse
Hypericaceae

Tüpfelhartheu

Hypericum perforatum

Querschnitt durch den Stengel

Kelchblatt

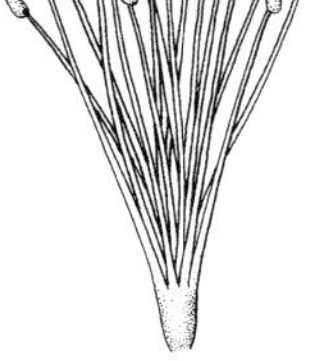

eines der drei Staubblattbündel

Blatt mit Drüsenpunkten

Das ausdauernde, über einen halben Meter hohe, verzweigte Kraut hat einen verzweigten Wurzelstock und einen kahlen, stielrunden Stengel mit zwei schmalen Längsleisten. Die sitzenden gegenständigen Blätter sind ganzrandig und zwischen den stärkeren Nerven durchscheinend von Drüsen punktiert, die ein ätherisches Öl enthalten. Stellenweise erscheinen auch schwarze Drüsen. Mehr und besser sichtbare schwarze Punkte finden sich am Kelch und vor allem auf den goldgelben Kronblättern und den Blütenstielen. Die Blüten sind in einem reichen endständigen Blütenstand vereinigt. Die offenen Blüten enthalten 50, 60–80 Staubblätter, deren Staubfäden im unteren Teil zu drei Bündeln verwachsen sind. Auch die Früchte, dreifächerige Kapseln, sind drüsig punktiert. Die Pflanzen blühen vor allem im Juli und August.

Die schwarzen Punkte enthalten Flavonglykoside, Gerbstoffe und vor allem den rotschwarzen öligen Farbstoff Hypericin, der Photosensibilisierung der Haut hervorruft. Wenn er an der Sonne mit ihr in Berührung kommt, erscheinen dann Blasen auf der Haut. Aus zerdrückten Blütenknospen tritt ein blutroter Saft aus, der im Volksmund „Johannisblut“ genannt wird.

Das Tüpfelhartheu wächst am häufigsten auf sonnigen Hängen, Trockenwiesen, Rainen und Weiden, im Hügelland und in Vorgebirgen, aber auch in den Niederungen. Es ist in ganz Europa und Westasien verbreitet und auch in Nordafrika, Amerika und Australien heimisch geworden.

Die Art ist eine bedeutsame Heilpflanze. Das getrocknete Kraut aus den beblätterten oberen Teilen der Pflanzen ohne Früchte und verholzte Stengel liefert die Droge. Als Zauberpflanze schützte sie einst gegen Blitz und verschiedene Krankheiten und aus ihrem Saft wurde wahrgesagt.

Flügelhartheu

Hypericum tetrapterum

Hartheugewächse
Hypericaceae

Das Flügelhartheu ist ein 30–60 cm hohes, ausdauerndes, kahles Kraut mit einem unterirdischen kriechenden, ausläuferartigen Wurzelstock. Die Stengel sind aufrecht, nur am Ende spärlich verzweigt. Am Stengel verlaufen der ganzen Länge nach vier Leisten, von denen zwei schmaler und zwei breiter sind. Der vierflügelige Stengel ist an den Kanten schwarz drüsig punktiert. Die Blätter sind gegenständig, ganzrandig, eiförmig bis breit elliptisch, der Blattgrund ist halbstengelumfassend. Auf den Blättern sind die durchscheinenden, ätherisches Öl enthaltenden Punkte und einige schwarze Drüsen nicht sehr deutlich. Der dicht zusammengedrängte, endständige Blütenstand besteht aus zahlreichen gelben, regelmäßigen Blüten. Der Kelch ist spitzig, schmal lanzettlich, schwarz punktiert. Auch die breit elliptischen Kronblätter sind schwarz punktiert. In der Blüte befindet sich eine Vielzahl von dreibrüderigen Staubblättern und ein Stempel mit einem oberständigen, aus drei Fruchtblättern verwachsenen Fruchtknoten. Die Frucht ist eine Kapsel. Die Pflanzen blühen im Juli und August.

Das Flügelhartheu wächst in Europa an verschiedenen Stellen, am häufigsten an feuchten, kühlen Standorten von den Niederungen bis ins Hügelland. Zerstreut tritt es auf nassen Lehmböden an Ufern fließender oder stehender Gewässer, in Ufergebüschen, Gräben, auf beschatteten Weiden und Moorwiesen auf. Die Pflanze wird auch mit dem Namen *H. acutum* bezeichnet.

Querschnitt durch den Stengel

Kapsel

Blutweiderichgewächse
Lythraceae

Gemeiner Blutweiderich

Lythrum salicaria

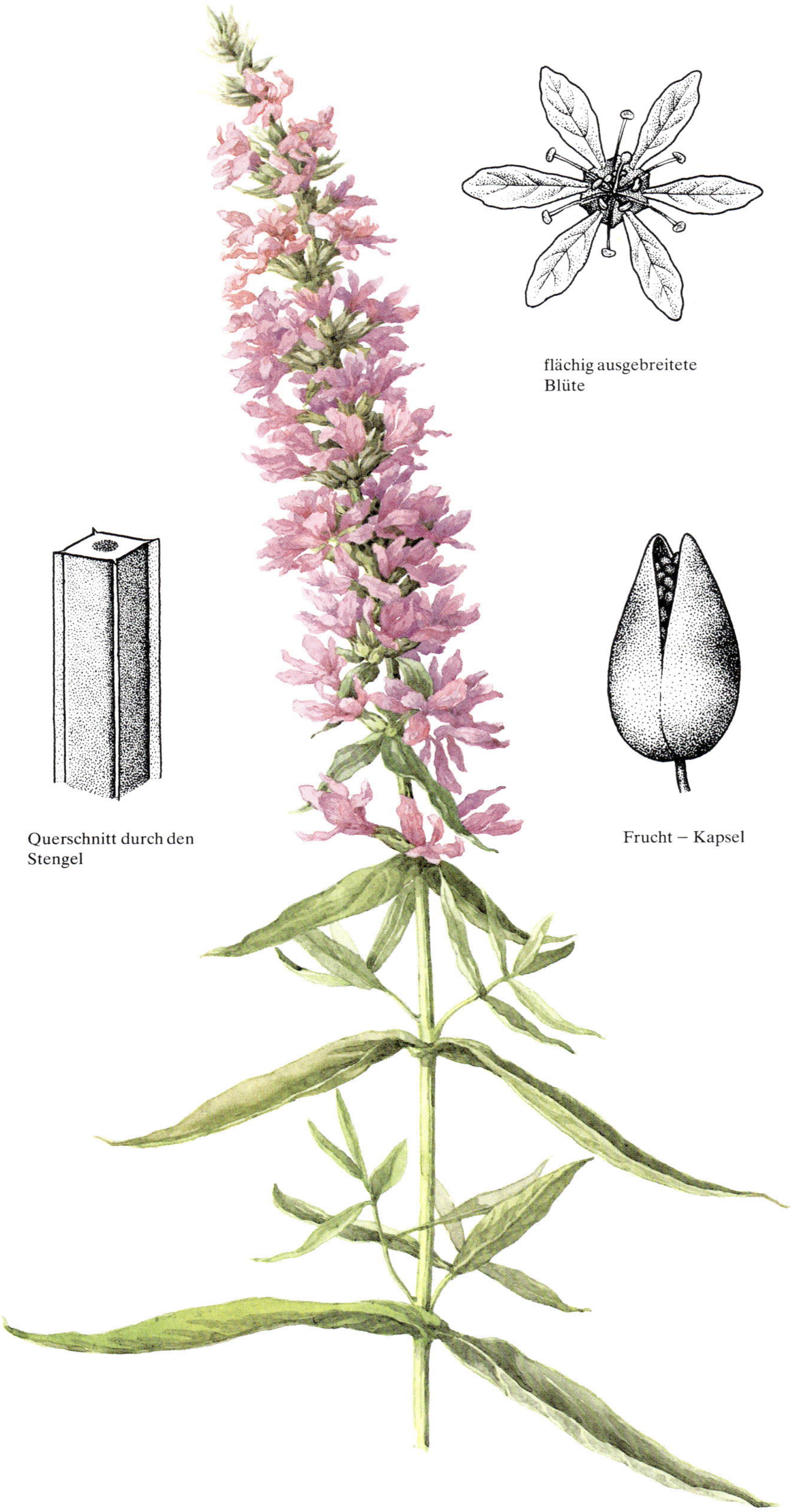

flächig ausgebreitete Blüte

Querschnitt durch den Stengel

Frucht – Kapsel

Das ausdauernde, manchmal bis 1 m hohe Kraut hat einen aufrechten, einfachen, behaarten, scharf vierkantigen Stengel. Er trägt sitzende, ganzrandige, lanzettliche Blätter, die zu dritt in Quirlen angeordnet sind. Die Blätter sind unterseits auffallend geadert. An der Stengelspitze steht eine lange, dichte Scheinähre aus in Quirlen angeordneten Blüten. Die purpurroten, blauvioletten, selten weißen Blüten sind zwitterig, vier- bis achtzählig, mit 12 Staubblättern, davon 6 kürzeren und 6 längeren. Die Blüten weisen deutliche Heterostylie auf, die die Fremdbestäubung unterstützt: die Griffel der Stempel weisen in den einzelnen Blüten drei verschiedene Längen auf. Zwischen den Kelchzipfeln befinden sich schmale Zähne. Es sind sechs Kronblätter vorhanden. Die Blüten erscheinen von Juli bis September. Die Frucht ist eine zweifächerige, vielsamige Kapsel, die mit zwei Klappen aufspringt.

Diese feuchtigkeitsliebende Art besiedelt feuchte Böden an Ufern und nassen Stellen, in Gräben, auf feuchten Wiesen, Sümpfen und in Auenwäldern von den Niederungen bis ins Hügelland. Sie wächst in ganz Europa, in Mittel- und Nordasien und tritt auch in Australien und Nordamerika auf.

Früher wurde der Gemeine Blutweiderich als Heilpflanze benutzt; die Wurzel und das Kraut dienten gegen Blutungen und Durchfall, was der Pflanze den Namen gab. Ihre Gerbstoffe wurden zum Gerben verwendet, und mit dem aus den Blüten gewonnenen Farbstoff wurde Zuckerwerk gefärbt.

Der wissenschaftliche Gattungsname ist vom griechischen lythron (= aus einer Wunde ausfließendes Blut) abgeleitet, nach der roten Farbe der Blüten und der Wurzel, die zur Blutstillung verwendet wurde. Der Artname *salicaria* weist auf die Ähnlichkeit der Blätter mit Weidenblättern hin (*Salix* = Weide).

Schmalblättriges Weidenröschen

Epilobium angustifolium

Nachtkerzengewächse
Oenotheraceae

Das ausdauernde Kraut hat einen kriechenden Wurzelstock, aus dem schuppenförmige Ausläufer und aufrechte, bis 120 cm hohe Stengel hervorwachsen. Die stielrunden, dicht beblätterten Stengel sind einfach und tragen eine endständige Blütentraube. Die Blätter sind wechselständig, dünn, länglich bis linear-lanzettlich, lang zugespitzt, unterseits grau. Die oberen Blätter gehen allmählich in die Deckblätter des Blütenstandes über. Die großen, rosa, langgestielten Blüten haben langgestreckte, spitzige Knospen; der Kelch ist rot, vierzählig, ebenso lang wie die Krone. Die Früchte sind länglich-lineare, dichtbehaarte Kapseln. Die reifen Kapseln streuen eine Vielzahl kleiner Samen mit langen weißen Flughaaren aus. Die behaarten Samen werden vom Wind in große Entfernungen von der Mutterpflanze verbreitet. Die stattliche Pflanze entwickelt bis 50 000 Samen.

Das Schmalblättrige Weidenröschen blüht in großen Mengen im Juli und August auf Schlägen von den Niederungen bis in die subalpine Stufe der nördlichen Halbkugel. Es verbreitet sich rasch, denn die leichten Samen fassen auf trockenen Hängen, Aufschüttungen, an Wegen und auf unbesetztem Boden auf Brandstätten leicht Fuß. Die Art besiedelt vor allem Böden, in denen Nährstoffe aus sich rasch zersetzender organischer Substanz zur Verfügung stehen. Zusammen mit Greiskraut und Himbeere ist sie eine Pionierpflanze auf Waldschlägen.

Das Weidenröschen, ebenso wie das Springkraut, sind Wirtspflanzen der grünen Raupen des Mittleren Weinschwärmers *(Deilephila elpenor)*. Der Schmetterling fliegt am Abend auf Schlägen umher, vor allem in wärmeren Gegenden.

Die Blätter des Weidenröschens dienten mancherorts als Ersatz für echten Tee.

Kapsel

Samen

Nachtkerzengewächse
Oenotheraceae

Bergweidenröschen

Epilobium montanum

Stempel

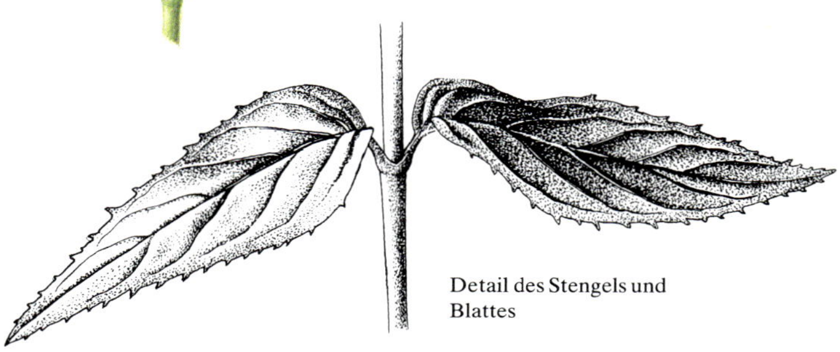

Detail des Stengels und Blattes

Das ausdauernde, 10–80 cm hohe Kraut hat einen kurzen Wurzelstock und unterirdische Ausläufer, aus denen nach dem Verblühen eine Blattrosette hervorwächst. Die aufrechten Stengel sind stielrund, einfach, zweireihig behaart, nur im oberen Teil wenigästig, spärlich flaumhaarig und drüsig. Die Stengelspitze ist vor dem Erblühen in der Regel nickend. Die grasgrünen Blätter sind gegenständig, kurzgestielt, eiförmig lanzettlich und zugespitzt, mit einem ungleich gezähnten Rand. Oberseits und unterseits auf dem Adernetz sind sie flaumhaarig. Die Blüten sind vierzählig, klein, hellrosa mit dunkleren Adern. Die Kronblätter sind scharf ausgerandet und doppelt so lang wie der grüne Kelch. Der Blütenbecher ist kurz röhrig. Die Staubblätter stehen in zwei Kreisen, die Staubfäden sind am Grunde nicht verbreitert; der Griffel des Stempels mit einem langen unterständigen Fruchtknoten ist gerade, die Narbe anfangs köpfig, später ausgebreitet vierlappig. Die Frucht ist eine abstehend drüsenhaarige, 5–8 cm lange Kapsel.

Das Bergweidenröschen blüht von Juni bis September auf steinigen Waldböden, die wenigstens einen mittleren Nährstoff- und Wassergehalt aufweisen. Es tritt häufig im krautigen Unterwuchs von Laub- und Nadelwäldern auf, wächst entlang von Waldwegen, auf Schlägen, Waldrändern, in Gebüschen, aber auch in Gärten und Parks. Es kommt in Europa und Westasien oft gesellig von den Niederungen bis hinauf in die subalpine Stufe vor.

Der wissenschaftliche Gattungsname ist vom griechischen lobion (= kleine Frucht, Schote) abgeleitet, denn der langgestreckte, unterständige Fruchtknoten erinnert an eine Schote, der die Krone gleichsam aufsitzt (griechisch epi = auf).

Kleinblütiges Weidenröschen

Epilobium parviflorum

Nachtkerzengewächse
Oenotheraceae

Aus den Wurzelstöcken des ausdauernden, 15–50 cm hohen Krauts wachsen nach dem Verblühen eine lebhaft grüne Blattrosette oder dichtbelaubte Triebe hervor. Die aufrechten Stengel sind stielrund, kurz abstehend behaart und zerstreut drüsig. Die lanzettlichen Blätter sind kurzgestielt, die oberen fast sitzend. Die unteren Blätter sind gegenständig, die oberen wechselständig. Die Blätter sind weichhaarig und am Rande kleingezähnt. Die Einzelblüten stehen in den Achseln der Deckblätter; sie sowie die eiförmigen Knospen sind aufrecht. Der Durchmesser der Blüten beträgt nur 8–12 mm. Die hellviolette bis rosaviolette Krone besteht aus breit dreieckigen, umgekehrt herzförmigen, breit ausgerandeten Blättern. Sie ist länger als der grüne Kelch. Der unterständige Fruchtknoten ist zerstreut behaart bis kahl, die Narbe hat vier gerade, später ausgebreitete Lappen. Die längliche, schmale Kapsel ist kahl. Beim Reifen springt sie an der Spitze auf und setzt eine große Menge von kleinen, außerordentlich leichten, mit einem langen, feinen baumwollähnlichen Haarschopf ausgestatteten Samen frei.

Das Kleinblütige Weidenröschen blüht von Juli bis September an den Ufern fließender, manchmal auch stehender Gewässer in Gräben und auf Lichtungen. Es wächst auf feuchten, nährstoffreichen, besonders kalkhaltigen Böden mit einem höheren Grundwasserspiegel. Es ist in Europa und Westasien von den Niederungen bis ins Hügelland verbreitet.

Das verwandte und sehr ähnliche Rauhhaarige Weidenröschen *(E. hirsutum)* tritt an denselben Standorten auf, ist aber über 1 m hoch und abstehend behaart. Die Blätter sind sitzend bis stengelumfassend, die mittleren sind schmal herablaufend, scharfgezähnt.

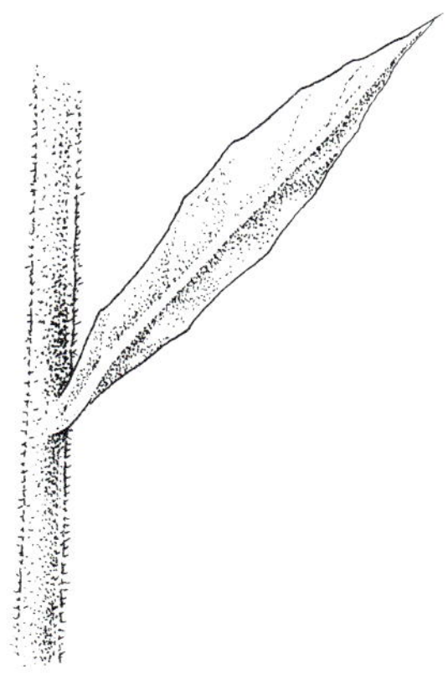

Detail des Stengels und Blattes

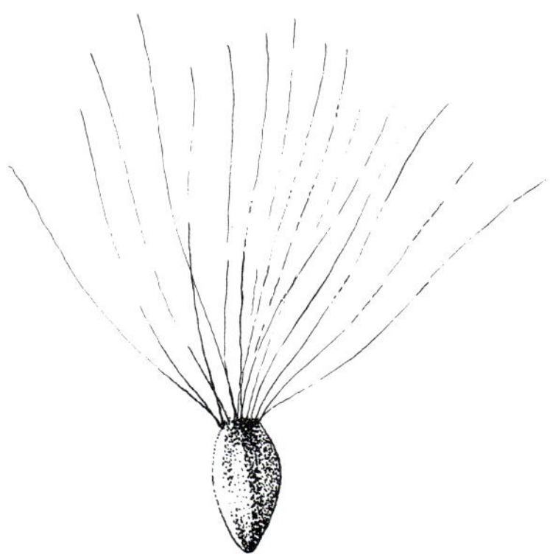

Samen mit Haarschopf

Nachtkerzengewächse
Oenotheraceae

Gemeine Nachtkerze

Oenothera biennis

Kapsel

Samen

Das mehr als 1 m hohe zweijährige Kraut entwickelt im ersten Jahr eine Grundrosette. Ihr entspringt im zweiten Jahr ein kantiger, drüsig behaarter Stengel, der in einer Blütentraube endet. Die Stengelblätter sind zugespitzt, wechselständig und abstehend, unregelmäßig kleinzähnig und abstehend feinhaarig. Nach oben zu werden die Blätter kleiner und gehen in die Deckblätter des endständigen Blütenstandes über. Dieser besteht aus großen, leuchtend gelben Blüten. Sie sind regelmäßig, vierzählig. Der langröhrige Blütenbecher ist vierkantig, die Kelchblätter sind lanzettlich und zurückgeschlagen. Die Kronblätter sind leicht ausgerandet, länger als der Kelch. Die Frucht ist eine vierkantige filzige Kapsel. Sie enthält bis 300 rundliche Samen ohne Haarschopf. Die Blüten erscheinen von Juni bis August.

Die zart duftenden Blüten der Gemeinen Nachtkerze öffnen sich abends. Das Öffnen der Blüten erfolgt plötzlich; es dauert nicht länger als eine halbe Minute. Die Bestäubung wird von Nachtfaltern, Schwärmern besorgt, die mit ihren langen Saugrüsseln im Flug den süßen Nektar aus der tiefen Blütenröhre saugen.

Die Pflanze wächst auf der nördlichen Halbkugel, stammt aber aus Nordamerika, aus Virginien. Nach Europa gelangte sie zu Beginn des 17. Jahrhunderts, wurde hier heimisch und verbreitet sich entlang von Wegen und Eisenbahnlinien, auf Schutthalden, Sandböden, Anschwemmungen, in Steinbrüchen und auf Brachland. Zu ihren ursprünglichen Biotopen gehört auch die Meeresküste. Ihre Verbreitung wurde auch durch den Menschen gefördert, als er sie in den Gärten zu ziehen begann.

Die Nachtkerze hat eine schmackhafte süßliche Wurzel, die im ersten Jahr als Gemüse verwendet wird. Man bereitet aus ihr Salat, der Rapontikasalat genannt wird.

Großes Hexenkraut

Circaea lutetiana

Nachtkerzengewächse
Oenotheraceae

Das mittelgroße ausdauernde Kraut wird 20–60 cm hoch. Im Boden befindet sich ein dünner, kriechender Wurzelstock mit ausgebreiteten, verzweigten Ausläufern. Der aufrechte Stengel ist brüchig, unten stielrund und kahl, oben behaart. Die Blätter sind gestielt, herzförmig und nicht glänzend, am Rande ausgeschnitten gezähnt, am Grunde abgerundet. Sie sind kahl, nur unterseits auf den Nerven flaumig behaart. Die kleinen Blüten auf langen flaumigen Stielen sind zu einer länglichen Traube vereinigt. Die Blüten sind waagerecht abstehend, die Früchte etwas herabgeneigt und borstig behaart. Der Fruchtbecher ist schmal röhrig. Die zweizähligen Blüten haben nur zwei nach rückwärts abstehende und hinfällige Kelchblätter. Die beiden Kronblätter sind tief zweiteilig, weiß oder rosa. In der Blüte befinden sich zwei Staubblätter und ein unterständiger, aus zwei Fruchtblättern verwachsener Fruchtknoten mit einer zweilappigen Narbe. Die Schließfrüchte bleiben mit ihren Borsten an Tieren und Menschen haften und werden so verbreitet (Klettverbreitung).

Das Große Hexenkraut blüht von Juni bis Juli in Wäldern und Ufergebüschen. Es ist genügsam in bezug auf das Licht, verlangt aber mit Nährstoffen, besonders mit Stickstoff ausreichend versorgte Böden. Der Schwerpunkt seiner Verbreitung sind die Auenwälder in warmen Niederungen; manchmal steigt es entlang von Wasserläufen bis in die Hügellandstufe auf. Häufig tritt es gesellig auf. Es ist in Europa und Westasien verbreitet.

Das Große Hexenkraut kann leicht mit den verwandten Arten Mittleres Hexenkraut *(C. intermedia)* und Alpenhexenkraut *(C. alpina)*, das allerdings mit 5–12 cm sehr klein ist, verwechselt werden.

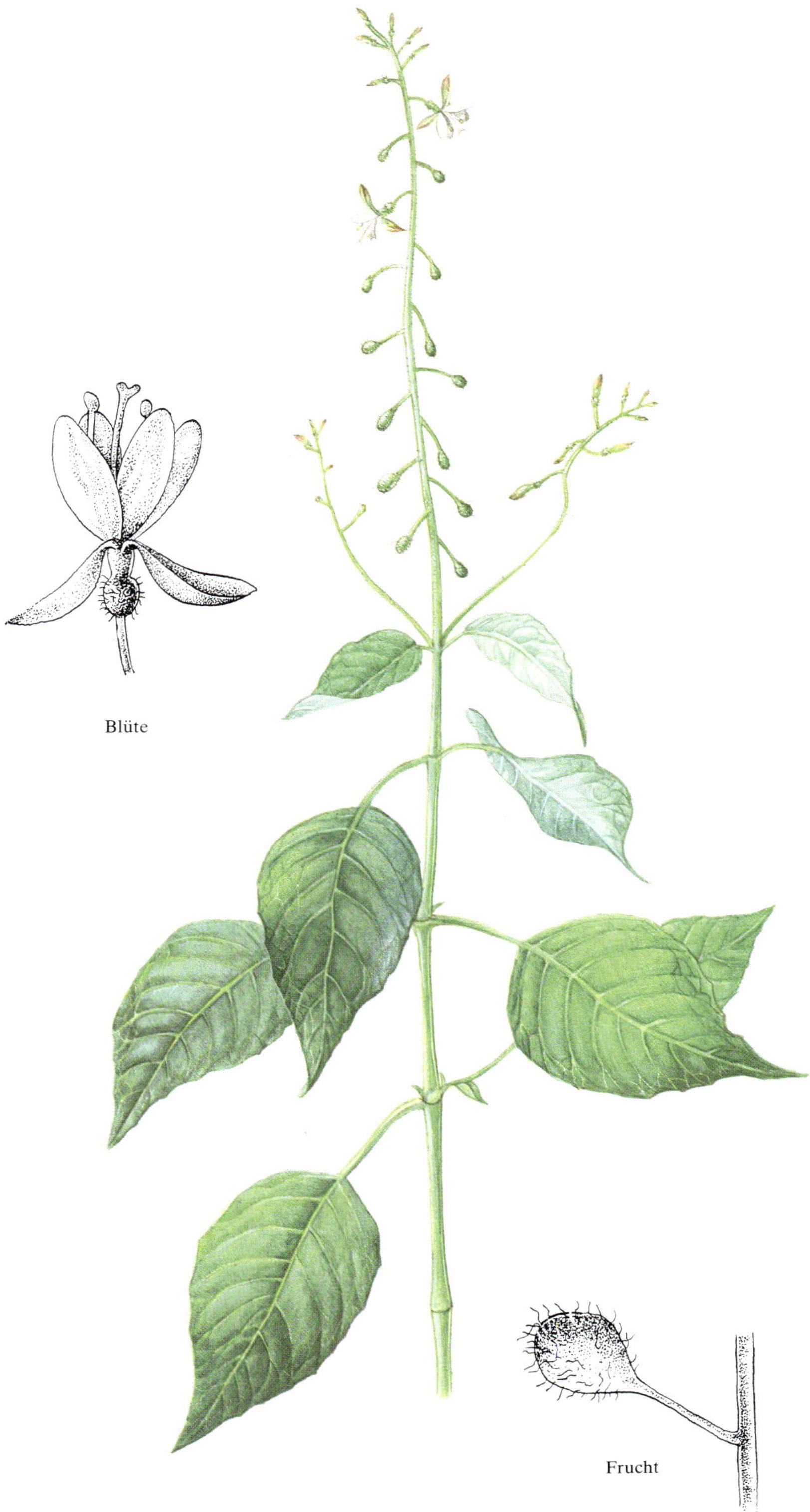

Blüte

Frucht

Doldengewächse
Apiaceae

Sanikel

Sanicula europaea

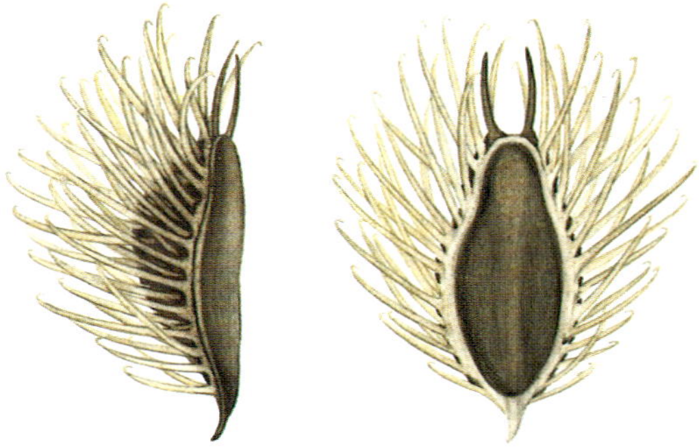

gespaltene Doppelachäne von der Seite und von vorne

Blüte

Das ausdauernde kahle Kraut ist nicht einmal einen halben Meter hoch. Der einfache, aufrechte Stengel entspringt einem kurzen, kriechenden, von Blattresten bedeckten Wurzelstock. Der scharfkantige Stengel wächst aus einem Busch langgestielter Blätter hervor. Die glänzenden Blattspreiten sind im Umriß rundlich, handförmig in 3 oder 5 zwei- bis dreispaltige Abschnitte gegliedert, die am Rande gesägt sind. Selten trägt der Stengel ein oder zwei fast sitzende Blätter. Der endständige Blütenstand ist eine lockere Dolde aus kleinen kugeligen, langgestielten Döldchen weißer Blüten. Im Blütenstand sind zweierlei Blüten vorhanden. Die zwitterigen sind sitzend, die männlichen kurzgestielt. Die kleinen Blüten haben eine weißliche Krone, niedrige, breit lanzettliche Kelchzipfel und weit aus der Blüte herausragende Staubblätter. Auch die Früchte, dicht mit hakenförmigen Borsten besetzte Doppelachänen, sind kugelig. In reifem Zustand spalten sie sich in zwei Schließfrüchte, die am Haarkleid von Tieren haften bleiben und so in der Umgebung verbreitet werden. Die Pflanzen blühen von Mai bis Juni.

Die feuchtigkeits- und kalkliebende Art wächst oft gesellig auf schattigen humosen Böden, in Laub- und Mischwäldern von den Niederungen bis in die subalpine Stufe. Sie ist eine typische Art der Vorgebirgsbuchenwälder und Blockhaldenwälder mit gut zersetztem Mullhumusboden. Sie ist in fast ganz Europa, Westasien und Nordafrika verbreitet.

Früher war der Sanikel eine bedeutsame Heilpflanze, wie schon aus seinem wissenschaftlichen Gattungsnamen (lat. sanare = kurieren, heilen) hervorgeht.

Große Sterndolde, Strenze

Astrantia major

Doldengewächse
Apiaceae

Das ausdauernde stattliche Kraut, dessen Stengel über einen halben Meter lang ist, wächst aus einem verholzten, schrägen Wurzelstock hervor, der mit schwarzen Fasern besetzt ist. Die meisten Blätter bilden eine Bodenrosette. Am Stengel stehen nur ein bis zwei scheidige Blätter. Die Grundblätter sind langgestielt, die Spreiten rundlich nierenförmig, tief 6–7teilig, mit eiförmigen, am Rande dichtgezähnten Abschnitten. Die Sterndolde hat keinen für die Doldengewächse typischen Blütenstand. Die Dolde ist einfach, nicht aus Döldchen zusammengesetzt. Die langgestielten weißen oder rosa überlaufenen Blüten sind ebensolang wie die Deckblätter oder kürzer. Die großen grünweißen, fein geaderten Deckblätter sehen wie die Blütenhülle der Scheinblüte aus. In der Dolde sind zwitterige und männliche Blüten. Der Kelch ist ebensolang wie die weiße Krone. Die sehr langen Staubblätter überragen die Blütenhüllen. Die Früchte sind längliche, gezackt keilförmige Doppelachänen, die beim Reifen zerfallen. Die Pflanzen blühen von Juni bis August.

Die Große Sterndolde kommt vor allem in Mittel- und Südeuropa vor. Sie tritt zerstreut von den Niederungen bis ins Hügelland und im Gebirge auf, wo sie häufiger ist. Sie wächst vor allem an feuchteren Stellen in schattigen Wäldern, Gebüschen, an Waldrändern und auf Bergwiesen. Die Art ist veränderlich und bildet einige Rassen.

Der wissenschaftliche Gattungsname bezieht sich wohl auf die sternförmig ausgebreiteten Hüllblätter (griechisch aster = Stern, antios = ähnlich).

Zwitterblüte

Hüllblatt

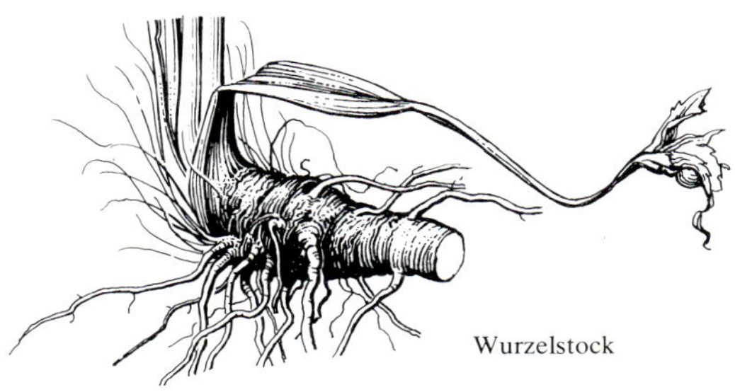

Wurzelstock

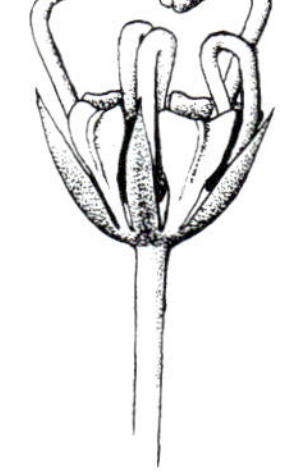

männliche Blüte

Doldengewächse
Apiaceae

Wiesenkümmel

Carum carvi

reife Doppelachäne

Blüte

Das aromatische zweijährige, nach Möhren riechende Kraut hat eine helle, spindelförmige Wurzel. Der fein beblätterte, gefurchte, aufrechte Stengel erreicht eine Höhe von 1 m. Im ersten Jahr bildet der Kümmel eine Grundrosette aus gestielten, vielfach gefiederten Blättern. Im zweiten Jahr entwickelt sich der blütentragende Stengel mit sitzenden, scheidigen Blättern, deren Spreiten fiederschnittig in fadenförmige Abschnitte geteilt sind. Die Blüten sind klein, weiß, fünfzählig. Sie sind in endständigen zusammengesetzten Dolden mit 8–16 Döldchen angeordnet. Ein Döldchen enthält 14–21 Blüten. Hüllen und Hüllchen fehlen. Die Kronblätter sind weiß, rosa, selten auch rot, tief ausgerandet. Der Kelch ist verkümmert. Die Blüten entfalten sich nach und nach von der mittleren Dolde an von Mitte Mai bis Juni. Sie werden von Insekten bestäubt. Die Frucht ist eine eiförmig längliche, seitlich stark zusammengedrückte Doppelachäne.

Der Kümmel wächst wild in Europa, Mittel- und Westasien auf Wiesen, Weiden, Rainen und an anderen grasbewachsenen Standorten. Als aromatische Kulturpflanze wird er auf Feldern angebaut und verwildert hier und da. Aromatisch sind vor allem die Schließfrüchte, die 2–7 % ätherisches Öl vom typischen Geruch und Geschmack des Carvons enthalten. Ein anderer wichtiger Bestandteil des Kümmelöls ist das Monoterpen Limonen. Der Kümmel ist nicht nur ein gebräuchliches Küchengewürz, sondern wird auch in der pharmazeutischen und Nahrungsmittelindustrie genutzt. Dank seines würzigen Geschmacks ist er auch ein wertvoller Bestandteil des Futters.

Große Pimpinelle, Bibernelle

Pimpinella major

Doldengewächse
Apiaceae

Das ausdauernde, bis 1 m hohe Kraut hat aufrechte, hohle, scharf gefurchte Stengel. Die Blätter sind einfach unpaarig gefiedert, mit einigen kurzgestielten, am Rande scharfgezähnten Blattpaaren. Die Zähne haben eine knorpelige Spitze. Das Endblättchen ist gewöhnlich dreilappig. Die Blätter im oberen Teil des Stengels haben eine einfachere bis dreiteilige Spreite, die auch verkümmert sein kann. Der Stengel endet in einer kleinen, aus weißen oder rosa überlaufenen Blüten zusammengesetzten, 9–15 strahligen Dolde. Hüllen und Hüllchen fehlen. Die zusammengesetzten Dolden sind vor dem Entfalten der Blüten nickend. Die kleinen, nicht strahlenden Blüten sind zwittrig und männlich, mit umgekehrt herzförmigen Kronblättern. Kelchblätter fehlen. Die beiden langen, abstehenden Griffel sind länger als der Fruchtknoten. Die Früchte sind gerippte Doppelachänen. Die Blüten erscheinen von Juni bis September. Die Pflanze tritt in ganz Europa und Vorderasien verhältnismäßig häufig auf feuchteren Wiesen, in lichten Wäldern, Gebüschen und an Wegrändern von den Niederungen bis in die montane und subalpine Stufe auf.

An mageren Standorten wächst die niedrigere Kleine Pimpinelle (siehe nächste Seite). Die Wurzeln beider Arten zeichnen sich durch einen spezifischen Geruch aus. Sie enthalten ätherisches Öl, das Cumarinderivat Pimpinellin, Gerbstoffe und Harze. Aus der Droge wird ein Aufguß bereitet, der die Sekretion der Schleimhäute, besonders die der Atemwege, unterstützt und deshalb auswurffördernd wirkt. Die Droge ist auch gegen Durchfall wirksam, besonders in frischem Zustand. Sie wird ferner zu Umschlägen und Bädern gegen schlecht heilende Wunden verwendet.

Blüte

Blatt

Doppelachäne

Doldengewächse
Apiaceae

Kleine Pimpinelle

Pimpinella saxifraga

Blatt

Das mittelgroße Kraut hat in der Erde eine kräftige spindelförmige Wurzel. Die aufrechten Stengel sind stielrund und markhaltig, nur fein gerippt. Die langgestielten Grundblätter sind einfach unpaarig gefiedert, mit einigen Paaren breit eiförmiger, am Rande tief gezähnter, stumpfspitziger Blättchen. Das Endblättchen ist dreilappig. Die mittleren Stengelblätter sind scheidig sitzend, die Spreite der oberen Blätter ist stark reduziert. Die zusammengesetzte Dolde besteht aus 6–15 Döldchen, Hüllen und Hüllchen fehlen. Die sehr kleinen, nicht strahlenden Blüten haben undeutliche Kelchblätter, die Kronblätter sind weiß oder gelblich. Die Blüten erscheinen vor allem in den Monaten Juli bis September, vereinzelt noch im Oktober. Die fruchtenden Pflanzen tragen in Dolden angeordnete Doppelachänen, die beim Reifen in einzelne kugelige, eiförmige Schließfrüchte mit 5 feinen Rippen zerfallen.

Die Kleine Pimpinelle ist in Europa und Asien verbreitet. In Nordamerika ist sie heimisch geworden. Sie wächst auf trockeneren Wiesen und Weiden, Rainen und Hängen von den Niederungen bis ins Gebirge.

Die Wurzel enthält eine Reihe wertvoller Stoffe, vor allem ätherisches Öl, Gerbstoffe, Zucker, Pektine, Kalium- und Kalziumsalze. In der Volksmedizin wurde sie als auswurfförderndes Mittel, gegen Husten und Heiserkeit verwendet. Sie ist auch gegen Erkrankungen der Harnwege und Verdauungsbeschwerden wirksam. Kleiner Wiesenknopf wie Kleine Pimpinelle haben ähnliche Grundblätter. Erstere aber ist ein Rosengewächs. Hier beim Doldenblütler werden die Stengelblätter zur Dolde hin immer schmaler und feingliedriger. Auch wegen der sehr ähnlichen Volksnamen werden beide im Volksmund und im Samenhandel häufig verwechselt.

Giersch, Geißfuß

Aegopodium podagraria

Doldengewächse
Apiaceae

Das ausdauernde Kraut kann in blühendem Zustand eine Höhe von 1 m erreichen. Die kantigen, verzweigten Stengel sind mit kurzen anliegenden Borsten besetzt und sehen wie kahl aus. Die Pflanzen bilden oft ausgebreitete Bestände langgestielter Blätter, die überall hervorwachsen, wo sich unter der Erde die verzweigten, weißen, dünnen Wurzelstöcke befinden. Auch die scheinbar kahlen Blätter sind fein borstig behaart, scheidig, 2–3fach gegliedert, mit asymmetrisch länglichen, eiförmigen, zugespitzten, am Rande gesägten Abschnitten. In Richtung zur Stengelspitze werden die Blätter einfacher. Die Pflanze blüht üppig, die mittelgroßen zusammengesetzten Dolden haben weder Hüllen noch Hüllchen. Die Stiele der kleinen Blüten sind rauhhaarig, die Krone ist weiß oder rötlich, die langen Griffel sind gerade. Fertile Pflanzen entwickeln eine Vielzahl länglich eiförmiger gerippter Doppelachänen, die in der Form, nicht im Geruch, dem Kümmel ähneln. Die Pflanze riecht eher unangenehm. Sie blüht in den Monaten Juni und Juli.

Dieses schwer auszurottende Unkraut verbreitet sich rasch und hartnäckig, besonders durch die Wurzelstöcke. Es wächst in feuchten Wäldern, Gebüschen, Gärten und Parks, Obstplantagen, auf Feldern und überall dort, wo es humosen, stickstoffreichen Boden findet. Es ist fast in ganz Europa, in Klein- und Westasien verbreitet und wurde auch nach Nordamerika eingeschleppt.

Auch kleine Wurzelstockbruchstücke sind ungeheuer lebensfähig. Sie wachsen rasch zu einer neuen Pflanze heran und bilden stellenweise dichte, den Boden beschattende Bestände. Der wissenschaftliche Gattungsname bezieht sich auf die Blattform; griechisch aigos = Ziege, podion = Füßchen; podagrarius = Podagra (Fußgicht, Zipperlein) heilend.

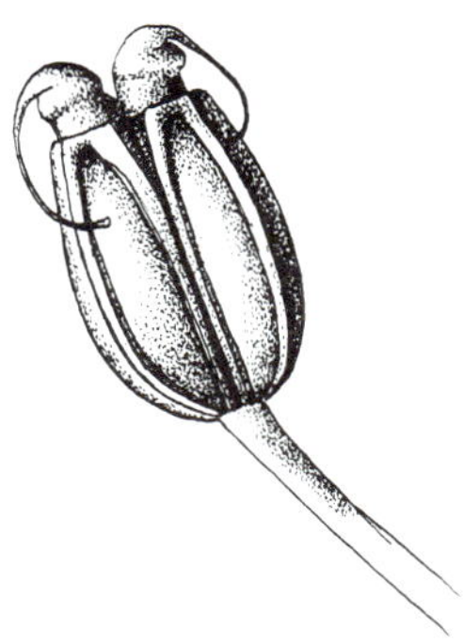

Doppelachäne

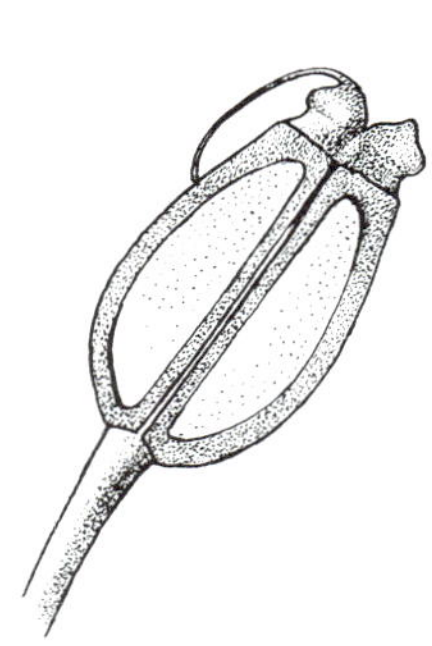

Schnitt durch die Doppelachäne

Doldengewächse
Apiaceae

Aufrechter oder Schmalblättriger Merk

Sium erectum

Doppelachäne

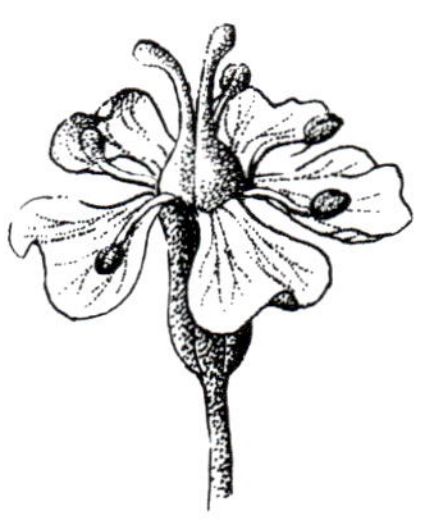

Blüte

Das ausdauernde kahle, 30–80 cm hohe Kraut bildet unterirdische Ausläufer. Der aufrechte bis aufsteigende Stengel ist stielrund, fein gerippt, hohl und verzweigt. Die ganze Pflanze riecht ähnlich wie Sellerie. Die langgestielten Blätter sind bis 30 cm lang, einfach unpaarig gefiedert, mit 4–9 Paaren sitzender eiförmiger Blättchen. Das endständige Blättchen ist dreilappig. Die Blättchen sind glänzend, dunkelgrün, am Rande ungleich gezähnt. Bei den oberen Blättern ist der Stiel in eine Scheide verbreitert. Die Pflanze blüht üppig, die Dolden haben Hüllen und Hüllchen. Sie stehen seitlich, oft einem Stengelblatt gegenüber. Die Hülle besteht aus krautigen, gespaltenen Deckblättern; die Deckblätter der Hüllchen sind lanzettlich, ganzrandig. Die weißen Blüten haben pfriemliche Kelchzähne, die Griffel stehen auseinander. Sie reifen zu breit eiförmigen, kugeligen, seitlich zusammengedrückten, flach gerippten, mattbraunen Früchten, die in zwei Schließfrüchte zerfallen, wenn sie reif sind. Die Pflanzen blühen von Juni bis August.

Diese Art aus stehenden und langsam fließenden, kühlen Gewässern wächst im nährstoffreichen Schlamm von Tümpeln, Gräben, Bächen und nassen Stellen. Sie tritt häufiger in Niederungen als in höheren Lagen auf. Zerstreut kommt sie auf der ganzen nördlichen Halbkugel vor.

Die frühere Benennung *B. angustifolia* wurde verwendet, um die Pflanze vom Breitblättrigen Merk *(Sium latifolium)* zu unterscheiden, der mehr im nördlichen Deutschland vorkommt.

Wiesensilge, Roßfenchel

Silaum silaus

Doldengewächse
Apiaceae

Die Wiesensilge ist ein 30–100 cm hohes, kahles Kraut mit einem Wurzelstock. Der aufrechte, derbe Stengel ist markig, unten schwach gefurcht, oben kantig und verzweigt. Im oberen Teil fehlen die Blätter. Die Grundblätter sind doppelt bis vierfach gefiedert. Die Blättchen sind linear lanzettlich zugespitzt, mit einer rötlichen Spitze. Die unteren Blätter sind langgestielt, im Umriß länglich dreieckig, unterseits mit hervortretenden Nerven. Die obersten Stengelblätter sind zu Schuppen verkümmert. Die Pflanzen blühen von Juni bis September mit langgestielten, dichten, 5–10 Döldchen umfassenden Dolden. Die Hülle fehlt oder besteht aus einem bis zwei borstigen Deckblättern. Die Döldchen haben kantige, etwas rauhe Stiele, und die Hüllchen bestehen aus kurzen, linearen Deckblättern. Die einzelnen Blüten sind sehr klein, gelbgrün oder rötlich überlaufen, mit schmal ausgerandeten Kronblättern. Die Früchte sind längliche Doppelachänen mit schmal geflügelten Rippen.

Die Wiesensilge wächst zerstreut in Europa von den Niederungen bis ins Hügelland auf feuchteren oder wechselnd feuchten Wiesen, in Gräben, auf Flachmooren und in Auen, auf nährstoffreichen und im Sommer austrocknenden Böden. Ähnlich wie Möhre, Dill, Petersilie und Sellerie ist sie eine Nährpflanze der Raupen des Schwalbenschwanzes *(Papilio machaon)*.

Synonyme sind die Bezeichnungen *S. selinoides* oder der ältere Name *S. flavescens* oder *Silaus pratensis*.

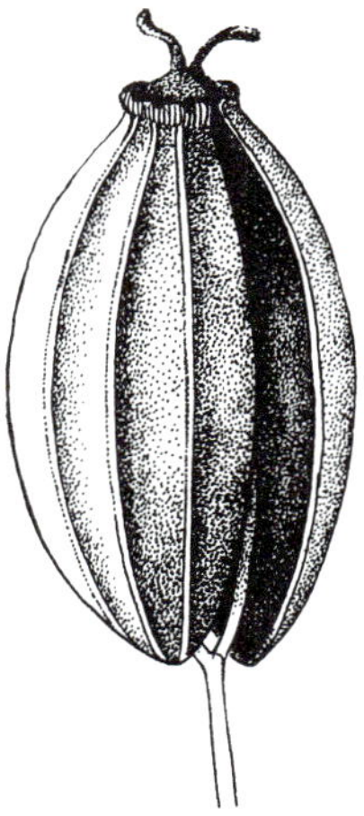

Frucht – Doppelachäne

Blatt

Doldengewächse
Apiaceae

Kümmelsilge

Selinum carvifolia

Die Art ist ausdauernd, kahl, 30–90 cm hoch. Aus einem mehrköpfigen Wurzelstock wächst ein aufrechter, scharfkantig gefurchter Stengel hervor. Er ist verzweigt und trägt einige Blätter, die denen des Kümmels ähneln. Die Blätter sind im Umriß dreieckig eiförmig, die unteren sind langgestielt, doppelt bis dreifach gefiedert, mit gestielten Blättchen. Die einzelnen Abschnitte der Blättchen sind eiförmig, ihre Zipfel sind weißlich stachelspitzig. Der Stiel ist schwach scheidig verbreitert. Die oberen Blätter sind klein. Die dichten Dolden bestehen aus weißen Blüten und haben keine Hüllen. In einer Dolde stehen 15–20 Döldchen auf rauhkantigen Stielen. Die Deckblätter unter den Döldchen sind pfriemlich, schmal weiß gesäumt. Die Kelchblätter der kleinen Blüten sind undeutlich; die Krone ist weiß oder rosa überlaufen. Die Früchte sind eiförmig rundliche, geflügelt kantige, auf der Rückenseite zusammengedrückte Schließfrüchte. Die Pflanzen blühen von Juli bis zum Frühherbst.

Die Kümmelsilge tritt stellenweise häufig, andernorts zerstreut in Moorwiesen, Torfmooren und lichten, wechselfeuchten Eichen- und Birkenwäldern auf. Sie wächst auch in Ufergebüschen und Gräben von den Niederungen bis ins Hügelland. Sie ist in Europa verbreitet und reicht bis nach Westasien.

Die sehr ähnliche Wiesensilge (siehe vorhergehende Seite) unterscheidet sich von der Kümmelsilge vor allem durch die roten Spitzen der Blattabschnitte und die schmäleren Flügel der gerippten Schließfrüchte.

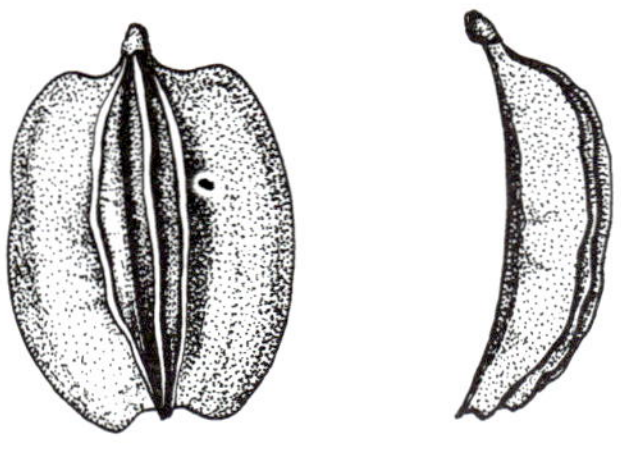

Schließfrucht

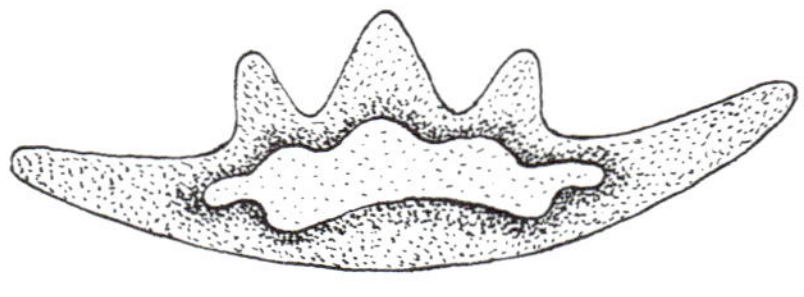

Querschnitt durch die Schließfrucht

Pastinak

Pastinaca sativa

Doldengewächse
Apiaceae

Das zweijährige Kraut erreicht eine Höhe von 1 m. Aus der kräftigen weißen Wurzel wächst im ersten Jahr eine Rosette aus langgestielten, einfach unpaarig gefiederten Blättern hervor. Die Blätter sind glänzend grün, unterseits kurzhaarig, mit 2–7 sitzenden, oval dreieckigen, am Rande grobgesägten Blättchenpaaren. Im zweiten Jahr entwickeln sich an der Spitze des tief gefurchten, kantigen, rauhen bis filzig behaarten Stengels Blüten. Die unteren Stengelblätter sind kurzgestielt, die oberen sitzen dem Stengel mit verbreiterten Scheiden auf. Die gelb blühenden Dolden bestehen aus 8–12 Döldchen, die auf kantigen, ungleich langen Stielen stehen. Im Blütenstand sind weder Hüllen noch Hüllchen vorhanden. Die kleinen Blüten sind sattgelb, der Kelch ist undeutlich. Die eiförmigen Früchte sind flache, über 0,5 cm lange Doppelachänen. Auf der Rückenseite weisen sie drei schwache Rippen auf und an den Seiten schmale, dicke Flügel.

Der Pastinak blüht von Juli bis September auf Wiesen, an Wegen, Rainen, Weiden und anderen grasbewachsenen Stellen von den Niederungen bis ins Hügelland. Er liebt tiefe, stickstoffreiche Lehmböden. Sein Wohngebiet umfaßt Europa und Westasien.

Diese ursprünglich wilde Art wird heute wegen ihrer fleischigen aromatischen Wurzel von süßlichem Geschmack und Duft als Gemüse kultiviert und in der Küche ähnlich wie die Wurzel der Petersilie verwendet. Ein Extrakt aus der Wurzel wird auch als Zusatz zu Likör verwendet. Als Gemüse werden auch die Blätter benutzt. Der Pastinak enthält leicht verdauliche Eiweiße, Stärke, Pektine und Vitamin C (etwa 100 mg in 100 g Frischsubstanz).

Blatt

Doppelachänen

Wurzel

Doldengewächse
Apiaceae

Gemeiner Bärenklau, Wiesenbärenklau

Heracleum sphondylium

Das stattliche, ausdauernde, bis 1,5 m hohe Kraut hat eine kräftige, verzweigte Wurzel. Die borstige Pflanze hat aufrechte, hohle, kantig gefurchte Stengel. Die großen Blätter weisen verschiedene Formen auf, sie können einfach lappig bis siebenlappig sein oder drei- bis fünfzählig mit einzelnen meist lappigen Blättchen. Die Nerven auf der Unterseite der Spreite sind borstig behaart. Die unteren Blätter sind rinnig gestielt, die oberen sind mit aufgeblasenen Scheiden sitzend. Der verzweigte Stengel trägt einige endständige Blütenstände. Die zusammengesetzten Dolden bestehen aus zahlreichen kleinen, reinweißen, gelblichen oder grünlichen Blüten mit einem fünfzähligen Kelch und oft mit einer strahlenden fünfzähligen Krone. Die Stiele der Dolden sind kantig. Hüllen fehlen in der Regel. Die Hüllchen bilden gewimperte Deckblätter. Die Pflanzen blühen von Juni bis September. Die zahlreichen Früchte sind flache, rundliche, kahle Doppelachänen mit drei Rippen und einem geflügelten Saum.

Der Gemeine Bärenklau wächst fast in ganz Europa, in West- und Nordasien und Nordwestafrika. Nach Nordamerika wurde er eingeschleppt und ist dort heimisch geworden. Er tritt auf feuchten Wiesen, Wegrändern, Ufern, Schutthalden, Rainen und in Gräben auf. Er gedeiht vor allem auf gedüngten Böden. An Stellen, wo das Vieh weidet, hält er nicht lange aus, denn er verträgt das Niedertreten nicht.

Früher wurde die Pflanze in der Volksmedizin benutzt. Bei empfindlichen Menschen ruft sie aber Blasenbildung hervor, wenn die Haut der Sonne ausgesetzt wird, nachdem sie mit der Pflanze in Berührung gekommen ist (sog. Photodermatose).

strahlförmige Blüte

zwei Doppelachänen

Wilde Möhre

Daucus carota

Doldengewächse
Apiaceae

Die Wilde Möhre ist ein zweijähriges Kraut mit einer dünnen, langen Wurzel. Die ganze Pflanze hat einen typischen Geruch. Im ersten Jahr bildet sie eine Rosette aus gestielten Blättern, deren Spreite im Umriß dreieckig eiförmig ist. Die dunkelgrünen Blätter sind doppelt bis dreifach gefiedert. Im zweiten Jahr entwickeln sich bis 1 m hohe blütentragende Stengel, die aufrecht, borstig und im oberen Teil verzweigt sind. Die Blätter sind scheidig sitzend, mit linearen Abschnitten. Auch sie sind borstig. In den flachen Dolden entfalten sich die weißen bis gelblichen Blüten nach und nach im Laufe des ganzen Sommers. In der Mitte der Dolde befindet sich oft eine sterile dunkelviolette Blüte. Die Dolden haben Hüllen aus zahlreichen fiederschnittigen Deckblättern. Es sind auch Hüllchen vorhanden. Die Blüten sind zwitterig und männlich, mit strahlenden Kronen. Nach dem Verblühen biegen sich die Döldchenstiele einwärts, so daß sich die ursprünglich flache Dolde nestförmig zusammenzieht und die reifenden Früchte schützt. Später breiten sich die Dolden wieder aus und gewähren Wind und Regen Zutritt zu den reifen hakenförmigen, borstigen Schließfrüchten.

Die Wilde Möhre blüht den ganzen Sommer über bis zum Herbst auf Wiesen, Rainen, Weiden, an Wegen und auf lichten Hängen. Gelegentlich ist sie ein Garten- und Ackerunkraut. Man begegnet ihr allgemein in ganz Europa, Südwestasien und Nordafrika. Andernorts ist sie verwildert.

Die frische Wurzel enthält Provitamin A, die Vitamine B_1, B_2 und C, ätherisches Öl, Karotine und verdauungsfördernde und antibakteriell wirkende Stoffe. Durch Züchtung ist die Gartenmöhre *(D. carota ssp. sativus)* entstanden. Sie hat eine kegelförmige fleischige Wurzel, deren rote Färbung von Karotin-Kristallen herrührt.

strahlförmige Blüte

innere Blüte

Doppelachäne

Wurzel

Doldengewächse
Apiaceae

Gemeiner Klettenkerbel

Torilis japonica

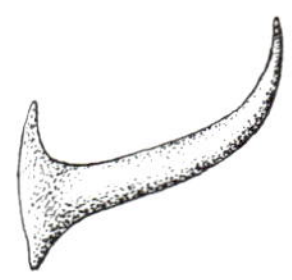

zusammengesetzte Fruchtdolde

Stachelborste der Frucht

Doppelachäne

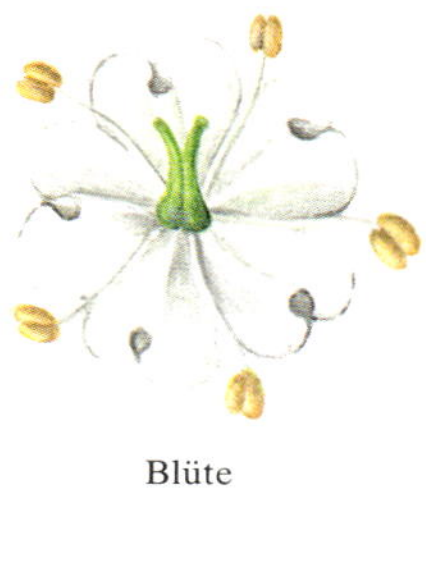

Blüte

Der gerade, verzweigte Stengel des ein- bis zweijährigen Krauts ist 30–120 cm hoch. Er ist fein gefurcht, rauhhaarig und häufig rot überlaufen. Die kurzen, rückwärts gerichteten, anliegenden Haare besetzen nicht nur den Stengel, sondern auch die graugrünen, im Umriß schmal dreieckigen, am Rande wimperigen Blätter. Die unteren Blätter sind doppelt, die oberen nur einfach gefiedert. Die Blättchen sind gestielt, gegliedert, ihre Abschnitte sind scharf gesägt. Die oberen Blätter sind mit einer schmalen Scheide sitzend. Die langgestielten Dolden bestehen aus 5–15 Döldchen, die auf rauhhaarigen Stengeln stehen. Die Hüllen bilden fünf pfriemliche Deckblätter. Die Hüllchen sind borstig, die Kelchblätter lanzettlich. Die weißen oder rosa Kronen der kleinen Blüten sind schwach strahlig und tief gelappt. Die eiförmigen, stacheligen Früchte sind für die Gattung *Torilis* charakteristisch. Sie sind undeutlich gerippte Doppelachänen, die mit zahlreichen stacheligen Borsten besetzt sind. Die langen Stacheln sind in drei Reihen auf jeder der drei Hauptrippen angeordnet und ebenso auf den vier Nebenrippen, wo die stacheligen Borsten kräftiger sind (Klettverbreitung).

Der Klettenkerbel blüht von Juni bis August an Waldrändern und auf Lichtungen, in Gebüschen, lichten Wäldern, auf Schutthalden und in Weingärten. Er stellt hohe Bodenansprüche und verlangt ein warmes Klima. Er tritt in Europa und Asien von den Niederungen bis ins Hügelland auf.

Für diese Art wird auch das Synonym *T. anthriscus* gebraucht. Der wissenschaftliche Gattungsname ist wohl vom griechischen toreo (= ich ziehe Furchen) abgeleitet.

Goldkälberkropf

Chaerophyllum aureum

Doldengewächse
Apiaceae

Die Pflanze hat einen kräftigen verholzten, langgestreckten, mehrköpfigen Wurzelstock. Beim Zerreiben riecht sie nach Möhren. Die gefurchten, 80–120 cm hohen Stiele sind unten abstehend borstig, scharfkantig, oben behaart und fein gefurcht. Der verzweigte Stengel ist rotgefleckt oder unten rot überlaufen. Die dreifach gefiederten Blätter sind gestielt, behaart und im Umriß dreieckig. Die Blättchen haben eine lange Spitze, am Rand sind sie anliegend gewimpert und in Zähne mit einer feinen weißen Spitze gespalten. Das Endblättchen ist lang zugespitzt. Die großen flachen Dolden bestehen aus 10–15 Döldchen auf kahlen Stielen. Die Hüllchen sind gewimpert, die Hüllen fehlen. Die kleinen weißen Blüten mit kahlen, nicht strahlförmigen Kronen sind 2 mm lang und entwikkeln sich in braune, gegen die Spitze zu etwas verschmälerte Doppelachänen.

Der Goldkälberkropf ist eine europäische Art, deren Verbreitung vor allem auf den westlichen Teil des Kontinents konzentriert ist. Er blüht in den warmen Sommermonaten auf Bergwiesen und im Hügelland in schattigen feuchten Wäldern, Gebüschsäumen und Gräben.

Der Goldkälberkropf wird oft mit dem ähnlichen, stattlichen Wiesenkerbel (auf der nächsten Seite) verwechselt. Diese Art hat aber keinen gefleckten Stengel und auf der tief ausgerandeten Krone kein nach innen umgebogenes Läppchen. Die Früchte des Wiesenkerbels sind nicht gerippt. Beim Zerreiben riecht er unangenehm.

Ursprünglich hatten der Kälberkropf und der mit ihm verwandte Kerbel denselben wissenschaftlichen Gattungsnamen, denn im Griechischen bezeichnet chairophyllon den Kerbel, der lebhaft grüne Blätter hat (chairo = ich freue mich, phyllon = Blatt).

Doppelachäne

unterer Stengelteil mit Wurzelstock

Blüte

Doldengewächse
Apiaceae

Wiesenkerbel

Anthriscus sylvestris

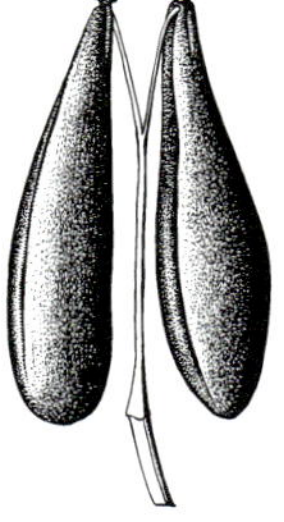

sich spaltende Doppelachäne

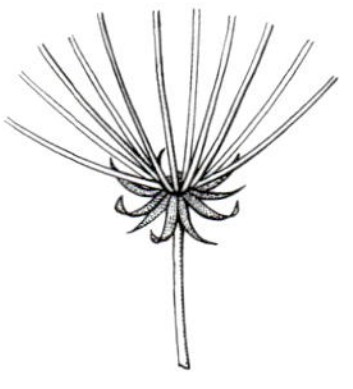

Hüllchen

Blüte

Dieses stattliche ausdauernde oder nur zweijährige Kraut wird 0,5–1,5 m hoch. Die aufrechten Stengel sind hohl, gefurcht, oben verzweigt, im unteren Teil kurzhaarig. Die Grundrosette aus überwinternden Blättern entspringt einem kräftigen, mehrköpfigen Wurzelstock. Die großen Blätter sind im Umriß dreieckig eiförmig, glänzend dunkelgrün. Die doppelt bis dreifach gefiederten Blätter sind in länglich lanzettliche Abschnitte gegliedert. Nur die unteren Blätter sind gestielt, die oberen mit am Rand weißwolligen Scheiden sitzend. Am Ende der langen Seitentriebe stehen aus 8–15 Döldchen zusammengesetzte Dolden. Die weißen Blüten in den Döldchen haben undeutliche Kelchblätter und nicht strahlförmige, kahle, sehr seicht ausgerandete Kronblätter (ohne Läppchen, das für die Gattung *Chaerophyllum* typisch ist). Die breit lanzettlichen Deckblätter sind am Rande gewimpert und herabgeneigt. Bei fertilen Pflanzen entwickeln sich im Döldchen 6–8 Früchte – länglich kegelförmige, glatte, runde Doppelachänen mit einem kurzen Schnabel.

Der Wiesenkerbel blüht früh von Mai bis Juli, selten im August auf frischen Böden feuchter Wiesen, an Waldwegen, in Gebüschen und Gräben. Er bildet ausgebreitete Bestände auf bearbeiteten, beschatteten Böden und tritt häufig als Ruderalpflanze an feuchteren Stellen auf. Er ist in Eurasien von den Niederungen bis in die Bergstufe verbreitet.

Die Vermehrung erfolgt nicht nur durch Samen, sondern auch vegetativ aus Wurzelstockbruchstücken. Auf Wirtschaftswiesen, die zuviel mit Gülle gedüngt wurden, ist er ein lästiges, beim Zerreiben übelriechendes Unkraut, das schlechtes Heu gibt und wenig Eiweiß-Stickstoff aufbaut.

Gemeine Grasnelke

Armeria maritima

Bleiwurzgewächse
Plumbaginaceae

Die Grundrosette dieser ausdauernden Pflanze entspringt einem kräftigen Wurzelstock. Die Blätter sind schmal, linear, den Blättern der Gräser ähnlich. Sie sind 1–2 mm breit, 2–5 cm lang, undeutlich geadert, stumpfspitzig, am Rande gewimpert. Aus der Blattrosette wächst ein aufrechter, 10–15 cm hoher, flaumig behaarter Schaft hervor. Sein oberer Teil ist von einer Röhre aus verwachsenen, trockenhäutigen Deckblättern umschlossen. Die Röhre geht in stumpfe Hüllblätter über, die am Grund eines dichten Köpfchens aus rosaroten, selten weißen Blüten stehen. Die Kronblätter sind deutlich ausgerandet. Die fünfzähligen Blüten haben 5 mit der Krone verwachsene Staubblätter und einen oberständigen Fruchtknoten mit 5 langen Griffeln. Die Blüten entfalten sich im Mai und Juni, manchmal auch später. Die Frucht ist eine in einem ausdauernden trichterförmigen Kelch eingeschlossene Kapsel.

Die Gemeine Grasnelke ist zirkumpolar verbreitet. Sie wächst gesellig auf sandigen trockenen Böden, Dünen und Sandrasen mit lokkeren Beständen niedriger Kräuter. Sie ist eine charakteristische Art der Stranddünen West- und Nordeuropas. Sie wächst in den Niederungen und im Hügelland und zeigt mit ihrem Auftreten nährstoff- und wasserarme Standorte an. Auch ihr Gattungsname bezeichnet sie als Pflanze der Meeresküste. Er ist aus dem keltischen are (= an, nahe) und mori (= Meer) entstanden. Die deutsche Bezeichnung bringt die Ähnlichkeit der rasigen, lebhaft grünen Pflanzen mit Grasbüscheln und mit den nicht allzu entfernt verwandten Nelken zum Ausdruck.

Manche Arten *(A. caespitosa, A. alpina, A. latifolia* u. a.) werden als dekorative Polsterpflanzen kultiviert.

Blüte

Stempel

Primelgewächse
Primulaceae

Hohe Schlüsselblume, Waldprimel

Primula elatior

Blüte

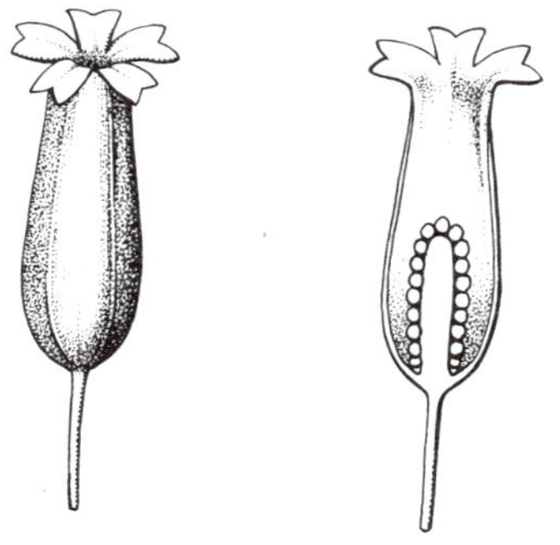

reife Kapsel und Schnitt durch die Kapsel

Die Blätter der ausdauernden Hohen Schlüsselblüme sind etwas runzlig und bilden eine Bodenrosette. Sie sind länglich eiförmig, am Rande unregelmäßig spitzgekerbt, an der Spitze abgerundet, am Grunde plötzlich in den geflügelten Stiel verschmälert. Der zerstreut behaarte Schaft ist anfänglich nur einige Zentimeter hoch, bei der Reife erreicht er eine Höhe von 30 cm. Die in einer einseitswendigen Dolde angeordneten Blüten sind langgestielt. Der grüne Kelch ist schmal walzenförmig und liegt der Kronröhre an. Die Staubfäden der fünf Staubblätter sind mit der Kronröhre verwachsen. Die schwefelgelbe Krone mit einem orangefarbenen Schlund duftet nicht. Die Früchte sind walzenförmige Kapseln, die länger als der Kelch sind und flache Samen enthalten.

Die Waldprimel blüht zeitig im Frühjahr von März bis Mai. Sie ist eine Zierde der Wiesen, lichten Laubwälder und Gebüsche. Sie wächst in Europa auf frischen, mineralreichen, humosen Böden. Sie steigt in Gebirgslagen auf, stellenweise bis 2600 m ü. d. M.

Die ähnliche Wiesenprimel (auf der nächsten Seite) gedeiht auch in den Niederungen; ihr Kelch ist aufgeblasen und steht von der Kronröhre ab, der Blattrand ist gekerbt, im Unterschied zu den gezähnt ausgeschnittenen Blättern der Waldprimel. Die heilkräftige Droge liefert vor allem die Echte oder Wiesenschlüsselblume. Ihre Blüten und der Wurzelstock mit den Wurzeln enthalten Saponine, ätherisches Öl und Flavonoide (in den Blüten). Ein Aufguß aus der Droge wirkt auswurffördernd.

Der wissenschaftliche Gattungsname ist vom lateinischen primus (die erste, nämlich Frühlingsblume) abgeleitet.

Wiesenprimel, Wiesenschlüsselblume

Primula veris

Primelgewächse
Primulaceae

Die Wiesenprimel ist eine ausdauernde, 10–20 cm hohe Pflanze mit einem kurzen Wurzelstock und einem dichten Wurzelgeflecht. Der Schaft mit mehreren Blüten auf kurzen Stielen wächst aus einer Bodenrosette hervor. Die runzligen Blätter sind gewellt-gekerbt, die Spreite verschmälert sich in einen geflügelten Stiel. Der Schaft ist stielrund, kurz silberflaumig. Er trägt eine Blütendolde mit einer gelben Hülle aus kurzen Deckblättern. Die Kronblätter der duftenden Blüten sind verwachsen, mit einer langen Kronröhre. Die Blüte ragt aus dem aufgeblasenen Kelch hervor. Der grünlich gelbe Kelch ist kantig und kürzer als die dottergelbe, im Schlund orangefarbene Blüte. Es sind fünf Staubblätter und ein Stempel mit einem oberständigen kugeligen Fruchtknoten, einem geraden Griffel und einer schlegelförmigen Narbe vorhanden. Im Kelch entwickelt sich eine ovale, einfächerige Kapsel mit mehreren Samen; sie springt an der Spitze mit fünf Zähnen auf.

An den Primelblüten ist interessant, daß sie Griffel von verschiedener Länge aufweisen. Neben langgriffligen Blüten kommen solche vor, deren Griffel kürzer als die hoch in der Kronröhre über der Narbe sitzenden Staubblätter sind. Diese Einrichtung fördert die Fremdbestäubung.

Diese hübsche Staude bereichert den Frühjahrsaspekt von Hainen, Gebüschen, lichten Wäldern und sonnigen Wiesen. Sie ist fast in ganz Europa verbreitet und gehört mit der Waldprimel zu den „teilweise geschützten Arten“, die zwar gepflückt (Handsträußchen), deren Wurzelstöcke aber nicht ausgegraben werden dürfen. Dazu benötigt man eine Sammelgenehmigung vom Landratsamt. Die unterirdischen Teile und die Blüten dieser Arten sind heilkräftig. Die Blüten der Primel gehören zu den bekanntesten Saponindrogen (ähnlich wie die Kronen der Königskerze).

Am Längsschnitt durch zwei Blüten ist die unterschiedliche Gestaltung der Griffel in der Primelblüte gut sichtbar.

Primelgewächse
Primulaceae

Bergalpenglöckchen, Bergtroddelblume

Soldanella montana

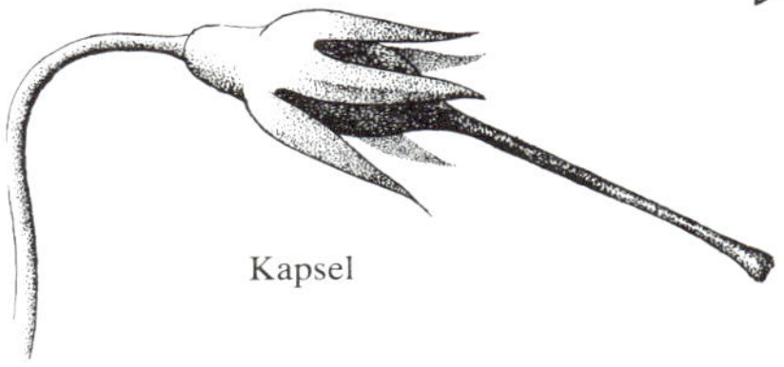

Kapsel

zerlegte Krone

Blatt

Das kleine, zierliche, nur 10–30 cm hohe, ausdauernde Kraut hat einen kriechenden Wurzelstock und eine Grundrosette aus rundlichen Blättern. Die langen Stengel sind in der Jugend mit zerstreuten Drüsenhaaren besetzt. Die leicht verdickten, derben Blattspreiten sind unterseits dunkelviolett, am Rande entfernt fein gekerbt. Im Frühjahr wachsen aus den Blattbüscheln Schäfte mit einer lokkeren Dolde aus 3–8 blauvioletten überhängenden Blüten auf fein drüsigen Stielen hervor. Der ausdauernde Kelch ist tief fünfteilig, die glockige Krone bis zur Hälfte fransig zerschlitzt. Der Schlund der Krone ist von fünf großen gespaltenen Schuppen verschlossen. Die Früchte sind eiförmige Kapseln; sie öffnen sich zuerst mit einem kleinen Deckel, und nachher springen sie mit zehn stumpfen Zähnen auf.

Die zarten Blüten zieren im Mai und Juni schattige humose Wälder, Bergwiesen und Ufer von Waldbächen im Hügelland und in den Gebirgen. Das Bergalpenglöckchen ist in den europäischen Gebirgen (in den Westpyrenäen, den Ostalpen, im nördlichen Alpenvorland, im Böhmerwald und der Böhmisch-Mährischen Höhe) verbreitet. In manchen Ländern ist es geschützt.

Der wissenschaftliche Gattungsname ist wahrscheinlich aus dem lateinischen solidus entstanden, der Bezeichnung für eine kleine Goldmünze, der die etwas fleischigen Blätter der Bergalpenglöckchen ähneln. Möglicherweise wurden die hübschen nickenden Blüten auch mit der Frau eines Sultans verglichen (ursprüngl. ital. soldana = Sultanin).

Nicht nur in der Natur, sondern auch im Garten gehören die kultivierten Alpenglöckchenarten zu den schönsten Pflanzen der Familie Primelgewächse.

Haingilbweiderich, Felberich

Lysimachia nemorum

Primelgewächse
Primulaceae

Das kleine ausdauernde Kraut ist zerstreut behaart und wird nicht höher als 10–30 cm. Die liegenden bis aufsteigenden Stengel sind einfach, unten wurzelnd. Die Blätter sind einfach, zugespitzt, eiförmig, ganzrandig, am Grunde abgerundet. Die Blüten stehen einzeln auf langen Stielen in den Blattachseln der gegenständigen Blätter, die sie überragen. Der fünfzählige Kelch ist tief in lineare Zipfel gespalten. Die gelbe, radförmige Krone besteht aus fünf umgekehrt eiförmig-keilförmigen Blättern; der Schlund ist von einer schuppigen Nebenkrone verschlossen. Die Staubfäden der fünf Staubblätter sind mit der Kronröhre verwachsen; die Staubbeutel sind länglich, stumpf. Der Stempel hat einen runden Fruchtknoten, einen fadenförmigen Griffel und eine kopfige Narbe. Die Pflanzen blühen von Mai bis Juli. Die Frucht ist eine kugelige Kapsel, die mit fünf Zähnen aufspringt.

Der Haingilbweiderich wächst in feuchten, schattigen Laubwäldern höherer Lagen. Zerstreut tritt er in Gebüschen, an Waldrändern, auf Fluren und in Quellgebieten vom Hügelland bis zur subalpinen Stufe in Europa auf.

Der ähnliche Pfenniggilbweiderich (auf der nächsten Seite) hat liegende Stengel und rundliche Blätter; er gedeiht in schattigen Wäldern und auf feuchten Wiesen. Der Gemeine Gilbweiderich *(L. vulgaris)* ist ein stattliches aufrechtes Kraut mit einer endständigen Rispe aus gelben Blüten; er wächst in Ufergebüschen.

Die Gattung *Lysimachia* hat ihren Namen nach dem altgriechischen Arzt Lysimachos erhalten.

Blüte

Primelgewächse
Primulaceae

Pfenniggilbweiderich, Pfennigkraut

Lysimachia nummularia

Blüte

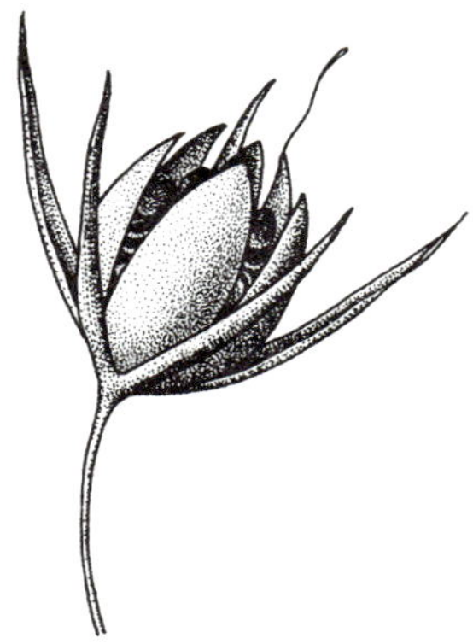
reife Kapsel mit Samen

wurzelnder Stengel

Die bis einen halben Meter langen, vierkantigen Stengel des Pfennigkrauts sind kahl und kriechend. Stellenweise schlagen sie Wurzeln. Die breit eiförmigen bis rundlichen Blätter sind ganzrandig und auf den Spreiten drüsig rot punktiert. Die kurzgestielten Blätter sind gegenständig und zweireihig am Stengel angeordnet. Die wohlriechenden, sternförmig ausgebreiteten gelben Blüten stehen einzeln auf langen Stielen in den Blattachseln. Der fünfzählige Kelch ist in eiförmige, spitze Zipfel gegliedert. Die radförmige Krone hat goldgelbe, zart rot punktierte Blätter. Der Schlund der nur am Grund verwachsenen Krone ist von einer schuppigen Nebenkrone verschlossen. Die Blütenstiele überragen die Blätter nicht. Die drüsigen Staubfäden der fünf Staubblätter sind im unteren Teil verwachsen. Der Stempel hat einen oberständigen Fruchtknoten mit einem langen dünnen Griffel, der in einer kopfigen Narbe endet. Sofern sich Kapseln entwickeln, sind sie kugelig, vielsamig, kürzer als der Kelch. In reifem Zustand springen sie mit fünf Klappen auf.

Das feuchtigkeitsliebende Pfennigkraut blüht in Europa von Mai bis Juli von den Niederungen bis ins Hügelland auf feuchten Wiesen, in schattigen Wäldern und Auenwäldern, Gräben und Ufergebüschen. Es wurde nach Nordamerika und Japan eingeschleppt.

Die Art war Heilpflanze und enthält Saponine, Gerbstoffe und Kieselsäure. Sie ist ein Antibiotikum gegen Gelenk- und Muskelrheumatismus; als Badezusatz fördert sie das Heilen von Hautkrankheiten. Pfennigkrauttee wirkt stärkend.

Der Artname betont die rundliche Form der Blätter, die kleinen Münzen (lat. nummulus) ähneln.

Ackergauchheil

Anagallis arvensis

Primelgewächse
Primulaceae

Das kleine einjährige Kraut hat aufsteigende kahle Stengel, die bis 30 cm hoch werden. Die Blätter auf dem vierkantigen, verzweigten Stengel sind gegenständig, ganzrandig und breit eiförmig, an der Spitze stumpf und unterseits punktiert. Aus den Achseln der sitzenden Blätter wachsen die einzelnen langgestielten, regelmäßigen Blüten hervor. Sie haben eine radförmige Krone von etwa 8 mm Durchmesser mit rundlichen, fein gezähnten Zipfeln. Die Kronblätter sind nur wenig länger als die schmal lanzettlichen Kelchzipfel. Die Blüte enthält fünf gewimperte, am Grunde verwachsene Staubblätter und einen oberständigen Fruchtknoten. Die Pflanzen blühen vom Frühjahr bis zum Herbst. Die Früchte sind glänzende, kugelige, im ausdauernden Kelch eingeschlossene Kapseln. Nach dem Abfallen des Deckels fallen die kleinen Samen mit einer matt netzförmigen Oberfläche heraus.

Die Pflanze wächst auf Feldern und Brachland, in Gärten und Weinbergen, aber auch auf humosen Böden von Schutthalden. Sie tritt in ganz Europa, im gemäßigten West- und Mittelasien, in Nordafrika, Nordamerika, Südbrasilien und Westaustralien, vor allem in den Niederungen auf.

Die abgebildete Art blüht mit zinnoberroten, lila oder weißen, selten auch blauen Blüten, die am Rande drüsig gewimpert sind. Die Kapsel enthält 20–22 Samen. Der ähnliche Blaue Gauchheil *(A. foemina)* hat immer kobaltblaue Blüten; die Kronblätter sind kahl oder zerstreut gewimpert, und die Kapsel enthält nur 15–16 Samen. Die Art kommt auf kalkhaltigen Böden vor.

Die Samen des Gauchheils sind schwach giftig, für kleine Tiere können sie tödlich sein. Früher wurde der Gauchheil auch als Heilpflanze benutzt.

Blüte

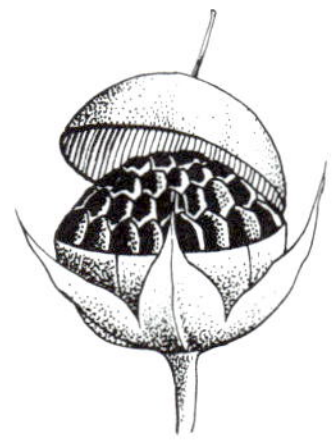

reife Kapsel

Samen

Wintergrüngewächse
Pyrolaceae

Kleines Wintergrün

Pyrola minor

innere Teile der Blüte

Frucht – Kapsel

Das kahle, 20 cm hohe Kraut hat einen verzweigten, kriechenden Wurzelstock und eine Bodenrosette aus immergrünen Blättern. Die hellgrünen Blätter sind breit bis rund eiförmig, gekerbt gezähnt. Die derbe, dünn ledrige Spreite verschmälert sich plötzlich in den geflügelten Stiel. Am Ende des Frühjahrs erscheint zwischen den Blättern ein blütentragender, scharfkantiger, 10–20 cm hoher Stengel. Die kurzgestielten Blüten entspringen den Achseln kleiner Deckblätter und sind in einer lockeren allseitswendigen Traube vereinigt. Sie entfalten sich von Juni bis August. Die Blüten haben eine kugelig geschlossene weiße oder rosa überlaufene, aus fünf freien, rundlichen Blättern bestehende Krone. Die 10 Staubblätter haben kurzgehörnte Staubbeutel, die sich auf schlanken Staubfäden zum oberständigen Fruchtknoten herabneigen. Sie öffnen sich an der Spitze. Die Pollenkörner bleiben in Gruppen zu viert (Tetraden). Der kurze Griffel des Stempels endet in einer fünflappigen Narbe. Weder die Staubblätter noch der Griffel ragen aus der Krone hervor. In den Blüten kommt es meistens zu Selbstbestäubung, oder die Bestäubung erfolgt durch Fliegen und Käfer. Die Früchte sind im ausdauernden Kelch eingeschlossene, vielsamige Kapseln. Die flachgedrückte Kapsel springt von unten nach oben mit Klappen auf und setzt die winzigen bis staubförmigen, unvollkommen entwickelten Samen frei. Sie keimen in Form von Fasern, die Prokaulom genannt werden, saprophytisch im Humus leben und absterben, wenn sie einen Wurzelstock ausgebildet haben. Häufiger vermehrt sich das Wintergrün aber vegetativ durch die kriechenden Wurzelstöcke.

Die zirkumpolar verbreitete Art ist in manchen Staaten geschützt. Sie wächst auf Moderhumus in Nadel- und Laubwäldern.

Rundblättriges Wintergrün

Pyrola rotundifolia

Wintergrüngewächse
Pyrolaceae

Aus dem kriechenden, verzweigten Wurzelstock wächst eine lockere Rosette aus langgestielten, ledrigen, breit eiförmigen bis rundlichen Blättern hervor. Die überwinternden Blätter sind am Rande nur undeutlich gekerbt. Die Blattrosette treibt einen aufrechten, dreikantigen, 10–30 cm hohen Stengel mit einigen weißen bis rötlichen, in einer lockeren allseitswendigen Traube angeordneten Blüten. Am Stengel befinden sich anstatt von Blättern nur breit stengelumfassende Schuppen. Jede Blüte besitzt ein schmal lanzettliches Deckblatt, das ebenso lang wie der Blütenstiel ist. Die lanzettlichen Kelchblätter reichen nur bis zur Hälfte der breit glockigen Krone. In der Blüte befinden sich zehn auswärts geneigte Staubblätter mit gehörnten Staubbeuteln. Aus den Blüten ragen die gebogenen Griffel auffallend heraus. Im fünffächerigen Fruchtknoten befinden sich zahlreiche Samenanlagen. Die Kapsel, die sich aus dem Fruchtknoten entwickelt und zur Reifezeit mit fünf Klappen aufspringt, enthält eine große Menge sehr leichter, unvollkommen entwickelter Samen.

Die dekorative Pflanze schattiger Laub- und Nadelwälder blüht im Juni und Juli. Sie ist auf der nördlichen Halbkugel von den Küstenebenen bis in die montane und subalpine Stufe verbreitet. Sie bildet nicht nur auf saueren Waldböden, sondern auch in Gebüschen und auf moosreichen Wiesen zusammenhängende Bestände.

Als Pflanze, in deren Zellen symbiotisch Pilze leben (endotrophe Mykorrhiza) und deren Samen unvollkommen entwickelt sind, ist das Rundblättrige Wintergrün gegen Beschädigung anfällig und deshalb in manchen Staaten geschützt.

Der wissenschaftliche Gattungsname betont die Ähnlichkeit der Blätter mit denen einer Birne. Die Arbutin und Gerbstoffe enthaltenden Blätter sind eine alte heilkräftige Droge.

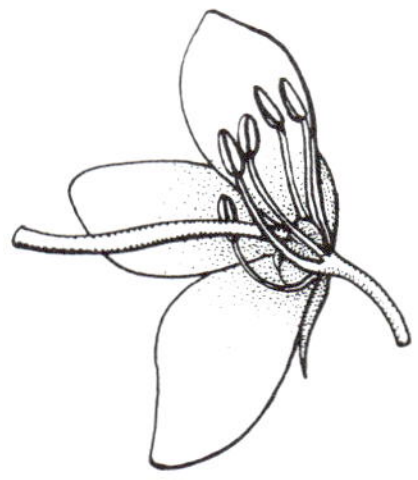

Schnitt durch die Blüte

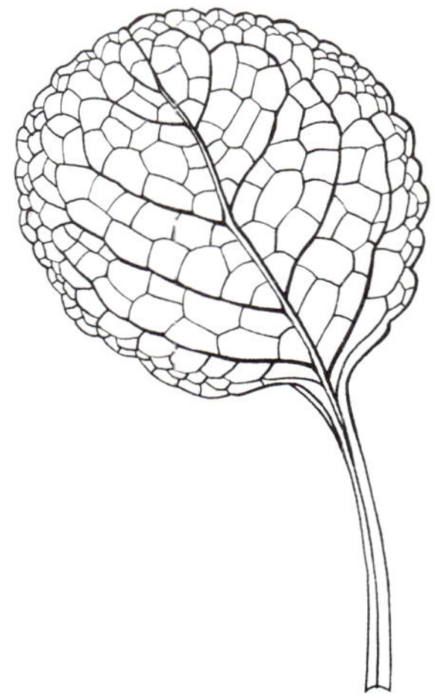

Blatt

Fichtenspargelgewächse
Monotropaceae

Echter Fichtenspargel

Monotropa hypopitys

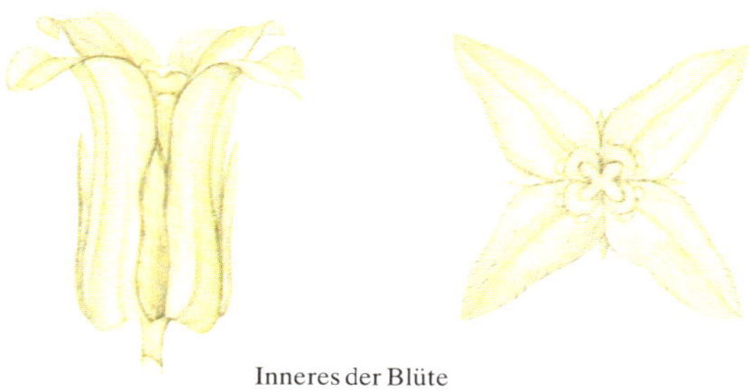

Inneres der Blüte

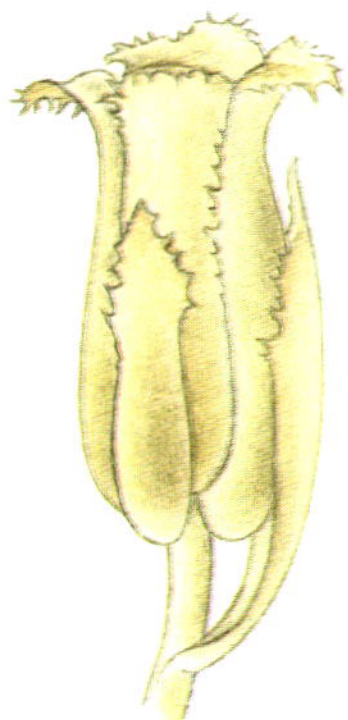

Blüte

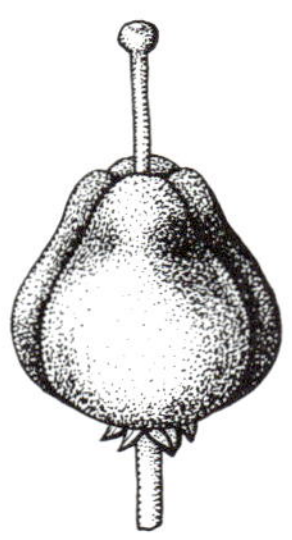

Kapsel

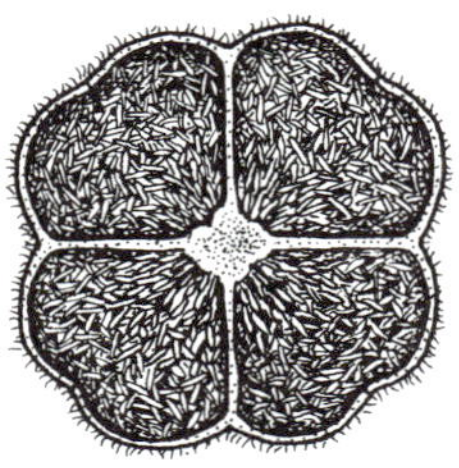

Schnitt durch die Kapsel

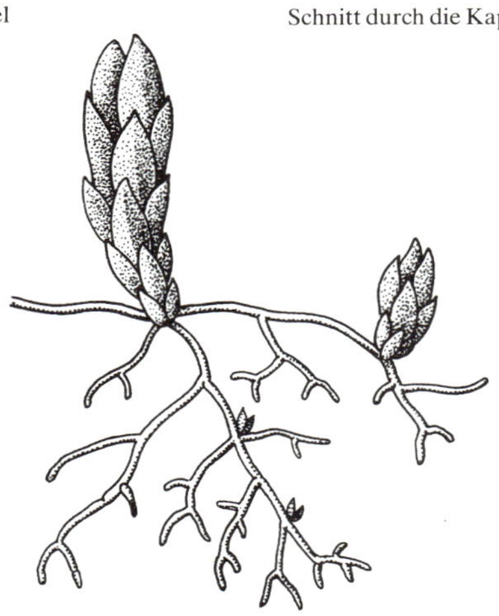

unterirdische Wurzelstöcke mit Sproßknospen

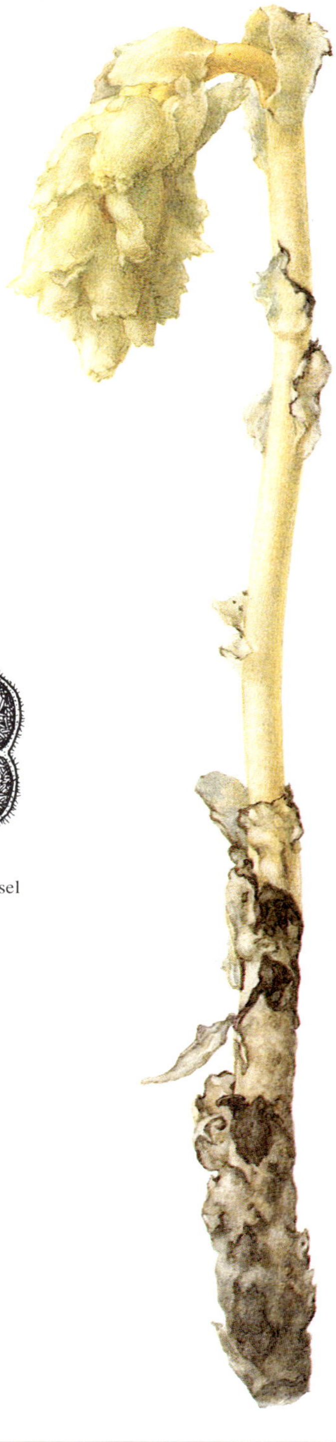

Der Echte Fichtenspargel ist ein ausdauerndes, 10–30 cm hohes Kraut mit einem einfachen wachsgelben bis ockerfarbenen Stengel, der nach Vanille duftet. Aus dem dichten Geflecht unterirdischer Wurzelstöcke wachsen erst mächtige Knospen hervor, die sich zu anfangs hakenförmig gebogenen Stengeln entwickeln. Erst beim Erblühen der in einer dichten Traube angeordneten Blüten richten sie sich auf. Der Stengel ist mit gelbbraunen eiförmigen Schuppen besetzt. Der traubenförmige Blütenstand aus 10–15 Blüten entfaltet sich von oben abwärts. Die den Achseln der Deckblätter entspringenden Blüten haben die gleiche Farbe wie der Stengel. Sie weisen glockige herabgeneigte Kronen auf, deren Blätter gegen die Spitze zu etwas verbreitert sind. Die Blüten sind vierzählig, nur die endständige Blüte ist fünfzählig. Es sind 8 gewimperte Staubblätter vorhanden, die Pollenkörner in den Staubbeuteln sind frei. Nicht nur die Staubblätter, sondern auch die Innenseite der Krone und der Stempel sind abstehend behaart. Der Stempel hat einen kugeligen, oberständigen Fruchtknoten und einen kurzen, geraden Griffel mit einer trichterförmigen Narbe. Die Früchte sind vielsamige, länglich eiförmige Kapseln; sie springen mit seitlichen Spalten auf. Die Pflanzen blühen von Juni bis August.

Der Echte Fichtenspargel kommt auf der gesamten nördlichen Halbkugel zerstreut in Nadelwäldern mit saurem Boden und Moderhumus vor.

Diese eigenartige Pflanze, die vollkommen chlorophyllfrei ist, ernährt sich saprophytisch. Die Nährstoffe bezieht sie direkt aus verwesendem Laub und anderen abgestorbenen organischen Stoffen im Waldhumus. Ihr Duft wird durch ätherisches Öl hervorgerufen, das früher mancherorts durch Destillation gewonnen und zur Behandlung von Haustieren verwendet wurde.

Echtes Tausendgüldenkraut

Centaurium minus

Enziangewächse
Gentianaceae

Das einjährige bis überwinternde Kraut mit einer einfach verzweigten Pfahlwurzel wird höchstens einen halben Meter hoch. Der schlanke, aufrechte Stengel ist vierkantig, einfach, nur oben verzweigt. Er wächst erst im zweiten Jahr aus einer Grundrosette aus stumpfen, umgekehrt eiförmigen Blättern hervor, die am Grunde in einen kurzen Stiel verschmälert sind. Die spärlichen Blätter sind gegenständig, sitzend, ganzrandig, kahl und zugespitzt. Die Grund- und Stengelblätter sind markant fünfnervig. Der zymöse Blütenstand ist aus kurzgestielten bis sitzenden rosaroten Blüten zusammengesetzt. Die Krone ist regelmäßig, fünfzipfelig, der Kelch trichterförmig und reicht beim Erblühen nur bis zur Hälfte der Kronröhre. Die fünf Staubblätter sind mit der Kronröhre verwachsen, und ihre Staubbeutel rollen sich nach der Entleerung des Pollens schraubenförmig ein. Der Stempel hat einen oberständigen Fruchtknoten mit einem verlängerten Griffel, an dessen Ende eine zweilappige Narbe sitzt. Die Früchte sind schmal walzige, vielsamige Kapseln, die sich zur Reifezeit mit zwei Klappen öffnen.

Das Echte Tausendgüldenkraut blüht von Juli bis September. Es tritt zerstreut auf Lichtungen und sonnigen, grasbewachsenen Stellen auf und ist in Europa, West- und Mittelasien verbreitet. Diese Heilpflanze ist gegen Verdauungsbeschwerden, Appetitlosigkeit, Magen- und Allgemeinschwäche wirksam. Zu ihren wertvollsten Inhaltsstoffen gehören bitterstoffhaltige Glykoside, die die Absonderung der Verdauungssäfte fördern, Flavonoide und Spuren von ätherischem Öl. Tausendgüldenkraut (*Herba centaurii*) ist zwar sehr gefragt, aber man muß auch Pflanzen stehen lassen, damit sie Samen entwickeln und die Art nicht ausgerottet wird. Das Kraut ist in Bayern „teilweise geschützt“.

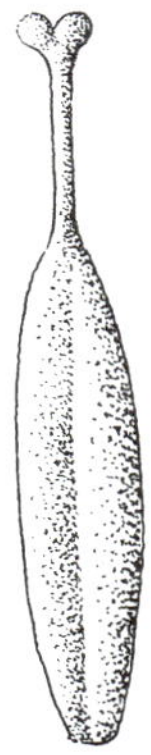

Stempel

Blüte

Enziangewächse
Gentianaceae

Frühlingsenzian

Gentiana verna

Inneres der Blüte

Das ausdauernde kleine Kraut wird nur 5–15 cm hoch. Die blütentragenden und nicht blühenden Triebe wachsen aus einem dünnen Wurzelstock hervor. Die überwinternden Blätter bilden eine Bodenrosette. Sie sind eilanzettlich, zugespitzt, dreinervig, 2–3mal länger als breit und größer als die Stengelblätter. Die Grundrosette treibt einen kurzen, beblätterten Stengel mit 1–3 Blattpaaren und einer einzigen schlanken Blüte. Die Krone der aufrechten Blüte ist azurblau und hat fünf ausgebreitete Zipfel, zwischen denen sich die zweizähnigen Zipfel der Nebenkrone mit einem weißen Strich in der Mitte befinden. Die fünf Staubblätter und der sitzende Stempel mit einem oberständigen Fruchtknoten sind in der Krone verborgen. Der röhrige Kelch ist an den Kanten schmal geflügelt und läuft in lang zugespitzte Zipfel aus. Die Frucht ist eine einfächerige Kapsel. Die Pflanzen blühen von März bis Juni.

Der Frühlingsenzian wächst in den Hochgebirgen Europas und Westasiens, in den Alpen, Karpaten, im Kaukasus, Altai und Nordiran. Er tritt nicht nur an Standorten mit steinigem, aber humosem Boden auf Bergwiesen und Weiden der alpinen und subalpinen Stufe auf, sondern steigt stellenweise auch in Magerrasen im Hügelland hinab. Er hat sich auch an sekundären Standorten ausgebreitet, die durch menschliche Tätigkeit, durch Entwaldung und Schädigung der Böden in der offenen Landschaft entstanden sind. Gegenwärtig schwindet aber diese schöne Blume zusehends aus der Natur; es verringert sich die Zahl ihrer natürlichen Biotope. Durch ihren Liebreiz erweckt sie das Interesse vieler Steingartenliebhaber. In vielen Ländern ist sie geschützt.

Fransenenzian

Gentianella ciliata

Enziangewächse
Gentianaceae

Das schlanke, kahle Kraut mit geraden oder aufsteigenden Stengeln wird nicht höher als 30 cm. Es ist ausdauernd oder nur zweijährig. Der etwas gekrümmte Stengel ist vierkantig, meist einfach. Er trägt einige gegenständige, einfache Blattpaare. Die Blätter sind sitzend, schmal länglich, zugespitzt, einnervig und am Rande rauh. Die einzelstehenden geraden Blüten sind endständig. In der Knospe sind die Kronblätter spiralig eingerollt. Die hellblaue, selten weiße Krone ist 5–6 cm lang, röhrig, tief in vier ausgebreitete, am unteren Rand fransig gewimperte Zipfel gegliedert. Der Röhrenschlund ist kahl. Der schmal keulige Kelch ist in linear lanzettliche Zipfel gespalten. Aus dem Fruchtknoten des langgestielten Stempels entwickelt sich eine einfächerige Kapsel, die mit zwei Klappen aufspringt. Die zahlreichen Samen sind sehr klein und leicht. Die ungemein zierende Herbstpflanze blüht von August bis Oktober.

Der Fransenenzian tritt zerstreut in Kalk-Magerrasen, in lichten Wäldern und Gebüschen auf. Er ist in Europa von den Niederungen bis ins Gebirge verbreitet, besonders auf Kalkböden.

Ähnlich wie andere auffallende, aus der Natur schwindende Enzianarten ist auch der Fransenenzian in vielen Ländern geschützt.

Der Gattungsname der Art ist eine Verkleinerung des Namens *Gentiana,* der aus dem griechischen gentiané, d. i. Gelber Enzian (*G. lutea*), entstanden ist und eine Pflanze bezeichnete, mit der der illyrische König Gentius (197–168 v. Chr.) die Pest behandelte.

Kelch

Kronschlund mit fransig gewimperten Blütenkronblättern

Hundsgiftgewächse
Apocynaceae

Kleines Immergrün

Vinca minor

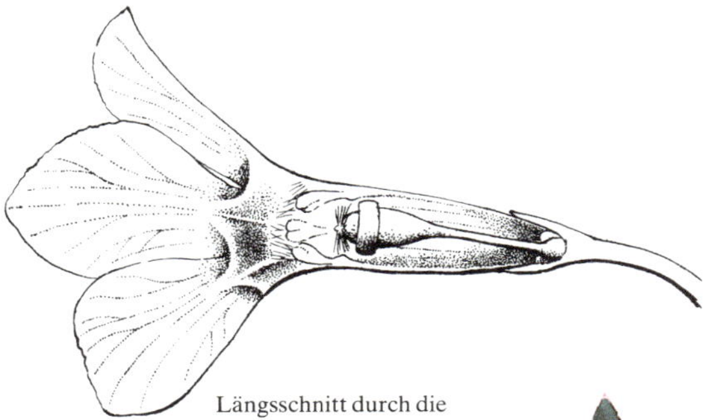

Längsschnitt durch die Blüte

Früchte – Bälge

Der ausdauernde, niedrige Halbstrauch ist unten verholzt. Aus dem kriechenden, mehr als 50 cm langen Wurzelstock wachsen beblätterte Stengel hervor, die stellenweise wurzeln. Die immergrünen Blätter sind ledrig, oberseits glänzend, länglich lanzettlich und am Rande leicht zurückgerollt. Die blühenden Stengel sind aufrecht oder aufsteigend, 15–20 cm hoch. Im Frühjahr erscheinen die achselständigen einzelstehenden, langgestielten Blüten. Der kleine fünfzählige Kelch umschließt nur den Grund der Kronröhre. Die trichterförmige Krone ist blau, blauviolett, rosa oder weiß gefärbt. Die ausgebreiteten Kronblätter sind links gedreht. Die Blüte enthält fünf Staubblätter und einen Stempel mit einem oberständigen Fruchtknoten. Die Früchte sind zwei längliche, am Grund verwachsene Bälge, die braune Samen mit einer warzigen Oberfläche enthalten.

Das Kleine Immergrün bildet oft große Bestände, besonders in lichteren Laubwäldern und Gebüschen von den Niederungen bis zum Hügelland. Es ist in Mittel- und Südeuropa heimisch, im Osten reicht es bis nach Kleinasien und zum Kaukasus. Oft wird es in schattigen Gärten und auf Friedhöfen gezogen, mancherorts verwildert es. Es blüht von März bis Juni.

Früher wurde das Immergrün gegen die verschiedensten Krankheiten benutzt. Im Mittelalter diente es zum Schutz gegen Zauberei, Beschwörung und vor Hexen. Es war seit jeher das Symbol der Trauer und des Todes, aber seine immergrünen Blätter und blauen Blüten machten es auch zum Sinnbild der Treue. Deshalb ersetzt es in Osteuropa die Myrte als Brautschmuck. Neuerdings setzt man seinen Gehalt an Alkaloid, das die Gehirndurchblutung fördert und blutdrucksenkend wirkt, in der Geriatrie ein.

Weiße Schwalbenwurz

Cynanchum vincetoxicum

Seidenpflanzengewächse
Asclepiadaceae

Das mittelgroße Kraut hat einen Wurzelstock mit kräftigen seitlichen Wurzeln. Die zweireihig behaarten Stengel tragen gegenständige, ganzrandige, meist kahle, eilanzettliche, kurzgestielte Blätter. Die kleinen Blüten sind zu lockeren Blütenständen auf verschieden langen Stielen vereinigt. Die fünfzählige Blüte hat einen ausdauernden Kelch und eine gelbliche bis grünliche, glockige Krone. Die Kronblätter wechseln mit den fünf Staubblättern ab. Eine Hälfte der Staubbeutel ist zu blattartigen Gebilden umgewandelt, die mit dem verbreitertem Griffel zu einem sog. Gynostegium verwachsen. Die Pollenkörner sind zu einer Pollenmasse (Pollinium) verklebt. Die Früchte sind kahle, lange Kapseln mit zahlreichen kleinen, mit einem Haarschopf ausgestatteten Samen. Sie springen mit zwei Klappen auf, und die Samen werden vom Wind in die Umgebung verbreitet. Die Pflanzen blühen von Mai bis August an Gebüschsäumen, warmen Hängen in Europa, Westasien und Nordafrika.

Die Weiße Schwalbenwurz gehört zu den Giftpflanzen. Sie enthält das Glykosid Vincetoxin, Harz, Schleim, Saccharose und andere Stoffe. Die Pflanze ist von Milchröhren mit einem weißen Saft durchzogen. Auch die Wurzel, die früher in der Volksmedizin zur Behandlung von Hautausschlägen und gegen Durchfall verwendet wurde, enthält reichlichen bitteren Milchsaft. Der wissenschaftliche Gattungsname ist aus dem griechischen kyon, kynos (= Hund) und ancho (= ich erbreche) entstanden. Man glaubte nämlich, daß die Schwalbenwurz selbst Hunde und andere Raubtiere töten kann. Der Artname ist aus dem lateinischen vinco (= ich überwinde) und toxicum (=Gift) zusammengesetzt, denn die Pflanze diente auch als Gegengift bei Vergiftungen und gegen Schlangenbisse.

reife Kapsel

Blüte

Samen mit Haarschopf

Windengewächse
Convolvulaceae

Ackerwinde
Convolvulus arvensis

Kapsel

Stempel

Die mehr als 1 m langen, dünnen, beblätterten Stengel dieses ausdauernden Krauts sind liegend oder linkswindend. Mit ihrem mächtigen Wurzelstock und Wurzelsystem dringt die Pflanze 3–5 m tief in den Boden ein. Die wechselständigen gestielten, ganzrandigen Blätter haben eine eiförmig-pfeilförmige bis lanzettliche Spreite; am Blattgrund sind zwei spitzige Lappen. Die unteren Blätter sind größer als die oberen. Die Blüten stehen einzeln auf langen Stielen in den Blattachseln. Die breit trichterförmige Krone von bis 2,5 cm Durchmesser ist rosa, weiß oder rot überlaufen. Mit ihren ausgebreiteten fünf Lappen überragt sie den kleineren fünfzipfligen Kelch. Drei seiner Zipfel sind länger als die zwei restlichen. Die Staubblätter sind violett; am Grund des Stempels befinden sich orangefarbene Honigdrüsen. Die zart duftenden Blüten öffen sich morgens, nachmittags schließen sie sich wieder; nach dem Verblühen fällt die Krone im ganzen ab. Die Frucht entwickelt sich im ausdauernden Kelch, eine kugelig eiförmige Kapsel. Die Blüten erscheinen von Mai bis September.

Die Samen keimen verhältnismäßig schlecht, dafür verbreitet sich die Winde aber intensiv vegetativ aus Bruchteilen der Wurzelstöcke. Als lästiges Acker- und Gartenunkraut wächst sie auf der ganzen Welt. Sie stammt aus dem Mittelmeergebiet. Die Art tritt von den Niederungen bis ins Gebirge sowohl auf kultivierten Böden als auch auf Rainen, Brachland, Wiesen, an Wegen und Zäunen, auf Schutthalden und in Weinbergen auf. Von bebauten Flächen läßt sie sich nur sehr schwer entfernen.

Die Ackerwinde ist eine uralte Heilpflanze. Ihr saponinhaltiges Kraut wird in der Volksmedizin schon seit dem Altertum verwendet; es reguliert den Stoffwechsel.

Echte Zaunwinde

Calystegia sepium

Windengewächse
Convolvulaceae

Das ausdauernde windende Kraut mit einem kriechenden, verzweigten, fleischigen Wurzelstock erreicht eine Länge von 3 m. Der stumpfkantige und oben verzweigte Stengel trägt wechselständige, langgestielte Blätter mit einer dreikantig eiförmigen, am Grunde pfeilförmigen Spreite. Die Blätter sind oberseits lebhaft, unterseits hellgrün. Die großen weißen oder rosa überlaufenen 4–6 cm langen und 3,5–5 cm breiten Blüten stehen auf langen Stielen in den Blattachseln. Ihr Kelch und später auch die rundliche Kapsel sind in zwei herzförmig vergrößerten Deckblättern eingeschlossen, die dicht unter der Blüte hervorwachsen. In den fünfzähligen Blüten sind fünf Staubblätter, deren Staubfäden am Grunde verbreitert sind. Die Honigdrüsen am Grund des Fruchtknotens sind gelb.

Die Zaunwinde blüht von Juni bis September; die zierenden Blüten entfalten sich nur an sonnigen Stellen, bei schlechtem Wetter und Regen bleiben sie geschlossen. Die Vermehrung erfolgt auch vegetativ aus Wurzelstockbruchstücken.

Die Zaunwicke ist eine weitverbreitete linkswindende, krautige Liane aus Ufergebüschen, Auen und Ödstellen, die von den Niederungen bis ins Hügelland auftritt. Sie wächst an feuchten Standorten auf der ganzen nördlichen Halbkugel.

Das blühende Kraut liefert eine heilwirkende Droge. Sie enthält Gerbstoffe und das harzhaltige Glykosid Jalapin. Aus der Droge zubereiteter Tee wirkt stark abführend, harntreibend und fieberwidrig.

Der Gattungsname ist durch Verstümmelung des griechischen kalystegia (kalyx = Kelch, stego = ich decke) entstanden, in Anspielung auf den von zwei großen Deckblättern verdeckten Kelch.

Blüte von unten

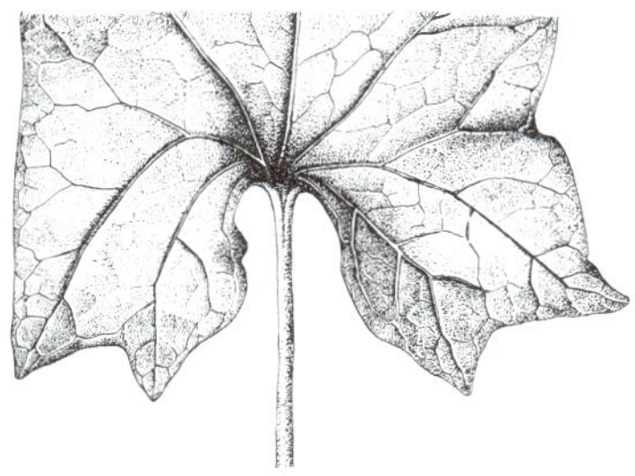

Blattgrund

Stempel

Seidegewächse
Cuscutaceae

Europäische Seide, Hopfenseide

Cuscuta europaea

Blüte

Haustorien

Der bleiche Schmarotzer hat dünne, verzweigte, später rötliche Stengel. Sie umwinden die Wirtspflanze bis in die Höhe von 1 m. Sie entwickeln besondere Gebilde, sog. Haustorien, mit denen sie sich an der Wirtspflanze festhalten, in ihre Leitbündel eindringen und von dort Nährstoffe beziehen. Die Pflanze ist ein vollständiger Parasit, sie bildet nicht einmal Blätter aus, die zu kleinen Schuppen zurückgebildet sind. Die kleinen Blüten sind vierzählig, haben einen röhrig glockigen Kelch, eine glockige hellgelbe oder rötliche Krone, die im Schlund kleine fransige Schuppen aufweist. Die Blüten sind in dichten Knäueln gehäuft. Die Frucht ist eine eiförmige Kapsel, die aus dem ausdauernden Kelch hervorragt. Die Pflanzen blühen von Juni bis September.

Die Europäische Seide wächst in Ufergebüschen, an ruderalen Standorten, manchmal auch auf Feldern. Am häufigsten befällt sie Brennesseln, zuweilen auch Hopfen und Kartoffeln. Sie ist in ganz Eurasien verbreitet.

Die Keimpflanzen dringen mit einem kurzen, dicken Keimwürzelchen in den Boden ein und ernähren sich mit seiner Hilfe nur so lange, bis sie auf eine Wirtspflanze stoßen. Dann vertrocknet der untere Teil der Pflanze, und die Seide ernährt sich nun auf Kosten ihres Wirtes.

Manche Seidearten waren früher gefährliche Unkräuter, so die Kleeseide (*C. trifolii*), die fast ausschließlich auf Schmetterlingsblütlern, vor allem Klee, schmarotzt, und die Leinseide (*C. epilinum*), die Flachs befällt. Gegenwärtig wird das Auftreten dieser parasitischen Unkräuter durch die Verwendung von leistungsfähigen Maschinen zum Reinigen des Saatguts eingeschränkt.

Ackervergißmeinnicht

Myosotis arvensis

Borretschgewächse
Boraginaceae

Das einjährige, 10–40 cm hohe Kraut ist dicht mit derben, abstehenden Haaren besetzt. Die aufrechten Stengel sind stumpfkantig und verzweigt. Die spatelförmigen Blätter sind im unteren Teil des Stengels gestielt, die anderen sind sitzend, wechselständig. Die Blüten sind in end- oder achselständigen Wickeln angeordnet. Sie haben einen abstehend behaarten Kelch. Die Kelchhaare sind hakenförmig. In der Röhre der kleinen hellblauen verwachsenblättrigen Krone sind die Staubblätter und der Stempel verborgen. Die Früchte sind glänzende, dunkelbraune Klausen, deren Stiele 3–5mal länger sind als der ausdauernde Kelch. Die Blüten erscheinen von Mai bis Oktober.

Die Art wächst oft als Unkraut in Feldern, auf Schutthalden und Waldschlägen von den Niederungen bis in die Gebirgsstufe. Sie ist in ganz Europa verbreitet und reicht bis nach Westasien.

Als Unkraut tritt das Ackervergißmeinnicht in allen Kulturen auf, manchmal in solchen Mengen, daß es ihnen schadet und ihre Erträge verringert. Wird es zur Blütezeit abgemäht, so wächst es nach und blüht später. Eine Pflanze liefert bis 700 Samen, die auch von Vögeln verbreitet werden. Die Art ist sehr veränderlich. Manche Varietäten sind dem Waldvergißmeinnicht (siehe S. 247) ähnlich, dessen Fruchtstiele aber zweimal länger sind als der Kelch, oder dem Alpenvergißmeinnicht (*M. alpestris*), das sich von ihnen durch einen Kelch mit abstehenden, aber kaum hakig gekrümmten Haaren und die großen dunkelblauen Blüten unterscheidet.

Kelch

Borretschgewächse
Boraginaceae

Sumpfvergißmeinnicht

Myosotis palustris

rosa Knospen und sich entfaltende Blüten, ältere blaue Blüten

Das Sumpfvergißmeinnicht ist ein ausdauerndes Kraut mit einem kriechenden Wurzelstock. Es erreicht eine Höhe von 10–30 cm, aber am Wasser wachsende Pflanzen können sehr stattlich und bis 1 m hoch sein. Der Stengel ist kahl, anliegend behaart, aufrecht, nur spärlich verzweigt, durch die herablaufenden Blätter (besonders im unteren Teil) scharfkantig. Die zahlreichen Blätter sind lanzettlich, die unteren sind kurzgestielt, die oberen sitzend. Die Blüten sind in Wickeln ohne Deckblätter angeordnet. Der glockige Kelch ist angedrückt behaart, die radförmige Krone ist anfangs rosa, später himmelblau. Sie mißt 5–8 mm im Durchmesser. Die Kronröhre ist im Schlund gelb. Die Früchte sind glänzende, rotbraune Klausen, die am Grund des ausdauernden Kelches sitzen. Die Pflanzen blühen von Mai bis Oktober.

Das Sumpfvergißmeinnicht wächst auf feuchten Wiesen, an Bächen und in feuchten Wäldern von den Niederungen bis in die subalpine Stufe. Es ist in ganz Europa und Sibirien verbreitet und tritt auch im Osten Nordamerikas auf.

Das Sumpfvergißmeinnicht ist eine sehr veränderliche Art, sowohl in bezug auf seine Gesamterscheinung als auch auf die Behaarung, Blütengröße und ökologischen Ansprüche. Die Botaniker unterscheiden deshalb in der letzten Zeit eine ganze Reihe kleiner Unterarten dieser Pflanzenart.

Waldvergißmeinnicht

Myosotis sylvatica

Borretschgewächse
Boraginaceae

Das Waldvergißmeinnicht ist ein ausdauerndes, lebhaft grünes, weichhaariges Kraut mit einem kurzen mehrköpfigen Wurzelstock, das eine Höhe von 10–40 cm erreicht. Die stielrunden, aufrechten Stengel tragen umgekehrt eiförmige, in einen kurzen Stengel verschmälerte Grundblätter und lanzettliche, sitzende Stengelblätter. Die Blüten sind in endständigen, seltener achselständigen Wickeln angeordnet. Sie sind während der Blüte dicht, nach dem Verblühen verlängern sie sich und lockern sich auf. Die Blütenstiele sind ungefähr gleich lang wie der glockige Kelch, der mit zahlreichen hakenförmigen Haaren besetzt und bis zur Hälfte in spitzige Zipfel gespalten ist. Die himmelblaue Krone hat einen Durchmesser von 5–8 mm. Die Staubblätter und der Stempel sind in der Kronröhre verborgen, die ebenso lang ist wie der Kelch und im Schlund gelbe Flecken aufweist. Die Früchte sind glänzende, schwarzbraune Klausen. Die Pflanzen blühen von Mai bis September.

Die Art wächst in Wäldern, an Waldrändern, in Hochstaudenfluren und an Viehlagerplätzen, von den Niederungen bis ins Gebirge. Sie ist in fast ganz Eurasien verbreitet.

Das Waldvergißmeinnicht ist eine sehr veränderliche Art und wird oft in verschiedenen Gartenformen gezogen. Auf trockenen, sonnigen, grasbewachsenen Hängen wachsen kleinblütige Arten, von denen am auffallendsten das Buntblättrige Vergißmeinnicht (*M. versicolor*) ist, dessen Kronen anfangs hellgelb, beim Erblühen rötlich, später blau und beim Verblühen violett sind.

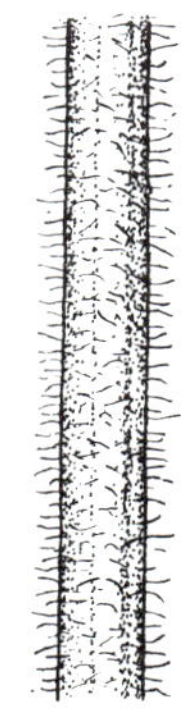

Detail des Stengels mit Behaarung

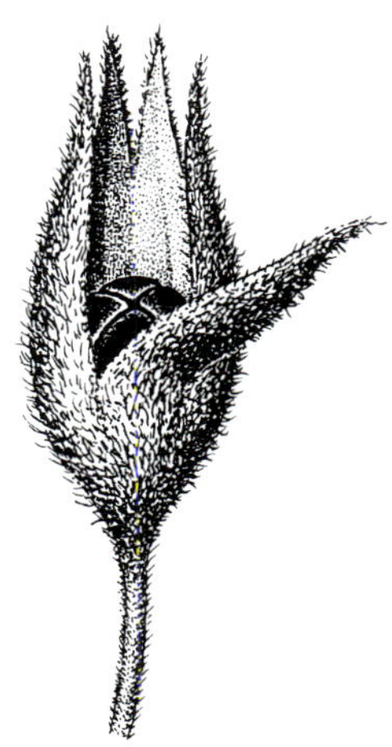

Früchte – Klausen

Borretschgewächse
Boraginaceae

Gemeiner Natterkopf

Echium vulgare

Stempel

Blüte

Der Gemeine Natterkopf ist ein stattliches zweijähriges Kraut mit einem einfachen Stengel, der 20–120 cm hoch wird. Die Pflanze ist mit stechend borstigen, starren Haaren besetzt, die aus Warzen hervorwachsen. Die wechselständigen Blätter sind linear lanzettlich, die Grundblätter verschmälern sich in den Blattstiel, die Stengelblätter sind sitzend. Die dichten Blütenwickel entspringen den Achseln der Deckblätter und bilden eine dichte Traube. Die symmetrischen Blüten haben einen fünfzipfligen Kelch und eine schief trichterförmige Krone mit ungleichen blauen oder rotvioletten Zipfeln von etwa 1 cm Durchmesser. Aus der Röhre ragen die Staubblätter und der Griffel mit der Narbe auffallend hervor. Die Früchte sind rauhe dreieckige Klausen. Die Blüten erscheinen von Juni bis September.

Die Pflanze wächst auf sonnigen, steinigen Hängen und Rainen, in Steinbrüchen, entlang von Wegen und auf Straßen- und Eisenbahndämmen von den Niederungen bis ins Hügelland. Sie ist von Europa bis Westasien verbreitet.

Die Tiere meiden die Pflanze auf der Weide. Die Früchte sind giftig, sie enthalten das Alkaloid Echiin. Der Natterkopf ist eine sehr gute Honigpflanze.

Echtes Lungenkraut

Pulmonaria officinalis

Borretschgewächse
Boraginaceae

Das Echte Lungenkraut ist ein ausdauerndes Kraut mit einem kriechenden Wurzelstock. Es entwickelt im Frühjahr beblätterte blütentragende Stengel, die 10–30 cm hoch werden, und im Sommer Rosetten aus langgestielten Blättern. Die Stengelblätter sind wechselständig, eiförmig bis lanzettlich, ganzrandig und sitzend; die Grundblätter sind eiförmig, zugespitzt, am Grunde gestutzt oder herzförmig, mit 4–12 cm langen Stengeln. Die in beblätterten Wickeln angeordneten Blüten sind kurzgestielt, der röhrig-glockige Kelch ist fünfzipflig, die trichterförmige Krone hat 5 Zipfel, eine 13–18 mm lange Kronröhre und ist anfangs rosa, beim Erblühen violett und nach der Bestäubung blau gefärbt. Die Früchte sind glatte braune Klausen, sie sitzen zu viert am Grunde des Kelches, der sich bei der Reife vergrößert. Die Pflanzen blühen von März bis Mai.

Das Echte Lungenkraut wächst in lichten Laubgehölzen und Gebüschen von den Niederungen bis ins Hügelland. Es ist fast in ganz Europa verbreitet.

In der letzten Zeit werden die beiden Unterarten als selbständige Arten gewertet. Man unterscheidet sie danach, ob ihre Blattoberseite weiß gefleckt oder nicht gefleckt ist. Der Name der Pflanze ist vom lateinischen pulmo (= Lunge) und officinalis (= Arzneipflanze) abgeleitet und weist auf ihre Verwendung in der Medizin hin. Als Droge dient das Kraut, das in der Blütezeit gesammelt wird. Es enthält vor allem Kieselsäure und Gerbstoffe und wird innerlich in Form einer Abkochung als auswurfförderndes Mittel verwendet.

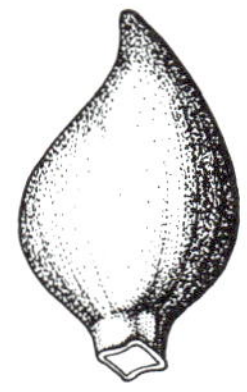

Früchte – Klausen

rote, violette bis blaue Blüten

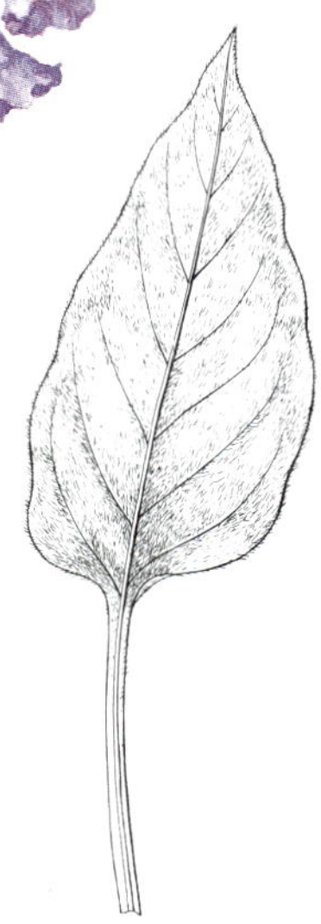

Grundblätter

Borretschgewächse
Boraginaceae

Gemeiner Beinwell

Symphytum officinale

Das stattliche Kraut hat einen kräftigen, verdickten, mehrköpfigen Wurzelstock. Die Stengel sind aufrecht, nur oben verzweigt, durch die herablaufenden Blätter kantig bis geflügelt, 60–100 cm hoch. Die wechselständigen Blätter sind eiförmig bis herzförmig-lanzettlich, ganzrandig, unterseits mit einem hervortretenden Adernetz. Die Grundblätter sind langgestielt, die Stengelblätter allmählich sitzend. Die kurzgestielten Blüten sind nikkend. Sie sind zwittrig und regelmäßig, der Kelch ist fünfzähnig, die Krone röhrig bauchig, mit einem schmalen fünfzipfligen Saum. Im Schlund befinden sich dreieckige, nach außen gebogene Schuppen. Die dunkelvioletten Staubbeutel der fünf Staubblätter sind länger als die Staubfäden. Die Früchte bilden vier graubraune Klausen. Die Pflanzen blühen von Mai bis Juli.

Der Gemeine Beinwell wächst auf feuchten Wiesen, in Gräben, am Ufer stehender und fließender Gewässer und in Auen. Er ist in Europa und Westasien vor allem in tieferen Lagen verbreitet.

In der Volksmedizin wurde der Wurzelstock früher zur Beschleunigung des Heilens von Brüchen verwendet. Eine Salbe zur Behandlung von Brüchen, die besonders im Mittelalter beliebt war, wurde aus geriebener Beinwellwurzel, dem Wurzelstock der Blutwurz (*Potentilla erecta*) und Pferdeschmalz hergestellt. Heute sind die Wirkstoffe des Gemeinen Beinwells Gegenstand wissenschaftlicher Untersuchungen. Dabei hat sich die Richtigkeit des Namens bestätigt. Präparate mit dem Inhaltsstoff Allantoin dienen entzündungshemmend bei Sport- und Arbeitsverletzungen, Gelenkergüssen usw.

Echtes Eisenkraut

Verbena officinalis

Eisenkrautgewächse
Verbenaceae

Das Echte Eisenkraut ist eine ausdauernde, im unteren Teil verholzende Pflanze, die 20–70 cm hoch wird. Der Stengel ist derb, aufrecht oben zweiseitig rinnenförmig zusammengedrückt und verzweigt. Die graugrünen gegenständigen Blätter sind rauhhaarig. Die unteren sind klein, gekerbt und verschmälern sich in einen kurzen Stiel, die mittleren sind dreispaltig, mit einem großen mittleren Abschnitt, und die oberen lanzettlich und sitzend. Die Blüten sind zu achsel- und endständigen Trauben vereinigt, die sich bei der Entwicklung der Früchte verlängern. Sie sitzen in den Achseln kleiner Deckblätter, haben einen drüsigen, röhrigen, 4–5zipfligen Kelch, eine trichterförmige, undeutlich zweilippige, hellviolette, 3–5 mm lange Krone, vier Staubblätter und einen oberständigen Fruchtknoten mit einem Griffel. Nach der Bestäubung entwickeln sich vier walzenförmige helbraune Klausen. Die Blüten erscheinen von Juli bis August.

Die Art wächst auf Rainen und Weiden, häufig tritt sie auf Schutthalden und anderen Ödstellen, entlang von Wegen, an Zäunen und in Siedlungen auf, besonders in wärmeren Gebieten. Sie ist in europäischen Gebieten mit milderem Klima verbreitet.

Früher wurde das Eisenkraut in der Volksmedizin verwendet, es wurde ihm sogar Zauberkraft zugeschrieben. In Teemischungen bewährt es sich bei Bronchitis, da es auswurffördernd wirkt. Es wird auch mit Erfolg bei leichter Gesichtsneuralgie angewandt.

Detail der Blüte mit dem drüsenhaarigen Kelch

vertrocknete Grundblätter

Lippenblütler
Lamiaceae

Kriechgünsel

Ajuga reptans

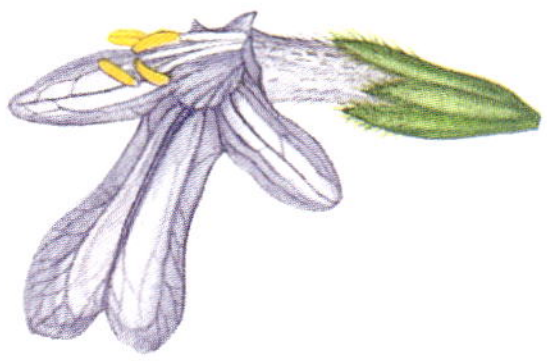

Oberlippe der Krone

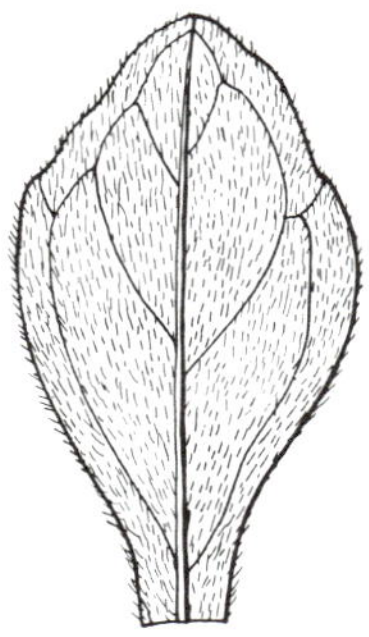

Deckblätter im Blütenstand

Das ausdauernde Kraut bildet kriechende, beblätterte, bis 30 cm lange Ausläufer. Es wird 10–30 cm hoch. Die aufrechten, unverzweigten Stengel sind vierkantig. Die in einer Rosette angeordneten Grundblätter sind länglich umgekehrt eiförmig, allmählich in den Blattstiel verschmälert. Die Stengelblätter sind gegenständig, kurzgestielt bis sitzend, umgekehrt eiförmig und gekerbt. Die Blüten bilden endständige lockere Scheinähren mit ganzrandigen Deckblättern. Sie sind kurzgestielt, schief abstehend, 10–15 mm lang. Der glockige Kelch ist fünfzähnig, stumpf fünfkantig, die violettblaue Krone hat eine gerade Röhre, die länger als der Kelch ist, und zwei ungleiche Lippen: die Oberlippe ist viel kürzer und auf zwei Zähnchen reduziert, die größere Unterlippe ist dreilappig, mit einem größeren mittleren und zwei kleineren seitlichen Lappen. Die vier Staubblätter und der Griffel mit der Narbe ragen aus der Kronröhre hervor. Die Früchte bilden vier Klausen. Die Pflanze blüht von April bis Juli.

Der Kriechgünsel wächst auf Wiesen, in Wäldern, auf Lichtungen, Wegen, vor allem auf feuchterem Boden von den Niederungen bis ins Hügelland. Er ist in ganz Europa verbreitet.

Auf trockenen Wiesen und in lichten Hainen wächst der ähnliche Heidegünsel (*A. genevensis*). Vom Kriechgünsel unterscheidet er sich dadurch, daß er keine kriechenden, beblätterten Ausläufer bildet, und seine Deckblätter im Blütenstand sind dreilappig. Tief in schmale Abschnitte geteilte, gelbe Blüten weist der Gelbe Günsel (*A. chamaepitys*) auf, der in den wärmeren Gebieten Europas wächst.

Edelgamander

Teucrium chamaedrys

Lippenblütler
Lamiaceae

Der Edelgamander ist ein wohlriechendes, ausdauerndes Kraut mit einem verzweigten, kriechenden Wurzelstock und einem buschig verzweigten, unten verholzenden Stengel. Der Stengel ist aufsteigend, weichhaarig, dicht beblättert und bis 30 cm hoch. Die gegenständigen Blätter sind eiförmig, in den kurzen Stiel verschmälert, der Rand ist gekerbt. Nach oben zu gehen sie in die Deckblätter der lockeren Scheinähre über. Die Blüten haben einen trichterförmigen, fünfzähnigen, oft violett überlaufenen Kelch. Die rotviolette Krone hat eine kurze Röhre, eine verkümmerte Oberlippe und eine dreiteilige Unterlippe mit einem vergrößerten mittleren Zipfel und kleineren Seitenzipfeln. Die vier Staubblätter und der Griffel mit der zweispaltigen Narbe ragen weit aus der Kronröhre heraus. Die Früchte sind eiförmige Klausen. Die Blüten erscheinen von Juli bis August.

Die Art tritt auf trockenen sonnigen Hängen, Felsen und flachgründigen Böden, besonders auf kalkhaltigem Untergrund in den Niederungen und im Hügelland wärmerer Gegenden auf. Sie ist in Gebieten mit milderem Klima in Europa und Vorderasien verbreitet.

An ähnlichen Stellen wächst der Traubengamander (*T. botrys*) mit einfach bis doppelt fiederteiligen Blättern, deren Abschnitte linear sind. Der Lauchgamander (*T. scordium*) ähnelt der abgebildeten Art, seine Stengel verholzen aber niemals im unteren Teil. Er wächst an feuchten Stellen und riecht beim Zerreiben nach Knoblauch.

Blüte mit der verkümmerten Oberlippe

Lippenblütler
Lamiaceae

Gemeines Helmkraut

Scutellaria galericulata

Querschnitt durch die Blüte

ausläuferartiger Wurzelstock mit vierkantigem wurzelndem Stengel

Das ausdauernde Kraut hat einen ausläuferförmigen Wurzelstock und einen aufsteigenden, seltener geraden, einfachen oder wenigästigen, vierkantigen Stengel, der 10–40 cm hoch wird. Die gegenständigen Blätter sind kurzgestielt, mit einer eiförmig lanzettlichen, am Rande seicht gesägten Spreite. Die Blüten sind kurzgestielt und sind zu zweit bis fünft in den Achseln der allmählich kleiner werdenden Deckblätter in einseitswendigen Scheinquirlen, die an der Spitze der Stengel Scheinähren bilden, angeordnet. Der zweilippige Kelch weist auf der Oberlippe einen hohlen, schildförmigen Auswuchs auf, der nach dem Abfallen der Krone die reifenden dunkelbraunen, kurzgestielten Klausen bedeckt. Die Krone ist zweilippig, blauviolett, hat lange Röhren und kurze Lippen; auf der Unterlippe befindet sich ein weißer, violett punktierter Fleck. Die Blüten entfalten sich von Juni bis September.

Das Gemeine Helmkraut wächst in Ufergebüschen, manchmal auch in Auenwäldern, an Fluß- und Teichufern und auf feuchten Wiesen, oft in Riedgrasbeständen. Es tritt auf der ganzen nördlichen Halbkugel mit Ausnahme der wärmsten und kältesten Gebiete von den Niederungen bis ins Hügelland auf.

Der Gattungsname der Pflanze ist vom lateinischen scutellum (= Schildchen) abgeleitet, nach dem schuppenförmigen Auswuchs am Kelch.

Gewöhnlicher Gundermann, Gundelrebe

Glechoma hederacea

Lippenblütler
Lamiaceae

Der Gundermann ist ein ausdauerndes Kraut mit einem kriechenden Wurzelstock, der 10–40 cm hoch wird. Die Stengel sind aufsteigend, verzweigt, mit sehr langen beblätterten Trieben im unteren Teil. Die gegenständigen, gestielten Blätter haben nierenförmige bis rundliche, am Rande gekerbte Spreiten. Die Blüten entspringen zu zweit oder dritt den Achseln der mittleren und oberen Blätter, sie werden 2 cm lang und sind deutlich gestielt. Der röhrige Kelch ist abstehend behaart und fünfzähnig. Die Krone ist zweilippig, einigemal länger als der Kelch, blauviolett. Im Röhrenschlund befindet sich ein Haarkranz. Die Oberlippe ist zweilappig, die Unterlippe dreilappig, mit dunkelvioletten Flecken geziert. Die Früchte sind Klausen. Die Pflanzen blühen von April bis Juli.

Die Art kommt in Wäldern vor, vor allem an ihren Rändern, auf Wiesen, in Gärten, Gebüschen, auf Rainen, entlang von Wegen und Zäunen, oft in großen Beständen. Sie tritt von den Niederungen bis ins Hügelland in ganz Eurasien mit Ausnahme klimatisch extremer Lagen auf.

Manchmal erscheint der Gundermann auch auf Feldern, vor allem in ausdauernden Futterpflanzenbeständen, ist aber kein gefährliches Unkraut, da er die regelmäßige Bearbeitung des Bodens nicht verträgt. An geschützten Stellen in der Umgebung menschlicher Behausungen erscheint er zeitig im Frühjahr, und sein Kraut wird in frischem oder getrocknetem Zustand zum Würzen von Speisen benutzt. Er enthält Gerbstoffe, Saponine, einen Bitterstoff und andere Wirkstoffe. Im frischen Kraut sind auch Provitamin A und Vitamin C enthalten.

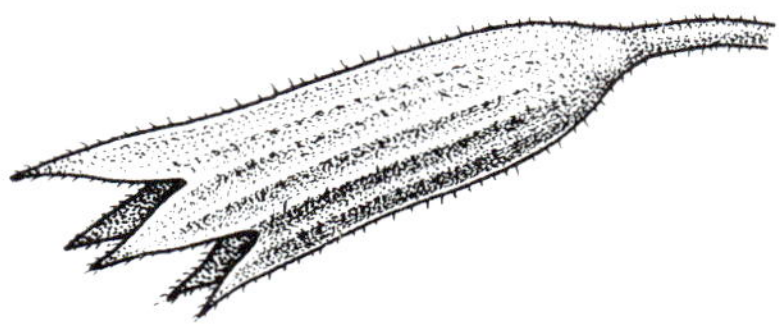

ungleiche Zähne (fünf) des behaarten Kelchs

Inneres der Blüte mit den längeren hinteren und kürzeren vorderen Staubfäden

Lippenblütler
Lamiaceae

Gemeine Braunelle

Prunella vulgaris

eiförmige, glatte Klausen mit markanten Kanten (von oben, von unten und von der Seite).

kriechende wurzelnde Stengel

Die Gemeine Braunelle ist ein ausdauerndes, 5–30 cm hohes Kraut. Die vierkantigen Stengel sind oft bräunlich, aufsteigend, wenigästig, die Blätter sind gestielt. Die unteren, in einer Rosette gehäuften Blätter sind eiförmig elliptisch und ganzrandig, die Stengelblätter gegenständig, das oberste Paar wächst dicht unter dem Blütenstand hervor. Die Blüten bilden eine endständige, kopfig gehäufte Scheinähre. Der Kelch ist zweilippig, die Oberlippe dreizähnig, die Unterlippe hat zwei Zähne. Die Röhre der blauvioletten Krone ist nur wenig länger als der Kelch; die Oberlippe ist deutlich gewölbt, gewimpert, die Unterlippe flach, dreilappig, herabgeneigt. Die Staubblätter und der Stempel sind in der Oberlippe verborgen. Die Früchte sind eiförmige Klausen, die zur Reifezeit aus dem vertrocknenden Kelch herausgeschleudert werden. Die Pflanzen blühen von Mai bis Oktober.

Die Gemeine Braunelle wächst auf feuchten Wiesen und Weiden, in Parks, auf Schlägen und in lichten Wäldern von den Niederungen bis ins Gebirge. Sie ist auf der ganzen nördlichen Halbkugel verbreitet.

In europäischen Gebieten mit milderem Klima treten auf grasbewachsenen Hängen, besonders in wärmeren Gegenden, auf Kalkboden, verwandte Arten auf: die gelb blühende Weiße Braunelle (*P. laciniata*) mit fiederig in schmale Abschnitte gespaltenen Stengelblättern und die Großblütige Braunelle (*P. grandiflora*) mit großen, dunkelvioletten Blüten von 2–2,5 cm Länge.

Ackerhohlzahn

Galeopsis ladanum

Lippenblütler
Lamiaceae

Der Ackerhohlzahn ist ein einjähriges Kraut mit aufrechten, derben, in der oberen Hälfte verzweigten Stengeln. Die Zweige sind aufrecht. Die Pflanze wird 10–20 cm hoch. Die gegenständigen Blätter sind gestielt und haben eiförmig lanzettliche, grobgezähnte Spreiten. Die Blüten sind in lockeren, entfernten Scheinquirlen in den Achseln der Deckblätter an der Spitze der Stengel und Zweige angeordnet. Der drüsige Kelch ist kraushaarig, bis zur Hälfte in fünf begrannte Zähne gespalten. Die blaßrote Krone ist länger als der Kelch; sie hat eine gerade Röhre, eine stark gewölbte Oberlippe und eine dreizipflige Unterlippe. Der mittlere Zipfel der Unterlippe ist breiter als die seitlichen Zipfel, die am Kronenschlund eine hohle Ausstülpung aufweisen. Die Früchte sind dreieckig eiförmige Klausen. Die Pflanzen blühen von Juni bis September.

Der Ackerhohlzahn wächst in Gebüschen, auf Feldern, Waldschlägen, Rainen und entlang von Wegen im Hügelland und in Vorgebirgen; er ist kalkmeidend. Er ist von Europa bis Westasien verbreitet.

Der Gattungsname der Pflanze ist vom griechischen gales (= Helm) abgeleitet, nach der stark gewölbten Oberlippe der Krone. Nach einer anderen Erklärung ist der Ursprung des Namens im griechischen gale (= Iltis) und opis (= Gesicht, Erscheinung) zu suchen, denn die Form der Krone erinnert an das geöffnete Maul eines Iltisses. Die Früchte enthalten bis 45 % Öl. Wegen des hohen Nektargehaltes der Blüten gehört der Hohlzahn zu den guten Honigpflanzen.

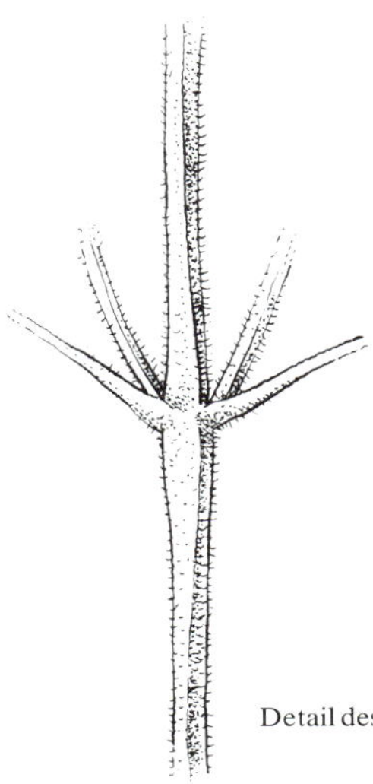

Detail des Stengels

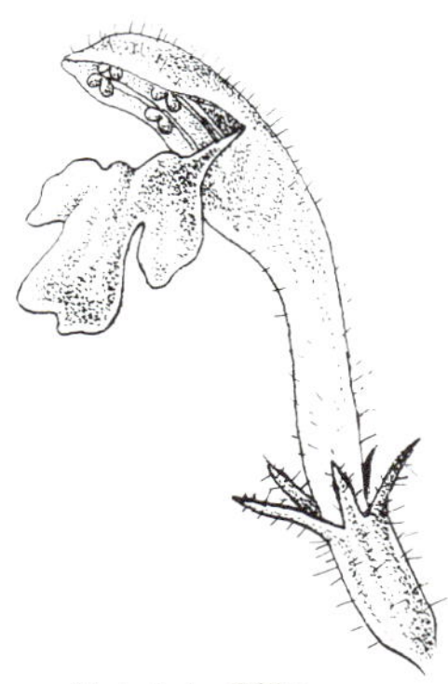

Detail der Blüte

Lippenblütler
Lamiaceae

Bunter Hohlzahn

Galeopsis speciosa

Blüte

Der Bunte Hohlzahn ist ein stattliches, bis 1 m hohes Kraut. Die ganze Pflanze ist borstenhaarig. Die Stengel sind aufrecht, reichverzweigt, unter den Knoten (d. h. dort, wo sich die Stengel verzweigen oder wo die gegenständigen Blattpaare angeheftet sind) verdickt. Die Blätter sind langgestielt, mit einer eiförmigen, am Grunde keilförmigen bis abgerundeten, am Rande gesägten Spreite. Die großen, bis 4 cm langen Blüten fallen durch die schwefelgelbe Färbung beider Lippen und die violette Zeichnung am Mittellappen der Unterlippe auf. Wie alle Hohlzahnarten, weist auch der Bunte Hohlzahn hohle Ausstülpungen auf den Seitenzipfeln der Unterlippe auf. Die Früchte sind Klausen. Die Blüten erscheinen von Juli bis September.

Der Bunte Hohlzahn wächst in Wäldern, Gebüschen, an Ufern, auf Schlägen, in feuchten Schluchten und an Ödstellen. Er ist von Europa (besonders im Osten und Norden) bis nach Westasien verbreitet.

Auch der Saathohlzahn (*G. segetum*) hat gelbe Blüten mit einer violetten Zeichnung auf der Unterlippe. Von der abgebildeten Art unterscheidet er sich durch die drüsig behaarten Stengel, die unter den Knoten nicht verdickt sind. Er stammt aus Westeuropa. Nach Mitteleuropa wurde er eingeschleppt und verwildert hier oft. Die Pflanze ist heilkräftig und bildet oft einen Bestandteil von auswurffördernden Teemischungen und Sirupen. In der Volksmedizin wurde er auch gegen Lungentuberkulose benutzt.

innere Blüte mit zwei längeren und zwei kürzeren Staubblättern, einem Griffel mit einer zweispaltigen Narbe

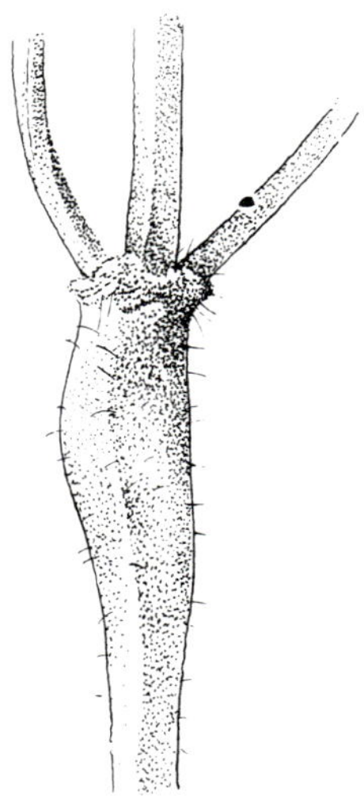

Detail des Stengels

Stechender Hohlzahn

Galeopsis tetrahit

Lippenblütler
Lamiaceae

Der Stechende Hohlzahn ist ein einjähriges Kraut mit einfachen oder einfach verzweigten Stengeln. Er wird 10–40 cm hoch. Die vierkantigen Stengel sind fast kahl, unter den Knoten auffallend verdickt, mit markant borstigen, abstehenden, derben Haaren. Die gegenständigen Blätter sind langgestielt, eiförmig bis lanzettlich, 3–8 cm lang, mit der an der Basis abgerundeten bis keilförmigen Spreite, die am Rande grob und stumpf gesägt ist. Die reichen Blütenscheinquirle entspringen den Achseln der oberen Deckblätter und sind zu einer unterbrochenen Scheinähre gehäuft. Die einzelnen Blüten sind von stachelig derben Deckblättern umgeben. Der glockige Kelch hat fünf starre, mit langen Grannen ausgestattete Zähne. Die rosarote Krone ist etwa 15 mm lang, zweimal länger als der Kelch. Die Früchte sind Klausen. Die Blüten erscheinen von Juli bis September.

Die Pflanzen treten als alte Kulturbegleiter auf Brachland, Geröll, Feldern, in Dickichten, entlang von Wegen und auch in lichten Wäldern von den Niederungen bis ins Gebirge auf. Sie sind fast in ganz Europa verbreitet.

Die großen Samen enthalten beträchtliche Mengen von Fett, das aber ungenießbar ist und sogar beim Vieh Verdauungsbeschwerden hervorruft. Der Stechende Hohlzahn ist ein lästiges Unkraut, denn seine stacheligen Kelche erschweren die Erntearbeiten.

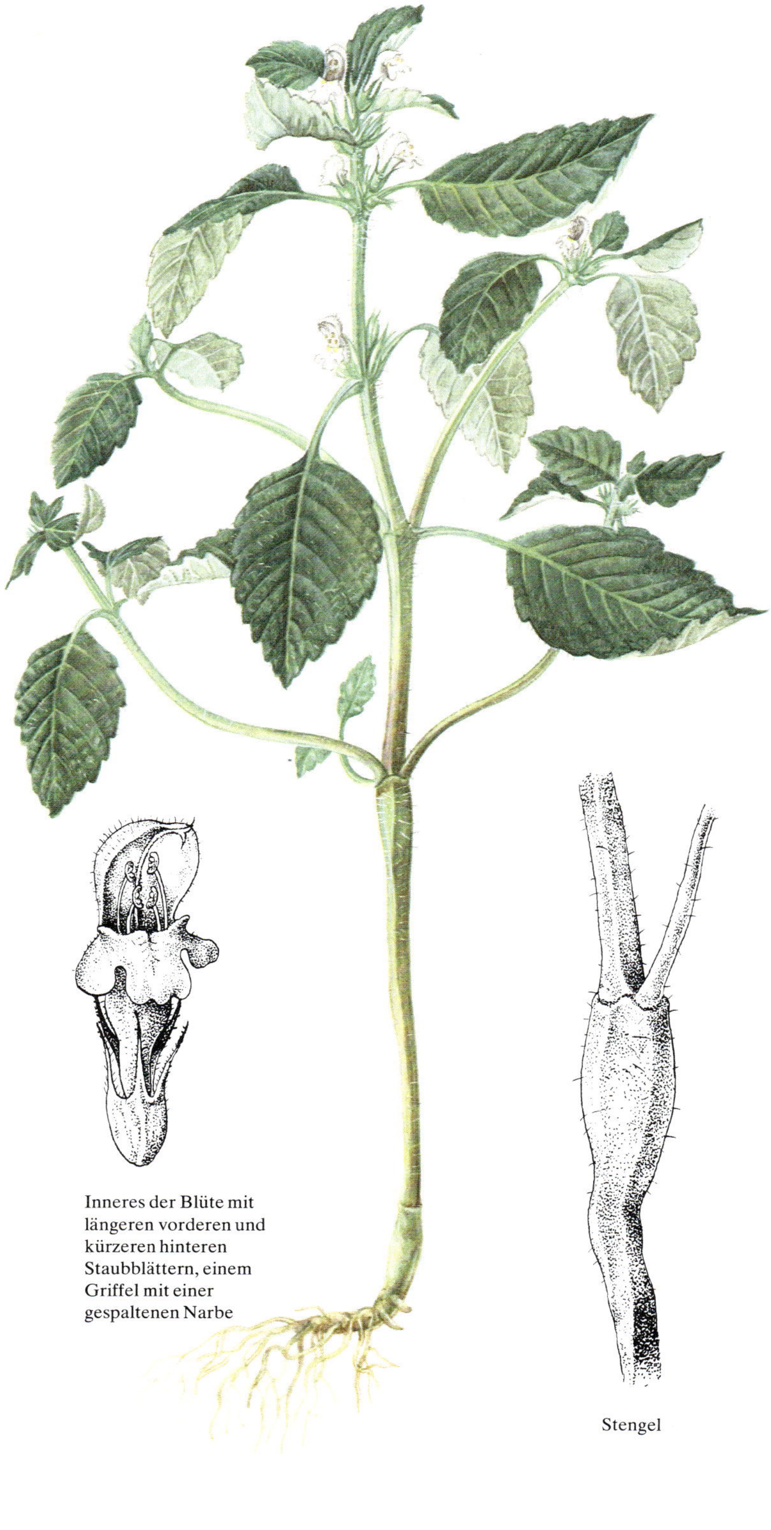

Inneres der Blüte mit längeren vorderen und kürzeren hinteren Staubblättern, einem Griffel mit einer gespaltenen Narbe

Stengel

Lippenblütler
Lamiaceae

Goldnessel

Lamiastrum galeobdolon

Blüte

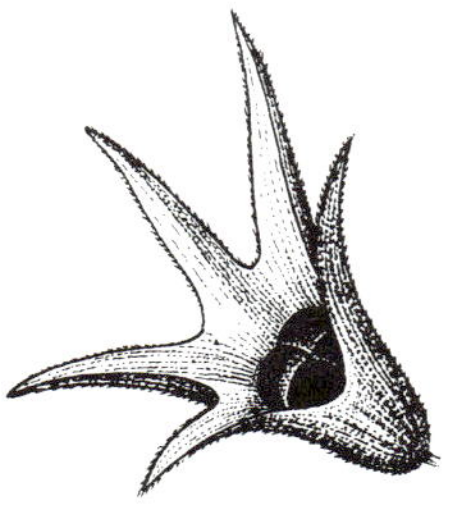

Früchte – Klausen

Das ausdauernde Kraut hat beblätterte, kriechende Wurzelausläufer und aufrechte, vierkantige Stengel. Es erreicht eine Höhe von 10–40 cm. Die Stengel sind einfach und tragen gegenständige gestielte Blätter mit eiförmigen, am Grunde breit keilförmigen bis leicht herzförmigen, länglich zugespitzten, am Rande grobgesägten Spreiten. Nach oben zu gehen die Blätter in kurzgestielte, länglich zugespitzte Deckblätter über. Aus ihren Achseln wachsen entfernte, 6–10blütige Scheinquirle hervor. Die Blüten sind sitzend, mit borstigen Deckblättern ausgestattet. Sie haben einen röhrigen Kelch mit fünf begrannten Zähnen und eine große hellgelbe Krone. Die Kronröhre ist gerade, helmförmig, mit einer an der Außenseite behaarten Oberlippe und einer dreizipfligen Unterlippe. Die Früchte sind schwarze Klausen mit weißen Ölkörpern. Die Pflanzen blühen von April bis Juni.

Die Goldnessel kommt in Wäldern und Gebüschen mit feuchten bis frischen, nährstoff- und basenreichen Böden von den Niederungen bis in die Gebirgsstufe vor. Sie ist eine europäische Art, die im milderen Klima auftritt.

Im Rahmen dieser stark veränderlichen Art unterscheiden die Botaniker heute einige Kleinarten, die sich von der abgebildeten Pflanze durch das Fehlen von wurzelnden Ausläufern, unterschiedliche Blattformen, Zahl der Blüten pro Quirl und überwinternde Stengel unterscheiden. Ihrer Gesamterscheinung nach ähnelt die Goldnessel der Taubnessel (siehe nächste Seite).

Weiße Taubnessel

Lamium album

Lippenblütler
Lamiaceae

Die Weiße Taubnessel ist ein ausdauerndes, 20–40 cm hohes Kraut. Sie hat einen vierkantigen, einfachen, unten oft violett überlaufenen Stengel. Die gegenständigen Blätter sind langgestielt, die lange Spreite ist bis 7 cm lang, eiförmig am Grunde abgerundet oder herzförmig, am Rande gezähnt. Den Achseln der kurzgestielten, länglich zugespitzten Deckblätter entspringen Scheinquirle aus sitzenden Blüten. Die Blüten haben einen glockigen gespaltenen Kelch; die weiße Krone hat eine gebogene Röhre. Die gewölbte Oberlippe deckt den Griffel und die vier Staubblätter, von denen zwei länger und zwei kürzer sind. Die Seitenlappen der Unterlippe haben kleine Zähne. Die Früchte, vier Klausen, befinden sich im ausdauernden Kelch. Die Pflanzen blühen von Mai bis August.

Die Weiße Taubnessel wächst in Gebüschen, auf Schutthalden, an Zäunen, Waldrändern und auf Ödstellen von den Niederungen bis ins Hochgebirge. Sie ist in ganz Eurasien verbreitet und zeigt gut mit Stickstoff versorgte Böden an.

Die Blüte der Weißen Taubnessel ist eine heilkräftige Droge. Sie enthält Schleime, Glykoside, Gerbstoffe und ätherisches Öl. In der Pharmazie wird sie zur Bereitung von Tinkturen und heilkräftigen, als Sedativum (Beruhigungsmittel) wirkenden Tees benutzt. Der Name der Pflanze ist vom griechischen lamos (= Schlund, Maul) abgeleitet, in Anspielung auf die Form der Krone, die an das aufgesperrte Maul eines Tieres erinnert.

Inneres der Blüte

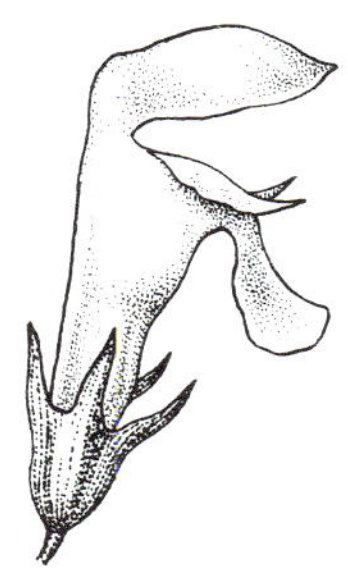

Blütenprofil

Lippenblütler
Lamiaceae

Stengelumfassende Taubnessel

Lamium amplexicaule

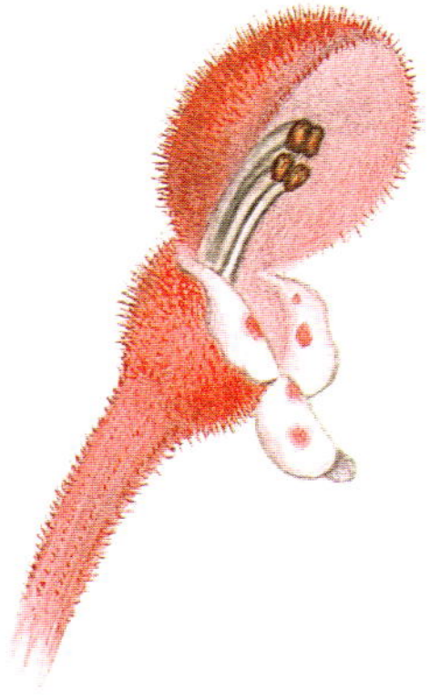

Inneres der Blüte

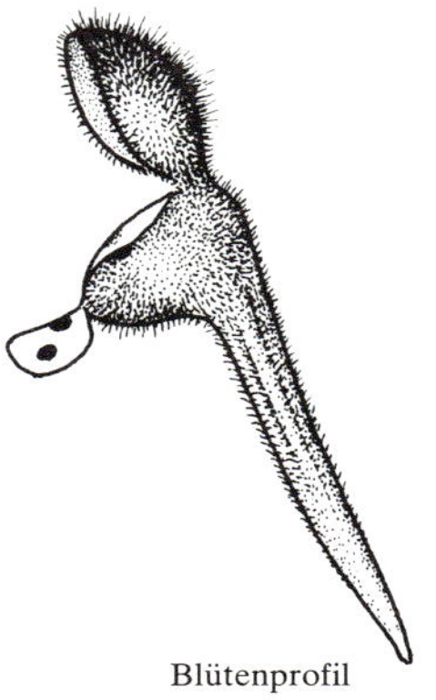

Blütenprofil

Das einjährige, manchmal winterhart einjährige Kraut wird 10–20 cm hoch. Die vierkantigen Stengel sind unten verzweigt und tragen gegenständige, langgestielte, rundliche bis nierenförmige, am Rande gekerbte Blätter. Die nierenförmigen, blattähnlichen Deckblätter sind stengelumfassend. Aus ihren Achseln wachsen die in Scheinquirlen angeordneten, sitzenden Blüten hervor. Der wollige Kelch ist in fünf lanzettliche Zähne gespalten; die rosa bis fleischrote zweilippige Krone ist symmetrisch, mit einer geraden, bis 11 mm langen Röhre. Manchmal, besonders bei ungünstiger Witterung, öffnen sich die Blüten nicht, und die Krone bleibt geschlossen (sog. kleistogame Blüten, bei denen es zu Selbstbestäubung kommt). Die Früchte sind Klausen. Die Pflanzen blühen von März bis Juni.

Die Stengelumfassende Taubnessel tritt als Unkraut auf Feldern, in Gärten und Weinbergen von den Niederungen bis in mittlere Gebirgslagen sommerwarmer Gebiete auf. Es handelt sich um eine europäische Art, die bis nach Westasien verbreitet ist.

Die Pflanzen werden vor allem von Ameisen verbreitet, die die fleischigen Anhängsel der Früchte abnagen. Sie verunkrauten besonders Wintergetreide, Hackfrüchte und ausdauernde Futterpflanzen, vorwiegend auf kalkhaltigen Böden. Da sie aber nicht so gesellig auftreten wie manche andere Taubnesselarten, sind sie kein gefährliches Unkraut.

Gefleckte Taubnessel

Lamium maculatum

Lippenblütler
Lamiaceae

Die Gefleckte Taubnessel ist ihrer Erscheinung nach (bis auf die Blütenfarbe) der Weißen Taubnessel (siehe Seite 261) sehr ähnlich. Sie hat einfache, vierkantige Stengel mit unter- und oberirdischen Ausläufern. Die Stengel sind 10–50 cm hoch und tragen gegenständige, gestielte, dreieckig eiförmige Blätter mit einem grobgezähnten Rand. Die Oberseite der Spreite weist oft einen hellen Fleck auf. Die Scheinquirle der Blüten wachsen aus den Achseln der obersten, mit kürzeren Stielen ausgestatteten Deckblätter hervor. Die Blüten sind sitzend, 2–3 cm lang. Sie haben einen glokkigen Kelch mit fünf länglich zugespitzen Zähnen und eine rosarote, zweilippige Krone. Die Krone hat eine gebogene Röhre, eine flaumige Oberlippe und eine, am mittleren Zipfel mit einer violetten Zeichnung gezierte Unterlippe. Violett sind auch die Staubbeutel der vier Staubblätter, von denen zwei kürzer und zwei länger sind. Die Früchte sind dreikantige grüne Klausen. Die Pflanzen blühen von April bis September.

Die Gefleckte Taubnessel wächst in lichteren Laubwäldern und Gebüschen, entlang von Wegen, an Zäunen und auf Schutthalden, d. h. auf nährstoffreichen Böden von den Niederungen bis ins Gebirge. Sie ist in europäischen Gebieten mit milderem Klima verbreitet.

Auch die Purpurrote Taubnessel (*L. purpureum*) hat rosarote Blüten. Sie ist ein häufiges Acker- und Gartenunkraut, das gesellig auftritt und im Frühjahr oft Felder mit Wintergetreide oder ausdauernden Futterpflanzen völlig bedeckt.

Von der Gefleckten Taubnessel unterscheidet sie sich durch die gerade Kronröhre und die violett überlaufenen Deckblätter unter den in Scheinquirlen angeordneten Blüten.

Kronröhre

Detail der Blüte ohne Kelch

Schwarznessel, Gottwergeß, Stinkandorn

Lippenblütler
Lamiaceae

Ballota nigra

Detail einer gestielten Blüte mit einem pfriemlichen Deckblatt

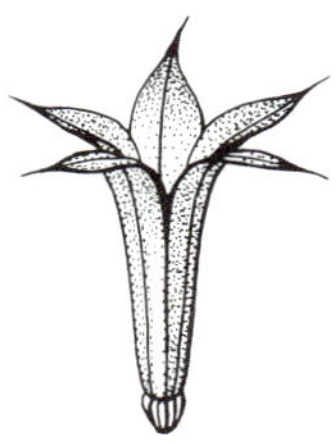

trichterförmiger Kelch mit begrannten Zähnen

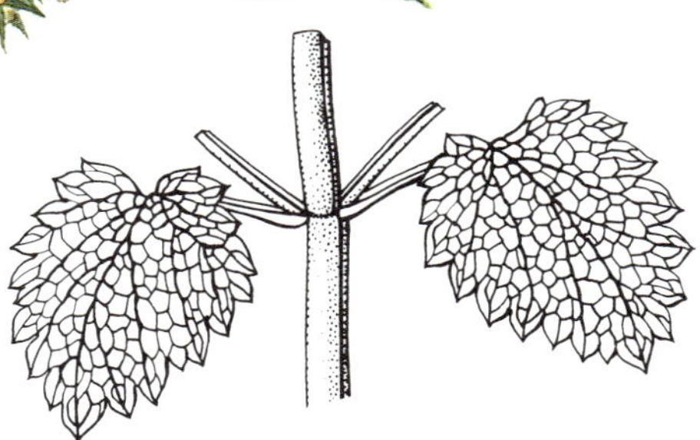

gegenständiges Blattpaar auf dem kantigen Stengel

Das ausdauernde Kraut hat aufrechte, verzweigte, 30–80 cm hohe Stengel. Die eiförmigen Blätter sind gegenständig, grob gekerbt, oft runzlig, gestielt. Aus den Achseln der mittleren und oberen Deckblätter wachsen in lockeren Scheinquirlen angeordnete Blüten hervor. Die Blüten sind gestielt, bis 15 mm lang, mit pfriemlichen Deckblättern. Sie haben einen wollig behaarten, trichterförmigen Kelch mit fünf Zähnen, die allmählich in eine begrannte Spitze auslaufen. Die rotviolette zweilippige Krone hat eine gerade Röhre. Beide Lippen sind weißwollig; der mittlere Zipfel der Unterlippe ist mit einer weißlichen Zeichnung geziert. Die Früchte sind Klausen. Die Blüten erscheinen im Juni und Juli.

Die Schwarznessel wächst auf Schutthalden, an Zäunen, entlang von Wegen, an Mauern, und in Gebüschen von den Niederungen bis ins Hügelland. Sie ist in Europa und Westasien in Gebieten mit einem milderem Klima verbreitet.

Sie ist ein treuer Begleiter menschlicher Behausungen und verbreitet sich von dort auf weitere, durch menschliche Tätigkeit beeinflußte Standorte. Im Mittelmeergebiet treten Pflanzen mit weniger breiten bis rundlich eiförmigen Blättern und plötzlich stachelspitzig verschmälerten Kelchzähnen auf. Sie werden als Unterart der Schwarznessel betrachtet (*B.n. ssp. foetida*).

Aufrechter Ziest

Stachys recta

Lippenblütler
Lamiaceae

Der aufrechte Ziest ist ein ausdauerndes, 20–40 cm hohes Kraut mit einem knollenförmigen Wurzelstock. Die Stengel sind aufrecht und kantig. Die gegenständigen Blätter sind kurzgestielt, die Spreite ist eiförmig lanzettlich, der Rand mehr oder weniger gesägt. Sie sind mit krausen Haaren besetzt. Nach oben zu werden die Blätter allmählich kleiner und gehen in Deckblätter über, in deren Achseln die aus sitzenden Blüten zusammengesetzten Scheinquirle entspringen. Die Blüten sind 1–2 cm lang, der Kelch ist röhrig-glockig, in begrannte Zähne gespalten, die Krone hellgelb und zweilippig. Die Oberlippe ist schwach gewölbt, die Unterlippe mit einer rotbraunen Zeichnung ausgestattet. Die Früchte sind dreieckige Klausen. Die Blüten erscheinen von Juni bis September.

Der Aufrechte Ziest tritt auf sonnigen, steinigen und von Gebüsch bewachsenen Hängen, Lichtungen und in Steppenrasen wärmerer Gegenden auf. Er ist eine europäische, vor allem auf der südlichen Hälfte des Kontinents verbreitete Art.

Der abgebildeten Art ist der gleichfalls gelb blühende Einjährige Ziest (*S. annua*) ziemlich ähnlich. Er ist meist niedriger und verzweigt, hat eine dünne, fadenförmige Wurzel und wächst auf Feldern, auf Schutthalden und in Weinbergen. In großen Mengen erscheint er vor allem auf Stoppelfedern nach der Ernte des Getreides.

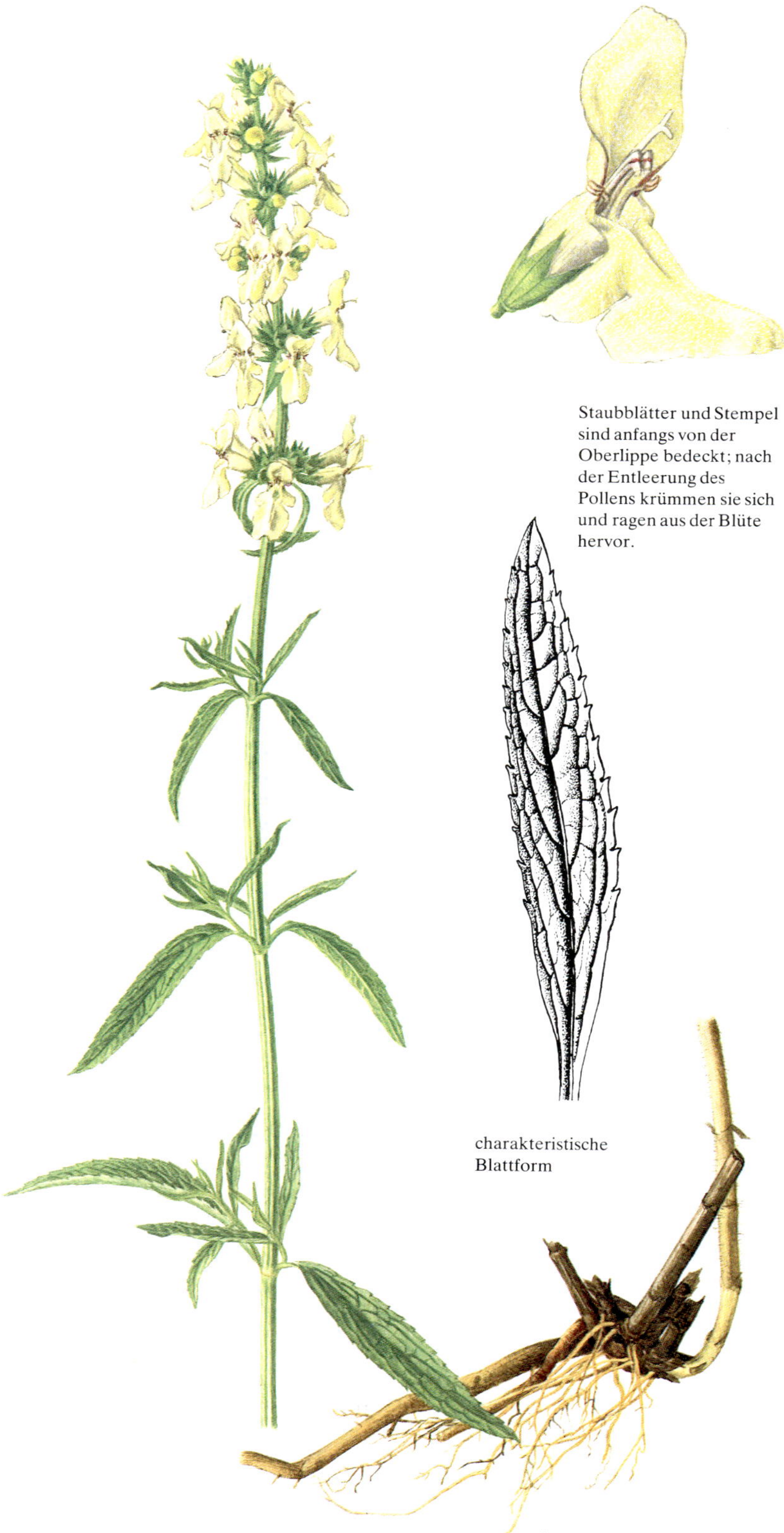

Staubblätter und Stempel sind anfangs von der Oberlippe bedeckt; nach der Entleerung des Pollens krümmen sie sich und ragen aus der Blüte hervor.

charakteristische Blattform

Lippenblütler
Lamiaceae

Waldziest

Stachys sylvatica

typische Blattform

Der Waldziest ist ein ausdauerndes, 30–100 cm hohes Kraut. Die aufrechten Stengel tragen 3–5 gegenständige, langgestielte Blattpaare, mit herzförmigen, dicht gesägten Spreiten, die nach oben zu in kleine sitzende Deckblätter übergehen. Die Scheinquirle bestehen aus sechs Blüten. Der Kelch ist glockig, mit dreieckigen begrannten Zähnen, die rotviolette Krone hat eine lange Röhre. Die Oberlippe ist gerade, der gezähnte mittlere Zipfel der Unterlippe ist größer als die seitlichen. Die Früchte sind Klausen. Die Pflanze blüht von Juni bis September und kommt in Laubwäldern, Auen und Gebüschen, Ufergestrüpp und auf Schlägen von den Niederungen bis in die höchsten Gebirge vor. Sie ist von Europa bis nach Westasien verbreitet.

Eine andere rotblühende und allgemein verbreitete Art ist der Sumpfziest (*S. palustris*). Er hat schmalere, eiförmig lanzettliche, sitzende Blätter. Er gedeiht an feuchteren Standorten, auf Feldern und in Naßwiesen. Auffallend sind die reich blühenden, dicht grau- und weißhaarigen Arten wie z. B. der Deutsche Ziest (*S. germanica*) mit stacheligen Kelchzähnen, der in Deutschland selten an trockeneren, oft ruderalisierten Standorten auftritt, oder der Wollziest (*S. lanata*) mit Kelchzähnen ohne Stacheln, der aus Südosteuropa stammt und wegen seiner exotischen Erscheinung oft in Gärten gezogen wird.

Gemeine Betonie, Heilziest

Betonica officinalis

Lippenblütler
Lamiaceae

Die Gemeine Betonie ist ein ausdauerndes, 20–80 cm hohes Kraut mit einem aufrechten, meist unverzweigten, spärlich beblätterten Stengel. Die Blätter sind gegenständig, die Blattstiele verkürzen sich allmählich von unten aufwärts; die Spreiten sind länglich eiförmig, am Rande gezähnt. Die obersten Blätter gehen in Deckblätter über. Aus den Achseln der Deckblätter entspringen die Blütenscheinquirle, die im unteren Teil lockere, im oberen dichte walzige Scheinähren bilden. Die Blüten sind 12–14 mm lang. Sie haben einen glockigen, fünfzähnigen Kelch mit kurzen Grannen an den Zipfeln und eine karmesinrote Krone mit einer weißen Röhre. Die Oberlippe ist gerade, die dreiteilige Unterlippe hat einen großen, gekerbten Mittellappen. Die Staubbeutel haben violettbraune Färbung. Die Früchte sind Klausen. Die Pflanzen blühen im Juli und August.

Die Gemeine Betonie wächst in lichten Laubwäldern auf mageren, wechselfeuchten Lehm- und Tonböden, vor allem aber in Moorwiesen, mageren Bergwiesen und Heidegesellschaften. Sie ist an wärmeren Standorten in Gegenden mit milderem Klima in Europa und Westasien verbreitet.

Der Gattungsname soll ursprünglich *Vettonica* gelautet haben, also die Pflanze der Menschen aus dem Stamm der Vettonen, die am Fuß der Pyrenäen in Spanien lebten. Die heilkräftige Wirkung der Pflanze, die in ihrem Artnamen zum Ausdruck kommt, gehört schon der Vergangenheit an. Früher benutzte man die Pflanze in der Volksmedizin häufig zum Auflegen auf Wunden. Aus dem getrockneten blühenden Kraut (Herba betonicae), das Gerbstoffe, Bitterstoffe, Cholin und Aminoverbindungen enthält, wurden auch heilkräftige Tees gegen Schleimhautentzündungen bereitet.

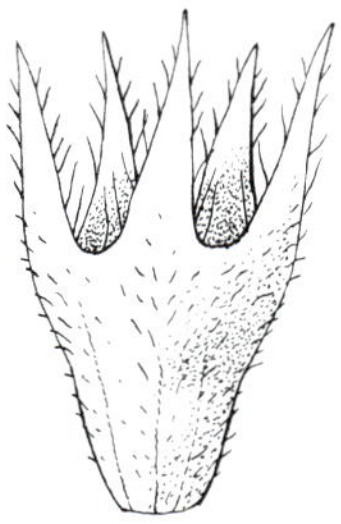

Kelch

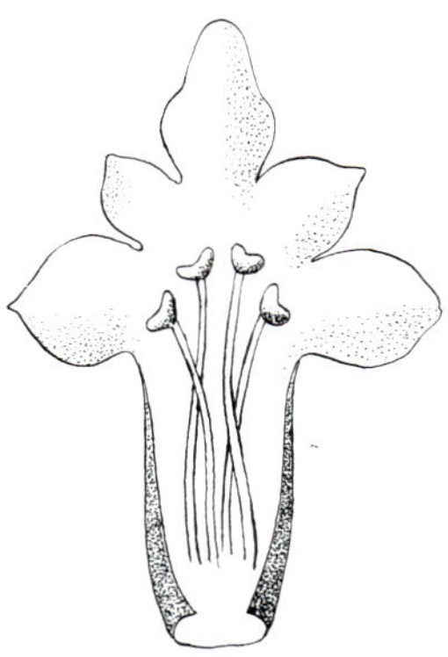

Staubblätter (vier) in der Kronröhre

Lippenblütler
Lamiaceae

Wiesensalbei

Salvia pratensis

Blüte

Das ausdauernde, etwas aromatische Kraut wird 20–50 cm hoch und hat aufrechte oder kurz aufsteigende, wenigästige Stengel. Die langgestielten Grundblätter bilden eine Rosette; sie haben eiförmig lanzettliche, bis 12 cm lange, am Grunde herzförmige, runzlige, am Rande seicht gelappte Spreiten. Die Stengelblätter sind, sofern sie entwickelt sind, kleiner und kurzgestielt. Die wenigblütigen Scheinquirle bilden eine lockere endständige Scheinähre. Die kurzgestielten, 2–3 cm langen Blüten haben einen zweilippigen glockigen Kelch; die Oberlippe ist kürzer und dreizähnig, die untere länger und zweizähnig. Die Krone ist dunkel blauviolett, die Röhre ist länger als der Kelch, die Oberlippe bogenförmig gewölbt, die Unterlippe mit drei abgerundeten, herabgeneigten Zipfeln. An den Staubblättern fällt das lange, gekniete Konnektiv auf, das an der Bestäubung durch Insekten beteiligt ist (Hebelmechanismus). Die Früchte sind Klausen. Die Pflanzen blühen von Mai bis August.

Die Art wächst auf trockenen Wiesen und Weiden, steinigen Hängen, Rainen und an Wegen von den Niederungen bis ins Hügelland. Sie ist eine europäische Art, die in den milderen Gebieten des Kontinents verbreitet ist.

Der verwandte Echte Salbei (*S. officinalis*) ist ein graugrüner, filziger, beim Zerreiben aromatischer Halbstrauch mit zahlreichen Stengeln, die 20–50 cm hoch werden. Er stammt aus dem Mittelmeergebiet und wird seit der Zeit der ersten Klöster in Mitteleuropa als aromatisches Gewürz und Heilpflanze in Gärten gezogen. Die Droge enthält ätherisches Öl, Gerbstoffe und einen Bitterstoff. Innerlich verwendet man sie in Form einer Abkochung gegen Schwitzen, äußerlich wirkt sie zusammenziehend und entzündungswidrig. Dieser Art verdankt die Gattung ihren Namen (lat. salvare = heilen).

Quirlblütiger Salbei

Salvia verticillata

Lippenblütler
Lamiaceae

Der Quirlblütige Salbei ist ein ausdauerndes Kraut mit zahlreichen verzweigten Stengeln, das eine Höhe von 30–60 cm erreicht. Die Grundblätter sind zur Blütezeit schon trocken, die Stengelblätter sind gegenständig, gestielt, herzförmig bis spießförmig-eiförmig; der Stiel ist geöhrt, der Rand ungleich gezähnt. Die Scheinquirle der Blüten sind sehr reich und bilden an den Stengelspitzen endständige Scheinähren. Die kleineren Blüten sind gestielt, nach dem Verblühen herabgeneigt. Sie haben einen röhrigglockigen, undeutlich zweilippigen Kelch und eine blauviolette Krone mit einer geraden, flachen Oberlippe und einer kürzeren, dreizipfligen Unterlippe. Die Früchte bilden vier Klausen. Die Blüten erscheinen von Juni bis September.

Er wächst auf Rainen, entlang von Wegen, in Gebüschen auf Weiden und trockeneren Wiesen von den Niederungen bis ins Gebirge; von dort verbreitet er sich oft auch an Ruderalstandorte. Er tritt in den wärmeren Gebieten, vor allem im östlichen Europa auf und reicht teilweise auch nach Westasien.

Von allen anderen Arten unterscheidet sich der Quirlblütige Salbei durch die reichen Scheinquirle, die aus 15–30 Blüten bestehen; bei den anderen Arten ist ihre Zahl nicht größer als 12. Mit anderen Arten nicht zu verwechseln ist auch der Klebrige Salbei (*S. glutinosa*) der Bergwälder mit großen, hellgelben Blüten und großen, pfeilförmigen Blättern. Ihr Artname hängt mit den Drüsenhaaren der Pflanze zusammen, die besonders in den oberen Teilen der Stengel klebrig sind.

oberste Blätter

Lippenblütler
Lamiaceae

Wirbeldost

Clinopodium vulgare

Inneres der Blüte

Kelch

Das ausdauernde graugrüne Kraut hat einen kriechenden, ausläuferförmigen Wurzelstock. Die aufsteigenden Stengel sind 30–60 cm hoch, meist einfach, spärlich beblättert. Die gegenständigen Blätter sind kurzgestielt, im Umriß eiförmig, ganzrandig oder seicht gesägt. Die Scheinquirle sind entfernt und sitzen in den Achseln der paarigen Deckblätter. Die gewimperten, von Hüllblättern umgebenen Blüten sind kurzgestielt. Sie haben einen behaarten, röhrigen Kelch, der in eine dreizähnige Oberlippe und eine zweizähnige Unterlippe geteilt ist. Die karmesinrote Krone hat eine lange, gerade Röhre und eine flache Oberlippe, die den Griffel und vier Staubblätter bedeckt, von denen zwei länger und zwei kürzer sind. Die dreizipflige Unterlippe ist zweimal länger als die Oberlippe. Die Früchte sind Klausen. Die Pflanzen blühen von Juli bis September.

Die Art tritt im Saum von lichten Laubwäldern und Gebüschen auf trockenen, sonnigen Hängen von den Niederungen bis in die höchsten Gebirge auf, vor allem in wärmeren Gegenden. Sie ist in ganz Europa und in Nordamerika verbreitet.

Einjährig und kleiner ist der Gemeine Steinquendel (*Calamintha acinos*), der nur drei Blüten im Scheinquirl aufweist und an ähnlichen Standorten auftritt. Beide Arten wurden früher der Gattung Bohnenkraut (*Satureja*) zugeordnet, gemeinsam mit dem Bohnenkraut (*S. hortensis*), das aus dem östlichen Mittelmeergebiet stammt und häufig in Gärten kultiviert wird. Das aromatische Gewürz wurde auch als Heilpflanze gegen Durchfall und Blähungen benutzt.

Gemeiner Dost

Origanum vulgare

Lippenblütler
Lamiaceae

Das ausdauernde Kraut hat einen verholzten, ausläuferförmigen Wurzelstock. Die aufsteigenden oder aufrechten Stengel haben kurze Zweige, die aus den Achseln der gegenständigen Blätter wachsen. Oben verzweigen sie sich zu einem trugdoldenförmigen Blütenstand. Die kurzgestielten Blätter sind eiförmig, 2–4 cm lang, fast ganzrandig. Die Deckblätter sind sitzend, blattähnlich, die obersten oft violett überlaufen. Die wenigblütigen Scheinquirle sind in Köpfchen gehäuft, die einen rispenförmigen zymösen Blütenstand bilden. Die kurzgestielten Blüten haben einen glockig-röhrigen Kelch und eine hellrote Krone mit einer kurzen, seicht ausgerandeten Oberlippe und einer längeren, herabgeneigten dreilappigen Unterlippe. Die Staubblätter, von denen zwei länger und zwei kürzer sind, und der Griffel mit einer gespaltenen Narbe ragen aus der Kronröhre und über beide Lippen heraus. Die Früchte sind glatte braune Klausen. Blütezeit: Juli bis September.

Die Art wächst im Saum von Wäldern und Gebüschen, in Magerrasen, auf sonnigen, steinigen Hängen und verbreitet sich auch auf sekundäre Standorte, so Raine, Bahn- und Straßendämme. Sie tritt von den Niederungen bis zur Waldgrenze auf, besonders in wärmeren Gegenden, und ist in ganz Europa, Westasien und Sibirien verbreitet.

Der Gattungsname kann aus dem griechischen oros (= Berg) und ganos (= Zierde) abgeleitet werden. Das zerriebene Kraut verbreitet einen charakteristischen Geruch, denn es enthält ein ätherisches Öl mit beträchtlichen Thymolmengen. Das getrocknete blühende Kraut wird in der Pharmazie zur Herstellung von verdauungsfördernden Galenika verwendet. Der verwandte Majoran *(Majorana hortensis, Origanum majorana)* stammt wahrscheinlich aus Vorderasien. Er ist ein aromatisches Gewürz, das seit alters in Gärten gezogen wird.

Blüte

Wurzelstock

Lippenblütler
Lamiaceae

Gemeiner Thymian, Quendel

Thymus pulegioides

Inneres der Blüte

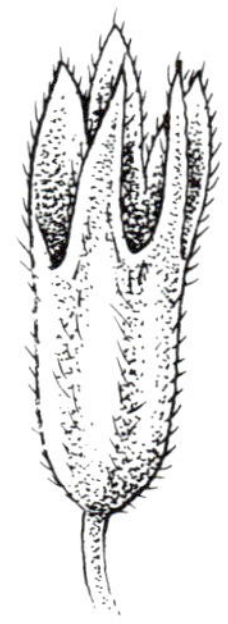

Kelch

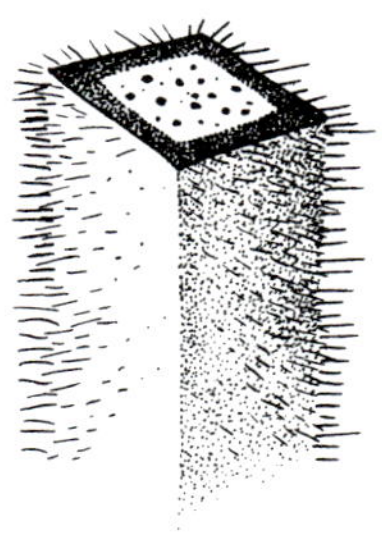

Querschnitt durch den Stengel

Das ausdauernde Kraut hat lokker buschige, am Grunde verholzende Stengel. Die nicht blühenden Triebe sind kurz, die blütentragenden Stengel aufsteigend oder aufrecht, 5–30 cm hoch. Sie sind scharf vierkantig, an den Kanten mit umgebogenen Haaren besetzt, die Flächen sind kahl. In anderen Fällen sind die Kanten und zwei gegenüberliegende Seiten mit langen Haaren besetzt, die anderen beiden Seiten sind kahl. Die Blätter sind gegenständig, kurzgestielt, mit einer breit eiförmigen, ganzrandigen, am Grunde gewimperten Spreite. Die Scheinquirle der Blüten in den Achseln der Deckblätter bilden endständige Köpfchen oder unterbrochene Scheinähren. Der Kelch ist glockig-röhrig, seine Oberlippe kurz dreizähnig, die Unterlippe hat zwei längere Zähne. Die violettrosa Krone hat eine gerade Röhre, die Oberlippe ist leicht ausgerandet, die Unterlippe dreizipflig, mit einem breiteren mittleren Abschnitt. Die vier Staubblätter und der Griffel ragen aus der Krone heraus. Die Früchte sind eiförmige Klausen. Die Blüten erscheinen von Juli bis August.

Thymiane wachsen auf trockenen Hängen, Rainen, entlang von Wegen und in lichteren Wäldern, von den Niederungen bis ins Gebirge. Sie sind eine europäische Art, die in Gebieten mit milderem Klima verbreitet ist.

Gegenwärtig unterteilen die Botaniker die Gattung Thymian in eine ganze Reihe von kleinen, nur schwer voneinander zu unterscheidenden Arten, die zu mehreren Artenkreisen zusammengefaßt werden. Alle Arten werden seit alters als Heilpflanzen gesammelt. Sie enthalten ätherisches Öl mit einem beachtlichen Gehalt an Thymol. Das getrocknete blühende Kraut wirkt auswurffördernd, zusammenziehend und stopfend. Der Name der Pflanze ist aus dem griechischen thymos (= Kraft, Beherztheit) entstanden, denn der Thymian wirkt stärkend und erfrischend.

Uferwolfstrapp

Lycopus europaeus

Lippenblütler
Lamiaceae

Der Uferwolfstrapp ist ein ausdauerndes, graugrünes Kraut, das bis 1 m hoch wird. Die Stengel sind einfach oder kurz verzweigt. Die gegenständigen Blätter sind sitzend, im Umriß elliptisch, am Rande grobgezähnt bis fiederspaltig. Nach oben zu werden sie kleiner; aber auch die Deckblätter sind viel länger als die aus kleinen Blüten zusammengesetzten Scheinquirle, die in ihrer Achsel sitzen. Die Blüten in den dichten Scheinquirlen sind sitzend, ihr Kelch ist glockig, die Krone weißlich, leicht trichterförmig, fast regelmäßig, undeutlich zweilippig. Es sind nur zwei Staubblätter vorhanden, die aus der Krone herausragen, ähnlich wie der Griffel mit der gespaltenen Narbe. Die Früchte sind vier abgeflachte Klausen. Die Blüten erscheinen von Juli bis September.

Die Art wächst im Uferröhricht und in Seggenbeständen, in Gebüschen, Gräben und Weiden- und Erlenbruchwald von den Niederungen bis ins Gebirge. Sie ist in den wärmeren Gebieten Europas und Westasiens verbreitet.

Außer den blütentragenden Stengeln entwickelt die Pflanze auch blütenlose Triebe. Die Blätter der blütentragenden Stengel sind meist stärker gegliedert, aber ihre Einschnitte reichen nie tiefer als bis zur Hälfte der Spreite. Fiederschnittige Einschnitte, die tiefer reichen als bis zur Hälfte der Spreite, finden sich beim Hohen Wolfstrapp (*L. exaltatus*), einer sehr seltenen wärmeliebenden Stromtalpflanze.

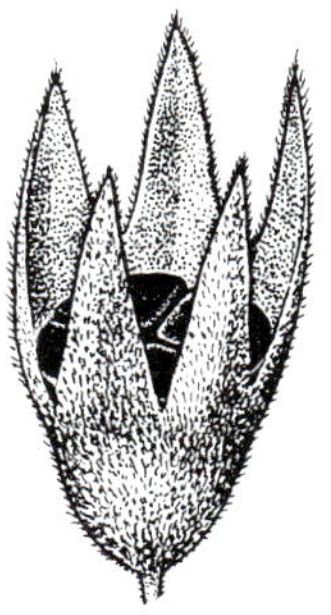

Kelch

Krone mit kurzer Röhre

Lippenblütler
Lamiaceae

Ackerminze

Mentha arvensis

Blüte

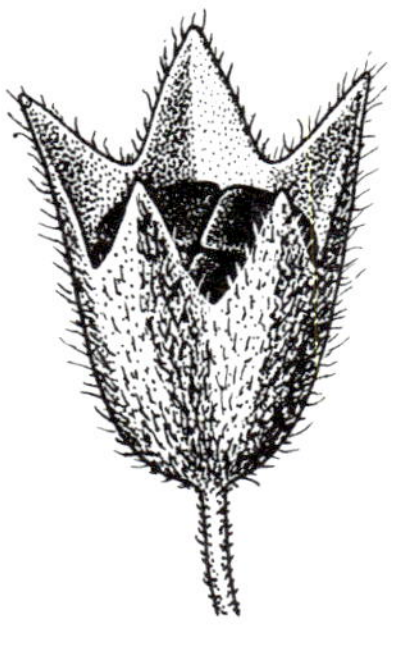

Kelch mit vier Klausen

Die Ackerminze ist ein ausdauerndes, oft violett überlaufenes aromatisches Kraut mit einem knollenförmig verdickten Wurzelstock. Sie hat liegende oder aufsteigende, verzweigte, 20–50 cm lange Stengel. Die unterirdischen Ausläufer sind schuppig, die oberirdischen beblättert. Die gestielten Blätter sind gegenständig, im Umriß eiförmig, am Rande seicht gesägt. Die Scheinquirle der Blüten stehen in den Achseln der paarigen Deckblätter. Sie sind dicht, kugelig, von etwa 1 cm Durchmesser. Die Blüten haben einen glockigen, abstehend behaarten Kelch und eine violette Krone mit einer kurzen Röhre und einem vierzipfligen Saum. Die vier Staubblätter sind etwa gleich lang und ragen, ebenso wie der Griffel mit der zweispaltigen Narbe, aus der Krone heraus. Die Früchte sind Klausen. Die Blüten erscheinen von Juli bis September.

Die Ackerminze wächst in Naßwiesen und als Vernässungszeiger in Äckern von den Niederungen bis in die Vorgebirge. Sie ist auf der ganzen nördlichen Halbkugel verbreitet, mit Ausnahme von klimatisch extremen Gebieten. Nur in Amerika reicht sie bis in die subtropische Zone.

Wie alle Vertreter der vorliegenden Gattung enthält auch die Ackerminze ätherisches Öl mit einem charakteristischen Mentholgeruch. Am meisten Menthol enthält die Echte Pfefferminze (*M. piper piperita*), ein Bastard, der kultiviert wird. Ihr Kraut wird als Droge in der Pharmazie benutzt. Sie fördert die Gallenabsonderung, die Verdauung und behebt Blähungen. Sie ist auch eine Quelle von ätherischem Öl, das bei der Likörerzeugung und in der kosmetischen Industrie weite Verwendung findet.

Roßminze

Mentha longifolia

Lippenblütler
Lamiaceae

Das ausdauernde, grau- oder weißfilzige, leicht aromatische Kraut hat unterirdische Ausläufer. Die Stengel sind einfach, seltener verzweigt, 50–100 cm hoch. Die gegenständigen Blätter sind sitzend, länglich eiförmig bis lanzettlich, am Rande scharf gesägt, unterseits grauweißfilzig. Die Scheinquirle der Blüten sind zu langen, dichten Scheinähren mit linearen Deckblättern gehäuft. Der Kelch ist glockig, wollig, mit scharfen Zähnen, die Krone violett bis rot, mit einer kurzen Röhre und einem vierzipfligen Saum. Alle vier Staubblätter sind ungefähr gleich lang und ragen, ebenso wie der Griffel mit der zweispaltigen Narbe, aus der Krone heraus. Die Früchte sind Klausen. Die Blüten erscheinen von Juli bis September.

Die Roßminze wächst entlang von Wasserläufen, in Ufergestrüpp, Gräben und Quellgebieten. Als Pionier mit tiefreichenden, kriechenden Wurzeln besiedelt sie nährstoffreiche, nasse tonige Böden. Sie tritt vom Hügelland bis ins Gebirge auf und ist in Südafrika und in den milderen Gebieten Europas verbreitet.

Der abgebildeten Art ähnelt die Grüne Minze (*M. spicata*), die aus dem Mittelmeergebiet stammt. Sie ist aber fast kahl. In Gärten wird eine Form mit gekräuselten Blättern kultiviert. Sie hat ähnliche Wirkung wie die Pfefferminze, aber im Unterschied zu ihr ist der Hauptbestandteil des wohlriechenden ätherischen Öls Karvon. Pfefferminze wirkt stimulierend und regulierend auf Magen, Darm und Galle. Für pharmazeutische Zwecke werden nur die Blätter verwendet. Das ganze Kraut eignet sich zur Gewinnung von ätherischem Öl, besonders für die Lebensmittelindustrie.

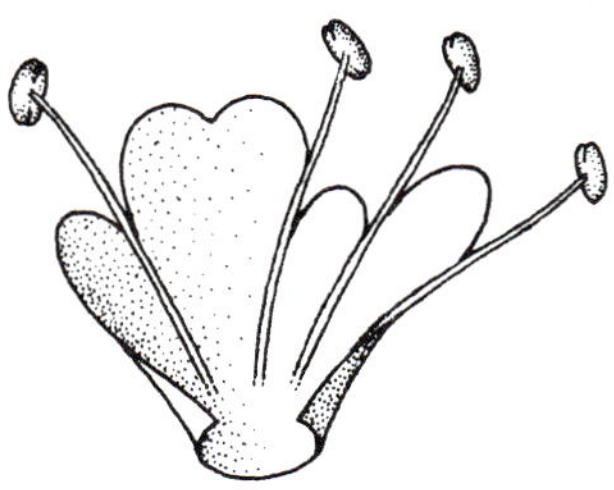

Staubblätter mit Krone

Blüte – zwei verwachsene Kronzipfel bilden die Oberlippe

Nachtschattengewächse
Solanaceae

Tollkirsche

Atropa bella-donna

Samen

reife Frucht

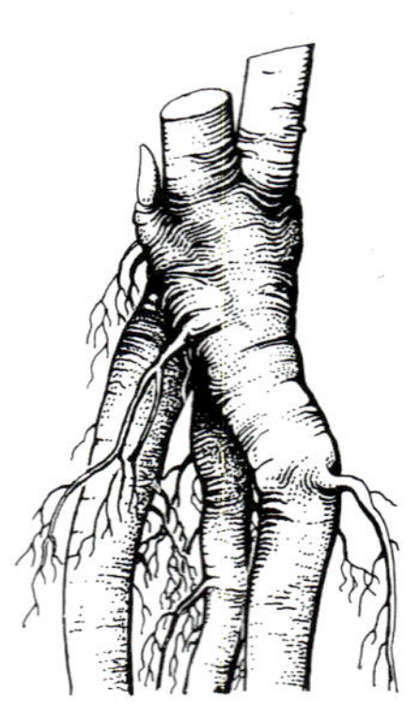

Wurzelstock

Das ausdauernde, bis 100 cm hohe Kraut hat einen walzenförmigen, verzweigten Wurzelstock. Der aufrechte Stengel ist gabelig verzweigt, schwach gefurcht, oben wie die Blütenstiele flaumig behaart. Die einfachen Blätter sind wechselständig, auf den blütentragenden Zweigen scheinbar gegenständig, weil ein Achselsproß mit einem Tragblatt verwächst und das Sproßsystem fortsetzt. Die Blätter sind ungleich groß, mit einer eiförmigen bis elliptischen ganzrandigen Spreite, die sich keilförmig in den kurzen Stiel verschmälert. Die scheinbar achselständigen Blüten wachsen einzeln hervor. Sie haben einen fünfteiligen Kelch, der sich nach dem Verblühen vergrößert und eine glockig röhrige, bräunliche oder braunpurpurrote Krone bildet. Es sind fünf Staubblätter vorhanden. Der oberständige Fruchtknoten mit einem langen Griffel entwickelt sich zu einer grünen, in reifem Zustand schwarzen Beere mit zahlreichen kleinen Samen. Die Pflanzen blühen von Juni bis August.

Die Art tritt auf Schlägen und Lücken in Kalk-Buchenwäldern vom Hügelland bis zum Gebirge auf. Sie ist von West- und Mitteleuropa bis auf die Krim verbreitet. Ihr Auftreten auf den Britischen Inseln und in Dänemark ist wahrscheinlich nicht ursprünglich. Auch nach Nordamerika wurde diese Art eingeschleppt.

Der Gattungsname kommt vom griechischen atropos (= unabwendbar). Atropos war eine der drei mythologischen Schicksalsgöttinen, die den Lebensfaden durchschneiden. Der Artname, der aus dem Lateinischen kommt, bezieht sich darauf, daß der Saft der Beeren in Südeuropa als Schönheitsmittel verwendet wurde. Alle Teile der Pflanze sind stark giftig. Ihre Alkaloide werden in der pharmazeutischen Industrie genutzt (gegen Asthma und Keuchhusten).

Bittersüßer Nachtschatten

Solanum dulcamara

Nachtschattengewächse
Solanaceae

Aus dem kriechenden, verzweigten Wurzelstock wächst ein manchmal bis 1,5 m langer, oft windender, kletternder oder liegender, am Grunde verholzender Stengel hervor. Die Blätter sind wechselständig, gestielt, verschieden gestaltet, in der Regel eiförmig lanzettlich, die oberen pfeil- oder spießförmig, oft mit zwei Fiederlappen. Die langgestielten, überhängenden Blüten sind in seitlichen rispenförmigen Blütenständen vereinigt. Die Krone ist verwachsenblättrig, fünfzählig, sternförmig, trüb violett gefärbt, mit zurückgeschlagenen Zipfeln; der Kelch ist fünfzähnig. Auffallend sind die Staubblätter. Ihre Staubbeutel bilden einen goldgelben Kegel in der Mitte der Blüte. Der oberständige Fruchtknoten entwikkelt sich zu eiförmigen, glänzenden, scharlachroten, auf den Stielen überhängenden Beeren. Die Pflanzen blühen von Juni bis August.

Die Art tritt in ganz Europa, stellenweise in Nordafrika und von Westasien bis nach China und Japan auf. Nach Nordamerika wurde sie wahrscheinlich eingeschleppt und hat sich eingebürgert. Am häufigsten findet man sie in Ufergestrüpp und Erlenwäldern. Aber sie vermag auch trockene stickstoffreiche Standorte (Ruderalplätze, sogar alte Mauern) zu besiedeln.

Die Pflanze enthält Giftstoffe (Saponine, Glykoside), die hier und da in der Pharmazie genutzt werden, besonders für die Veterinärmedizin. Der Artname ist durch Zusammensetzung der lateinischen Wörter dulcis (= süß) und amarus (= bitter) entstanden. Der bittere Geschmack besonders der jungen Triebe geht beim Kauen in einen süßen über. Der Bittersüße Nachtschatten hat eine gewisse praktische Bedeutung für die Festigung der Ufer von Wasserläufen, denn er hat ein tief in den Boden eindringendes Wurzelsystem. Seine Früchte wirken zierend.

Samen

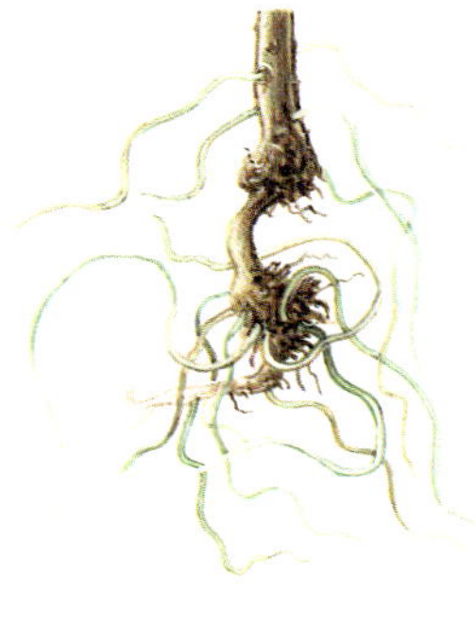

Wurzelstock

Früchte

Nachtschattengewächse
Solanaceae

Schwarzer Nachtschatten

Solanum nigrum

reife Früchte

Samen

Der Schwarze Nachtschatten ist ein einjähriges, 10–40 cm hohes Kraut mit einem aufrechten oder liegenden, verzweigten Stengel. Die Blätter sind einfach, wechselständig, breit eiförmig bis dreieckig, in den Stiel verschmälert, am Rande weich lappig bis gezähnt. Die Blüten sind verwachsenblättrig, in scheinbar zymösen Blütenständen ohne Deckblätter angeordnet. Der Kelch hat fünf stumpfe Zipfel, die Krone ist weiß, radförmig, bis zu zwei Dritteln in fünf stumpfe Zipfel gespalten. Die Staubbeutel sind in der Mitte der Blüte zu einem Kegel zusammengeneigt. Die Früchte sind anfangs grüne, zur Reifezeit glänzend schwarze Beeren mit zahlreichen Samen. Die Blüten erscheinen von Juni bis Oktober.

Die Art ist kosmopolitisch. Sie wächst in gemäßigten Klimagebieten als Stickstoffzeiger auf Komposthaufen, in Hackfruchtkulturen und Gärten von den Niederungen bis in die Gebirgsstufe.

Die ganze Pflanze ist leicht giftig, aber es liegen unterschiedliche Angaben über ihre Giftigkeit vor. In der Literatur wird berichtet, daß sich nicht einmal nach dem Genuß von 25 Beeren Vergiftungssymptome einstellten, in anderen Fällen führte aber der Genuß einer viel kleineren Menge zu Vergiftungen. Die Giftigkeit der Pflanze ist wahrscheinlich auch vom Standorttyp abhängig. Früher wurde die Pflanze in der Volksmedizin genutzt. In manchen Ländern ist sie bis zum heutigen Tag eine offizinelle Droge. Manche im tropischen Afrika und in Südamerika wachsende verwandte Arten werden als Gemüse verwendet und zu diesem Zweck kultiviert.

Mehlige Königskerze

Verbascum lychnitis

Braunwurzgewächse
Scrophulariaceae

Das Kraut ist zweijährig. Im ersten Jahr entwickelt sich eine Bodenrosette, im zweiten treibt sie einen bis über 1 m hohen, aufrechten, oben rispenförmig verzweigten Stengel. Die Grundblätter sind umgekehrt eiförmig und kurzgestielt, die Stengelblätter umgekehrt eiförmig-länglich, kurzgestielt bis sitzend, beide sind schwach gekerbt bis ganzrandig, oberseits grün, unterseits dicht graufilzig. Die hellgelben Blüten sind sehr kurzgestielt, mit einer radförmigen Krone von 12–20 mm Durchmesser. Die Blüten sind in Büscheln vereinigt, die eine pyramidenförmige Rispe bilden. Die Staubfäden sind weißhaarig. Die Frucht ist eine zweifächerige Kapsel. Die Pflanzen blühen von Juni bis September.

Die Mehlige Königskerze tritt häufig an sonnigen Standorten, Wegen und Böschungen und als Nitrifizierungszeiger auf Waldschlägen von den Niederungen bis ins Hügelland auf. Ihre Hauptverbreitung liegt im Mittelmeergebiet.

Der wissenschaftliche Name der Gattung ist durch Verstümmelung des lateinischen barbascum (barba = Bart) entstanden, in Anspielung auf die auffallende Behaarung der Pflanzen. Die beiden verwandten Arten Windblumen-Königskerze *(V. phlomoides)* und Großblütige Königskerze (*V. thapsiforme*) haben heilkräftige Blüten, ein Grund dafür, daß sie in manchen Ländern kultiviert werden. Von allen Arten, die sich untereinander häufig kreuzen, unterscheidet sich die Purpurkönigskerze (*V. phoeniceum*) auffallend durch ihre dunkelvioletten Blüten. Sie wächst in osteuropäischen Steppen und Waldsäumen und wird als Zierpflanze gehalten.

Blüte

Braunwurzgewächse
Scrophulariaceae

Schwarze Königskerze

Verbascum nigrum

Blüte

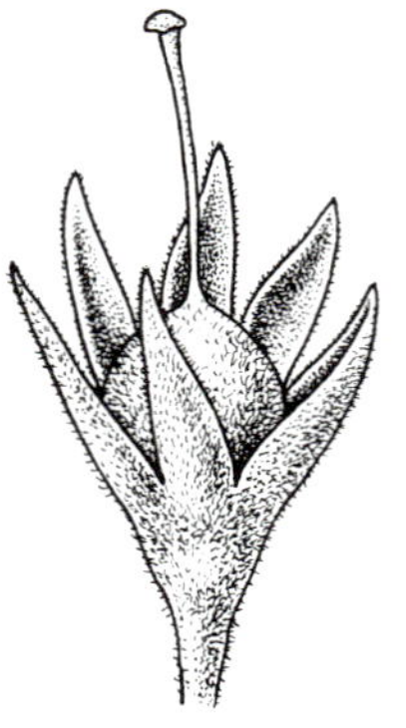

Kelch mit einer zweifächerigen Kapsel

Die Schwarze Königskerze ist ein zweijähriges Kraut. Sie hat einen aufrechten, unverzweigten, bis 150 cm hohen Stengel. Die Blätter sind ei- bis herzförmig länglich, am Rande gekerbt. Die Grundblätter und die unteren Stengelblätter sind langgestielt, die oberen Stengelblätter sind kleiner und fast sitzend. Die ganze Pflanze ist spärlich, nur auf der Blattunterseite dicht mit grauen Sternhaaren besetzt. Die Blüten haben eine hellgelbe, radförmige Krone von 20–25 mm Durchmesser. Sie sind kurzgestielt und zu zweit bis fünft in Büscheln angeordnet. Die Büschel sind zu einer einfachen, ziemlich dichten Traube vereinigt. Der auffallendste Teil der Blüte sind die Staubblätter, deren Staubfäden dicht mit violetten Haaren besetzt sind. Aus dem oberständigen Fruchtknoten entwickelt sich eine Kapsel, die so wie die ganze Pflanze mit sternförmigen Haarverfilzungen bedeckt ist. Die Blüten entfalten sich nach und nach von unten aufwärts und erscheinen von Juni bis September.

Die Schwarze Königskerze tritt häufig auf trockenen, sonnigen Hängen, Rainen, entlang von Wegen und in Waldschlägen von den Niederungen bis ins Hügelland auf. Ihr Verbreitungsgebiet erstreckt sich über Europa und Westasien.

Von den Königskerzenarten mit gelben Blüten hat auch die Mottenkönigskerze (*V. blattaria*) violett behaarte Staubfäden. Von der abgebildeten Art unterscheidet sie sich dadurch, daß ihre langgestielten, in einfachen Trauben angeordneten Blüten einzeln stehen. Diese südosteuropäische Art tritt nur selten in Deutschland auf.

Kleinblütige Königskerze

Verbascum thapsus

Braunwurzgewächse
Scrophulariaceae

Die Kleinblütige Königskerze ist ein zweijähriges, bis 2 m hohes, behaartes Kraut. Die Grundblätter sind länglich umgekehrt-eiförmig, gekerbt, kurzgestielt bis sitzend. Die Stengelblätter sind länglich, die oberen kleiner, lanzettlich, am Stengel bis zum darunter liegenden Blatt herablaufend. Die kurzgestielten Blüten in Büscheln bilden eine lange einfache Ähre. Die trichterförmige, hellgelbe Krone hat einen Durchmesser von 10–20 mm.

Die Staubfäden der oberen drei Staubblätter sind kürzer, weißwollig; die der unteren beiden Staubblätter sind länger und kahl. Die Frucht ist eine Kapsel, die ebenso lang ist wie der Kelch. Die Blüten entfalten sich von Juli bis September.

Die Kleinblütige Königskerze ist von den Niederungen bis ins Hügelland auf sonnigen und steinigen Hängen, Schlägen, Weiden und Schutthalden häufig. Sie ist in ganz Europa und Westasien verbreitet.

Die filzige Behaarung besonders der Blätter ist für fast alle Königskerzenarten typisch. Sie stellt eine Anpassung an trockene Standorte dar, wo die Königskerzen meist wachsen. Sie schützt die Pflanzen vor übermäßiger Sonnenbestrahlung und vermindert die Transpiration. Nach ihr nannte man die Pflanze auch Wollblume. Die Samen der Königskerze sind etwas giftig und wurden früher zum Betäuben von Fischen verwendet. Die Blüten benutzt man zum Gurgeln oder als Brust- und Hustentee.

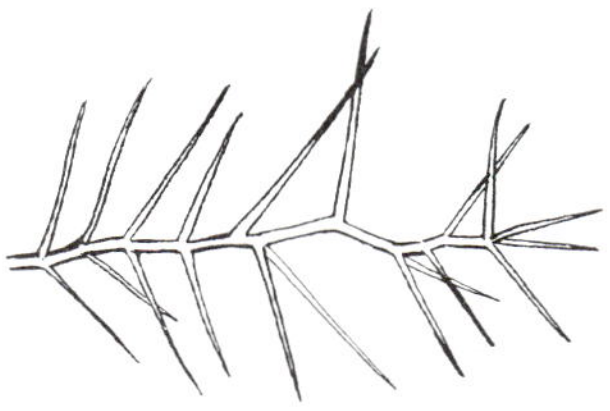

Die ganze Pflanze ist mit weißfilzigen, verzweigten, miteinander verflochtenen Wollhaaren bedeckt.

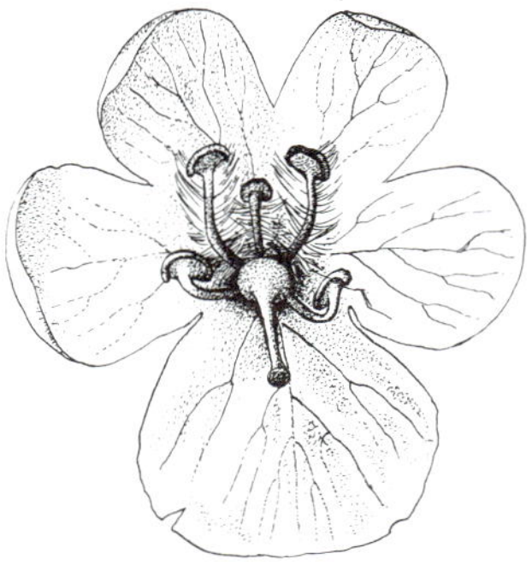

Blüte

Gemeines Leinkraut, Frauenflachs

Braunwurzgewächse
Scrophulariaceae

Linaria vulgaris

Blüte

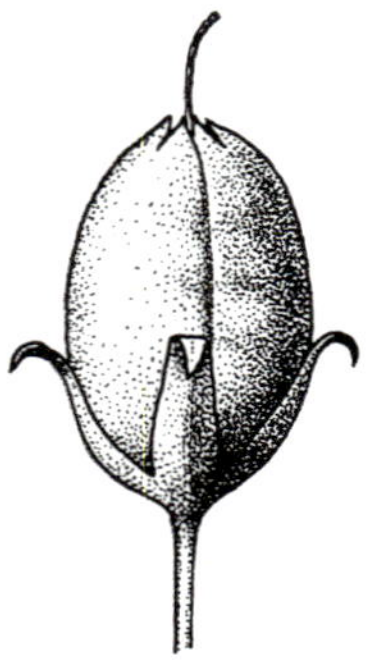

reife Kapsel

Querschnitt durch die Kapsel

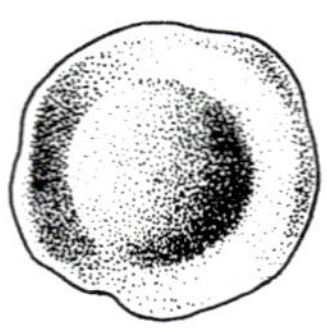

Samen

Das mittelgroße, ausdauernde Kraut treibt seine Stengel aus Wurzeltrieben. Der Stengel ist 20–50 cm hoch, kahl, meist unverzweigt, dicht beblättert. Die Blätter sind 2–6 cm lang, linear lanzettlich bis linear, ganzrandig, sitzend, manchmal mit zurückgeschlagenem Rand. Die gestielten Blüten entspringen den Achseln der Deckblätter und bilden an der Stengelspitze eine dichte Traube. Der Kelch ist tief fünfteilig, die schwefelgelbe Krone zweilippig, gespornt, mit einem orangefarbenen Fleck auf dem gewölbten Gaumen der Unterlippe, mit dem Sporn 20–35 mm lang. Die Frucht ist eine eiförmige Kapsel, die rundliche, flache Samen mit einem geflügelten Saum enthält. Die Blüten erscheinen von Juni bis September.

Die Art ist in Europa und im gemäßigten Asien verbreitet. Sie tritt häufig auf rohen Sand- und Lehmböden, auf Rainen, entlang von Wegen, an Schuttplätzen, auf Weiden, Brachland und Bahngelände von den Niederungen bis ins Gebirge auf.

Weil das Leinkraut fähig ist, sich stark durch Wurzelsprosse zu vermehren, verunkrautet es manchmal Bestände ausdauernder Futterpflanzen oder den Rand anderer Feldkulturen. Die Hauptwurzel dringt bis 1 m tief in den Boden ein und entwickelt zahlreiche waagerechte Wurzelausläufer mit Knospen. Die Knospen treiben blütenlose beblätterte Stengel, die erst im zweiten Jahr Blüten entwickeln, und so entstehen ziemlich große Kolonien. Um dieses Unkraut zu entfernen, müssen die Hackfrüchte intensiv bearbeitet werden, und im folgenden Jahr muß eine bodenbeschattende Kultur angebaut werden. Das Kraut der Pflanze hat eine entzündungswidrige, abführende, harn- und schweißtreibende Wirkung, wird aber nicht mehr offizinell verordnet.

Mauerzimbelkraut

Cymbalaria muralis

Braunwurzgewächse
Scrophulariaceae

Das Mauerzimbelkraut ist ein einjähriges, liegendes oder überhängendes Kraut. Die ganze Pflanze ist kahl. Sie hat zahlreiche schlaffe, 10–40 cm lange, verzweigte Stengel, die unter günstigen Umständen leicht wurzeln. Die wechselständigen Blätter sind langgestielt. Ihre Spreiten sind herzförmig-nierenförmig, 5–7lappig, am Rande gekerbt, unterseits oft violett überlaufen. Die Grundblätter sind deutlich größer als die Stengelblätter und bilden eine Rosette. Die Blüten stehen einzeln in den Achseln der Deckblätter auf langen Stielen. Die Kelchzipfel sind lanzettlich. Die hellviolette Krone ist zweilippig, die Oberlippe ist gespalten, die Unterlippe weist am Gaumen einen markanten gelben Fleck auf. Die Blüten haben einen kurzen, kegelförmigen Sporn. Die Frucht ist eine kugelige Kapsel, die aus dem Kelch herausragt. Die Samen sind eiförmig mit quergerichteten Verdickungen. Die Pflanzen blühen von Juni bis November.

Das Mauerzimbelkraut stammt aus Südeuropa. Es wurde häufig auf Mauern, Felsen und in Steingärten gezogen, verwilderte und besiedelt ähnliche Standorte in der Natur. Dank der Produktion großer Samenmengen hält es jahrelang an derselben Stelle aus und erweckt so den Eindruck einer ausdauernden Pflanze. Im Gegensatz zu den Blüten wachsen die Früchte lichtabgewandt hinein in dunkle Fugen, wo die Samen keimen können. Aus Italien kommt die verwandte Art *C. pallida,* eine Zierde der Steingärten, mit hellblauen, viel größeren, duftenden Blüten.

Braunwurzgewächse
Scrophulariaceae

Klaffmund, Kleiner Orant

Chaenorrhinum minus

Das ganze einjährige, 5–25 cm hohe Kraut ist mit Drüsenhaaren besetzt. Der Stengel ist aufrecht, oft schon von unten an verzweigt. Die länglich lanzettlichen, ganzrandigen Blätter sind sitzend, die unteren gegenständig, die oberen allmählich wechselständig. Die langgestielten Blüten entspringen den Achseln der oberen Deckblätter. Der Kelch läuft in fünf ungleich große, lineare Zipfel aus, die die etwa einen halben Zentimeter lange zweilippige, gespornte Krone bedecken. Die Krone ist außen hellviolett, innen gelb. Die Frucht ist eine eiförmige, etwa 4 mm lange Kapsel. Die Pflanzen blühen von Juni bis September.

Der Klaffmund wächst an steinigen Stellen auf Brachland, als Unkraut in Feldern und in Eisenbahnschottern. Er ist eine europäische Art. Häufiger tritt er auf kalkreichen Böden wärmerer Gegenden auf.

Die kleinen, auseinanderklaffenden Blüten werden nur selten von Insekten aufgesucht; die Vermehrung erfolgt meist durch Selbstbestäubung. Die kleinen, leichten Samen werden vom Wind verbreitet. Die Pflanze wirkt nicht anziehend, denn ihre ganze Oberfläche ist mit Drüsenhaaren bedeckt, die klebrige Stoffe ausscheiden, so daß Staub und Schmutz aus der Atmosphäre an ihr haften bleiben.

Samen

Blüte von unten

Blätter

Knotenbraunwurz

Scrophularia nodosa

Braunwurzgewächse
Scrophulariaceae

Die Knotenbraunwurz ist ein ausdauerndes, 50–120 cm hohes Kraut mit einem waagerechten knollenförmigen Wurzelstock. Sie hat einen aufrechten, unverzweigten, markant vierkantigen, aber an den Kanten ungeflügelten Stengel. Die kurzgestielten, gegenständigen Blätter sind eiförmig länglich, zugespitzt, am Grunde breit keilförmig bis schwach herzförmig. Der Blattrand ist einfach, im unteren Drittel doppelt gesägt. Die gestielten Blüten wachsen aus den Achseln der lanzettlichen Deckblätter hervor. Sie bilden wenigblütige Zymen, die zu einer endständigen lockeren Rispe vereinigt sind. Die Kelchzipfel sind stumpf; die braunrote Krone hat eine kurze, aufgeblasene Röhre und zwei Lippen. Die Oberlippe ist länger, gerade, die Unterlippe sehr kurz, dreilappig. Zwei Staubblätter weisen längere Staubfäden auf, die beiden anderen sind kürzer. Die Frucht ist eine Kapsel, die sich mit Klappen öffnet. Die Pflanzen blühen von Juni bis Juli.

Die Pflanzen treten allgemein in Wäldern, Auen und Ufergestrüpp von den Niederungen bis in die Gebirgsstufe in fast ganz Europa und Asien auf.

Die Knotenbraunwurz ist die in Mitteleuropa am häufigsten vorkommende Art der Gattung. Die Frühlings-Braunwurz (*S. vernalis*) hat gelbe Blüten und wächst in feuchten Wäldern und Gebüschen der Karpaten. Zu uns gelangte sie als Bienenfutterpflanze und wurde zum Neubürger von Parks. Die Geflügelte Braunwurz (*S. alata*) weist geflügelte Stengel und Stiele auf und tritt entlang von Gräben und Bächen von den Niederungen bis ins Hügelland auf.

Der wissenschaftliche Name der Pflanzen ist aufgrund ihrer früheren Verwendung bei der Behandlung von tuberkulösen Erkrankungen der Lymphdrüsen, besonders der Halslymphknoten (= scrophulae), entstanden.

aufspringende reife Kapseln

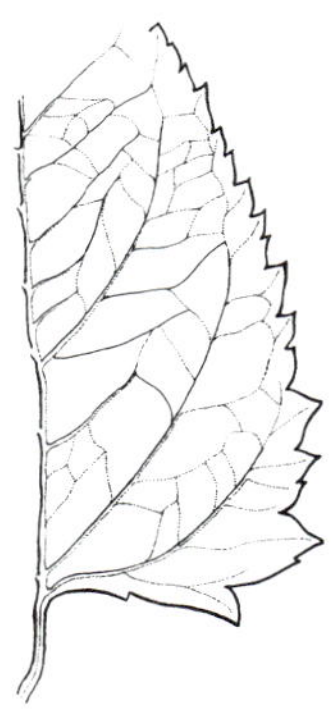

Blattrand

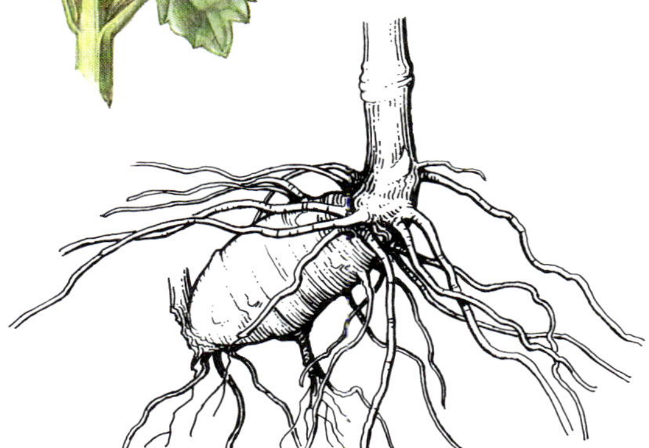

Wurzelstock

Braunwurzgewächse
Scrophulariaceae

Blauer Wasserehrenpreis

Veronica anagallis-aquatica

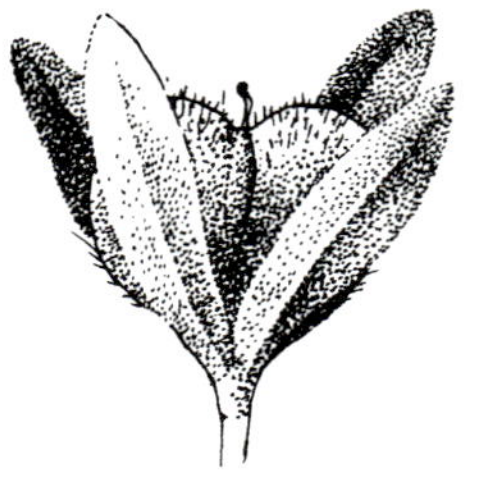

Frucht – Kapsel im Kelch

innere Blüte

Das ausdauernde, 20–70 cm hohe Kraut hat einen kriechenden Wurzelstock. Die Stengel sind aufrecht oder aufsteigend, unverzweigt. Die gegenständigen Blätter sind mit dem breiten Grund sitzend. Sie sind eiförmig bis lanzettlich, ganzrandig oder schwach gezähnt, zugespitzt und glänzend. Die Blütentrauben wachsen gegenständig aus den Achseln der Deckblätter hervor. Sie sind kurzgestielt und ziemlich dicht. Die vier Kelchblätter sind am Grund verwachsen. Die radförmige Krone von etwa 5 mm Durchmesser ist blaßblau bis rosa und gleichfalls vierzipflig (der obere, durch Verwachsen von zwei Kronblättern entstandene Zipfel ist größer als die anderen). Es sind, ebenso wie bei allen anderen Ehrenpreisarten, zwei Staubblätter vorhanden. Die Frucht ist eine zweifächerige, rundliche, abgeflachte Kapsel. Die Pflanzen blühen von Juni bis September.

Der Blaue Wasserehrenpreis, auch Gauchheilehrenpreis genannt, tritt ziemlich häufig in nährstoffreichem Wasser von Bächen, in Quellgebieten und Gräben von den Niederungen bis in die Gebirgsstufe auf. Er ist auf der ganzen Erde allgemein verbreitet.

An ähnlichen Standorten wachsen auch der Bachehrenpreis (*V. beccabunga,* siehe S. 288) und der Schildehrenpreis (*V. scutellata*). Letzterer unterscheidet sich von der abgebildeten Art durch die schmal lanzettlichen Blätter, die schütteren, in der Regel wechselständigen Trauben langgestielter Blüten und die auffallenden flachen, tief ausgerandeten Kapseln.

Feldehrenpreis

Veronica arvensis

Braunwurzgewächse
Scrophulariaceae

Das meist winterhart einjährige, niedrige Kraut hat aufrechte oder kurz aufsteigende Stengel und erreicht eine Höhe von 5–30 cm. Die Stengel sind im unteren Teil oft verzweigt, behaart. Die eiförmigen, kurzgestielten oder sitzenden Blätter sind gegenständig, gekerbt, am Grunde abgerundet bis seicht herzförmig. Die sehr kurzgestielten Blüten entspringen den Achseln der länglichen Deckblätter, die länger als die Blüten sind. Sie bilden eine dichte Traube, die sich später beträchtlich verlängert. Die Kelchzipfel sind linear-lanzettlich; beim Reifen vergrößern sie sich einigermaßen und sind dann länger als die Kapsel. Die radförmige Krone ist hellblau. Es sind zwei Staubblätter vorhanden. Die Frucht ist eine breit umgekehrt herzförmige Kapsel, die mit Drüsenhaaren besetzt ist. Die Blüten erscheinen von April bis Mai, aber einzelne blühende Pflanzen findet man bis zum Herbst.

Die Art ist in ganz Europa, West- und Mittelasien verbreitet und wurde auch nach Nordamerika eingeschleppt. Sie wächst vor allem auf Feldern, aber auch in Lücken auf Weiden und Schutthalden von den Niederungen bis ins Gebirge.

Am häufigsten tritt sie im Frühjahr als Unkraut in ausdauernden Futterpflanzen auf; in anderen Kulturen und später kommt sie nur an den Rändern vor, denn als lichtliebende Art verträgt sie keine Beschattung. Als einjährige Art mit einer kurzen Vegetationsperiode stellt sie aber keine Gefahr für die Kulturen dar. In ähnlicher Weise, aber seltener, tritt als Unkraut auch der Dilleniusehrenpreis (*V. dillenii*) auf. Er hat gerade Stengel, fiederspaltige Blätter und einzelstehende Blüten in den Achseln der Deckblätter, die zu einer ziemlich dichten, endständigen Traube vereinigt sind. Ebenso wächst der Ackerehrenpreis (*V. agrestis*) mit liegenden Stengeln und weißen, blau geaderten Blüten, die auf langen Stielen einzeln in den Blattachseln stehen.

Blüte

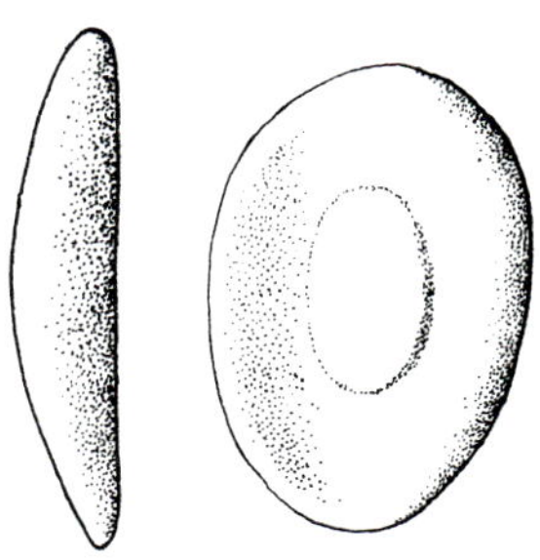

Samen von zwei Seiten gesehen

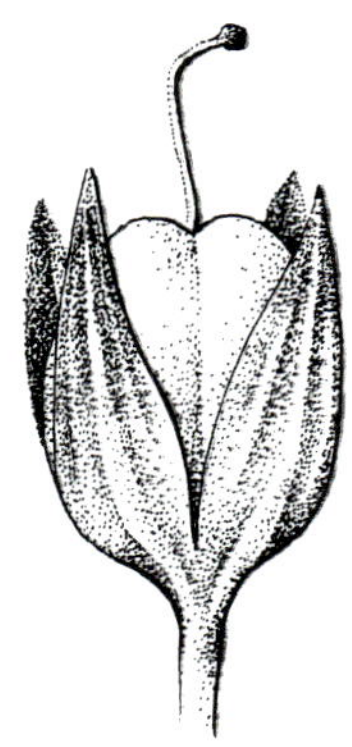

Fruchtkapsel im **Kelch**

Braunwurzgewächse
Scrophulariaceae

Bachehrenpreis

Veronica beccabunga

Der Bachehrenpreis ist ein ausdauerndes, bis 40 cm hohes, kahles Kraut. Die Stengel sind im unteren Teil liegend, wurzelnd, im oberen Teil aufsteigend bis aufrecht. Die gegenständigen Blätter sind länglich eiförmig bis elliptisch und kurzgestielt, bis 4 cm lang, seicht und stumpf gesägt, glänzend. Die Blüten bilden lockere, aber ziemlich reiche Trauben, die gegenständig aus den Achseln der Deckblätter hervorwachsen. Der Kelch ist verwachsenblättrig und vierzipflig. Die sattblaue, radförmige Krone hat einen Durchmesser von 5–9 mm. Die Früchte sind kahle, kugelige, an der Spitze leicht ausgerandete Kapseln. Die Pflanzen blühen von Mai bis August.

Die Art tritt ziemlich häufig in Bächen, Quellgebieten und Gräben von den Niederungen bis ins Gebirge auf. Sie ist in ganz Europa und im westlichen Teil Asiens verbreitet.

Vom Blauen Wasserehrenpreis (siehe S. 286), dem er ziemlich ähnlich ist, unterscheidet sich der Bachehrenpreis durch die Blätter, die immer wenigstens kurzgestielt sind.

Der frische Saft aus den Blättern wurde seit alters als blutreinigendes Mittel verwendet. Die in der Pflanze enthaltenen Glykoside und ätherischen Öle wirken beruhigend und schleimlösend. Dort, wo das Wasser in Quellgebieten nicht zufriert, bleiben die Blätter der Pflanze auch im Winter oft grün und können zur Bereitung eines schmackhaften Salates verwendet werden. Der Artname der Pflanze ist augenscheinlich durch die Latinisierung des deutschen Namens Bachbungen entstanden.

Gamanderehrenpreis

Veronica chamaedrys

Braunwurzgewächse
Scrophulariaceae

Das ausdauernde, 10–40 cm hohe Kraut hat aufsteigende, zweireihig behaarte Stengel. Die gegenständigen Blätter sind sitzend oder sehr kurzgestielt, eiförmig bis elliptisch, am Rande gekerbt. Die Blütentrauben sind gegenständig und wachsen aus den Achseln der obersten Deckblätter hervor. Der Kelch ist aus vier Blättern verwachsen; die azurblaue radförmige Krone hat einen Durchmesser von 10–15 mm. Die Kronen fallen sehr bald ab. Die Früchte sind umgekehrt herzförmige, behaarte, oben stumpf ausgerandete Kapseln. Die Pflanzen blühen von April bis August.

Der Gamanderehrenpreis wächst auf Wiesen und Weiden, in Gebüschen und lichten Laubwäldern von den Niederungen bis ins Gebirge. Er ist eine europäische Art, die vom Mittelmeergebiet bis nach Skandinavien verbreitet ist. In Mitteleuropa ist er der meistverbreitete Vertreter der Gattung *Veronica*.

Diese mäßig anspruchsvolle Pflanze bildet häufig, besonders in Rasen, ausgedehnte Herden, die von markant blauen, dunkler geaderten Blüten übersät sind. Der ähnliche Große Ehrenpreis (*V. teucrium*) ist stattlicher, hat eiförmige Blätter und einen im oberen Teil ringsum behaarten Stengel. Er wächst auf sonnigen Halbtrockenrasen und Waldsäumen über Kalk.

hellblaue Krone mit dunklerer Aderung

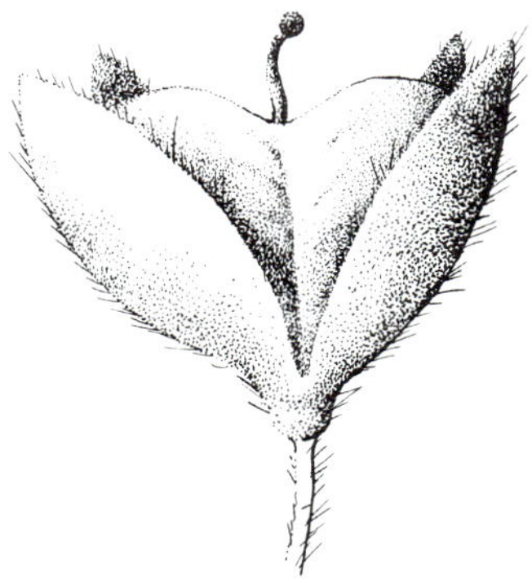

Kapsel im ausdauernden Kelch

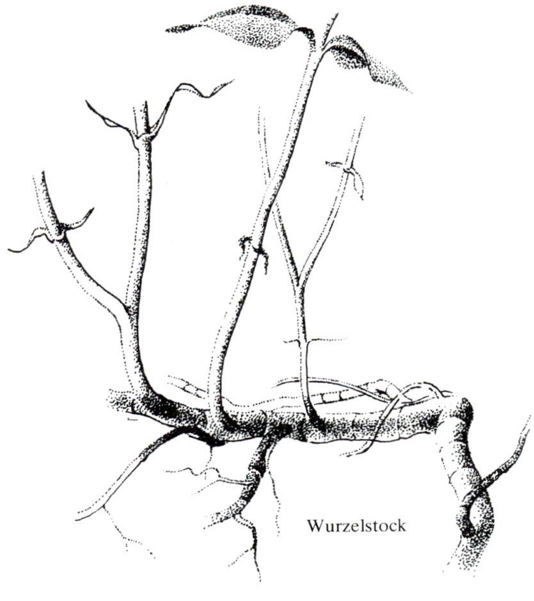

Wurzelstock

Braunwurzgewächse
Scrophulariaceae

Fadenehrenpreis

Veronica filiformis

Das ausdauernde Kraut hat einen kriechenden, wurzelnden, 5–20 cm langen Stengel. Die Blätter sind klein, rundlich, am Rande gekerbt. Die langgestielten Blüten stehen einzeln in den Achseln der Deckblätter. Die Stiele sind mit Drüsenhaaren besetzt. Die Blüten sind verhältnismäßig groß, hellblau und erscheinen in großer Zahl auf den niedrigen, dichten, lebhaft grünen Polstern, die die Pflanzen bilden. Die Frucht ist eine stark zusammengedrückte, scharf keilförmige Kapsel, aber die in Europa wachsenden Pflanzen bilden nur sehr selten Samen aus. Die Pflanzen blühen von März bis Mai.

Der Mittelpunkt der Verbreitung dieser Art liegt im Kaukasus, wo sie auf Wiesen und in Wäldern von den Niederungen bis zur Waldgrenze vorkommt. Von hier wurde sie in Europa als Zierpflanze eingeführt, wo sie dann, vor allem in den atlantischen Gebieten, in Gärten und Parks verwildert ist.

In Europa erschien der Fadenehrenpreis erstmals am Ende des 19. Jahrhunderts in Südfrankreich. Wegen seiner gefälligen Erscheinung und vor allem der Blütenfülle und der von den Pflanzen gebildeten niedrigen, dichten Polster wurde er erst in botanischen Gärten und später auch in Parks, Steingärten und auf Friedhöfen kultiviert. Wenn auch die Art an den europäischen Standorten meist keine Samen bildet, hat sie sich dank ihrer Widerstandsfähigkeit und starken vegetativen Vermehrung aus Stengelbruchstücken, die an Schuhen, Tierklauen und Wagenrädern übertragen werden, an weitere Stellen verbreitet. Mancherorts wurde sie zu einem lästigen Unkraut, das große Flächen auf Wiesen einnimmt und so den Heuertrag herabsetzt.

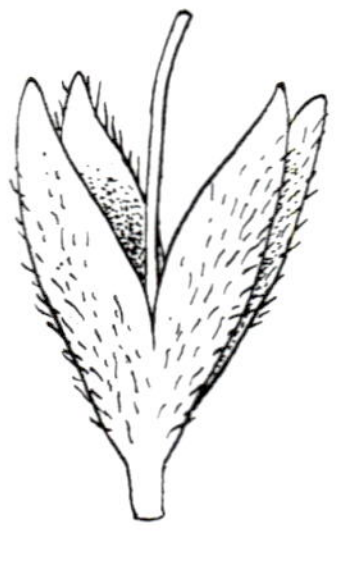

Die Kelchblätter bleiben nach dem Verblühen an der Frucht, einer Kapsel.

Efeuehrenpreis

Veronica hederifolia

Braunwurzgewächse
Scrophulariaceae

Der Efeuehrenpreis ist ein winterhart einjähriges Kraut, das sich nur durch Samen verbreitet. Der stark verzweigte Stengel ist meist liegend, manchmal aufsteigend, 5–30 cm lang und behaart. Die unteren Blätter sind gegenständig, die oberen wechselständig, gestielt, zerstreut behaart. Die Blattspreite ist dreieckig eiförmig bis abgerundet, unten herzförmig, 3–5lappig, im Umriß Efeublättern ähnlich. Die Blüten stehen einzeln auf langen Stielen in den Achseln der Deckblätter; zur Reifezeit neigen sich die Stiele herab. Die Kelchblätter sind schief herzförmig, gewimpert. Die hellblaue bis violette Krone ist radförmig und umschließt zwei herausragende Staubblätter. Die Früchte sind kugelige, kahle, zweifächerige Kapseln, die beide zwei verhältnismäßig große (2,5–3 mm) Samen mit einem Ölkörper enthalten. Die Pflanzen blühen von März bis Mai.

Der Efeuehrenpreis ist in ganz Europa, im Mittelmeergebiet und Vorderasien verbreitet. Er wurde nach Ostasien und Nordamerika eingeschleppt. Er wächst vor allem in feuchten Laub- und Auenwäldern, in Gärten und auf Feldern der Niederungen.

Er gedeiht auch bei niedrigeren Temperaturen und tritt oft gesellig in ausgebreiteten Beständen mit an den Boden angedrückten Stengeln auf, so daß er Wiesen und lückenhafte Kulturen ausdauernder Futterpflanzen verunkrautet. Die Samen werden von Ameisen in die Umgebung und in Ameisenhaufen verbreitet.

Blatt

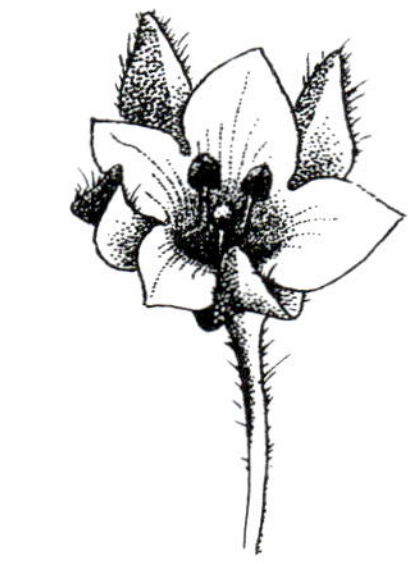

Blüte

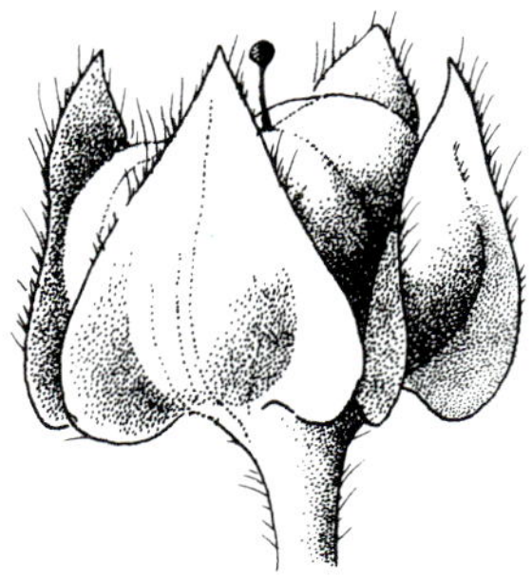

Frucht – kleine Kapsel zwischen den Kelchblättern

Braunwurzgewächse
Scrophulariaceae

Bergehrenpreis

Veronica montana

Frucht – Kapsel

Der Bergehrenpreis ist ein ausdauerndes, dichtbehaartes Kraut. Er läßt sich vor allem durch seinen auf der ganzen Oberfläche behaarten Stengel vom ähnlichen Gamanderehrenpreis (S. 289) unterscheiden, bei dem die Stengelhaare nur in zwei Reihen angeordnet sind. Der Stengel des Bergehrenpreises ist liegend, wurzelnd, an der Spitze aufsteigend, 10–40 cm lang. Die breit eiförmigen bis rundlichen, am Rande gekerbten Blätter sind langgestielt und gegenständig. Die Blüten bilden wenigblütige achselständige, langgestielte, drüsig behaarte Trauben. Der Kelch ist aus vier Blättern verwachsen; die radförmige, hellviolette Krone hat einen Durchmesser von 6–12 mm. Nicht selten findet man auch Pflanzen mit einer hellrosa oder weißen Krone. Die Frucht ist eine seicht ausgerandete, nierenförmige, 7–8 mm breite, mit Drüsenhaaren besetzte Kapsel. Die Blüten erscheinen im Mai und Juni.

Der Bergehrenpreis ist ein typischer Besiedler anspruchsvoller, krautreicher Laub- und Auenwälder aus Buchen und Eschen. Häufiger tritt er in bergigen Gegenden auf, seltener im Hügelland oder in niedrigeren Lagen. Er ist in ganz Europa verbreitet, vor allem im westlichen Teil mit ozeanischem Klima.

Echter Ehrenpreis

Veronica officinalis

Braunwurzgewächse
Scrophulariaceae

Der Echte Ehrenpreis ist ein ausdauerndes kurzhaariges Kraut. Die Stengel sind liegend, wurzelnd, an der Spitze aufsteigend, 10–60 cm lang. Die gegenständigen Blätter sind eiförmig elliptisch, am Rande seicht gesägt und kurzgestielt. Die kurzgestielten Blütentrauben sind dicht und gerade und stehen in den Achseln der Deckblätter. Der Kelch ist verwachsenblättrig, vierzählig; die glockig radförmige Krone ist hell blauviolett, mit einem Durchmesser von 6–7 mm. Die Blütentrauben verlängern sich in der Reifezeit und enthalten umgekehrt herzförmige, seicht ausgerandete, drüsige Kapseln. Die Pflanzen blühen von Juni bis August.

Der Echte Ehrenpreis wächst als Säuerezeiger in Magerrasen, Heiden, lichten Wäldern und Säumen von den Niederungen bis ins Hochgebirge. Er ist in ganz Europa und in Nordamerika verbreitet. Früher diente er als Arzneipflanze, woran noch der Name erinnert.

Der wissenschaftliche Gattungsname *Veronica* ist vom lateinischen vera unica, d. i. die einzig Wahre, abgeleitet (wahrscheinlich nach der hl. Veronika). Die mittelalterlichen Herbarien sind des Lobes voll über den Echten Ehrenpreis und schreiben ihm eine weittragende Wirkung zu. Die gegenwärtigen Erfahrungen entsprechen aber diesen überlieferten Vorstellungen nicht, und die Pflanze wird auch in der Volksheilkunde immer seltener verwendet. Mancherorts findet sie in der Pharmazie noch als schleimlösendes Mittel Verwendung, vor allem wegen ihres Gehaltes an Gerbstoffen.

Blüte

Frucht – Kapsel, der lange Griffel bleibt erhalten

Braunwurzgewächse
Scrophulariaceae

Persischer Ehrenpreis

Veronica persica

Blüte

Frucht – Kapsel mit Kelchblättern

Der Persische Ehrenpreis ist ein niedriges kriechendes Kraut, aber seine liegenden oder aufsteigenden, im unteren Teil verzweigten Stengel können bis 30 cm lang werden. Die Blätter sind kurzgestielt, eiförmig bis breit oval, gekerbt, am Grunde abgerundet. Die langgestielten Blüten stehen einzeln in den Achseln der Deckblätter, und ihre Stiele sind zur Reifezeit bogenförmig herabgeneigt. Der vierzählige Kelch ist aus lanzettlichen, gewimperten Blättern verwachsen. Zur Reifezeit vergrößern sie sich. Die hellblaue Krone hat einen Durchmesser von 8–15 mm. Die Frucht ist eine nierenförmige, oben ausgerundete, flache Kapsel mit einem hervortretenden, mit Drüsenhaaren besetzten Adernetz. Die Pflanzen blühen von März bis Oktober, auch bei wärmerem Wetter ohne Schnee in den Wintermonaten (Winterblüher!).

In Europa hat sich der Persische Ehrenpreis nach 1805 aus dem botanischen Garten in Karlsruhe verbreitet, wohin die Pflanzen aus dem Orient gebracht wurden. Im Laufe von einigen Jahrzehnten besiedelte er ganz Europa, und heute findet man ihn fast auf der ganzen Erde. Er wächst auf Brachland, Schutthalden, in Gärten, aber vor allem als Ackerunkraut.

Die Pflanze ist einjährig, oft winterhart einjährig bis zweijährig. Sie vermehrt sich hauptsächlich aus Samen, manchmal auch durch wurzelnde Stengel. Sie kann einige Generationen im Jahr entwickeln. Die Hauptperioden ihrer Entwicklung fallen aber in das Frühjahr und den Herbst, wenn der Boden ausreichend feucht ist. Bei ungünstigem Wetter kann Selbstbestäubung erfolgen, ohne daß sich die Blüten öffnen.

Glanzehrenpreis

Veronica polita

Braunwurzgewächse
Scrophulariaceae

Der Glanzehrenpreis ist ein kleines Kraut mit liegenden, im unteren Teil ziemlich stark verzweigten, 5–20 cm langen Stengeln. Die rundlich eiförmigen Blätter sind etwa 1 cm lang, am Grunde abgerundet, gekerbt, glänzend dunkelgrün. Die Blüten stehen einzeln auf Stielen, die kürzer sind als ihre Deckblätter. Die Kelchzipfel sind spitzig, breit eiförmig. Die hellblaue Krone hat einen Durchmesser von 6–8 mm. Die Frucht ist eine rundlich nierenförmige, behaarte, drüsige Kapsel. Die Pflanzen blühen vom Frühjahr bis zum Herbst.

Der Glanzehrenpreis tritt in Mittel- und Südeuropa, Westasien und Nordafrika auf. Eingeschleppt wurde er auch nach Ostasien und Nordamerika. Er wächst vor allem als Unkraut in Gärten und auf Feldern.

Die Vermehrung erfolgt nur durch Samen, die aber das ganze Jahr über keimen. Die Art verträgt kaltes Wetter gut, so daß sie manchmal auch in milderen Wintern erblüht und in jedem beliebigen Stadium überwintern kann. Sie ist ein häufiges Unkraut, besonders in Gemüsegärten mit stickstoff- und kalkreichem Boden.

hellblaue Krone mit einem dunkleren Ring im Schlund

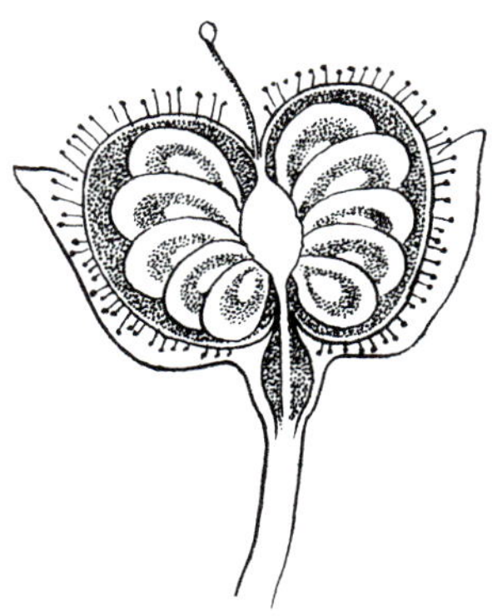

Längsschnitt durch die Kapsel mit Samen

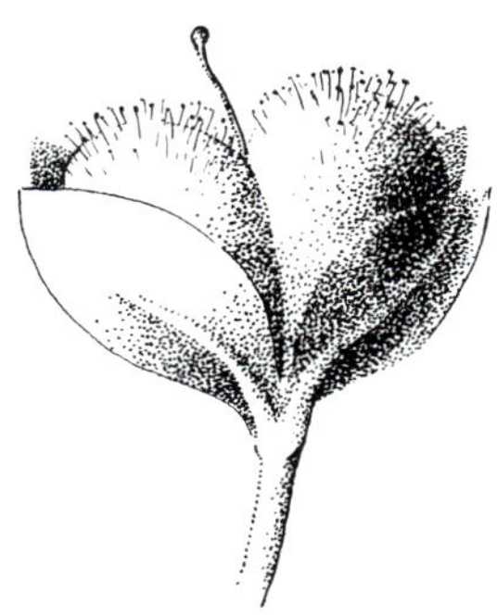

Frucht mit Kelchblättern

Braunwurzgewächse
Scrophulariaceae

Quendelehrenpreis

Veronica serpyllifolia

Blüte

Frucht – Kapsel

Das ausdauernde, 5–30 cm hohe Kraut hat aufsteigende oder aufrechte, mit kurzen Haaren besetzte und im oberen Teil drüsige Stengel. Die gegenständigen Blätter sind eiförmig bis rundlich, meist ganzrandig, nur schwach gegliedert. Die unteren Blätter sind kurzgestielt, die oberen sitzend. Die Blüten sind in endständigen Trauben vereinigt. Der verwachsene, vierzählige Kelch hat drüsige Zipfel, die weißliche, blau geäderte, radförmige Krone hat einen Durchmesser von 5–6 mm. Auch die herzförmige Kapsel ist mit Drüsenhaaren besetzt. Die Blüten erscheinen von Mai bis August.

Der Wurzelkriechpionier tritt in Fettweiden und -wiesen, an Ufern und auf Wegen mit feuchten Tonböden von den Niederungen bis ins Hochgebirge auf. Er ist auf der ganzen nördlichen Halbkugel verbreitet.

Die Gattung *Veronica* hat radförmige Kronen und nur zwei Staubblätter in den Blüten. Außer Unkräutern und Arten aus seichten Gewässern gehören ihr auch typische Hochgebirgspflanzen an, z. B. der Alpenehrenpreis (*V. alpina*) mit in endständigen kopfigen Trauben gehäuften Blüten oder der Blattlose Ehrenpreis (*V. aphylla*) mit in scheinbaren Bodenrosetten angeordneten Blättern und einem wenigblütigen Blütenstand auf einem langen behaarten Stengel. An warmen Standorten in Waldsteppen wachsen der Liegende Ehrenpreis (*V. prostrata*) mit zahlreichen kreisförmig ausgebreiteten Stengeln und dichten Blütentrauben in den Achseln der Deckblätter, der stattliche Ährige Ehrenpreis (*V. spicata*), der bis 50 cm hoch wird und auffallende, bis 30 cm lange, dichte, endständige Blütentrauben entwickelt, und der Große Ehrenpreis (*V. teucrium*), der ebenfalls sehr stattlich ist und reiche, lange Blütentrauben aufweist, die aus den Achseln der Deckblätter hervorwachsen.

Großblütiger Fingerhut

Digitalis grandiflora

Braunwurzgewächse
Scrophulariaceae

Das ausdauernde, bis 1 m hohe Kraut hat einen einfachen, unverzweigten Stengel. Die kurzgestielten, lanzettlichen, sitzenden Blätter werden in Richtung nach oben kleiner. Sie sind fast kahl und gehen allmählich in Deckblätter über. Die Blüten sind in einer lockeren einseitswendigen Traube angeordnet. Der Kelch ist fünfzähnig, ausdauernd, die röhrig-glockige Krone ist blaß ockergelb, mit braunen Flekken auf der Innenseite. Sie ist undeutlich zweilippig, über dem Fruchtknoten etwas eingeschnürt und etwa 3 cm lang. Die Stengel und Blütenstiele sind drüsig behaart. Die Frucht ist eine behaarte Kapsel, die im ausdauernden Kelch untergebracht ist. Die Blüten erscheinen von Juni bis September. In den Blüten reifen zuerst die Staubblätter mit dem Pollen und erst später die Stempel mit der Narbe. Die Bestäubung wird meist von Hummeln besorgt. Sie besuchen die Blüten einer Pflanze vom Grund der Blütentraube aufwärts, so wie sie sich entfalten, wodurch sichergestellt wird, daß die Blüten mit fremden Pollen bestäubt werden.

Der Großblütige Fingerhut ist eine eurosibirische Art des östlichen Mitteleuropa. Er wächst in Waldlichtungen, Waldschlägen und sonnigen Steinhalden von den Niederungen bis in die subalpine Stufe.

Der Gattungsname ist vom lateinischen digitus (Finger) abgeleitet, nach der Form der verwachsenblättrigen Krone. Wie alle Arten der vorliegenden Gattung enthält der Großblütige Fingerhut physiologisch wirksame Stoffe aus der Gruppe der Glykoside mit kardiotonischer Wirkung; alle Pflanzenteile sind deshalb giftig. Für pharmazeutische Zwecke werden häufiger der Rote Fingerhut (*D. purpurea,* siehe nächste Seite) und der Wollige Fingerhut (*D. lanata*) benutzt.

Inneres der Blüte

Kapsel mit Deckblatt

Braunwurzgewächse
Scrophulariaceae

Roter Fingerhut

Digitalis purpurea

regelmäßige Blüte (Pelorie) an der Stengelspitze

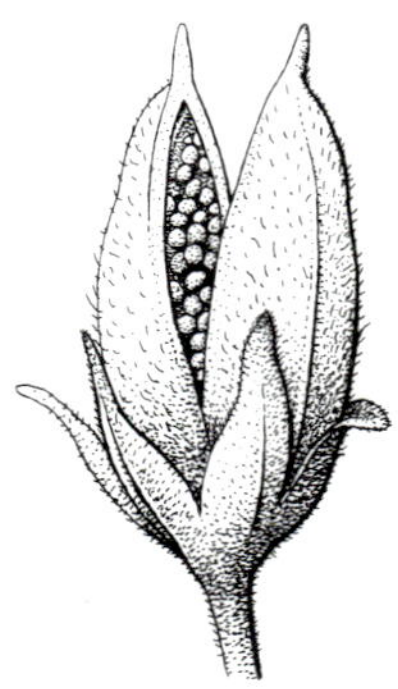

Frucht – Kapsel

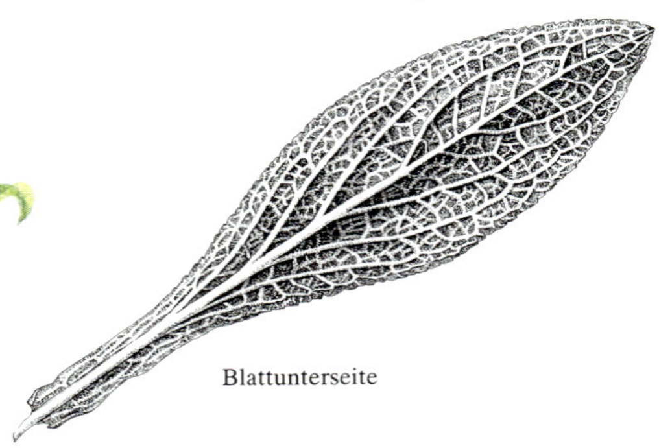

Blattunterseite

Inneres der Blüte bei zwei Farbformen

Das zweijährige Kraut entwickelt im ersten Jahr eine Grundrosette, die im zweiten Jahr einen bis 120 cm hohen, aufrechten, einfachen Stengel treibt. Die einfachen gegenständigen Blätter sind in der Grundrosette und am unteren Teil des Stengels langgestielt, eiförmig länglich, am Grunde plötzlich verschmälert und herablaufend. In Richtung nach oben verkürzen sich die Stiele; die obersten Blätter sind mit dem verschmälerten, herzförmigen Blattgrund sitzend, eiförmig lanzettlich und gehen allmählich in Deckblätter über. Alle Blätter sind gekerbt, oberseits fein flaumig behaart, unterseits angedrückt graufilzig. Das Adernetz der Blätter ist oberseits eingesenkt, unterseits tritt es stark hervor. Die überhängenden Blüten sind in einer einseitswendigen Traube angeordnet. Der Kelch ist glockig, ausdauernd, die Krone röhrig-glockig, 4–5 cm lang, mit 4–5 Lappen am zurückgeschlagenen Rand, hell- bis purpurrot (selten weiß), mit dunklen, hell gesäumten Flecken auf der Innenseite. Von den vier Staubblättern sind zwei länger und zwei kürzer, der oberständige Fruchtknoten entwikkelt sich zu einer behaarten, im Kelch eingeschlossenen Kapsel. Die Pflanzen blühen im Juni und Juli.

Der Rote Fingerhut ist in den westeuropäischen Gebieten mit atlantischem Klima zuhause. Als bedeutsame Heilpflanze hat er sich aber durch die Kultur auf der ganzen Erde verbreitet und verwildert oft auch in Ziergärten. Er tritt zerstreut, aber in Gruppen in Waldlichtungen, auf Schlägen und über sauren Böden auf.

Die Pflanze ist stark giftig. Sie enthält vor allem als Kardiotonikum auf das Herz wirkende Glykoside. Sie ist auch eine beliebte Zierpflanze, die in vielen hochgezüchteten Sorten gezogen wird.

Wiesenwachtelweizen

Melampyrum pratense

Braunwurzgewächse
Scrophulariaceae

Das einjährige, bis 50 cm hohe Kraut hat aufrechte, einfache, häufiger aber von unten an verzweigte Stengel. Die eiförmigen bis linear lanzettlichen Blätter sind gegenständig, keilförmig in einen sehr kurzen Stiel verschmälert. Die Blüten haben einen verwachsenen, vierzipfligen Kelch und eine zitronen- bis blaßgelbe Krone mit einer trichterförmigen Röhre und zwei Lippen. Die Oberlippe ist helmförmig, die Unterlippe flach, dreilappig. Die beiden Staubblattpaare unterscheiden sich durch die Länge ihrer Staubfäden. Die mit Deckblättern ausgestatteten Blütenähren sind sehr locker. Die Frucht ist eine zweifächerige, kahle Kapsel. Die Pflanzen blühen von Juni bis September.

Die Art tritt – entgegen ihrem Namen – in bodensauren, artenarmen Eichen- und Kiefernwäldern, Heiden und Mooren in ganz Europa und Westasien auf.

Die Wachtelweizenarten sind Halbschmarotzer. Die einzelnen Arten sind sehr veränderlich. Dem Wiesenwachtelweizen ist der Waldwachtelweizen (*M. sylvaticum*) sehr ähnlich. Er hat etwas kleinere Blüten und orangegelbe Kronen. Auffallend ist der Hainwachtelweizen (*M. nemorosum*), dessen Blüten zu ziemlich lockeren, einseitswendigen, endständigen Trauben vereinigt sind. Die begrannt gezähnten Deckblätter sind im oberen Teil des Blütenstandes blauviolett überlaufen. Die Art wächst in lichten Eichenwäldern und Hainbuchen und deren Säumen in wärmeren Gebieten. Eine andere, an ähnlichen Standorten auftretende Art ist der Kammwachtelweizen (*M. cristatum*), dessen Blüten eine dichte, auffallend kantige Ähre bilden. Auf Feldern, Brachland und in Gebüschsäumen wächst der Ackerwachtelweizen (*M. arvense*) mit in dichten, kegeligen Ähren angeordneten Blüten, dessen flache, begrannt gezähnten Deckblätter als Hochblätter durch ihre rote (selten weiße) Färbung auffallen.

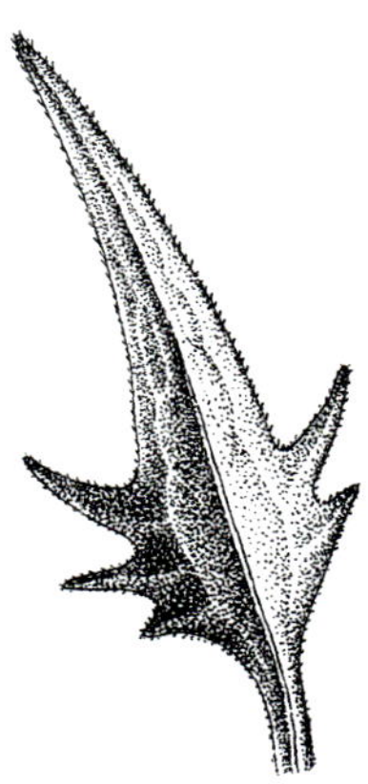

Deckblatt im Blütenstand

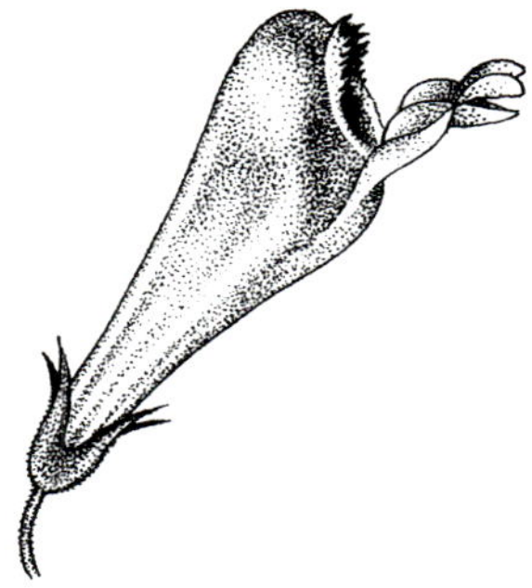

Blüte

Braunwurzgewächse
Scrophulariaceae

Gemeiner Augentrost

Euphrasia officinalis

Inneres der Blüte

Blüte von der Seite

Deckblatt mit gestielten Drüsen

Das einjährige, 10–20 cm hohe Kraut hat einen aufrechten, in der Regel verzweigten Stengel mit bogenförmig aufsteigenden Zweigen. Der Stengel ist weich behaart, reich beblättert. Die Blätter sind gegenständig sitzend, fast stengelumfassend, mit einer rundlich eiförmigen, scharfgezähnten, derben Spreite. Gegen die Stengelspitze zu gehen sie in die etwas kleineren Deckblätter der endständigen Ähre über. Der röhrige Kelch hat vier spitze Zähne. Die zweilippige Krone mit einer kleineren gezähnten Oberlippe und einer größeren dreiteiligen Unterlippe ist weiß, purpurfarben gestreift, mit einem gelben Fleck im Schlund der trichterförmig verbreiterten Kronröhre. Der Griffel und die vier Staubblätter werden von der Oberlippe bedeckt. Die Frucht ist eine Kapsel. Die Blüten erscheinen meist im Juli und August, andere Pflanzen blühen im Herbst. Die Art weist eine auffallende Eigenschaft auf, den Saisondimorphismus (Zweigestaltigkeit). Im Frühjahr wachsende Pflanzen haben einen einfachen, verlängerten Stengel, im Herbst auftretende sind reichverzweigt, und ihre Blüten sind größer.

Der Gemeine Augentrost ist in ganz Europa als Magerkeitszeiger auf mageren Wiesen und Weiderasen verbreitet, wo er ohne Futterwert ist. Er lebt als Halbschmarotzer auf den Wurzeln von Gräsern.

Das Kraut wurde in der Volksmedizin verwendet, wie auch in der Pharmazie zur Erzeugung von Galenika genutzt, die besonders bei Augenkrankheiten Verwendung fanden. Die wichtigsten Wirkstoffe sind ätherische Öle und Glykoside. Der Name der Pflanze kommt wohl vom griechischen euphrasia (Freude, Zufriedenheit) und hängt mit der Heilwirkung des Augentrostes zusammen.

Zottiger Klappertopf

Rhinanthus alectorolophus

Braunwurzgewächse
Scrophulariaceae

Der Zottige Klappertopf ist ein einjähriger Halbschmarotzer mit einem aufrechten, vierkantigen, bis 80 cm hohen Stengel. Die gegenständigen, sitzenden Blätter sind lanzettlich bis eiförmig, mit einem gesägten Rand. Der Blütenstand ist eine reiche endständige Ähre mit breit eiförmigen, dreieckigen, gesägten Deckblättern. Der verwachsenblättrige Kelch ist vierzipflig, aufgeblasen, mit langen weißlichen Haaren besetzt. Die blaßgelbe, zweilippige Krone ist bis 2 cm lang, mit einer aufwärts gebogenen Röhre, einer helmförmigen, mit einem violetten oder weißlichen Zähnchen ausgestatteten Oberlippe und einer flachen, den Schlund verschließenden Unterlippe. Die Frucht ist eine rundliche, abgeflachte Kapsel mit scheibenförmigen Samen, die im Kelch verschlossen ist. Die Pflanze blüht von Mai bis Juli.

Die Art wächst in warmen Fettwiesen oder Halbtrockenrasen und als Ackerunkraut auf Brachland. Sie tritt vom Hügelland bis ins Gebirge in den wärmeren Gebieten Europas auf.

Auf Bergwiesen des Erzgebirges oberhalb 1000 m wächst der verwandte Alpenklappertopf (*R. alpinus = R. pulcher*) mit einer aufwärts gebogenen Kronröhre und einem offenen Schlund. Die Krone ist gelb, violett gefleckt oder ganz violett. Der Große Klappertopf (*R. major*) hat gleichfalls eine aufwärts gebogene Kronröhre, aber einen verschlossenen Schlund. Eine gerade Kronröhre weist der Kleine Klappertopf (*R. minor*) auf. Alle genannten Arten haben im Unterschied vom Zottigen Klappertopf einen kahlen Kelch, der höchstens an den Rippen borstig behaart ist. Die Klappertopfarten sind ziemlich veränderlich und bilden je nach den Standortbedingungen saisonabhängige Rassen und zahlreiche Abweichungen in der Form aus.

Kelch

Samen

Kapsel – Frucht

Sommerwurzgewächse
Orobanchaceae

Kleine Sommerwurz, Kleewürger

Orobanche minor

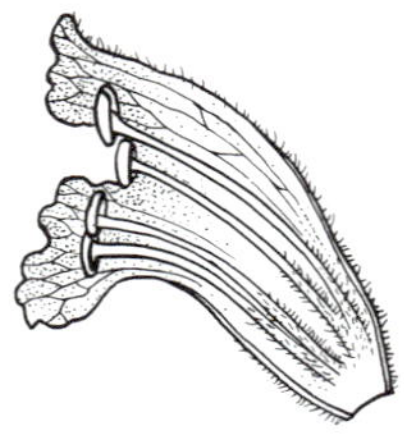

Längsschnitt durch die Blüte

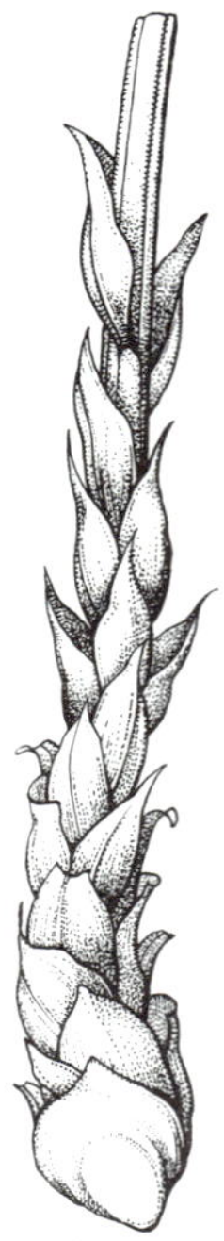

unterer, schuppenblättriger Teil des Stengels

Das bräunliche schmarotzende Kraut hat einen einfachen, schlanken Stengel, der am Grunde verdickt, 10–50 cm hoch und hell gelbrot gefärbt ist. Die Blätter sind in Schuppen umgewandelt, die unteren eiförmig und dicht, die oberen lanzettlich und spärlich. Die Blüten sind an der Stengelspitze in einer lockeren walzenförmigen Traube angeordnet. Sie stehen vom Stengel ab und sind von Deckblättern umgeben. Der Kelch besteht aus zwei seitlichen, manchmal gespaltenen Zipfeln. Die Krone ist röhrig, leicht gekrümmt, gelbweiß, zweilippig. Die Oberlippe ist zweilappig, violett oder rot geädert, die Unterlippe dreilappig, mit gekerbten Zipfeln. Von den vier Staubblättern sind zwei länger und zwei kürzer; der Stempel hat eine violette Narbe und wandelt sich in eine Kapsel mit zahlreichen kleinen Samen um. Die Pflanzen blühen von Juni bis Juli.

Die Art tritt als Wiesen- und Kulturschädling auf, wo sie auf Rotklee und anderen Trifolium-Arten schmarotzt. Sie ist in Südeuropa und Nordafrika verbreitet und reicht bis nach Vorderasien.

Die Sommerwurzarten sind Schmarotzer, die auf den unterirdischen Teilen grüner Pflanzen parasitieren. Ihre kleinen Samen enthalten einen unvollständig entwickelten Keim ohne Keimblätter. Er entwickelt sich zu einem fadenförmigen Gebilde, das am Berührungspunkt mit der Wirtspflanze eine Knospe bildet, die weiterwächst. Kommt dieses Gebilde nicht mit einer Wirtspflanze in Berührung, geht es zugrunde. Manche Sommerwurzarten sind streng an eine einzige Wirtspflanze gebunden, andere brauchen Arten einer bestimmten Gattung oder wenigstens Familie. Nur einige Arten können auf verschiedenen Wirtspflanzen schmarotzen, wie dies bei der hier abgebildeten Kleinen Sommerwurz der Fall ist.

Gemeiner Wasserschlauch

Utricularia vulgaris

Wasserschlauchgewächse
Utriculariaceae

Das ausdauernde Kraut hat bis 50 cm lange Stengel, die sich aus dem im Wasser schwebenden, verzweigten Sproß erheben. Es hat keine Wurzeln. Am Stengel sind die Blätter in zwei Reihen angeordnet. Sie sind fiederig in fadenförmige, nach allen Seiten abstehende Abschnitte geteilt, die oft mit zahlreichen Blasen ausgestattet sind. Der wenigblütige Blütenstand ragt auf einem aufrechten, 10–30 cm langen Stiel aus dem Wasser. Der Kelch hat zwei Blätter; die Krone ist 15–20 cm lang, goldgelb, zweilippig, am Grunde mit einem kegeligen Sporn. Die kleinere Oberlippe ist aufrecht, die größere Unterlippe lappig mit abwärts geneigten Rändern. Die Frucht ist eine Kapsel. Die Blüten erscheinen von Juni bis August.

Die Pflanzen treten in den Niederungen und im Hügelland zerstreut in stehenden Gewässern, Altwässern, Tümpeln, Teichen und auf Torfmooren auf. Sie sind auf der ganzen nördlichen Halbkugel verbreitet.

Die zahlreichen Blasen auf den Blattabschnitten dienen zum Fangen kleiner Wassertiere. Wenn die Tiere zufällig in die Fangblase gelangen, finden sie den Ausgang nicht mehr, weil die Öffnung von innen durch einen elastischen Auswuchs verschlossen ist. Die Pflanze verdaut das Tier; ähnlich wie andere fleischfressende Pflanzen gewinnt der Wasserschlauch so stickstoffhaltige Stoffe für seine Ernährung. Mit dieser Einrichtung hängt auch sein wissenschaftlicher Name zusammen (lat. utriculus = Beutelchen). Die Wasserschlaucharten treten von den Tropen bis in die gemäßigten Zonen auf. Es wurden ihrer 260 beschrieben. Ihre Bestimmung ist aber ziemlich schwierig, und die Verbreitung der einzelnen Arten ist bislang ungenügend bekannt. Die Pflanzen entwickeln nämlich nur selten Blüten mit unterschiedlichen Merkmalen und verbreiten sich vorwiegend vegetativ.

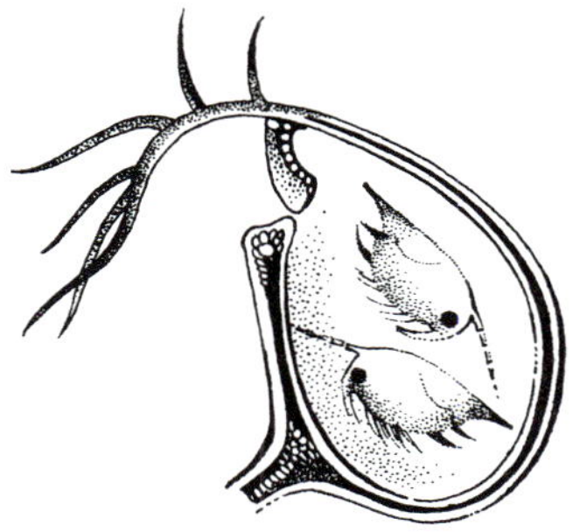

Blase mit gefangenen Wasserflöhen (Cladocera)

Spitzwegerich

Plantago lanceolata

Wegerichgewächse
Plantaginaceae

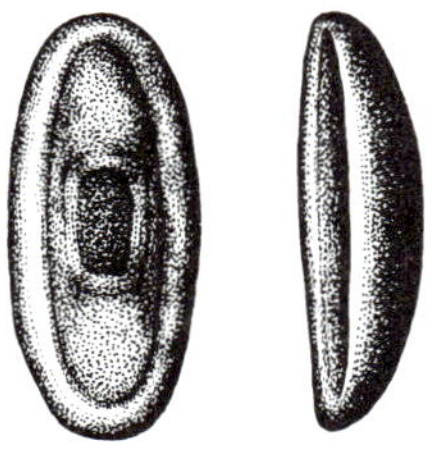

Samen von vorne und von der Seite

Blüte

Der Spitzwegerich ist ein ausdauerndes, bis 30 cm hohes Kraut mit einer Grundrosette aus lanzettlich-gezähnten, allmählich in den Stiel verschmälerten Blättern. Die Schäfte sind aufrecht oder aufsteigend, gefurcht. Die in einer endständigen walzigen Ähre angeordneten kleinen Blüten sitzen in den Achseln von trockenhäutigen Deckblättern. Sie haben einen dreiteiligen Kelch und eine regelmäßige, vierzipflige braune Krone. Die hellgelben Staubbeutel der vier Staubblätter ragen auf langen Staubfäden weit aus der Blüte heraus. Der oberständige Fruchtknoten mit einem rötlichen Griffel reift zu einer zweifächerigen und zweisamigen braunen Kapsel, die mit einem Deckel aufspringt. Die Pflanzen blühen vom Frühjahr bis zum Herbst.

Der Spitzwegerich war ursprünglich in ganz Europa, Nord- und Mittelasien verbreitet. Heute wächst er in kühl-gemäßigten Zonen auf der ganzen Erde. Er tritt als gute Futterpflanze in Fettwiesen und -weiden, Obstgärten und an Wegen, oft auch als Unkraut in ausdauernden Futteräcken auf.

In der Volksheilkunde hat diese Art eine reiche Tradition. Sie wird vor allem in Form von Tee oder Sirup bei Husten verabreicht oder zu Umschlägen auf Wunden benutzt. Auch in der Pharmazie verwendet man sie zur Herstellung von Sirupen, Tees und Abkochungen. An Wirkstoffen enthält sie vor allem Glykoside und Schleime. Der Bedarf der pharmazeutischen Industrie wird in der Regel durch das Sammeln wildwachsender Pflanzen gedeckt, manchmal wird der Spitzwegerich aber auch kultiviert. Die Samen bewahren ihre Keimfähigkeit lange Zeit. Ihre Samenschale quillt leicht, bleibt bei Feuchtigkeit an den Füßen der Tiere haften und wird so in die Umgebung verbreitet (Schleimsamen mit Klebverbreitung).

Breitwegerich

Plantago major

Wegerichgewächse
Plantaginaceae

Das kleine bis ziemlich stattliche Kraut erreicht eine Höhe von 40 cm. Die Blätter sind in einer Grundrosette angeordnet. Sie sind rundlich eiförmig, ganzrandig, jäh in den Stiel verschmälert. Den Blattachseln entspringen aufrechte oder aufsteigende Schäfte mit langen, schmal walzigen Ähren, die aus kleinen, grünlichen Blüten zusammengesetzt sind. Der Blütenbau ist ähnlich wie beim Spitzwegerich, die Frucht ist gleichfalls eine Kapsel. Die Blüten erscheinen von Juni bis Oktober.

Heute ist diese aus Europa und Westasien stammende Art in temperierten Zonen auf der ganzen Erde verbreitet. Sie wächst in Trittrasen der Wege und Plätze, in übersetzten Weiden und an Ufern (primäres Vorkommen). Das Niedertreten verträgt sie sehr gut und ist deshalb eine charakteristische Pflanze ungefestigter Feldwege und städtischer Gehsteige, wo sie in den Fugen zwischen den Pflastersteinen wächst, oft nur in Form von nicht blühenden Blattrosetten.

Ähnlich wie beim Spitzwegerich bleiben die Samen lange keimfähig. Die verschleimende Samenschale bleibt an den Schuhen der Menschen oder den Klauen von Tieren haften, und so verbreitet sich der Wegerich an neue Standorte. So kommun die Art auch erscheinen mag, ist sie doch auch formenreich und manchmal schwer voneinander abzugrenzen. Die Vogelzüchter verwenden die Samen, ähnlich wie die der anderen Arten dieser Gattung, als Vogelfutter. Der Gattungsname ist vom lateinischen planta (= Sohle) abgeleitet und bezieht sich auf die Blätter, die an den Boden angedrückt sind und in der Form einigermaßen an eine menschliche Fußspur erinnern.

Samen von vorn und von der Seite

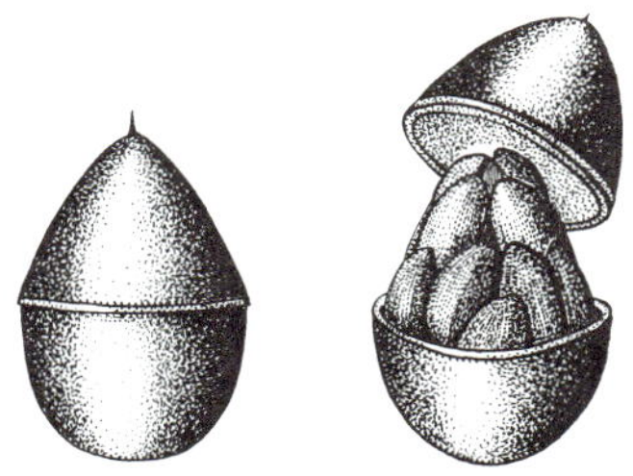

Die reife Kapsel öffnet sich mit einer Klappe.

Wegerichgewächse
Plantaginaceae

Mittelwegerich, Weidewegerich

Plantago media

Staubblätter mit beweglichen Staubbeuteln

Samen von verschiedenen Seiten

Der Mittelwegerich ist ein ausdauerndes, 10–50 cm hohes Kraut. Die breit elliptischen, ganzrandigen oder seicht gezähnten, in einer Grundrosette angeordneten Blätter verschmälern sich keilförmig in einen kurzen, breiten Stiel. Die aufrechten oder aufsteigenden Schäfte tragen verhältnismäßig kurze Blütenähren. Die Blüten sitzen in den Achseln schuppenförmiger Deckblätter. Der trockenhäutige Kelch hat eiförmige Zipfel; die vierzipflige Krone ist weißlich. Die Staubblätter sind violett und attraktiv; sie ragen weit aus der Krone heraus. Die Frucht ist eine Kapsel, die sich mit einem Deckel öffnet. Die Pflanzen blühen von Mai bis September.

Der Mittelwegerich ist verbreitet in Kalktrockenrasen und mageren Mähwiesen von Kalk- und Lehmgebieten Eurosibiriens.

Auf Salzböden und Salzwiesen wächst der Strandwegerich (*P. maritima*) mit einer Grundrosette aus schmal linearen, anfangs rinnigen, später flachen Blättern. Für Sandböden und Bahnschotter sommerwarmer, trockener Gebiete ist der Indische Wegerich (*P. indica*) typisch. Er ist ein einjähriges Kraut mit einem gegenständig verzweigten Stengel, gegenständigen Blättern und Blüten in kugeligen Köpfchen. In Schneeböden und Fettweiden der alpinen Stufe, besonders auf Kalkböden (im Gegensatz zum Alpenwegerich, *P. alpina*), wächst der Bergwegerich (*P. atrata*). Er ist dem Spitzwegerich etwas ähnlich, unterscheidet sich aber von ihm durch seine stielrunden, nicht gefurchten Schäfte. Wegen seiner interessanten Blätter und weißfilzigen Behaarung wird in Steingärten gern der aus Spanien stammende Schneewegerich (*P. nivalis*) gezogen oder der auffallend rostfarbene *P. ravulii*, der auf Neuseeland heimisch ist.

Ackerröte

Sherardia arvensis

Rötegewächse
Rubiaceae

Die Ackerröte ist ein niedriges Kräutlein mit zierlichen, vierkantigen, liegenden oder aufsteigenden, 5–20 cm langen Stengeln, die im unteren Teil verzweigt sind. Die Blätter sind pfriemlich, borstig und quirlständig. Im unteren Teil des Stengels bestehen die Quirle aus vier, im oberen aus fünf bis sechs Blättern. Die Blüten in den wenigblütigen, zusammengezogenen Trugdolden wachsen aus den Achseln von acht- bis zehnzähligen Quirlen aus Deckblättern hervor. Die Blätter sind nur scheinbar quirlständig, in Wirklichkeit handelt es sich um zwei gegenständige Blätter mit vermehrten Nebenblättern. Der Blütenkelch ist klein, sechszipflig, die Krone ist 4–5 mm lang, strahlig-trichterförmig, violett oder rosa gefärbt. Die Früchte sind etwa 2 mm lange, eiförmige Doppelachänen. Die Blüten erscheinen von Mai bis Oktober.

Die Ackerröte ist im Mittelmeergebiet heimisch, wurde aber in alle Teile der Erde eingeschleppt. Sie gedeiht ziemlich häufig in Getreidefeldern und Brachen auf kalkreichem Lehmboden von den Niederungen bis ins Gebirge.

Die Art ist einjährig oder winterhart einjährig. Da sie das Abmähen gut verträgt und besonders im Herbst rasch nachwächst, tritt sie vor allem auf Stoppelfeldern häufig auf. Auf einer Pflanze befinden sich entweder nur weibliche oder nur zwittrige Blüten. Nur selten werden die Blüten durch Insekten bestäubt; bei kühlem Wetter öffnen sie sich überhaupt nicht, und es erfolgt Selbstbestäubung.

Blüte

Frucht – Doppelachäne

Rötegewächse
Rubiaceae

Hügelmeier

Asperula cynanchica

Teil des Blütenstandes

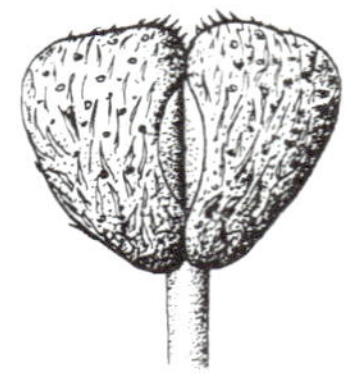

Frucht – Doppelachäne

Deckblätter im Blütenstand

Der Hügelmeier ist ein ausdauerndes, 5–30 cm hohes Kraut mit einem kurzen, kriechenden, reichverzweigten Wurzelstock. Die aufsteigenden, vierkantigen Stengel sind verzweigt und tragen vier- bis sechszählige Quirle aus schmal lanzettlichen bis linearen, grannenspitzigen Blättern. Es handelt sich um Scheinquirle, die ähnlich entstanden sind wie bei der vorstehenden Art. Die Blüten sind in endständigen doldentraubenförmigen Rispen angeordnet. Der Kelch ist verkümmert, undeutlich, die Krone röhrig trichterförmig, rötlich oder violett überlaufen, bis zur Hälfte in vier Zipfel gespalten. Die Frucht ist eine höckerige Doppelachäne. Die Blüten entfalten sich von Juni bis September.

Der Hügelmeier wächst in Kalkmagerrasen auf besonnten Felsen, besonders auf kalkhaltigem Untergrund in den Niederungen, im Hügelland wärmerer Gegenden und in den Kalkalpen. Er ist eine europäische Art, die vom Mittelmeer bis in die gemäßigte Zone auftritt.

An denselben Standorten wächst der sehr ähnliche Färbermeier (*A. tinctoria*) mit reinweißen, meist dreizähligen Blüten und einem orangefarbenen Wurzelstock (früher wurde er in der Färberei verwendet). Auch das Blaugrüne Labkraut (*A. glauca*) – mit radförmigen Blüten – tritt auf besonnten Felsen und in Steppen auf. Es ist aber viel stattlicher und weist auffallend blaugrüne Blätter und Stengel auf. Die Blattquirle sind reicher, acht- bis zehnzählig. Blaue Blüten, die in endständigen, von einer Hülle aus Deckblättern umgebenen Köpfen vereinigt sind, hat der einjährige Ackermeier (*A. arvensis*). Früher trat er häufig als Unkraut auf kalkreichen Böden auf; heute ist er sehr selten.

Waldmeister, Duftlabkraut

Asperula odorata

Rötegewächse
Rubiaceae

Das ausdauernde, 10–30 cm hohe Kraut hat einen dünnen, langen, kriechenden Wurzelstock. Der vierkantige Stengel ist aufrecht und glatt. Die eiförmig lanzettlichen, sitzenden Blätter sind in sechs- bis achtzähligen Scheinquirlen angeordnet. Die kleinen duftenden Blüten bilden einen zymösen Blütenstand. Der Kelch ist verkümmert, die röhrig-glockige vierzipflige Krone ist weiß, die vier Staubblätter sind mit ihr verwachsen. Der unterständige Fruchtknoten mit dem Griffel, der in zwei köpfige Narben gespalten ist, reift zu einer kugeligen, mit hakenförmigen Borsten besetzten Doppelachäne. Die Blüten erscheinen im Mai und Juni.

Der Waldmeister ist fast in ganz Europa, Westasien und Nordafrika verbreitet. Er tritt ziemlich häufig in schattigen Laub-, besonders Buchenwäldern auf, wo er oft ausgebreitete Bestände bildet.

Die zerriebenen und besonders die welkenden Pflanzen verströmen einen angenehmen Kumarinduft. Außerdem enthält das Kraut vor allem Gerbstoffe. Es wird zur Blütezeit gesammelt und dient als Droge zur Bereitung von Abkochungen und heilkräftigen Tees. Man benutzt es als Beruhigungsmittel und bei Gallenerkrankungen, äußerlich zu Umschlägen. Früher wurde der Waldmeister auch zum Aromatisieren verwendet (z. B. in der Likörerzeugung). Der Wirkstoff ist das wohlriechende Kumarin, das aber bei Überdosierung Erbrechen, Kopfschmerzen und Schwindelgefühl hervorrufen kann. Noch heute setzt man das von der Blüte gesammelte, angewelkte Kraut dem Wein zu und bereitet die Maibowle – wie sie schon der Benediktinermönch Wandalbert im Jahre 854 erwähnt. Der Gattungsname ist vom lateinischen asperulus (= rauh) abgeleitet und hängt mit dem rauhen Rand der Blätter zusammen.

Frucht – Doppelachäne

Krone von der Seite und von oben

Klettenlabkraut, Klebkraut, Kleber

Rötegewächse
Rubiaceae

Galium aparine

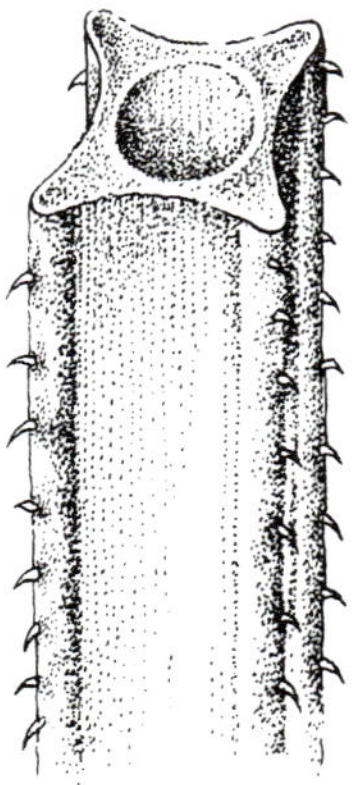

Querschnitt durch den Stengel mit Hakenborsten

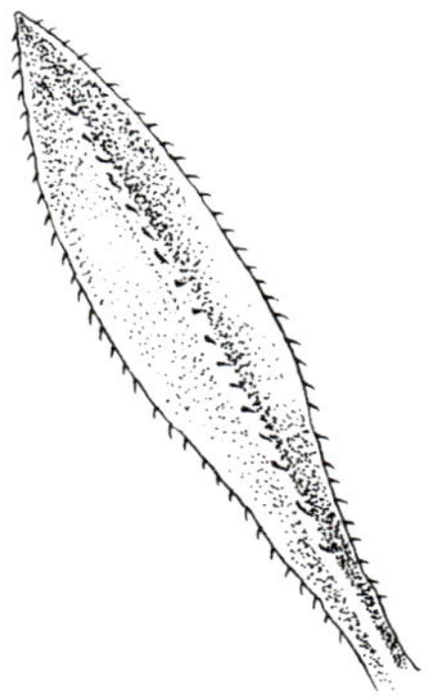

Blattunterseite mit Hakenborsten

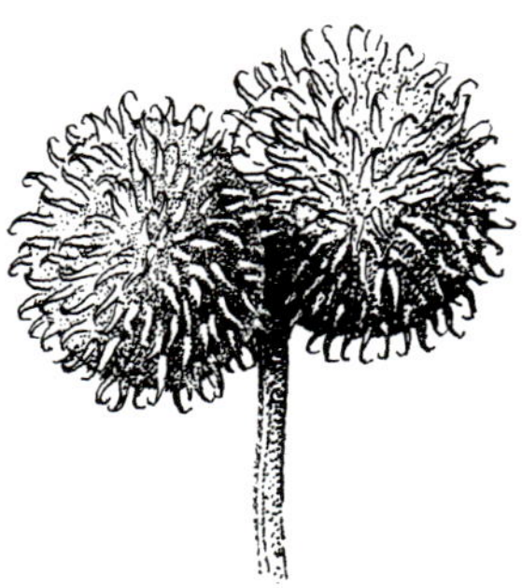

Frucht – Doppelachäne mit Hakenborsten

Das mittelgroße Kraut ist liegend oder klimmend. Die verzweigten Stengel sind vierkantig, 30–150 cm lang, ebenso wie die Blätter mit rückwärts gekrümmten, als Haftorgane dienenden Borsten besetzt. Die sitzenden, lanzettlichen Blätter sind 15–30 cm lang und 3–5 mm breit, zu sechs- bis neunzähligen Scheinquirlen vereinigt. Die Blüten sind in lockeren, achselständigen Trugdolden angeordnet. Der Kelch ist verkümmert, die weiße oder grünliche trichterförmige Krone ist vierzipflig, von 2 mm Durchmesser. Die kugeligen Früchte sind dicht von hakenförmigen Borsten bedeckt. Die Pflanzen blühen von Mai bis November.

Das Klettenlabkraut ist in ganz Europa und im gemäßigten Asien heimisch; nach Nord- und Südamerika wurde es eingeschleppt. Es wächst primär in Ufergestrüpp, sekundär in Heckensäumen, auf Schutthalden und als Unkraut in Feldern.

Die Pflanze hält sich mit ihren gekrümmten Borsten an allem fest, was in ihrer Reichweite wächst, und klettert als Liane an der Vegetation in ihrer Umgebung empor. Auch die Früchte bleiben mit ihren Haken leicht an den Haaren von Tieren, Vogelfedern und den Kleidern der Menschen haften und werden so in die Umgebung verbreitet. In manchen Gegenden wurden die miteinander verflochtenen Stengel früher zum Seihen von Schlottermilch verwendet. Die Eigenschaft, sich an allem in der Umgebung festzuhalten, liegt auch dem Artnamen der Pflanze zugrunde (griechisch aparein = anhaften).

Das Kraut der Pflanze enthält das Glykosid Asperuloin. In der Volksheilkunde wurde es einst als Abkochung bei Erkrankungen der Harnwege und zum Ausspülen schlecht heilender Wunden benutzt.

Gewimpertes Kreuzlabkraut

Galium cruciata

Rötegewächse
Rubiaceae

Das Gewimperte Kreuzlabkraut ist eine ausdauernde, 10–40 cm hohe, dicht abstehend behaarte Pflanze. Die vierkantigen Stengel sind am Grunde liegend, weiter oben aufsteigend bis aufrecht. Die elliptischen, ganzrandigen Blätter sind, ebenso wie die ganze Pflanze, abstehend behaart und bilden vierzählige Scheinquirle. Die Blüten wachsen aus den Achseln der Deckblätterquirle hervor, die sie in der Regel nicht überragen. Die Blütenstiele sind behaart; bei der Entwicklung der Früchte neigen sie sich herab. Die endständigen Blüten sind zwittrig, die seitlichen nur männlich. Die gelbe, radförmige Krone ist bis zum Grund in vier Zipfel geteilt, der Kelch ist verkümmert. Die Frucht ist eine kahle, manchmal schwach warzige Doppelachäne. Die Blüten erscheinen von April bis Juni.

Das Kreuzlabkraut ist von den Niederungen bis ins Gebirge verbreitet, am häufigsten in Unkrautsäumen von Hecken und Zäunen und auch in Auenwäldern (Verlichtungen). Es wächst in den wärmeren Gebieten Europas und in Nordafrika.

Der abgebildeten Art sehr ähnlich ist das Kahle oder Frühlings-Kreuzlabkraut (*G. vernum*), das aber völlig kahl ist. Auf feuchten Wiesen, in Sümpfen und auf Torfmooren wachsen kleine, kahle Arten mit schmalen, einnervigen, vorne abgerundeten Blättern, z. B. das Sumpflabkraut (*G. palustre*), oder mit einer deutlichen Stachelspitze, wie z. B. das Moorlabkraut (*G. uliginosum*). An trockenen, grasbewachsenen Stellen tritt das ebenfalls kleine, dichtrasige Heidelabkraut (*G. pumilum*) mit zahlreichen nicht blühenden Seitentrieben auf.

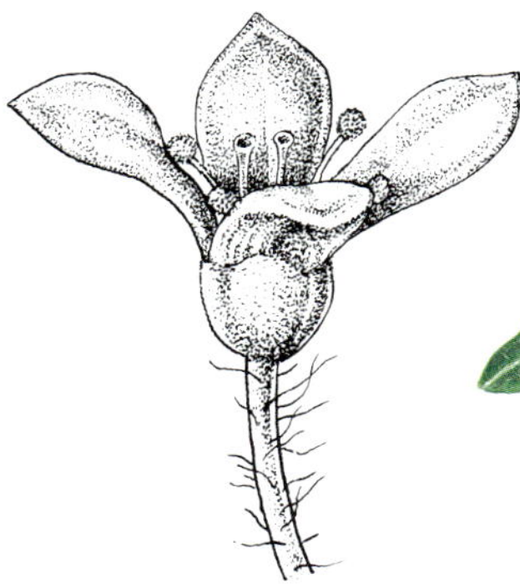

Blüte mit behaartem Stiel

Blattunterseite mit hervortretender Aderung

Rötegewächse
Rubiaceae

Wiesenlabkraut

Galium mollugo

Das ausdauernde, bis 1 m hohe Kraut hat einen kräftigen, verzweigten Wurzelstock. Die Stengel sind liegend, aufsteigend, oft an anderen Pflanzen emporkletternd. Sie sind rundlich-vierkantig und glatt. Die linearen Blätter bilden vier- bis achtzählige Scheinquirle. Die Blüten sind in reichen zymösen Blütenständen vereinigt, die an der Spitze der Zweige und des Stengels stehen.

Die weiße vierzipflige Krone hat einen Durchmesser von 2–4 mm. Die Zipfel laufen in eine haarförmige Granne aus. Die Früchte sind schwach warzige Doppelachänen.

Die Pflanzen blühen von Juni bis September.

Das Wiesenlabkraut ist eine der meistverbreiteten und häufigsten Arten auf Wiesen, Weiden, Rainen, in Auenwäldern, Wald- und Gebüschsäumen. Es tritt von den Niederungen bis ins Gebirge auf und ist in ganz Europa in der gemäßigten Zone verbreitet. Es kreuzt sich mit dem gelb blühenden Echten Labkraut (siehe S. 314) und bildet Bastarde mit blaßgelben Blüten.

Die Botaniker unterscheiden bei dieser Art eine ganze Reihe von Unterarten.

Frucht – Doppelachäne

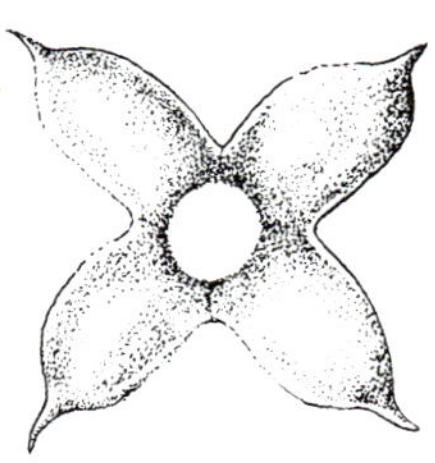

Krone

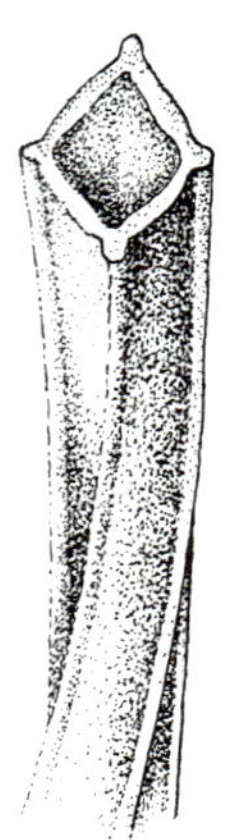

Querschnitt durch den Stengel

Waldlabkraut

Galium sylvaticum

Rötegewächse
Rubiaceae

Das ausdauernde Kraut hat einen kurzen, verzweigten, 30–100 cm langen Wurzelstock. Die Stengel sind aufrecht, spärlich beblättert, stielrund und glatt. Die länglich elliptischen Blätter sind ganzrandig, stumpfspitzig, oberseits sattgrün, unterseits mit einem grauen Anhauch, in sechs- bis achtzähligen Scheinquirlen angeordnet. Die Blüten sind zu lockeren zymösen Blütenständen vereinigt, die an den Spitzen der Zweige und Stengel stehen. Die Blütenstiele sind vor dem Erblühen herabgeneigt, in der Blütezeit richten sie sich aber auf und entfalten eine weiße, schüsselförmig gebogene, radförmige Krone von etwa 2 mm Durchmesser. Die Frucht ist eine kahle Doppelachäne. Die Pflanzen blühen von Juli bis September.

Das Waldlabkraut tritt ziemlich häufig in lichten Eichen-, Hainbuchenwäldern, Buchen- und Lindenwäldern, vor allem in Kalk- und Lehmgebieten, von den Niederungen bis ins Gebirge auf. Seiner Erscheinung nach ähnelt es dem Waldmeister. Es unterscheidet sich aber von ihm durch seinen verzweigten Stengel und die sehr kurze Kronröhre, die kürzer ist als die Kronzipfel.

Im östlichen Teil Europas wächst das ähnliche Glatte Labkraut (*G. schultesii*) mit einem langen kriechenden Wurzelstock und einem oben vierkantigen Stengel.

Detail des stielrunden Stengels

Blatt aus einem Scheinquirl

Rötegewächse
Rubiaceae

Echtes Labkraut

Galium verum

Blüte

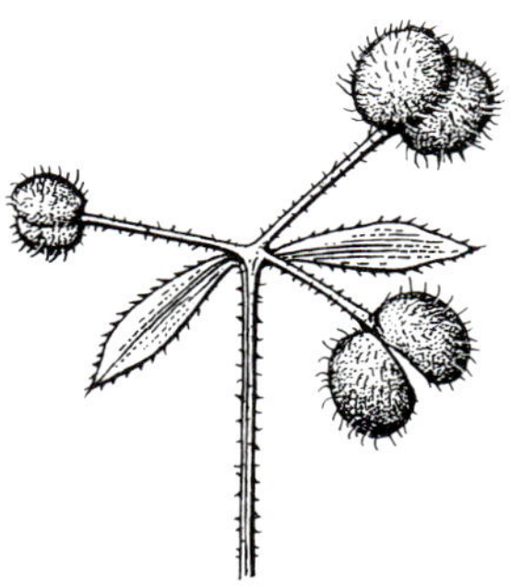

Früchte
– Doppelachänen

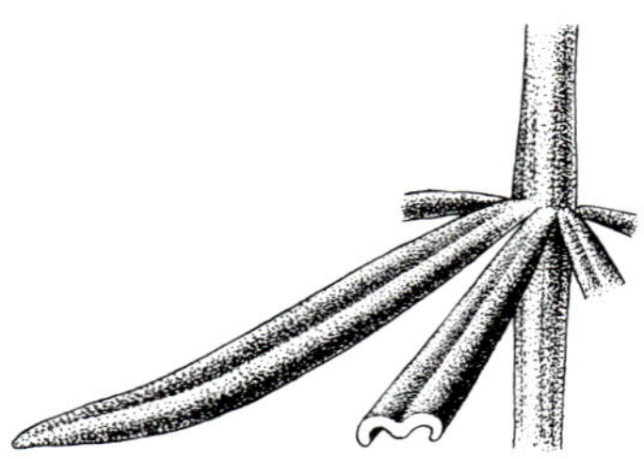

Blatt mit umgerolltem
Rand

Das ausdauernde Kraut hat einen kurzen, ausläuferförmigen, kriechenden Wurzelstock. Die Stengel sind aufrecht, 20–100 cm hoch. Die schmal linearen, derben Blätter sind am Rande umgerollt, zugespitzt, oberseits dunkelgrün, unterseits graufilzig, in acht- bis zwölfzähligen Scheinquirlen angeordnet. Die nach Honig duftenden Blüten mit einer sattgelben radförmigen Krone von 2–3 mm Durchmesser sind in einer reichen, dichten, endständigen Rispe angeordnet. Die Früchte sind kahle Doppelachänen. Die Blüten entfalten sich von Juni bis September.

Die Pflanze wirkt sehr zierend. Sie kennzeichnet Kalk- und Magerrasen, Böschungen und Wegraine und tritt auch in Sandfluren und Moorwiesen von den Niederungen bis ins Hügelland auf. Sie ist in Nordafrika und in ganz Europa und Asien verbreitet.

Das Echte Labkraut wurde früher in der Volksheilkunde als harntreibenes Mittel sowie gegen Ausschläge, Furunkel und andere Hautkrankheiten verwendet. Wie auch aus dem Namen Labkraut hervorgeht, enthält das Kraut Lab (in 100 g Kraut etwa 1 mg Ferment), das Milch gerinnen läßt, deshalb wurde die Pflanze früher auch bei der Erzeugung von Käse benutzt.

Blütenlose Pflanzen können mit dem verwandten Wiesenlabkraut verwechselt werden, das an ähnlichen Standorten wächst und mit ihm sich kreuzen kann. Das Echte Labkraut erkennt man aber an den derben Blättern und dem umgerollten Blattrand.

Zwergholunder, Attich

Sambucus ebulus

Geißblattgewächse
Loniceraceae

Das ausdauernde, 50–200 cm hohe Kraut hat einen unterirdischen, kriechenden Wurzelstock. Es hat vier Paare unangenehm riechender Blätter mit laubblattartigen Nebenblättern. Die duftenden Blüten sind in dreiarmigen Quirlen angeordnet. Die verwachsenblättrige Krone ist weiß oder rot überlaufen, die Staubbeutel der Staubblätter sind violett. Die Früchte sind längliche, glänzend rote Steinfrüchte. Die Pflanzen blühen von Juni bis August.

Die Art ist in ganz Eurasien verbreitet. Sie wächst auf Schlägen, in Waldverlichtungen und Rainen, auf Schutthalden und an Feldrändern von den Niederungen bis ins Hügelland. In wärmeren Gebieten mit Kalk- und Lehmböden ist sie häufiger.

Der Zwergholunder ist als giftige Pflanze schon aus uralten Zeiten bekannt. Er enthält Stoffe, aus denen der stark giftige Zyanwasserstoff frei wird, wenn sie sich zersetzen. Es sind tödliche Vergiftungen von Kindern nach dem Genuß der schwarzen Beeren bekannt. Die Droge aus der Wurzel und den Früchten oder aus ihr hergestellte Präparate beeinflussen den Stoffwechsel und werden gegen Fettleibigkeit verabreicht. Die Beeren werden auch zum Färben von Leder und Garn verwendet. Daher kommt auch der Name der Pflanze – das griechische sambyx bedeutet Rot oder eine Pflanze mit rotem Saft. Da der kriechende Wurzelstock zahlreiche Schößlinge bildet, wurde der Zwergholunder mancherorts zu einem schwer auszurottenden Unkraut.

Die verwandten Arten Schwarzer Holunder (*S. nigra*) und Roter Holunder (*S. racemosa*) sind Sträucher. Der erstere hat schwarze, in Zymen angeordnete Beeren, der letztere zu Trauben vereinigte rote Beeren.

Steinfrüchte

Moschuskrautgewächse
Adoxaceae

Moschuskraut, Bisamkraut

Adoxa moschatellina

Das ausdauernde, 3–15 cm hohe Kraut hat einen weißen, fadenförmigen, kriechenden Wurzelstock. Die Grundblätter sind langgestielt, ihre Spreiten sind doppelt dreizählig oder 2–3fach in stumpfe, ganzrandige Abschnitte geteilt. Die etwa in der Mitte des Stengels angehefteten Stengelblätter bilden einen dreizähligen Quirl oder sind gegenständig, dreizählig, mit in 2–3 Lappen gegliederten Blättchen. Die gelbgrünen Blüten sind in einem langgestielten kugeligen Köpfchen angeordnet. Der Bau der Blüte ist je nach ihrer Lage verschieden: die endständige Blüte hat zwei Kelch- und vier Kronblätter, die verwachsen sind. Es sind vier Staubblätter und ein aus vier verwachsenen Fruchtblättern gebildeter Stempel vorhanden. Bei den seitlichen Blüten sind alle Teile fünfzählig, nur der Kelch ist dreizählig. Die Staubblätter sind gespalten, so daß ihre Zahl scheinbar größer ist. Die Frucht ist eine kleine Steinfrucht. Die Pflanzen blühen zeitig im Frühjahr, von März bis Mai.

Das Moschuskraut tritt zerstreut in Eschen-, Erlen-, Auenwäldern und feuchten Laubmischwäldern auf. Es ist von den Niederungen bis zu den mittleren Gebirgslagen der gemäßigten Zone auf der ganzen nördlichen Halbkugel verbreitet. Auf lockerem, humosem Kalk- und Lehmboden bildet es oft ausgebreitete Bestände aus zarten Pflänzchen von so charakteristischer Erscheinung, daß man sie immer leicht erkennen kann. Wegen der unklaren Verwandtschaftsbeziehungen zu den anderen Pflanzengruppen wird das Moschuskraut in die selbständige Familie Moschuskrautgewächse mit einer Gattung eingereiht, die nur eine einzige Art enthält. Ihren Artnamen verdankt es der Tatsache, daß ihre zerriebenen Blätter schwach nach Moschus riechen.

Kleiner Baldrian

Valeriana dioica

Baldriangewächse
Valerianaceae

Der Kleine Baldrian ist ein ausdauerndes, zweihäusiges Kraut mit einem kurzen, kriechenden Wurzelstock. Die Pflanze erreicht 10–30 cm Höhe. Neben aufrechten, einfachen, spärlich beblätterten Stengeln entspringen den Wurzelstöcken kürzere beblätterte, blütenlose Triebe. Die Blätter der blütenlosen Triebe und die unteren Stengelblätter sind eiförmig, ungegliedert, in einen kurzen Stiel verschmälert. Die stattlichen Stengelblätter sind gegenständig, fast sitzend, leierförmig fiederteilig, mit einem großen eiförmigen, endständigen Abschnitt und lanzettlichen seitlichen Abschnitten. Die eingeschlechtigen Blüten sind in dreiarmigen endständigen Trugdolden angeordnet. Die weiblichen haben weiße, etwa 1 mm lange Kronen, die männlichen sind rosa und größer. Sie weisen drei Staubblätter auf. Der Kelch ist zur Blütezeit undeutlich, auf den Schließfrüchten wandelt er sich zu fiederigen Flughaaren um. Die Blüten entfalten sich im Mai und Juni.

Der Kleine Baldrian wächst zerstreut auf feuchten Wiesen, Torfmooren und sumpfigen Ufern vor allem stehender Gewässer von den Niederungen bis ins Hügelland. Er ist in der gemäßigten Zone Europas und Westasiens verbreitet.

In Felsspalten der hochmontanen und subalpinen Stufe wächst der Steinbaldrian (*V. tripteris*), der bis 60 cm hoch wird. Er hat ungegliederte, langgestielte Grundblätter und dreiteilige Blätter im oberen Teil des Stengels.

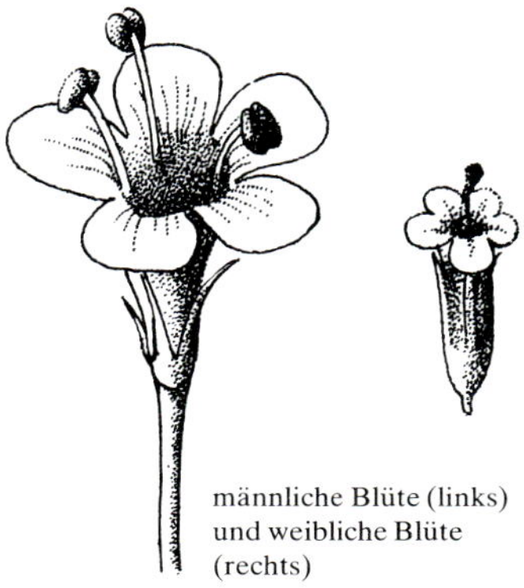

männliche Blüte (links) und weibliche Blüte (rechts)

verschieden geformte Grund- und Stengelblätter

Baldriangewächse
Valerianaceae

Echter Baldrian

Valeriana officinalis

Blüte

Blüte, Schnitt durch die Blüte

Der Echte Baldrian ist ein ausdauerndes Kraut mit einem kurzen, kräftigen Wurzelstock; er wird bis 150 cm hoch. Der aufrechte Stengel trägt gegenständige, unpaarig gefiederte, aus 6–11 lanzettlichen Blättchenpaaren zusammengesetzte Blätter, die zumindest im unteren Teil des Stengels am Rande gezähnt sind. Das unpaarige endständige Blättchen ist größer als die übrigen. Die blaßrosa, seltener weißlichen Blüten bilden flache, zymöse Blütenstände. Sie haben eine fünfzipflige, trichterförmige Krone, drei Staubblätter und einen unterständigen Fruchtknoten. Die Schließfrüchte weisen an der Spitze einen weißen Haarschopf auf, der sich aus dem Kelch entwickelt. Die Blüten erscheinen von Mai bis September.

Der Echte Baldrian ist in ganz Europa, Klein- und Mittelasien und Nordamerika verbreitet. Er wächst in Uferröhricht, Staudenfluren an Gräben, Moorwiesen und Auenwaldverlichtungen.

Die ganze Pflanze verströmt einen charakteristischen Duft, insbesondere beim Trocknen. Sie enthält ein ätherisches Öl und Alkaloide. Die Droge aus dem Wurzelstock findet in der Pharmazie Verwendung. Sie dient zur Herstellung von Tinkturen, Extrakten, Tees und anderen Präparaten, die vorwiegend als Sedativum benutzt werden. Für pharmazeutische Zwecke wird der Echte Baldrian meist kultiviert. Nur der kleinere Teil des Bedarfs wird durch das Sammeln wildwachsender Pflanzen gedeckt. Der Gattungsname der Pflanze ist vom lateinischen valere (= gesund, stark sein) abgeleitet.

Nach der Form der Blätter, der Entwicklung der Triebe und den ökologischen Ansprüchen unterscheidet man einige Unterarten, nach der neueren taxonomischen Auffassung sogar selbständige Arten.

Gemeines Rapünzchen, Feldsalat

Valerianella locusta

Baldriangewächse
Valerianaceae

Das Gemeine Rapünzchen ist ein zierliches einjähriges, 10–30 cm hohes Kraut. Der Stengel ist regelmäßig gabelförmig verzweigt. Die gegenständigen, sitzenden Blätter sind im unteren Teil des Stengels spatelförmig, im oberen Teil lanzettlich, fast ganzrandig. Die zahlreichen kleinen Blüten sind weiß oder blau überlaufen, in köpfig gehäuften Trugdolden angeordnet. Die dreifächerigen Schließfrüchte (alle drei Fächer sind ungefähr gleich groß) sind kugelig-eiförmig. Die Blüten entfalten sich im April und Mai.

Der Schwerpunkt der Verbreitung der Art liegt im Mittelmeergebiet. Von dort hat sie sich nach Europa, Nordafrika, in den Kaukasus und nach Vorderasien verbreitet. Sie wurde auch nach Nordamerika eingeschleppt. Sie wächst vor allem auf sandigen und lehmigen Feldern, aber auch in Steingrus-Pioniergesellschaften von Aufschüttungen, vor allem in niedrigeren Lagen.

Das Kraut ist winterhart einjährig. Es keimt im Herbst und überwintert in Form einer Blattrosette. Zeitlich im Frühjahr treibt es dann blütentragende Stengel. Die Blattrosetten werden als Salat zubereitet.

Im Sommer (Juni – September) blühende Pflanzen gehören in der Regel der Art Gezähntes Rapünzchen (*V. dentata*) an, die sich von der abgebildeten dadurch unterscheidet, daß eine ihrer Blüten außerhalb des Blütenstandes in der Gabelung der verlängerten Zweige sitzt.

Der wissenschaftliche Gattungsname ist aus einer Verkleinerung der Bezeichnung des Baldrians entstanden *(Valeriana – Valerianella)*, dem die Art bis auf ihren kleineren Wuchs ähnlich ist.

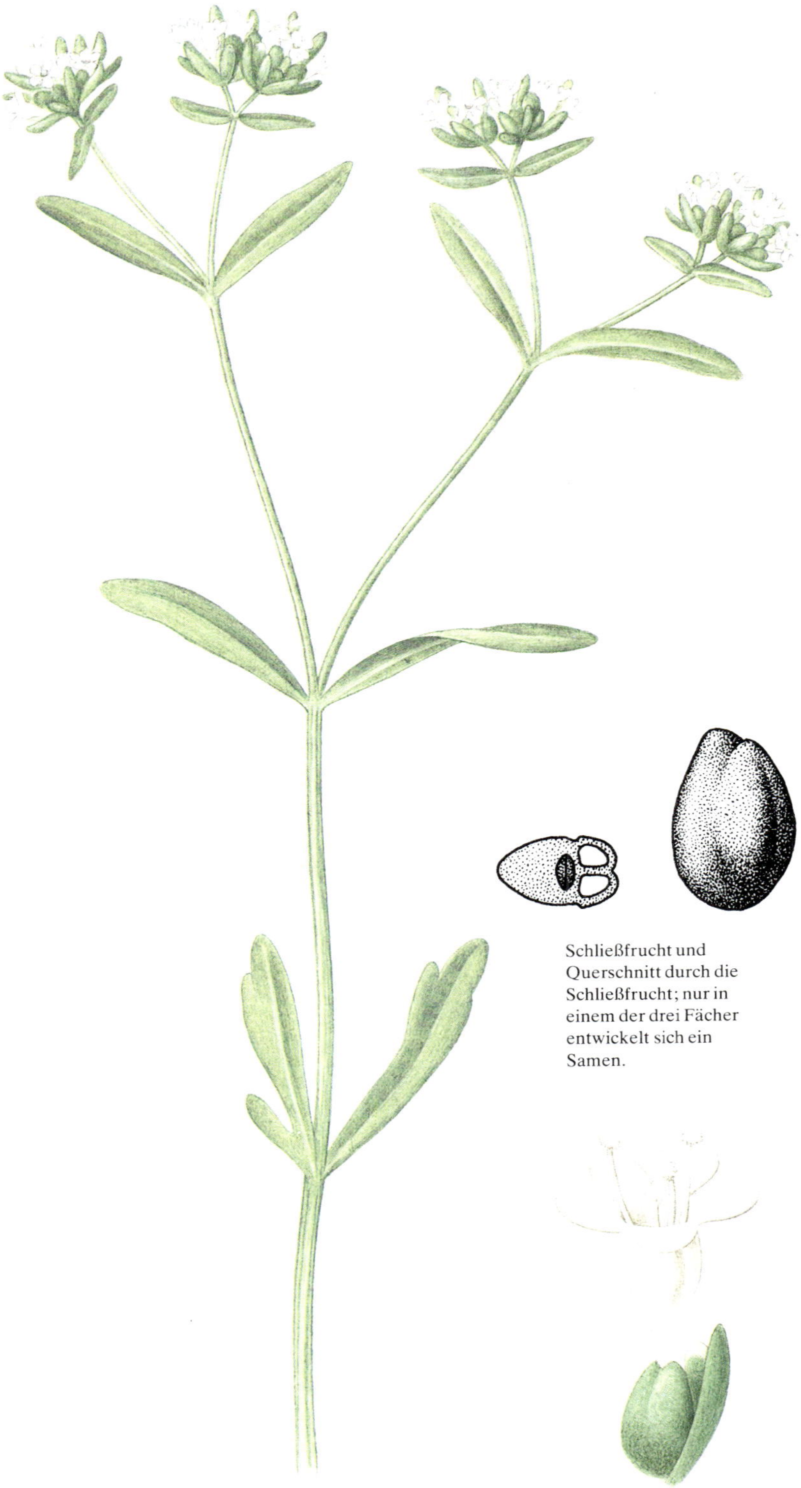

Schließfrucht und Querschnitt durch die Schließfrucht; nur in einem der drei Fächer entwickelt sich ein Samen.

Blüte

Kardengewächse
Dipsacaceae

Wilde Karde

Dipsacus sylvestris

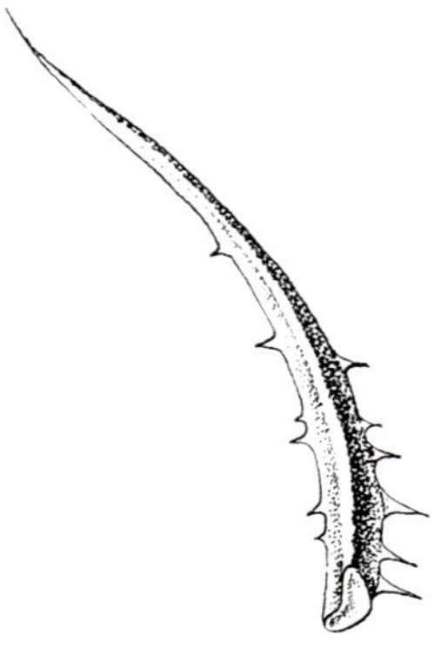

borstiges Deckblatt

Querschnitt durch den borstigen Stengel

Blüte

Das zweijährige, stattliche, 50–200 cm hohe Kraut hat einen aufrechten, im oberen Teil gabelig verzweigten, kantigen und an den Kanten stachligen Stengel. Die Grundblätter mit einer länglich umgekehrt eiförmigen Spreite sind kurzgestielt, oberseits borstig, unterseits auf der Mittelrippe stachlig. Die länglich lanzettlichen Stengelblätter sind gegenständig, am Grunde zu einem trichterförmigen Gebilde verwachsen. Die kleinen Blüten sind zu endständigen, eiförmig-länglichen, 5–8 cm langen Köpfen gehäuft, die mit mehreren stechend derben, ungleich langen Tragblättern ausgestattet sind. Sie haben einen vierkantigen, vierzähnigen Außenkelch. Den Kelch bilden einige Borsten; die vierzipflige, röhrig trichterförmige Krone ist symmetrisch, blaßviolett, 9–11 mm lang. Die vom Kelch gekrönten Schließfrüchte sind im Außenkelch eingeschlossen. Die Pflanzen blühen von Juli bis September.

Die Art wächst auf Schutthalden und Ödstellen, entlang von Wegen, auf Weiden, manchmal auch an Bach- und Flußufern in den Niederungen und im Hügelland wärmerer Gegenden vom Mittelmeergebiet bis in die gemäßigte Zone Europas.

Die Wurzel der Wilden Karde wurde als harntreibendes Mittel benutzt. Die getrockneten, oft gefärbten Köpfe werden als dekoratives Element für Dauersträuße und Kränze verwendet. Die trockenen Köpfe der verwandten, aus Westeuropa, stammenden, kultivierten Weberkarde *(D. sativus)* wurde zum Rauhen von Tuch verwendet. Die Deckblätter dieser Art haben eine hakenförmig zurückgekrümmte Spitze.

Teufelsabbiß

Succisa pratensis

Kardengewächse
Dipsacaceae

Der Teufelsabbiß ist ein ausdauerndes, 10–50 cm hohes Kraut. Er hat einen kurzen, schwarzen, walzenförmigen Wurzelstock, dessen Spitze wie abgebissen aussieht. Der Stengel ist aufrecht, oben gabelig verzweigt. Die Grundblätter sind gegenständig, ungegliedert, allmählich in den langen Stiel verschmälert, ganzrandig und zugespitzt; die Stengelblätter sind sitzend, lanzettlich, am Grunde kurz verwachsen. Die langgestielten Blütenköpfe sind halbkugelförmig, zur Blütezeit fast kugelig; die Hülle besteht aus zahlreichen sternförmig abstehenden Deckblättern. Die Blüten in den Köpfen bilden eine sog. Scheinblüte: der ganze Blütenstand wirkt auf den ersten Blick wie eine einzige große Blüte. Der behaarte Außenkelch ist vierzähnig, der Kelch schüsselförmig, mit fünf Borsten, die blauviolette Krone ist vierlappig. Die Schließfrüchte sind wollig behaart. Die Blüten erscheinen von Juli bis September.

Die Art wächst ziemlich häufig auf mageren, feuchten Wiesen und Torfmooren von den Niederungen bis ins Gebirge. Sie ist in ganz Europa und bis nach Westsibirien verbreitet.

Der Name Teufelsabbiß hängt mit der eigenartigen Form des plötzlich endenden Wurzelstocks zusammen. Früher wurde er wegen seines Gehalts an Saponinen und Gerbstoffen in der Volksmedizin benutzt.

Auf dem Korbboden sitzen zwischen den Blüten Spreublätter, wodurch sich der Teufelsabbiß auf den ersten Blick von der ähnlicher Akkerknautie (siehe nächste Seite) unterscheidet.

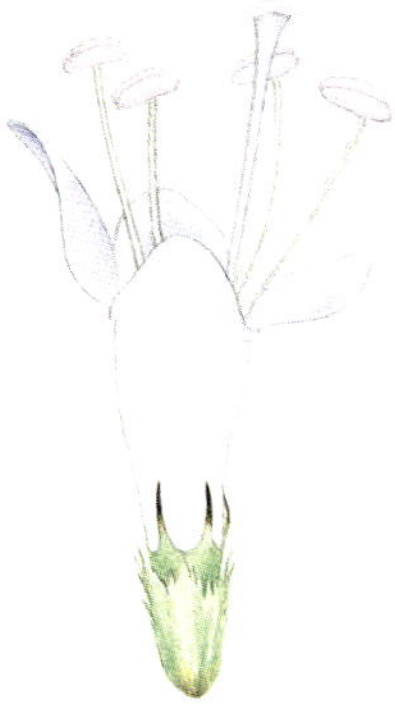

Blüte

Wurzelstock

Kardengewächse
Dipsacaceae

Ackerknautie, Witwenblume

Knautia arvensis

Blüte aus der Mitte des Körbchens

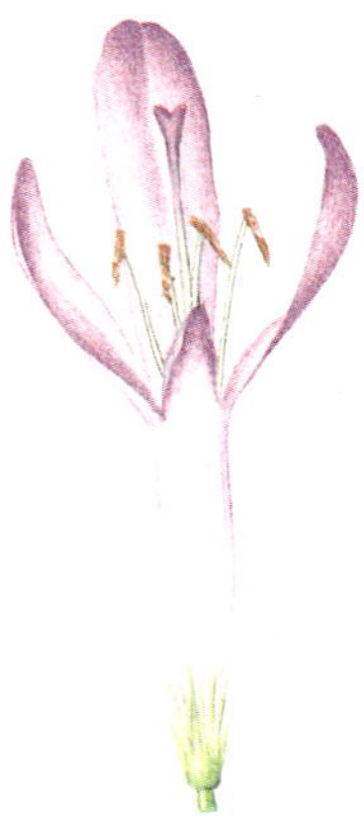

Blüte vom Rand des Körbchens

Das ziemlich hohe, ausdauernde, abstehend behaarte Kraut hat eine mehrköpfige Pfahlwurzel, aus der außer blütentragenden Stengeln auch Grundrosetten hervorwachsen. Die aufrechten, gabelig verzweigten Stengel erreichen eine Höhe von 30–80 cm. Die Stengelblätter sind gegenständig, leierförmig bis fiederteilig oder fiederschnittig, die Grundblätter sind meist ganzrandig. Die Blüten mit zwitterigen oder nur männlichen Blüten sind zu 2–4 cm großen Köpfen gehäuft. Der Kelch ist verkümmert; die vierzipflige, röhrige Krone ist blau, rosaviolett oder gelblich weiß. Die Randblüten des Köpfchens sind strahlig, ihre äußeren Kronzipfel sind vergrößert. Die Schließfrüchte sind 5–6 mm lang und borstig. Die Blüten erscheinen von Mai bis September.

Die Ackerknautie ist in Europa und Westasien verbreitet. Sie wächst auf trockeneren Wiesen, an Wegrändern und in Äckern. Sie zeigt Wärme und Lehmboden an. Ihre harten, verholzenden Stengel setzen den Wert des Futters auf Weiden und Wiesen herab.

In Hochstaudenfluren und an Säumen von Auen und Bergmischwäldern in kühl-feuchter Standortlage tritt die verwandte Waldkarde *(K. sylvatica = K. dipsacifolia)* auf. Von der abgebildeten Art unterscheidet sie sich durch ihre ungegliederten, elliptischen und lanzettlichen Blätter.

Gelbe Skabiose

Scabiosa ochroleuca

Kardengewächse
Dipsacaceae

Das zweijährige, manchmal ausdauernde Kraut wird 20–80 cm hoch. Die aufrechten, im oberen Teil flaumig behaarten Stengel teilen sich ungefähr in der Mitte in zwei lange Zweige. Die Blätter sind graufilzig, fiederteilig. Die Grundblätter sind leierförmig fiederlappig, mit einem eiförmigen endständigen Abschnitt und lanzettlichen seitlichen Abschnitten. Die Stengelblätter sind fiederschnittig, in linear-lanzettliche Abschnitte geteilt. Die Blüten sind in langgestielten Köpfen von 15–35 cm Durchmesser mit sternförmig abstehenden Hüllblättern angeordnet. Der Kelch hat einen breiten, häutigen Saum und an den Zipfeln lange Borsten. Die trichterförmige Krone ist symmmetrisch, fünfzipflig, gelbweiß gefärbt. Die Randblüten des Kopfes sind strahlig, die nach außen gerichteten Kronzipfel sind vergrößert und täuschen eine Blütenhülle vor. Die Blüten weisen vier Staubblätter und einen Stempel mit unterständigem Fruchtknoten auf. Die Schließfrüchte sind tief gefurcht. Die Pflanzen blühen von Juli bis September.

Die Gelbe Skabiose wächst auf besonnten Halbtrockenrasen, zuweilen nur verschleppt an Wegrainen und in den Niederungen und im Hügelland wärmerer Gegenden. Sie ist vom östlichen Mitteleuropa bis Westasien verbreitet.

An ähnlichen Standorten tritt auch die Graue oder Wohlriechende Skabiose *(S. canescens)* auf. Sie hat ungeteilte, ganzrandige Grundblätter und hell blauviolette Blüten. Nur in Europa, vor allem im südlichen, ist die Taubenskabiose *(S. columbaria)* mit gleichfalls blauvioletten Blüten, aber geteilten Grundblättern verbreitet.

Schließfrucht

Kapsel

Fruchtstand

Glockenblumengewächse
Campanulaceae

Knäuelglockenblume

Campanula glomerata

Inneres der Blüte

Kelch

Blatt

Das ausdauernde Kraut hat einen aufrechten, stumpfkantigen, in der Regel unverzweigten, 10–60 cm hohen Stengel. Die wechselständigen, eiförmig lanzettlichen Blätter sind am Grunde herzförmig oder abgerundet, undeutlich gekerbt. Die unteren Blätter sind langgestielt, in Richtung nach oben werden sie allmählich kleiner, mit dem abgerundeten Grund sitzend. Die Blüten sind sitzend, in einem endständigen Kopf gehäuft. Kleinere Blütenköpfe wachsen manchmal aus den Achseln der Deckblätter hervor. Der fünfzählige verwachsene Kelch hat lanzettliche Zipfel, die bis zu einem Drittel oder zur Hälfte der Krone reichen. Die Krone ist trichterförmig-glockig, fünfzipflig, 15–30 mm lang, violett. Der Griffel mit drei Narben sowie die fünf Staubblätter ragen nicht aus der Krone heraus. Die Frucht ist eine Kapsel mit zahlreichen Samen, die am Grund mit drei seitlichen Öffnungen aufspringt. Die Pflanzen blühen von Juni bis September.

Die Knäuelglockenblume wächst in Kalkmagerrasen oder mageren Wiesen, in Gebüschen und Waldsäumen von den Niederungen bis in mittlere Gebirgslagen von ganz Europa und Sibirien.

Die ähnliche Borstige Glockenblume *(C. cervicaria)* ist stechend stachlig. Die Grundblätter verschmälern sich allmählich in den Stiel. Der Griffel ist lang und ragt aus der Krone heraus. Sie ist viel seltener als die abgebildete Art.

Der Gattungsname der Glockenblumen beruht auf der charakteristischen Form ihrer Krone (lat. campanula = Glöckchen). Der Artname der Knäuelglockenblume hängt mit der Anordnung der Blüten zusammen (lat. glomerulus = Knäuel).

Wiesenglockenblume

Campanula patula

Glockenblumengewächse
Campanulaceae

Die Wiesenglockenblume ist eine zweijährige, manchmal ausdauernde Art mit aufrechten Stengeln. Sie wird 15–20 cm hoch. Die Blätter sind wechselständig, länglich elliptisch. Die Grundblätter sind breiter und kurzgestielt, die oberen schmäler und sitzend, spärlich und gehen nach oben zu in Deckblätter über. Die langgestielten Blüten bilden an der Stengelspitze eine Schirmrispe. Der fünfzählige verwachsene Kelch hat pfriemliche Zipfel, die ungefähr bis zur Hälfte der Krone reichen. Die Krone ist trichterförmig, bis 3 cm lang, blau, etwa bis in die Hälfte in fünf spitze Zipfel gespalten. Es sind fünf Staubblätter vorhanden; aus dem unterständigen Fruchtknoten wächst ein Griffel mit drei Narben hervor. Die Frucht ist eine Kapsel, die oben mit drei Öffnungen aufspringt. Die Blüten erscheinen von Mai bis August.

Die Wiesenglockenblume gedeiht vor allem in mageren oder gestörten, kurzwüchsigen Fettwiesen tiefer Lagen und in Rasen. In die Bergwiesen dringt sie nur an wärmeren Hängen vor. Ihr Areal ist Eurasien. Mit der Wiesenmargerite *(Chrysanthemum leucanthemum)* und der Kuckuckslichtnelke *(Lychnis flos-cuculi)* wird sie gern für Wiesenblumensträuße verwendet. Sie zeigt gute Wiesenböden mit einem günstigen Wasserhaushalt, aber Mangel an Nährstoffen an.

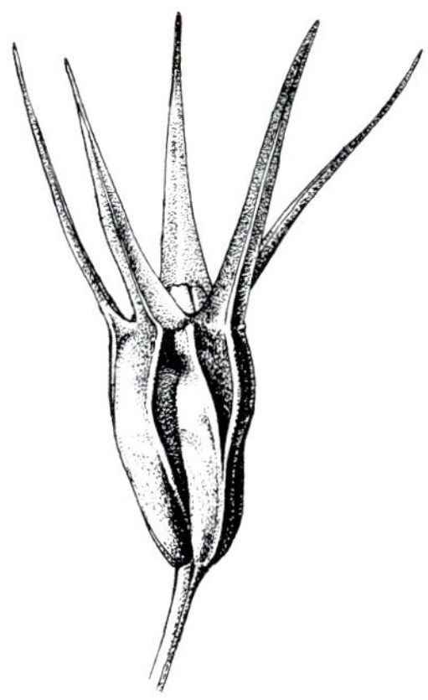

Die pfriemlichen Kelchzipfel bleiben nach dem Verblühen an der Frucht.

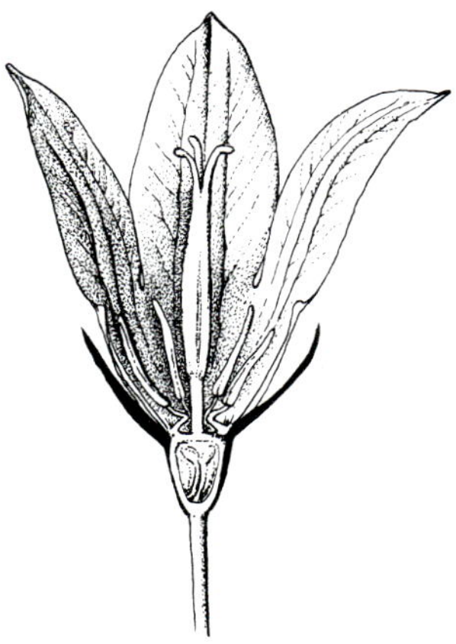

Schnitt durch die Blüte

untere Blätter

Glockenblumengewächse
Campanulaceae

Pfirsichblättrige Glockenblume

Campanula persicifolia

Das ausdauernde Kraut hat einen kriechenden Wurzelstock und aufrechte, einfache, 50–120 cm lange Stengel. Wie bei allen Glockenblumenarten läuft aus den verwundeten Stengeln weißer Milchsaft heraus. Die unteren Blätter sind länglich umgekehrt eiförmig, allmählich in den Stengel verschmälert. Die spärlichen oberen Blätter sind schmal lanzettlich bis linear, wechselständig, mit dem verschmälerten Grund sitzend. Die Blüten sind in einer lockeren, 3–8 blütigen einseitswendigen Traube vereinigt. Sie stehen einzeln auf kurzen Stielen in den Achseln der kleinen Deckblätter. Der fünfzählige verwachsene Kelch hat abstehende Zipfel; die blauviolette, breit glockenförmige Krone ist 2,5–4 cm lang und bis zu einem Drittel in fünf breite, spitze Zipfel gespalten. Die Frucht ist eine Kapsel, die in der oberen Hälfte mit drei Öffnungen aufspringt. Die Blüten erscheinen von Juni bis August.

Die auffallende, von großen (manchmal weißen) Blüten gezierte Pflanze kennzeichnet lichte, kraut- und grasreiche Eichenmischwälder warmer Kalk- und Lehmgebiete, ihre Säume, Weg- und Heckenraine. Sie ist von den Niederungen bis in mittlere Gebirgslagen im ganzen gemäßigten Europa verbreitet.

Wegen ihrer zierenden Blüten wird die Pfirsichblättrige Glockenblume oft auch in Gärten gezogen, manchmal in Formen mit verdoppelter Krone oder weißblütig.

Ackerglockenblume

Campanula rapunculoides

Glockenblumengewächse
Campanulaceae

Die Ackerglockenblume ist ein ausdauerndes, 20–100 cm hohes Kraut mit einem aufrechten, stumpfkantigen Stengel. Die Grundblätter sind langgestielt, herz- oder eiförmig, zur Blütezeit meist schon abgestorben. Die Stengelblätter sind kurzgestielt oder sitzend, länglich. Alle Blätter sind gekerbt und behaart. Die Blüten entspringen einzeln den Achseln der Deckblätter. Sie sind kurzgestielt und bilden an der Stengelspitze eine lange, einseitswendige Traube. Der verwachsene Kelch hat lineare, abstehende Zipfel, die Krone ist trichterförmig glockig, 2–3 cm lang, bis etwa zur Hälfte in fünf Zipfel gespalten, blauviolett, selten weißlich. Die Frucht ist eine Kapsel, die mit drei Öffnungen aufspringt. Die Pflanze blüht von Juni bis September.

Die Ackerglockenblume ist von Europa bis nach Westsibirien allgemein verbreitet. Sie wächst in Gebüschsäumen, auf Rainen, in Feldern und Gärten sowie auf Schutthalden. Infolge ihrer großen Fähigkeit sich zu vermehren – sie pflanzt sich vegetativ durch die knollenförmig verdickten Wurzeln fort sowie durch Samen, die ihre Keimfähigkeit lange behalten und deren einige tausend an einer Pflanze reifen können –, wird sie manchmal zu einem lästigen Unkraut, besonders in Futterpflanzen.

Blattunterseite mit hervortretender Aderung

Grundblatt

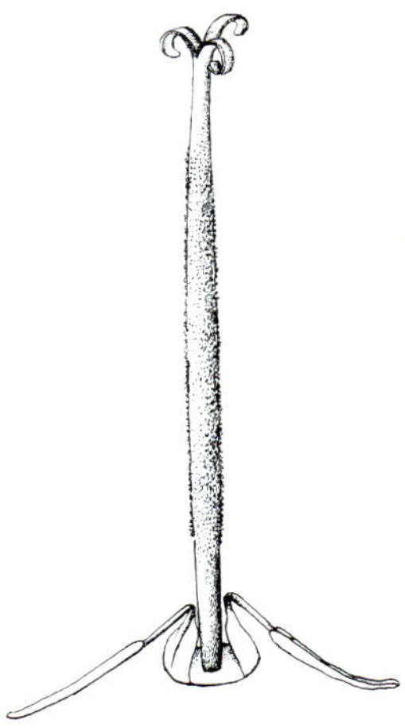

feinbehaarter Griffel mit drei zurückgerollten Narben

Glockenblumengewächse
Campanulaceae

Rundblättrige Glockenblume

Campanula rotundifolia

Blüte

Grundblätter

Das ausdauernde, lockerrasige Kraut treibt zahlreiche, in einer Bodenrosette angeordnete Blätter aus einem kriechenden Wurzelstock. Die Stengel sind größtenteils bogig aufsteigend, auf Felsen und Mauern überhängend, 10–30 cm lang, oben verzweigt. Die in der Blütezeit meist schon verwelkten Grundblätter sind herzförmig abgerundet, langgestielt. Die Stengelblätter sind linear lanzettlich, in den Stiel verschmälert, die obersten sind linear bis pfriemlich, oft sichelförmig gebogen. Die endständigen Blütenrispen sind locker, sehr blütenarm. Der Kelch hat pfriemliche, etwas abstehende Zipfel, die breit glockenförmige, blauviolette Krone ist bis 2 cm lang, in spitze Zähne gespalten. Die Frucht ist eine nikkende Kapsel. Die Pflanzen blühen von Juni bis September.

Die Rundblättrige Glockenblume tritt häufig in Magerrasen und mageren Wiesen, in Heiden und lichten Eichenwäldern, in Felsspalten und alten Mauern auf. Sie ist von den Niederungen bis ins Gebirge verbreitet. Mit Ausnahme des Mittelmeergebietes kommt sie in ganz Europa vor und reicht bis nach Westsibirien.

Die Gattung Glockenblume ist sehr artenreich. Etwa 300 Arten wachsen vor allem im Mittelmeergebiet. Manche Arten werden in verschiedenen Gartenformen als Zierpflanzen gezogen, z. B. die zweijährige Marienglockenblume *(C. medium)* mit einem bis 1 m hohen Stengel und großen Blüten. Sie stammt aus dem westlichen Mittelmeergebiet. Viele niedrige, ausdauernde Gebirgsarten werden als Steingarten- und Grabpflanzen kultiviert. Am Fenster werden häufig dichte buschige Arten mit überhängenden Zweigen und weit geöffneten Blüten gezogen, z. B. die Gleichblättrige Glockenblume *(C. isophylla)*, die aus den Ligurischen Alpen stammt.

Nesselblättrige Glockenblume

Campanula trachelium

Glockenblumengewächse
Campanulaceae

Die Nesselblättrige Glockenblume ist ein ausdauerndes, 30–100 cm hohes Kraut. Die Pflanze ist spärlich behaart. Der aufrechte, unverzweigte Stengel ist oben scharfkantig. Die unteren Blätter haben eine dreieckig-eiförmige bis herzförmige Spreite und sind langgestielt, die oberen haben in der Regel eine eiförmig-lanzettliche Spreite und sind sitzend. Alle Blätter sind am Rande doppelt gesägt. Sie sind wechselständig. Die Blüten sind zu kurzgestielten, in den Achseln der Deckblätter stehenden Köpfen vereinigt, die eine reiche allseitswendige, endständige Traube bilden. Der verwachsene Kelch hat gewimperte, zurückgebogene Zipfel. Die breit-trichterförmig-glockige Krone ist 3–4 cm lang, blau, seltener reinweiß, innen und am Rande mit weißlichen Wimpern besetzt. Die Frucht ist eine Kapsel, die im unteren Teil mit drei Öffnungen aufspringt. Die Blüten erscheinen im Zeitraum von Juni bis September.

Die Nesselblättrige Glockenblume ist ziemlich häufig. Sie kommt in krautreichen Buchenwäldern, gern in Waldverlichtungen und Hecken auf Lehmboden von den Niederungen bis ins Hochgebirge vor. Sie ist im gemäßigten Europa und in Westasien verbreitet.

Besonders in blütenlosem Zustand ist sie ihrer Gesamterscheinung nach der Großen Brennessel *(Urtica dioica)* sehr ähnlich.

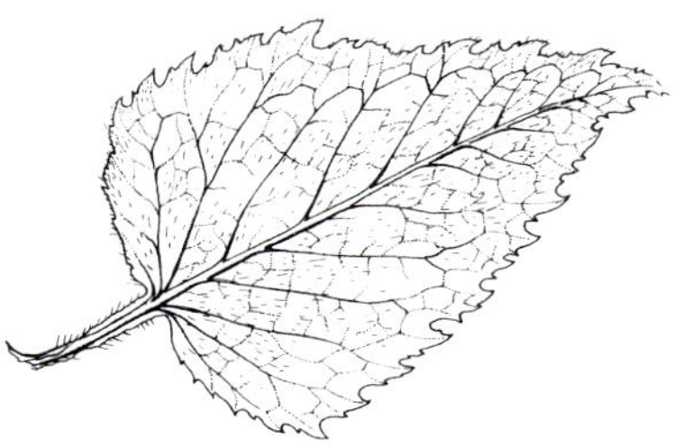

unteres Blatt

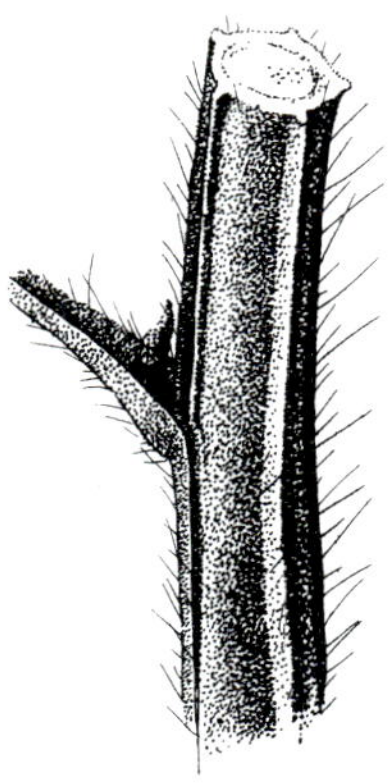

Querschnitt durch Stengel

Glockenblumengewächse
Campanulaceae

Schwarze Teufelskralle, Rapunzel

Phyteuma nigrum

langgestielte untere Blätter und obere kurzgestielte fast ansitzende Blätter

Die Schwarze Teufelskralle ist ein ausdauerndes Kraut mit aufrechten, einfachen, spärlich beblätterten, 20–60 cm hohen Stengeln. Die Grundblätter sind herzförmig-eiförmig, gestielt, die unteren Stengelblätter länglich eiförmig, die oberen lanzettlich. Alle Blätter sind wechselständig, allmählich in Richtung nach oben sitzend, am Rande gesägt. Die Blüten sind in einer dichten endständigen Ähre angeordnet. Anfangs ist sie eiförmig, später walzig verlängert. Die Blüten sind fünfzählig, haben einen verwachsenen Kelch mit linearen Zipfeln und eine verwachsenblättrige, anfangs röhrige, fünfzipflige, später geöffnete, schwarzviolette Krone. Zur Blütezeit ragen die fünf Staubblätter und zwei Griffel aus der Krone heraus. Die Frucht ist eine Kapsel. Die Pflanzen blühen von Mai bis Juli.

Die Schwarze Teufelskralle kommt zerstreut in Laubmischwäldern tiefer Lagen und in Bergwiesen als Lehmbodenzeiger vom Hügelland bis ins Bergland vor. Sie ist im gemäßigten Mitteleuropa verbreitet, besonders im westlichen subatlantischen Teil.

Die Kugelige Teufelskralle *(P. orbiculare)* hat dunkelblaue Blüten in kugeligen Köpfen. Sie tritt in Flachmooren wie in Kalkmagerrasen, vor allem der montanen und subalpinen Stufe, auf.

Ährige Teufelskralle,
Phyteuma spicatum

Glockenblumengewächse
Campanulaceae

Die Ährige Teufelskralle ist ein ausdauerndes, 30–80 cm hohes, kahles Kraut mit aufrechten, einfachen Stengeln. Die Blätter sind wechselständig, im unteren Teil des Stengels dichter, nach oben zu spärlich und kleiner. Die Grundblätter sind langgestielt, herzförmig; in der Mitte weisen sie oft einen dunklen Fleck auf. Die unteren und mittleren Stengelblätter haben eine herzförmig-eiförmige Spreite und sind kurzgestielt. Die oberen Stengelblätter mit einer eiförmig-lanzettlichen Spreite sind sitzend. Alle Blätter sind am Rande doppelt ungleich gekerbt-gesägt. Die Blüten sind in einer dichten, endständigen Ähre angeordnet, die anfangs eiförmig, später walzig und bis 8 cm lang ist. Der Kelch hat pfriemliche, abstehende Zipfel, die grünlichgelbe Krone ist röhrig, später teilt sie sich von unten in schmal lineare Zipfel. Der Fruchtknoten mit zwei Narben wandelt sich nach dem Verblühen und der Bestäubung in eine Kapsel um, die zur Reifezeit mit seitlichen Öffnungen aufspringt. Die Pflanzen blühen von Mai bis August.

Die Ährige Teufelskralle wächst häufig in Laubwäldern und auf Bergwiesen sowie in Hochstaudenfluren des Gebirges. Sie ist eine europäische Art, die in den klimatisch milderen, westeuropäischen Gebieten häufiger auftritt.

Ihrer Form nach ist die vorliegende Art der vorher geschilderten Schwarzen Teufelskralle sehr ähnlich, deren Blüten aber markant schwarzviolett gefärbt sind. Nicht zu verwechseln mit dieser sind Ährige Teufelskrallen mit blaugrauen Blüten (*ssp. caeruleum*).

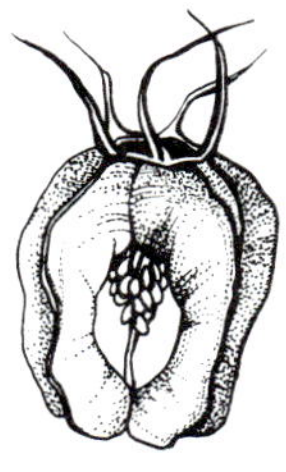

reife Kapsel

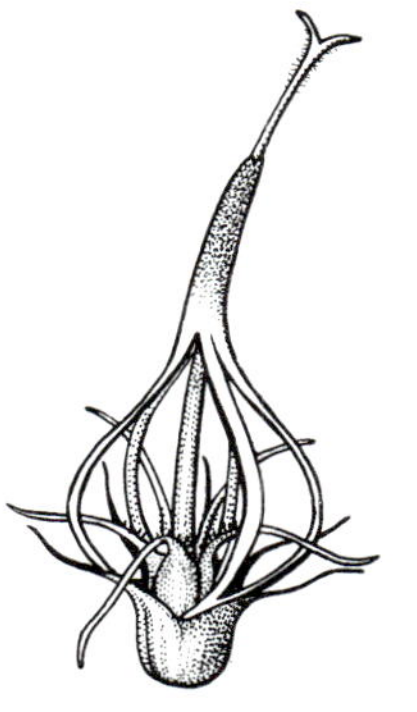

röhrenförmige Krone

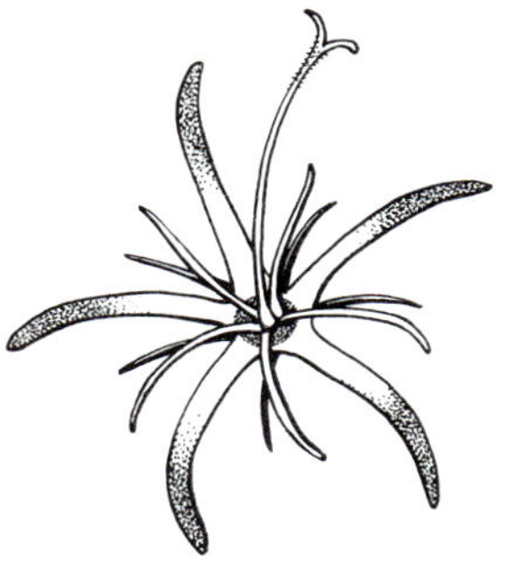

Inneres der Blüte

Blattspreiten

Glockenblumengewächse
Campanulaceae

Bergjasione, Sandköpfchen

Jasione montana

Fünf Staubblätter mit kurzen Staubfäden; der unterständige Fruchtknoten trägt einen langen Griffel, dessen keulige Narbe aus der Blüte herausragt.

Das zweijährige behaarte Kraut erreicht eine Höhe von 10–60 cm. Es hat aufrechte, oben in der Regel ausladend-verzweigte, im unteren Teil beblätterte Stengel. Die Grundblätter sind länglich-lanzettlich, zur Blütezeit sind sie meist schon vertrocknet. Die unteren Stengelblätter sind länglich, die oberen lanzettlich. Alle Blätter sind wechselständig, sitzend, kleingezähnt, am Rande gewellt. Die Blüten bilden kugelige, endständige Köpfe von 15–25 mm Durchmesser. Der Kelch ist verwachsen, mit fünf linearen Zipfeln; die hellviolette Krone ist bis zum Grund in fünf lineare Zipfel geteilt. Die Blütenköpfe sind von grünen, eiförmigen Deckblättern umgeben und bilden eine sog. Scheinblüte, bei der der Blütenstand eine einzige große Blüte vortäuscht. Die Frucht ist eine kugelige Kapsel. Die Blüten erscheinen von Juni bis August.

Die Bergjasione ist ziemlich selten. Sie besiedelt als Pionier Sandmagerrasen, lückige Stellen an Böschungen und Wegrainen, Dünen und Silikatfelsköpfe milder Klimagebiete der Ebenen bis in mittlere Gebirgslagen. Sie ist kalkmeidend und zeigt sehr magere Mineralböden an, die für die Landwirtschaft nicht geeignet sind. Die Art ist im Mittelmeergebiet und im gemäßigten Europa verbreitet.

Gemeine Wegwarte, Zichorie

Cichorium intybus

Korbblütler
Asteraceae

Das ausdauernde, 20–150 cm hohe Kraut hat abstehend verzweigte, derbe Stengel. Aus der spindelförmigen Wurzel wächst eine Grundrosette aus schrotsägeförmigen Blättern mit geflügelten Stengeln hervor. Die Stengelblätter sind länglich lanzettlich, sitzend. Die zahlreichen Blütenkörbchen, die einen Durchmesser von 4 cm erreichen, haben eine doppelte Hülle und bestehen nur aus hellblauen Zungenblüten. Die Schließfrucht ist umgekehrt eiförmig, kantig, oben mit einem borstigen Saum. Die Pflanzen blühen von Juni bis September.

Die Gemeine Wegwarte ist in Europa, Nordafrika, Klein- und Mittelasien verbreitet. Sie wurde auch nach Amerika und Australien eingeschleppt und tritt heute in gemäßigten Zonen weltweit auf. Ihr Standort sind lückige Ruderal- und Trittgesellschaften an Wegen und auf Schutt, in übersetzten Weiden und Ackerbrachen.

Die Pflanze enthält Bitterstoffe, in der Wurzel findet sich vor allem das Polysaccharid Inulin. Für pharmazeutische Zwecke sammelt man das Kraut und die Wurzel, aus der industriell Inulin hergestellt wird. Aus den Wurzeln kultivierter Sorten wird schon seit dem 17. Jahrhundert ein bekannter Kaffee-Ersatz, die Zichorie, erzeugt. Das Kultivieren der Wegwarte zur Erzeugung von Kaffee-Ersatz hat sich besonders zur Zeit der napoleonischen Kriege aus Holland in die anderen europäischen Länder verbreitet. Die gebleichten, getriebenen Blätter von Zuchtsorten (Chicorée) werden in Form von länglichen Köpfen als Gemüse verwendet. Aus dem Mittelmeergebiet stammt die verwandte und sehr ähnliche Endivie *(C. endivia)*, die in einer Reihe von Kultursorten als wertvolle Salatpflanze kultiviert wird.

Zungenblüte

Schließfrucht mit borstigem Samen

Wurzel

Kleinköpfiger Pippau, Grundfeste

Crepis capillaris

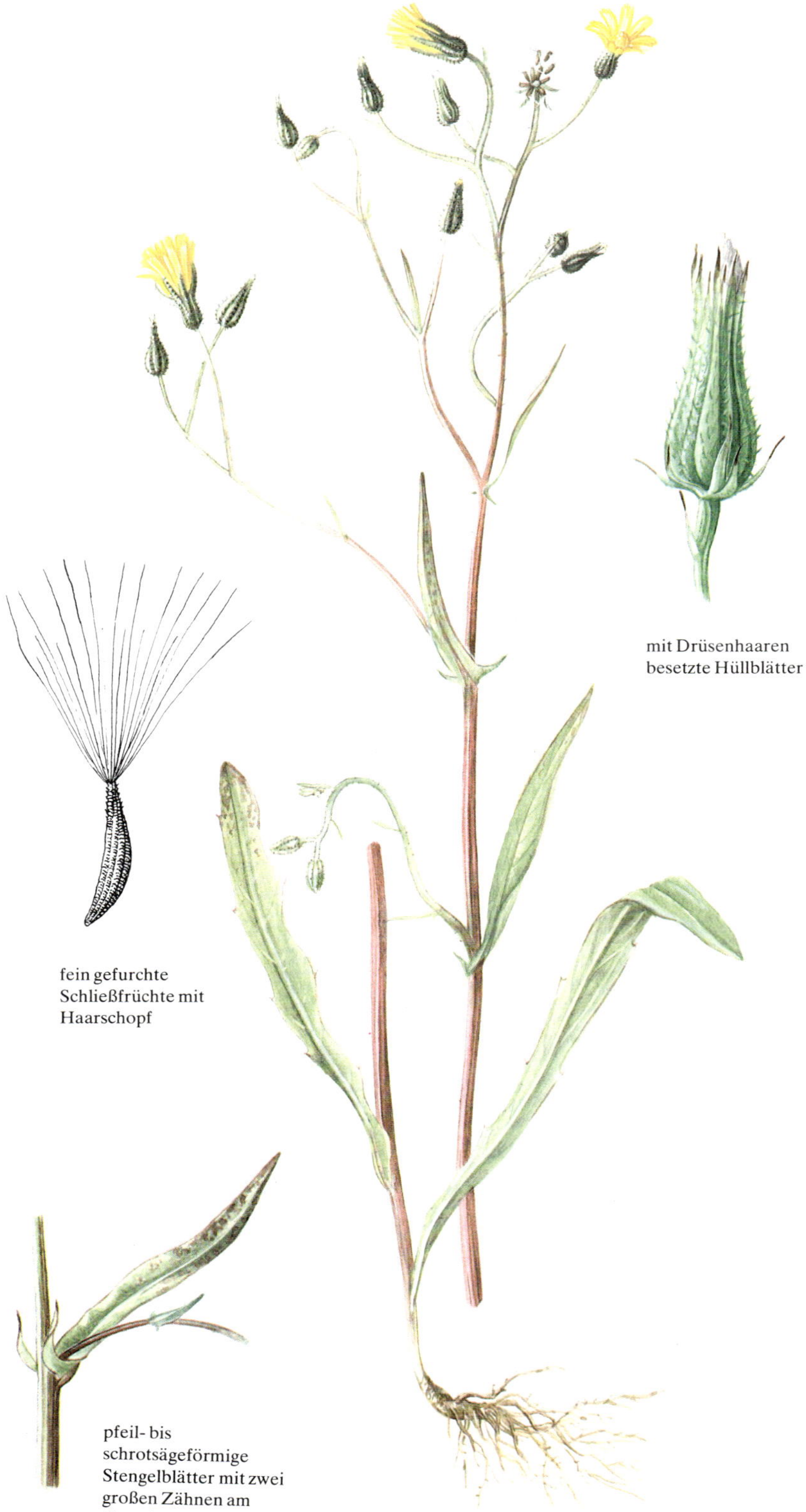

mit Drüsenhaaren besetzte Hüllblätter

fein gefurchte Schließfrüchte mit Haarschopf

pfeil- bis schrotsägeförmige Stengelblätter mit zwei großen Zähnen am Grund

Der Kleinköpfige Pippau ist ein einjähriges, manchmal auch zweijähriges, 10–80 cm hohes Kraut. Er hat aufrechte oder aufsteigende, in der oberen Hälfte doldentraubenförmig verzweigte, kahle oder kurz und spärlich behaarte, gefurchte Stengel. Die Grundblätter sind lanzettlich, entfernt gezähnt, manchmal pfeilförmig. Die zahlreichen Blütenkörbchen von nur 10–13 mm Durchmesser bestehen aus goldgelben Zungenblüten. Die Stiele der Körbe sind mit grauwolligen Haaren besetzt und drüsig; die glockig trichterförmige Hülle ist etwa 5 mm lang, gleichfalls grauwollig und drüsig. Die Schließfrüchte sind braun, spindelförmig, der Länge nach gerippt, 2–3 mm lang, mit einem schneeweißen Haarschopf. Die Blüten entfalten sich im Juni und Juli, aber bei günstigem Wetter erscheinen sie noch im Spätherbst.

Der Kleinköpfige Pippau wächst als Magerkeitszeiger in lückigen Wiesen und Parkrasen, in Ruderalfluren auf Schuttplätzen und Brachen. Er ist in ganz Europe verbreitet. Die Pflanze ist anspruchslos und verbreitet sich auf Kulturböden. Nach dem Abmähen oder Abbeißen durch das Vieh entwickeln sich zahlreiche neue blütentragende Stengel, deshalb erscheint sie auch auf Stoppelfeldern.

Die Pippauarten sind den Habichtskrautarten (siehe folgende Seiten) sehr ähnlich. Sie unterscheiden sich von ihnen durch die Schließfrüchte, die sich oben verschmälern, und durch die Anwesenheit zusätzlicher, äußerer Hüllblätter.

Orangerotes Habichtskraut

Hieracium aurantiacum

Korbblütler
Asteraceae

Das Orangerote Habichtskraut ist ausdauernd. Aus dem Wurzelstock wachsen zahlreiche schuppige unterirdische und beblätterte oberirdische Ausläufer hervor. Die Stengel sind aufrecht, 20–40 cm hoch, oben doldentraubenförmig verzweigt. Die in einer Rosette angeordneteen Grundblätter sind ganzrandig, lanzettlich bis spatelförmig, an der Spitze abgerundet. Die ganze Pflanze ist behaart und drüsig; auffallend sind vor allem die schwarzen Haare unter dem Körbchen. Die Hülle besteht aus eiförmigen, dunklen bis schwarz überlaufenen Deckblättern mit einem helleren Saum. Die Blüten haben gewöhnlich eine zungenförmige Krone, aber manchmal sind sie (durch Verkümmern der Zunge) röhrig, mit herausragenden, dunkel-ziegelroten Griffeln. Die Schließfrüchte sind klein und gerippt. Die Blüten erscheinen von Juli bis September.

Die Art wächst auf mageren und sauren Rasen der subalpinen und alpinen Stufe der Mittelgebirge und Alpen. Oft wird sie in Gärten gezogen und verbreitet sich von dort in die Umgebung. Sie ist in ganz Europa und Westasien verbreitet.

Die Habichtskrautarten sind sehr vielgestaltig und gehören zu den am schwersten bestimmbaren Pflanzengruppen. Sie kreuzen sich leicht miteinander. Die in ihren Eigenschaften gefestigten und fertilen Bastarde, die vor langer Zeit entstanden sind, verbreiten sich selbständig weiter, oft an Stellen, wo die ursprünglichen Ausgangsarten nicht auftreten. Die meisten Habichtskrautarten sind gelb, nur die abgebildete Art hat auffallend orangerote Blüten.

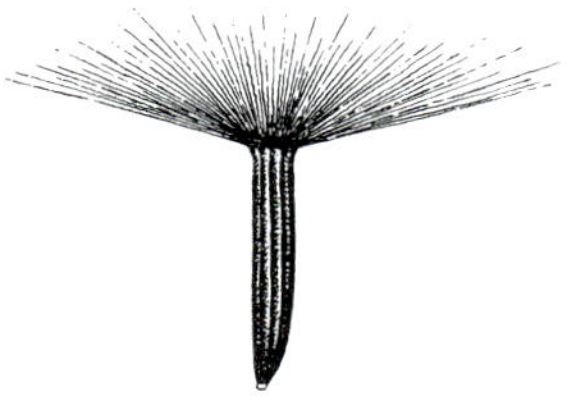

walzenförmige, gerippte Schließfrucht mit Haarschopf

Die Krone besteht aus fein gezähnten Zungenblüten.

Korbblütler
Asteraceae

Kleines Habichtskraut, Mausöhrchen

Hieracium pilosella

Blütenkörbchen

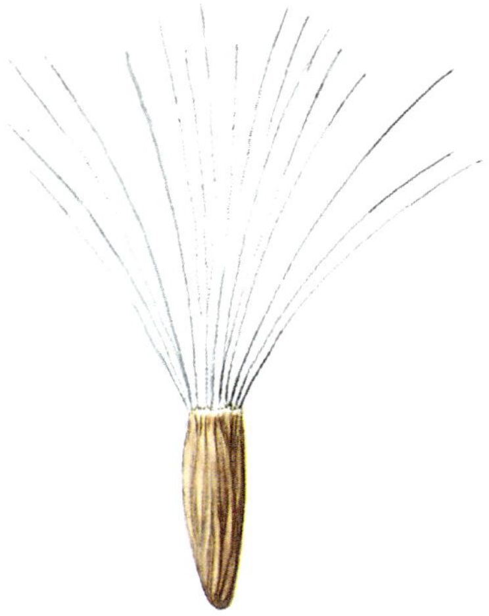

Schließfrucht mit Haarschopf

einzelne Zungenblüte

Hüllblatt mit zahlreichen dunklen Haaren

Aus dem Wurzelstock des ausdauernden Krauts wachsen verlängerte, langhaarige, spärlich beblätterte Ausläufer hervor. Der blattlose Stengel ist 5–30 cm hoch und trägt an der Spitze ein einziges Körbchen. Die Blätter sind in einer reichen Bodenrosette angeordnet. Sie sind lanzettlich, ganzrandig und filzhaarig, besonders unterseits. Diese auffallende weißfilzige Behaarung stellt eine Anpassung der Pflanze an trockene, dürre Standorte dar, wo sie am häufigsten auftritt. Die Hülle besteht aus grau- bis schwarzgrünen Deckblättern. Die Zungenblüten sind gelb, die Randblüten sind an der Außenseite rostfarben gestreift. Die kleinen schwarzen Schließfrüchte haben einen kurzen, brüchigen Haarschopf. Die Pflanzen blühen von Mai bis September.

Das Kleine Habichtskraut tritt in großer Zahl an trockenen, sauren Magerrasen und Heiden von den Niederungen bis ins Hochgebirge hinauf auf.

Der abgebildeten Art ist das Geöhrte Habichtskraut *(H. auricula = H. lactucella)* in seiner Erscheinung und vor allem durch die mit kleinen Blättern besetzten, kriechenden Ausläufer ähnlich. Im Unterschied zum Kleinen Habichtskraut ist der Stengel aber oben verzweigt und trägt einige Körbchen. Auch fehlen die auffallenden langen Haare.

Savoyer Habichtskraut

Hieracium sabaudum

Korbblütler
Asteraceae

Das ausdauernde Kraut erreicht eine Höhe von 50–100 cm. Der Stengel ist aufrecht, dicht beblättert, etwa von der Mitte an verzweigt. Die Blätter sind elliptisch bis länglich-lanzettlich, am Rande schwach gezähnt, wechselständig, meist sitzend, nach oben zu werden sie allmählich kleiner und gehen in Deckblätter über. Der Blütenstand ist trauben- bis rispenförmig. Die Hüllblätter sind lanzettlich, die äußeren manchmal abstehend, aber ihre Spitzen sind niemals zurückgebogen. Die Krone ist gelb, zungenförmig. Die Schließfrüchte sind dunkelbraun bis schwarz. Blütezeit: August bis Oktober.

Das Savoyer Habichtskaut ist eine wärmeliebende Halbschattenpflanze lichter, bodensaurer Eichenwälder und deren Säumen. Es ist in ganz Europa mit Ausnahme der südlichsten und nördlichsten Gebiete von den Niederungen bis ins Hügelland verbreitet.

Der abgebildeten Art ähnelt das Traubenhabichtskraut *(H. racemosum)*, dessen Stengelblätter aber etwa in der Mitte des Stengels rosettenartig gehäuft sind. Die obere Stengelhälfte trägt nur wenige kleine Blätter. Zu den häufigsten Habichtskräutern gehören das Waldhabichtskraut *(H. sylvaticum = H. murorum)* mit spärlich beblätterten bis blattlosen Stengeln und plötzlich in den Stiel verschmälerten Grundblättern und das Gemeine Habichtskraut *(H. lachenalii)* mit 3–8 Stengelblättern und allmählich in den Stiel verschmälerten Grundblättern. Beide Arten wachsen in kraut- und grasreichen, lichten Laub- und Nadelwäldern. Außer über Moderhumus wächst das Waldhabichtskraut auch an schattigen Mauern. Auffallend ist das Trugdoldige Habichtskraut *(H. cymosum)*, das an der Spitze des fast blattlosen Stengels kopfige-gehäufte Körbchen trägt. Es gehört aber zu den Mausohrhabichtskräutern (Untergattung *Pilosella*) und wächst in Kalktrockenrasen und -säumen gemäßigter Gebiete.

Schließfrucht

Hüllblatt

Korbblütler
Asteraceae

Doldenhabichtskraut

Hieracium umbellatum

walzenförmige Schließfrucht mit zehn Längsrippen und Haarschopf

Hüllblatt

Das Doldenhabichtskraut ist ausdauernd, 20–100 cm hoch und hat aufrechte, am Grunde manchmal verholzende Stengel. Diese sind bis zum Blütenstand dicht beblättert, rötlich überlaufen, kahl oder sehr zerstreut behaart, im oberen Teil rauhhaarig. Die Blätter sind wechselständig, schmal lanzettlich bis linear, etwas milchsaftführend, mit dem abgerundeten Grund sitzend. Meist sind sie ganzrandig, nur stellenweise schwach gezähnt. Die Körbchen bilden eine Scheindolde oder Rispe. Die Deckblätter der Seitenzweige, auf denen die Köpfchen sitzen, gehen in Hüllblätter über. Diese bilden ein wichtiges Unterscheidungsmerkmal der Art. Sie sind lanzettlich, die äußeren abstehend, an der Spitze höckerig zurückgebogen. Die Zungenblüten sind sattgelb. Die Schließfrucht ist oben von einem ringförmigen Wall gesäumt. Die Pflanzen blühen von Juli bis September.

Das Doldenhabichtskraut wächst in lichten und verhagerten, grasreichen, mäßig sauren Eichen- und Kiefernwäldern und deren Säumen, in Heiden und Magerrasen von den Niederungen bis ins Hügelland innerhalb der ganzen nördlichen Halbkugel.

Gemeine Kuhblume, Löwenzahn

Taraxacum officinale

Korbblütler
Asteraceae

Das niedrige ausdauernde Kraut hat eine senkrechte spindelförmige Wurzel, aus der bei Verwundung ein weißer Milchsaft austritt. Die lanzettlichen bis umgekehrt eiförmigen Blätter verschmälern sich allmählich in den Stiel; sie sind schrotsägeförmig, selten nur gezähnt, in einer Bodenrosette angeordnet. Die zahlreichen aufrechten, hohlen, bis 30 cm langen Schäfte tragen je ein Körbchen von 5 cm Durchmesser. Die äußeren Hüllblätter sind zurückgebogen. Die Blüten sind zwittrig, gelb. Es sind nur Zungenblüten vorhanden. Die geschnäbelten Schließfrüchte sind mit einem Haarschopf ausgestattet. Zur Reifezeit bilden alle Haarschöpfe eine filigrane Kugel, die Früchte (Achänen) lösen sich und werden vom Wind verweht.

Die Art stammt aus Europa und Asien. Sie wurde nach Nordamerika und Australien eingeschleppt und ist heute in gemäßigten Zonen weltweit verbreitet. Der Löwenzahn wächst vor allem in Fettwiesen auf Lehmboden und bestimmt hier den Aspekt der Frühjahrsblüte. Er tritt aber auch als lästiges Unkraut in Feldern und Gärten auf.

Es handelt sich um eine sehr veränderliche Art, die eine Reihe von stabilen Rassen bildet, die sich ungeschlechtlich fortpflanzen und von den Botanikern in der letzten Zeit als selbständige Arten gewertet werden. Wegen ihrer Inhaltsstoffe (besonders Bitterstoffe und Inulin) findet sie in der Pharmazie zur Herstellung von heilkräftigen Extrakten, Abkochungen und Tees Verwendung. Als Droge dient die Wurzel oder die ganze Pflanze. Aus den jungen Blättern wird im Frühjahr Salat bereitet. Manche verwandte Arten mit einem höheren Gehalt an Kautschuk im Milchsaft werden gezüchtet und versuchsweise als Ersatz für den Kautschukbaum (Hevea) kultiviert. Der Gattungsname der Pflanze ist vom lateinischen taraxis, einer Augenkrankheit, gegen die die Pflanze früher verwendet wurde, abgeleitet.

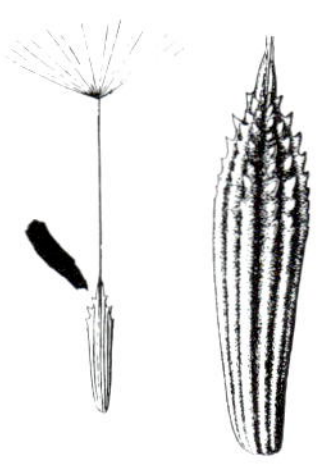

spindelförmige Pfahlwurzel und Schließfrüchte mit Haarschopf

Korbblütler
Asteraceae

Kompaßlattich, Stachellattich

Lactuca serriola

Schließfrucht mit einem langen Schnabel an der Spitze und Haarschopf

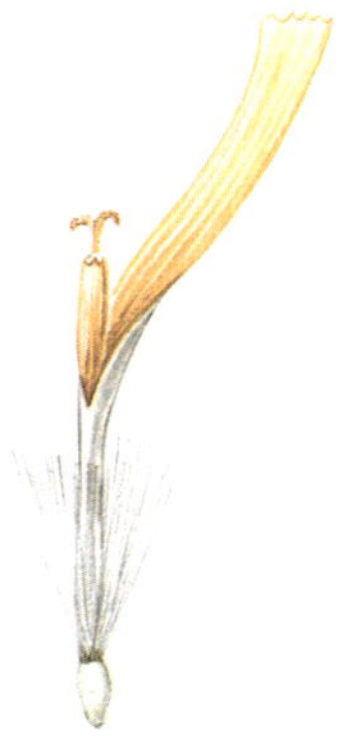

Zungenblüte mit herausragender zweilappiger Narbe

Das zweijährige Kraut kann bis 150 cm hoch werden. Der Stengel ist steif aufrecht, oben zu einer zymösen Rispe verzweigt. Die Blätter sind steif, graugrün, schrotsägeförmig, mit dem herzförmigen Grund sitzend, am Rande dornig gezähnt, unterseits am Mittelnerv borstig-dornig. Die Stengelblätter sind wechselständig und stellen sich in eine senkrechte Ebene. Die Äste des Blütenstandes stehen schief ab und tragen sitzende seitliche und gestielte, endständige Körbchen. Die walzigen Hüllen verbreitern sich bei der Entwicklung der Frucht eiförmig; die Zungenblüten haben hellgelbe Kronen. Die Schließfrüchte sind mit einem weißen Haarschopf ausgestattet. Die Blüten erscheinen von Juli bis September.

Der Kompaßlattich wächst auf sonnigen und steinigen Hängen und besiedelt mit Vorliebe sekundäre und ruderale Standorte, so Aufschüttungen, Schuttablagerungsstätten, Wegränder u. a. Er ist im Mittelmeergebiet und im gemäßigten Europa und Westasien verbreitet.

Die Art gehört zu den sog. Kompaßpflanzen. An freien Plätzen stellen sich die in eine Ebene gerichteten Blätter in die Nordsüdrichtung ein, um so der intensiven Einstrahlung auf ihrem Trockenstandort zu entgehen.

Aus diesem Wildkraut ist vermutlich in längst vergangenen Zeiten, wahrscheinlich in Asien, der Grüne Salat *(L. sativa)* entstanden, der heute kultiviert wird. Kalkfelsen in wärmeren Gegenden besiedelt der blauviolett blühende Felsenlattich *(L. perennis)*. Aus allen Latticharten fließt nach Verwundung ein klebriger Milchsaft mit einem kleineren oder größeren Kautschukgehalt aus.

Purpurhasenlattich

Prenanthes purpurea

Korbblütler
Asteraceae

Das ausdauernde Kraut wird 30–150 cm hoch. Der Stengel ist aufrecht, im oberen Teil rispenartig verzweigt. Die Blätter sind wechselständig, die unteren gestielt, die anderen sind herzförmig stengelumfassend, buchtig fiederteilig bis ungleich grobgezähnt. Nach oben zu gehen sie in Deckblätter über. Die nur aus wenigen Blüten bestehenden Körbchen mit einer schmal walzigen Hülle sind auf dünnen Stielen überhängend und bilden ausgebreitete Rispen. Die Körbchen bestehen nur aus Zungenblüten, deren rotviolette Kronen sind zurückgebogen. Die Schließfrüchte haben einen mehrreihigen Haarschopf aus einfachen weißen Haaren. Die Pflanzen blühen von Juli bis September.

Der Purpurhasenlattich wächst in kraut- und grasreichen Laub- und Nadelmischwäldern sowie Hochstaudenfluren über tiefgründigen Lehmböden in luftfeuchter Klimalage der Mittelgebirge und Alpen Europas.

Die Art ist ausgeprägt schattenliebend. Abgerissene Pflanzen welken rasch. An lichten Standorten entwickeln sich verkümmerte, meist nicht blühende Pflanzen.

leicht gefurchte Schließfrucht

Die kleinen Körbchen bestehen nur aus Zungenblüten.

mittlere Blätter

Korbblütler
Asteraceae

Ackergänsedistel

Sonchus arvensis

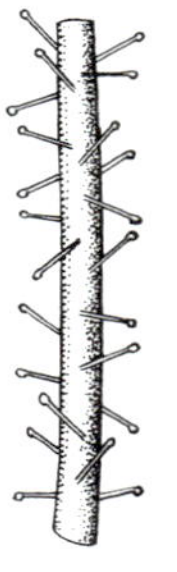

Äste des Blütenstandes, mit gestielten Drüsen besetzt

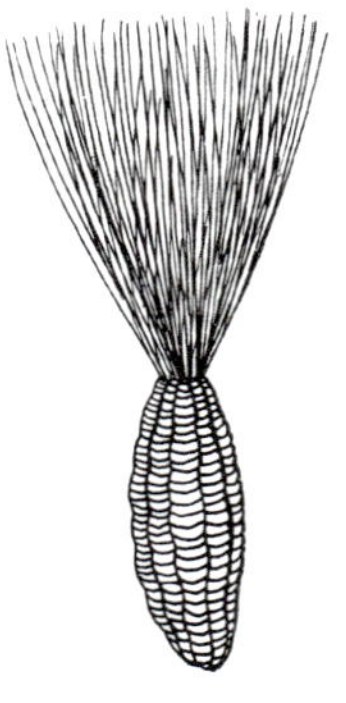

Schließfrucht mit Haarschopf

Die Ackergänsedistel ist ein ausdauerndes Kraut mit aufrechten, 30–120 cm hohen, hohlen, oben oft doldentraubenartig verzweigten Stengeln. Die kahlen, glänzendgrünen Blätter sind buchtig ausgeschnitten bis schrotsägeförmig, am Rande grobgezähnt. Die unteren Blätter sind in den breiten Stiel verschmälert, die oberen stengelumfassend, am Grunde herzförmig, mit abgerundeten Öhrchen. Die großen Körbchen mit einer breit glockigen Hülle bestehen nur aus goldgelb gefärbten Zungenblüten. Die braunen Schließfrüchte sind länglich oval, etwa 3 mm lang, mit einem einfachen, leicht abfallenden Haarschopf. Die Pflanzen blühen von Juli bis Oktober.

Die Art eurosibirischer Herkunft ist heute auf der ganzen Erde verbreitet. Sie tritt besonders als Unkraut in Hackäckern mit Lehmboden auf, da salzertragend aber auch an den Rändern von Straßen, die mit Streusalz gestreut werden.

Die Ackergänsedistel gehört zu den lästigen Unkräutern. Ihre zarten Wurzeln brechen bei der Bearbeitung des Bodens, und aus jedem Bruchstück wachsen neue Pflanzen hervor. Auch das Abweiden und Mähen verträgt sie gut, abgeschnittene, in den Boden eingegrabene Stengel schlagen leicht Wurzeln.

Die Art weist eine ausgeprägte photoperiodische Reaktion auf: Die Körbchen öffnen sich nur bei sonnigem Wetter; und zwar zwischen 7 und 8 Uhr morgens; zwischen 10 und 14 Uhr sind sie geschlossen.

Rauhe Gänsedistel

Sonchus asper

Korbblütler
Asteraceae

Das einjährige Kraut ist 10–70 cm hoch. An der Spitze der dicht beblätterten Stengel stehen die zu lockeren Rispen vereinigten Körbchen. Die Blätter sind dunkelgrün, unterseits grau, eiförmig länglich, die oberen meist ungeteilt, die unteren buchtig bis schrotsägeförmig gelappt. Alle Blätter sind dornig gezähnt; sie sind sitzend, mit am Grunde herzförmig abgerundeten Öhrchen. Der obere Teil des Stengels und die Stiele der Körbchen sind drüsig behaart. Die Hüllen sind 9–15 mm lang, kahl, der breite Grund verschmälert sich plötzlich. Die Blüten sind gelb, nur zungenförmig. Die Schließfrüchte haben einen langen, leicht abfallenden Haarschopf. Die Blüten entfalten sich von Juni bis Oktober.

Die Rauhe Gänsedistel ist ein Kosmopolit eurasischen Ursprungs. Sie wächst in niedrigeren Lagen auf Feldern, in Gärten und auf Schutthalden. Oft tritt sie als Unkraut in Hackfrüchten auf, gemeinsam mit der Kohlgänsedistel (siehe nächste Seite). Von letzterer unterscheidet sie sich durch die dornigen Blätter, die Form der Blattöhrchen und auch durch die Tatsache, daß sie nur in niedrigeren Lagen auftritt, während die Kohlgänsedistel bis ins Gebirge aufsteigt.

Wie bei allen Gänsedistelarten tritt auch aus der Rauhen Gänsedistel nach Verwundung weißer Milchsaft aus. Dieser Eigenschaft verdankt die Gattung in manchen Sprachen ihren Namen.

Blatt mit abgerundeten Öhrchen

Korbblütler
Asteraceae

Kohlgänsedistel

Sonchus oleraceus

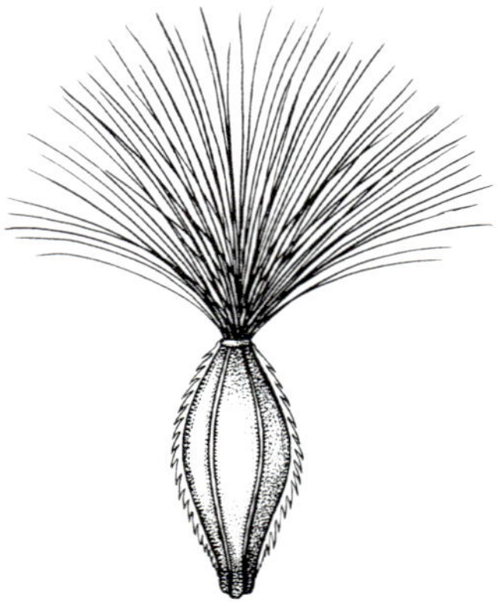

abgeflachte, schwach dreikantige, an den Kanten scharfgezähnte Schließfrüchte

Die Kohlgänsedistel ist ein einjähriges, 10–100 cm hohes Kraut. Der Stengel ist aufrecht, kräftig, hohl, oben schwach trugdoldig verzweigt. Die Blätter sind weich, graugrün, die unteren stärker, die oberen schwächer schrotsägeförmig gegliedert. Die unteren Blätter sind in einen geflügelten Stiel verschmälert, die oberen mit zugespitzten Öhrchen stengelumfassend. Der Blütenstand ist zymös, locker. Die walzige, bis 13 mm lange Hülle des Körbchens ist in der Mitte stark verschmälert. Es sind nur sattgelb gefärbte Zungenblüten vorhanden. Die braunen Schließfrüchte sind etwa 3 mm lang, mit einem einfachen, leicht abfallenden weißen Haarschopf. Die Blüten erscheinen von Juni bis Oktober.

Die Kohlgänsedistel ist ein Kosmopolit eurasischer Herkunft. Sie wächst auf Feldern, in Gärten, an Wegen und auf Schutthalden von den Niederungen bis ins Gebirge. Sie ist ein treuer, alter Begleiter landwirtschaftlicher Kulturen und diente einst als Gemüsepflanze.

Im Mittelalter wurde aus der Kohlgänsedistel Salat bereitet. In der Volksmedizin wurde früher der Saft der Pflanzen zur Behandlung von Leberkrankheiten und Gicht benutzt. Für manche Haustiere, besonders Kaninchen und Ziegen, ist die Kohlgänsedistel ein Leckerbissen.

Gemeines Bitterkraut, Bitterich

Picris hieracioides

Korbblütler
Asteraceae

Das Bitterkraut ist meist zweijährig, manchmal auch ausdauernd. Die ganze Pflanze ist borstig behaart; nach Verwundung tritt Milchsaft aus. Die Stengel sind aufrecht, 30–90 cm hoch, kantig, oben zymös verzweigt. Die wechselständigen Blätter sind lanzettlich, fast ganzrandig. Die Grundblätter sind in den Stiel verschmälert, die oberen mit dem abgerundeten bis herzförmigen Grund sitzend. Die Blütenkörbchen sind in einer endständigen Trugdolde angeordnet; ein Teil wächst auch auf sehr kurzen Stielen aus den Achseln der Deckblätter hervor. Die Blüten sind zungenförmig, goldgelb, zweimal länger als die borstigen Hüllblätter. Die Schließfrüchte sind leicht gekrümmt, schwarzbraun, mit einem schneeweißen fiederigen Haarschopf. Die Pflanzen blühen von Juli bis September.

Das Gemeine Bitterkraut wächst als Pionier auf Ton- und Lehmböden warmer Lagen, in lückigen und ruderal beeinflußten Halbtrockenrasen und Wiesen. Es ist in ganz Eurasien von den Niederungen bis in mittlere Gebirgslagen verbreitet.

Die Art ist ziemlich veränderlich. Nach dem Charakter der Behaarung und weiteren Merkmalen wird sie in einige Unterarten eingeteilt. Im Altertum wurde ein aus Bitterkrautblättern zubereiteter Salat als heilkräftig betrachtet, wenn auch die ganze Pflanze bitter ist.

gerippte, quergerunzelte, oben verschmälerte Schließfrüchte

zungenförmige Blüte

Korbblütler
Asteraceae

Herbstlöwenzahn

Leontodon autumnalis

Zungenblüte

Schließfrucht mit Haarschopf

Der Herbstlöwenzahn ist ein ausdauerndes, 10–50 cm hohes Kraut mit einem kurzen Wurzelstock. Die Stengel sind meist aufrecht, manchmal aufsteigend, unbeblättert, nur spärlich mit kleinen Deckblättern ausgestattet. Die wenigen Äste sind lang. Die in einer Grundrosette angeordneten Blätter sind lanzettlich, allmählich in den Stiel verschmälert, am Rande buchtig-fiederteilig. Die Blütenkörbchen bestehen aus goldgelben Zungenblüten. Sie stehen einzeln an den Zweigspitzen. Die Zweige sind unter den Körbchen etwas verdickt. Die hellbraunen, runzligen Schließfrüchte sind mit einem schmutzigweißen Haarschopf ausgestattet. Die Blüten erscheinen von Juni bis Oktober.

Der Herbstlöwenzahn wächst in Fettweiden und Parkrasen, in Trittgesellschaften und an Straßenrändern, da er salzertragend ist. Er tritt von den Niederungen bis ins Hochgebirge auf, ist vom Mittelmeergebiet über ganz Europa verbreitet und reicht bis nach Westasien. Mit der nachstehenden Art bestimmt er das charakteristische Gepräge der Wiesen im Frühherbst, denn zu dieser Zeit herrschen ihre gelben Körbchen im Gras vor.

Der Gattungsname der Pflanze ist von den lateinischen Wörtern leo (= Löwe) und dens (= Zahn) abgeleitet, wohl in Anspielung auf die Form der Blattabschnitte.

Steifhaariger oder Rauher Löwenzahn

Leontodon hispidus

Korbblütler
Asteraceae

Der Steifhaarige Löwenzahn ist ein ausdauerndes, bis 50 cm hohes Kraut mit einem kurzen Wurzelstock. Er hat aufrechte, unverzweigte, unbeblätterte Stengel, in der Regel mit einem einzigen endständigen Körbchen. Die in einer Grundrosette angeordneten Blätter sind lanzettlich, allmählich in den Stiel verschmälert, ganzrandig bis buchtig ausgeschnitten, mit verzweigten oder Sternhaaren. Die Blüten haben zungenförmige gelbe Kronen. An der verschmälerten Spitze der braunen Schließfrüchte befindet sich ein schmutzigweißer Haarschopf. Die Pflanzen blühen von Juni bis Oktober.

Die Art tritt häufig in Fettwiesen und -weiden, aber auch in Trockenrasen und Moorwiesen von den Niederungen bis ins Hochgebirge auf. Sie ist in Europa vom Mittelmeergebiet bis in die gemäßigte Zone verbreitet.

Vom ähnlichen Löwenzahn *(Taraxacum)* unterscheidet sich der Herbstlöwenzahn *(Leontodon)* vor allem durch den steifen, markigen, bei Verletzung nur wenig Milchsaft ausscheidenden Stengel. Der Steife Löwenzahn läßt sich vom Herbstlöwenzahn auch im blütenlosen Zustand durch die verzweigten bis sternförmigen Haare auf den Blättern unterscheiden.

Korbblütler
Asteraceae

Orientalischer Bocksbart

Tragopogon orientalis

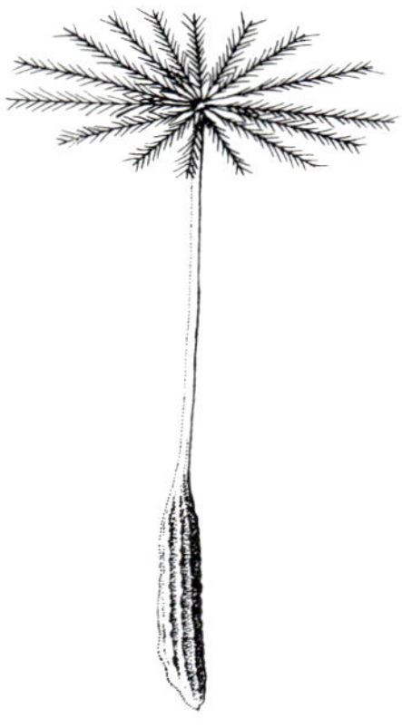

geripppte Schließfrucht

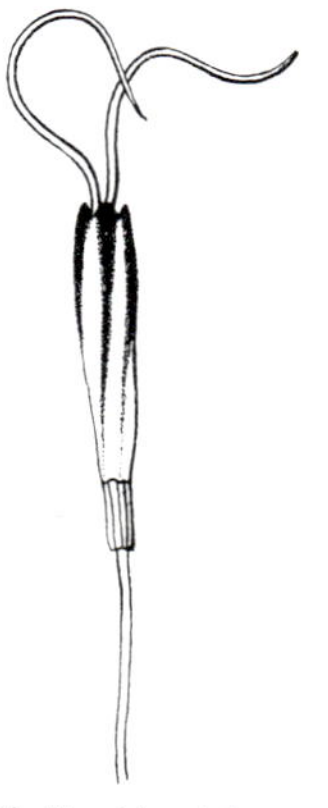

Die Staubbeutel verwachsen zu einer Röhre, aus der zwei lange Narben hervorragen.

Das ausdauernde Kraut wird 30–80 cm hoch. Die Stengel sind einfach, wenigästig. Die länglich linearen Blätter sind wechselständig, ganzrandig, breit stengelumfassend. Die großen, satt goldgelben Zungenblüten sind länger als die Hüllblätter. Die Schließfrüchte verschmälern sich oben zu einem Schnabel. Sie sind mit einem schmutzigweißen Haarschopf aus fiederigen, verflochtenen Borsten ausgestattet. Die Pflanzen blühen von Mai bis August.

Der Bocksbart tritt von den Niederungen bis ins Gebirge in Fettwiesen auf. Er hat nur mäßigen Futterwert und ist nicht weidefest. Er ist vom Mittelmeergebiet über das gemäßigte Europa bis nach Westsibirien verbreitet, im nördlichen Tiefland aber selten oder fehlend.

Der ähnliche Wiesenbocksbart *(T. pratensis)* hat kleinere Körbchen mit helleren Zungenblüten, die kürzer sind als die Hülle. Beim Großen Bocksbart *(T. dubius)* sind die Stengel unter den Körbchen verdickt, stark aufgeblasen und hohl. Verdickte Stengel unter den Körbchen weist auch die Haferwurzel *(T. porrifolius)* auf, die sich von allen anderen gelbblühenden Bocksbartarten durch ihre violetten Blüten unterscheidet. Sie ist im Mittelmeergebiet heimisch; eine Form mit einer kräftigen Wurzel wird manchmal kultiviert. Zuweilen verwildert sie.

Niedrige Schwarzwurzel

Scorzonera humilis

Korbblütler
Asteraceae

Die Schwarzwurzel ist ein ausdauerndes Kraut mit einem schwarzen, oft mehrköpfigen, oben schuppigen Wurzelstock. Die einfachen aufrechten Stengel sind 10–40 cm hoch, schwach wollig behaart, in der Regel unbeblättert oder mit wenigen kleinen Blättern. Die elliptisch eiförmigen, ganzrandigen Blätter im unteren Teil des Stengels verschmälern sich allmählich in den Stiel. Die großen Blütenkörbchen mit langen Hüllblättern bestehen aus gelben Zungenblüten, die länger sind als die Hülle; sie wachsen einzeln an den Stengelspitzen hervor. Die längsgerippten Schließfrüchte haben einen schmutzigweißen Haarschopf. Die Blüten erscheinen von Mai bis Juli.

Die Niedrige Schwarzwurzel wächst in lichten Wäldern, vor allem Kiefernwäldern, aber auch auf feuchten Moorwiesen und in Gebüschen. Sie tritt in ganz Europa, von den Niederungen bis ins Gebirge auf, vor allem in den gemäßigt-kontinentalen östlichen Teilen.

In den Steppen und Waldsteppen der kontinentalen Wärme- und Trockengebiete ist die Violette Schwarzwurzel *(S. purpurea)* zu finden. Sie hat hellviolette Blüten, die angenehm nach Vanille duften. Der abgebildeten Art ähnelt die Kleinblütige Schwarzwurzel *(S. parviflora)*, mit kleineren Körbchen und Zungenblüten, die die Hülle nicht überragen. Sie wächst in Salzwiesen, z. B. denen der pannonischen Tiefebene.

Als Gemüse wird heute die Gartenschwarzwurzel *(S. hispanica)* mit verzweigten beblätterten Stengeln kultiviert. Ihre fleischige, außen schwarze, innen weiße Wurzel enthält Inulin, das für Diabetiker geeignet ist. Sie wird auf ähnliche Weise wie Spargel zubereitet.

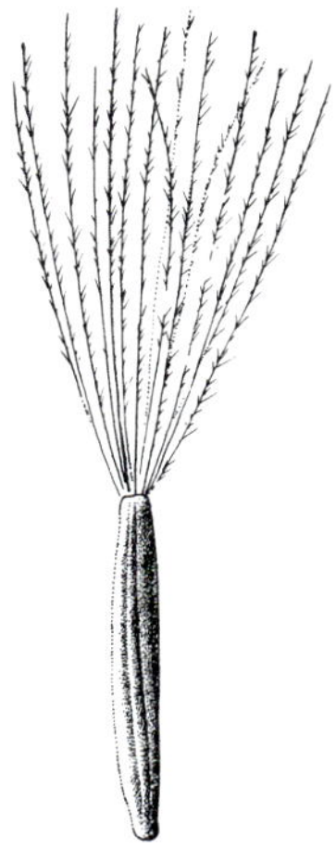

Schließfrucht mit Haarschopf

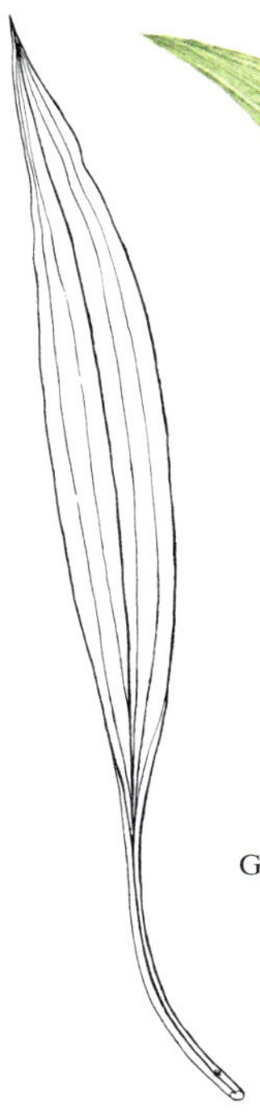

Grundblatt

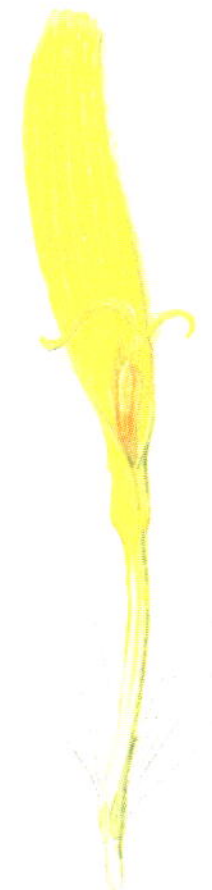

an der Spitze gezähnte Zungenblüte

Korbblütler
Asteraceae

Gemeiner Wasserdost, Kunigundenkraut

Eupatorium cannabinum

Narben, weit aus der Röhrenblüte hervorragend

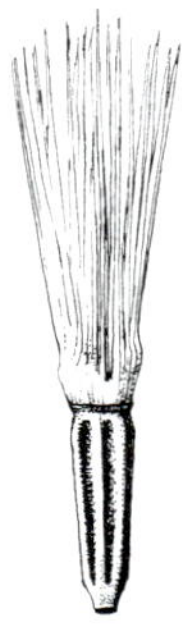

Schließfrucht mit Haarschopf

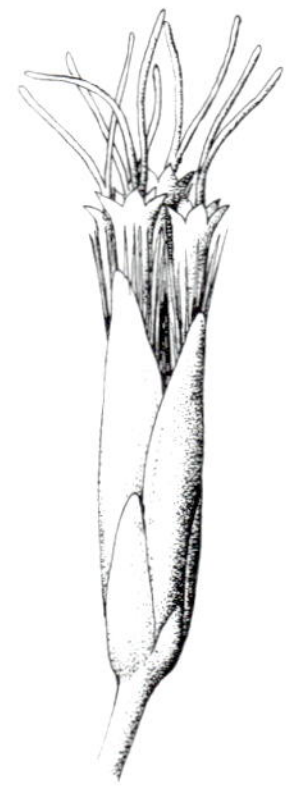

aus einigen Blüten bestehende Blütenkörbchen

Das ausdauernde, 50–150 cm hohe Kraut hat aufrechte, einfache, reich beblätterte Stengel. Die Blätter sind gegenständig, handförmig 3–5 teilig, mit lanzettlichen, am Rande ungleich gesägten Abschnitten. Die reichen Blütenstände sind flach, zymös und bestehen aus kleinen, einige Blüten enthaltenden Körbchen. Die zwittrigen Blüten sind röhrig; die Krone ist fünfzähnig, trüb rosa bis weinrot. Die Schließfrüchte haben einen einfachen, unverzweigten Haarschopf. Die Blüten erscheinen von Juli bis September.

Der Gemeine Wasserdost tritt in feuchten Wäldern und Auen, entlang von Bächen, besonders häufig auf Waldschlägen von den Niederungen bis ins Gebirge auf. Er ist vom Mittelmeergebiet bis hin in die gemäßigte Zone Europas verbreitet.

Der Artname ist von der Bezeichnung für Hanf *(Cannabis)* abgeleitet, denn der Wasserdost erinnert in der Form seiner Blätter wirklich an diese Pflanze. Aus den Stengeln wurden mancherorts Fasern gewonnen, die gleichfalls als Ersatz für Hanf dienten. Das Kraut und die Wurzeln sind von scharf bitterem Geschmack; sie enthalten Saponine, Harz, Gerbstoffe und das giftige Glykosid Eupatorin.

Die verwandte Art *E. rebaudianum (Stevia rebaudianum)* wächst in Paraguay. Sie enthält das außerordentlich süße Glykosid Steviosid (bis 300mal süßer als Saccharase), das den süßesten bekannten Naturstoff darstellt. In Japan hat man begonnen, sie zum Zweck ihrer industriellen Nutzung zu kultivieren.

Grauer oder Filziger Alpendost

Adenostyles alliariae

Korbblütler
Asteraceae

Das ausdauernde stattliche, bis 150 cm hohe Kraut hat einen kräftigen, walzigen Wurzelstock und einen aufrechten, gefurchten Stengel. Die Blätter sind wechselständig, die Grundblätter langgestielt, dreieckig herzförmig, von 50 cm Durchmesser, am Rande ungleich scharf gezähnt. Die Stengelblätter sind kurzgestielt, die kleinen oberen Blätter sitzend, alle geöhrt und stengelumfassend. Die zahlreichen kleinen, wenigblütigen Körbchen bilden an der Spitze des Stengels einen doldentraubig-rispigen Blütenstand. Die Röhrenblüten sind hell rotviolett gefärbt, die Krone ist in fünf Zähne gespalten. Die gerippten Schließfrüchte haben einen einfachen weißen Haarschopf. Die Blüten entfalten sich im Juli und August.

Der Graue Alpendost wächst gesellig in staudenreichen Bergmischwäldern wie in offenen Staudenfluren über der Waldgrenze, also alpin. Er stellt ziemliche Ansprüche an den Boden: gleichmäßige Sickerfeuchtigkeit und gute Nährstoffversorgung.

Blütenlose Pflanzen können leicht mit einer der Pestwurzarten *(Petasites)* verwechselt werden. Beide Arten haben unterseits filzige Blätter und treten an denselben Standorten auf.

Der wissenschaftliche Gattungsname des Alpendostes ist von den griechischen Wörtern adenos (= Warze) und stylos (= Griffel) abgeleitet, denn der obere Teil des Griffels ist mit feinen Warzen bedeckt.

Die kleinen Körbchen bestehen nur aus drei bis vier Blüten.

Schließfrucht

Korbblütler
Asteraceae

Kanadische Goldrute

Solidago canadensis

Körbchen

Die Kanadische Goldrute ist ein ausdauerndes Kraut mit einem kriechenden, ausläuferartig verzweigten Wurzelstock. Die Stengel sind aufrecht, bis unter den Blütenstand unverzweigt, 60–250 cm hoch, dicht beblättert, unten abstehend behaart. Die Blätter sind lanzettlich, wechselständig, am Grunde keilförmig verschmälert und ganzrandig, sonst scharfgesägt. Die kleinen Körbchen bilden eine breit pyramidenförmige Rispe, die aus bogigen Trauben zusammengesetzt ist. Die Blüten sind goldgelb, die zungenförmigen Randblüten sind wenig länger als die inneren Röhrenblüten. Die walzigen Schließfrüchte haben einen einfachen Haarschopf. Die Pflanzen blühen von Juli bis September.

Die Art stammt aus Nordamerika, wird oft in Gärten gezogen und verwildert in ihrer Umgebung. Häufig tritt sie auf Schutthalden auf.

Derselben Herkunft ist die ähnliche Riesengoldrute *(S. gigantea)*. Sie unterscheidet sich von der Kanadischen Goldrute vor allem durch ihre Zungenblüten, die länger sind als die Röhrenblüten, sowie durch den bis nach unten vollständig kahlen Stengel. Auch diese Art verwildert oft und verbreitet sich vor allem in verlichteten Auenwäldern und entlang der Flußufer.

Gemeine Goldrute

Solidago virgaurea

Korbblütler
Asteraceae

Das ausdauernde, bis 1 m hohe Kraut hat einen aufrechten, einfachen, dicht wechselständig beblätterten Stengel. Die unteren Blätter sind eiförmig, keilförmig in den Stiel verschmälert, am Rande gesägt. Die oberen Blätter sind kurzgestielt, allmählich nach oben zu sitzend, lanzettlich, fast ganzrandig. Die Blütenkörbchen von 10–20 cm Durchmesser bilden eine endständige Traube oder Rispe. Die Blüten sind gelb; die zungenförmigen Randblüten bilden die Strahlenblüten, die inneren röhrigen die Scheinblüten. Die behaarten Schließfrüchte haben einen einfachen Haarschopf. Die Blüten erscheinen von August bis Oktober.

Die Gemeine Goldrute wächst in lichten Wäldern, in Heiden und Magerweiden in sommerwarmen Lagen von den Niederungen bis ins Gebirge. Sie ist in Europa, Asien und Nordamerika verbreitet.

In hochmontanen und subalpinen Lagen der Mittelgebirge und Alpen treten in bodensauren Rasen und Fluren niedrigere Pflanzen mit etwas größeren, in einer lockeren Traube angeordneten Körbchen auf. Sie werden von manchen Fachleuten als selbständige Rasse gewertet.

Wegen ihres Saponin- und Gerbstoffgehaltes wird die Gemeine Goldrute in der Pharmazie zur Bereitung von heilkräftigen, schweiß- und harntreibenden Tees benutzt. Als Zusatz zu Bädern oder zu Umschlägen verwendet, wirkt die Droge entzündungswidrig und beschleunigt das Heilen von Wunden. Manchmal verwendet man auch die frischen Blätter und die Wurzel, die am wirksamsten von allen Pflanzenteilen ist.

Zungenblüte

Röhrenblüte aus der Mitte des Körbchens

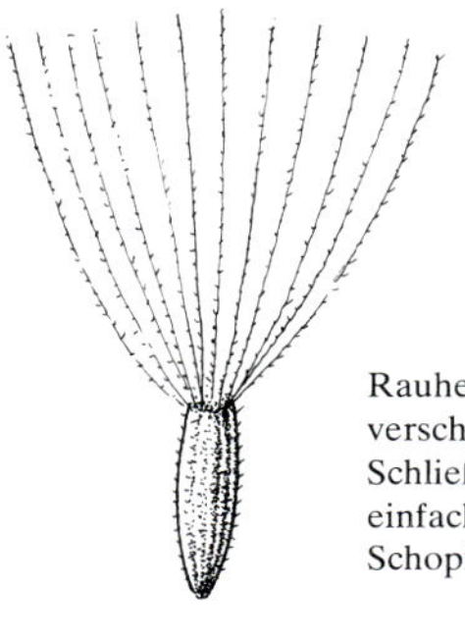

Rauhe, an beiden Enden verschmälerte Schließfrucht, auch die einfachen Haare des Schopfs sind rauh.

Korbblütler
Asteraceae

Ausdauerndes Gänseblümchen, Maßliebchen

Bellis perennis

Zungenblüte

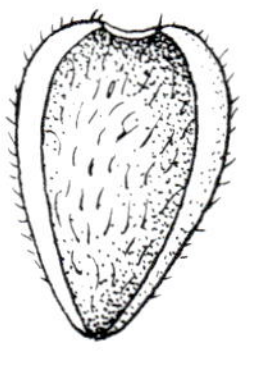

Schließfrucht ohne Haarschopf

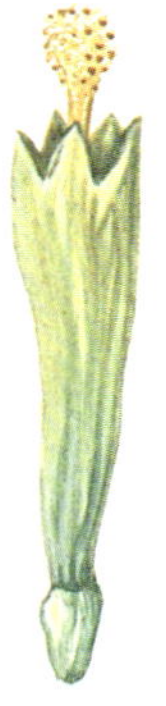

Röhrenblüte

Das ausdauernde Kraut erreicht eine Höhe von 15 cm. Die walzige Wurzel treibt eine Bodenrosette aus länglichen umgekehrt-eiförmigen bis spatelförmigen, oben abgerundeten, am Rande gekerbten oder grobgesägten, keilförmig in den breiten Stiel verschmälerten Blättern. Der flaumig behaarte Schaft trägt ein einziges Körbchen. Es hat eine doppelte Hülle. Die röhrigen gelben Scheibenblüten sind zwitterig, die zungenförmigen Strahlenblüten (am Rande des Körbchens) weiblich, weiß, an der Spitze oft rosa. Die glatten Schließfrüchte haben keinen Haarschopf.

Die Pflanzen blühen von März bis November.

Das Ausdauernde Gänseblümchen ist in Europa heimisch. Es tritt häufig in Parkrasen, Fettweiden und Wiesen als Nährstoffzeiger auf. Von den Niederungen steigt es bis in die alpine Stufe auf.

Die Droge aus den Blüten wird vor allem in der Volksheilkunde verwendet, äußerlich gegen Hautkrankheiten, innerlich als auswurfförderndes oder zusammenziehendes Mittel. Sie enthält Saponine, Schleime, Gerbstoffe, ätherisches Öl, organische Säuren und andere Wirkstoffe. Der wissenschaftliche Name der Pflanze ist vom lateinischen bellus (= hübsch, lieb) und perennis (= ganzjährig) abgeleitet, in Zusammenhang mit ihrer langen Blütezeit. In Gärten werden großblumige, oft gefüllte Formen in verschiedenen Farbtönen gezogen.

Bergaster

Aster amellus

Korbblütler
Asteraceae

Das ausdauernde Kraut hat einen kurzen, mehrköpfigen Wurzelstock. Der Stengel ist aufrecht, 20–60 cm hoch, oben in eine doldentraubenförmige Rispe verzweigt. Die Blätter sind rauhhaarig, wechselständig, lanzettlich; die unteren verschmälern sich in einen kurzen Stiel, die oberen sind sitzend, ganzrandig. Die Blütenkörbchen von etwa 3 cm Durchmesser haben eine gelbe Scheibe aus Röhrenblüten und blaßviolette bis blaue zungenförmige Strahlenblüten. Die behaarten Schließfrüchte sind von einem rötlichen Haarschopf gekrönt. Die Blüten erscheinen von Juli bis Oktober.

Die Bergaster wächst in Kalktrockenrasen und lichten Kiefernbeständen von den Niederungen bis in mittlere Gebirgslagen. Sie ist im gemäßigt-kontinentalen Europa verbreitet und reicht bis nach Westsibirien. Großblumige Gartenformen werden oft als Zierpflanzen gezogen, ähnlich wie viele andere, meist aus Amerika stammende Arten dieser Gattung.

Der Bergaster ist die Alpenaster *(A. alpinus)* ziemlich ähnlich. Ihre Stengel sind meist unverzweigt und tragen ein einziges Körbchen. Sie wächst als Kalkzeiger in alpinen Rasen.

Die Goldhaaraster *(A. linosyris)* hat schmale, lineare Blätter und blütenreiche, kleine Körbchen, die meist nur aus goldgelb gefärbten Röhrenblüten bestehen. Sie tritt zerstreut auf trockenen Hängen in wärmeren Gegenden auf. Im Unterschied zu den genannten ausdauernden Arten ist die Strandaster *(A. tripolium)* ein- oder zweijährig; sie besiedelt feuchte Salztonböden der Küsten und Salzstellen im Binnenland.

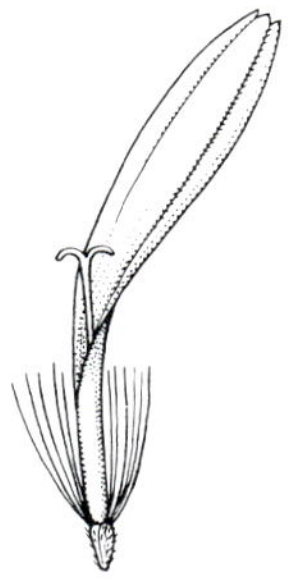

Die Zungenblüten enthalten nur einen Stempel, die Staubblätter fehlen.

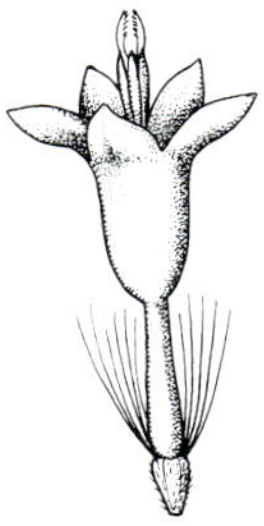

zwittrige Röhrenblüte

Schließfrucht

Korbblütler
Asteraceae

Neuenglandaster

Aster novae-angliae

Hüllblatt

Behaarung des Stengels

Das ausdauernde Kraut hat einen ausläuferartigen Wurzelstock und wird mehr als 1 m hoch. Der kräftige Stengel ist aufrecht, reichverzweigt, oben rauhaarig und drüsig. Die Stengelblätter sind länglichlanzettlich, vom Stengel abstehend, ganzrandig. Die unteren Blätter sind mit dem verschmälerten Grund sitzend oder kurzgestielt, die oberen sind stengelumfassend. Die Blätter an den Zweigen weisen eine ähnliche Form auf, sind aber kleiner. Die Blütenkörbchen sind kurzgestielt, von 2–3 cm Durchmesser, in reichen traubigen oder doldentraubigen Rispen angeordnet. Die Hülle der Körbchen ist halbkugelförmig und besteht aus pfriemlichen, mit Flaum- und klebrigen Drüsenhaaren besetzten Hüllblättern. Die Scheibenblüten sind röhrig, gelb; die 40–50 Strahlenblüten sind zungenförmig, violett oder rosafarben. Die Schließfrüchte sind behaart. Die Blüten erscheinen von September bis November.

Die Art ist im östlichen Teil Nordamerikas heimisch. In Europa wird sie wegen ihrer späten Blütezeit oft in Gärten gezogen, verwildert manchmal und erscheint dann vor allem in Ufergestrüpp.

In Gärten werden wegen ihres lange andauernden Blühens im Herbst noch eine Reihe von beständigen nordamerikanischen Arten gezogen. Sie und ihre Sorten blühen nicht nur violett, blau oder rosa, sondern auch rot und weiß; sie unterscheiden sich voneinander auch durch die Größe der Körbchen, die Höhe und Dichte (Kissenastern) ihrer Stengel.

Einjährig und ganz anderer Herkunft (China, Japan) ist unsere beliebte Sommeraster, von der es ein riesiges Sortiment gibt.

Scharfes Berufkraut

Erigeron acer

Korbblütler
Asteraceae

Das zweijährige, manchmal ausdauernde Kraut hat einen kurzen Wurzelstock. Der aufrechte Stengel wird 10–60 cm hoch und verzweigt sich oben traubenförmig. Die Blätter sind wechselständig, ungegliedert, länglich umgekehrt eiförmig, mit dem verschmälerten Grund am Stengel sitzend. Die Blütenkörbchen von 6–12 mm Durchmesser sind langgestielt und bestehen aus grünlich-gelben, röhrigen Scheibenblüten und fadenförmigen, hellvioletten, zungenförmigen, kurzen Strahlenblüten. Zwischen den Scheiben- und Randblüten sitzen gleichfalls fadenförmige, weiße Röhrenblüten. Die Schließfrüchte haben einen weißen, brüchigen, einfachen Haarschopf. Die Pflanzen blühen von Mai bis September.

Das Scharfe Berufkraut wächst zerstreut in Kalkmagerrasen und Schwemmschotterfluren von den Niederungen bis ins Gebirge. Es ist auf der ganzen nördlichen Halbkugel verbreitet.

Der wissenschaftliche Name der Pflanze ist von den griechischen Wörten eri (= zeitig) und geron (= Greis) abgeleitet, in Anspielung an den weißen Haarschopf, der auf den Schließfrüchten bald nach dem Verblühen erscheint. Im Mittelalter wurde dem Scharfen Berufkraut die Macht zugeschrieben, gegen Berufen oder Beschreien durch böse Geister zu schützen. Im deutschen Namen klingt dieser Aberglaube noch an.

Zungenblüte mit sehr schmaler Krone

Hüllblatt

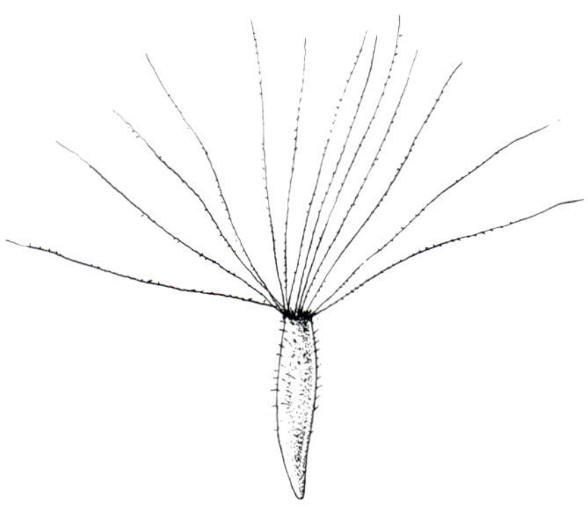

Schließfrucht

Korbblütler
Asteraceae

Kanadisches Berufkraut

Erigeron canadensis

Das Kanadische Berufkraut ist ein- oder zweijährig, 10–60 cm hoch. Der Stengel ist aufrecht, dicht beblättert, meist einfach, unverzweigt. Die in einer Bodenrosette angeordneten Grundblätter sind spatelförmig, entfernt gezähnt bis gesägt. Die Stengelblätter sind lanzettlich, ganzrandig, sitzend. Die Blütenkörbchen von 3–5 mm Durchmesser sind in einer reichen Rispe vereinigt. Die Zungenblüten in der Mitte des Körbchens sind gelblich-weiß, die Randblüten weiß oder rot überlaufen. Die Schließfrüchte haben einen schmutzigweißen Haarschopf. Die Blüten erscheinen von Juni bis Oktober.

Das aus Nordamerika stammende Kanadische Berufkraut hat sich seit dem 17. Jahrhundert in ganz Europa verbreitet. Häufig tritt es an Ödstellen, auf Brachland, Feldern, Sandböden, Schlägen und auch in den Fugen zwischen den Pflastersteinen in Städten auf. Die leichten, behaarten Schließfrüchte verbreiten sich durch den Wind leicht auf große Entfernungen, und die Pflanzen sind sehr abgehärtet und zäh. An unfruchtbaren Standorten entwickeln sich oft nur einige Zentimeter hohe Exemplare, die manchmal nur ein einziges Blütenkörbchen tragen. Auf sandigen Feldern ist das Berufkraut ein häufiges, aber ungefährliches Unkraut.

Als Heilpflanze ist das Kanadische Berufkraut wenig bekannt. Es regelt die Bildung der weißen Blutkörperchen, wirkt diuretisch und blutstillend. Es enthält ätherisches Öl, das bei empfindlichen Personen die Haut reizen kann.

Waldruhrkraut

Gnaphalium sylvaticum

Korbblütler
Asteraceae

Das ausdauernde, 10–60 cm hohe Kraut hat einen kurzen Wurzelstock. Die aufrechten Stengel sind meist einfach, dicht beblättert. Die Blätter sind lanzettlich, ganzrandig, in einen sehr kurzen Stiel verschmälert, besonders unterseits filzig. Die kleinen kurzgestielten Blütenkörbchen wachsen zu mehreren aus den Achseln der Deckblätter hervor. Alle hellbraunen Blüten sind röhrig. Die Randblüten sind weiblich, die Scheibenblüten zwittrig; die Staubbeutel sind zu einer Röhre verwachsen, die vom langen Griffel mit zwei Narben durchwachsen wird. Die Schließfrüchte sind klein und behaart. Die Blüten erscheinen von Juli bis September.

Das Waldruhrkraut tritt von den Niederungen bis zur Waldgrenze häufig in Waldverlichtungen und Schlägen, an Waldwegen und in Magerrasen auf. Es ist in ganz Europa verbreitet und wächst auch in den östlichen Gebieten Nordamerikas. Wird es vom Vieh in größeren Mengen gefressen, kann es die Milchbildung hemmen.

Das verwandte Norwegische Ruhrkraut (G. norvegicum) kommt als arktisch-alpin verbreitete Art in Mittelgebirgen und Alpen vor. Die Blätter haben unterseits drei hervortretende Nerven, im Unterschied zum Waldruhrkraut, das einnervige Blätter hat.

Hüllblatt mit hufeisenförmigem Fleck unter der Spitze

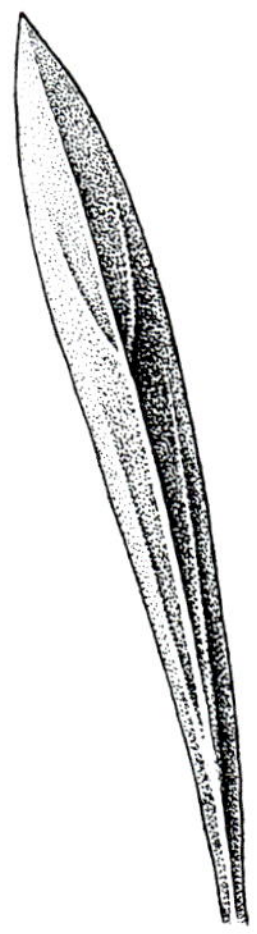

Blattunterseite mit Adern

Korbblütler
Asteraceae

Sumpfruhrkraut

Gnaphalium uliginosum

Hüllblatt

Schließfrucht

Das einjährige, wollig-filzige, selten kahle Kraut ist 5–20 cm hoch. Die Stengel sind von unten an reichverzweigt, weitgehend liegend, kreisförmig ausgebreitet. Die spatelförmigen wechselständigen Blätter sind einnervig und haben einen glatten Rand. Die unteren Blätter sind stumpf, in Richtung nach oben werden sie spitziger. Die kleinen Blütenkörbchen sind zu mehreren in endständigen Knäueln vereinigt, die von einigen langen, filzigen Deckblättern umgeben sind. Die Hüllblätter sind bräunlich gelb, lanzettlich und kahl. Die kleinen Blüten sind weißlich oder gelblich gefärbt. Die glatten Schließfrüchte weisen einen einreihigen, leicht abfallenden Haarschopf auf. Blütezeit von Juni bis Oktober.

Diese eurasische Art wurde auch nach Nordamerika eingeschleppt. Sie besiedelt feuchte Böden, tritt in Gräben, an Wegrändern und in Teichgegenden auf und erscheint in großen Mengen auf Schlamm von im Sommer trockengelegten Teichen. Oft ist sie auch als Unkraut in nassen Feldern mit Oberflächenverdichtung zu finden.

Der Gattungsname bezieht sich auf der Äußere der Pflanze: gnaphalon (griechisch) = Wolle, Filz.

Durch seine in Knäueln gehäuften, von langen weißfilzigen Deckblättern umgebenen Blütenkörbchen erinnert das Sumpfruhrkraut stark an das viel größere, dekorative Edelweiß *(Leontopodium alpinum),* das früher derselben Gattung zugeordnet wurde. Das Edelweiß ist eine ausdauernde Pflanze mit aufrechten Stengeln. Die Blütenstände sind an den Stengelspitzen zu Knäueln gehäuft und von dicht weißfilzigen, kreisförmig ausgebreiteten Deckblättern umgeben. Es tritt in Zentralasien (Altai) sowie in europäischen Böden auf und gehört zu den in Europa am längsten geschützten Arten (Wappenpflanze des Deutschen und Österreichischen Alpenvereins).

Dürrwurzalant, Dürrwurz

Inula conyza

Korbblütler
Asteraceae

Der Dürrwurzalant ist ein ausdauerndes Kraut, dessen langer Wurzelstock an der Spitze die Überreste abgestorbener Deckblätter trägt. Der aufrechte, am Grunde verholzende Stengel wird 20–70 cm hoch und ist oben rispenförmig verzweigt. Die länglich-eiförmigen Blätter verschmälern sich keilförmig in einen kurzen Stengel. Am Rande sind sie seicht gezähnt, unterseits filzhaarig. Die Blütenkörbchen sind an den Zweigenden gehäuft und bilden eine reiche Rispe. Es sind nur Röhrenblüten vorhanden. Sie sind bräunlichgelb gefärbt und haben eine dachziegelartig angeordnete Hülle. Die äußeren Hüllblätter sind an der Spitze höckerig abstehend. Die Schließfrüchte sind anliegend behaart, mit einem einfachen Haarschopf. Die Blüten erscheinen von Juli bis September.

Die Art wächst im Saum von Trockengebüschen und in lichten Eichen-Kiefernwäldern und Waldverlichtungen. Sie ist von den Niederungen bis ins Gebirge, im Mittelmeergebiet und in klimatisch milden europäischen Gebieten verbreitet (submediterran).

Der wissenschaftliche Gattungsname kommt vom griechischen hinein (= reinigen). Die Wurzelstöcke, vor allem die des verwandten Echten Alants *(I. helenium)*, wirken nämlich desinfizierend. Der Echte Alant ist eine alte Heilpflanze. Er stammt aus Mittelasien, vielleicht auch aus Südosteuropa. Er ist eine stattliche, bis 150 cm hohe Staude mit einem walzigen Wurzelstock, der beträchtliche Inulinmengen enthält. Er wird bis auf den heutigen Tag in der Pharmazie benutzt.

dachziegelartig angeordnete Hüllblätter

einzelnes Hüllblatt

Korbblütler
Asteraceae

Weidenblättriger Alant

Inula salicina

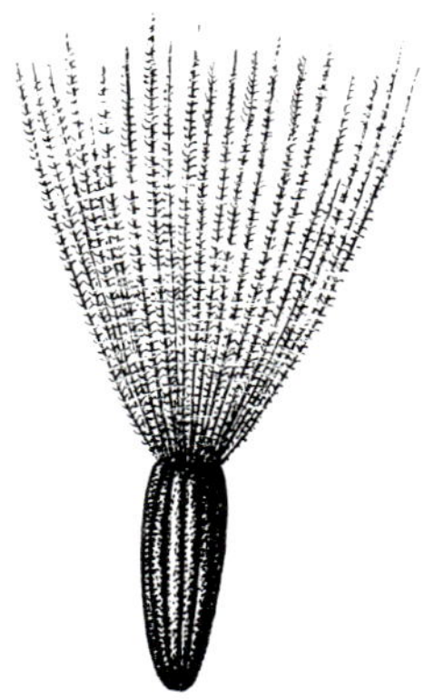

gefurchte Schließfrucht

Blattanfügung

Der Weidenblättrige Alant ist ein ausdauerndes Kraut mit einem kriechenden Wurzelstock. Die unverzweigten Stengel sind aufrecht, 20–60 cm hoch, dicht beblättert. Die Blätter sind kahl, derb, lanzettlich, fast ganzrandig, wechselständig, mit dem herzförmigen Grund sitzend. Die Blütenkörbchen von etwa 3 cm Durchmesser sind zymös oder in lockeren Doldentrauben angeordnet. Die Scheibenblüten sind röhrig, die Strahlenblüten zungenförmig, beide goldgelb. Die kahlen Schließfrüchte haben einen einfachen Haarschopf. Die Pflanzen blühen von Juni bis Oktober.

Die Art tritt in Moorwiesen sowie Trockenrasen auf Lehm- und Tonboden, sodann im Saum sonniger Gebüsche und Wälder von Kalkgebieten in den Niederungen und im Hügelland auf. Sie ist in ganz Eurasien verbreitet.

Der Schwertblättrige Alant *(I. ensifolia)* hat ebenso kahle Blätter wie die abgebildete Art, sie sind aber schmal, manchmal bis linear. Bei den anderen Arten sind die Blätter wenigstens unterseits behaart. Zottige Blätter mit kleinen Drüsen weist der Rauhhaarige Alant *(I. hirta)* auf. Der Deutsche Alant *(I. germanica)* hat weichhaarige Blätter und kleine, etwa 1 cm große Körbchen. Beim Wiesenalant *(I. britannica)* finden sich größere Körbchen. Die Stengelblätter sind nur unterseits wollig behaart. Das Christusauge *(I. oculus-christi)* hat gleichfalls größere Körbchen, aber die Blätter sind beiderseits seidig weißhaarig. Es ist eine Pflanze des östlichen Mittelmeergebietes und westlichen Asiens.

Nickender Zweizahn

Bidens cernua

Korbblütler
Asteraceae

Der Nickende Zweizahn ist ein einjähriges, stattliches, manchmal bis 1 m hohes Kraut mit aufrechten, einfachen oder nur oben kurz verzweigten Stengeln. Die hellgrünen Blätter sind gegenständig, ungegliedert, länglich-lanzettlich, am Rande seicht, aber scharf gesägt, mit dem verschmälerten Grund sitzend. Die gestielten Blütenkörbchen von 2 cm Durchmesser wachsen einzeln hervor und sind herabgeneigt (nikkend). Die äußeren Hüllblätter sind laubblattartig vergrößert. Die Röhrenblüten der Scheibe und die zungenförmigen Randblüten sind gelb. Die vierkantigen Schließfrüchte sind an den Kanten mit rückwärts gebogenen Borsten ausgestattet. Auch der Haarschopf wird von vier borstigen, rückwärts gerichteten Grannen gebildet. Die Pflanzen blühen von Juli bis September.

Die Art tritt von den Niederungen bis ins Hügelland auf der ganzen nördlichen Halbkugel auf. Ihre Standorte sind die schlammigen Ufer von Flüssen, Teichen und Tümpeln. Sie fehlt nur in Gebieten mit ausgesprochen kontinentalem Klima.

Der wissenschaftliche Gattungsname ist vom lateinischen bis (= zweimal) und dens (= Zahn) abgeleitet, nach den Schließfrüchten mancher Arten, die nur zwei Zähne (Grannen) aufweisen. Diese Einrichtung ist für die Verbreitung der Pflanzen durch Tiere und Menschen bedeutsam. Die reifen Schließfrüchte lösen sich aus den verblühten Körbchen und haften mit ihren rückwärts gerichteten Grannen am Gefieder von Vögeln, am Haarkleid von Tieren oder an den Kleidern der Menschen und gelangen so in die weite Umgebung.

Zungenblüte

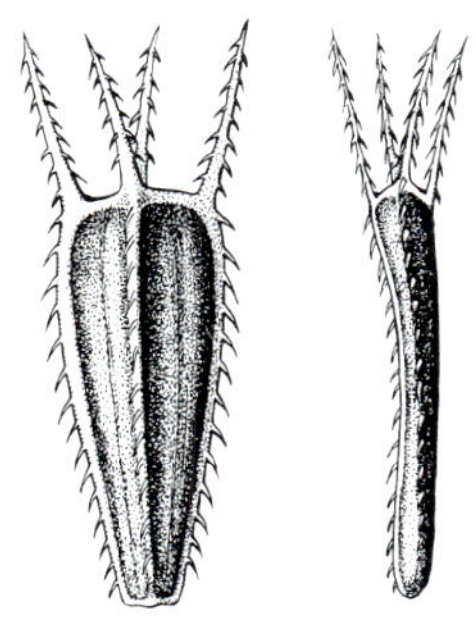

Schließfrucht von vorne und von der Seite mit Haarschopf aus vierborstigen Grannen

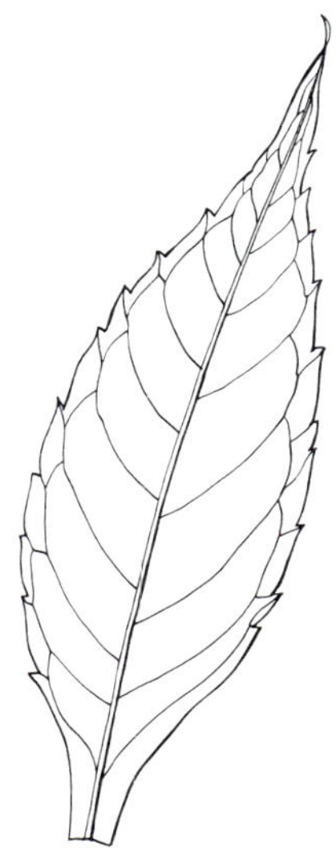

Blattform

Korbblütler
Asteraceae

Dreiteiliger Zweizahn

Bidens tripartita

Der Dreiteilige Zweizahn ist ein einjähriges, 20–100 cm hohes Kraut mit aufrechten, gegenständig verzweigten, oft rotbraun gefärbten Stengeln. Die Blätter sind gegenständig, meist dreiteilig, mit geflügelten Stielen. Ihre Abschnitte sind eiförmig bis lanzettlich, grobgesägt. Die kugeligen Blütenkörbchen sitzen an den Zweigspitzen. Ihr Durchmesser beträgt etwa 2 cm, die äußeren Hüllblätter sind laubblattartig vergrößert. Es sind nur braungelbe Röhrenblüten vorhanden. Die flachen Schließfrüchte sind stachelkantig, mit zwei oder drei Grannen, deren Stacheln rückwärts gerichtet sind. Die Pflanzen blühen von Juli bis Oktober.

Der Dreiteilige Zweizahn wächst an feuchten und sumpfigen Standorten, in Gräben, Ufergestrüpp und auf Schutthalden von den Niederungen bis ins Gebirge. Er ist in ganz Eurasien verbreitet.

Dichte Bestände der vorliegenden Art bedecken oft Entwässerungsgräben und setzen so ihren Durchfluß herab. Die in großen Mengen ins Wasser fallenden, begrannten Schließfrüchte können eine Gefahr für die Fische darstellen; sie bleiben mit ihren Borsten in deren Mäulern und Kiemen stekken, erschweren die Nahrungsaufnahme und können sogar zu ihrem Verenden führen.

Röhrenblüte

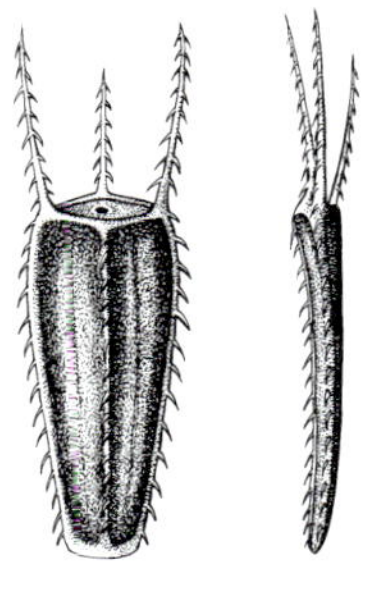

Schließfrucht von vorne und von der Seite mit 3 widerborstigen Grannen

dreiteiliges Blatt mit geflügeltem Stiel

Schlitzblättrige Rudbeckie, Sonnenhut

Rudbeckia laciniata

Korbblütler
Asteraceae

Das ausdauernde, 50–250 cm hohe Kraut hat einen kriechenden Wurzelstock, aus dem aufrechte, oben verzweigte Stengel hervorwachsen. Die wechselständigen Blätter sind im unteren Teil des Stengels doppelt fiederschnittig; die eiförmigen Abschnitte haben einen gesägten Rand. Im oberen Teil des Stengels sind die Blätter ungegliedert, eiförmig und fast ganzrandig. Die Körbchen sitzen einzeln auf langen Stielen, sie sind halbkugelig, von 7–12 cm Durchmesser. Die röhrigen Scheibenblüten sind dunkelbraun, die zungenförmigen Randblüten bis 8 mm breit, zurückgeschlagen, goldgelb gefärbt. Der Haarschopf der flachen Schließfrüchte ist zu einem schmalen Saum zurückgebildet.

Die Schlitzblättrige Rudbeckie stammt aus Nordamerika. Sie wird oft in Gärten gezogen und verwildert leicht. Sie wächst entlang von Wegen, Eisenbahnlinien und in Ufergestrüpp.

Für alle Arten der Gattung *Rudbeckia* ist der halbkugelig gewölbte Korbboden, auf dem die röhrigen Scheibenblüten sitzen, charakteristisch. Die hohe, stattliche Schlitzblättrige Rudbeckie ist ganz kahl, im Unterschied zu der niedrigeren (10–80 cm hohen) Rauhhaarigen Rudbeckie *(R. hirta),* die gleichfalls amerikanischen Ursprungs ist. Wegen ihrer zierenden gelben bis braunroten Körbe werden oft Kreuzungen der Rauhhaarigen Rudbeckie mit anderen Arten kultiviert. Besonders beliebt sind gefüllte Formen, bei denen alle Blüten im Körbchen zungenförmig sind.

Schließfrucht

Grundblatt

gefüllte Blütenköpfe

Korbblütler
Asteraceae

Topinambur, Erdbirne

Helianthus tuberosus

unterirdische Knollen

zwittrige röhrige Scheibenblüte

Der Topinambur ist ein ausdauerndes, stattliches, 60–250 cm hohes Kraut mit unterirdischen kartoffelähnlichen Knollen. Die aufrechten, rauhen Stengel sind im oberen Teil verzweigt und haben gegenständige, gestielte, herzförmig-eiförmige, am Rande grobgesägte Blätter. Die Blütenkörbchen von 4–8 cm Durchmesser wachsen einzeln an den Zweigenden hervor. Die Scheibenblüten sind zwittrig, gelb und fertil, die zungenförmigen Randblüten sind gleichfalls gelb, aber steril. Der Haarschopf der breit eiförmigen Schließfrüchte ist in einige gewimperte Grannen umgewandelt. Die Pflanzen blühen von August bis Oktober.

Die Art stammt aus Nordamerika. Sie wird als Viehfutter kultiviert (Kraut und Knollen) oder als Gemüse. Auch die Jäger pflanzen diese Art oft auf Schlägen für das Wild. Topinambur verwildert leicht und tritt entlang von Wegen, Wasserläufen und besonders an anderen Ruderalplätzen auf.

Viel bekannter und gleichfalls amerikanischen Ursprungs ist die einjährige Sonnenblume *(H. annuus)*. Man kultiviert sie als Zierpflanze und wegen der Samen, die einen hohen Ölgehalt haben (Speiseölgewinnung). Der wissenschaftliche Gattungsname der Pflanze ist vom griechischen helios (= Sonne) und anthos (= Blüte) abgeleitet, wegen der großen, goldgelben Körbe. Bei den Sonnenblumen sind die Bewegungen der Blütenkörbe auffallend, die sich tagsüber nach der Sonne drehen.

Zottiges Franzosenkraut

Galinsoga ciliata

Korbblütler
Asteraceae

Das einjährige Kraut wird 10–60 cm hoch. Es hat einen aufrechten, weit ausladend verzweigten Stengel, der bis nach oben dicht mit abstehenden, weißen, steifen Haaren besetzt ist. Die Blätter sind gegenständig, ungegliedert, seicht gesägt, in einen kurzen Stiel verschmälert. Die kleinen Körbchen von 3–5 cm Durchmesser bestehen aus zahlreichen, zwittrigen Röhrenblüten und einigen (in der Regel fünf) weißen Zungenblüten, die gewöhnlich weiblich sind. Sie sind zu lockeren Trugdolden vereinigt. Aus den Röhrenblüten der Scheibe entstehen eiförmige Schließfrüchte, die oben von einem Haarschopf aus silbrigweißen Schuppen gesäumt sind. Aus den zungenförmigen Randblüten bilden sich abgeflachte Schließfrüchte mit einem verkümmerten Haarschopf. Die Pflanzen blühen von Juni bis Oktober.

Das Zottige Franzosenkraut stammt aus Mittelamerika. In Europa hat es sich erst in diesem Jahrhundert verbreitet, tritt aber heute besonders in Gegenden mit intensivem Gemüsebau in großen Mengen auf. Es wächst als Unkraut auf fruchtbaren, feuchten Böden der Felder, in Gärten und auf Schutthalden.

Die Art ist sehr vital. Sie kann bereits zwei Wochen nach der Keimung blühen und erzeugt eine ungeheure Menge von Samen, aus denen sich nach jedem Lockern des Bodens neue Generationen der Pflanze entwickeln. Sie bleiben zwei Jahre und länger keimfähig. Ausgegrabene Pflanzen, die am Boden liegenbleiben, wurzeln sich wieder leicht ein. Alle diese Eigenschaften machen das Franzosenkraut zu einem hartnäckigen, lästigen Unkraut in Hackfrüchten und Gemüsegärten.

Röhrenblüte

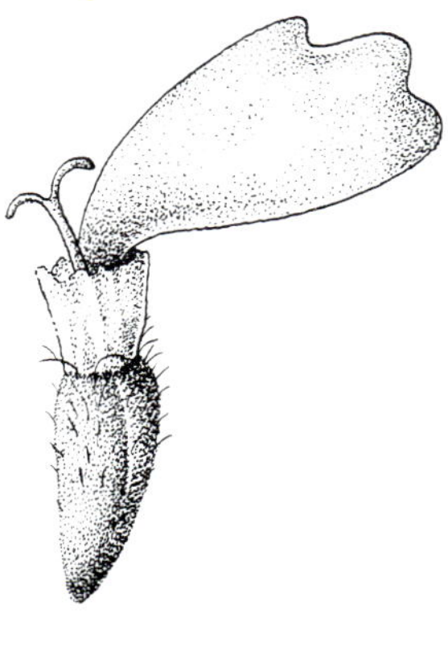

Zungenblüte

Korbblütler
Asteraceae

Kleinblütiges Franzosenkraut

Galinsoga parviflora

weibliche zungenförmige
Strahlenblüten

regelmäßige röhrige
Scheibenblüte

Das Kleinblütige Franzosenkraut ist einjährig, 10–60 cm hoch, der vorstehenden Art sehr ähnlich. Es unterscheidet sich von ihr durch die fast kahlen Stengel und die dreispaltigen Spreublätter im Körbchen (im Unterschied zu den fast ungeteilten Spreublättern im Korb des Zottigen Franzosenkrauts).

Die Art ist ein Kosmopolit. Sie stammt aus Südamerika, wurde aber im vorigen Jahrhundert fast in alle Länder der Erde eingeschleppt. Nach Europa gelangte sie über die botanischen Gärten in Madrid, Paris und an anderen Orten, wo diese Pflanze gezogen wurde. Sie verunkrautete erst die Umgebung der botanischen Gärten und von dort verbreitete sie sich rasch weiter. Bald wurde sie – aus denselben Gründen wie das Zottige Franzosenkraut – zu einem sehr gefährlichen Unkraut der Gärten und Felder mit intensivem Gemüsebau. Sie wächst zwar auf ähnlichen oder denselben Standorten, aber im Unterschied von der vorhergehenden Art vorwiegend auf Sandböden.

Obwohl die Art aus einem Gebiet mit tropischem Klima stammt, bringt sie auch unter den rauheren klimatischen Bedingungen Europas an günstigen Standorten ungeheure Samenmengen hervor, die gegen Feuchtigkeit und Kälte widerstandsfähig sind und einige Jahre ihre Keimfähigkeit bewahren.

Ackerhundskamille

Anthemis arvensis

Korbblütler
Asteraceae

Das einjährige, 10–40 cm hohe Kraut hat einen aufrechten oder aufsteigenden Stengel, der oft schon von unten an reichverzweigt, manchmal wollig behaart, in anderen Fällen kahl ist. Die Blätter sind wechselständig, doppelt fiederspaltig, mit etwa 1 mm breiten Abschnitten. Die Blütenkörbchen sind gestielt, stehen einzeln und haben einen Durchmesser von 2–3 cm. Ihre Hülle ist halbkugelig, der Korbboden ist kegelförmig, markig. Die röhrigen Scheibenblüten sind gelb, die zungenförmigen Strahlenblüten weiß. Die gelben, kantigen Schließfrüchte haben keinen Haarschopf; oft weisen sie oben nur einen häutigen Saum auf. Die Pflanzen blühen von Mai bis Oktober.

Die Ackerhundskamille stammt aus dem Mittelmeergebiet, ist aber schon längst in ganz Europa heimisch geworden. Sie kommt häufig als Versauerungszeiger in Getreidefeldern, an Wegen, auf Rainen, Schutthalden und Brachland vor.

Manchmal wird sie mit der Echten Kamille *(Matricaria chamomilla* – siehe S. 373) verwechselt, ist aber als Droge völlig wertlos, denn sie enthält keine Wirkstoffe. Ein sicheres Unterscheidungsmerkmal beider Arten ist der Korbboden, der bei der Kamille hohl, bei der Ackerhundskamille markig ist. Auf Schutthalden erscheint selten die ähnliche, aber unangenehm riechende Stinkhundskamille *(A. cotula)*. Der wissenschaftliche Gattungsname der Pflanze ist vom griechischen anthemos (= blumig) abgeleitet.

Blattform

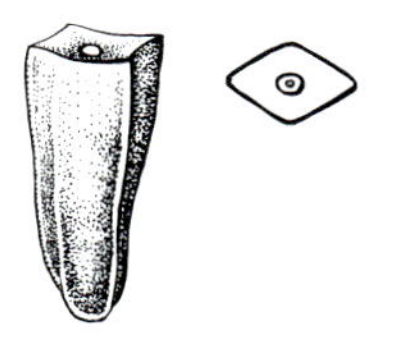

Schließfrucht aus der Mitte des Körbchens

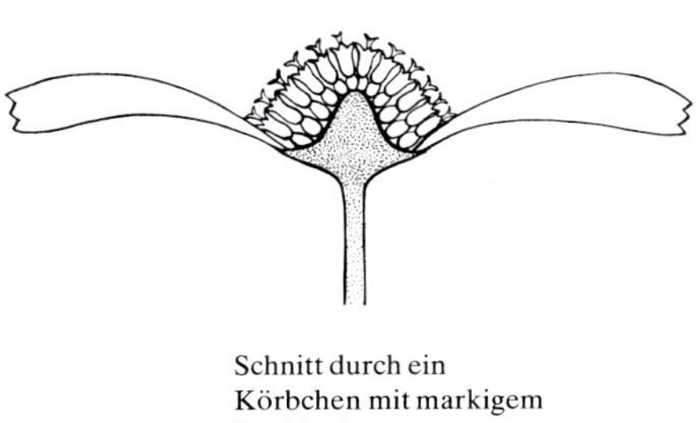

Schnitt durch ein Körbchen mit markigem Korbboden

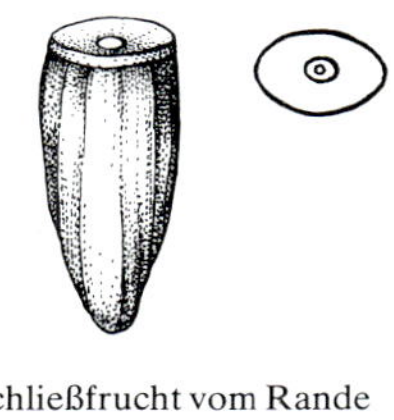

Schließfrucht vom Rande des Körbchens

Korbblütler
Asteraceae

Färberhundskamille

Anthemis tinctoria

weibliche Zungenblüte mit deutlichen Narben

Schließfrüchte

Blattform

Die Färberhundskamille ist ein ausdauerndes, 20–60 cm hohes Kraut mit einem verzweigten, mehrköpfigen Wurzelstock. Die aufrechten Stengel sind einfach, manchmal oben schwach verzweigt, wollig behaart. Die wechselständigen Blätter sind fiederspaltig, die Abschnitte am Rande gezähnt. Die Körbchen von 2–4 cm Durchmesser sitzen einzeln an den Zweigspitzen. Die sattgelben Röhren- und Zungenblüten sind auf einem halbkugeligen Blütenboden angeordnet. Die vierkantigen Schließfrüchte sind an der Spitze mit einem häutigen Saum ausgestattet. Die Blüten erscheinen von Juli bis September.

Die Färberhundskamille wächst in besonnten Felsbandgesellschaften und Trockenrasen, vor allem auf kalkreichem Untergrund in wärmeren Gegenden. Sie tritt von den Niederungen bis ins Hügelland auf. Oft verbreitet sie sich sekundär auf Rainen, Aufschüttungen und entlang von Verkehrswegen, wohin sie mit kalkhaltigem Schotter gelangt. Sie ist vom Mittelmeergebiet über ganz Europa bis nach Westasien verbreitet.

Diese Art unterscheidet sich von allen anderen weißblühenden Hundskamillenarten durch die Farbe ihrer Körbchen. Der Artname bezieht sich auf ihre frühere Verwendung als Färberpflanze. Zum Färben wurden die natürlichen Farbstoffe Xanthophyll und Karotin benutzt, die in den Körbchen enthalten sind.

Gemeine Schafgarbe

Achillea millefolium

Korbblütler
Asteraceae

Das ausdauernde, 10–50 cm hohe Kraut hat einen kriechenden Wurzelstock, dem eine Blattrosette und einfache, dichtbeblätterte blütentragende Stengel entspringen. Der Stengel und die Blätter sind wollig behaart bis kahl. Die Blätter sind wechselständig, im Umriß lanzettlich bis linear, sitzend oder kurzgestielt, 2–3fach fiederteilig. Die kleinen Körbchen sind an der Stengelspitze in reichen doldentraubigen Blütenständen angeordnet. Die gelbgrünen Hüllen sind eiförmig; in der Mitte des kegelförmigen Korbbodens sitzen fünfzählige, zwittrige Röhrenblüten. Am Rand des Korbbodens befinden sich fünf symmetrische, weibliche Zungenblüten. Ihre weißen, manchmal rosa überlaufenen Kronen sind fast rund, deutlich gezähnt. Die länglichen, zusammengedrückten Schließfrüchte sind silbergrau. Blütezeit ist von Juli bis September.

Die Gemeine Schafgarbe ist eine eurasische Art, die auch in andere Kontinente eingeschleppt wurde. Sie tritt häufig auf trockenen Wiesen, Rainen, Weiden, an Wegen und Waldrändern auf.

Die Art ist eine uralte Heilpflanze. Sie enthält ätherisches Öl, Bitterstoffe, Gerbstoffe und viele andere Wirkstoffe. Bei innerlicher Verwendung regelt sie die Verdauung. In der Volksheilkunde benutzt man sie äußerlich auf Wunden, weil sie blutstillend wirkt. Der wertvollste Wirkstoff ist das entzündungswidrige Chamazulen, das aber nicht in allen Pflanzen enthalten ist. Zur Gewinnung hochwertiger pharmazeutischer Rohstoffe wird es notwendig sein, Pflanzen mit einem höheren Gehalt an diesem Stoff hochzuzüchten.

Blatt

Röhrenblüte

Wurzelstock mit Teil des Stengels und Blatt

Korbblütler
Asteraceae

Sumpfschafgarbe, Bertramschafgarbe

Achillea ptarmica

Körbchen mit Hülle und Zungenblüten

Die Sumpfschafgarbe ist ein ausdauerndes, 20–150 cm hohes Kraut mit einem verholzenden kriechenden Wurzelstock. Die aufrechten Stengel sind einfach, im Blütenstand an der Stengelspitze rispenförmig verzweigt, dicht beblättert. Die Blätter sind schmal lanzettlich, wechselständig und sitzend, am Rande fein gesägt. Die Zähnchen sind knorpelig. Auf der Scheibe der etwa 15 mm großen Köpfchen sitzen schmutzigweiße Röhrenblüten und 8–13 eiförmige, weiße Zungenblüten. Die stark abgeflachten Schließfrüchte haben keinen Haarschopf. Die Pflanzen blühen von Juli bis September.

Die Sumpfschafgarbe wächst in Naß- und Moorwiesen, in Gräben, Röhricht und auf Torfmooren in Niederungen und im Hügelland. In Gärten werden häufig hochgezüchtete gefüllte Formen kultiviert, bei denen alle Blüten zungenförmige Kronen aufweisen. Sie ist in ganz Eurasien verbreitet.

Ähnlich wie die Gemeine Schafgarbe fand auch diese Art früher medizinische Verwendung. In der Volksheilkunde wurde sie als schweißtreibendes Mittel benutzt.

Der wissenschaftliche Gattungsname ist nach Plinius dem Älteren vom Namen des Achilles (dem Schüler von Chiron) abgeleitet, der die Pflanze als erster zu medizinischen Zwecken verwendet haben soll.

Echte Kamille

Matricaria chamomilla

Korbblütler
Asteraceae

Das einjährige, 30–50 cm hohe, wohlriechende Kraut hat eine dünne, spindelförmige Wurzel. Die Stengel sind aufrecht, verzweigt und kahl. Die wechselständigen, doppelt bis dreifach fiederteiligen Blätter haben flache, schmale, bis fadenförmige Abschnitte. Die Hülle der blühenden Körbchen ist einreihig. Die Scheibenblüten am Rand sind klein, röhrig, zwitterig, die gelben Strahlenblüten sind zungenförmig weiß, in der Regel herabgebogen. Der Korbboden ist kegelig gewölbt und hohl. Die Schließfrüchte sind sehr klein. Die Pflanzen blühen von Juni bis September.

Die Echte Kamille ist fast in ganz Europa, Westasien, Nordamerika und Australien verbreitet. Oft wächst sie als Unkraut auf Feldern und Brachland, an Wegrändern und Schutthalden, deren Böden lehmig, meist kalkarm und mäßig sauer sind. Wo sie nicht spontan vorkommt, z. B. in höheren Bergregionen der Alpen, wird sie in Gärten kultiviert.

Sie wird seit alters als Heilpflanze verwendet. Schon ihr Gattungsname, der vom lateinischen mater (= Mutter) abgeleitet ist, deutet an, daß sie im Altertum gegen Frauenleiden benutzt wurde. Die Pflanze enthält viele Wirkstoffe, vor allem ein duftendes ätherisches Öl, dessen Hauptbestandteil Matricin ist, aus dem beim Aufguß das wirksame Chamazulen entsteht. Beträchtliche Drogenmengen (getrocknete Blütenkörbchen ohne Stiele) verarbeitet die pharmazeutische Industrie zur Erzeugung verschiedener Präparate zum innerlichen und äußerlichen Gebrauch. Die Kamille behebt Blähungen, wirkt krampflösend auf die glatte Muskulatur und schweißtreibend. Äußerlich wird sie als mildes Antiseptikum verwendet und wirkt beim Heilen von Wunden entzündungswidrig und zusammenziehend. Breite Verwendung findet sie aber auch in der Kosmetik.

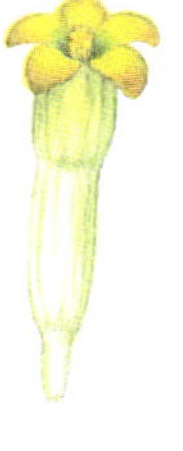

Röhrenblüte

Schließfrucht

Zungenblüte

Korbblütler
Asteraceae

Strahllose Kamille

Matricaria discoidea

Das einjährige, 5–40 cm hohe Kraut ist stark aromatisch. Der aufrechte Stengel ist verzweigt und dicht beblättert. Die wechselständigen Blätter sind sitzend, die Spreiten 2–3fach fiederschnittig, mit schmalen, linearen Abschnitten. Die Zweige tragen an den Spitzen einzelne kurzgestielte Körbchen von 5–8 mm Durchmesser. Zungenförmige Randblüten fehlen; die vierzähnigen gelbgrünen Scheibenblüten sitzen auf einem hohlen Korbboden. Die kleinen Schließfrüchte haben keinen Haarschopf. Die Pflanzen blühen in den Monaten Juni bis August.

Die Strahllose Kamille stammt aus Nordamerika und Nordasien. Nach Europa gelangte sie über die botanischen Gärten, wo sie als neue Pflanze kultiviert wurde. In der zweiten Hälfte des 19. Jahrhunderts verwilderte sie und begann sich aus den botanischen Gärten lawinenartig entlang der Verkehrswege zu verbreiten. Heute tritt sie häufig auf Dorfplätzen, an Wegen und auf Ödstellen auf, vor allem in Siedlungsnähe, denn die verschleimenden Früchte haben Klebverbreitung. Der Neubürger ist heute von der Ebene bis in mittlere Gebirgslagen (Alpendörfer) anzutreffen.

Die Art hat ein duftendes, ätherisches Öl. Ihr fehlt aber der Wirkstoff Chamazulen, so daß sie nicht entzündungswidrig wirkt.

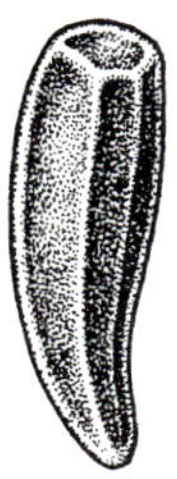

Schließfrüchte

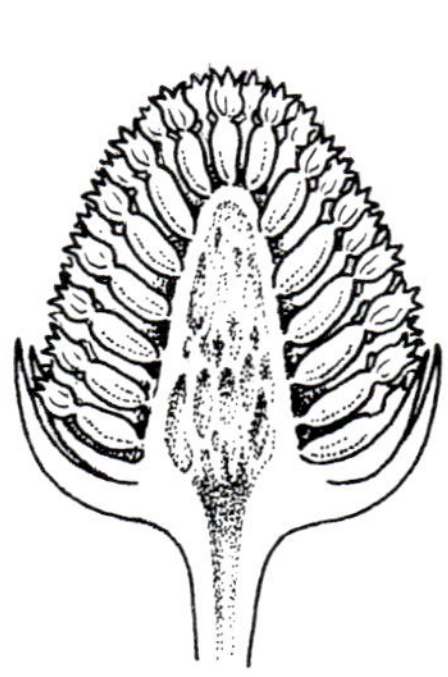

Schnitt durch das Körbchen mit hohlem Korbboden

Geruchlose Kamille

Tripleurospermum maritimum

Korbblütler
Asteraceae

Die Geruchlose Kamille ist ein einjähriges Kraut mit einem aufrechten, bis 1 m hohen, oben verzweigten Stengel. Die Blätter sind wechselständig, sitzend, im Umriß eiförmig, mehrfach fiederteilig. Die fadenförmigen Abschnitte sind unterseits eingedrückt. Die langgestielten Körbchen von 2–4 cm Durchmesser sitzen einzeln an den Zweigspitzen. Die Scheibenblüten sind gelb, die Randblüten weiß und waagerecht angeordnet, die Schließfrüchte ohne Haarschopf. Blütezeit: Juni bis Oktober.

Die Art tritt sehr häufig an Ödstellen und auf Schutthalden, Dorfplätzen, entlang von Wegen und Autobahnen, in Gräben und als Unkraut stark gedüngter Äcker von den Niederungen bis ins Hügelland auf. Sie ist in Europa und Westsibirien vom Süden bis in jenseits des Polarkreises liegende Gebiete verbreitet.

Auf Salzböden der westeuropäischen Küste wachsende Pflanzen sind ausdauernd, großblumiger, niederliegend, schon vom Grunde an verzweigt. Sie werden von den Botanikern als selbständige Art gewertet.

Die Geruchlose Kamille wird manchmal mit der Echten Kamille verwechselt. Sie läßt sich von dieser mit Sicherheit dadurch unterscheiden, daß ihr gewölbter Korbboden nicht hohl ist wie bei der Echten Kamille, sondern markerfüllt. Manche Fachleute ordnen die Geruchlose Kamille der Gattung *Matricaria* zu. Ihr damaliger Artname, *inodora* (= lat. geruchlos), wies, wie der deutsche Name auf die Tatsache hin, daß die Pflanzen nicht duften.

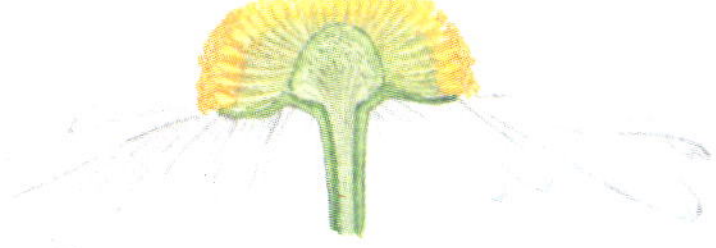

Schnitt durch das Körbchen mit markigem Korbboden

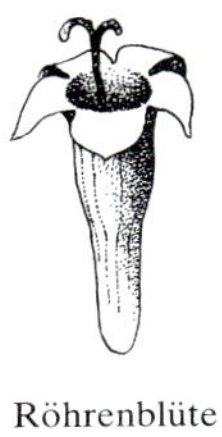

Röhrenblüte

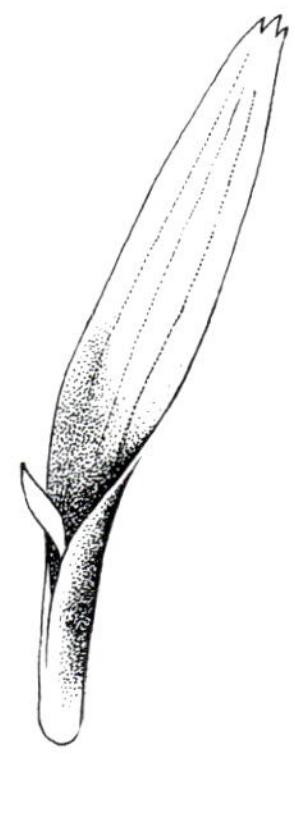

Zungenblüte

Korbblütler
Asteraceae

Wiesenmargerite

Chrysanthemum leucanthemum

Schließfrucht

röhrenförmige
Scheibenblüte

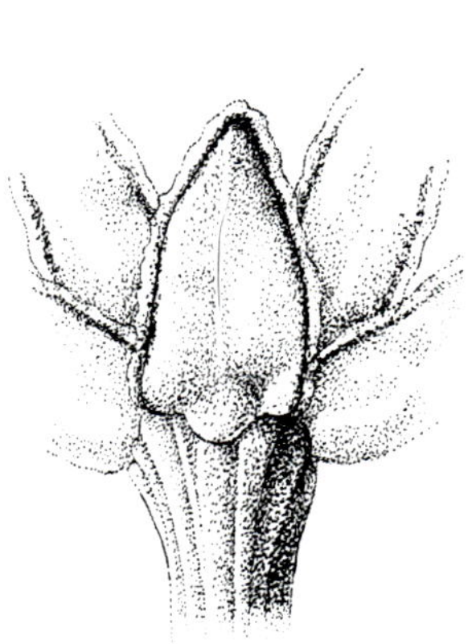

Hüllblatt

Das ausdauernde Kraut hat einen kurzen Wurzelstock und aufrechte, meist unverzweigte, 10–80 cm hohe Stengel. Die Blätter sind spatelförmig bis umgekehrt lanzettlich, die Grundblätter verschmälern sich allmählich in einen langen Stiel. Die Stengelblätter sind in Richtung nach oben mit dem verschmälerten bis abgerundeten Grund allmählich sitzend, wechselständig, am Rande gekerbt, nach oben zu allmählich gesägt bis ganzrandig. Die Körbchen stehen auf langen Stielen einzeln an der Spitze des Stengels oder der spärlichen Äste. Sie haben einen Durchmesser von 3–6 cm. Die Hülle ist dachziegelartig angeordnet und besteht aus grünen, braun gesäumten Hüllblättern. Die Scheibenblüten sind fünfzähnig, gelb, die Zungenblüten weiß. Die gerippten Schließfrüchte weisen keinen Haarschopf auf. Die Pflanzen blühen von Mai bis Oktober.

Die Margerite tritt in mageren Wiesen, Rainen und als Rohbodenpionier auf Brachen von den Niederungen bis ins Gebirge auf. Sie ist eine europäische Art, die bis nach Westsibirien reicht und in gemäßigten Zonen heute weltweit verschleppt auftritt.

Kleinere, an der Stengelspitze in Doldentrauben angeordnete Körbchen hat die Ebensträußige Margerite *(Ch. corymbosum)* mit fiederschnittigen Blättern. Sie wächst in lichten Eichen-Buchenwäldern, Säumen und Staudenhängen wärmerer Gebiete, vor allem auf kalkhaltigem Grund.

In Gärten wird häufig das stark aromatische Mutterkraut *(Ch. parthenium)* auch in gefüllten Formen gezogen. Es stammt aus Vorderasien.

Die Körbchen von *Ch. cinerariifolium* enthalten Pyrethrin, das als Berührungsgift sehr wirksam gegen Insekten ist, z. B. bei Blattläusen (Warmblütern schadet es nicht).

Rainfarn

Tanacetum vulgare

Korbblütler
Asteraceae

Der Rainfarn ist ein ausdauerndes, sehr buschiges, 40–160 cm hohes, aromatisches Kraut mit einem kriechenden Wurzelstock. Die kantigen Stengel sind steif aufrecht, dicht beblättert, oben in eine doldentraubige Rispe verzweigt. Die wechselständigen Blätter sind im Umriß eiförmig, fiederschnittig, mit gesägten Abschnitten. Die kleinen Körbchen im reichen Blütenstand haben einen Durchmesser von 1 cm. Sie sind aus fünfzähnigen, gelben Röhrenblüten zusammengesetzt; zungenförmige Randblüten fehlen gewöhnlich. Die Schließfrüchte sind umgekehrt eiförmig, oben mit einem gezähnten Saum. Die Blüten erscheinen im Spätsommer, von August bis September.

Die Art tritt häufig und gesellig in Staudenfluren an Ruderalstandorten, an Wegen, Dämmen, Schuttplätzen, auch an Ufern von den Niederungen bis ins Hügelland auf. Sie ist in ganz Eurasien verbreitet und wurde auch nach Nordamerika und in andere kühl-gemäßigte Zonen der Erde eingeschleppt.

Das ganze Kraut und vor allem die Körbchen enthalten ein stark aromatisches, bitteres, gelbgrünes ätherisches Öl und Tanacetine genannte Bitterstoffe. In früheren Zeiten wurde das ätherische Öl in der Volksmedizin als Abortivum und Wurmmittel verwendet. Die Verwendung des Rainfarns durch Laien ist aber gefährlich. Das ätherische Öl enthält das giftige Thujon und wird Repellenten (insektenabwehrende Mittel) beigemengt. Auch getrocknete, im Zimmer aufgehängte Pflanzen halten Fliegen und andere Insekten fern.

Röhrenblüte

Wurzelstock

Korbblütler
Asteraceae

Gemeiner Beifuß

Artemisia vulgaris

Blatt

Körbchen

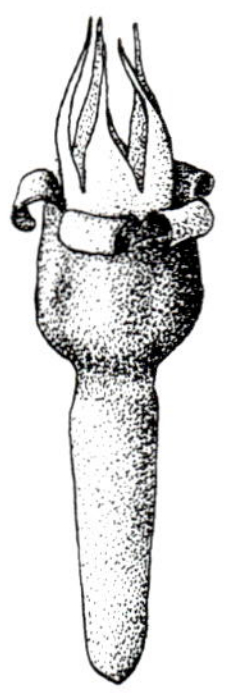

Blüte

Das ausdauernde, stattliche, 50–150 cm hohe Kraut hat einen mehrköpfigen Wurzelstock. Es riecht leicht aromatisch. Die aufrechten, kantigen Stengel sind buschig und reich rispenförmig verzweigt. Die wechselständigen Blätter sind im Umriß breit eiförmig, fiederteilig, mit einem großen endständigen Abschnitt. Die unteren Blätter sind kurzgestielt, die oberen geöhrt sitzend. Alle Blätter sind am Rande umgerollt, oberseits dunkelgrün, unterseits dünn weißfilzig. Es sind nur Röhrenblüten vorhanden; sie sind gelblich bis rotbraun und bilden sehr kleine Körbchen mit grauweißfilzigen Hüllen. Sie sind in dichte Rispen vereinigt. Die Deckblätter sind einfach, lanzettlich. Die Schließfrüchte haben keinen Haarschopf. Die Pflanzen blühen von Juni bis September.

Der Gemeine Beifuß ist die Charakterart mehrjähriger Ruderalgesellschaften an Schuttplätzen, Wegen, Auenwald- und Uferrändern. Er ist von den Niederungen bis in mittlere Gebirgslagen in Eurasien verbreitet.

Manchen Autoren zufolge wurde die Pflanze nach der Göttin Artemis benannt, aufgrund der abtreibenden Wirkung besonders der abgebildeten Art. Nach einer anderen Erklärung ist der Name vom griechischen artemes (= gesund) abgeleitet. Der Beifuß enthält nämlich Bitterstoffe, die in der Likörerzeugung und besonders in der Pharmazie zur Herstellung von Mitteln zur Förderung der Magentätigkeit und der Verdauung genutzt werden. Zu diesem Zweck wird vor allem das Kraut des Wermuts *(A. absinthium)* verwendet. Er ist ein silbergraues, bitter aromatisches Kraut mit kleinen, nickenden, kugeligen Körbchen. Er wächst auf trockenwarmen ruderalen Standorten in Dörfern, auf Hafen- und Müllplätzen sowie Viehweiden des östlichen kontinental-klimatischen Europa. Alle Arten werden seit jeher in der Volksmedizin und als Küchengewürz verwendet.

Huflattich

Tussilago farfara

Korbblütler
Asteraceae

Der Huflattich ist ein ausdauerndes, 10–25 cm hohes Kraut mit einem ausläuferförmigen, fleischigen Wurzelstock, dem zeitlich im Frühjahr blütentragende Stengel und später Blätter entspringen. Die blütentragenden Stengel sind einfach, unverzweigt, spinnwebig wollig, schuppig. Die erst nach dem Verblühen erscheinenden Blätter sind gestielt, herzförmig rundlich, am Rande gezähnt, unterseits graufilzig. Die Körbchen mit einer einreihigen Hülle sitzen einzeln an der Spitze jedes Stengels. Die Scheibe in der Mitte des Körbchens besteht aus einer kleineren Zahl von Röhrenblüten. Am Rande des Körbchens sitzen zahlreiche Zungenblüten. Alle Blüten sind hellgelb. Die Schließfrüchte sind von einem langen einfachen Haarschopf gekrönt. Die Pflanzen blühen von März bis April.

Der Huflattich ist in Europa, Nordafrika, West- und Nordasien verbreitet. Er ist ein Pioniersiedler feuchter Ton und Lehmböden. Primär ist er in Lawinenrinnen und an Erdabbrüchen, sekundär an Wegen, Straßenböschungen, in Kiesgruben und auf Trümmerflächen. Wegen seiner langen, kriechenden Wurzelstöcke und seines großen Auftretens (die Blätter bedecken oft den Boden in ausgebreiteten Beständen) ist der Huflattich ein lästiges Unkraut feuchter Felder.

Die Pflanze enthält beträchtliche Mengen von Schleimen, Bitterstoffen und gerbstoffartigen Verbindungen und wird deshalb in der Pharmazie verwendet (heilkräftige Tees, Extrakte gegen Bronchitis und Erkältung). Gesammelt werden die Blütenkelche und Blätter. Der wissenschaftliche Gattungsname deutet die Verwendung der Pflanze an (lat. tussis = Husten, agare = treiben). Der Artname ist vom lat. far (mehl) und ferre (tragen) abgeleitet, weil die Blattunterseite wie mehlbestäubt aussieht.

Röhrenblüte

Zungenblüte

Schließfrucht mit Haarschopf

blühende Triebe mit Schuppenblättern

Korbblütler
Asteraceae

Weiße Pestwurz

Petasites albus

röhrenförmige
Zwitterblüte

unterseits graufilzige
Blattspreite

Das Kraut ist ausdauernd und stattlich, mit einem mächtigen Wurzelstock ausgestattet. Aus ihm wachsen zeitig im Frühjahr kräftige gelbliche, behaarte Stengel hervor, die mit spärlichen, abstehenden, hellgrünen Schuppen besetzt sind. Die Stengel tragen an ihrer Spitze eine reiche, aus Körbchen zusammengesetzte Traube. Die Pflanze ist vielehig; die männlichen Exemplare haben zwitterige Blüten, die weiblichen nur weibliche. Die gelblich weißen Blüten haben eine röhrige, fünfzipflige Krone. Die Hüllblätter sind hellgrün, drüsig behaart. Nach dem Verblühen verlängert sich die halbkugelige Körbchentraube beträchtlich. Die großen grünen Blätter erscheinen erst nach dem Verblühen. Sie haben eine rundlich herzförmige, am Rande deutlich doppelt gezähnte Spreite (die großen Zähne haben noch kleine Zähnchen) und sind langgestielt. In der Jugend sind die Blätter beiderseits weißfilzig, in ausgewachsenem Zustand werden sie oberseits kahl, unterseits bleiben sie aber filzig. Die Schließfrüchte haben einen weißen Haarschopf. Die Pestwurz blüht im März und April.

Sie wächst an feuchten Standorten in Wäldern, Schluchten, Gräben, Quellgebieten, an Bachufern und überfluteten Stellen in den Gebirgen und Vorgebirgen von ganz Europa (präalpines Verbreitungsgebiet). Vor allem in höheren Gebirgslagen ist die Weiße Pestwurz die erste blühende Frühlingsblume.

Gemeine Pestwurz

Petasites hybridus

Korbblütler
Asteraceae

Die Gemeine Pestwurz ist ein stattliches, ausdauerndes Kraut mit einem kräftigen ausläuferförmigen Wurzelstock. Sie verbreitet einen unangenehmen Geruch. Die aufrechten, einfachen Stengel erscheinen zeitig im Frühjahr. Sie sind 10–40 cm groß, stark schuppig, hell, rötlich überlaufen. An ihrer Spitze tragen sie eine reiche Traube aus Körbchen, die je nach der Pflanze männlich oder weiblich sind. Die Röhrenblüten haben eine fünfzipflige Krone und sind, einschließlich der Hülle, graurot gefärbt. Nach dem Verblühen verlängern sich die Traube und der ganze Stengel beträchtlich. Die großen grünen Grundblätter entwickeln sich erst nach dem Verblühen. Sie sind langgestielt und haben breit herzförmige, im Durchmesser bis 60 cm große Spreiten. Die Schließfrüchte haben einen schmutzigweißen Haarschopf. Die Blüten erscheinen im März und April.

Die Gemeine Pestwurz tritt an nassen, zeitweise überschwemmten, nährstoffreichen Ufern kühler, rasch fließender Bäche auf – oft in ausgedehnten Beständen. Sie ist in der westlichen Hälfte Europas von den Niederungen bis in mittlere Gebirgslagen verbreitet, die Wärmegebiete meidend.

Die Pestwurz ist eine uralte Heilpflanze, der früher große Macht zugeschrieben wurde. Der Name Pestwurz erinnert daran, daß die Gemeine Pestwurz auch als Arznei gegen die Pest verwendet wurde. Der Wurzelstock enthält ätherisches Öl, einen Bitterstoff und Gerbstoffe.

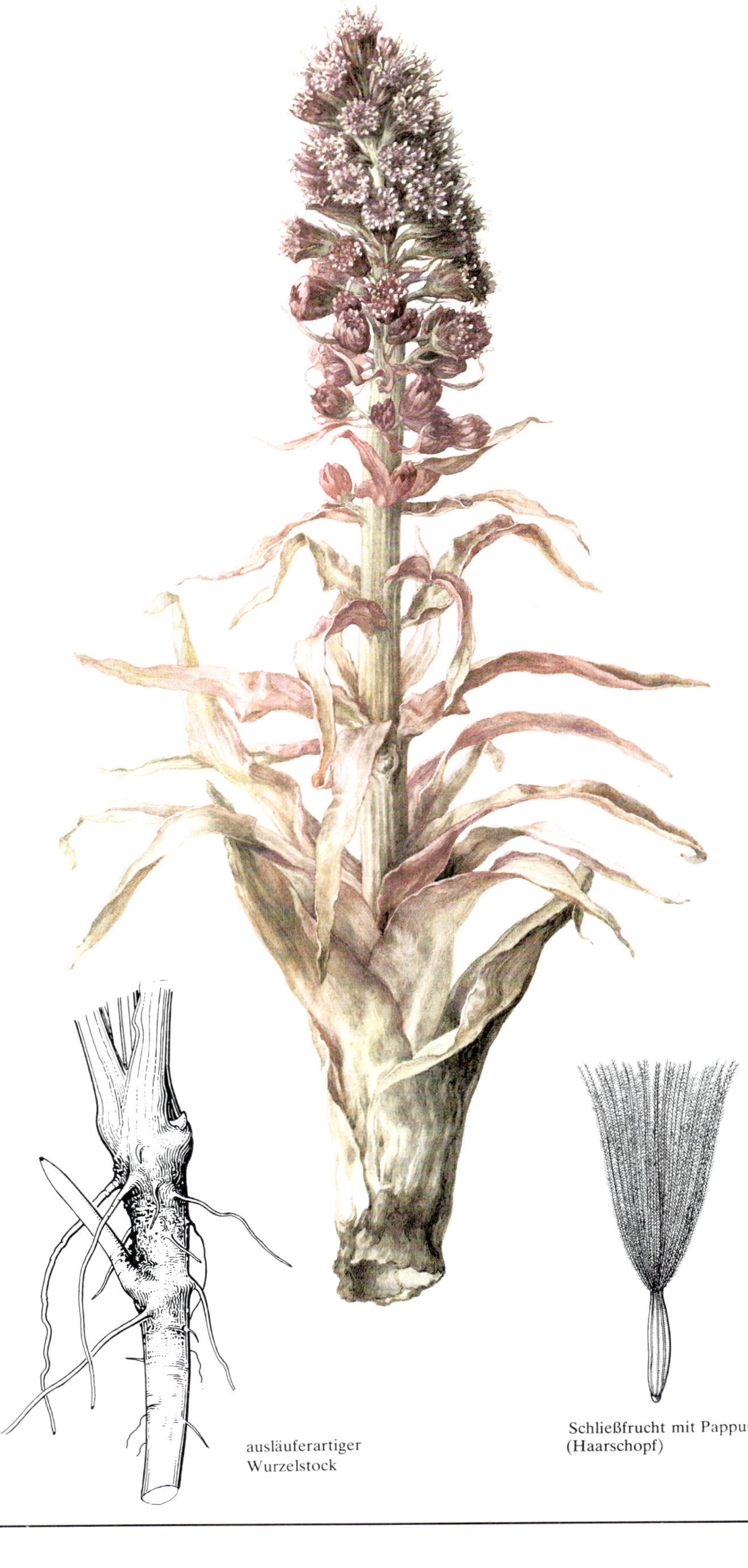

ausläuferartiger Wurzelstock

Schließfrucht mit Pappus (Haarschopf)

Korbblütler
Asteraceae

Fuchssches Kreuzkraut

Senecio fuchsii

kurzgestielte Blätter

Das ausdauernde Kraut mit einem kurzen ausläuferartigen Wurzelstock hat aufrechte, kantige, oft violett überlaufene Stengel, die 50–200 cm hoch werden. Die Stengel verzweigen sich oben zu einer lockeren, doldentraubigen, aus Körbchen zusammengesetzten Rispe. Die wechselständigen lanzettlichen Blätter verschmälern sich in einen kurzen Stiel und sind bis fünfmal länger als breit. Am Rande sind sie fein gesägt, beiderseits kahl oder unterseits spärlich behaart. Die Körbchen stehen auf dünnen Stielen. Sie haben eine walzige Hülle und ein Hüllchen aus kleinen, schmalen Hüllblättern. Die Körbchen weisen gewöhnlich fünf zungenförmige Randblüten und in der Mitte 6–15 Röhrenblüten auf. Alle Blüten sind gelb. Die Schließfrüchte haben einen einfachen weißen, seidig glänzenden Haarschopf. Die Pflanzen blühen von Juli bis Oktober.

Diese Waldpflanze ist vor allem für Buchenwälder charakteristisch, tritt aber häufig auch in reinen Fichtenbeständen auf (als Nitrifizierungs-Zeigerart in sich verlichtenden Altbeständen). Sie zeigt frische, humose Böden an. Besonders im vollen Licht der Waldschläge entwickelt sich die Art prächtig. Ihr Areal ist die montane bis subalpine Stufe Europas.

In höhreren Gebirgslagen tritt oft gemeinsam mit dieser Art das ähnliche Hain-Kreuzkraut *(S. nemorensis)*, auf, das sitzende, mit dem abgerundeten Grund meist stengelumfassende Stengelblätter aufweist.

Im Mittelalter wurde das Fuchssche Kreuzkraut in der Volksmedizin benutzt. Auch heute noch werden zerriebene Blätter mancherorts auf eiternde Wunden aufgelegt.

Waldgreiskraut

Senecio sylvaticus

Korbblütler
Asteraceae

Das einjährige, spinnwebig wollige, 30–60 cm hohe Kraut hat einen aufrechten, nur oben verzweigten Stengel. Die Blätter sind wechselständig, im Umriß eiförmig, fiederteilig; die unteren sind kurzgestielt, die oberen mit dem verschmälerten Grund sitzend. Die kleinen Körbchen sind an den Stengelspitzen in doldentraubigen Rispen angeordnet. Die Blüten sind hellgelb, die Scheibenblüten schmal röhrig, die Randblüten mit sehr kurzen, zurückgebogenen zungenförmigen Kronen. Die Schließfrüchte sind angedrückt behaart, mit einem schmutzigweißen Haarschopf. Die Pflanzen blühen von Juni bis September.

Die Art kennzeichnet Waldschläge und den Humusumsatz (Nitrifizierung) und kommt häufig an trokkenen Standorten, oft auch entlang von Wegen vor. Sie ist in klimatisch milderen Gebieten Europas von den Niederungen bis in mittlere Gebirgslagen verbreitet.

Auf Waldschlägen bildet sie oft ausgebreitete Bestände zusammen mit dem Klebrigen Greiskraut (siehe nächste Seite), das aber als wärmeliebende Pionierpflanze vor allem in Silikat-Steinschuttgesellschaften zuhause ist.

Der Gattungsname der Pflanze ist vom lateinischen senex (= Greis) abgeleitet und wurde erstmals schon vom römischen Gelehrten Plinius dem Älteren angewendet. Er hängt damit zusammen, daß auf den Schließfrüchten bald nach dem Verblühen ein reicher weißer Haarschopf erscheint. Nach einer anderen Erklärung ist der Grund für diesen Namen darin zu sehen, daß der halbkugelige Korbboden nach dem Herausfallen der Schließfrüchte einem kahlen Kopf ähnelt.

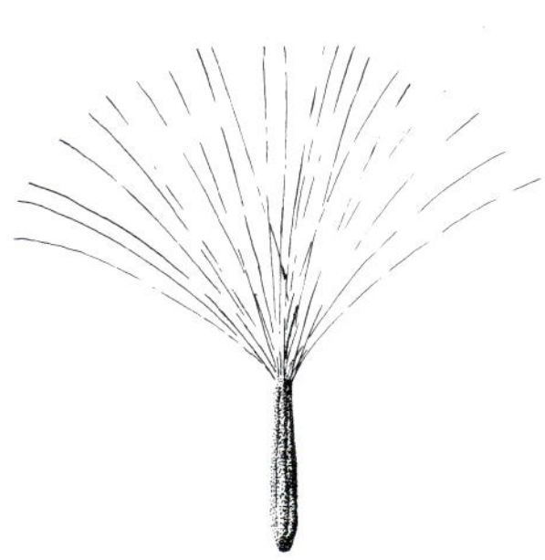

Schließfrucht mit Haarschopf

Blatt

Korbblütler
Asteraceae

Klebriges Greiskraut

Senecio viscosus

Blattform

Schließfrucht mit Haarschopf

Das einjährige, klebrig-drüsige Kraut wird 20–50 cm hoch. Es hat aufrechte, verzweigte, dicht beblätterte Stengel. Die Blätter sind im Umriß eiförmig, fiederteilig, mit gezähnten Abschnitten. Die unteren Blätter sind kurzgestielt, die oberen sitzend. Die Körbchen bilden an den Zweig- und Stengelspitzen lockere Doldentrauben. Die Blüten sind sattgelb. Die Schließfrüchte haben einen reinweißen Haarschopf. Die Blüten erscheinen von Juni bis September.

Die Art tritt an ähnlichen Stellen auf wie die vorstehende. Sie ist von den Niederungen bis ins Hügelland, vom Mittelmeergebiet über ganz Europa verbreitet. Sie wurde auch nach Nordamerika eingeschleppt.

Oft wächst sie mit dem Waldgreiskraut zusammen, von dem sie sich durch die Drüsen, die größeren Blütenkörbchen und durch ihren Moschusgeruch unterscheidet. Auf Schlägen tritt sie in großen Mengen auf sich zersetzendem Rohhumus auf, gemeinsam mit anderen Schlagpflanzen, z. B. dem Schmalblättrigen Weidenröschen *(Epilobium angustifolium)*. Diese charakteristische Schlagflurengesellschaft wird abgelöst von Himbeere, Bergholunder und Salweide, bis schließlich wieder die Waldbäume erscheinen. Am Meeresufer gehört das Klebrige Greiskraut zu den Pflanzen, die als erste gefestigte Dünen besiedeln. Seine große Verbreitung verdankt es den Straßen und Eisenbahnstrecken. Diesen Verkehrswegen entlang ist die Art nach Südwesteuropa und in entlegene Alpentäler eingedrungen.

Gemeines Greiskraut

Senecio vulgaris

Korbblütler
Asteraceae

Das Gemeine Greiskraut ist einjährig, manchmal zweijährig. Es hat aufrechte, 10–40 cm hohe Stengel. Sie sind von unten an verzweigt und fein gefurcht. Die Blätter sind im Umriß länglich, buchtig-lappig bis federteilig. Die unteren Blätter sind in einen geflügelten Stiel verschmälert, die übrigen sind mit Öhrchen sitzend, wechselständig. Die kleinen Körbchen haben eine walzige Hülle und bestehen meist nur aus hellgelben Röhrenblüten. Die Schließfrüchte sind schwarzbraun, spindelförmig gefurcht und fein behaart. Der weiße, seidige Haarschopf ist bis dreimal länger als die Schließfrüchte und abfallend. Die Pflanzen blühen von April bis Oktober, in milden Wintern fast das ganze Jahr über.

Das Gemeine Greiskraut war ursprünglich in Eurasien verbreitet; heute ist es in gemäßigten Zonen der ganzen Erde sehr häufig. Es tritt als Ackerunkraut, in Gärten, auf Feldern, Lichtungen und Schutthalden, besonders auf stickstoffreichen fruchtbaren Böden auf. Es gehört zu den häufigen Ruderalpflanzen städtischer Siedlungen. Dank den leichten, behaarten Früchten wird es durch den Wind auf große Entfernungen verbreitet. Außerdem kann es in einem Jahr bis drei Generationen entwickeln, von denen die letzte oft überwintert. Die Art ist von den Niederungen bis in die subalpine Stufe verbreitet.

Aufgrund ihres Gehaltes an giftigen Alkaloiden gehören die Greisenkräuter zu den Arten, die Vergiftungen verursachen bzw. nicht gefressen werden und sich deshalb auf Weiden verbreiten können. In der Volksheilkunde war das Greiskraut schon im Altertum bekannt. Es wurde äußerlich zum Behandeln von blutenden Wunden, Geschwüren und Brandwunden verwendet.

Schließfrucht ohne Haarschopf

Schließfrucht mit Schopf

Röhrenblüte

Korbblütler
Asteraceae

Große Klette

Arctium lappa

Die Große Klette ist ein zweijähriges Kraut mit einer mächtigen verzweigten Wurzel. Die aufrechten Stengel sind gefurcht, 1–2 m hoch, reich verzweigt. Die wechselständigen Blätter sind gestielt, herzförmig-eiförmig, ganzrandig. Die Spreite ist oberseits grün, unterseits graufilzig, die Stiele kantig. Die großen Grundblätter haben bis 50 cm lange Spreiten und 30 cm lange Stiele. Die oberen Blätter werden plötzlich kleiner. Die kugeligen Blütenkörbchen von 2–3 cm Durchmesser sind an den Zweigenden in mehr oder weniger flachen, doldentraubigen Rispen angeordnet. Die Hüllblätter laufen in eine gelbliche, hakenförmige Spitze aus. Alle Blüten sind röhrig, rotviolett. Die Schließfrüchte sind schwarz, schwach warzig. Die Blüten erscheinen von Juni bis September.

Die Große Klette ist eine typische Ruderalpflanze. Sie wächst an Zäunen, Wegen und Schuttplätzen, primär an Ufern. Sie ist in Eurasien von den Niederungen bis in mittlere Gebirgslagen verbreitet.

Die Klette gehört zu den Arten, die eine markante Zoochorie, d. i. Verbreitung mit Hilfe von Tieren, aufweisen. Die reifen Früchte zerfallen, bleiben mit den hakenförmigen Hüllblättern an den Haaren von Tieren, Vogelfedern oder an den Kleidern der Menschen haften und werden so in die weite Umgebung verbreitet.

Das Kraut und die Wurzel der Klette enthalten Inulin, Bitterstoffe, Schleime und weitere Wirkstoffe. In der Volksmedizin werden sie als reinigendes Mittel oder zur Haarpflege verwendet (die Klette fördert den Haarwuchs). Deshalb führte sie um 1900 den Namen *Lappa officinalis.* Obwohl diese Pflanze so markant und populär ist, bereitet ihre Bestimmung zuweilen Schwierigkeiten, denn sie bastardiert mit ihren Schwesterarten *A. tomentosum* und *A. minus.*

Filzklette, Wollkopfklette

Arctium tomentosum

Korbblütler
Asteraceae

Die Filzklette ist ein zweijähriges Kraut mit einem aufrechten, tiefgefurchten und reichverzweigten Stengel, der eine Höhe von 1 m erreicht. Die wechselständigen Blätter sind gestielt, breit herzförmig, mit meist ganzrandigen, unterseits weißfilzigen Spreiten. Die Grundblätter sind groß; in Richtung nach oben werden sie kleiner, ähnlich wie bei der vorstehenden Art. Die an den Spitzen der Zweige in reichen Doldentrauben angeordneten kugeligen Blütenkörbchen haben markante, spinnwebig wollige Hüllen. Die äußeren Hüllblätter sind in hakig gebogene Spitzen verschmälert. Die Röhrenblüten sind violett. Die Schließfrüchte sind runzlig. Die Pflanzen blühen von Juli bis September.

Die Filzklette tritt häufig an Ruderalstandorten, Dorfplätzen, entlang von Wegen und an Gebüschen von den Niederungen bis ins Hügelland auf (vorzugsweise auf kalkhaltigem Lehmboden in sommerwarmer Klimalage). Sie ist in Europa und Westasien verbreitet. Die Verbreitung erfolgt durch Tiere auf dieselbe Weise wie bei der vorstehenden Art.

Ebenso wie bei den anderen verwandten Arten enthalten auch die Wurzeln der Filzklette Inulin, das Glykosid Arktiin und einige andere Wirkstoffe. In letzter Zeit findet die Filzklette, ähnlich wie die vorstehende Art, bei der Behandlung von Hautmykosen und als unterstützendes Mittel bei Zuckerkrankheit (Diabetes) Verwendung.

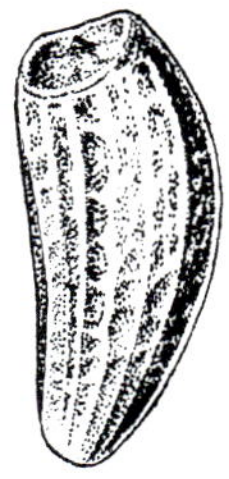

Schließfrucht

Hüllblatt mit hakiger Spitze zür Klettverbreitung

blühendes Körbchen

Korbblütler
Asteraceae

Krause Distel

Carduus crispus

Blüte

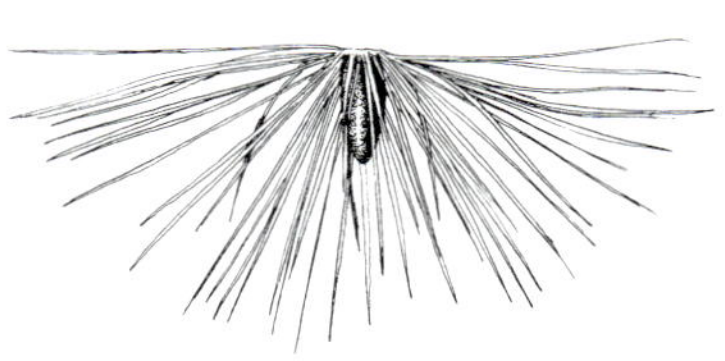

Schließfrucht mit Haarschopf

Die Krause Distel ist ein zweijähriges, 60–150 cm hohes Kraut. Die ganze Pflanze ist weichdornig. Die Stengel sind aufrecht, nur im oberen Teil kurz verzweigt. Die im Umriß eiförmigen Blätter sind fiederteilig, wechselständig, am Rande dornig, in einen kraus geflügelten Stiel verschmälert. Die dornigen Flügel sind herablaufend. Die Körbchen sind zu dritt bis fünft an den Stengelspitzen gehäuft. Auch die Hüllblätter sind dornig, die äußeren abstehend und zurückgebogen. Die Röhrenblüten sind rotviolett, selten weiß oder rosa. Die etwa 3 mm langen Schließfrüchte haben einen mehrreihigen, am Grunde verwachsenen Haarschopf aus einfachen Haaren. Die Pflanzen blühen von Juli bis September.

Die Art wächst an feuchten, beschatteten Standorten, an Ufern, in Auenwäldern und Ruderalgesellschaften von den Niederungen (Stromtalpflanze) bis in mittlere Gebirgslagen. Sie ist in Europa und Asien verbreitet.

In Gebirgsgegenden tritt entlang von Bächen die ähnliche Klettendistel *(C. personata)* auf. Von der Krausen Distel unterscheidet sie sich durch die eiförmigen, ungeteilten Blätter und dadurch, daß sie ausdauernd ist.

Laien verwechseln die Disteln der Gattung *Carduus* oft mit den Kratzdisteln der Gattung *Cirsium*. Die Arten beider Gattungen sind meist dornige, einander sehr ähnliche Kräuter. Das beste Unterscheidungsmerkmal zwischen diesen verwandten Gattungen ist die Form des Haarschopfs auf den Schließfrüchten: bei den Disteln besteht er aus einfachen Haaren, bei den Kratzdisteln aus fiederig verzweigten.

Nickende Distel

Carduus nutans

Korbblütler
Asteraceae

Die Nickende Distel ist ein zweijähriges, selten einjähriges Kraut, das eine Höhe von 30–100 cm erreicht. Die aufrechten Stengel mit dornigen Flügeln sind schwach verzweigt. Die wechselständigen, länglichen Blätter sind fiederspaltig, die Abschnitte sind dornig gelappt, unterseits mit einem behaarten Adernetz. Die langgestielten Körbchen von 5–7 cm Durchmesser stehen einzeln an den Zweigspitzen und sind herabgebeugt (nickend). Die weißwolligen Hüllblätter sind zurückgebogen, dornenspitzig. Die fünfzipfligen, schwach zweilippigen Röhrenblüten sind rotviolett. Die Schließfrüchte haben einen einfachen, bis 2 cm langen Haarschopf. Die Blüten erscheinen von Juli bis September.

Die Nickende Distel tritt ziemlich häufig in besonnten Ruderalgesellschaften entlang von Wegen und Straßen (Mittelstreifen), auf Schutt- und Verladeplätzen sowie in übersetzten Schafweiden auf. Sie ist vor allem in wärmeren Gegenden, von den Niederungen bis ins Hügelland in Europa und Westasien verbreitet, wo sie bis zum Altai reicht. Nach Nordamerika wurde sie eingeschleppt.

Die mächtige Pflanze wirkt mit ihren auffallend nach Honig oder Moschus duftenden Blütenkörbchen sehr zierend. Ihre Früchte sind eine beliebte Nahrung kleiner Vögel; auf den reifen Fruchtständen trifft man vor allem Distelfinken an.

Blüte mit langer Kronröhre und zum Haarschopf entwickeltem Kelch

Schließfrucht mit Haarschopf

Korbblütler
Asteraceae

Ackerkratzdistel, Ackerdistel

Cirsium arvense

Blüte

Schließfrucht mit Haarschopf

gefiedertes Haar aus dem Haarschopf

Das ausdauernde, 30–150 cm hohe Kraut hat einen aufrechten, kantig gefurchten Stengel. Er ist beblättert, oben zymös oder traubig verzweigt. Die Blätter sind dornig, die Grundblätter meist ungeteilt und in den Stiel verschmälert, die Stengelblätter fiederteilig, mit dem verschmälerten Grund sitzend. Die Körbchen sitzen einzeln oder in lockeren Trauben vereinigt an den Stengelspitzen. Sie weisen einen Durchmesser von 15–20 mm auf. Die Hüllen sind violett überlaufen, spinnwebig. Alle Blüten sind röhrenförmig, violett. An einer Pflanze finden sich entweder nur männliche oder nur weibliche Blüten (zweihäusige Pflanze). Die Spitze der flachgedrückten Schließfrüchte ist von einem Wall umgeben, in der Mitte befindet sich ein Höcker; der abfallende Haarschopf ist fiederig, etwa 2 cm lang. Die Pflanzen blühen von Juni bis Oktober.

Die Ackerkratzdistel ist eine eurasische Art, die auch nach Nordamerika eingeschleppt wurde. Sie ist ein häufiges und lästiges Ackerunkraut und tritt auch auf Rainen, Schlägen, Schutthalden und anderen Ödstellen auf.

Die Art pflanzt sich nicht nur durch ihre mit Flughaaren ausgestatteten Früchte, die durch den Wind verbreitet werden, fort, sondern auch vegetativ durch Wurzeltriebe. Aus der Hauptwurzel, die tief in den Boden eindringt, wachsen zahlreiche waagerechte, oft knollenartig verdickte (Reservestoffe enthaltende) Wurzeln hervor. An diesen Seitenwurzeln entstehen Adventivknospen, aus denen sich neue Pflanzen entwickeln, besonders wenn die Wurzeln beim Akkern verwundet wurden. Die Akkerkratzdistel zählt deshalb zu den lästigen Unkräutern von Ackerböden. Aus Dauerbeständen schwindet sie aber mit der Zeit, denn nicht beschädigte Wurzeln sterben im Laufe von einigen Jahren ab.

Kohlkratzdistel, Kohldistel

Cirsium oleraceum

Korbblütler
Asteraceae

Die Kohlkratzdistel ist ein ausdauerndes Kraut mit einem knotig verdickten Wurzelstock. Die aufrechten Stengel sind 50–150 cm hoch, hohl, schwach gefurcht, nur im oberen Teil wenigästig. Die hellgrünen Blätter sind weich, nicht stechend, am Rande weichdornig. Die Spreiten sind im Umriß elliptisch, verschieden tief fiederig gegliedert, mit gezähnten Abschnitten. Die kurzgestielten Körbchen erscheinen zu mehreren an der Stengelspitze und sind von einigen gelbgrünen Deckblättern umhüllt. Alle Blüten sind röhrig, weißlich gelb. Die Schließfrüchte sind etwas kantig, mit einem fiederig verzweigten Haarschopf ausgestattet, welcher für die gesamte Gattung charakteristisch ist.

Die Kohlkratzdistel tritt häufig in nassen Wiesen und Auenwäldern, in Quellgebieten und an Ufern von Gewässern von den Niederungen bis ins Gebirge auf. Sie ist in Europa und Westsibirien verbreitet.

Diese Art fällt durch die gehäuften gelbgrünen Deckblätter auf, die die Hüllen der Körbchen umgeben. Auch die gelben Blüten unterscheiden sie von den anderen Arten, die meist rotviolett blühen. Eine andere gelbblühende Art ist die klebrige *C. erisithales,* die aber keine gelbgrünen Deckblätter aufweist und im Unterschied zu der Kohlkratzdistel vorwiegend in höheren Lagen der Alpen und Karpaten vorkommt.

Röhrenblüten mit in einen Haarschopf umgewandeltem Kelch

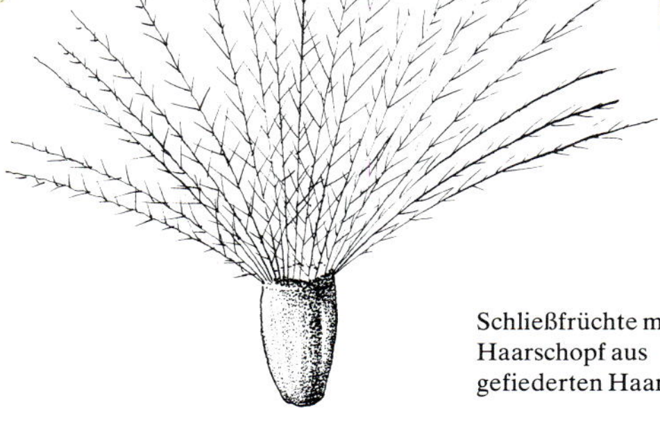

Schließfrüchte mit Haarschopf aus gefiederten Haaren

Korbblütler
Asteraceae

Lanzettkratzdistel, Speerdistel

Cirsium vulgare

Das zweijährige Kraut wird 50–150 cm hoch. Es hat einen aufrechten, nur in der oberen Hälfte verzweigten Stengel mit schmalen, kraus-dornigen Flügeln. Die Grundblätter sind in einer Rosette angeordnet, die Stengelbätter sind wechselständig, länglich, fiederschnittig. Die Abschnitte laufen in einen kräftigen hellgelben Dorn aus. Alle Blätter sind oberseits dornig behaart. Die Körbchen sitzen einzeln an den Zweigenden. Die Hülle ist eiförmig, auch die Hüllblätter enden in einem gelben Dorn. Die Röhrenblüten sind etwa 3 cm lang, hellrotviolett. Die dunkelbraunen Schließfrüchte haben einen fiederig verzweigten Haarschopf. Die Blüten erscheinen von Juli bis Oktober.

Die Lanzettkratzdistel wächst häufig als Unkraut auf Weiden, an Wegen, Schuttplätzen und anderen Ödstellen, aber auch primär auf Waldschlägen und entlang von Bächen und Flüssen von den Niederungen bis ins Gebirge. Sie ist in fast ganz Europa verbreitet und reicht bis nach Westasien.

Die Gattung *Cirsium* umfaßt viele Arten, die sich leicht miteinander kreuzen. Zu den bekanntesten gehört die Wollkopfkratzdistel *(C. eriophorum),* ein stattliches zweijähriges Kraut mit großen kugeligen Körbchen und einer dicht spinnwebigen, weißwolligen Hülle. In wärmeren Gegenden tritt in Rasen die Stengellose Kratzdistel *(C. acaule)* auf, deren Stengel verkürzt ist. Auf feuchten Wiesen ist die Sumpfkratzdistel *(C. palustre)* mit einer Vielzahl kurzgestielter, in endständigen Zymen angeordneter Körbchen häufig. Für Gebirgslagen ist die Verschiedenblättrige Kratzdistel *(C. heterophyllum)* charakteristisch. Ihre Grundblätter sind ungegliedert, eiförmig, gestielt, bis 30 cm lang, unterseits graufilzig. Die Stengelblätter sind lanzettlich, fiederspaltig und sitzend.

Kornblume, Kornflockenblume

Centaurea cyanus

Korbblütler
Asteraceae

Die Kornblume ist ein einjähriges, 10–50 cm hohes Kraut mit aufrechten, verzweigten Stengeln. Die ganze Pflanze ist schwach weißfilzig. Die Grundblätter sind gestielt, lanzettlich, meist ungeteilt; die Stengelblätter sind sitzend, linear lanzettlich, wechselständig. Die Körbchen entwickeln sich einzeln an den Zweigspitzen. Die Hüllen sind walzig-eiförmig. Die Blüten in der Mitte des Körbchens sind röhrig und zwittrig; ihre Staubfäden reagieren auf mechanischen Reiz (wenn sich Insekten auf der Blüte niederlassen), indem sie sich zusammenziehen, was die Bestäubung unterstützt. Die Randblüten mit schief trichterförmigen Kronen sind leicht strahlenförmig und in der Regel steril. Sie sind sattblau, in seltenen Fällen rosa oder weiß gefärbt. Die Schließfrüchte sind länglich, seidig filzig, mit einem braunen stacheligen Haarschopf. Die Pflanzen blühen von Juni bis August.

Die Kornblume ist ein Kulturbegleiter seit der jüngeren Steinzeit und hat sich als Unkraut in gemäßigten Zonen auf der ganzen Erde verbreitet. Sie kommt bis auf den heutigen Tag häufig auf Feldern vor, besonders in Wintergetreide, auch auf Brachland, Rainen und entlang von Wegen. Infolge der gründlichen Reinigung des Saatguts und der Anwendung von selektiven Herbiziden schwindet sie aber sehr rasch aus den Feldkulturen. Ihrem Schutz dienen heute Ackerrandstreifenprogramme, nach denen Landwirte gegen Bezahlung auf ihre Bekämpfung verzichten.

Die getrockneten Blüten waren früher eine offizinelle Droge und werden mancherorts auch heute noch in der Volksmedizin als harntreibendes Mittel benutzt. Gefüllte Formen in verschiedenen Farbtönen sind beliebte Gartenblumen. Der Artname ist vom griechischen cyanos (= blau) abgeleitet.

Blüte aus der Mitte des Körbchens

Haarschopf der Schließfrüchte, bestehend aus einfachen, verschieden langen Haaren

Körbchen mit sterilen Randblüten

Hüllblätter mit wimperig gezähnten, herablaufenden, meist braunen Anhängseln

Korbblütler
Asteraceae

Wiesenflockenblume

Centaurea jacea

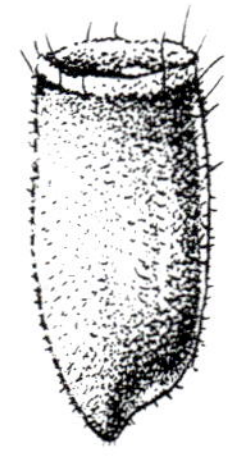

Schließfrucht

Blüte aus der Mitte des Körbchens

Hüllblatt mit Anhängsel

Das ausdauernde Kraut hat einen verzweigten, mehrköpfigen Wurzelstock. Die aufrechten, kantigen, oft buschig verzweigten Stengel sind 20–50 cm hoch. Die Grundblätter bilden eine Rosette, die Stengelblätter sind wechselständig, lanzettlich, mit dem verschmälerten Grund sitzend, fast ganzrandig. Die Körbchen entwickeln sich einzeln an den Zweigspitzen. An den Spitzen der Hüllblätter befinden sich trockenhäutige Anhängsel von sehr veränderlicher Form und Farbe, die die grünen, laubblattähnlichen Teile der Hülle meist völlig bedecken. Die Kronen aller Blüten sind trichterförmig, fünfspaltig, rosarot gefärbt. Die Randblüten haben vergrößerte Kronen, die einen Strahl bilden. Die umgekehrt eiförmigen Schließfrüchte haben keinen Haarschopf. Die Pflanzen blühen von Juli bis Oktober.

Die Wiesenflockenblume ist eine eurasische Art. Sie tritt sehr häufig auf Wiesen, Weiden, Magerrasen und Moorwiesen von den Niederungen bis ins Hügelland auf.

Die Art ist sehr veränderlich in bezug auf ihre Höhe, Gesamterscheinung und Form der Anhängsel auf den Hüllblättern. Diese stellen bei den Flockenblumen ein wichtiges Bestimmungsmerkmal dar. Lange, fiederig verzweigte, bogig gekrümmte Anhängsel mit einer langen Spitze finden sich bei der Perücken-Flockenblume *(C. pseudo-phrygia),* die in sauren Gebirgswiesen vor allem im östlichen, gemäßigt-kontinentalen Europa, den Alpen und Mittelgebirgen vorkommt. In Gärten werden oft südeuropäische, auf Felsen wachsende Arten mit zierenden Blättern gezogen, so *C. cineraria* mit fiederteiligen Blättern, deren schmale Abschnitte dicht weißfilzig sind. Die Art wird als Einfassung von Beeten und für Blütenteppiche verwendet.

Bergflockenblume

Centaurea montana

Korbblütler
Asteraceae

Die Bergflockenblume ist ein ausdauerndes Kraut mit einem kurzen kriechenden Wurzelstock. Sie hat aufrechte bis aufsteigende, 10–50 cm hohe, wenigästige Stengel. Die wechselständigen Blätter sind länglich bis eiförmig, ganzrandig, sitzend und kurz herablaufend; unterseits sind sie weißwollig. Die großen Körbchen sitzen einzeln an den Stengelspitzen und sind bis 6 cm breit. Die Hüllblätter haben ein schwarzes, kurzgezähntes, bis zum Grund herablaufendes Anhängsel (Saum). Die Blütenkronen sind trichterförmig; die mittleren sind violett, die vergrößerten Randblüten blau. Auch die Staubbeutel sind blau. Die behaarten, bis 6 mm langen Schließfrüchte sind mit einem zweireihigen, weißen Haarschopf ausgestattet. Die Pflanzen blühen von Mai bis September.

Die Bergflockenblume wächst in Wäldern, auf Lichtungen, vor allem auf basischem Untergrund – von den Orchideen-Buchenwäldern bis hinauf in die Rostseggenmatten der alpinen Stufe. Sie ist in klimatisch milderen europäischen Gebieten verbreitet.

Die ähnliche Filzflockenblume *(C. triumphettii)* besiedelt hingegen Felsen und staudenreiche Grashalden noch wärmerer Gegenden von den Niederungen bis ins Hügelland. Von der Bergflockenblume unterscheidet sie sich durch den Saum der Hüllblätter, dessen Zähne 2–3mal so lang sind wie die Breite des Saumes.

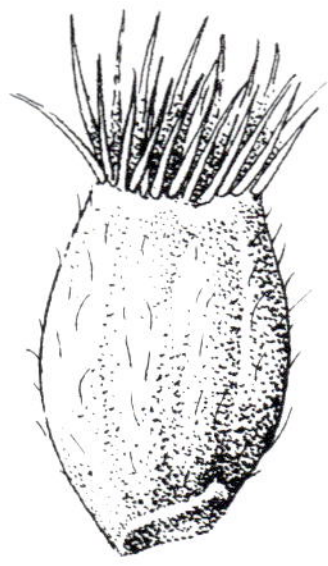

Schließfrüchte

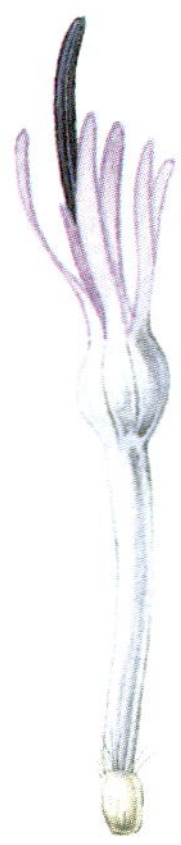

innere Blüten

Hüllblatt mit Anhängsel

Korbblütler
Asteraceae

Skabiosenflockenblume

Centaurea scabiosa

Die Skabiosenflockenblume ist ein ausdauerndes Kraut mit einem verholzten, mehrköpfigen Wurzelstock. Die Stengel sind steif aufrecht, kantig, von der Mitte an spärlich verzweigt. Die rauhen Blätter sind wechselständig, fiederteilig, mit schmalen Abschnitten. Die langgestielten Körbchen sitzen einzeln an den Stengelspitzen und haben kugelige Hüllen. Die Hüllblätter haben braune bis schwarze Anhängsel. Sie sind am Rande gewimpert bis kammförmig gezähnt und bis zur Hälfte des Hüllblattes herablaufend. Die trichterförmigen Blütenkronen sind rotviolett; die Kronen der Randblüten sind vergrößert. Die Schließfrüchte haben einen sehr kurzen, zweireihigen Haarschopf. Die Blüten erscheinen von Juli bis September.

Die Skabiosenflockenblume wächst auf besonnten, steinigen Hängen mit Kalkmagerrasen, sekundär auch auf Rainen, Brachland und Weiden von den Niederungen bis ins Hügelland. Sie ist im Mittelmeergebiet, in fast ganz Europa und Westsibirien verbreitet.

An ähnlichen Standorten wärmerer Gegenden tritt von den Niederungen bis ins Hügelland die Rispenflockenblume *(C. stoebe)* auf. Sie hat einen reichverzweigten Stengel mit einer Vielzahl kleiner, kurzgestielter Körbchen und feiner gegliederte Blätter. Die ganze Pflanze ist graugrün.

Strahlenblüte vom Körbchenrand

dreieckige Anhängsel der Hüllblätter

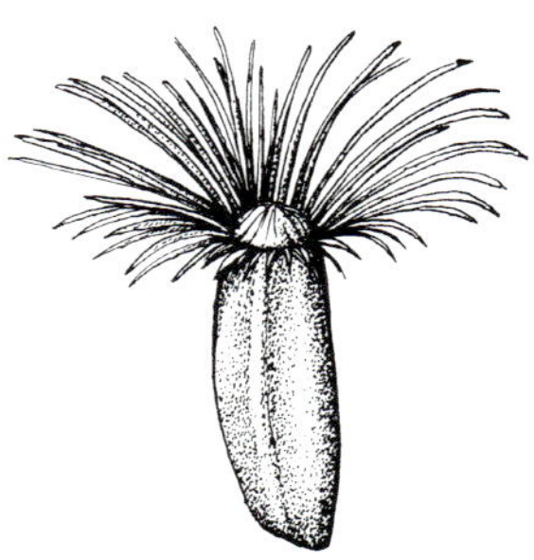

Schließfrucht mit Haarschopf

Große Eberwurz, Silberdistel, Wetterdistel

Carlina acaulis

Korbblütler
Asteraceae

Das ausdauernde Kraut hat eine kräftige Pfahlwurzel. Der Stengel ist meist verkümmert, dicht beblättert, mit einem einzigen Körbchen an der Spitze. Die Blätter sind im Umriß länglich, steif, bis 30 cm lang, fiederspaltig, ungleich dornig gezähnt. Sie sind auf dem verkürzten Stengel zu einer Bodenrosette gehäuft. Die Körbchen haben einen Durchmesser von 5–15 mm. Die äußeren Hüllblätter sind laubblattähnlich, die inneren werden allmählich kleiner und sind gleichfalls dornig gezähnt. Die innersten Hüllblätter sind linear, oberseits glänzend weiß, bei sonnigem Wetter sternförmig ausgebreitet, so daß sie strahlige Blüten vortäuschen. Die regelmäßigen Blüten haben röhrige, fünfzipflige Kronen und sitzen auf einem kräftigen fleischigen Korbboden. Die Schließfrüchte sind mit fiederigen Borsten ausgestattet. Die Blüten entfalten sich von Juli bis September.

Die Große Eberwurz tritt häufig in Kalkmagerweiden und Trockenrasen der Niederungen sowie in den alpinen Blaugrasmatten auf.

Wie schon erwähnt, reagieren die Körbchen der Eberwurz auf Licht und Feuchtigkeit. Bei sonnigem Wetter breiten sich die Hüllblätter aus und das ganze Körbchen reckt sich bogenförmig empor; bei trübem Wetter oder bei Regen senkt sich das Körbchen, so daß es von den Hüllblättern bedeckt wird. Diese hygroskopische Bewegung trug ihr den Namen Wetterdistel ein. Nach dem Entfernen der Blüten und stechenden Hüllblätter ist der fleischige Korbboden in rohem oder gekochtem Zustand genießbar. Er hat einen ähnlichen Geschmack wie Kohlrabi und enthält Inulin, ätherisches Öl, Gerbstoffe, Harz, Saponine und andere Wirkstoffe. Aber die Pflanze steht in vielen Gebieten unter gesetzlichem Schutz.

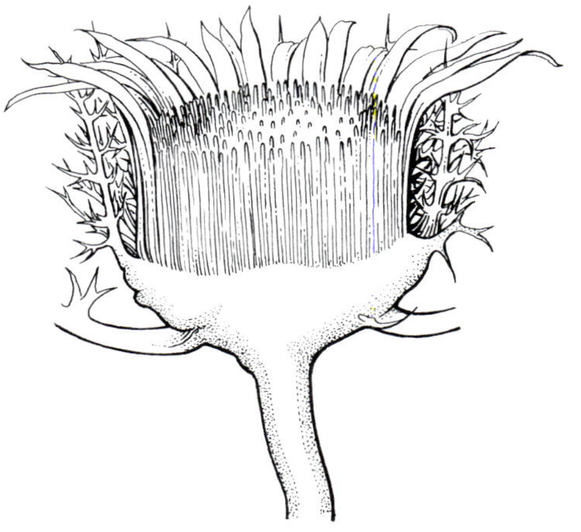

Schnitt durch das Körbchen

Korbblütler
Asteraceae

Kleine Eberwurz, Golddistel

Carlina vulgaris

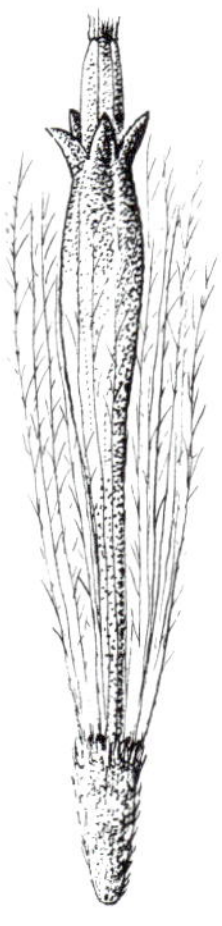

fünfzipflige, zwittrige Röhrenblüten

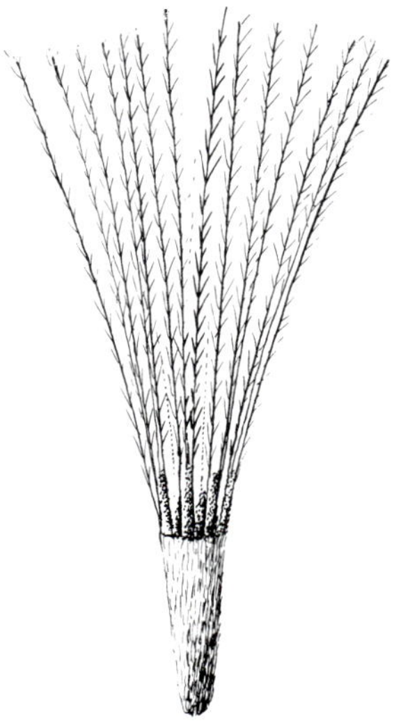

Schließfrüchte mit einem abfallenden Haarschopf

Das zweijährige Kraut hat einen aufrechten, 10–50 cm hohen Stengel. Er ist einfach, oben spärlich verzweigt. Die derben Blätter sind länglich, dornig gezähnt. Die Grundblätter sind in einer Rosette angeordnet, die Stengelblätter sind wechselständig, stengelumfassend, nach oben zu gehen sie in dornig gewimperte Deckblätter über. Zur Blütezeit sind die Grundblätter schon vertrocknet. Die Körbchen von 2–3 cm Durchmesser sitzen einzeln an den Zweigspitzen. Auch die Hüllblätter sind dornig; die innersten sind linear, gelblich, und täuschen strahlige Blüten vor. Die gelblichen Blüten sind röhrig, fünfzipflig. Die rostfarbenen, behaarten Schließfrüchte sind mit fiederigen Borsten ausgestattet. Die Blüten erscheinen von Juli bis September.

Die Kleine Eberwurz wächst in großen Mengen auf besonnten, trockenen steinigen Hängen, Rainen, Schlägen, Weiden und in lichten Wäldern von den Niederungen bis ins Gebirge. Sie ist im Mittelmeergebiet und in europäischen Gebieten mit milderem Klima bis nach Westsibirien verbreitet. Im Norden reicht sie bis nach Südostnorwegen.

Die Körbchen der Kleinen Eberwurz sind beträchtlich kleiner als das einzige dekorative Körbchen der Großen Eberwurz, das einen fleischigen Korbboden hat und von einer ausgebreiteten Rosette aus stechenden Blättern umgeben ist. Die derbe, stachelige Oberfläche der Blätter schützt die Pflanzen gegen Pflanzenfresser.

Der Gattungsname ist entweder durch Verstümmelung des italienischen cardina (= Distel) entstanden, oder die Pflanze wurde nach Karl dem Großen (742–814) benannt, der die Eberwurz als Mittel gegen die Pest verwendete.

Große Kugeldistel

Echinops sphaerocephalus

Korbblütler
Asteraceae

Das ausdauernde Kraut erreicht eine Höhe von 2 m. Die aufrechten, derben Stengel sind kantig und wenigästig. Die unteren Blätter sind gestielt, die anderen sitzend, alle wechselständig, eiförmig länglich und buchtig fiederspaltig, mit locker dornigen Abschnitten. Die einblütigen Körbchen bilden kugelige Köpfchen an der Spitze der langen Zweige. Die Blüten haben eine röhrige, fünfspaltige, stahlblaue Krone; die Staubfäden sind grau; der Griffel endet in einer Narbe mit zwei ringförmig eingerollten Lappen. Die grauhaarigen Schließfrüchte sind an der Spitze mit gefransten Schuppen besetzt. Die Blüten erscheinen im Juli und August.

Die Große Kugeldistel wächst verwildert und eingebürgert in Ruderalgesellschaften auf steinigen Lehm- und Tonböden der Trocken- und Wärmegebiete mit Beweidung. Sie ist im Mittelmeergebiet und in mittel- und osteuropäischen Gegenden mit milderem Klima verbreitet und reicht bis nach Westasien.

Die Art ist eine Honigpflanze, deren Blüten gern von Käfern, Hummeln, Bienen u. a. aufgesucht werden.

Der wissenschaftliche Gattungsname ist aus den griechischen Wörtern echinos (= Igel) und ops (= Ähnlichkeit) zusammengesetzt, denn die großen kugeligen Blütenstände der Pflanze erinnern an einen eingerollten Igel.

Körbchen aus einer Blüte mit Hüllblättern

Schließfrüchte

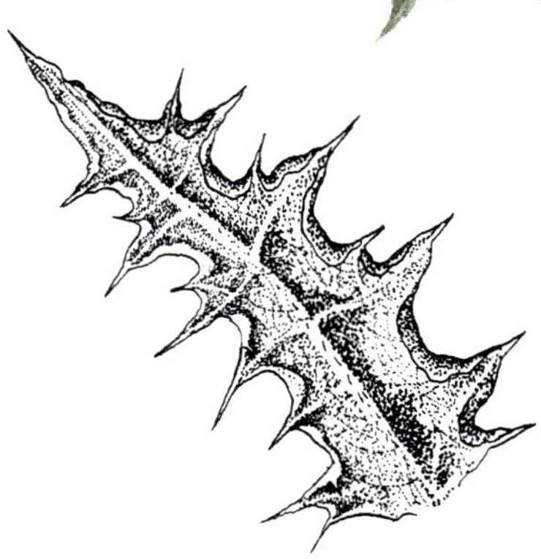

Unterseits weißfilzige Blätter

Froschbißgewächse
Hydrocharitaceae

Kanadische Wasserpest

Anacharis canadensis

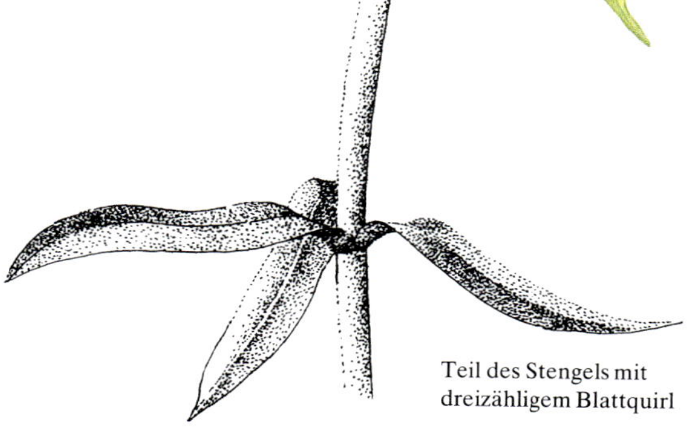

Teil des Stengels mit dreizähligem Blattquirl

Die Kanadische Wasserpest ist ein ausdauerndes Kraut, das untergetaucht in stehenden und fließenden Gewässern wächst. Sie hat 50–100 cm lange, reichverzweigte und sehr dicht beblätterte Stengel. Die länglich-eiförmigen bis lanzettlichen Blätter sind in dreizähligen Quirlen angeordnet und am Grunde oberseits mit zwei ganzrandigen grünen Schuppen ausgestattet. Die Pflanze ist zweihäusig: ein Exemplar bringt entweder nur männliche oder nur weibliche Blüten hervor. In Mitteleuropa treten nur weibliche Pflanzen auf, die hier kultiviert wurden und verwildert sind. Die langgestielten, aus dem Wasser ragenden Blüten brechen aus einer Scheide in den Blattachseln hervor. Sie sind dreizählig, die Kelchblätter sind zu einer schmalen langen Röhre verwachsen, und die weißlichen Kronblätter sind rundlich. Die Pflanzen blühen aber selten und vermehren sich vegetativ.

Die Kanadische Wasserpest kommt ziemlich häufig auf schlammigen und sandigen Anschwemmungen stehender und fließender Gewässer, oft in großen dichten Kolonien, in den Niederungen und im Hügelland vor. Sie stammt aus Nordamerika. Nach Europa wurde sie gegen Mitte des 19. Jahrhunderts über Irland und Schottland eingeschleppt. Dank ihrer starken vegetativen Vermehrung hatten sich die weiblichen Pflanzen rasch aus den botanischen Gärten in die Natur verbreitet.

Die Kanadische Wasserpest bildet dichte Bestände und trägt so zur Verlandung der Gewässer bei, unterdrückt andere Pflanzen, behindert die Bewegung der Fische und setzt die Qualität des Wassers durch massenhaftes Absterben und Fäulnis der organischen Substanz herab. Wo sie nicht so stark wuchert, gehört sie zu den geschätzten Wasserpflanzen, die viel Sauerstoff erzeugen und viele Fischnährtiere beherbergen.

Gemeiner Froschlöffel

Alisma plantago-aquatica

Froschlöffelgewächse
Alismataceae

Der Gemeine Froschlöffel ist eine ausdauernde Wasser- und Sumpfpflanze mit einem knollenartig verdickten Wurzelstock. Die Blätter sind in einer Rosette angeordnet und zweigestaltig: untergetauchte Blätter sind bandförmig, an der Oberfläche schwimmende Blätter langgestielt, breit eiförmig, am Grunde keilförmig. Die Blüten sind in reichen pyramidenförmigen Rispen an der Spitze des aufrechten Schaftes vereinigt. Sie sind gestielt, dreizählig und haben weiße oder rosa Kronblätter. Die stark zusammengedrückten Schließfrüchte weisen auf der Rückseite eine furchenartige Rille auf. Die Blüten erscheinen von Juli bis September.

Die Art kommt in großer Zahl an schlammigen Rändern stehender oder langsam fließender Gewässer vor, auf entblößten Ufern, manchmal auch in Pfützen sehr nasser Wiesen. Sie ist im subtropischen Afrika und in ganz Eurasien von den Niederungen bis ins Hügelland verbreitet.

Die Pflanze ist sehr veränderlich; unter verschiedenen Umweltbedingungen entwickeln sich unterschiedliche Formen. Auffallend sind z. B. die langen untergetauchten oder an der Wasseroberfläche schwimmenden bandförmigen Blätter. In Sümpfen entwickeln sich stattliche, breitblättrige Büsche, in ausgetrocknetem Schlamm wiederum kleine, oft zwergwüchsige Formen.

Die Blätter und Wurzelstöcke des Froschlöffels sind von scharf brennendem Geschmack. Sie sind giftig und werden von Pflanzenfressern gemieden. Durch Trocknen verlieren sie aber ihre Giftigkeit. Die Wurzelstöcke enthalten beträchtliche Stärkemengen. In Rußland wurde der Froschlöffel einst gegen Tollwut verwendet, in Schweden dienten Umschläge aus seinem Saft gegen Kopfschmerzen.

einzelner Stempel

Inneres der Blüte

Schließfrüchte

einzelne Schließfrucht
von der Seite

Laichkrautgewächse
Potamogetonaceae

Krauses Laichkraut

Potamogeton crispus

in einer Ähre angeordnete Früchtchen mit gekrümmtem Schnabel

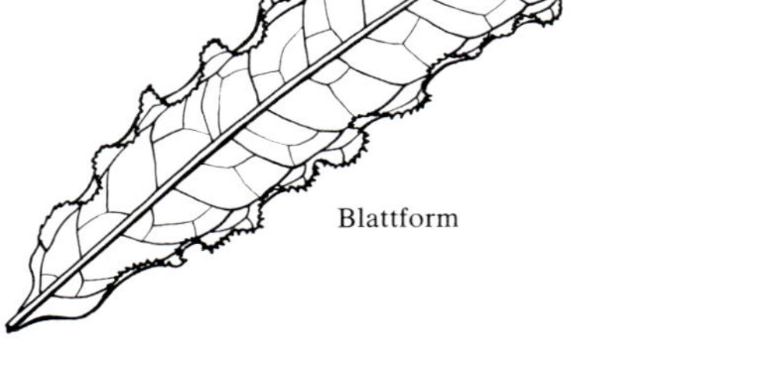

Blattform

Die ausdauernde Wasserpflanze hat einen dünnen, verzweigten Wurzelstock, der sich in den oberen Bodenschichten ausbreitet. Die Länge und Verzweigung der Stengel sind von der Strömung und Tiefe des Wassers abhängig, in dem die Pflanzen untergetaucht wachsen. Die rötlichen oder bräunlichen, schwach vierkantigen Stengel sind 20–200 cm lang. Die Blätter sind länglich lanzettlich, etwa 1 cm breit und bis 5 cm lang, sitzend, am Rande wollig-kraus gesägt. Die kurzen, kräftigen, kurzgestielten Blütenähren entspringen den Achseln der Deckblätter und ragen aus dem Wasser heraus. Eine Blütenhülle fehlt und wird von vier verbreiterten grünen Staubblättern vorgetäuscht. In jeder Blüte entwickeln sich vier kleine, geschnäbelte Steinfrüchte. Die Pflanzen blühen von Mai bis Juli.

Die Art tritt häufig in stehenden und fließenden Gewässern in den Niederungen auf; oft bedeckt sie ihre ganze Oberfläche. Sie wächst in Australien, Afrika und in den wärmeren Gebieten Eurasiens.

Die starke Verbreitung der Art wird auch durch ihre vegetative Fortpflanzung mit Hilfe von Winterknospen gefördert. Diese auffallenden hornartigen Gebilde bestehen aus breiten, etwas herzförmigen, sich dachziegelartig überdekkenden Blättern. Sie erscheinen am Ende des Sommers an den Stengelspitzen, brechen leicht ab und sinken auf den Grund, wo sie Wurzeln schlagen. Die Bestäubung erfolgt in der Regel durch den Wind. Nachher sinken die Blütenstände unter die Wasseroberfläche, wo die Früchte reifen.

Die Laichkrautarten sind sehr veränderlich. Viele wachsen auch auf entblößten Teichböden, wo sie besondere Landformen ausbilden.

Schwimmendes Laichkraut

Potamogeton natans

Laichkrautgewächse
Potamogetonaceae

Die ausdauernde Wasserpflanze wurzelt im Grund. Die Stengel, deren Länge von der Wassertiefe abhängig ist, in der die Pflanzen wachsen, tragen langgestielte ledrige Blätter. Die Spreiten sind rundlich eiförmig, am Grunde abgerundet oder seicht herzförmig und schwimmen an der Oberfläche. Auch die Länge der Blattstiele richtet sich nach der Wassertiefe. In seichtem Wasser sind sie verkürzt, im Schlamm austrocknender oder abgelassener Becken fast verkümmert, so daß die Blätter dann auf dem verkürzten Stengel rosettenartig gehäuft sind. Die Blüten von ähnlicher Form wie bei der vorstehenden Art sind in Ähren angeordnet. Ihre Stiele sind etwa doppelt so lang wie die der Ähren, die den Blattachseln entspringen. Die kleinen Steinfrüchte sind glänzend braun. Die Blüten erscheinen von Juni bis August.

Das Schwimmende Laichkraut ist die meistverbreitete Art in stehenden, manchmal auch langsam fließenden Gewässern, Teichen, und Tümpeln. Mit Ausnahme der arktischen Regionen tritt es fast auf der ganzen nördlichen Halbkugel auf.

Die Laichkrautarten bilden den Hauptbestandteil der Vegetation untergetauchter Bestände in stehenden und langsam fließenden Gewässern. Sie umfassen sowohl breitblättrige Formen (wie die hier angeführten) als auch solche mit sehr schmalen, höchstens 5 mm breiten Blättern, die im Volksmund als „Wassergräser“ bezeichnet werden.

umgekehrt eiförmige grüne Anhängsel der vier Staubblätter, eine Blütenhülle vortäuschend

einzelnes Früchtchen mit kurzem Schnabel

die Spreite des langgestielten Blattes

dichte Ähre aus kleinen Früchtchen

Liliengewächse
Liliaceae

Herbstzeitlose

Colchicum autumnale

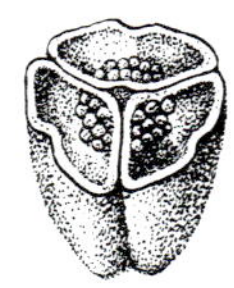

Querschnitt durch die Kapsel

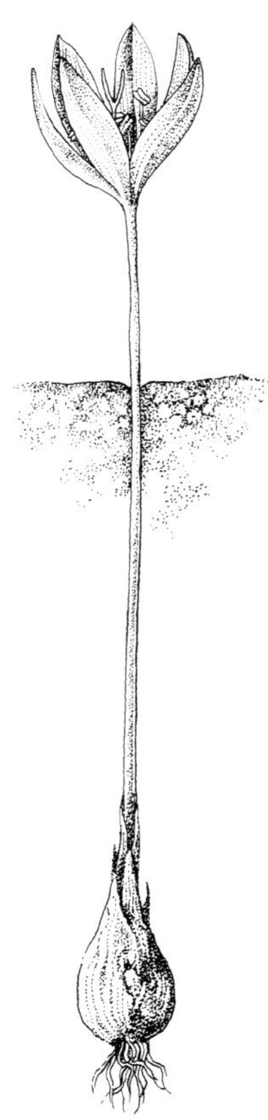

ganze blühende Pflanze

Das ausdauernde, 8–30 cm hohe Kraut hat eine tief im Boden steckende Sproßknolle. Die Blüten entfalten sich im Herbst, und im Frühjahr entwickeln sich die Früchte. Von September bis Dezember treibt die unterirdische Knolle Blüten. Sie haben einen unterständigen Fruchtknoten und eine 10–30 cm lange Röhre mit einem violetten, sechszipfligen Saum. Die Blüte enthält sechs Staubblätter und drei Griffel mit keulenförmigen Narben. Nach der Bestäubung, die durch Insekten besorgt wird oder mit dem eigenen Pollen erfolgt, setzt die Pflanze ihre Entwicklung bis zum Frühjahr fort. Zu dieser Zeit beginnt sich der kurze, in der Erde steckende Stengel zu verlängern, über dem Boden erscheinen 4–5 länglich lanzettliche, 25–50 cm lange Blätter und zwischen ihnen auch eine aufgeblasene Kapsel mit den Samen.

Die Herbstzeitlose ist fast über ganz Europa verbreitet. Sie tritt in der Regel gesellig auf feuchten Wiesen auf, oft in großer Zahl, an anderen Stellen kommt sie überhaupt nicht vor.

Die ganze Pflanze enthält das stark giftige Alkaloid Colchicin, das die Zellteilung hemmt. Das Vieh meidet die Pflanze. Die Drogen werden in der Medizin gegen Rheuma verwendet, auch zur Behandlung von bösartigen Geschwülsten und Bluterkrankungen. Colchicin wird auch in der Genetik bei der Pflanzenzüchtung verwendet. Vor seinem Gebrauch durch Laien muß aber entschieden gewarnt werden, denn es besteht Vergiftungsgefahr. Als Giftpflanze war die Herbstzeitlose schon im Altertum bekannt. Ihr Gattungsname kann vom Namen der antiken Kolchis abgeleitet werden. In diesem Gebiet ist die Gattung *Colchicum* durch eine Reihe von Arten vertreten. Nach einer alten Sage ist die Herbstzeitlose aus einem Zaubertrank der Medea entstanden, von dem einige Tropfen auf die Erde fielen.

Astlose Graslilie, Trauben- oder Große Graslilie

Anthericum liliago

Liliengewächse
Liliaceae

Das ausdauernde Kraut hat einen kurzen Wurzelstock. Die ganze Pflanze ist kahl. Sie hat einen aufrechten, einfachen, 30–80 cm hohen Stengel. Die schmal linearen rinnigen Blätter sind in einer Bodenrosette angeordnet. Sie sind kürzer als der Stengel und allmählich in die Spitze verschmälert. Der Blütenstand ist in der Regel eine einfache, aus gestielten Blüten zusammengesetzte Traube von 3–4 cm Durchmesser. Unter den Blütenstielen befinden sich häutige Deckblätter. Die reinweißen Blütenblätter sind zu je drei in zwei Kreisen angeordnet. Sie sind dreinervig, stumpfspitzig. Die 6 Staubblätter sind kürzer als der Fruchtknoten mit dem etwas gekrümmten Griffel. Die Frucht ist eine dreifächerige, oben zugespitzte Kapsel. Blütezeit: Mai bis Juli.

Die Astlose Graslilie wächst auf besonnten, steinigen und strauchigen Hängen, Felsen und felsigen Steppen, seltener auch in lichten trockenen Wäldern im Hügelland wärmerer Gebiete. Sie ist im Mittelmeergebiet und in klimatisch milderen Gebieten, vor allem in Westeuropa verbreitet.

Ihren wissenschaftlichen Namen verdankt die Pflanze den aufrechten, im oberen Teil mit schmalen Deckblättern spärlich besetzten Stengeln (griechisch antherikos = Getreidehalm). Von der folgenden, sehr ähnlichen Art unterscheidet sich die Astlose Graslilie vor allem durch den einfach verzweigten Blütenstand, die größeren Blüten und die frühere Blütezeit. Als Zierpflanze wird sie gern in Steingärten gezogen.

Inneres der Blüte

Häutige Kapseln, die aufspringen, wenn sie reif sind, und eine große Zahl dunkler Samen verstreuen

Wurzelstock, an der Spitze Überreste der Scheiden der vorjährigen Blätter tragend

Liliengewächse
Liliaceae

Ästige Graslilie, Kleine Graslilie

Anthericum ramosum

fadenförmiger, nur schwach gebogener Griffel, in einer kleinen stumpfen Narbe endend und die Blütenblätter überragend

Kapsel, eine große Zahl matt dunkel gefärbter Samen enthaltend

Das ausdauernde Kraut hat einen kurzen Wurzelstock. Die linearen, 2–6 mm breiten Blätter sind in einer Grundrosette angeordnet, aus der ein aufrechter, blattloser, 30–120 cm hoher Stengel hervorwächst, der an seiner Spitze eine lockere Blütenähre trägt. Die Blüten von 2–3 cm Durchmesser mit aufrechten Stielen entspringen den Achseln kurzer, pfriemlich lanzettlicher Deckblätter. Die zu je drei in zwei Kreisen angeordneten Blütenblätter sind länglich bis länglich umgekehrt eiförmig; die inneren sind an der Spitze abgerundet und breiter als die äußeren. Die Staubblätter sind ebensolang wie der Fruchtknoten; der aufrechte fadenförmige Griffel mit der Narbe ragt aus der Blütenhülle heraus. Die Frucht ist eine dreieckig kugelige, stumpfe, in der Regel 6 mm lange Kapsel. Die Pflanzen blühen von Juni bis August.

Die Ästige Graslilie tritt auf besonnten steinigen Hängen, in Waldsteppen, auf Felsen und in lichten Wäldern wärmerer Gegenden von den Niederungen bis ins Gebirge auf. Sie ist in europäischen Gebieten mit milderem, submediterranem Klima verbreitet.

Da die Pflanze ziemlich dekorativ wirkt, wird sie oft für Sträuße gepflückt oder ausgegraben und als Alpine verwendet und ist deshalb in manchen europäischen Staaten geschützt.

Waldgoldstern

Gagea lutea

Liliengewächse
Liliaceae

Der Waldgoldstern ist ein ausdauerndes Kraut mit einer unterirdischen Zwiebel. Sie treibt ein lineares Grundblatt und einen Stengel, der 10–30 cm hoch wird. Dicht unter dem Blütenstand wachsen auf dem Stengel zwei lanzettliche, keilförmige Blätter hervor. Der Blütenstand ist eine lockere Doldentraube aus dreizähligen Blüten mit gelben, manchmal an der Außenseite grünlichen Blütenblättern, die zu je drei in zwei Kreisen angeordnet sind. Die Frucht ist eine längliche Kapsel. Die Pflanzen blühen zeitig im Frühjahr – von März bis April.

Die Art tritt oft in humosen Hainen und Auen auf, aber auch auf Wiesen und in Rasen. Sie ist in ganz Europa, West- und Ostsibirien verbreitet.

Von den anderen Goldsternarten, die sich vor allem durch die Zahl und Anordnung der Zwiebeln unterscheiden, nennen wir wenigstens den auf Feldern, Rainen und in Magerrasen auftretenden Wiesengoldstern *(G. pratensis),* der einige Nebenzwiebeln besitzt, und den Ackergoldstern *(G. arvensis)* mit einer einzigen Nebenzwiebel, die mit der Hauptzwiebel von gemeinsamer Haut umschlossen ist. Er wächst an ähnlichen Standorten in wärmeren Gebieten.

Die Goldsternarten vermehren sich leicht vegetativ durch die seitlichen Zwiebeln sowie durch Samen, die von Ameisen verbreitet werden, welche von den fleischigen Anhängseln angelockt werden. Die Pflanze wurde nach dem englischen Botaniker Th. Gage (1781–1820) benannt.

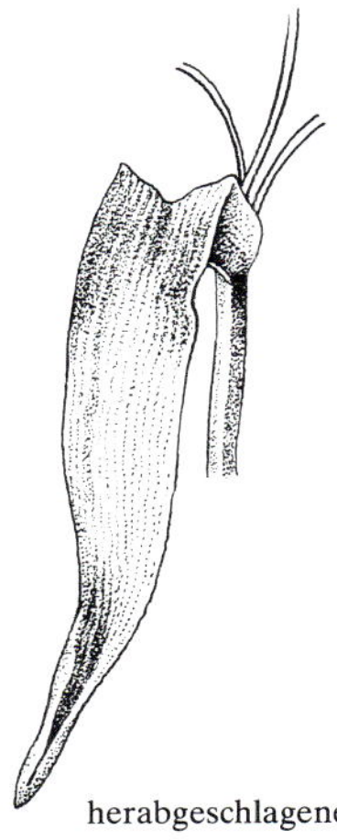

herabgeschlagenes, kapuzenförmiges Deckblatt des Blütenstandes

Stempel

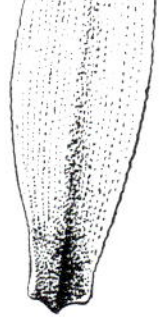

Blütenblatt

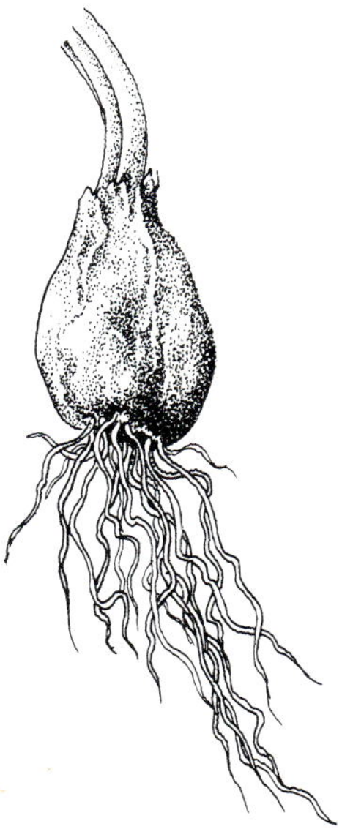

Zwiebel

Liliengewächse
Liliaceae

Bärenlauch, Rams

Allium ursinum

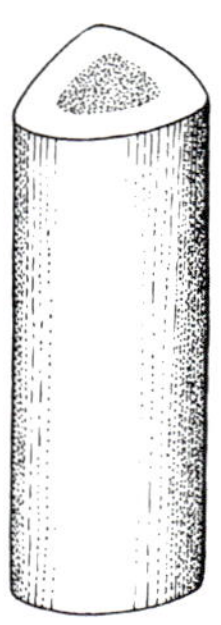

Querschnitt durch den Stengel

Das ausdauernde Kraut hat eine längliche, 2–6 cm lange unterirdische Zwiebel mit weißen Schuppen. Der blattlose Stengel wird 10–50 cm hoch. Es sind in der Regel nur zwei Grundblätter vorhanden. Sie sind elliptisch lanzettlich, ganzrandig, 2–5 cm breit, in einen langen Stiel verchmälert. Die den doldenförmigen Blütenstand umgebende Scheide, die aus 2–3 weißlichen Tragblättern besteht, fällt bald ab. Die sechszählige Blütenhülle bilden weiße, bis 1 cm lange Blütenblätter. Die Frucht ist eine dreifurchige Kapsel. Die Pflanzen blühen von April bis Juni.

Der Bärenlauch wächst zerstreut, aber oft in ausgedehnten Beständen in feuchten Auen- und Buchenwäldern mit nährstoffreichen Kalkböden, von den Niederungen bis ins Hochgebirge. Er tritt in klimatisch milderen Gebieten Europas auf, oft im westlichen Teil.

Der Gattungsname der Pflanze ist augenscheinlich vom lateinischen olere (= riechen) abgeleitet, denn sie verströmt einen markanten Geruch. Dieser spezifische Geruch rührt vom Knoblauchöl her und macht die Pflanze im Bestand schon von weitem kenntlich. Das ätherische Öl geht z. B. auch in die Kuhmilch über, wenn das Vieh die Pflanzen abweidet, und macht die Milch ungenießbar. Die Blätter können als gesundes Wildgemüse gesammelt werden. Aufgrund ihrer beachtlichen bakteriziden Wirkung finden manche Laucharten in der Pharmazie und Volksmedizin Verwendung. Der Lauch wirkt vorbeugend gegen Arteriosklerose und Asthma, senkt den Blutdruck und vernichtet Darmparasiten.

Der Knoblauch *(A. sativum)* wird zum Würzen von Speisen verwendet; industriell wird ätherisches Öl aus ihm gewonnen. Der beschriebenen Art ähnelt der Allermannsharnisch *(A. victoriale),* dessen Zwiebeln sich auf dem Wurzelstock entwickeln und der 2–3 elliptische Stengelblätter aufweist. Er wächst vor allem im Gebirge.

Weinberglauch

Allium vineale

Liliengewächse
Liliaceae

Das ausdauernde Kraut hat eine eiförmige Zwiebel, oft mit Nebenzwiebeln, die von gemeinsamen weißlichen Schuppen umschlossen sind. Der Stengel ist 30–100 cm hoch, unverzweigt, mit linearen, halbstielrunden bis stielrunden Blättern. Der halbkugelige Blütenstand ist von einer aus zwei länglich zugespitzten Deckblättern bestehenden Scheide umgeben. Zwischen den Blüten befinden sich zahlreiche Brutzwiebeln. Die Blüten sind langgestielt, dreizählig, mit sechs Blütenblättern in zwei Kreisen. Sie sind meist hell- oder purpurrot, seltener grünlich gefärbt. Zur Reifezeit ragen die Staubblätter weit aus der Blüte heraus; die Staubfäden der inneren Staubblätter sind am Grunde verbreitert und haben seitliche Zipfel. Die Frucht ist eine häutige Kapsel. Die Blüten erscheinen von Juni bis August.

Der Weinberglauch wächst in Trockenrasen und Hecken; sekundär verbreitet er sich auf Rainen und entlang von Wegen, oft auch auf Feldern und in Weinbergen. Er tritt von den Niederungen bis ins Hügelland auf. Diese europäische Art ist im Mittelmeergebiet und in klimatisch milderen Gegenden des Kontinents verbreitet.

Als Nutzpflanzen dienen auch andere Laucharten, die oft in hochgezüchteten Sorten kultiviert werden. Zu ihnen gehören außer dem Knoblauch Porree (*A. ampeloprasum* ssp. *porrum*), Schnittlauch *(A. schoenoprasum)*, Schalotte *(A. ascalonicum)*, Zwiebel *(A. cepa)* und Röhrenzwiebel *(A. fistulosum)*.

Von den wilden Arten sind noch der flachblättrige Berglauch heimischer Felssteppen *(A. montanum)* und der Steife Lauch *(A. strictum)* mit einem walzigen Wurzelstock und braunschuppigen Zwiebeln erwähnenswert.

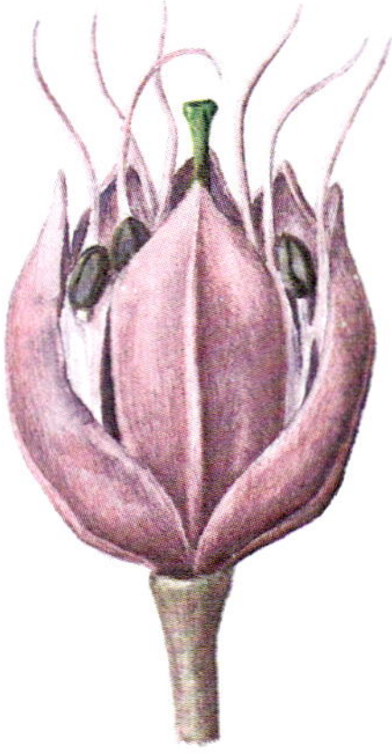

Blüte

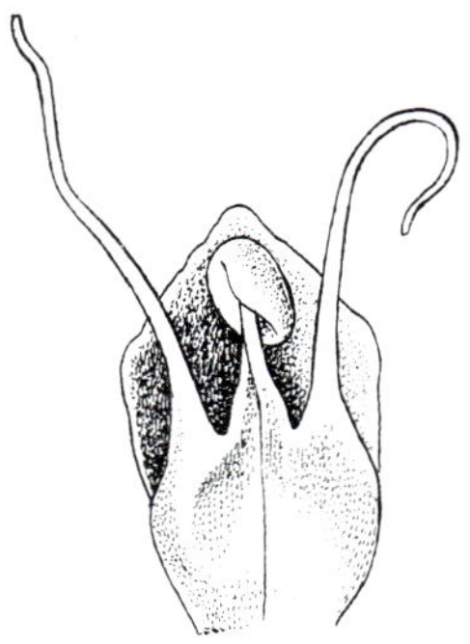

Staubblatt

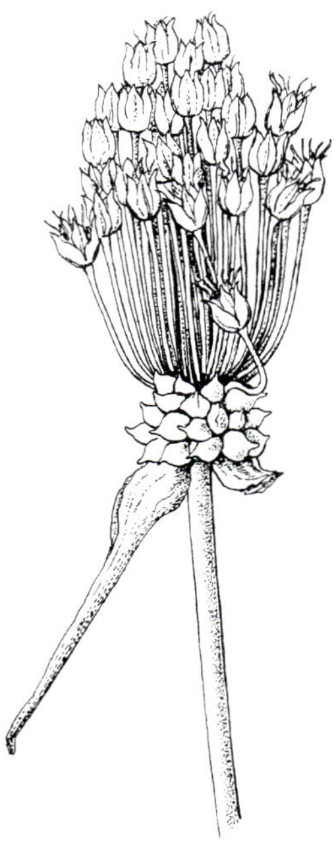

Blütenstand mit Brutzwiebeln

Liliengewächse
Liliaceae

Türkenbundlilie

Lilium martagon

Querschnitt durch die Kapsel

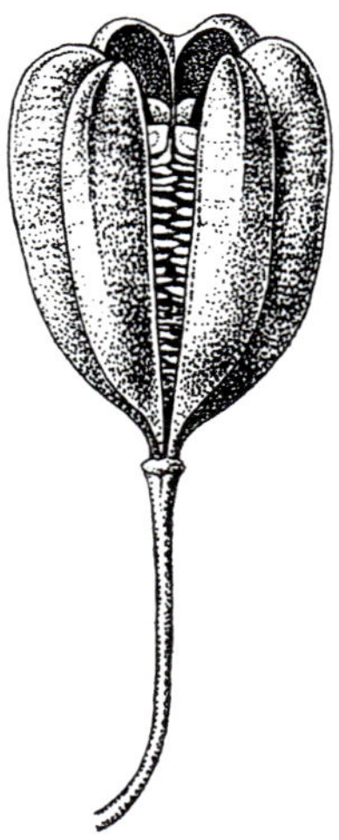

Kapsel

Zwiebel

Das ausdauernde Kraut hat eine gelbe, manchmal rot überlaufene, zusammengesetzte Zwiebel, die ziemlich tief im Boden steckt. Der Stengel ist aufrecht, einfach, oft rot überlaufen, 30–100 cm hoch. Die umgekehrt eiförmigen bis elliptischen Blätter sind ganzrandig, am Grunde in den Stiel verschmälert. Die oberen und unteren Blätter sind wechselständig, die mittleren oft zu einem Quirl genähert. Die purpurroten, dunkler gefleckten Blüten sind in einer lockeren endständigen Traube angeordnet. Sie sind nickend, weisen sechs Blütenblätter auf und sind bogenförmig zurückgebeugt, nachdem sie sich voll entfaltet haben (turbanähnlich – daher der Name). Aus der Blüte ragen sechs Staubblätter mit großen Staubbeuteln hervor und in ihrer Mitte der an der Spitze keulenförmig verdickte Griffel. Die Frucht ist eine dreifächerige aufrechte Kapsel. Blütezeit: Juni bis August.

Die Türkenbundlilie wächst in Kalk-Buchenwäldern, besonders gut auf Lichtungen, aber auch in Latschen-Krummholz und in alpinen Matten. Sie ist eine eurosibirische Art der gemäßigten Zone. Weil sie überaus zierend wirkt, wird sie gepflückt oder in Gärten umgepflanzt und ist deshalb gesetzlich geschützt.

In Magerrasen, Kalkfelsfluren und Staudensäumen der Südalpen, kann man die orangerot blühende Feuerlilie *(L. bulbiferum)* finden. Sie bildet grünliche Brutzwiebeln in den Achseln der schmal lanzettlichen Blätter. In Gärten werden oft weitere Arten gezogen. Große, duftende, weiße Blüten hat die aus dem Mittelmeergebiet stammende Weiße Lilie *(L. candidum)*. Aus Ostasien kommen die Königslilie *(L. regale)* mit einem reichen Blütenstand aus duftenden, außen rosafarbenen, innen gelben Blüten und die Tigerlilie *(L. tigrinum)* mit scharlachroten, schwarzviolett gefleckten Blüten.

Hasenglöckchen

Hyacinthoides non-scripta

Liliengewächse
Liliaceae

Das mittelgroße, 15–40 cm hohe Kraut hat im Boden eine ovale, fleischige Zwiebel mit zahlreichen Wurzeln. Sie treibt lineare, etwas fleischige, rinnig gebogene und gegen den Rand zu dünnere Blätter. Im Frühjahr wächst zwischen den Blättern ein Schaft hervor. Die blauen, selten weißen oder rosa Blüten entfalten sich im April und Mai. Der Blütenstand ist eine reiche einseitswendige Traube aus röhrigglockigen, kurzgestielten Blüten. Die Blütenblätter sind frei, nur am Grunde verwachsen. Die Zipfel der Blütenhülle sind aufgerichtet. Um den oberständigen Fruchtknoten ist der Kronkelch nicht verbreitert (im Unterschied zur Gartenhyazinthe – *Hyacinthus orientalis*). Die Früchte sind runde Kapseln mit einer kurzen Spitze.

Das Hasenglöckchen bildet in den europäischen Küstengebieten, besonders im mediterranen Süden und atlantischen Nordwesten, ausgebreitete Bestände in lichten, anspruchsvollen Laubwäldern. In Deutschland und Großbritannien gehört es zu den geschützten Arten. Andernorts wird es gemeinsam mit anderen kleinen Zwiebelpflanzen als Frühlingszierpflanze in Rabatten oder an schattigen Stellen im Steingarten kultiviert. Es läßt sich leicht sowohl durch Samen vermehren, die man gleich nach dem Reifen aussät, als auch durch Tochterzwiebeln. Die Art ist auch unter den Synonymen *Endymion non-scriptus* oder *Scilla non-scripta* bekannt.

Im Mittelalter wurde aus den Zwiebeln des Hasenglöckchens Stärke zum Steifen von Kragen gewonnen. Heute dürfen nur die Blüten gepflückt werden, und man muß möglichst viele Blätter, die die Zwiebel mit Nährstoffen für das nächste Jahr versorgen, an der Pflanze stehen lassen.

Stempel

Blütenblatt mit Staubblatt

Liliengewächse
Liliaceae

Zweiblättrige Schattenblume

Maianthemum bifolium

Früchte – Beeren

Blüte

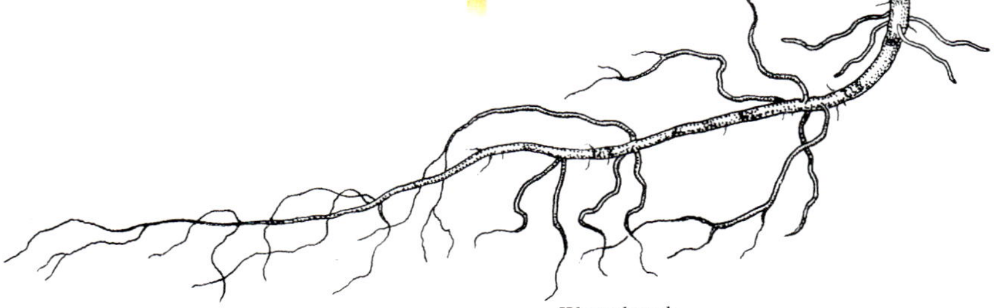

Wurzelstock

Das ausdauernde Kraut hat einen dünnen, kriechenden, verzweigten Wurzelstock. Der Stengel ist aufrecht, 5–25 cm hoch, mit einem kurzgestielten und herzförmigen Grundblatt, dessen Spreite ganzrandig ist und ein hervortretendes Adernetz aufweist. Der Stengel trägt an der Spitze einen traubenförmigen Blütenstand mit einem Tragblatt, das in Form und Größe dem Grundblatt gleicht. Die kleinen, weißen bis gelblichen, zart duftenden Blüten haben vier Blütenblätter, vier Staubblätter und einen oberständigen Fruchtknoten. Die Früchte sind anfangs rosabraun marmorierte, später rötliche Beeren. Die Blüten entfalten sich im April und Mai.

Die Zweiblättrige Schattenblume tritt häufig in schattigen modrig-humosen Laub- und Nadelwäldern auf und verbreitet sich von dort auch in saure Magerrasen. Oft bildet sie größere Bestände. Sie gedeiht von den Niederungen bis ins Hochgebirge und ist in ganz Eurasien verbreitet. Sie kann lange Zeit auch in künstlichen Nadelholzkulturen ausdauern. Kleine, nicht blühende Pflanzen mit einem einzigen Grundblatt zeigen dann durch ungeeignete Kulturen degradierte Böden an.

Die ganze Pflanze enthält giftige Glykoside, also dieselben Stoffe, die sich auch bei dem nahe verwandten Maiglöckchen *(Convallaria majalis)* finden. Die Schattenblume hieß auch ursprünglich *Convallaria bifolia* und später *Maianthemum convallaria.* Der wissenschaftliche Gattungsname betont, ebenso wie viele Benennungen in den Nationalsprachen, die Blütezeit der Pflanze im Frühjahr (lateinisch majis = Mai, griechisch anthemon = Blume).

Vielblütige Weißwurz

Polygonatum multiflorum

Liliengewächse
Liliaceae

Das ausdauernde Kraut hat einen kräftigen kriechenden, verzweigten Wurzelstock. Der Stengel ist aufrecht, oft bogenförmig übergeneigt, einfach und stielrund. Die eiförmigen bis elliptischen Blätter sind ganzrandig, mit dem verschmälerten Grund sitzend, wechselständig, in zwei Reihen angeordnet. Die Blüten entspringen den Deckblattachseln und bilden lockere, 2–5blütige Trauben. Sie sind weiß, röhrig und haben sechs Perigonzipfel. Die sechs Staubblätter in der Mitte der Röhre sind an der Blütenhülle angeheftet; aus dem kugeligen Fruchtknoten wächst ein fadenförmiger Griffel hervor. Die Früchte sind dunkelblaue bis fast schwarze, bereifte Beeren. Die Blüten entfalten sich im Mai und Juni.

Die Vielblütige Weißwurz wächst in schattigen Laubwäldern in den Niederungen und im Hügelland. Sie ist in Mittelmeergebirgen und im gemäßigten Europa verbreitet.

In lichten Wäldern, Gebüschen und auf steinigen Hängen findet sich die sehr ähnliche Duftende Weißwurz (Salomonssiegel, *P. odoratum*). Von der abgebildeten Art unterscheidet sie sich durch den scharfkantigen Stengel und die den Blattachseln einzeln entspringenden Blüten. Beide Arten haben eine sehr lange Blütenröhre, so daß ihre Blüten nur Insekten mit einem langen Saugrüssel zugänglich sind. Die Bestäubung wird vor allem von Hummeln besorgt. Der wissenschaftliche Gattungsname hängt mit der Form des Wurzelstocks zusammen, der eine Reihe von gelenkförmigen Knoten aufweist, die an „Hühneraugen" erinnern (griechisch polys = viel, gony = Knoten). Der Wurzelstock der Weißwurzarten wurde früher zum Auflegen auf Quetschungen und Entzündungen verwendet. In der Volksmedizin verwendet man ihn mancherorts noch heute zum Entfernen von „Hühneraugen".

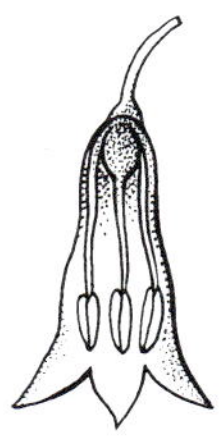

Längsschnitt durch die Blüte

Staubblatt

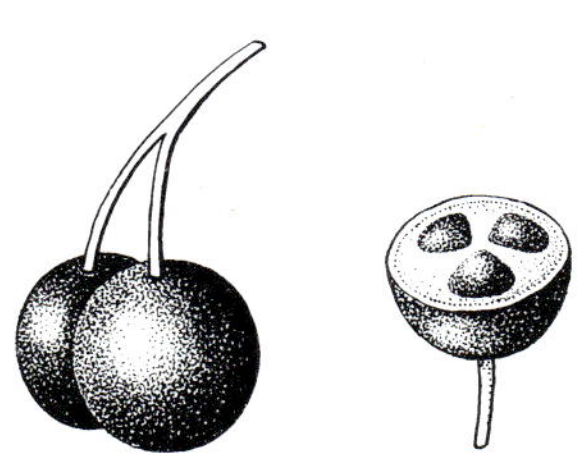

Früchte und Schnitt durch eine Beere

Liliengewächse
Liliaceae

Quirlblättrige Weißwurz

Polygonatum verticillatum

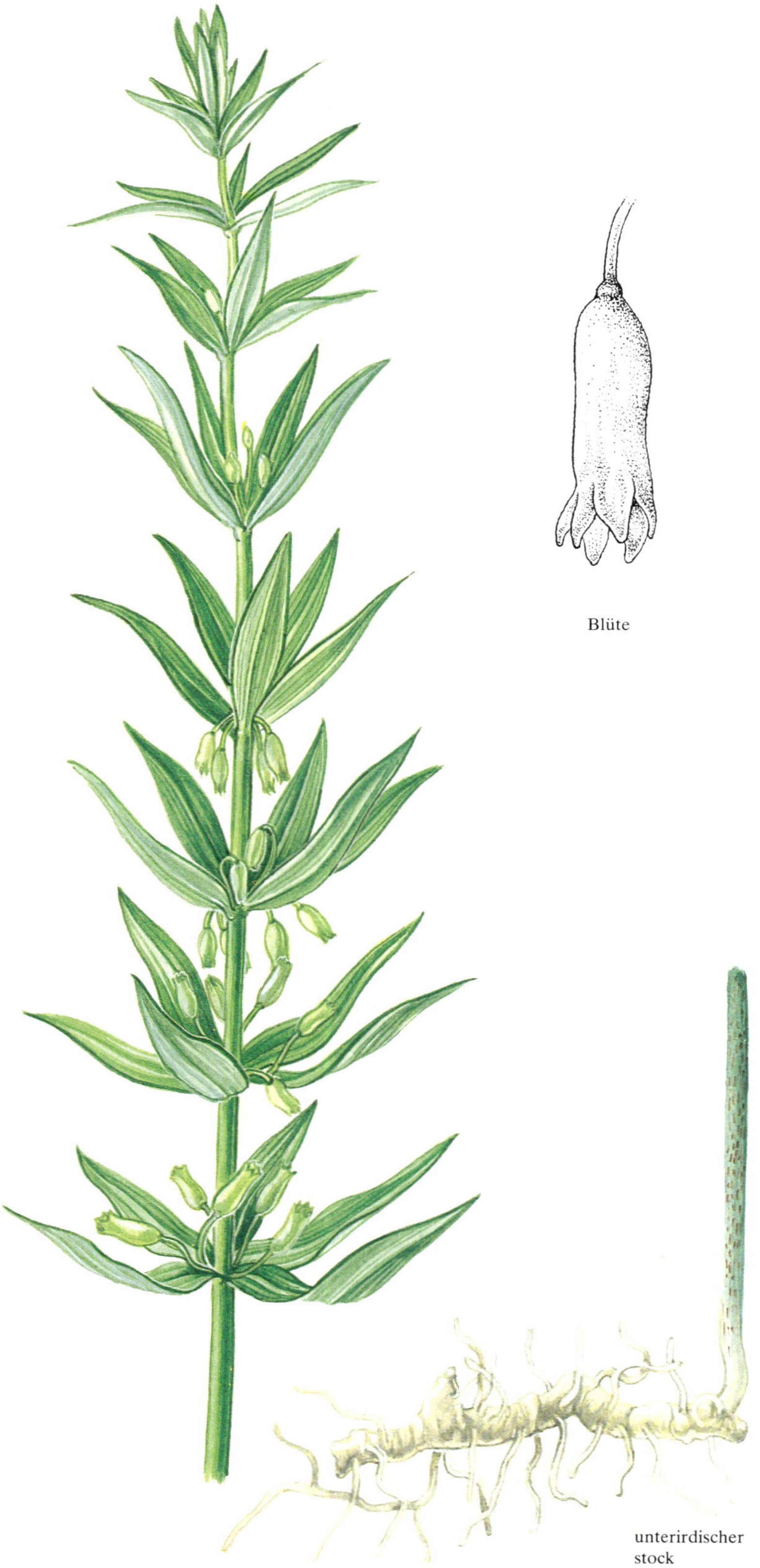

Blüte

Die Quirlblättrige Weißwurz ist ein ausdauerndes Kraut mit einem kräftigen schuppigen Wurzelstock. Der aufrechte, kantige Stengel ist 30–100 cm hoch. Die lanzettlichen, bis schmal linearen Blätter sind zugespitzt, ganzrandig, in dichten Quirlen angeordnet. Die Blüten sind zu nickenden, achselständigen Trauben vereinigt. Sie haben eine schmale Röhre und einen ähnlichen Bau wie die der vorstehenden Art. Auch die Früchte – schwarzblaue Beeren – sind ähnlich. Die Pflanzen blühen im Mai und Juni.

Die Quirlblättrige Weißwurz tritt in schattigen Bergwäldern der Mittelgebirge und Alpen auf. Sie ist von Europa bis nach Westasien verbreitet.

Diese sehr leicht erkennbare Art ist besonders für Buchen- und Tannenwälder in Gebirgslagen typisch und gehört zu den Charakterarten der Pflanzengesellschaften kühlfeuchter Bergwälder. In mittleren Lagen wächst sie vor allem in krautreichen Buchenwäldern, wo sie oft ausgebreitete Kolonien bildet. Den Flüssen entlang kann sie durch die Täler bis ins Hügelland gelangen. Da sie eine kurze Blütenröhre hat, in der sich Nektar ansammelt, wird sie nicht nur von Hummeln, sondern auch von Bienen und manchen Schmetterlingen mit kurzen Saugrüsseln bestäubt. Die Staubblätter entspringen in der Nähe der Narben, so daß bei dieser Art auch Selbstbestäubung möglich ist.

unterirdischer Wurzelstock

Maiglöckchen

Convallaria majalis

Liliengewächse
Liliaceae

Das Maiglöckchen ist ein ausdauerndes, 10–30 cm hohes Kraut mit einem dünnen kriechenden Wurzelstock. Er treibt in der Regel zwei langgestielte Blätter mit elliptischen, zugespitzen Spreiten. Der unbeblätterte Schaft wächst seitlich der Blätter hervor. Er ist einfach, aufrecht, kürzer als die Blätter und trägt eine einseitswendige, an der Spitze etwas überhängende Blütentraube. Die Blüten sind wohlriechend, zwittrig, kurzgestielt, überhängend und entspringen den Achseln kleiner Deckblätter. Die Blütenhülle ist milchweiß, kugelig-glockig, mit sechs kurzen, zurückgebogenen Zipfeln. Es sind sechs Staubblätter und ein oberständiger Fruchtknoten mit einem kurzen Griffel vorhanden. Die Früchte sind rote, kugelige Beeren. Die Blüten entfalten sich im Mai und Juni; in der Natur findet man aber oft ganze Bestände, die nur Blätter bilden.

Das Maiglöckchen ist in der gemäßigten Zone der ganzen nördlichen Halbkugel verbreitet. Es tritt gesellig und ziemlich häufig vor allem auf sauren Böden in lichten Laubwäldern, auf Schlägen oder sekundär in Nadelforsten auf, wo es aber selten blüht.

Alle Teile der Pflanzen enthalten giftige Glykoside von ähnlicher Wirkung wie die des Fingerhuts *(Digitalis)*. Von Maiglöckchen verursachte Vergiftungen sind aber selten; zuweilen kommen sie bei Kindern nach dem Genuß der roten Früchte vor. Aus den getrockneten Blüten hergestelltes Pulver ruft Niesreiz hervor und wird daher als Bestandteil von Schnupftabak verwendet. Die duftenden Blüten kommen in der Parfümerie zur Geltung. Das Maiglöckchen ist auch eine beliebte Zierpflanze in Gärten. Der Gattungsname der Pflanze ist aus dem lateinischen convallis (= Tal) und dem griechischen leirion (= Lilie) entstanden, nach dem Standort und seinem charakteristischen Duft.

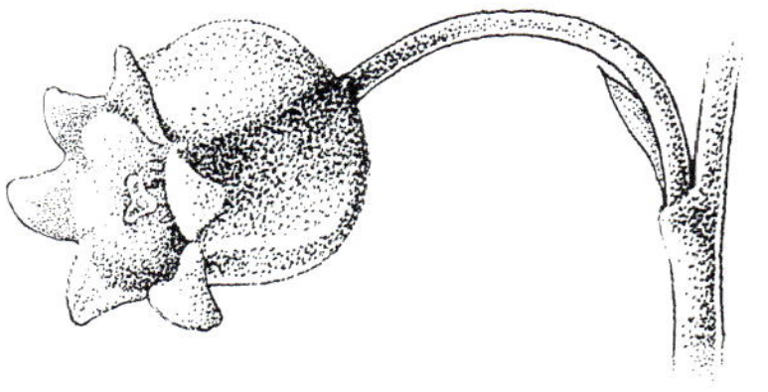

nickende Blüte

reife Früchte

Liliengewächse
Liliaceae

Einbeere

Paris quadrifolia

Das ausdauernde Kraut hat einen langen, kriechenden, schuppigen Wurzelstock. Es wird 10–40 cm hoch. Aus dem Wurzelstock wachsen kahle Stengel hervor, die nur einen einzigen vierzähligen Quirl aus sitzenden, eiförmigen, kurz zugespitzten, bis 10 cm langen Blättern tragen. Hin und wieder ist die Zahl der Blätter im Quirl unterschiedlich (z. B. fünf). Die einzige Blüte erscheint auf einem langen Stiel an der Spitze des Stengels. Der Kelch und die Krone haben je vier abstehende oder herabgeneigte Blätter. Die Kelchblätter sind lanzettlich, hellgrün, die Kronblätter schmal linear, gelbgrün. In den Blüten befinden sich acht Staubblätter und ein oberständiger Fruchtknoten, aus dem sich beim Reifen eine schwärzlich stahlblaue Beere von der Größe einer kleinen Kirsche entwickelt. Die Blüten erscheinen im April und Mai.

Die Einbeere kommt in ganz Europa mit Ausnahme der nördlichsten und südlichsten Gebiete vor, außerdem in Sibirien und Kleinasien. Sie besiedelt Buchen- und Erlen-Eschen-Auenwälder.

Die ganze Pflanze ist stark giftig (am stärksten der Wurzelstock und die Beeren). Zu Vergiftungen kommt es aber selten; Kinder können die Beeren mit eßbaren Früchten wie Heidelbeeren verwechseln. In der Volksmedizin wurde die Einbeere früher zum Schutz gegen ansteckende Krankheiten verwendet. Noch heute werden die Blätter mancherorts auf Wunden gelegt, um eine Entzündung zu vermeiden. Der Gattungsname der Pflanze kommt aus dem lateinischen par (= gleich) nach der auffallenden Regelmäßigkeit der Blattzahl. Nach einer anderen Erklärung wurde die Pflanze nach Paris, dem Sohn des Priamos, benannt: die Beere stellt den Apfel der Eris dar, die vier Blätter des Quirls die drei griechischen Göttinnen Hera, Athena und Aphrodite und den trojanischen Prinzen.

Kleines Schneeglöckchen

Galanthus nivalis

Amaryllisgewächse
Amaryllidaceae

Das ausdauernde Kraut hat eine unterirdische Zwiebel, aus der zwei lineare, graugrüne Blätter hervorwachsen, die unten von einer scheidigen Schuppe umhüllt sind. Der aufrechte, unverzweigte Schaft trägt an der Spitze eine einzige Blüte auf einem überhängenden Stiel. Sie wächst aus der Achsel eines grünen, weiß gesäumten Deckblattes hervor. Die drei äußeren Blütenblätter sind weiß und länger als die drei inneren, gleichfalls weißen Blätter mit einem grünen Punkt unter der Spitze. Die Frucht ist eine dreifächerige Kapsel. Die Pflanzen blühen sehr zeitig im Frühjahr, oft noch unter dem Schnee, von Februar bis April.

Das Schneeglöckchen tritt von den Niederungen bis ins Gebirge in Auenwäldern (z. B. Südost-Bayerns), sekundär auch auf Wiesen und in Parks auf. Oft wird es in Gärten gepflanzt und kann verwildern. Es ist eine in Süd- und Osteuropa beheimatete Art. Im Mittelmeergebiet wächst es auch in höheren Lagen.

Die Art gehört zu unseren Vorfrühlingsboten. Wegen ihrer frühen Blütezeit und der hübschen duftenden Blüten werden sie gern gepflückt und auf Märkten verkauft. Die Zwiebeln werden ausgegraben und in Gärten gepflanzt, so daß sie mancherorts ausgerottet worden ist. Der Lebenszyklus der Pflanze (bis zur vollen Samenreife) verläuft sehr rasch zeitig im Frühjahr, solange der Boden noch nicht von den sich entfaltenden Blättern der Bäume beschattet ist. Der Gattungsname ist aus den griechischen Wörtern gala (= Milch) und anthos (= Blüte) entstanden, nach den milchweißen Blütenblättern. Die Namen des Schneeglöckchens in den Nationalsprachen und die volkstümlichen Benennungen beziehen sich meist auf seine frühzeitige Blüte, wenn der Boden noch schneebedeckt ist.

inneres Blütenblatt

Schwertliliengewächse
Iridaceae

Wasserschwertlilie

Iris pseudacorus

Stempel aus Fruchtknoten und 3 kronblattartigen Griffeln (Stylodien)

Das ausdauernde Kraut hat einen kräftigen, verzweigten Wurzelstock. Der Stengel ist verzweigt, aufrecht, abgeflacht, 50–150 cm hoch. Die schwertförmigen Blätter sind bis 3 cm breit, mit der Kante zum Stengel gerichtet, ebensolang wie der Stengel. Die auffallenden hellgelben Blüten sind langgestielt und entspringen den Achseln krautiger Deckblätter an der Spitze der verzweigten Stengel. Die äußeren drei Blütenblätter sind abstehend, zurückgeschlagen, die inneren drei sind aufrecht und kürzer als der Griffel mit den Narbenlappen. Die Frucht ist eine stumpf dreieckige Kapsel. Die Blüten erscheinen im Mai und Juni.

Die Wasserschwertlilie wächst an den Ufern stehender und fließender Gewässer, in Tümpeln, Gräben, im Röhricht, Auen- und Buchenwald der Niederungen und im Hügelland. Sie ist vom Mittelmeergebiet bis nach Nordeuropa verbreitet.

Das griechische Wort iris bedeutet Regenbogen. Dieser Name bezieht sich auf die bunten Farben mancher Arten. In lichten Hainen und auf Trockenwiesen tritt sehr selten die Bunte Schwertlilie *(I. variegata)* auf. Sie hat gleichfalls gelbe Blüten, die aber dunkelviolett geadert sind. Für feuchte Streuwiesen und wechselfeuchte Eichenwälder ist die Sibirische Schwertlilie *(I. sibirica)* mit blauvioletten Blüten und grasähnlichen Blättern typisch. Wegen ihrer großen, formenreichen Blüten sind die Schwertlilien Gegenstand des Interesses von Gartenliebhabern. Es werden nicht nur die ursprünglichen, wildwachsenden Arten kultiviert, sondern vor allem viele hochgezüchtete Sorten. Die Wurzelstöcke mancher Arten (*I. germanica*) werden gesammelt und hauptsächlich in der Parfümerie verwendet. Der Wurzelstock der Wasserschwertlilie enthält beträchtliche Gerbstoffmengen und wurde deshalb in der Gerberei benutzt.

Krötenbinse

Juncus bufonius

Binsengewächse
Juncaceae

Die Krötenbinse gehört zu den kleinen, einjährigen Binsenarten. Sie ist gewöhnlich 5 cm hoch, kann aber bei günstigen Standortbedingungen eine Höhe von 35 cm erreichen. In anderen Fällen finden sich kaum 2 cm hohe Exemplare. Die Art ist in bezug auf ihre Form ziemlich veränderlich. Die stielrunden, dünnen bis fadenförmigen Stengel bilden Büschel und sind entweder aufrecht oder ausgebreitet, an den Spitzen aufsteigend. Auch die Blätter sind dünn und fadenförmig. Die unteren sind in der Regel verkümmert, nur in Form von gelbbraunen Scheiden ausgebildet. Der endständige Blütenstand ist reichverzweigt; die einzelnen Blüten entspringen den Achseln von Deckblättern. Sie haben sechs, in zwei Kreisen angeordnete, trockenhäutig gesäumte Blütenblätter. Die Blütenblätter sind spitzig, die äußeren gewöhnlich etwas länger als die inneren. Die Blüte enthält sechs Staubblätter, gleichfalls in zwei Kreisen und einen Griffel mit drei Narben. Die Frucht ist eine gelbliche oder rotbraune, kurzgeschnäbelte Kapsel. Sie ist kürzer als die Blütenblätter. Die Blüten erscheinen von Juni bis Oktober.

Die Krötenbinse ist ein Nässezeiger; sie wächst vor allem auf entblößten Teichböden, feuchten Feldern, sumpfigen Weiden, in Gräben und an Wegrändern. Sie tritt von den Niederungen bis ins Gebirge (Alpen bis ca. 1400 m) auf und ist eine kosmopolitische Art, die mit Ausnahme der Polargebiete auf der ganzen Erde verbreitet ist.

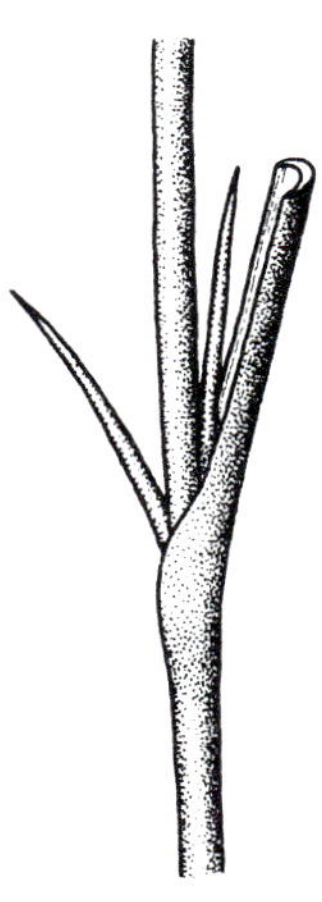

Blätter mit langen Scheiden ohne Öhrchen

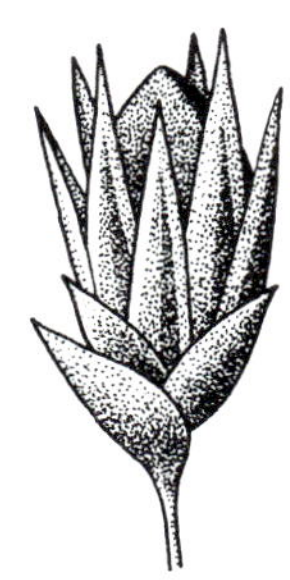

reife Kapsel

Binsengewächse
Juncaceae

Flatterbinse

Juncus effusus

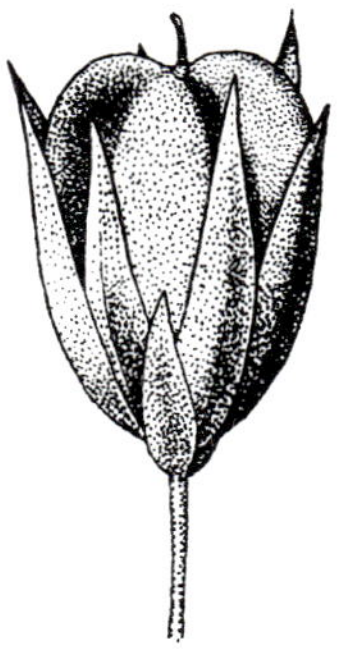

Frucht – Kapsel

Die Flatterbinse ist ein ausdauerndes, dicht buschiges, 30 bis 120 cm hohes Kraut mit einem kriechenden Wurzelstock. Der aufrechte Stengel ist unbeblättert, unten mit dunkelroten Scheiden, von einer zusammenhängenden weißen Markschicht erfüllt. Die aus dem Wurzelstock hervorwachsenden Blätter sehen dem Stengel ähnlich. Der reiche, lockere Blütenstand ist scheinbar seitenständig, da das den Blütenstand weit überragende Deckblatt den Stengel fortsetzt, dem es auch ähnlich ist. Die gelben bis braunen Blütenblätter sind zu je drei in zwei Kreisen angeordnet und haben einen breiten häutigen Saum. Die Frucht ist eine glänzende, umgekehrt eiförmige Kapsel, die ebensolang ist wie die Blütenblätter. Die Pflanzen blühen von Juni bis Oktober.

Die Art wächst auf feuchten Wiesen und Weiden, in Röhrichten entlang von Flüssen und Teichen und tritt von den Niederungen bis ins Hügelland auf. Sie ist fast auf der ganzen Erde verbreitet.

An denselben Standorten tritt die ähnliche Knäuelbinse *(J. conglomeratus)* auf. Im Unterschied zur Flatterbinse hat sie aber einen zusammengezogenen, fast knäuelförmigen Blütenstand und graugrüne geriefte Stengl.

Aus den langen, stielrunden Blättern und Stengeln der Binsen werden Matten, Körbchen, Spielzeug und ähnliche Gegenstände gefertigt, die aber wenig haltbar sind. Der Gattungsname der Pflanze, mit dem sie schon im alten Rom bezeichnet wurde, kommt wahrscheinlich vom lateinischen jungere (= binden) und zeugt davon, daß die Binse seit alters dieselbe Verwendung fand.

Blaugrüne Binse

Juncus inflexus

Binsengewächse
Juncaceae

Das ausdauernde, dichtrasige und auffallend blaugrüne Kraut hat einen kriechenden Wurzelstock. Die unbeblätterten, aufrechten, matten, gerieften Stengel sind 30–100 cm lang, mit gekammertem Mark ausgefüllt. Die Stengelblätter sind zu Scheiden verkümmert, unten rot- bis schwarzbraun, oben grün. Der lockere Blütenstand ist scheinbar seitenständig, denn das Deckblatt unter dem Blütenstand ist dem Stengel sehr ähnlich und setzt ihn fort. Die Blütenblätter sind schmal lanzettlich, scharf zugespitzt, grün bis hellbraun, mit einem häutigen Saum. Sie sind zu je drei in zwei Kreisen angeordnet, ebenso die Staubblätter. Die Früchte sind elliptische bis eiförmige Kapseln mit einer kurzen Spitze. Sie sind braun und glänzend, ebensolang wie die Blütenblätter. Die Pflanzen blühen von Juni bis August.

Die Blaugrüne Binse zeigt Nässe und Tonboden an. Sie wächst in den Niederungen und im Hügelland wärmerer Gebiete und ist vom Mittelmeergebiet über das gemäßigte Europa bis nach Westasien verbreitet.

Als Futterpflanzen sind die Binsen wertlos, wurden aber früher wegen der großen Saugfähigkeit des Stengelmarks gern als Streu in den Viehställen verwendet.

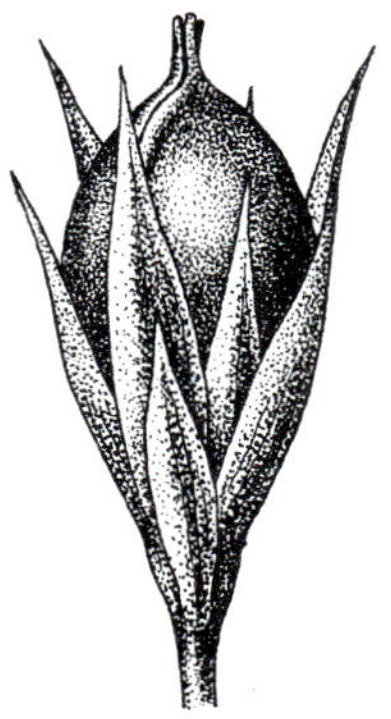

Frucht – Kapsel

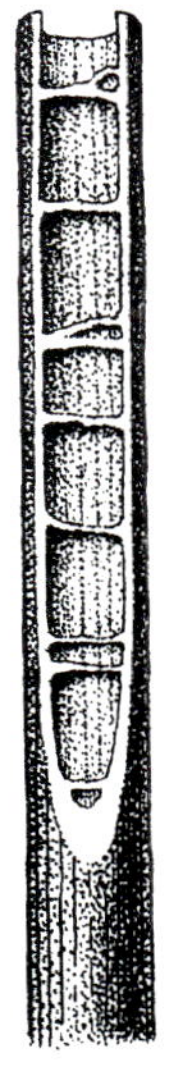

Schnitt durch den Stengel

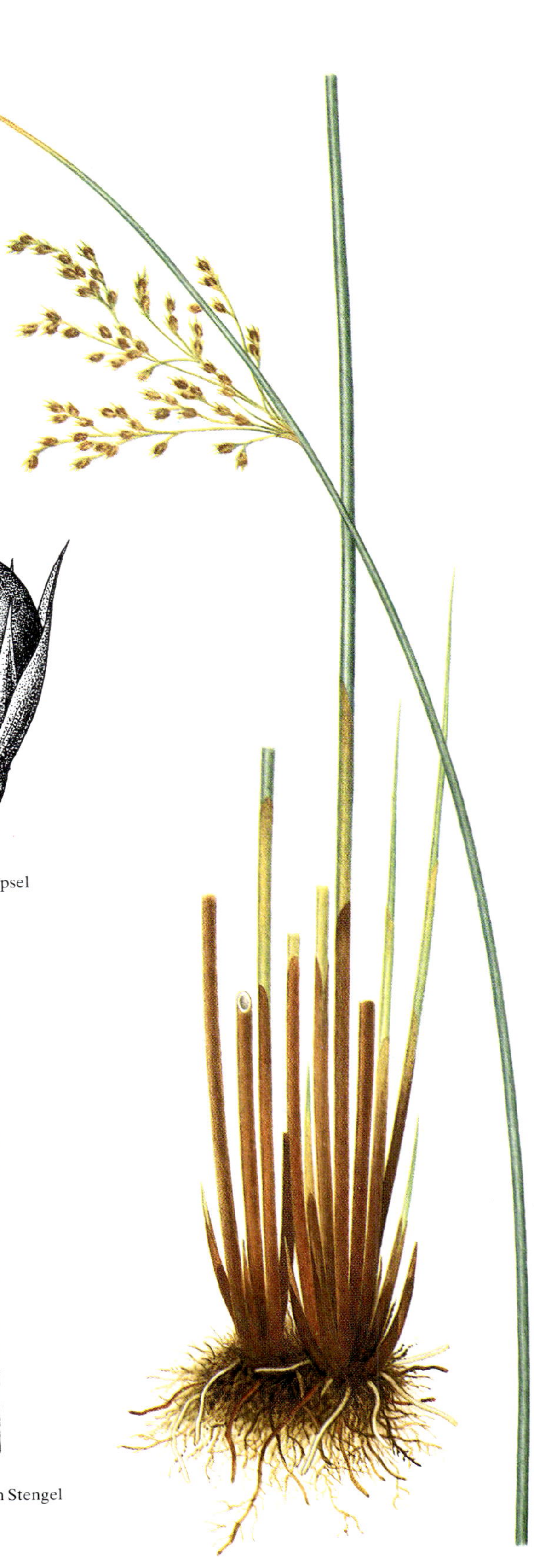

Binsengewächse
Juncaceae

Zarte Binse

Juncus tenuis

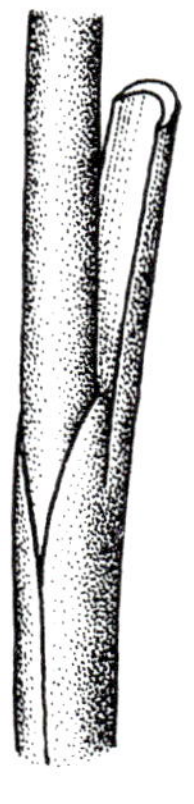

Blatt mit stumpf geöhrten Scheiden

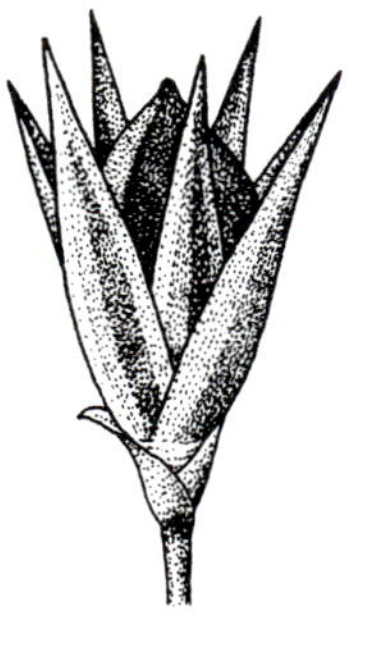

Frucht – Kapsel

Das ausdauernde, dichtrasige, 10–50 cm hohe Kraut hat einen kriechenden Wurzelstock. Die aufrechten Stengel sind im unteren Teil beblättert. Die schmalen, flachen Blätter wachsen aus braunen Scheiden hervor, die in stumpfe Öhrchen auslaufen. Der endständige Blütenstand ist locker. Die untersten Deckblätter sind laubblattartig, länger als der Blütenstand, die anderen sind sehr kurz und häutig. Die Blütenblätter sind scharf zugespitzt, gelbgrün bis hellbraun. Die Frucht ist eine eiförmige gelbe Kapsel, die etwas kürzer ist als die Blütenblätter. Die Pflanzen blühen von Juni bis August.

Die Zarte Binse wächst auf verdichteten, nassen Standorten: Weiden und schattig-feuchten Waldwegen von den Niederungen bis ins Gebirge. Sie meidet wärmere und kalkhaltige Böden.

Die Art stammt aus Nordamerika, ist aber in Europa eingebürgert und hat sich stark verbreitet. Erstmals wurde sie in Europa erst in der ersten Hälfte des 19. Jahrhunderts gefunden. Ihre rasche Verbreitung verdankt sie den klebrigen Samen, die vor allem von Vögeln, aber auch von den Menschen in die Umgebung verschleppt werden.

Nicht blühende Binsen sind auf den ersten Blick den Gräsern ähnlich, haben aber keine Knoten an den Stengeln, die immer helles Mark enthalten.

Der Gattungsname bezieht sich auf die Verwendung mancher Arten zum Korbflechten. Der Artname *tenuis* (= dünn, klein) hängt mit den schmal linearen Blättern zusammen, die kürzer sind als der Stengel.

Früher verwandte man für diese Art das Synonym *Juncus macer*.

Gemeine Hainsimse, Hasenbrot

Luzula campestris

Binsengewächse
Juncaceae

Die Gemeine Hainsimse ist ein ausdauerndes, lockerrasiges, grasähnliches Kraut mit einem kriechenden Wurzelstock. Die aufrechten Stengel sind 10–50 cm hoch. Die linearen Blätter mit verhältnismäßig langen Scheiden sind 1–3 mm breit, stumpfspitzig, am Rande dicht gewimpert, kürzer als der Stengel. Die Blüten sind in Ährchen angeordnet, die zu Spirren vereinigt sind. Die Ährchen sind sechs- bis neunblütig; das Deckblatt ist in der Regel kürzer als der Blütenstand. Die Blütenblätter sind braun, grannenartig spitzig, trokkenhäutig gesäumt, zu je drei in zwei Kreisen angeordnet. Die sechs Staubblätter stehen gleichfalls in zwei Kreisen, ihre Staubbeutel sind länger als die Staubfäden. Der Stempel hat einen Griffel mit drei Narben. Die Frucht ist eine eiförmige Kapsel ohne Schnabel. Die Blüten erscheinen von März bis Mai.

Die Gemeine Hainsimse wächst in Mager- und Trockenrasen mit leicht sandig-saurem Boden. Sie kommt von den Niederungen bis ins Gebirge vor. Die Art stammt aus Europa und ist im Mittelmeergebiet und in der gemäßigten Zone verbreitet.

Die Samen der Hainsimsen sind mit einem fleischigen Anhängsel ausgestattet, das von Ameisen gefressen wird, die die Samen in der Umgebung verbreiten. Der wissenschaftliche Gattungsname ist aus dem lateinischen lucere (= leuchten) entstanden, in Anspielung auf die helle, leuchtende Farbe mancher Arten.

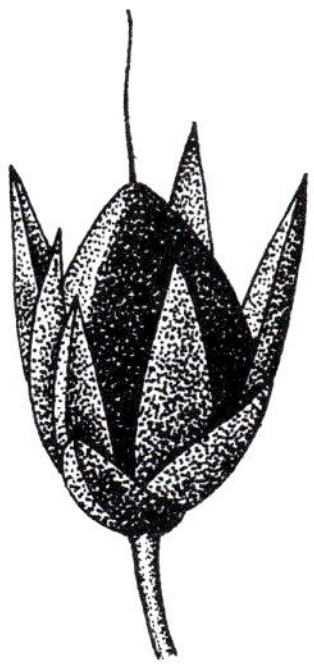

Blütenblätter, die Kapsel überragend

Blüte

Detail eines Ährchens

Binsengewächse
Juncaceae

Haarhainsimse

Luzula pilosa

Inneres der Blüte

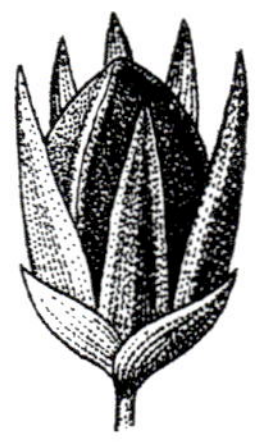

reife Kapsel

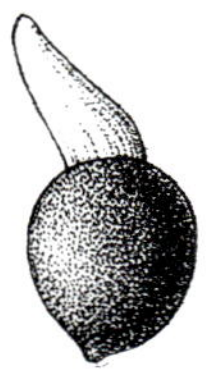

Kapsel, drei Samen enthaltend

Die Haarhainsimse ist eine ausdauernde grasartige Pflanze mit einem kurzen Wurzelstock, der schräg im Boden steckt. Die aufrechten, glatten, stielrunden Stengel werden 10–30 cm hoch. Die Blätter sind 5–10 mm breit. Ihre Scheiden sind dunkelviolett. Die Spreitenränder sind dicht mit feinen weißen Härchen besetzt. Die dunkelbraunen, in zwei Kreisen angeordneten Blüten haben sechs Blütenblätter mit einem trockenhäutigen Saum und sind in einer lockeren Spirre vereinigt. Der Griffel ist ebensolang wie der Fruchtknoten und trägt drei aufrechte Narben; die Staubbeutel der sechs Staubblätter sind länger als die Staubfäden. Die Frucht ist eine gelbgrüne bis braune Kapsel mit einem kurzen Schnabel. Sie ist ebensolang wie die Blütenblätter. Zur Reifezeit enthält sie dunkel rotbraune Samen mit einem langen Anhängsel. Die Pflanzen blühen von März bis Mai.

Die Pflanze wächst in Laub- und Nadelwäldern sowie auf krautreichen Schlägen von den Niederungen bis ins Gebirge. Sie ist in ganz Europa verbreitet und reicht bis nach Westsibirien.

Dieser allgemein verbreiteten Art ist die Gelbliche Hainsimse *(L. luzulina)* ziemlich ähnlich, eine Schneeheide-Gebirgspflanze, die vor allem in Kiefern- und Fichtenwäldern des Alpenvorlandes und der Alpen auftritt. Von der Haarhainsimse unterscheidet sie sich durch schmälere, nur 2–4 mm breite Blätter, gelbbraune Scheiden und die Früchte, die länger sind als die Blütenblätter.

Große oder Waldhainsimse

Luzula sylvatica

Binsengewächse
Juncaceae

Die Große Hainsimse ist eine stattliche ausdauernde Pflanze mit einem kurzen Wurzelstock und unter- oder oberirdischen Sprossen. Die aufrechten, kräftigen Stengel werden 30–80 cm hoch. Die grasartigen, schmal lanzettlichen Blätter sind 15 mm breit oder breiter, am Rande spärlich und weich gewimpert. Die Blüten im zusammengesetzten, reichen Blütenstand sind zu kleinen Köpfchen genähert, die aus einigen Blüten bestehen. Das Deckblatt ist kürzer als der Blütenstand. Die hell- bis rotbraunen Blütenblätter sind lanzettlich, zugespitzt, mit einem schmalen trockenhäutigen Rand. Die Frucht ist eine braune, in einen langen Schnabel verschmälerte Kapsel. Sie ist ebensolang wie die Blütenblätter. Die Blüten erscheinen von April bis Juni.

Die Pflanze wächst auf modrig-humosen Böden über saurem Silikatgestein in Bergwäldern mit Buche, Tanne und Fichte in luftfeuchtem Klima. Oft bildet sie größere Bestände, die die Bodenoberfläche vollständig bedecken und die Verjüngung hemmen. Durch ihren stattlichen Wuchs und die Blattrosetten, deren untere Teile miteinander verschlungen sind und so trichterförmige Vertiefungen bilden, in denen sich Wasser ansammelt, ist die Pflanze so auffallend, daß man sie mit keiner anderen verwechseln kann.

Riedgrasgewächse
Cyperaceae

Schmalblättriges Wollgras

Eriophorum angustifolium

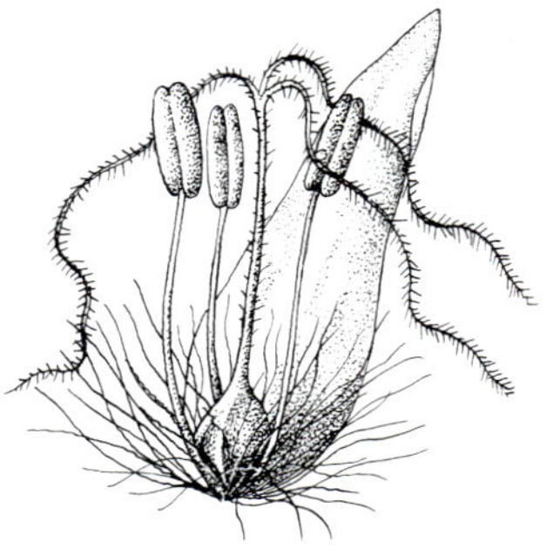

Inneres der Blüte mit drei Staubblättern, einem Stempel mit langen fiederigen Narben

Das schmalblättrige, ausdauernde, lockerrasige Kraut ist von grasartiger Erscheinung. Es hat aufrechte, 30–60 cm lange Stengel. Die schmalen linearen Blätter haben braune Scheiden und rinnige Spreiten. Der Blütenstand besteht aus einigen eiförmigen Ährchen, die auf längeren glatten Stielen überhängen. Unter dem Blütenstand befindet sich ein kurzes Deckblatt mit einer auffallend aufgeblasenen Scheide. Die Blütenhülle ist zu einigen glatten Haaren verkümmert, die sich nach dem Verblühen verlängern und einen weißen Schopf auf den Ährchen bilden. Die braunen Schließfrüchte sind spitz dreikantig. Die Blüten entfalten sich im April und Mai.

Die Art wächst auf der ganzen nördlichen Halbkugel in sauren Torfmooren und Moorwiesen von den Niederungen bis ins Hochgebirge.

An ähnlichen Standorten, meist kalkreichen Flach- und Quellmooren, tritt das ähnliche Breitblättrige Wollgras *(E. latifolium)* auf. Von der abgebildeten Art läßt es sich durch die rauhen Ährchen unterscheiden, von denen 5–12 vorhanden sind, sowie durch die Scheide des obersten Deckblattes. Beim Breitblättrigen Wollgras ist sie an den Stengel angedrückt, im Unterschied zu der aufgeblasenen Scheide, die für das Schmalblättrige Wollgras typisch ist.

Der Gattungsname der Pflanze ist aus den griechischen Wörtern erion (= Wolle) und pherein (= tragen) entstanden, nach den auffallenden, mit Schöpfchen ausgestatteten Fruchtständen. In manchen Ländern, z. B. in der Schweiz, wurden die Schöpfchen der Wollgrasarten zum Füllen von Polstern benutzt, andernorts dienten sie sogar zur Fertigung von Dochten für Lampen.

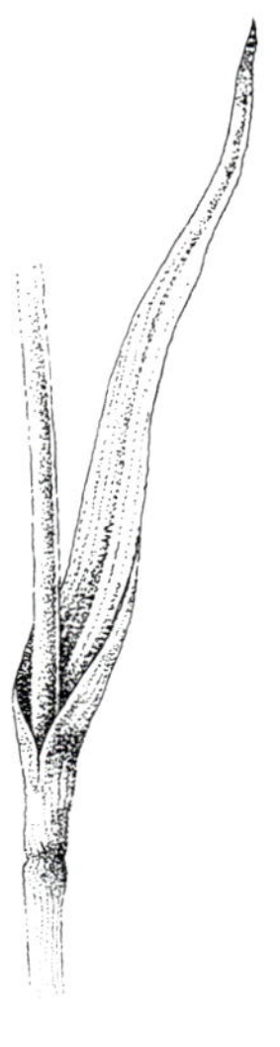

Blattscheide

Blätter mit dreieckigen Spreiten an der Spitze

Scheidiges Wollgras

Eriophorum vaginatum

Riedgrasgewächse
Cyperaceae

Das ausdauernde Kraut ist dichtrasig, graugrün. Die aufrechten Stengel werden 30–70 cm hoch und sind oben deutlich dreikantig. Die langen Blätter sind sehr schmal, rinnig, mit einer stengelumfassenden Scheide. Die obersten Blätter sind nur als Blattscheiden entwikkelt; ihre Spreiten sind verkümmert. Die Stengel tragen an der Spitze ein einziges Ährchen, das in der Blütezeit etwa 2 cm lang ist. Zur Reifezeit ist es weiß behaart. Die Schließfrüchte sind schwarzbraun, dreieckig und geschnäbelt. Die Pflanzen blühen von März bis Juni.

Das Scheidige Wollgras ist eine typische und häufige Art der Hochmoore in gebirgigen Gegenden. Es wächst auf der ganzen nördlichen Halbkugel von der Arktis bis nach Südeuropa, wo es in höhere Lagen aufsteigt.

Die mächtigen Horste der Pflanzen bilden ausgebreitete Bestände, vor allem in Anfangszeiten und Abbauzuständen von Hochmooren. Die faserig zersetzten Blattscheiden bilden den Hauptbestandteil bestimmter Torfschichten. Der sog. Fasertorf wurde mit Erfolg bei der versuchsweisen Erzeugung von ungeleimtem Papier verwendet.

Schließfrüchte mit einem kurzen Schnabel und einem Büschel weißer Haare

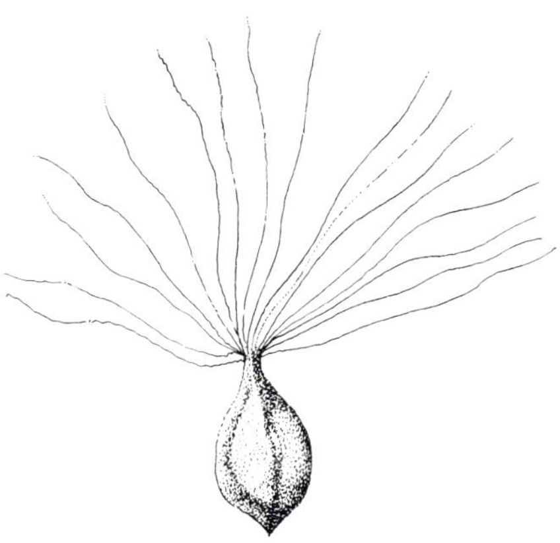

häutige, silberige, länglich zugespitzte Deckblätter mit einer einzigen Ader

Riedgrasgewächse
Cyperaceae

Gemeine Sumpfsimse

Eleocharis palustris

endständiges Ährchen

Die Gemeine Sumpfsimse ist ein ausdauerndes Kraut mit einem lang kriechenden Wurzelstock. Er treibt zahlreiche aufrechte, binsenähnliche, stielrunde Stengel, die eine Höhe von 10–30 cm erreichen. Die Blätter sind meist verkümmert, nur als gelb- bis rotbraune, den Stengelgrund umfassende Scheiden ausgebildet. Der Stengel trägt ein endständiges längliches, zugespitztes Ährchen, das aus kleinen Blüten zusammengesetzt ist. Die Deckblätter der Ährchen sind eiförmig, braun, mit einem grünen Streifen in der Mitte, am Rande häutig gesäumt. Die Blütenhülle ist wie bei allen Riedgrasarten verkümmert und besteht nur aus einigen Borsten. Die Schließfrucht ist hellbraun. Die Pflanzen blühen von Mai bis September.

Die Art tritt auf nassen Wiesen, Flach- und Torfmooren, an sumpfigen Teichufern und auf ihrem entblößten Grund von den Niederungen bis ins Gebirge auf. Sie ist ein Kosmopolit, der auf der ganzen Erde vorkommt; in Gebieten mit warmem Klima steigt sie in kühlere höhere Lagen auf.

Die verwandte Ei-Sumpfsimse *(E. ovata)* ist einjährig, kleiner und bildet dichte Rasen auf entblößten Teich- und Flußböden in niedrigeren Lagen.

Der Gattungsname hat seinen Ursprung im griechischen Wort helos (= Sumpf) und charis (= Freund), denn alle Arten wachsen an sumpfigen Standorten.

Waldsimse, Flechtsimse

Scirpus sylvaticus

Riedgrasgewächse
Cyperaceae

Die Waldsimse ist ein stattliches ausdauerndes Kraut mit einem buschigen Wurzelstock. Sie wird 60–100 cm hoch. Sie hat aufrechte, hohle, stumpf dreikantige Stengel, die an der Spitze einen reichen, aus kleinen Ährchen zusammengesetzten, von einigen Deckblättern umgebenen Blütenstand tragen. Die Blätter sind grasartig, 8–12 mm breit, der Länge nach kielförmig gebogen, mit deutlichen Blatthäutchen am Übergang zwischen der Scheide und der Spreite. Der Rand ist rauh. Die hellgrüne Farbe der Blätter ist schon von weitem im Bestand gut sichtbar, vor allem im Frühjahr und zu Beginn des Sommers. Die Blütenährchen sind zu mehreren an den Stielspitzen zu einem breit ausladenden, Spirre genannten Blütenstand vereinigt. Die Deckblätter unter dem Blütenstand sind blattähnlich, aber die der Ährchen sind schwarzbraun gefärbt. Die Blütenhülle ist in Form von sechs Borsten entwickelt, die drei Staubblätter und einen Stempel mit drei Narben umgeben. Die Schließfrüchte sind dreieckig, breit eiförmig. Die Pflanzen blühen von Mai bis August.

Die Waldsimse besiedelt gesellig sumpfige Ufer von stehenden oder langsam fließenden Gewässern, sie wächst in Gräben, auf feuchten Wiesen und in Quellgebieten von den Niederungen bis ins Gebirge und ist in ganz Eurasien verbreitet. Die Landwirte ordnen die Waldsimse den sog. Sauergräsern zu, die für ständig nasse, zuweilen saure und schwach durchlüftete Böden charakteristisch sind. Wegen ihres hohen Gehaltes an Kieselsäure können die derben Pflanzen auch nicht als Viehfutter verwendet werden, als Streu ersetzen sie aber Stroh.

Der Gattungsname *Scirpus* erscheint schon in der antiken Literatur; die Römer verwendeten ihn neben dem Namen *Juncus* für Binsen.

Ährchen mit einigen Blüten

Schließfrucht mit aufgesetzter Spitze von verschiedenen Seiten gesehen

Stengel mit Blättern

Riedgrasgewächse
Cyperaceae

Seegras- oder Zittergrassegge

Carex brizoides

geschnäbelter Schlauch
mit zwei Narben

Das ausdauernde grasartige Sauergras hat einen lang kriechenden Wurzelstock. Die dreikantigen, schlaffen, 20–70 cm hohen Stengel sind anfangs aufrecht, später mit den Blättern auffallend bogenförmig herabgeneigt oder liegend. Die Blätter mit braunen Scheiden sind flach, die oberen sind länger als der Stengel. Die eingeschlechtigen Blüten in einblütigen Ährchen sind zu zusammengesetzten Ährchen vereinigt. Die männlichen Blüten befinden sich im unteren, die weiblichen im oberen Teil. Die Ährchen sind meist etwas gebogen und zu je 3–10 an der Stengelspitze angeordnet. Die einzelnen Blüten entspringen den Achseln von Deckblättern (Spelzen), und ihre Blütenhülle ist vollständig zurückgebildet, so daß die männlichen nur aus Staubblättern und die weiblichen nur aus Stempeln bestehen. Die Frucht ist eine in einem verwachsenen Vorblatt, dem sog. Schlauch, eingeschlossene Schließfrucht. Der Schlauch ist schmal geflügelt, er läuft allmählich in einen langen, zweizähnigen Schnabel aus, in dessen Einschnitt sich oft zwei vertrocknete Narben befinden. Die Blüten entfalten sich im Mai/Juni.

Das Verbreitungsgebiet der Seegrassegge ist vor allem das gemäßigte kontinentale Europa. Sie wächst in feuchten Laub- und Fichtenwäldern, an Ufern von Waldbächen, manchmal auch auf Wiesen, Staunässe und Bodenverdichtung anzeigend. Sie bildet überall ausgebreitete Bestände charakteristisch gebogener Stengel und Blätter. Früher wurden die getrockneten Pflanzen als Ersatz für andere, teurere Materialien (Seegras, was ihr den Namen gab) zur Herstellung von Matratzen verwendet. Als Viehfutter ist sie (ähnlich wie die anderen Seggenarten) wegen des hohen Gehaltes an Kieselsäure nicht verwendbar, eignet sich aber als Streu.

Frühlingssegge

Carex caryophyllea

Riedgrasgewächse
Cyperaceae

Die ausdauernde grasähnliche Pflanze hat einen lang kriechenden, dünnen Wurzelstock. Die stumpf dreikantigen Stengel sind dünn, 5–20 cm hoch, oft leicht gebogen. Die Blätter sind etwa 2 mm breit, rinnig, kürzer als der Stengel, mit braunen Scheiden, rasig am Boden gehäuft. Die Ährchen an den Stengelspitzen sind sitzend. Das endständige Ährchen ist männlich, darunter sitzen meist zwei weibliche Ährchen, von denen das untere etwas entfernt und kurzgestielt ist. Die Spelzen sind rostbraun. Auch die Schläuche sind rostfarben, stumpf dreikantig, an der Spitze in einen kurzen, kegelförmigen Schnabel mit drei Narben verschmälert. Die Blüten entfalten sich im März und April.

Die Frühlingssegge wächst auf mageren Rainen und Trockenrasen von den Niederungen bis ins Gebirge; besonders häufig tritt sie im Hügelland auf. Sie ist in Europa und bis nach Westsibirien verbreitet.

Die Gattung Segge umfaßt eine große Zahl einander sehr ähnlicher und vom Laien schwer bestimmbarer Arten. Zu den wichtigsten Unterscheidungsmerkmalen gehören die Zahl der Ährchen, die Verteilung des Geschlechts der Blüten im Ährchen und auf den Pflanzen, die Form des Schlauches, der Schließfrüchte und der Spelzen; wichtige Merkmale findet man auch an den unterirdischen Teilen der Pflanzen. Um sie richtig bestimmen zu können, müssen daher nicht nur Pflanzen mit reifen Früchten, sondern auch mit den unterirdischen Organen (Wurzelstöcken, Wurzeln) gesammelt werden.

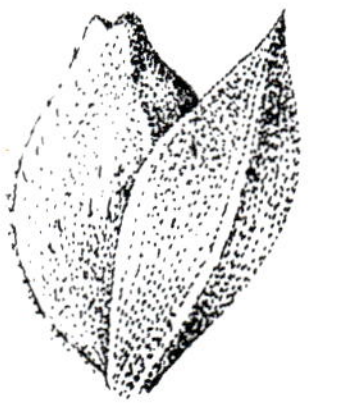

Schlauch mit Spelze

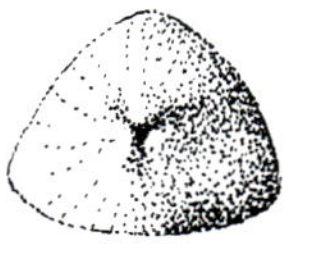

Schlauch von oben gesehen

Riedgrasgewächse
Cyperaceae

Behaarte Segge

Carex hirta

Schlauch mit drei Narben

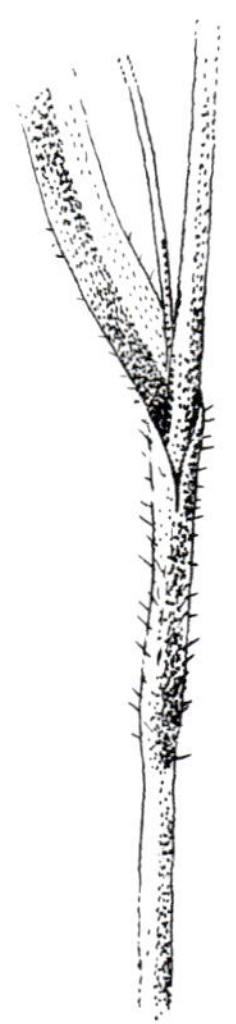

Blatt mit langer, behaarter Blattscheide

Die Behaarte Segge ist ein ausdauerndes, meist graugrünes Kraut. Im Boden steckt ein langer kriechender, ausläuferartiger, reichverzweigter Wurzelstock. Die aufrechten derben Stengel sind 15–60 cm hoch, stumpf dreikantig. Die Blätter mit 2–5 mm breiten, flachen Spreiten sind mit langen, dicht und abstehend behaarten Scheiden ausgestattet. Die Ährchen sind eingeschlechtig und enthalten entweder nur männliche oder nur weibliche Blüten. An der Stengelspitze befinden sich 2–3 männliche sitzende, genäherte Ährchen. Die weiblichen Ährchen entspringen einzeln den Achseln der laubblattähnlichen Deckblätter. Es sind gewöhnlich 2–3 voneinander entfernte, aufrechte weibliche Ährchen vorhanden, das unterste ist gestielt, die anderen sind fast sitzend. Die Spelzen der weiblichen Ährchen sind blaß rostfarben, mit drei grünen Nerven und einer Granne. Die Schläuche sind länger als die Spelzen, eiförmig kugelig, allmählich in einen langen, tief gespaltenen Schnabel verschmälert, behaart, mit drei Narben im Einschnitt an der Spitze des Schnabels. Die Blüten erscheinen von April bis Juni.

Die Behaarte Segge tritt häufig in Gräben, auf Rainen, grasbewachsenen Wegen, trockenen Wiesen und Weiden von den Niederungen bis ins Gebirge auf. Sie bevorzugt nährstoffreiche Sandböden, manchmal wächst sie auch auf feuchtem Sand, wo sie lockere, aber ausgebreitete Bestände bildet. Sie ist in fast ganz Europa bis Nordafrika verbreitet.

Hasenpfotensegge

Carex leporina

Riedgrasgewächse
Cyperaceae

Die Hasenpfotensegge ist ein ausdauerndes Kraut mit einem kräftigen buschigen Wurzelstock. Die aufrechten dreikantigen Stengel sind nur in der unteren Hälfte beblättert. Sie werden 30–60 cm hoch. Die Blätter sind etwa 3 mm breit, derb, rinnig, kürzer als der Stengel, mit braunen Scheiden, die zerfasern und einen dunklen Schopf bilden. An der Spitze des Stengels sitzen 4–7eiförmige, in einer dichten Scheinähre angeordnete Ährchen. Jedes enthält Blüten beiderlei Geschlechts: im unteren Teil des Ährchens befinden sich männliche Blüten, im oberen Teil weibliche. Die Ährchen haben kleine Deckblätter, nur das unterste hat ein borstenförmiges Deckblatt. Die rostfarbenen Spelzen haben einen grünen Kiel, die Schläuche sind ungefähr so lang wie die Spelzen. Sie sind dicht dachziegelartig zusammengedrängt und haben breite Flügel mit einem fein gesägten Rand. Aus dem Einschnitt des langen zweizähnigen Schnabels wachsen zwei Narben hervor. Die Blüten entfalten sich im Mai und Juni.

Die Hasenpfotensegge tritt häufig in Gräben und entlang von Wegen, auf Weiden und Schlägen vom Hügelland bis ins Gebirge auf. Sie verträgt aber keine großen Rohhumusmengen im Boden (besonders an Standorten in Wäldern), und dort, wo er sich ansammelt, schwindet sie allmählich aus dem Bestand. In der Forstwirtschaft zeigt sie auch eine Verschlechterung der Bodenstruktur an, die nach Entwaldung eintritt. Diese Pflanze ist vom Mittelmeergebiet bis nach Nordeuropa verbreitet.

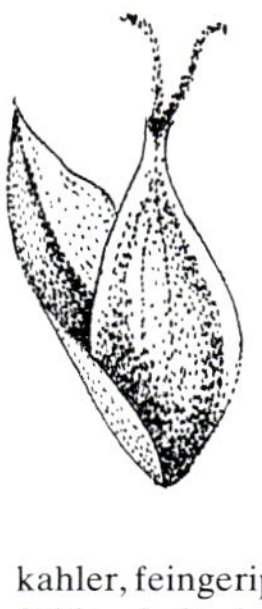

kahler, feingerippter Schlauch, Spelzen und Schnabel, mit zwei Narben

Riedgrasgewächse
Cyperaceae

Bergsegge

Carex montana

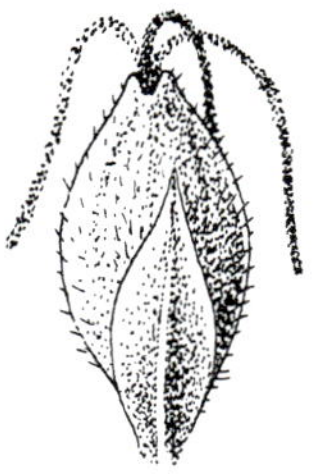

Schlauch mit Spelzen und drei Narben im Einschnitt des Schnabels

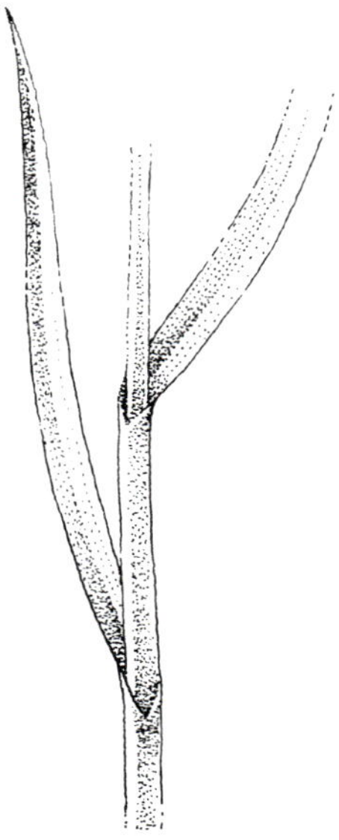

Blätter mit langen Scheiden

Das ausdauernde dichtrasige, lebhaft grüne Kraut hat einen schrägen, verholzenden Wurzelstock. Die Stengel sind schwach, 10–30 cm hoch. Die Blätter sind etwa 2 mm breit, anfangs rinnig und kurz, später flach und länger als der Stengel. Die purpurroten Blattscheiden zerfasern. Die Ährchen unterscheiden sich nach dem Geschlecht. Das keulenförmige, 1–2 cm lange endständige Ährchen enthält männliche Blüten, die unteren Ährchen sind kugelig eiförmig, nur 6–8 mm lang und enthalten weibliche Blüten. Die Deckblätter unter der Ährchen sind klein, spelzenähnlich. Die Spelzen der männlichen Blüten sind eiförmig, dunkelbraun, am helleren Kiel kurz begrannt. Die blaßgrünen Schläuche sind länger als die Spelzen, kurzhaarig, allmählich in einen kurzen Schnabel mit drei Narben verschmälert. Die Blüten erscheinen im April und Mai.

Die Bergsegge tritt ziemlich häufig in lichten Wäldern und Gebüschen von den Niederungen bis in niedrigere Gebirge auf. Sie ist in europäischen Gegenden mit mildem Klima verbreitet, ein weiteres Verbreitungszentrum liegt in Ostasien.

Weichstachelige Segge

Carex muricata

Riedgrasgewächse
Cyperaceae

Das ausdauernde Kraut bildet dichte Horste. Im Boden steckt ein kräftiger, oft verholzender Wurzelstock. Die aufrechten Stengel werden in Abhängigkeit vom Untergrund und Typus des Standortes 20–100 cm hoch. Die Blätter haben dunkle schwarzbraune Scheiden und nur 2–3 mm breite Spreiten, die kürzer als der Stengel sind. Die einfachen Ährchen sind eiförmig, ohne Deckblätter und bilden an der Stengelspitze eine Scheinähre. Alle Ährchen sind gleichförmig, im unteren Teil enthalten sie weibliche Blüten, im oberen männliche. Die Scheinähre ist dicht, manchmal aber im unteren Teil unterbrochen. Die spitzen rostfarbenen Spelzen haben einen grünen Kiel. Die Schläuche sind länger als ihre Spelzen. Auf der Innenseite sind sie flach, auf der Außenseite gewölbt. Sie laufen in einen zweizähnigen Schnabel aus, in dessen Einschnitt zwei fiederige Narben sitzen. Meist stehen die Schnäbel aus dem Ährchen nach allen Seiten ab. Die Pflanzen blühen von Mai bis Juni.

Die Art wächst auf Rainen, an Waldrändern und in Gebüschen. Sie tritt in den Niederungen und im Hügelland auf und ist im Mittelmeergebiet und in Süd- und Mitteleuropa verbreitet.

Manche Merkmale dieser Art sind sehr veränderlich. Das betrifft vor allem die Form der Scheinähre, die Länge der Schlauchschnäbel und die Breite der Flügel, die die Schläuche säumen. Aufgrund dieser Merkmale unterscheiden die Botaniker drei Rassen.

eiförmige Schläuche, je nach Art von verschiedener Form

Riedgrasgewächse
Cyperaceae

Bleichsegge

Carex pallescens

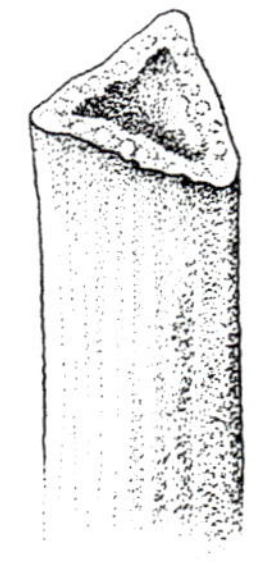

Querschnitt durch den Stengel

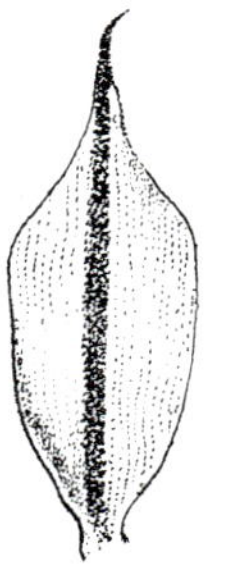

Spelze

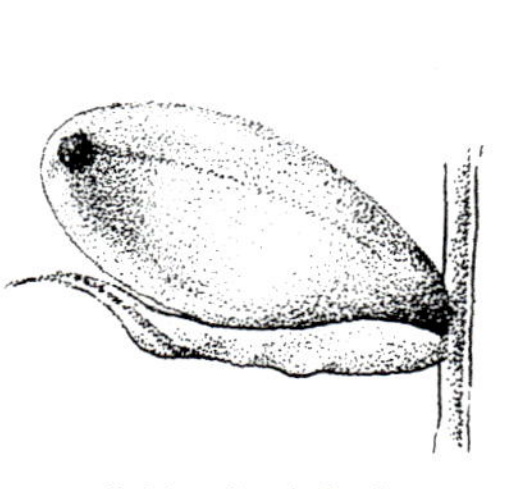

Schlauch mit Spelze

Die Bleichsegge ist ein ausdauerndes, buschiges, auffallend hellgrünes, 15–40 cm hohes Kraut mit scharf dreikantigen Stengeln. Der untere Teil des Stengels trägt Blätter mit braunen, manchmal purpurfarbenen Scheiden, die kürzer als der Stengel sind. Das aufrechte, keulig lineare, endständige Ährchen besteht aus männlichen Blüten, die 2–3 eiförmigen, dichten, gestielten seitlichen Ährchen aus weiblichen. Alle Ährchen haben kurze Deckblätter ohne Scheiden, die selten den Blütenstand überragen. Die Spelzen der weiblichen Blüten sind eiförmig, hell, mit einem grünen Kiel und einer kurzen Granne. Die aufgeblasenen Schläuche sind hellgrün, länger als die Spelzen, elliptisch abgerundet, ohne Schnabel und haben drei Narben. Die Blüten entfalten sich im Mai und Juni.

Die Bleichsegge wächst entlang von Wegen und auf Weiden, auf Schlägen, Waldwiesen und Lichtungen von den Niederungen bis ins Gebirge. Die Art ist wenig veränderlich. Sie gedeiht auf Böden mit einem höheren Nährstoffgehalt. Auf Wiesen bildet sie manchmal ausgedehnte, geschlossene Bestände, die meist steril sind. Sie hat keine große wirtschaftliche Bedeutung. Sie tritt fast in ganz Europa auf, reicht bis nach Westsibirien und kommt auch im östlichen Teil Nordamerikas vor.

Schnabelsegge

Carex rostrata

Riedgrasgewächse
Cyperaceae

Die Schnabelsegge ist ein stattliches ausdauerndes Kraut. Die graugrüne Pflanze hat einen kräftigen, kriechenden Wurzelstock. Die kräftigen aufrechten Stengel sind 30–50 cm hoch, stumpf dreikantig. Die Blätter sind 2–3 mm breit und länger als der Stengel. Sie sind derb, rauh und haben rotbraune Scheiden. Die oberen 2–3 Ährchen sind männlich, schmal, 2–5 cm lang, die übrigen (gleichfalls 2–3) Ährchen sind weiblich, walzig, 2–5 cm lang, gestielt, das unterste Ährchen ist manchmal überhängend. Die Deckblätter unter den weiblichen Ährchen sind laubblattähnlich. Ihre Spelzen sind lanzettlich, braun, mit einem weißen Saum und einen grünen Kiel. Die Schläuche mit drei Narben sind nur wenig länger als die Spelzen, breit eiförmig, gelbgrün, plötzlich in einen langen, zweizähnigen Schnabel verschmälert. Die Schnäbel stehen waagerecht vom Ährchen ab. Die Blüten erscheinen im Mai und Juni.

Die Schnabelsegge wächst in oft ausgedehnten Beständen von nährstoffarmen, oft sauren Wiesen und Teichen, in Gräben, auf nassen Wiesen, in Sümpfen und Moorteichen vom Hügelland bis ins Hochgebirge. Nicht selten finden sich reine Bestände der Art auch auf Torfmooren. Sie ist auf der ganzen nördlichen Halbkugel mit Ausnahme der wärmsten und kältesten Gebiete verbreitet.

In Gegenden, wo Mangel an Stroh herrscht, wird sie als Streu verwendet.

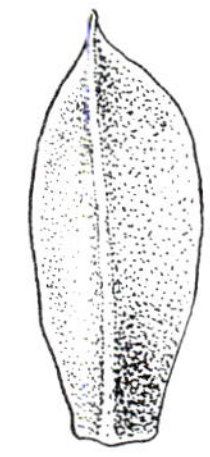

stumpf zugespitzte Spelze

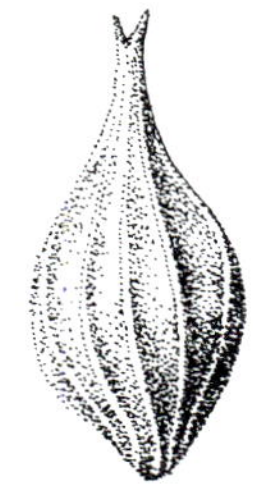

feingerippter Schlauch

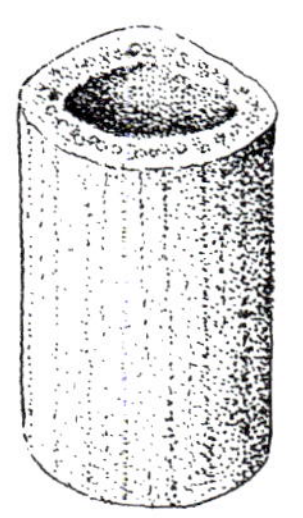

Querschnitt durch den Stengel

Riedgrasgewächse
Cyperaceae

Waldsegge

Carex sylvatica

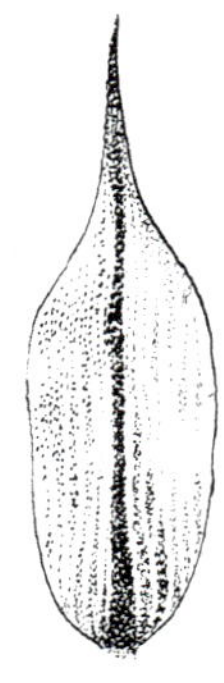

helle Spelze mit einem markanten Kiel auf der Rückseite

elliptischer stumpf dreieckiger, kahler Schlauch, mit Schnabel, aus dessen Einschnitt drei lange Narben hervorwachsen

Die Waldsegge ist eine ausdauernde dichtrasige, lebhaft grüne Pflanze. Die Stengel sind aufrecht, 30–60 cm hoch, oben bogenförmig herabgeneigt, spärlich beblättert. Die Blätter sind kürzer als der Stengel, 3–8 mm breit, mit hellbraunen Scheiden. Die einzelnen Ährchen bestehen nur aus einer Art eingeschlechtiger Blüten. Das langgestielte endständige Ährchen ist männlich, schmal, 2–4 cm lang und überhängend. Die seitlichen 3–5 Ährchen sind weiblich, locker, walzig, 3–5 cm lang. Sie sitzen einzeln auf langen, fadenförmigen Stielen in den Achseln von Deckblättern mit langen Scheiden und sind gleichfalls überhängend. Die Spelzen der weiblichen Ährchen sind hell, lanzettlich grannenspitzig, mit einem grünen Kiel. Die lockeren, schräg abstehenden Schläuche sind länger als die Spelzen, grün, plötzlich in einen dünnen, zweizähnigen Schnabel mit drei Narben verschmälert. Die Blüten entfalten sich im April und Mai.

Die Waldsegge wächst in feuchteren Wäldern, besonders Laubwäldern, und entlang von Waldbächen vom Hügelland bis ins Gebirge. Sie ist vor allem für Buchenwälder charakteristisch, hält aber lange am Standort aus, auch wenn der ursprüngliche Bestand abgeholzt und durch andere Gehölze ersetzt wurde. Seltener tritt sie in niedrigeren Lagen auf, und das nur auf ausreichend feuchten Böden in Auenwäldern. Die Art stammt aus Europa und ist im Mittelmeergebiet und in der gemäßigten Zone des Kontinents verbreitet.

Schattensegge

Carex umbrosa

Riedgrasgewächse
Cyperaceae

Das ausdauernde dichtrasige Kraut wird 30–50 cm hoch. Die schlanken Stengel mit den kurzen Blättern sind stumpf dreikantig, zur Reifezeit bogenförmig überhängend. Die Grundblätter verlängern sich während des Wachstums beträchtlich, so daß sie oft die Länge des Stengels erreichen. Sie sind 1,5–2,5 mm breit, sehr rauh, schlaff, mit Scheiden, die in dichte Haare zerfallen. Das endständige keulenförmige Ährchen ist männlich, die 2–3 seitlichen weiblich, eiförmig, kurzgestielt, mit kleinen Deckblättern. Die Spelzen der weiblichen Blüten sind umgekehrt eiförmig, braun mit einem grünen Kiel, plötzlich in eine Spitze verschmälert. Die schräg abstehenden Schläuche sind länger als die Spelzen, umgekehrt eiförmig, plötzlich in einen kegelförmigen Schnabel verschmälert, borstig, mit drei Narben. Die Pflanzen blühen von April bis Juni.

Die Schattensegge tritt ziemlich selten auf feuchten Auen und nassen Waldwiesen in den Niederungen und im Hügelland auf. Sie ist in der südlichen Hälfte des europäischen Kontinents verbreitet.

Ähnlich wie die anderen Arten weist auch die Schattensegge alle Gattungsmerkmale auf: ungegliederte, dreikantige, markige Stengel, unauffällige Blüten mit einer zurückgebildeten Blütenhülle, deren Bestäubung durch den Wind erfolgt, und Blätter, deren Scheiden mit einem Blatthäutchen ausgestattet sind. Die Gattung *Carex* umfaßt etwa 2000 Arten, die auf der ganzen Erde verbreitet sind, davon etwa 100 in Europa. Alle Tatsachen weisen darauf hin, daß nicht nur die Seggen, sondern die ganze Familie der Riedgrasartigen eine phylogenetisch sehr junge Gruppe ist, die sich noch progressiv entwickelt.

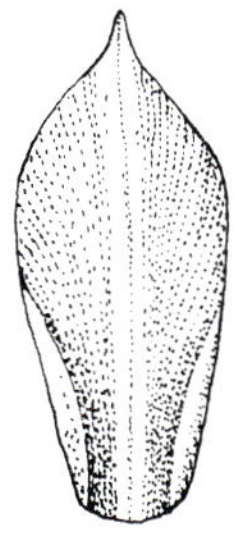

Spelze

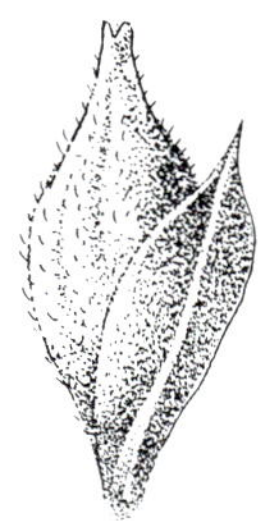

Spelze mit einem unterschiedlich gefärbten Kiel

Schlauch

Riedgrasgewächse
Cyperaceae

Blasensegge

Carex vesicaria

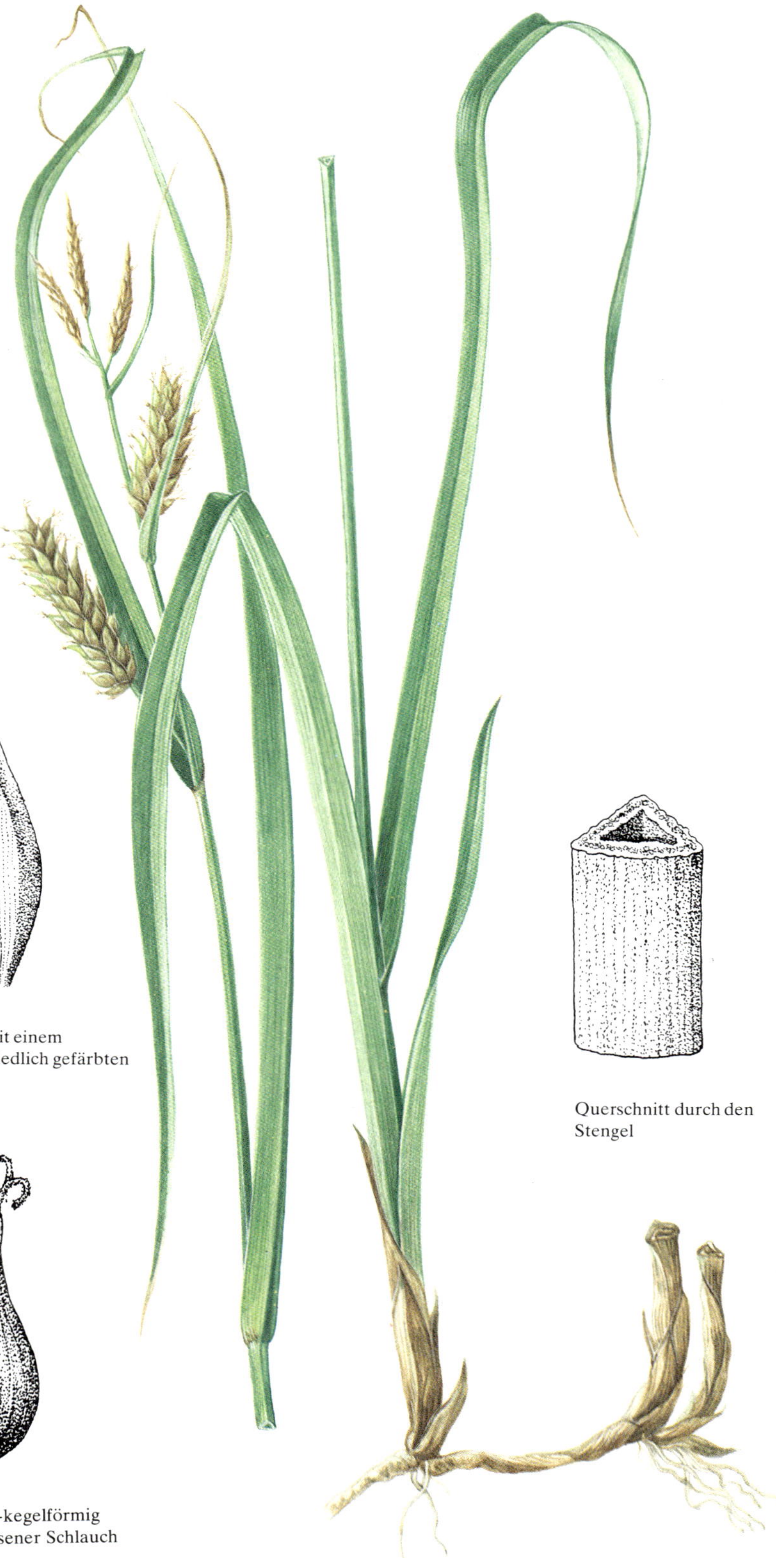

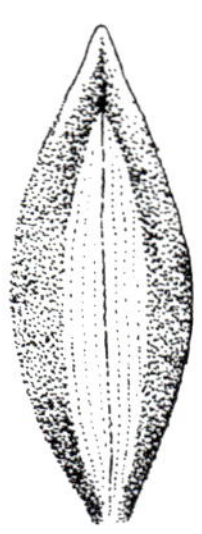

Spelze mit einem unterschiedlich gefärbten Kiel

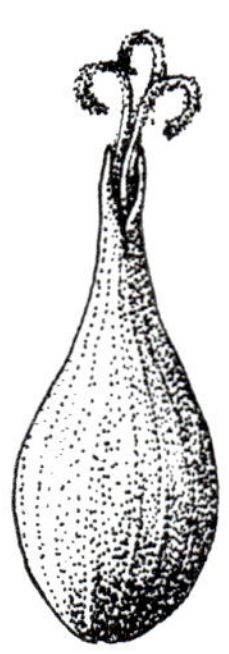

eiförmig-kegelförmig aufgeblasener Schlauch

Querschnitt durch den Stengel

Die Blasensegge ist ein ausdauerndes Kraut mit einem kriechenden, kurz ausläuferförmigen Wurzelstock. Auffallend sind die scharf dreikantigen, sehr rauhen Stengel, die 30–100 cm hoch werden. Die derben, rauhen Blätter sind flach, 3–6 mm breit, mit purpurbraunen Scheiden, die netzartig zerfasern. Die oberen 2–3 Ährchen sind männlich, das unterste von ihnen ist mit einem Deckblatt ausgestattet. Die anderen Ährchen sind weiblich und sitzen in den Achseln von Deckblättern. Die Spelzen der weiblichen Ährchen sind lanzettlich, braun, weiß gesäumt, mit einem grünen Streifen am Kiel. Die schräg abstehenden Schläuche sind breiter und länger als die Spelzen, gelbgrün, allmählich in einen langen zweizähnigen Schnabel verschmälert, aus dessen Einschnitt drei fiederige Narben hervorwachsen. Die Blüten entfalten sich im April und Mai.

Die Blasensegge wächst in Gräben, an Ufern von Gewässern, in Sümpfen und auf nassen Wiesen von den Niederungen bis ins Hügelland. Sie trägt zur Verlandung seichter Teiche bei und verschlechtert so die Bedingungen für die Fischzucht. Als Viehfutter ist die Art nicht verwendbar, früher wurde sie aber bei Mangel an Stroh geerntet und als Streu verwendet. Sie ist in der ganzen gemäßigten Zone der nördlichen Halbkugel verbreitet.

Diese Art ist der Schnabelsegge (siehe S. 437) ziemlich ähnlich und kann mit ihr verwechselt werden. Mit Sicherheit läßt sie sich von ihr aber nach den scharfkantigen Stengeln, der schrägen Stellung der Schlauchschnäbel und der grasgrünen Farbe unterscheiden.

Waldzwenke

Brachypodium sylvaticum

Gräser
Poaceae

Die Waldzwenke ist ein ausdauerndes, dichtrasiges Gras mit aufrechten, 60–120 cm hohen Halmen. Die Blätter haben flache, 3–8 mm breite Spreiten mit einem besonders bei Trockenheit deutlichen weißen Mittelnerv. Die offenen Scheiden sind wie die Halmknoten weich behaart. Am Übergang von der Scheide zur Spreite befindet sich ein etwa 4 mm langes, zerfranstes Blatthäutchen. Die Ährchen sind in einer einfachen lockeren, zweizeiligen Ähre angeordnet, die bogenförmig überhängt und eine gebogene Spindel aufweist. Die Ährchen sind walzig, hellgrün. Die Deckspelzen der Blüten sind schmal lanzettlich, auf der Rückenseite rauh, mit einer bis 15 mm langen Granne ausgestattet. Die vor der Blüte in den Ährchen miteinander verflochtenen Grannen reichen bis zum Grund des nächsthöheren Ährchens. Die Frucht ist eine bespelzte Kornfrucht. Die Pflanzen blühen von Juli bis September.

Die Waldzwenke wächst in schattigen Laubwäldern und Gebüschen von den Niederungen bis ins Hügelland. Sie bevorzugt humose, nährstoffreiche, feuchtere Böden und zeigt eine gute Humuszersetzung an. Sie ist in Gebirgslagen des tropischen Asiens, im Mittelmeergebiet und in der ganzen südlichen Hälfte Europas verbreitet und reicht von dort bis nach Westasien.

Auf trockenen, sonnigen, rasigen Hängen tritt die Fiederzwenke *(B. pinnatum)* auf. Von der Waldzwenke unterscheidet sie sich vor allem durch ihre langen, kriechenden, unterirdischen Ausläufer, die ihr ermöglichen, ausgebreitete hellgrüne Bestände zu bilden. Ihre Ähren sind steif aufrecht, und die Deckspelzen sind nur kurz begrannt.

Echter Schafschwingel

Festuca ovina

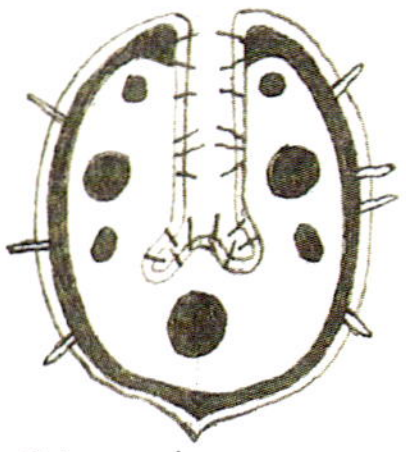

Schema eines Querschnitts durch das Blatt: Leit- und Festigungsgewebe sind dunkel

Ährchen

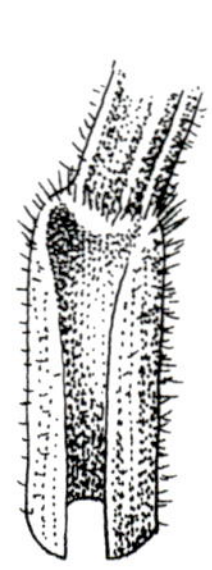

Scheide mit undeutlichem Blatthäutchen und Öhrchen

Das ausdauernde, dichtrasige, oft graugrüne Gras hat dünne, 20–50 cm hohe Halme. Die Blätter haben offene Scheiden, fadenförmige bis borstige, stielrunde Spreiten und ein kleines, geöhrtes Blatthäutchen. Die begrannten, oft violett überlaufenen Ährchen sind zu einer aufrechten, dichten Rispe vereinigt. Die Frucht ist eine bespelzte Kornfrucht. Die Pflanzen blühen von Mai bis Juli.

Die Art tritt häufig in ausgebreiteten Beständen in lichten Wäldern und auf trockenen Wiesen von den Niederungen bis ins Gebirge auf. Sie meidet Kalkböden. Sie ist in Europa vom Süden bis über den Polarkreis hinaus und in ganz Sibirien verbreitet.

Die Gattung Schwingel *(Festuca)* ist ungemein artenreich. Viele ihrer Arten sind einander sehr ähnlich und lassen sich deshalb schwer voneinander unterscheiden. Am verläßlichsten unterscheidet man sie aufgrund ihres unterschiedlichen anatomischen Baus, besonders der Blätter. Stielrunde, eingerollte Blätter, wie man sie beim Schafschwingel findet, haben z. B. auch der Haarschwingel *(F. capillata)* mit grannenlosen Ährchen, der auf trockenen sandigen Böden wächst, und der auffallend graue Walliser Schwingel *(F. vallesiaca),* der auf Trockenhängen vorkommt. Kräftige, mit einer Längsrinne ausgestattete Blätter weist der Furchenschwingel *(F. sulcata)* auf. Auf Felsen, vor allem auf Kalkstein, wächst der auffallend bereifte Blauschwingel *(F. duriuscula)* mit drahtartigen Blättern ohne Längsfurchen.

Wiesenschwingel

Festuca pratensis

Gräser
Poaceae

Der Wiesenschwingel ist ein ausdauerndes, lockerrasiges, dunkelgrünes Gras. Die glatten Halme sind bogenförmig aufsteigend und tragen in der Regel drei Blätter mit glatten, offenen Scheiden. Die Spreiten sind 3–5 mm breit, schlaff, mit einem kurzen Blatthäutchen und verkümmerten Öhrchen. Die Blütenrispe ist schmal, etwas einseitswendig. Die mehrblütigen Ährchen haben unbegrannte, an der Spitze trockenhäutig gesäumte Deckspelzen. Die Kornfrucht ist bespelzt. Die Pflanzen blühen im Juni und Juli.

Die Art tritt häufig in Fettwiesen, Weiden und Wegrainen von den Niederungen bis ins Gebirge auf und ist in ganz Europa und Westasien verbreitet.

Der Wiesenschwingel ist ein gutes Futtergras. Er ist ein Vertreter der Arten mit breiten, flachen Blättern, zu denen z. B. auch der Rotschwingel *(F. rubra)* gehört. Die Spreiten seiner Grundblätter sind eingerollt oder gefaltet, die der Stengelblätter flach. Er wächst häufig auf Wiesen. Der Waldschwingel *(F. sylvatica = F. altissima)* ist dichtrasig, bis 120 cm hoch, mit einer großen, aus grannenlosen Ährchen zusammengesetzten Rispe. Er tritt in Buchenwäldern der Bergstufe auf. Der Riesenschwingel *(F. gigantea)* mit einer ausgebreiteten, schlaffen, bis 40 cm langen Rispe, deren Ährchen begrannt sind, kommt auf nassen, nährstoffreichen Tonböden vor allem in Auenwäldern vor.

lange Staubbeutel auf dünnen Staubfäden und fiederigen Narben, aus der Blüte herausragend

Gräser
Poaceae

Einjähriges Rispengras

Poa annua

Aus einigen kleinen Blüten zusammengesetzte Ährchen; jede Blüte enthält einen Stempel mit zwei fiederigen Narben und drei Staubblätter.

spitzes Blatthäutchen der oberen Blätter

Das einjährige oder winterharte Einjährige Rispengras ist im unteren Teil rasig, sattgrün. Die aufsteigenden und glatten Halme sind 5–30 cm hoch. Die Pflanze treibt häufig seitliche wurzelnde Triebe. Wie bei allen Rispengrasarten haben die Blätter flache, 1–3 mm breite, an der Spitze kapuzenförmige Spreiten. Die Scheiden sind abgeflacht, das Blatthäutchen kurz, bei den unteren Blättern gestutzt, bei den oberen zugespitzt. Die lockere, im Umriß dreieckige Rispe trägt 1–5blütige Ährchen mit grannenlosen Deckspelzen. Die Staubbeutel sind höchstens 1 mm lang. Die Kornfrucht ist stumpf dreikantig, bespelzt. Die Pflanzen blühen fast das ganze Jahr über, von März bis November.

Das Einjährige Rispengras kommt auf grasbewachsenen Wegen, in Pflasterritzen, an Ruderalstandorten und als Unkraut auf Feldern und in Gärten von den Niederungen bis ins Hochgebirge häufig vor. Es ist eine kosmopolitische Art, die auf der ganzen Erde verbreitet ist.

An ähnlichen Stellen, aber vorwiegend in höheren Lagen tritt das ähnliche Lägerrispengras *(P. supina)*, auf. Vom Einjährigen Rispengras läßt es sich am einfachsten nach den größeren, bis 2 mm langen Staubbeuteln unterscheiden. Es besitzt stets Ausläufer.

Hainrispengras

Poa nemoralis

Gräser
Poaceae

Das Hainrispengras ist ein ausdauerndes, lockerrasiges, zartes Gras, das oft ausgedehnte Bestände bildet. Die aufrechten Halme sind regelmäßig beblättert, auffallend dünn, 15–60 cm hoch, oft mit dunkel gefärbten Knoten. Die Blätter haben kurze, runde Scheiden, ein sehr kurzes Blatthäutchen und schmale Spreiten, die waagerecht vom Halm abstehen. Die Rispe ist ausgebreitet, aber nach dem Verblühen zieht sie sich stark zusammen. Die kleinen Ährchen sind grün oder gelbbraun. Die Frucht ist eine bespelzte Kornfrucht. In Abhängigkeit von der Beschattung des Standortes blüht die Pflanze von Juni bis August.

Das Hainrispengras wächst in lichten Laub- und Nadelwäldern, besonders üppig an Waldrändern und auf Lichtungen, aber auch auf Mauern und Felsen. Es ist von den Niederungen bis ins Hochgebirge auf der ganzen nördlichen Halbkugel verbreitet.

Je nach den Licht- und Feuchtigkeitsbedingungen am Standort bildet die Art Formen aus, die sich durch ihre Farbe, Breite der Blätter und andere Merkmale voneinander unterscheiden. Sie ist anspruchslos und paßt sich den Umweltbedingungen gut an, tritt aber trotzdem häufiger an Stellen mit einem höheren Stickstoffgehalt im Boden auf. Hingegen meidet sie feuchte Standorte. Sie zeigt frische, durchlüftete, neutrale bis schwach saure Böden von günstiger Struktur an. Man verwendet sie zuweilen in Grasmischungen zum Bedecken beschatteter Stellen.

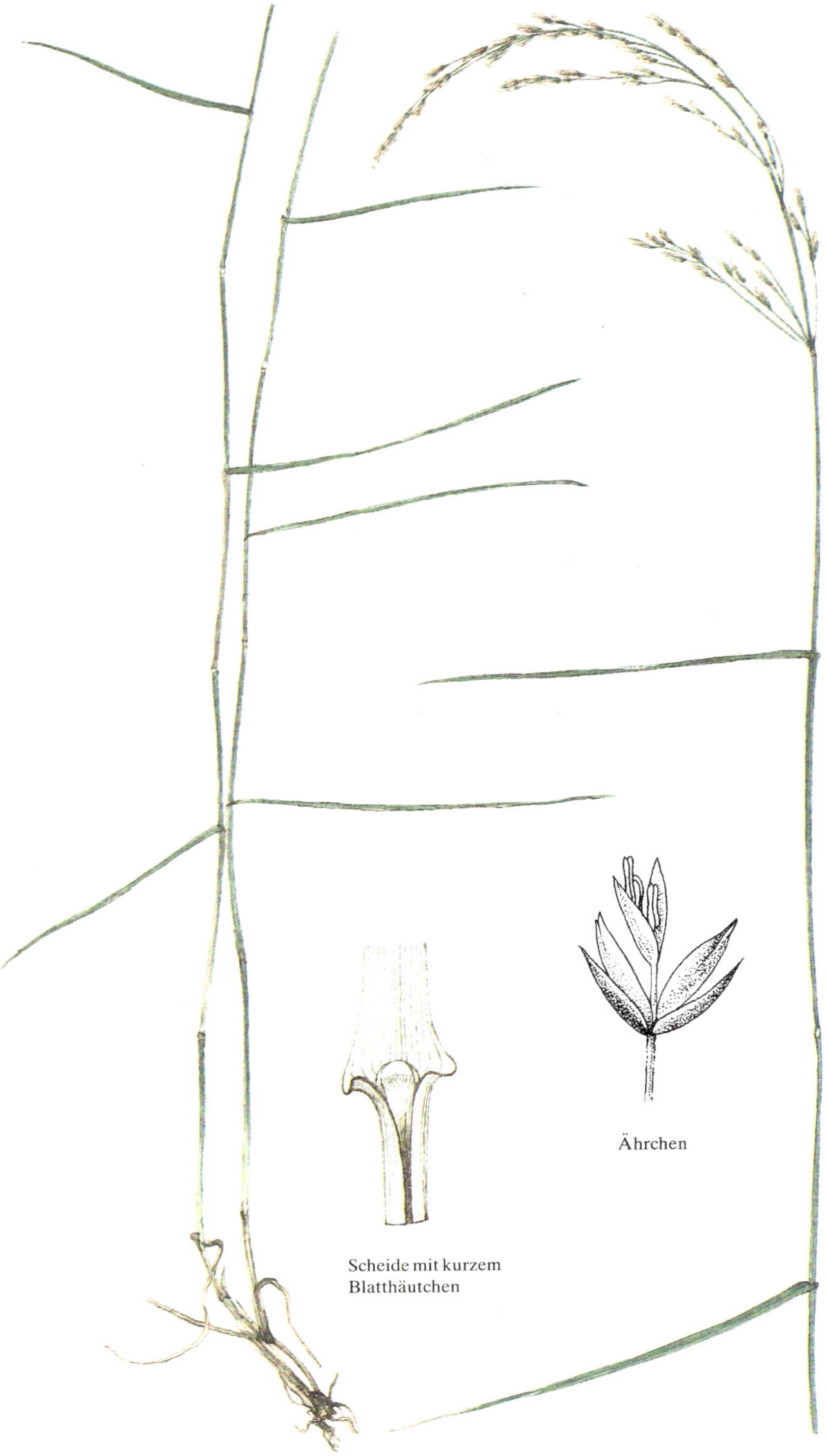

Scheide mit kurzem Blatthäutchen

Ährchen

Gräser
Poaceae

Wiesenrispengras

Poa pratensis

Ährchen

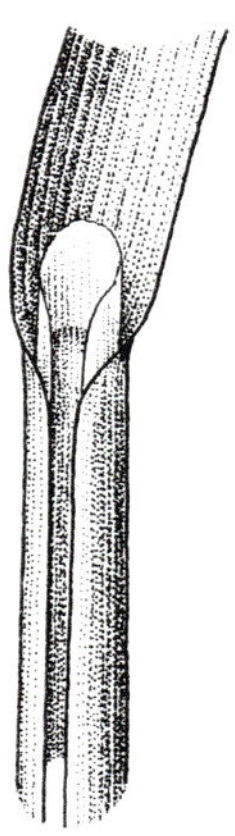

Scheide mit häutigen Blatthäutchen

kapuzenförmige Blattspitze

Das ausdauernde, lockerrasige Gras bildet lange unterirdische Sprosse. Die Halme sind aufrecht, 10–120 cm hoch, in der oberen Hälfte meist unbeblättert. Die Blätter haben flache, schwach rinnige Spreiten mit einer kapuzenförmigen Spitze, deutliche Blatthäutchen und glatte Scheiden. Die Scheide des obersten Blattes ist deutlich länger als die Spreite. Die pyramidenförmige Rispe besteht aus eiförmigen, an den Enden der Äste gehäuften, 2–5blütigen Ährchen. Der Kiel der Deckspelzen ist im unteren Teil dicht behaart. Die Frucht ist eine bespelzte Kornfrucht. Die Pflanzen blühen von Mai bis August.

Das Wiesenrispengras ist auf frischen Wiesen, in Rasen, auf grasigen Böschungen und in lichten Wäldern von den Niederungen bis ins Hochgebirge häufig verbreitet. Es kommt auf der ganzen nördlichen Halbkugel vor und gehört zu den wichtigsten Futtergräsern.

An trockeneren Standorten findet man manchmal Pflanzen, bei denen die Blattspreiten der blütenlosen Sprosse borstenartig eingerollt sind. Manche Fachleute werten sie als selbständige Art – das Schmalblättrige Rispengras *(P. angustifolia)*. An trockenen, steinigen Standorten, oft auf Mauerkronen und Bahngleiskörpern wächst das Platthalmrispengras *(P. compressa)*, eine graugrüne Pflanze mit sehr schmalen Blättern und am Grunde flach zusammengedrückten Halmen und Scheiden. Auffallende eiförmige Ährchen in einer lockeren, ausgebreiteten Rispe weist das Sumpfrispengras *(P. palustris)* auf, das auf Sumpfwiesen, Ufern, aber auch trockenen Ruderalstandorten vorkommt.

Gemeines Zittergras

Briza media

Gräser
Poaceae

Das Gemeine Zittergras ist ein ausdauerndes, lockerrasiges Gras mit einem kurzen ausläuferförmigen Wurzelstock. Es hat aufrechte, dünne, 20–50 cm lange Halme. Die Blätter haben flache, 3–5 cm breite Spreiten, flache, geschlossene Scheiden und kurze, gestutzte Blatthäutchen. Die ausgebreitete, lockere, pyramidenförmige Rispe besteht aus zahlreichen herz- bis eiförmigen, oft violett überlaufenen Ährchen, die auf langen Stielen überhängen. Die Frucht ist eine bespelzte Kornfrucht. Die Pflanzen blühen von Mai bis August.

Die Art tritt häufig in Magerwiesen, Trockenrasen und Böschungen von den Niederungen bis ins Hochgebirge auf. Sie ist in klimatisch milderen Gebieten in ganz Europa verbreitet.

Der Blütenstand dieser Pflanze wirkt überaus zierend, die überhängenden Ährchen auf den langen dünnen Stielen beginnen bei der kleinsten Erschütterung zu flattern. Ihre dekorative Erscheinung bewahrt sie auch in trockenem Zustand und wird deshalb mit Vorliebe für Sträuße gepflückt.

Als Zierpflanze wird in Gärten manchmal das Große Zittergras *(B. maxima)* gezogen. Es hat große Ährchen und stammt aus Südeuropa.

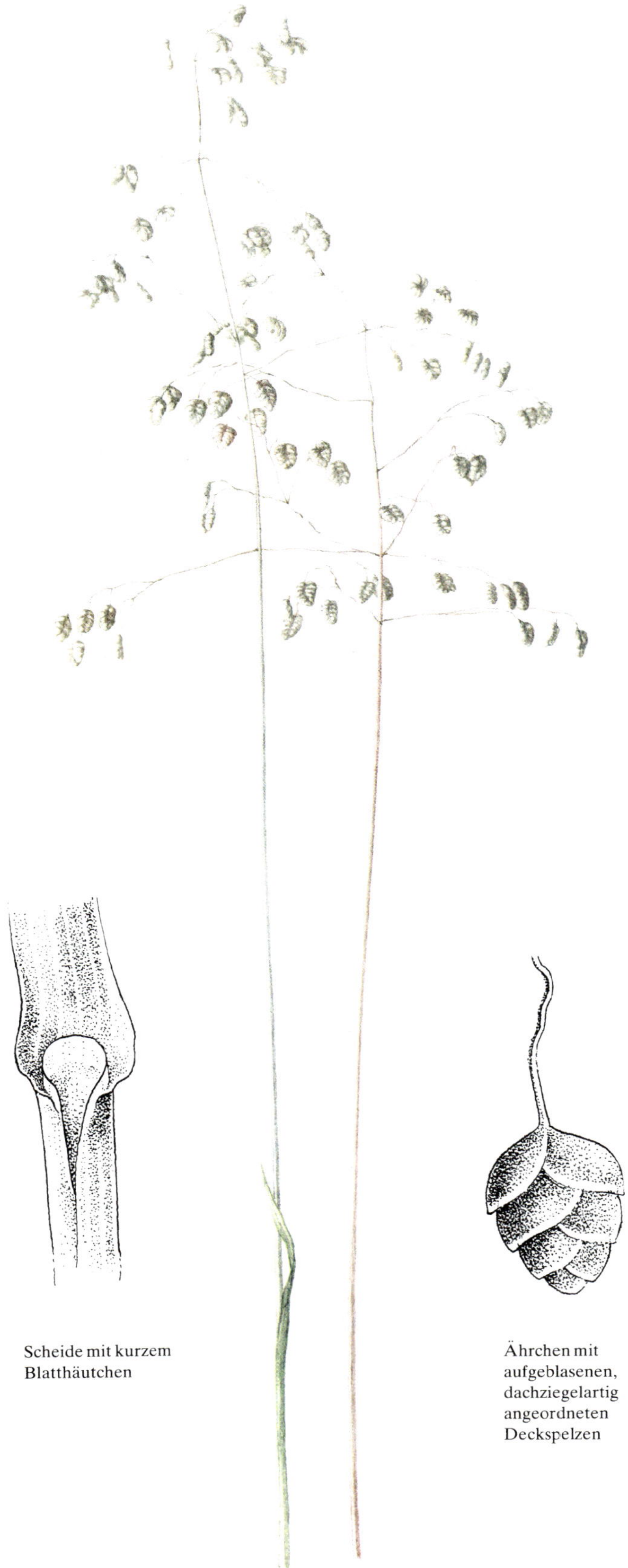

Scheide mit kurzem Blatthäutchen

Ährchen mit aufgeblasenen, dachziegelartig angeordneten Deckspelzen

Gräser
Poaceae

Gemeines Knaulgras, Knäuelgras

Dactylis glomerata

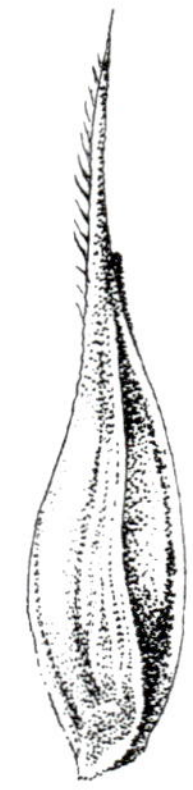

am Kiel gewimperte Deckspelze

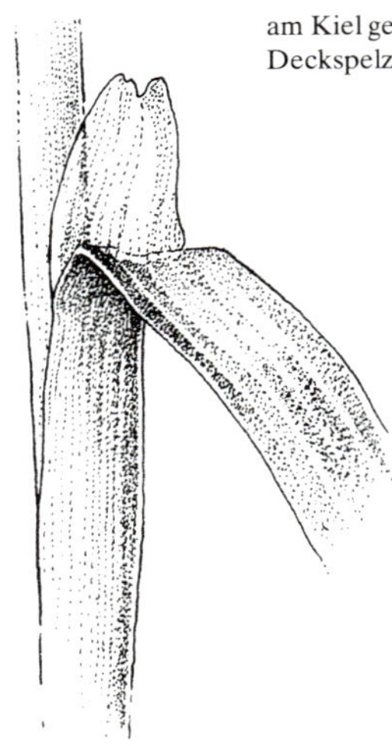

langes Blatthäutchen zwischen Scheide und Spreite

im unteren Teil flachgedrückter Halm mit Scheiden

Das ausdauernde, stattliche Gras ist dichtrasig und erreicht eine Höhe von 30–150 cm. Die Halme sind aufrecht, manchmal am Grunde kurz aufsteigend. Die geschlossenen Scheiden sind rauh, flach zusammengedrückt, mit zwei scharfen Kanten ausgestattet und derb. Die Blattspreiten sind flach, 3–15 mm breit, am Rande rauh, die Blatthäutchen zugespitzt, 4–10 mm lang. Die Rispe ist anfangs schmal und dicht, später locker ausgebreitet und lappenförmig; die Ährchen sind an den Enden der Äste kopfig gehäuft. Sie sind grün, zusammengedrückt oder mit nur sehr kurzen Grannen versehen. Die Frucht ist eine bespelzte Kornfrucht. Die Pflanzen blühen von Mai bis Juli.

Das Gemeine Knaulgras ist auf nährstoffreichen Böden und in Wiesen und Weiden, entlang von Wegen, in lichten Wäldern und auf Ruderalplätzen von den Niederungen bis ins Hochgebirge allgemein verbreitet. Seine Heimat ist Europa; verschleppt und eingebürgert kommt es in nahezu allen Gebieten mit gemäßigtem Klima vor.

Da das Knaulgras reichlich Pflanzenmasse liefert, gehört es zu den wichtigsten Futtergräsern. Es gibt auch buntblättrige Formen als Zierpflanzen, die in Gärten gezogen werden. Zartere Pflanzen mit schlanken Halmen, nicht zusammengedrückten Scheiden und einer schmalen, lockeren Rispe, die in niedrigeren Lagen in Laubwäldern und Hainen auftreten, werden als Waldknaulgras *(D. polygama)* bezeichnet.

Weidekammgras

Cynosurus cristatus

Gräser
Poaceae

Das Weidekammgras ist eine ausdauernde, dichtrasige, gelblichgrüne Pfanze mit einem kurzen, dunkel gefärbten Wurzelstock. Die aufrechten Halme sind dünn, 20–60 cm hoch. Die Blätter haben fast bis nach oben geschlossene Scheiden. Sie sind etwa 2 mm breit und gefurcht. Später sind die Spreiten eingerollt und das Blatthäutchen kurz und gestutzt. Die Rispe ist schmal, walzig, ährenartig zusammengezogen. Außer fruchtbaren Ährchen entwickeln sich auch sterile, die einen Kamm bilden, so daß die ganze Rispe stufenförmig beschnitten ist, wie das am deutlichsten an noch nicht ganz aufgeblühten Pflanzen zutage tritt. Die Frucht ist eine bespelzte Kornfrucht. Die Pflanzen blühen im Juni und Juli.

Die Art tritt auf frischen bis trockenen Lehmböden besonders in Weiden, auch auf Wiesen und an Wegrändern von den Niederungen bis ins Hochgebirge auf. Sie ist in klimatisch milderen Teilen Europas verbreitet.

Im Mittelmeergebiet ist das Igelkammgras *(C. echinatus)* heimisch, das manchmal nach Mitteleuropa eingeschleppt wird. Es ist eine einjährige, rasige Pflanze mit einer zusammengezogenen Rispe und zweiblütigen Ährchen, deren Deckspelzen lange Grannen tragen.

unfruchtbare, aus schmalen Deckspelzen zusammengesetzte Ährchen

kurzes Blatthäutchen zwischen Scheide und Spreite

Gräser
Poaceae

Nickendes Perlgras

Melica nutans

Ährchen

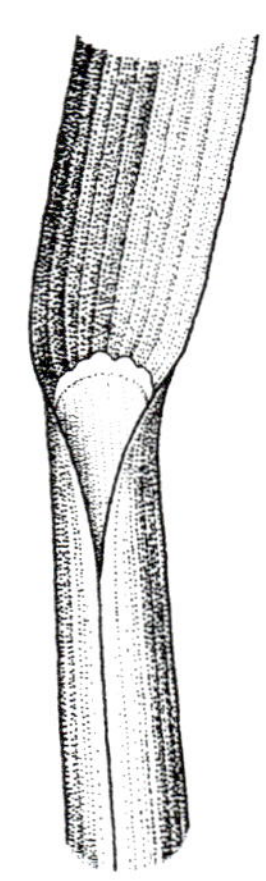
Scheide mit Blatthäutchen

Das ausdauernde Gras hat einen dünnen, langen, kriechenden Wurzelstock. Die Halme sind aufrecht, dünn, 30–60 cm hoch. Die Blätter haben flache, 3–5 mm breite Spreiten, rauhe, vierkantige Scheiden und ein sehr kurzes, gestutztes, braun gefärbtes Blatthäutchen. Die aus Ährchen zusammengesetzte Scheintraube ist einseitswendig und wird bis 10 cm lang. Die Ährchen sitzen einzeln (nur das unterste zu je 2–3) auf dünnen, überhängenden Ästen. Sie sind eiförmig, mit braunen, weißlich gesäumten, unbegrannten Deckspelzen. Die Kornfrucht ist glänzend, bespelzt, etwas runzlig. Die Pflanzen blühen im Mai und Juni.

Das Nickende Perlgras tritt ziemlich häufig in Laubwäldern auf nährstoffreichen, humosen Böden von den Niederungen bis ins Hochgebirge auf. Es ist in fast ganz Eurasien verbreitet.

Der abgebildeten Art ist das Bunte Perlgras *(M. picta)* sehr ähnlich. Das auffallendste unterscheidende Merkmal zwischen beiden Arten ist das Blatthäutchen, das beim Bunten Perlgras sehr markant, lang und weißlich ist. Beim Einblütigen Perlgras *(M. uniflora)* sitzen die aufrechten Ährchen einzeln auf langen, sehr dünnen Zweigen in einer sehr lockeren Rispe. Es tritt vor allem in Laubmischwäldern auf. Das Wimperperlgras *(M. ciliata)* hat eine dichte, ährenartig zusammengezogene Rispe und mit langen, seidigen Haaren besetzte Deckspelzen. (Die Haare ragen aus den Ährchen heraus, so daß der ganze Blütenstand wie behaart erscheint.) Die Blattspreiten sind borstig eingerollt – entsprechend seinen Trockenstandorten. Das Siebenbürgener Perlgras *(M. transsilvanica) in Südosteuropa* hat flache Blattspreiten. Beide Arten wachsen auf besonnten trockenen Hängen, Felsen, Mauern und Lesesteinriegeln in Weinbergen.

Deutsches Weidelgras, Englisches Raigras

Lolium perenne

Gräser
Poaceae

Das ausdauernde, lockerhorstig wachsende Gras bildet ausgebreitete Bestände. Die aufrechten oder aufsteigenden Halme sind 10–50 cm hoch, spärlich beblättert. Die Blätter haben 2–4 mm breite flache Spreiten, glatte Scheiden und ein kurzes Blatthäutchen. Die Scheinähre ist schlank, meist gebogen; die flachen Ährchen sitzen mit ihrer schmalen Kante in Ausschnitten der Spindel und sind unbegrannt. Die Frucht ist eine bespelzte Kornfrucht. Die Pflanzen blühen von Mai bis September.

Die Art kommt häufig auf frischen bis feuchten Wiesen, besonders in Fettweiden, an Wegen und auf Schutthalden vor. Sie ist fast in ganz Europa von den Niederungen bis ins Hügelland verbreitet. Das Niedertreten verträgt sie sehr gut, denn sie breitet sich durch Wurzelstockglieder aus und bildet dichte, niedrige Bestände. Sie wird deshalb oft nicht nur als Futtergras, sondern auch in Gärten und Parks ausgesät, wo sie bei richtiger Pflege dichte Zierrasen bildet.

Im Getreide tritt als Unkraut (heute aber seltener) der Einjährige Taumellolch *(L. temulentum)* auf, der lange, begrannte Deckspelzen aufweist. Oft wird er vom Pilz *Stomatina temulenta* befallen, dessen Myzel das giftige Alkaloid Temulin enthält. Eine Übervermehrung derart befallener Pflanzen in Getreidekulturen hatte früher auch Vergiftungen zur Folge, wenn die ungereinigten Körner zu Mehl vermahlen wurden. Manchmal wurden die Taumellolchfrüchte absichtlich der Malzgerste beigemengt, um das Bier berauschender zu machen.

Kurz begrannte Deckspelzen hat das Welsche Weidelgras oder Italienische Raigras (*L. multiflorum*), das aus Westeuropa stammt; in Mitteleuropa wird es in zahlreichen Sorten als Futtermischkultur mit Schmetterlingsblütlern ausgesät, aus der es verwildert und sich bei uns einbürgert.

Spindel der Scheinähre

Ährchen

Scheide mit Blatthäutchen

Gräser
Poaceae

Gemeine Quecke

Agropyron repens

Das ausdauernde Gras hat einen langen, kriechenden, derben, ausläuferähnlichen Wurzelstock. Die Halme sind aufrecht, 20–120 cm hoch und glatt. Die Blätter haben kahle Scheiden und flache, 4–15 cm breite, rauhe, oft graublau überlaufene Spreiten. Die Scheinähre ist aufrecht, schmal, etwa 10 cm lang. Die flachen, eiförmigen Ährchen sind sitzend und fallen zur Reifezeit im ganzen von der Spindel ab. Die Kornfrüchte sind abgeflacht, bespelzt. Die Pflanzen blühen im Juni und Juli.

Die Art tritt auf kultivierten Böden, auf Feldern, in Gärten, an Wegen und Zäunen, auf Schutthalden und in ruderalisierten Trockenrasen von den Niederungen bis ins Hügelland fast in ganz Eurasien auf.

Die Quecke gehört zu den meistverbreiteten und lästigsten Unkräutern. Sie trocknet den Boden aus, entzieht ihm viele Nährstoffe, beschattet die Kulturpflanzen und erschwert die Bodenbearbeitung. Sie beherbergt viele Parasiten aus dem Reich der Insekten und Pilze, die auch das Getreide befallen können. Die Vermehrung erfolgt durch Samen, vor allem aber durch die langen, kriechenden Wurzelstöcke; auf regelmäßig bearbeiteten Flächen entwickeln sich in der Regel keine Blüten. Die Quecke ist sehr frostfest und imstande, in jedem beliebigen Entwicklungsstadium zu überwintern. Die erfolgreichste Methode ihrer Bekämpfung ist eine richtige Fruchtfolge und vor allem das mechanische Vernichten der Wurzelstöcke und ihr Entfernen aus dem Boden. Es ist interessant, daß die Wurzelstöcke der Quecke ziemlich viel Zucker enthalten und deshalb (nachdem sie abgespült worden sind) verfüttert werden können. Sie werden in der Pharmazie zur Bereitung von leicht harntreibend wirkenden Tees (in Mischungen) verwendet. Der Name der Pflanze kommt vom griechischen agrios (= wild) und pyrus (= Weizen), also wildwachsender Weizen.

Aufrechte Trespe

Bromus erectus

Gräser
Poaceae

Die Aufrechte Trespe ist ein ausdauerndes Gras mit einem von braunen, zerfaserten, alten Blattscheiden bedeckten Wurzelstock. Die Halme sind steif aufrecht, 30–60 cm hoch. Die Blätter weisen bis 5 mm breite Spreiten auf (bei unfruchtbaren Trieben sind sie schmäler), geschlossene Scheiden und ein kurzes, gestutztes Blatthäutchen. Die Rispe ist aufrecht, schmal zusammengezogen; auf den derben rauhen Ästen sitzen 1–3 Ährchen. Sie sind lanzettlich und enthalten 5–12 Blüten mit begrannten Deckspelzen. Die Kornfrucht ist länglich, bespelzt. Die Pflanzen blühen von Mai bis Juli.

Die Aufrechte Trespe wächst an besonnten, steinigen Hängen, Trockenrasen bildend, von den Niederungen bis ins Hügelland. Häufiger tritt sie in wärmeren Gebieten und auf kalkhaltigem Untergrund auf. Von ihren ursprünglichen Standorten verbreitet sie sich sekundär entlang von Verkehrswegen; oft wird sie auch auf trockenen Wiesen in die Bestände eingestreut. In typischen Fettwiesenbeständen ist sie selten, ebenso im Unterwuchs von Gehölzen, denn sie ist sehr lichtliebend. Die Art zeigt warme Kalkböden an. Als Futterpflanze ist sie nur für Schafe tauglich, denn sie enthält große Mengen unverdaulicher mechanischer Gewebe.

Sie ist im Mittelmeergebiet und in der südlichen Hälfte Europas verbreitet.

geschlossene, leicht aufgeblasene, weichhaarige Scheide

rauh gerippte Deckspelze mit langer Granne

kurzes Blatthäutchen zwischen Scheide und Spreite

Gräser
Poaceae

Weiche Trespe
Bromus hordeaceus

Die Weiche Trespe ist ein einjähriges graugrünes Gras, das manchmal kleinere Horste bildet. Die Halme sind aufrecht oder unten aufsteigend, 10–80 cm hoch. Die Blätter haben geschlossene, dicht- und weichbehaarte Scheiden, zottige, flache, etwa 5 mm breite Spreiten und ein langes, gezähntes oder zerfasertes Blatthäutchen. Die Rispe ist aufrecht und dicht, im Umriß eiförmig und besteht aus dichten, eiförmigen, mit langen Grannen ausgestatteten Ährchen. An sehr ungünstigen Standorten entwickeln sich oft Zwergformen, bei denen nur ein einziges Ährchen vorhanden ist. Die Frucht ist eine bespelzte Kornfrucht. Die Weiche Trespe entwickelt sich im Frühjahr sehr rasch, so daß sie schon im Mai und Juni blüht und bald darauf abstirbt.

Die Weiche Trespe hat keine große Bedeutung. In Feldkulturen tritt sie vereinzelt nur dort als Unkraut auf, wo sich die Kulturen aufgelockert haben. Auch auf Wiesen kommt sie meist in niedrigen, lockeren Beständen vor. Am häufigsten trifft man sie auf Brachland, Schutthalden und entlang von Wegen an. Ziemlich häufig tritt sie in Mais- und Rübenanbaugebieten auf. In höheren Lagen findet sie sich nur ausnahmsweise. Sie ist in klimatisch milden Teilen Europas und Westasiens verbreitet.

bäuchig aufgeblasene, flaumige, an der Spitze seicht zweizähnige Deckspelze mit langer Rückengranne

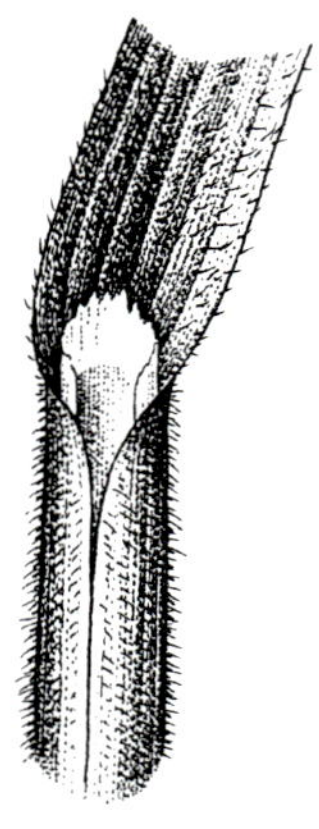

Scheide mit Blatthäutchen

Unbegrannte Trespe, Wehrlose Trespe

Bromus inermis

Gräser
Poaceae

Die Unbegrannte Trespe ist ein ausdauerndes Gras mit einem langen, kriechenden, schuppigen Wurzelstock. Die aufrechten, dicht beblätterten Halme sind 50–100 cm hoch. Die Blätter haben geschlossene, meist kahle Scheiden, flache, 5–8 mm breite, waagerecht vom Halm abstehende Spreiten und feingezähnte Blatthäutchen. Die stattliche, aufrechte Rispe ist 10–15 cm lang, aus schlanken, etwa 3 cm langen, meist glatten, nur manchmal sehr kurz begrannten Ährchen zusammengesetzt. Auffallend sind die chromgelben Staubbeutel. Die Kornfrucht ist bespelzt, 10–13 mm lang und verhältnismäßig schwer. Die Pflanzen blühen im Juni und Juli.

Die Unbegrannte Trespe wächst auf Rainen, entlang von Wegen, auf trockeneren Wiesen, besonders in lockeren Beständen. Sie ist in wärmeren Gegenden von den Niederungen bis ins Hügelland verbreitet. Im Hügelland wird sie manchmal angesät. Sie gedeiht vor allem in Steppengebieten und ist deshalb in Westeuropa selten natürlich. In Gebieten mit kontinentalem Klima gehört sie aber zu den wichtigsten Futtergräsern. Sie liefert hohe Erträge, sowohl in Mischkulturen auf Feldern als auch auf Wiesen. Nicht gering ist ihre Bedeutung auch in Samenmischungen, die zum Festigen neu errichterer Eisenbahn- und Straßenwälle dienen. Die Art ist fast über die ganze nördliche Halbkugel verbreitet.

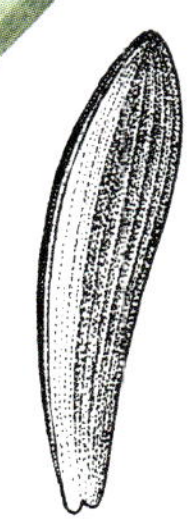

Die Deckspelze ist elliptisch, kahl, an der Spitze stumpf bis seicht ausgerandet, meist grannenlos.

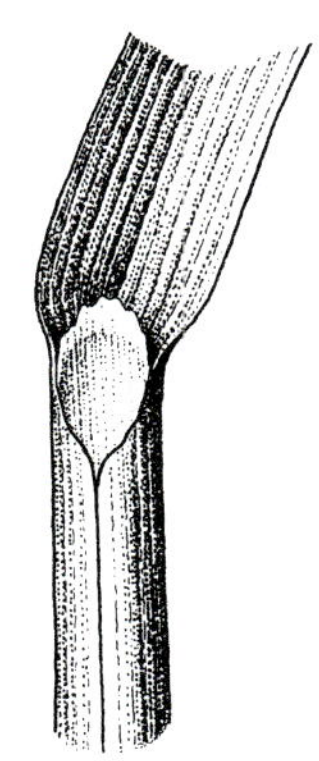

Blattscheide

Gräser
Poaceae

Glatthafer, Französisches Raigras

Arrhenatherum elatius

Der Glatthafer ist ein ausdauerndes, lockerrasiges, stattliches Gras mit einem kurzen, ausläuferartigen Wurzelstock. Die glänzenden aufrechten Stengel werden 50–100 cm hoch. Die Blätter haben rauhe Scheiden, flache, 4–8 mm breite Spreiten und ein kurzes, häutiges, am Rande gezähntes Blatthäutchen. Die allseitswendige, anfangs schmale, später ausgebreitete, dichte Rispe ist bis 25 cm lang. Die rauhen, verhältnismäßig kurzen Äste tragen kleine, abgerundete Ährchen mit zweierlei Blüten: die untere Blüte ist männlich, mit einer langen Granne, die obere ist zwittrig, unbegrannt. Die Hüllspelzen sind länglich lanzettlich, ungleich lang. Die untere ist kürzer, die obere länger. Die Deckspelzen sind an der Spitze doppelt gezähnt, auf der Rückenseite der Deckspelze des unteren Ährchens befindet sich eine gekniete Granne. Die bespelzte Kornfrucht ist länglich, fein behaart und fällt leicht aus dem Ährchen heraus. Die Kornfrüchte keimen sehr leicht, was zur starken Verbreitung der Art am Standort und zu ihrer Fähigkeit, den anderen Arten erfolgreich zu konkurrieren, beiträgt. Der Glatthafer liefert große Mengen von Pflanzenmasse und wird deshalb oft auf Wiesen in die Bestände eingestreut. Die Pflanzen blühen von Juni bis August.

Die Art kommt allgemein auf Wiesen, Weiden und entlang von Wegen von den Niederungen bis ins Hochgebirge vor und ist in ganz Europa verbreitet. Zuweilen dringt sie randlich in ruderalisierte Wälder ein.

Drahtschmiele, Schlängelschmiele

Avenella flexuosa

Gräser
Poaceae

Das ausdauernde lockerrasige Gras hat einen langen, etwas kriechenden Wurzelstock. Die zahlreichen aufrechten, glatten Halme sind 30–50 cm hoch. Die Blätter haben glatte, bräunliche oder rötliche Scheiden, dünn borstig gefaltete Blätter und ein etwa 2 mm langes Blatthäutchen. Die Rispe ist im Umriß eiförmig, vor dem Erblühen und nach dem Verblühen zusammengezogen; ihre Spindel und die aufrecht abstehenden Äste sind geschlängelt. Die Ährchen sind einzeln angeordnet, hellbraun, manchmal violett überlaufen, mit langen Grannen auf der Rückenseite der Deckspelzen. Die Kornfrucht ist abgeflacht, bespelzt. Die Pflanzen blühen von Juni bis August.

Die Drahtschmiele tritt häufig auf Trockenhängen, in lichten Wäldern, auf Weiden und Torfmooren, immer auf saurem Untergrund von den Niederungen bis ins Hochgebirge auf. Oft blüht sie überhaupt nicht, besonders wenn sie beschattet ist. Sie entwickelt aber zahlreiche unterirdische Wurzelstockausläufer, mit deren Hilfe sie sich vegetativ fortpflanzt und ausgebreitete Bestände bildet. Sie ist eine bedeutsame Zeigerart saurer Böden, in denen sich der Humus langsam zersetzt (Rohhumus). Die Förster sehen sie aber nicht gern, weil sie im Wald sowohl die natürliche Verjüngung als auch die künstliche Erneuerung der Bestände erschwert.

Die Art ist kosmopolitisch, d. h. an ihr entsprechenden Standorten auf der ganzen Erde verbreitet.

Scheide mit dünnhäutigem, stengelumfassendem Blatthäutchen

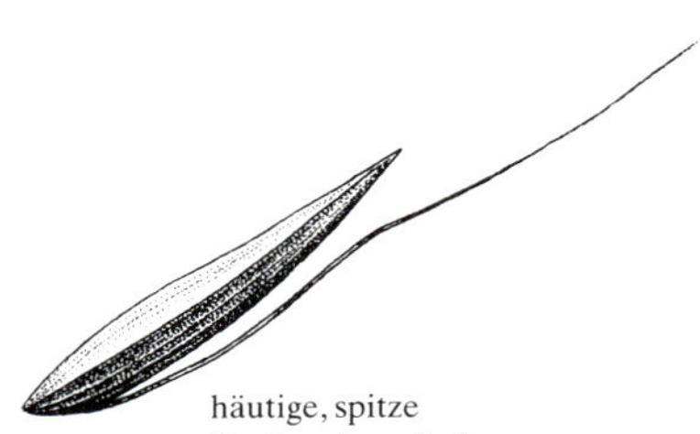

häutige, spitze Deckspelze mit einer langen, an der Basis der Rückenseite hervorwachsenden Granne

Gräser
Poaceae

Goldgrannenhafer, Goldhafer

Trisetum flavescens

Das ausdauernde, lockerrasige, lebhaft grüne bis gelbgrüne Gras hat einen kurzen kriechenden Wurzelstock. Die Halme sind aufrecht, manchmal im unteren Teil aufsteigend, 30–100 cm hoch, an den Knoten behaart. Die Blätter haben zottige Scheiden, flache, rauhe Spreiten und ein etwa 2 mm langes, zerfranstes Blatthäutchen. Die längliche, reiche Rispe ist locker, zur Blütezeit stehen die aufrechten Äste ab. Die mittelgroßen, meist zweiblütigen Ährchen sind rundlich, zur Blütezeit ausgebreitet, glänzend gelblich, mit ungleich großen Hüllspelzen. Auf der Rückenseite der kahlen Deckspelze befindet sich in der oberen Hälfte eine rauhe, gekniete Granne. Die Deckspelze ist in zwei Spitzen gespalten. Die bespelzte Kornfrucht ist sehr leicht, etwa 5 mm lang, mit einem weißen Haarschopf am Grund. Die Pflanzen blühen im Mai und Juni.

Der Goldhafer tritt häufig auf Wiesen, Weiden und entlang von Wegen von den Niederungen bis ins Gebirge auf. Er paßt sich leicht an die klimatischen und Bodenbedingungen an und ist frostfest. Er liefert wertvolles Viehfutter, verträgt aber keine hohen Stickstoffgehalte und schwindet daher aus gedüngten Wiesen und Weiden.

Die Art ist in Europa von klimatisch milden Gebieten, besonders im Westen, bis in die alpine Stufe verbreitet.

mehrblütige, elliptische Ährchen

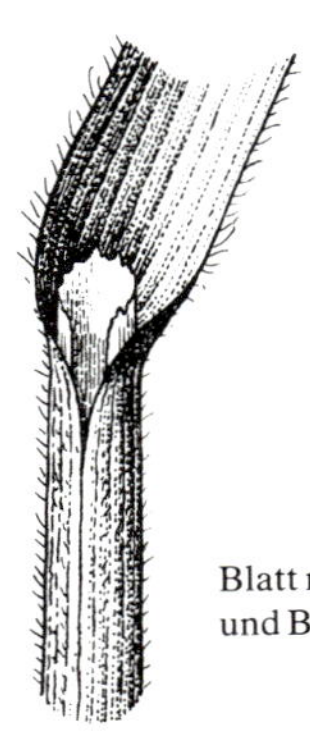

Blatt mit zottiger Scheide und Blatthäutchen

Wolliges Honiggras

Holcus lanatus

Gräser
Poaceae

Das Wollige Honiggras ist ausdauernd, dichtrasig, von graugrüner Farbe. Die zahlreichen Halme sind aufrecht oder unten aufsteigend, 30–100 cm hoch, an den Knoten weich behaart. Die Blätter haben behaarte Scheiden, flache, rauhe, 4–8 mm breite Spreiten und ein zerfranstes Blatthäutchen. Die eiförmig längliche Rispe ist zur Blütezeit ausgebreitet und zieht sich nach dem Verblühen wieder zusammen. Die weißlichen oder rötlichen Ährchen haben gewimperte Hüllspelzen, so daß die ganze Rispe weich behaart ist. Die sehr kurzen, hakenförmigen Grannen ragen nicht aus den Ährchen heraus, so daß sie unbegrannt erscheinen. Die Kornfrucht ist glatt. Die Pflanzen blühen von Juni bis September.

Die Art tritt von den Niederungen bis ins Gebirge auf feuchten, kalkarmen Wiesen auf. Sie ist in klimatisch milden europäischen Gebieten verbreitet.

Dem Wolligen Honiggras ist das Weiche Honiggras *(H. mollis)* ähnlich, das aber einen kriechenden Wurzelstock hat und daher keine Horste bildet. Es hat auch längere Grannen, die anfangs gerade, später gekniet sind und deutlich aus den Ährchen herausragen. Die für das Wollige Honiggras typische Behaarung der Knoten und Scheiden fehlt dieser Art. Das Weiche Honiggras tritt in bodensauren Eichenwäldern und auf Schlägen, Rainen und mineralarmen, sauren Äckern auf.

Granne, in der oberen Hälfte der Rückenseite der zweizähnigen Deckspelze angeheftet

Blatt mit Scheide und Blatthäutchen

Gräser
Poaceae

Gemeines Ruchgras

Anthoxanthum odoratum

zwei- bis dreiblütige Ähre

Blätter mit kahlen Scheiden, manchmal gewimpertem Blattgrund und trockenhäutigem Blatthäutchen

Das Gemeine Ruchgras ist ausdauernd, dichtrasig und verbreitet einen charakteristischen Heugeruch. Die zahlreichen Halme sind aufrecht, 10–50 cm hoch und spärlich beblättert. Die Blattscheiden sind meist kahl, die Spreiten kurz, 3–6 mm breit, und das etwa 2 mm lange Blatthäutchen ist fransig. Die Rispe ist zu einer Scheinähre zusammengezogen. Sie ist 2–4 cm lang und aus gelbgrünen Ährchen zusammengesetzt. Die einblütigen Ährchen sitzen auf kurzen Ästen. Die Kornfrucht ist bespelzt. Blütezeit von April bis Juni.

Das Gemeine Ruchgras ist allgemein an den verschiedensten Standorten von den Niederungen bis ins Hochgebirge verbreitet. Es ist eine europäische Art, die vom Mittelmeergebiet (Gebirge) bis Nordeuropa vorkommt.

Die Art ist eines der meistverbreiteten Gräser. Sie enthält Kumarin, einen Stoff von charakteristischem Geruch, den man z. B. beim Zerkauen des Halmes spürt. Kumarin wird beim Welken der Pflanzen spontan frei und ist am typischen Geruch von welkendem gemähtem Gras beteiligt. Außer dem Gemeinen Ruchgras enthalten z. B. auch Waldmeister *(Asperula odorata)* und Echter Steinklee *(Melilotus officinalis)* diesen Stoff.

Rohrglanzgras

Phalaris arudinaceae

Gräser
Poaceae

Das ausdauernde, stattliche, graublaugrüne, rohrähnliche Gras hat einen gegliederten Wurzelstock. Die derben, aufrechten Halme werden 50–300 cm hoch. Die Blätter haben glatte, weißhäutig gesäumte Scheiden, flache, 8–20 mm breite Spreiten und ein bis 6 mm langes, gefranstes Blatthäutchen. Die reiche einseitswendige Rispe ist lappig, 10–20 cm lang. Die einzelnen, bis 5 cm langen Äste tragen eine größere Anzahl von einblütigen, oft violett überlaufenen Ährchen. Die Frucht ist eine bespelzte Kornfrucht. Die Pflanzen blühen im Juni und Juli.

Das Rohrglanzgras wächst in ausgebreiteten Beständen an Ufern stehender und fließender Gewässer und an nassen Standorten in Niederungen und im Hügelland fast auf der ganzen nördlichen Halbkugel; isoliert tritt es auch im südlichsten Teil Afrikas auf.

Dieses stattliche Gras läßt sich ähnlich nutzen wie Schilf. Mancherorts wird es auch als ausgiebiges Viehfutter verwendet. In Gärten werden manchmal Formen mit der Länge nach weißgestreiften Blättern gezogen. Es handelt sich um Mutationen, die nicht blühen und nur wegen der zierenden Blätter gepflanzt werden.

Blätter mit langem, am Rande gefranstem Blatthäutchen

einblütige Ährchen mit großen Hüllspelzen, Deckspelze mit kurzer Rückengranne

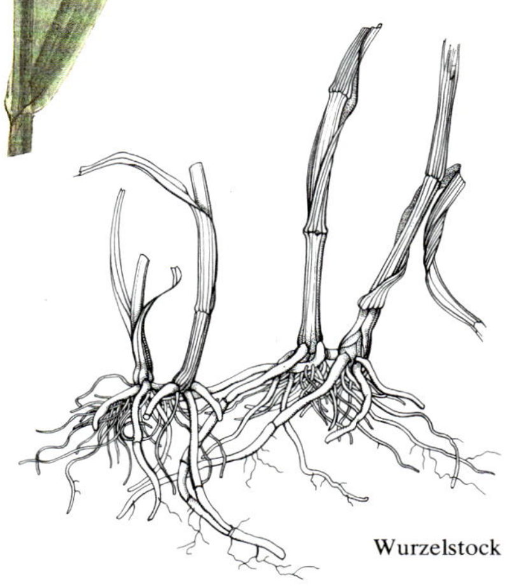

Wurzelstock

Gräser
Poaceae

Waldflattergras

Milium effusum

eiförmiges Ährchen

Das ausdauernde Gras hat einen kriechenden, kurz ausläuferförmigen Wurzelstock. Die aufrechten, glänzenden Halme sind 70–100 cm hoch. Die Blätter haben glatte Scheiden, flache, 10–15 mm breite Spreiten mit einem rauhen Rand und ein gefranstes, bis 7 mm langes Blatthäutchen. Die pyramidenförmige Rispe ist locker, allseitswendig, mit fadenförmigen, gebogenen, abstehenden und etwas herabgeneigten Ästen. Die einblütigen, eiförmigen, bis 3 mm langen, grannenlosen Ährchen sitzen einzeln auf kurzen Stielen. Die Frucht ist eine bespelzte Kornfrucht. Die Pflanzen blühen von Mai bis Juli.

Die Art tritt ziemlich häufig in schattigen Wäldern, vor allem Buchenwäldern, von den Niederungen bis ins Gebirge auf. Sie ist von auffallender Erscheinung und fesselt sofort unsere Aufmerksamkeit. Sie verlangt tiefe, frische, nährstoffreiche Böden. Eine Varietät gedeiht im Grünerlengebüsch der Alpen. Direkte Sonnenstrahlung verträgt sie nicht und schwindet rasch, wenn der Standort der Baumschicht beraubt wird. Sie tritt immer in dekorativen Einzelexemplaren auf, bildet keine zusammenhängenden Bestände und herrscht auch niemals im Bestand vor. Als Futterpflanze hat sie deshalb keine Bedeutung, wenn auch sie mit Vorliebe vom Wild gefressen wird. Das Waldflattergras ist fast in ganz Eurasien und im östlichen Teil Nordamerikas verbreitet.

Blatt mit Scheide und langem Blatthäutchen

Einblütige Ähre mit großen Hüllspelzen; von den beiden anderen Blüten sind nur die kleinen behaarten Deckspelzen übriggeblieben.

Waldreitgras

Calamagrostis arundinacea

Gräser
Poaceae

Das stattliche, ausdauernde Gras hat einen kriechenden, ausläuferartigen Wurzelstock und bildet lockere Horste. Die kräftigen Halme sind aufrecht, 60–150 cm hoch. Die Blätter haben etwas rauhe Scheiden, flache, 4–10 mm breite Spreiten und gefranste Blatthäutchen. Die längliche Rispe ist 10–30 cm lang, zusammengezogen, nur beim Blühen lockerer, mit aufrechten, rauhen Ästen. Die violett überlaufenen Ährchen färben sich beim Reifen strohgelb. Die gekniete Granne entspringt dem Kiel im unteren Teil der Deckspelze, was der Gattung den Namen Reitgras gab. Am Grunde der Deckspelze befindet sich ein kleines Haarbüschel. Die Kornfrucht ist bespelzt. Die Pflanzen blühen von Juni bis August.

Das Waldreitgras wächst in Laubmischwäldern und auf Schlägen von den Niederungen bis ins Gebirge. Es ist im eurosibirischen Gebiet verbreitet.

In Sandgebieten findet sich häufig auch das gesellig auftretende Landreitgras *(C. epigeios)*. Bei dieser Art ist der Halm unter der Rispe sehr rauh, und das Haarbüschel am Grunde der Deckspelze ist länger und ragt aus dem Ährchen heraus. Ausgebreitete, lockere Bestände auffallend dünner, rötlicher Halme bildet das Wollige Reitgras *(C. villosa)*, das in Fichtenwäldern in höheren Lagen, in Fichtenmooren auch tiefer auftritt.

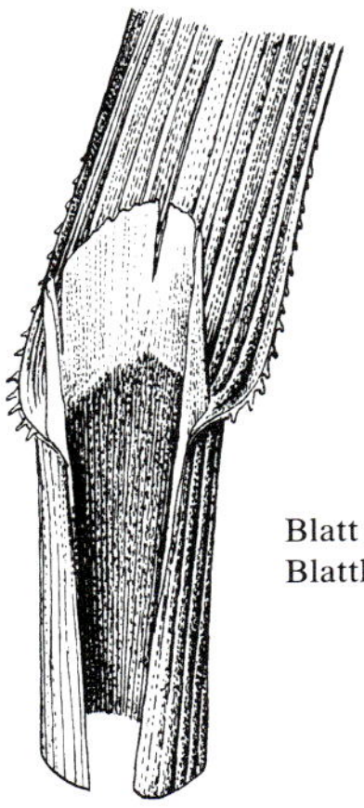

Blatt mit Scheide und Blatthäutchen

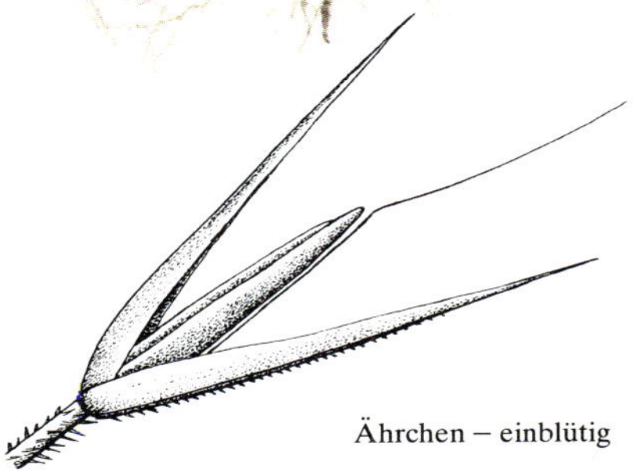

Ährchen – einblütig

Gräser
Poaceae

Rotstraußgras

Agrostis tenuis

Hüllspelzen der Ährchen, am Kiel rauh, Rückengranne der Deckspelze gekniet und aus dem Ährchen herausragend

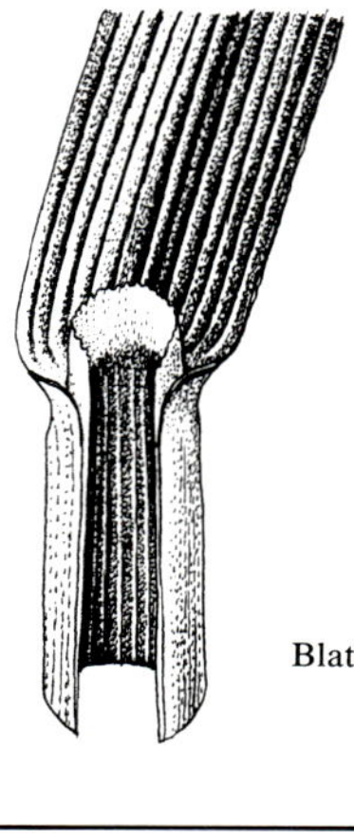

Blatt mit Blatthäutchen

Das ausdauernde Gras hat einen kurz kriechenden Wurzelstock. Die Halme sind dünn, aufrecht oder aufsteigend, 10–50 cm hoch. Die Blätter haben glatte Scheiden, flache, 2–4 mm breite Spreiten und sehr kurze, schräg gestutzte Blatthäutchen. Die reiche, zarte Rispe hat dünne, glatte, manchmal etwas gekrümmte Äste. Die kleinen einblütigen, braunvioletten Ährchen sitzen einzeln an den Astspitzen und sind nicht begrannt. Die Kornfrucht ist klein und bespelzt. Die Blüten erscheinen im Juni und Juli.

Die Art tritt sehr häufig auf mageren Weiden, Wiesen, Rainen und in lichten Wäldern von den Niederungen bis ins Hochgebirge auf. Sie ist kalkmeidend, wächst fast in ganz Europa und reicht bis nach Sibirien.

Beim ähnlichen Weißen Straußgras oder Fioringras *(A. alba)* ist das Blatthäutchen länger als die Breite des Halmblattes. Die Art tritt an feuchten Stellen auf. An nassen, sauren Stellen kommt das Hundsstraußgras *(A. canina)* vor. Die Blätter seiner unfruchtbaren Triebe haben borstenförmig zusammengefaltete Spreiten und lange Blatthäutchen. Die Granne der Deckspelze ist gekniet.

Wiesenfuchsschwanz

Alopecurus pratensis

Gräser
Poaceae

Der Wiesenfuchsschwanz ist ein ausdauerndes Gras mit einem kurz kriechenden Wurzelstock. Die Halme sind meist aufrecht, glatt, 30–100 cm hoch. Die Blätter sind glatt, die Scheiden liegen den Halmen an. Die Spreiten sind flach, oberseits rauh, 4–10 mm breit; das Blatthäutchen ist lang und dünnhäutig. Die Scheinähre ist dicht, walzig, 3–7 mm lang. Die Ährchen sitzen zu mehreren auf kurzen Ästchen. Ihre Hüllspelzen sind verwachsen und zottig; der Deckspelze entspringt im unteren Drittel der Rückenseite eine gekniete Granne. Die Deckspelze ist röhrig eingerollt und enthält die Kornfrucht. Die Pflanzen blühen von Mai bis Juli.

Die Art tritt sehr häufig auf feuchten Wiesen, an Dungstellen und in Uferstaudensäumen von den Niederungen bis ins Gebirge auf. Als Futtergras wird sie oft gesät oder auf halbkultivierten Wiesen in die Bestände eingestreut. Sie ist in Europa verbreitet und reicht bis nach Westsibirien.

Auf nassen Wiesen, in Flutmulden, an Ufern von Gewässern und auf ihrem entblößten Grund treten oft zwei weitere Arten auf: der Knickfuchsschwanz *(A. geniculatus)* und der Rotgelbe Fuchsschwanz *(A. aequalis)*. Beide sind einjährige, kleine, nur 10–30 cm hohe Pflanzen mit liegenden Stengeln und aufgeblasenen Blattscheiden. Die erstere ist grasgrün gefärbt, ihre reifen Staubbeutel sind nach der Entleerung des Pollens kaffeebraun, die letztere ist graugrün, und die Staubbeutel zeigen sich nach der Entleerung des Pollens ziegelrot.

Gräser
Poaceae

Wiesenlieschgras, Timothee

Phleum pratense

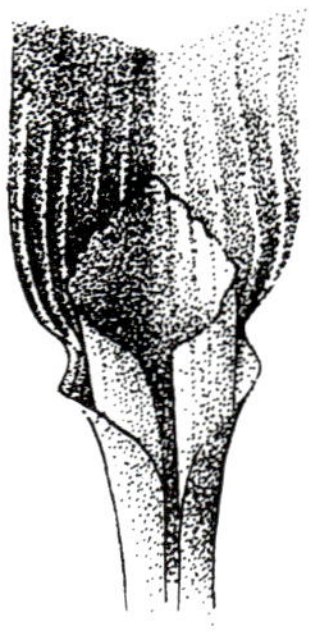

stumpfspitziges Blatthäutchen

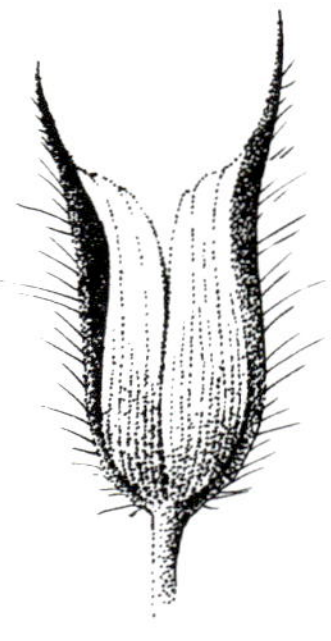

gekniete Granne der Deckspelze

zwiebelartig verdickter Halm

Das ausdauernde dichtrasige Gras hat zahlreiche unfruchtbare Ausläufer und einen kurz kriechenden Wurzelstock. Die Halme sind aufrecht, manchmal aufsteigend, am Grunde zwiebelartig (Unterart *nodosum*) verdickt. Die Blätter sind kahl, die Scheiden glatt, die Spreiten flach, 3–8 mm breit, und das Blatthäutchen ist lang. Die Scheinähre ist schmal walzig, manchmal bis 15 cm lang. Die Ährchen sitzen auf sehr kurzen, mit der Spindel fest verwachsenen Ästen. Zur Blütezeit sind die Staubbeutel auffallend violett gefärbt. Die Kornfrucht ist bespelzt. Die Blüten erscheinen von Mai bis August.

Das Wiesenlieschgras tritt sehr häufig auf. Es wächst auf Rainen, Wiesen, Weiden, und grasbewachsenen Hängen von den Niederungen bis ins Gebirge. Wegen seines hohen Futterwertes wird es oft kultiviert und auf Wiesen den Beständen eingestreut. Es ist fast über ganz Eurasien verbreitet.

Seiner Erscheinung nach ist das Wiesenlieschgras der vorstehenden Art ziemlich ähnlich. Vom Wiesenfuchsschwanz läßt es sich aber leicht dadurch unterscheiden, daß es unbegrannt ist (oder nur sehr kurze Grannen aufweist). Die Ährchen mit den Ästen können beim Fuchsschwanz leicht von der Spindel abgestreift werden, während sie beim Lieschgras so fest halten, daß es leichter ist, die Scheinähre zu zerreißen, als die Ährchen abzustreifen.

Auf trockenen, sonnigen Hängen und Grassteppen wächst das verwandte Steppenlieschgras *(P. boehmeri)*. Am besten läßt es sich danach erkennen, daß es eine deutlich lappige Scheinähre aufweist, was bemerkbar wird, wenn man sie umbiegt; beim Wiesenlieschgras bleibt die Ähre auch beim Umbiegen glatt walzig.

Blaues Pfeifengras

Molinia coerulea

Gräser
Poaceae

Das Blaue Pfeifengras ist ausdauernd, dichtrasig, manchmal weist es kurze Ausläufer auf. Die unteren Stengelglieder sind stark verkürzt, verdickt und wurzelnd, so daß das oberste Glied wie ein steifer, sehr langer (30–70 cm) Halm ohne Knoten aussieht. Die Blattscheiden sind offen, zwiebelartig verdickt, die Spreiten sind steif aufrecht, 3–5 mm breit, blaugrün gefärbt. Ein Blatthäutchen fehlt. Die schmal zusammengezogene Rispe hat aufrechte Äste, die gleichmäßig mit rundlichen Ährchen besetzt sind. Die blauvioletten Deckspelzen sind unbegrannt, die Staubbeutel von schwarzvioletter Farbe. Die Kornfrucht ist nackt, etwa 2 mm lang. Die Pflanzen blühen von Juli bis September.

Die Art wächst auf feuchten Wiesen, Flach- und Torfmooren und an Ufern stehender Gewässer von den Niederungen bis ins Gebirge. Sie ist in ganz Europa mit Ausnahme der nördlichsten Gebiete verbreitet.

Das auffallende Gras läßt sich kaum mit anderen Arten verwechseln. Durch sein geselliges Auftreten verleiht es den Moorwiesen im Alpenvorland mit einer charakteristischen Vegetation ihr Gepräge. Infolge von Meliorationen, vor allem aber Entwässerung der Böden, oder durch Nutzungsaufgabe sind die Pfeifengraswiesen zurückgegangen.

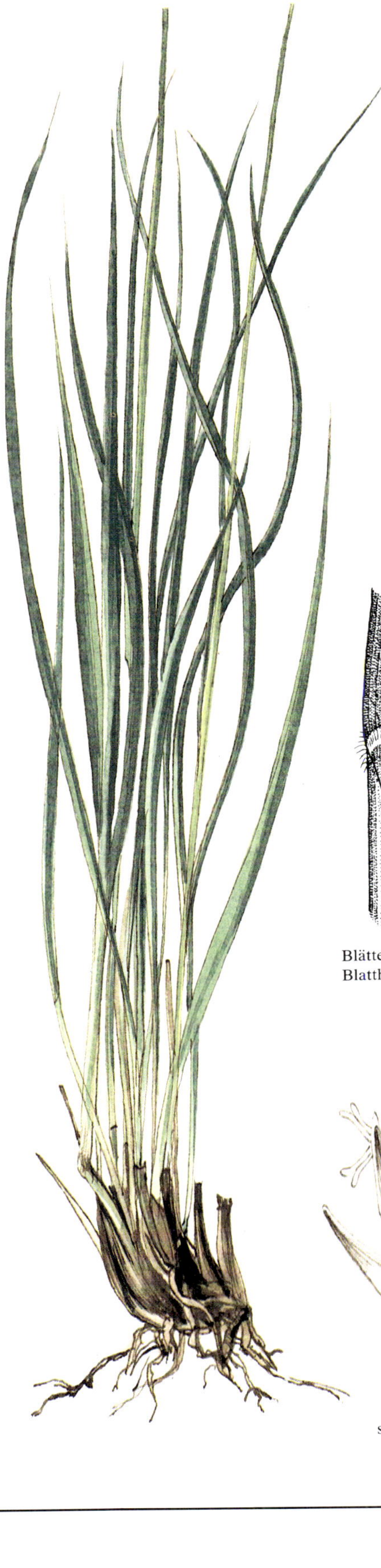

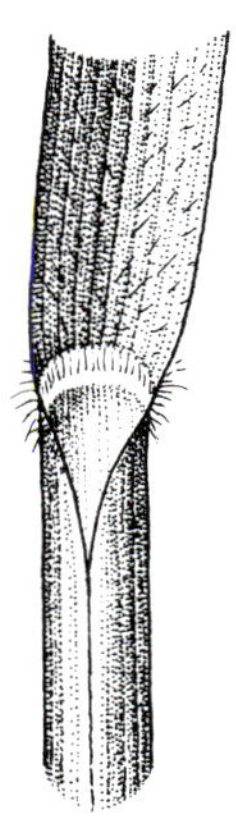

Blätter, ohne Blatthäutchen

spitze Hüllspelzen

Gräser
Poaceae

Borstgras

Nardus stricta

Ährchen in der Blütezeit

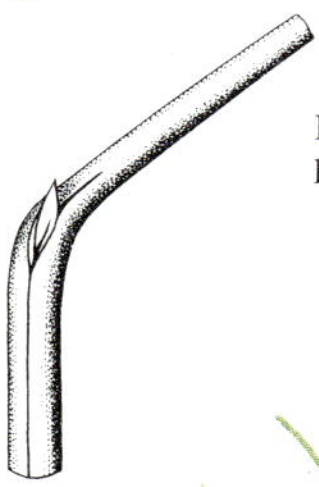

Die einblütigen Ährchen haben keine Hüllspelzen.

grannenlose Ährchen

Das Borstgras ist eine ausdauernde, dichtrasige Pflanze mit einem kurz kriechenden Wurzelstock. Er treibt einzelne Büschel, die in dichten Reihen zusammengedrängt sind und einen festen Rasen bilden. Die Halme sind starr aufrecht, 10–30 cm hoch, nur im unteren Teil beblättert. Die untersten Blätter sind nur als glänzend gelbe Scheiden entwickelt. Die übrigen haben grüne Scheiden und graugrüne, borstenförmige, waagerecht abstehende bis aufrechte Spreiten. Das Blatthäutchen ist bis 2 mm lang. Die Scheinähre ist einseitswendig, nur wenig dicker als der Halm, mit schmalen, einblütigen Ährchen, die in Ausschnitte der Spindel eingefügt sind. Zur Reifezeit stehen sie kammförmig von der Spindel ab. Die Kornfrucht ist bespelzt. Die Pflanzen blühen von Mai bis Juli.

Die Art wächst in trockenen und feuchten Magerrasen, an Moorrändern, in Weiderasen der Silikatgebirge von den Niederungen bis ins Hochgebirge. Typisch ist sie vor allem für degradierte Böden übernutzter Weiden, wo sie eine dominierende Stellung einnimmt (Borstgraswiesen). Sie ist über fast ganz Europa verbreitet.

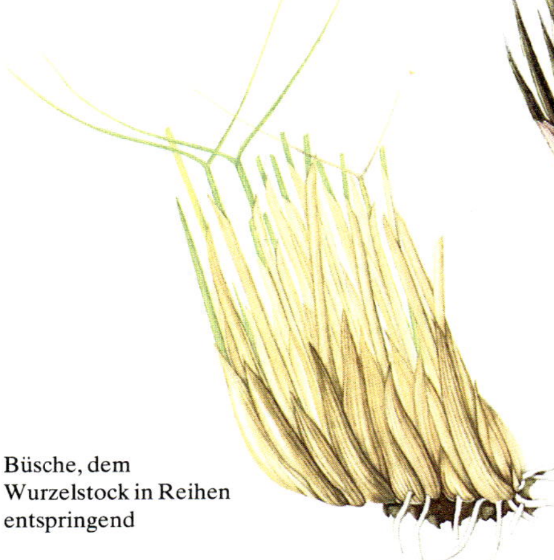

Büsche, dem Wurzelstock in Reihen entspringend

abstehende Spreite mit Blatthäutchen

Gemeines Schilf

Phragmites communis

Gräser
Poaceae

Das Gemeine Schilf ist ein ausdauerndes, sehr stattliches, graugrünes Gras mit langen, dicken, kriechenden Ausläufern. Die Halme sind aufrecht und fest, 1–4 m hoch. Die zweizeilig angeordneten Blätter haben lange glatte Scheiden und eine große, flache, sich allmählich verschmälernde Spreite. Das Blatthäutchen ist in Form von weißen Härchen entwikkelt. Die große, dichte Rispe hat dünne, rauhe Äste, die mit Ährchen besetzt sind. Diese sind violett überlaufen, und ihre Spindel ist mit seidigen langen Haaren bedeckt, so daß die ganze Rispe, besonders zur Reifezeit, glänzend haarig ist. Die Frucht ist eine nackte Kornfrucht. Die Pflanzen blühen von Juni bis September.

Das Gemeine Schilfrohr wächst vor allem an Ufern stehender Gewässer. An Teich- und Seerändern bildet es oft ausgebreitete Bestände – das Röhricht. Es tritt auch an Ufern langsam fließender Gewässer, auf nassen Wiesen, Flachmooren und als lästiges Unkraut auf feuchten Feldern mit einem hohen Grundwasserspiegel auf. In den Röhrichten bildet es den Hauptfaktor, der den Schlamm festigt, durch Anhäufung großer Massen von organischen Stoffen den Grund der Gewässer immer mehr hebt und so zu ihrer Bedeckung mit Vegetation (Verlandung) führt. Die Schilfhalme werden mancherorts als Dachbedeckung, Wandbelag von Hütten, auch zur Herstellung von Matten für Frühbeete und Gewächshäuser oder – nach dem Entfernen der Blattscheiden – als Unterlage für Mörtel verwendet. Das Schilf ist ein Kosmopolit, der mit Ausnahme der Polargegenden auf der ganzen Erde verbreitet ist.

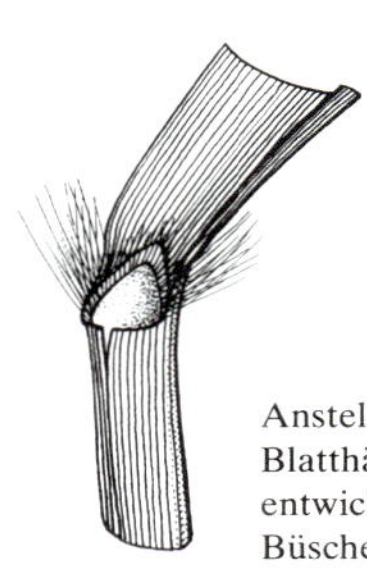

Anstelle des Blatthäutchens entwickelt sich ein Büschel weißer Haare.

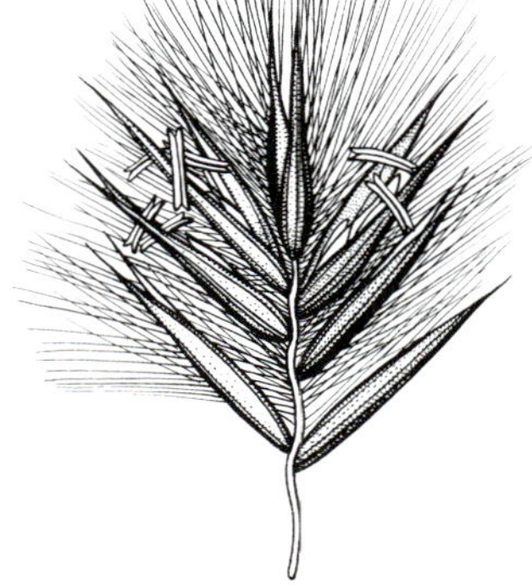

gewimperte Deckspelze mit gerader rauher Granne

Gemeine Hühnerhirse

Echinochloa crus-galli

borstige Hüllspelze mit langer Granne

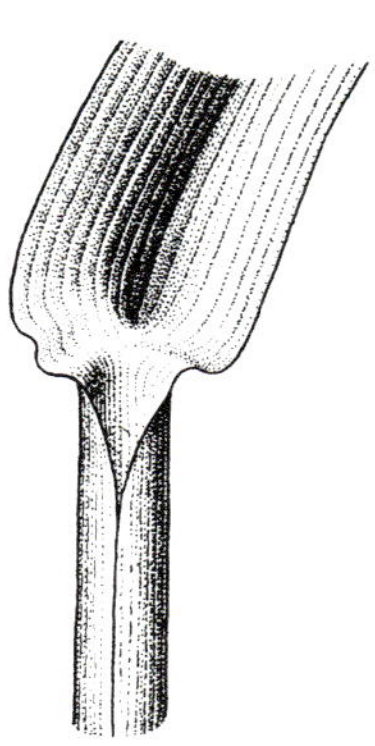

Das Blatthäutchen wird durch Haare ersetzt.

Die Gemeine Hühnerhirse ist ein einjähriges, 30–70 cm hohes, dunkel-graugrünes Gras. Die Halme sind meist kräftig und aufrecht, manchmal liegend und aufsteigend, an den Knoten behaart. Die Blattscheiden sind glatt, bei den oberen Blättern etwas aufgeblasen. Die Spreiten sind flach, rauh, mit einer weißlichen Mittelrippe. Das Blatthäutchen ist in Haare umgewandelt. Der Blütenstand ist gewöhnlich eine aufrechte Rispe, die aus einigen lappigen, schräg gerichteten Scheinähren mit rauhen Ästen zusammengesetzt ist. Die Ährchen sind violett überlaufen, seltener grün, 3–4 mm lang. Unter dem Ährchen befinden sich drei Hüllspelzen. Die Deckspelzen können begrannt oder unbegrannt sein, was der ganzen Rispe ihren Charakter verleiht. Die Kornfrüchte sind in die Deckspelze eingehüllt, also bespelzt. Die Pflanzen blühen von Juni bis Oktober.

Die Art ist kosmopolitisch, in den warmen und gemäßigten Zonen der ganzen Erde verbreitet. Sie wächst auf feuchteren, nährstoff- (stickstoff-) reichen Feldern, Brachland, Schutthalden, entlang von Wegen und auf entblößten Ufern stehender und fließender Gewässer vor allem in wärmeren Gegenden als Unkraut. Die Gemeine Hühnerhirse ist ein sehr lästiges Unkraut in Hackfrüchten, wo sie auf feuchten, gedüngten Böden stattliche, dichte Horste bildet; auf trockenen, mageren Böden werden die Pflanzen nur einige Zentimeter hoch. Manche Varietäten werden als Futterpflanzen kultiviert.

Grüne Borstenhirse, Fennich

Setaria viridis

Gräser
Poaceae

Die Grüne Borstenhirse ist ein einjähriges, buschiges, 10–50 cm hohes Gras. Ihre Halme sind in der Regel in der unteren Hälfte liegend, in der oberen aufsteigend. Die Blätter haben 3–8 mm breite flache Spreiten und glatte, offene Scheiden. Die Blattspreiten sind am Grunde gewimpert, am Rande sehr rauh. An der Scheidenmündung sind keine Öhrchen vorhanden, und das Blatthäutchen ist durch einen Wimpernkranz ersetzt. Die schmal walzigen, nicht unterbrochenen Scheinähren sind dicht, hellgrün, später braunviolett durch die Hüllborsten, die viel länger sind als die Ährchen, unter denen sie sitzen. Die einblütigen, breit eiförmigen Ährchen haben unbegrannte Hüll- und Deckspelzen; die Deckspelze wird während der Entwicklung der Frucht hart und umschließt die Kornfrucht fest. Die Pflanzen blühen von Juli bis Oktober.

Das eurasische mediterrane Unkraut wurde auch nach Nordamerika eingeschleppt. Es tritt ziemlich häufig in wärmeren Gebieten in Hackäckern (Felder, Weinberge) auf sowie auf Schutthalden, Brachland und an Wegen.

Die Pflanze ist wärmeliebend. Sie keimt spät im Frühjahr, und der größte Teil ihrer Entwicklung erfolgt erst im Spätsommer. Sie ist ein lästiges Unkraut, vor allem in Hackfrüchten, oft erscheint sie auch auf Stoppelfeldern. Manche verwandte Arten werden als Grünfutter kultiviert; die Kornfrüchte anderer dienen als Vogelfutter (Kolbenhirse, *S. italica*). Die Grüne Borstenhirse kann aber nur in jungen Entwicklungsstadien verfüttert werden, denn die Hüllborsten sind zur Reifezeit scharf und derb und verletzen die Schleimhaut der Verdauungsorgane der Tiere.

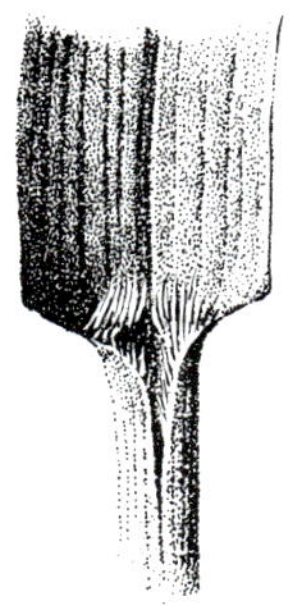

Scheiden, glatt, am Übergang zur Spreite gewimpert

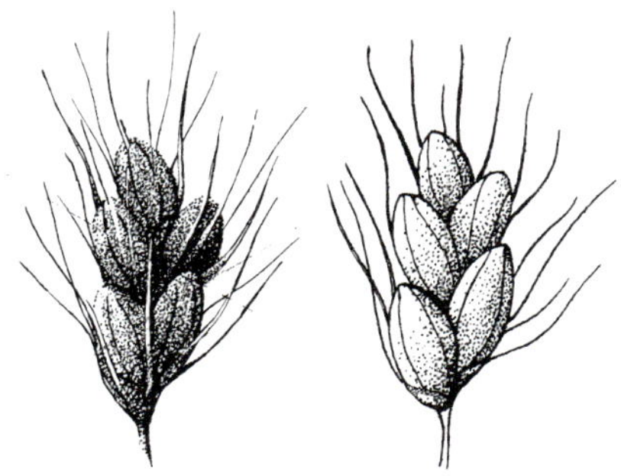

Die grannenförmigen Borsten, die unter den Ähren hervorwachsen, sind sterile Stiele, auf denen sich keine Ährchen entwickelt haben.

Knabenkrautgewächse
Orchidaceae

Frauenschuh

Cypripedium calceolus

Blüte von vorne

Das ausdauernde Kraut hat einen kurz gegliederten, kriechenden Wurzelstock. Der Stengel ist aufrecht, unten schuppig, 20–50 cm hoch, mit 3–4 Blättern. Die wechselständigen Blätter sind stengelumfassend, breit elliptisch. An der Spitze des unverzweigten Stengels befindet sich meist eine, selten mehrere Blüten. Die beiden äußeren seitlichen Blütenblätter sind verwachsen, das dritte, obere Blatt ist aufrecht. Die inneren seitlichen Blütenblätter sind lanzettlich, ausgebreitet. Diese Blütenblätter sind braunrot. Das mittlere innere Blatt ist zu einer stark gewölbten, gelben, innen rot punktierten, bis 4 cm langen Lippe (Pantoffel) umgewandelt. Die zwei Staubblätter verwachsen mit dem Griffel zum „Säulchen", das die dreilappige Narbe trägt. Die Frucht ist eine Kapsel mit einer Vielzahl winziger Samen. Die Blüten entfalten sich im Mai und Juni.

Die Pflanze wächst auf der ganzen nördlichen Halbkugel in lichten Laub- und Nadelwäldern auf modrig-humosen Kalkböden und ist von den Niederungen bis in niedrigere Gebirge verbreitet.

Dank seiner Blüte ist der Frauenschuh der auffälligste Vertreter der Knabenkrautgewächse (Orchideen) der gemäßigten Zone. Sowohl der wissenschaftliche Name als auch die Namen in den Nationalsprachen und die volkstümlichen Bezeichnungen beziehen sich auf die Form der Blüte (griechisch kypris = Attribut der Venus, der Venus gehörig; pedilon = Schuh).

Die Biologie der Frauenschuhgewächse ist sehr kompliziert, denn die Pflanzen benötigen für ihre gedeihliche Entwicklung eine spezifische Mykorrhiza und sind oft auf die Bestäubung durch eine bestimmte Insektenart spezialisiert. Da der Frauenschuh auch eine attraktive Zierpflanze in Gärten ist, wurde er vielerorts in der Natur ausgerottet.

Bleiches Waldvöglein

Cephalanthera damasonium

Knabenkrautgewächse
Orchidaceae

Das ausdauernde Kraut hat einen kriechenden Wurzelstock. Der Stengel ist aufrecht, kahl, 20–50 cm hoch, unten schuppig, oben beblättert. Die Blätter sind wechselständig, stengelumfassend, eiförmig und ganzrandig. An der Spitze des unverzweigten Stengels befindet sich eine lockere Ähre aus mehreren Blüten. Die gelblichweißen Blütenblätter sind zusammengeneigt und zu je drei in zwei Kreisen angeordnet. Die inneren sind etwas kürzer als die äußeren, 15–20 mm lang, mit einer Lippe, die innen gelb gefärbt und breiter als lang ist. Diese ist kürzer als die Blütenhülle und hinten sackartig aufgebläht. Der aufrechte, gedrehte Fruchtknoten ist unterständig, stielähnlich. Die Frucht ist eine Kapsel mit einer großen Zahl winziger Samen. Die Blüten entfalten sich im Mai und Juni.

Das Weiße oder Bleiche Waldvöglein wächst in lichten Wäldern, vor allem Buchenwäldern, mit Mull- und Moderhumus über Kalkböden, besonders in wärmeren Gegenden, von den Niederungen bis ins Gebirge. Es ist im Mittelmeergebiet und in klimatisch milden Gebieten Europas verbreitet.

Das Lang- oder Schwertblättrige Waldvöglein *(C. longifolia)* hat schmal lanzettliche, in zwei Reihen angeordnete Blätter und reinweiße Blüten. Es wächst an ähnlichen Standorten wie das Bleiche Waldvöglein. In halbschattigen Buchen-, Eichen- und Kiefernwäldern über Kalk tritt in Europa, Klein- und Vorderasien und Nordafrika das Rote Waldvöglein auf. Vom Bleichen Waldvöglein unterscheidet es sich durch die behaarten Stengel und die rosa bis purpurfarbenen Blüten (die ausführliche Beschreibung folgt auf der nächsten Seite mit der Abbildung).

Knabenkrautgewächse
Orchidaceae

Rotes Waldvöglein

Cephalanthera rubra

unterständiger
Fruchtknoten

Inneres der Blüte

Das Rote Waldvöglein ist ein ausdauerndes Kraut mit einem walzigen Wurzelstock und dicken Büschelwurzeln. Der Stengel ist aufrecht, unverzweigt, 20–50 cm hoch und regelmäßig beblättert. Die länglichen Blätter sind zugespitzt, wechselständig, stengelumfassend und ganzrandig. Die rosaroten Blüten sind in einer lockeren Ähre an der Stengelspitze angeordnet. Sie haben zusammengeneigte Blütenblätter mit zurückgeschlagenen Spitzen, eine dreilappige, hinten aufgeblähte Lippe, die ebensolang ist wie das Perigon und einen gedrehten, drüsenhaarigen, unterständigen Fruchtknoten. Die Frucht ist eine Kapsel. Die Blüten erscheinen im Mai und Juni.

Das Rote Waldvöglein wächst in lichten, trockenen Laub- und Nadelwäldern wärmerer Gebiete, besonders auf kalkhaltigem Untergrund. Es ist von den Niederungen bis ins Hügelland im Mittelmeergebiet und in klimatisch milderen Teilen Europas verbreitet.

Die Blüten aller Knabenkrautgewächse sind dreizählig. In der Jugend werden sie durch Drehung des langen, stielähnlichen, unterständigen Fruchtknotens um 180° gedreht, so daß die äußeren drei Blätter nach oben und das mittlere innere Blatt nach unten gelangen. Letzeres ist in der Regel zu einer auffälligen, vorn verschieden gestalteten Lippe vergrößert und läuft hinten oft in einen hohlen Sporn aus. Die Staubblätter verkümmern, es bleibt nur eines (selten zwei) erhalten, und das verwächst mit dem Griffel des Stempels. Die Pollenkörner sind zu einem Paket vereinigt, das Pollinium genannt wird, mit einer gestielten Klebscheibe ausgestattet ist und als Ganzes von einem Insekt zur Narbe übertragen wird.

Breitblättrige Stendelwurz

Epipactis helleborine

Knabenkrautgewächse
Orchidaceae

Das ausdauernde Kraut hat einen kurzen, kräftigen Wurzelstock, aus dem außer blütentragenden Stengeln häufig noch blütenlose Triebe hervorwachsen. Der Stengel ist aufrecht, unverzweigt, unten schuppig, oben behaart. Die eiförmigen, zugespitzten Blätter sind wechselständig, stengelumfassend, ganzrandig. Nach oben zu gehen sie in Deckblätter der verlängerten lockeren, einseitswendigen Ähre über. Die grünlichen, auf der Lippe rot überlaufenen Blüten sind vor dem Entfalten herabgeneigt. Sie haben einen sechskantigen, unterständigen Fruchtknoten auf einem kurzen gedrehten Stiel und glockig geneigte Blütenblätter, die sich beim vollen Entfalten der Blüte öffnen. Die Frucht ist eine Kapsel. Die Pflanzen blühen von Juni bis September.

Die Breitblättrige Stendelwurz tritt bislang ziemlich häufig in Laubwäldern von den Niederungen bis ins Gebirge auf. Sie wächst auch in Nadelwäldern, entwickelt dort aber oft keine Blüten und ist auch von kleinerem Wuchs. Die Art ist vom (sub-)mediterranen bis ins boreale Europa verbreitet und reicht ostwärts bis Zentralsibirien und Pakistan. Die Art ist jedoch sehr vielgestaltig und umfaßt mehrere speziell verbreitete Kleinarten.

Die Braunrote Stendelwurz *(E. atropurpurea)* hat vollständig rotviolette bis braunrote Blüten. Der Fruchtknoten und die Unterseite der Blütenblätter sind drüsig behaart. Die Art tritt an ähnlichen Standorten auf, bevorzugt aber kalkhaltige Böden und wärmere Standorte.

Blüten, den Achseln der lanzettlichen Deckblätter entspringend

Blütenknospe

Inneres der Blüte

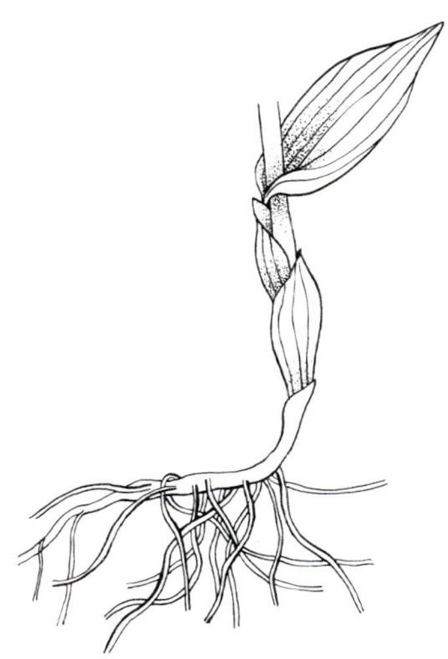

Wurzelstock

Knabenkrautgewächse
Orchidaceae

Großes Zweiblatt

Listera ovata

Blüte mit gedrehtem Fruchtknoten

Das Große Zweiblatt ist ein ausdauerndes, hellgrünes Kraut mit einem kriechenden, walzigen Wurzelstock. Der kräftige, 20–60 cm hohe, gerade und unverzweigte, unten vierkantige Stengel trägt in seinem unteren Teil zwei gegenständige, eiförmige Blätter. Sie sind stengelumfassend, steif, vom Stengel quer abstehend. Der Blütenstand ist eine lange, aufrechte, lockere Ähre an der Stengelspitze. Die gelbgrünen Blütenblätter sind zusammengeneigt, die Lippe ist lang, zweilappig und herabgeneigt. Der eiförmige, gedrehte, plötzlich stielartig verschmälerte Fruchtknoten reift zu einer Kapsel mit zahlreichen, sehr kleinen Samen. Die Pflanzen blühen von Mai bis Juli.

Die Art wächst in feuchteren schattigen Laubmisch- und Auenwäldern, manchmal auch auf wechselfrischen Wiesen von den Niederungen bis ins Hochgebirge. Sie ist in ganz Europa und im Mittelmeergebiet verbreitet und reicht bis nach Westasien.

In moosigen Fichtenwäldern und im Knieholz höherer Gebirgslagen ist das kleinere, nur 5–20 cm hohe Kleine Zweiblatt *(L. corata)* zu finden. Seine Blätter sind herzförmig-dreieckig, mit dem jäh verschmälerten Blattgrund sitzend.

Nestwurz

Neottia nidus-avis

Knabenkrautgewächse
Orchidaceae

Das ausdauernde Kraut ist grünlich, wachsartig oder braungelb gefärbt. Der kurze, kriechende Wurzelstock hat zahlreiche kräftige, verflochtene Wurzeln. Der Stengel ist aufrecht, unverzweigt, 20–30 cm hoch. Die Blätter sind zu einigen lanzettlichen Schuppen verkümmert, die den Stengel scheidenartig umfassen. Die aufrechte Ähre ist aus kleinen, gelblichen, nach Honig duftenden Blüten zusammengesetzt. Die Blütenblätter sind ähnlich wie die ganze Pflanze gelblich braun, geneigt, die äußeren sind etwas abstehend. Die Lippe ist nur wenig länger als der Kronkelch, an der Spitze in zwei Zipfel gespalten, am Grunde aufgebläht, aber ohne Sporn. Die Frucht ist eine Kapsel. Die Blüten entfalten sich im Mai und Juni.

Die Art tritt vor allem in schattigen Buchenwäldern mit Mullhumus über Kalkboden von den Niederungen bis ins Hochgebirge auf. Sie wächst in klimatisch milderen Gebieten Europas.

Die Pflanze bildet kein Chlorophyll, lebt saprophytisch und bezieht die Nährstoffe unter Mithilfe eines Wurzelpilzes aus dem Mullhumus. Nach dem Verblühen vertrocknen die Stengel und bewahren lange ihre aufrechte Stellung. Ihren Artnamen verdankt die Pflanze den zahlreichen knäuelartig verflochtenen Büschelwurzeln, deren Form an ein kleines Vogelnest erinnert (lat. nidus avis = Vogelnest).

Zu den vollständigen Saprophyten ohne Chlorophyll gehört in der Familie Knabenkrautgewächse u. a. die Korallenwurz *(Corallorhiza trifida)*. Die kleine Pflanze hat ihren Namen nach dem verzweigten, korallenartig eingeschnürten Wurzelstock erhalten. Sie wächst im sauren Moder von Nadelwäldern der Mittel- und Hochgebirge.

Blüte von der Seite

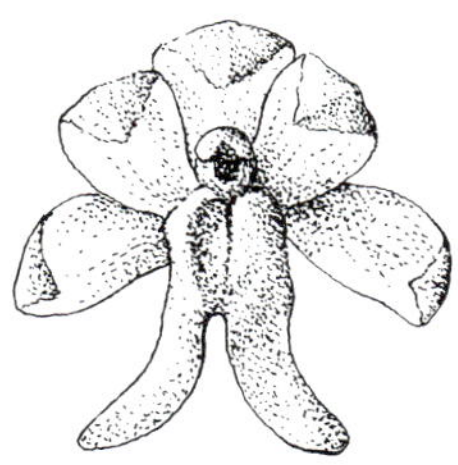

Inneres der Blüte

Knabenkrautgewächse
Orchidaceae

Weiße Waldhyazinthe, Breitkölbchen

Platanthera bifolia

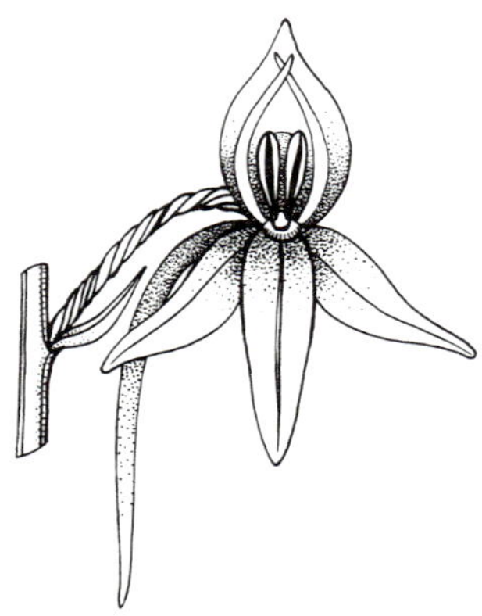

Inneres der Blüte

Das ausdauernde Kraut hat zwei eiförmige, unterirdische Wurzelknollen. Der hohle Stengel ist unverzweigt, 20–50 cm hoch. Der untere Teil des Stengels trägt zwei gegenständige, breit ovale, mit dem verschmälerten Grund stengelumfassende Blätter. An der Stengelspitze entwickelt sich eine aufrechte, lockere Blütenähre. Die Blüten sind weißlich, stark duftend; die äußeren Blütenblätter sind weiß, stumpf, die inneren gelbgrün, kürzer und aufwärts gebogen. Das mittlere innere Blatt bildet eine ganzrandige, schräg aufrechte Lippe und läuft hinten in einen langen, schmalen Sporn aus. Die Frucht ist eine Kapsel. Die Blüten erscheinen von Mai bis Juli.

Die Art tritt zerstreut auf Heiden, Magerrasen, in lichten Laub- und Kiefernwäldern von den Niederungen bis ins Hochgebirge auf. Sie ist in Europa heimisch und bis nach Westasien verbreitet.

Wie die meisten Knabenkrautgewächse ist diese Art gefährdet, weil ihre einst nur extensiv genutzten, mageren Lebensräume intensiv gedüngt oder umgeackert und aufgeforstet werden oder verbuschen. An ähnlichen Standorten, aber seltener findet man die Grünliche Waldhyazinthe *(P. chlorantha)*. Sie unterscheidet sich von der vorstehenden Art durch den längeren kegelförmigen, an der Spitze keulenartig verdickten Sporn und die auseinandergespreizten Staubblattfächer. Die Blüten der Waldhyazinthen verströmen besonders am Abend und in der Nacht einen intensiven Geruch, und ihre Bestäubung wird von Nachtfaltern besorgt. Die Pollenpakete bleiben an den Seiten ihres Saugrüssels haften und drehen sich zueinander und herab. Beim Besuch einer anderen Blüte werden sie dann auf die Narbe übertragen. Der Gattungsname der Pflanze bezieht sich auf die breiten Staubbeutel (griechisch platys = breit, anthera = Staubblatt).

Große Händelwurz

Gymnadenia conopsea

Knabenkrautgewächse
Orchidaceae

Die Große Händelwurz ist ein ausdauerndes Kraut mit flachen, fingerförmig geteilten Wurzelknollen. Der Stengel ist aufrecht, unverzweigt, 20–50 cm hoch. Die der unteren Hälfte des Stengels angehefteten Blätter sind schmal lanzettlich, graugrün, etwas keilförmig. An der Stengelspitze befindet sich eine walzige Ähre aus fleischroten Blüten mit einer kurzen, dreilappigen Lippe und einem dünnen, bis 15 mm langen, herabgebogenen Sporn, der etwa doppelt so lang ist wie der unterständige, stark gedrehte Fruchtknoten. Die Frucht ist eine längliche Kapsel. Die Pflanzen blühen von Mai bis August.

Die Art tritt nicht selten und gesellig in Kalkmagerrasen, Moorwiesen, lichten Kiefernwäldern und kalkalpinen Matten von den Niederungen bis ins Hochgebirge auf. In höheren Lagen erscheint sie häufiger auf kalkhaltigem Untergrund. Sie ist in fast ganz Eurasien verbreitet.

Die seltenere Dufthändelwurz *(G. odoratissima)* wächst in Schneeheide-Kiefernwäldern und Rasen der Alpen. Ihre intensiv wohlriechenden Blüten unterscheiden sich von denen der Großen Händelwurz durch ihren kurzen Sporn, dessen Länge die des Fruchtknotens nicht übertrifft. Der Gattungsname der Pflanze bezieht sich auf die nackten, nicht im Staubbeutel eingeschlossenen Pollinien mit drüsig klebrigen Klebscheiben (griechisch gymnos = nackt, aden = Drüse).

Inneres der Blüte

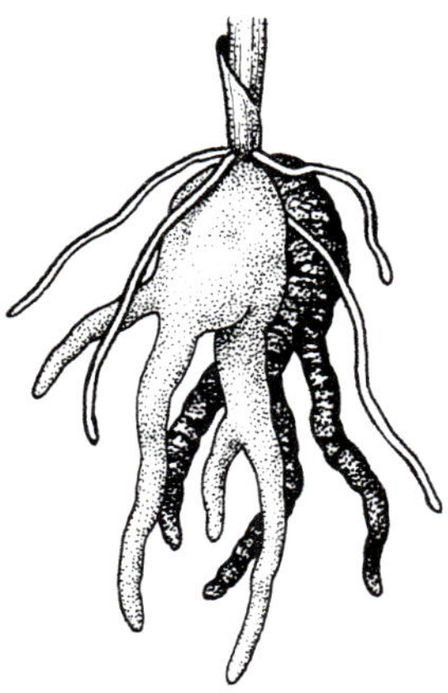

fingerförmig geteilte Knolle

Geflecktes Knabenkraut, Kuckucksblume

Knabenkrautgewächse
Orchidaceae

Dactylorhiza maculata

Inneres der Blüte

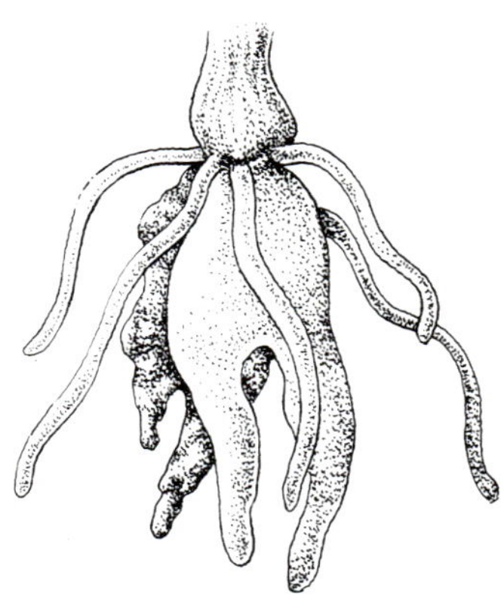

unterirdische Knolle

Das ausdauernde Kraut weist eine fingerförmig geteilte Wurzelknolle auf. Der Stengel ist aufrecht, unverzweigt, etwa bis zur Hälfte beblättert, in der oberen Hälfte mit kleineren Deckblättern besetzt, markig. Die länglich umgekehrt eiförmigen Blätter sind gerade abstehend, wechselständig und ganzrandig, oberseits dunkel gefleckt, unterseits graugrün. Die Ähre an der Stengelspitze ist kegelförmig; später verlängert sie sich und nimmt eine walzige Form an. Die Blüten sind hellviolett, mit aufrechten, etwas zusammengeneigten Blütenblättern. Die Lippe ist keilförmig und weist drei flache Lappen mit purpurfarbener Zeichnung auf. Der leicht herabgebogene Sporn ist ebensolang wie der Fruchtknoten. Die Frucht ist eine längliche Kapsel. Blütezeit von Mai bis Juli.

Die Pflanze wächst auf feuchten Magerrasen, mäßig sauren Quellmooren, wechselfeuchten lichten Wäldern. Sie ist in fast ganz Europa verbreitet. Das Gefleckte Knabenkraut stellt eine Gruppe von ver wirrender Formenvielfalt dar. Die Lippe kann seicht oder tief dreilappig sein.

Das Holunderknabenkraut *(D. sambucina)* hat anfangs ungeteilte Wurzelknollen, später sind sie zweispaltig bis fingerförmig geteilt. Die Pflanze ist wohlriechend. Ihre ziemlich großen gelben oder rotvioletten Blüten bilden eine kurze, breit walzige Ähre. Sie wächst in Magerweiden der Mittelgebirge und Alpen. Bis auf den heutigen Tag tritt auf nassen Wiesen von den Niederungen bis ins Gebirge noch ziemlich häufig das Breitblättrige Knabenkraut *(D. majalis)* auf. Seine Blätter sind mattgrün, länglich eiförmig, oberseits oft dunkelbraun gefleckt, mit kurzen Scheiden. Die Blüten sind violett, die seitlichen Kronkelchblätter sind zurückgebogen. Sein Stengel ist im Gegensatz zum Gefleckten Knabenkraut weitröhrig hohl.

Helmknabenkraut

Orchis militaris

Knabenkrautgewächse
Orchidaceae

Das Helmknabenkraut ist eine ausdauernde Pflanze mit zwei eiförmigen Wurzelknollen und einem aufrechten, unverzweigten, 20 bis 40 cm hohen Stengel, der am Grunde schuppig, in der unteren Hälfte dicht beblättert, in der oberen unbeblättert ist. Die Blätter sind länglich eiförmig; die unteren sind scheidig, die oberen stengelumfassend. Die kegelförmige Ähre verlängert sich in der Blütezeit walzig. Die duftenden Blüten haben helmförmig zusammengeneigte Blütenblätter. An der Außenseite sind sie hellrosa, innen hellviolett. Die herabgeneigte Lippe ist tief dreilappig, der mittlere Abschnitt ist länger und an der Spitze in zwei abgerundete Zipfel gespalten. Der kurze, leicht gebogene Sporn reicht bis etwa zur Hälfte des unterständigen, gedrehten Fruchtknotens. Die Blüten erscheinen von Mai bis Juni.

Das Helmknabenkraut ist eine eurosibirische Art. Es wächst in sonnigen Kalkmagerrasen, auch Moorwiesen (Kalk anzeigend), in den Niederungen und im Hügelland.

Die getrockneten Wurzelknollen verschiedener Knabenkrautarten sind seit alters eine offizinelle Droge, die Salep genannt wird. Sie werden hauptsächlich in Klein- und Vorderasien gesammelt und enthalten reichlich Schleim, Stärke, Eiweiße und Zucker. In den meisten europäischen Staaten ist das Helmknabenkraut geschützt. Das griechische Wort orchis bedeutet Hoden und wurde für die Bezeichnung der Gattung verwendet, weil die Wurzelknollen der männlichen Keimdrüse sehr ähneln. Damit hängt auch die Verwendung der Knabenkrautarten als Aphrodisiakum in früheren Zeiten, vor allem in der Volksheilkunde, zusammen.

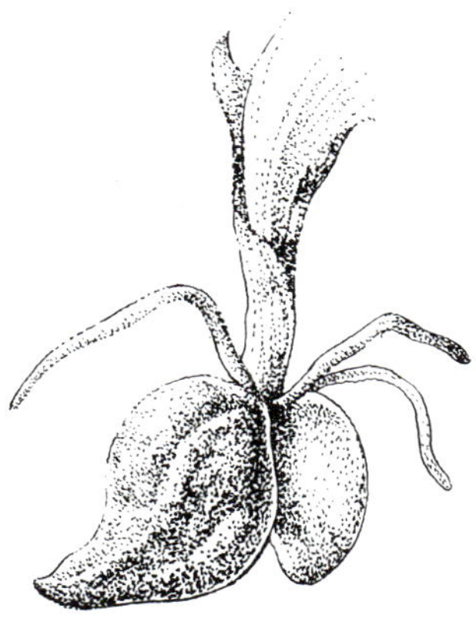

unterirdische Knollen

Kleines Knabenkraut, Salepknabenkraut

Knabenkrautgewächse
Orchidaceae

Orchis morio

Inneres der Blüte

Das ausdauernde Kraut hat zwei runde Wurzelknollen. Der Stengel ist aufrecht, unverzweigt, hellgrün, oben violett überlaufen. Die graugrünen, bläulich überlaufenen Blätter sind lanzettlich, die unteren mit dem verschmälerten Grund stengelumfassend, die oberen sind scheidig, kleiner und aufrecht. Die im Umriß eiförmige Ähre mit purpurfarbenen Blüten ist locker. Die Blütenblätter sind helmartig zusammengeneigt, die violettrote, dunkel gefleckte Lippe ist dreilappig, breiter als lang; der leicht aufsteigende Sporn ist höchstens so lang wie der unterständige Fruchtknoten. Die Blüten erscheinen in den Monaten Mai und Juni.

Das Kleine Knabenkraut ist eine europäische Art. Es wächst in Magerrasen oder mageren Wiesen von den Niederungen bis ins Hügelland. Früher gehörte es zu den häufigsten Arten der Gattung, aber heute wird es, ähnlich wie die meisten Knabenkrautgewächse, durch Intensivierungen immer seltener.

Im Hügelland wärmerer Gebiete tritt in lichten Laubwäldern auf Kalkböden das stattliche, bis 50 cm hohe Purpurknabenkraut *(O. purpurea)* auf. Es hat eine große reiche Blütenähre, die aus rosa, dunkelviolett punktierten Blüten zusammengesetzt ist. Die Blüten weisen eine auffällige Lippe mit schmalen Seitenabschnitten und einem vorn stark verbreiterten, tief herzförmig ausgeschnittenen mittleren Abschnitt auf.

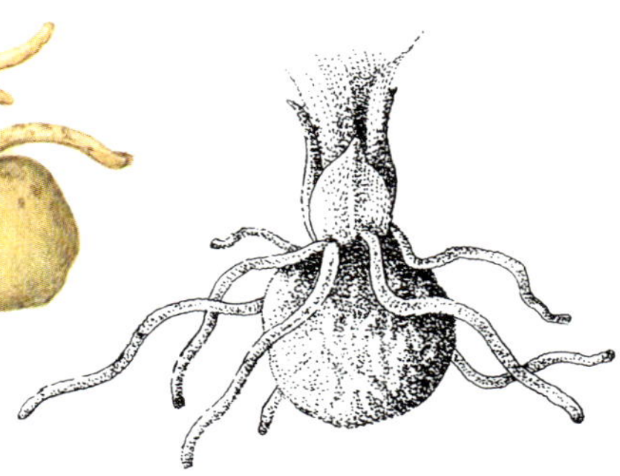

unterirdische Knolle

Kalmus

Acorus calamus

Aronstabgewächse
Araceae

Der Kalmus ist ein ausdauerndes Kraut mit einem langen, fleischigen, kriechenden Wurzelstock. Der Stengel ist flach dreieckig, unbeblättert, am Grunde rot überlaufen, bis 150 cm hoch. An der Spitze trägt er einen Kolben, an dessen Grund sich eine lange, lineare, blattähnliche Blütenscheide befindet. Sie setzt den Stengel fort und drängt den Kolben zur Seite. Die Blätter sind schmal, schwertförmig, bis 2 cm breit und mehr als 1 m lang, mit einer rinnigen Scheide. Der Kolben ist walzig, dicht mit kleinen Blüten besetzt. Anfangs ist er grün, später braun. Die Blüten sind zwittrig und weisen sechs grünlichgelbe Kronkelchblätter und sechs Staubblätter auf, die in je zwei Kreisen angeordnet sind. Früchte (rötliche, längliche kleine Beeren) entwickelt der Kalmus bei uns nicht. Er blüht im Juni und Juli.

Der Kalmus wächst an den Ufern stehender und langsam fließender Gewässer, in feuchten Gräben, Sümpfen und Tümpeln von den Niederungen bis ins Hügelland. Er stammt aus Südostasien. Nach Europa gelangte er als Droge am Ende des 16. Jahrhunderts und wurde hier vollkommen heimisch. Die ganze Pflanze, vor allem aber der Wurzelstock, ist sehr aromatisch. Sie enthält erhebliche Mengen eines ätherischen Öls, das in der Pharmazie und in der Lebensmittelindustrie Verwendung findet. Aus dem Wurzelstock werden Tinkturen und Extrakte bereitet. Durch Destillation wird ätherisches Öl gewonnen. Der Kalmus fördert die Magensekretion, den Appetit und die Verdauung. In der Lebensmittelindustrie dient er vor allem zum Aromatisieren von Likören und Bonbons.

einzelne Blüte

Aronstabgewächse
Araceae

Gefleckter Aronstab
Arum maculatum

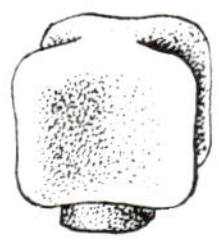

männliche, zu einem Staubblatt reduzierte Blüte

reife Früchte mit verwelkter Kolbenkeule

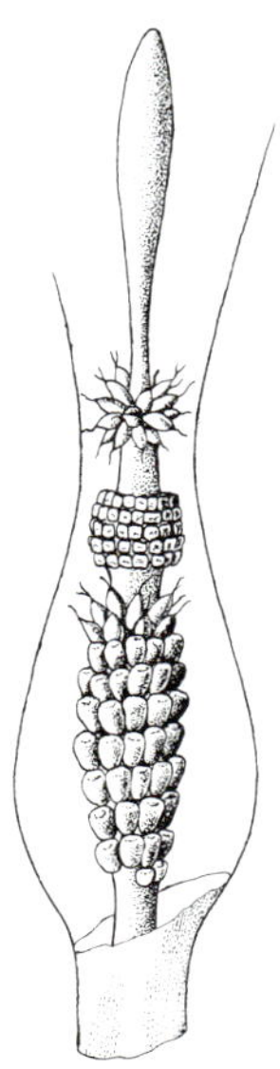

Schnitt durch den Blütenstand

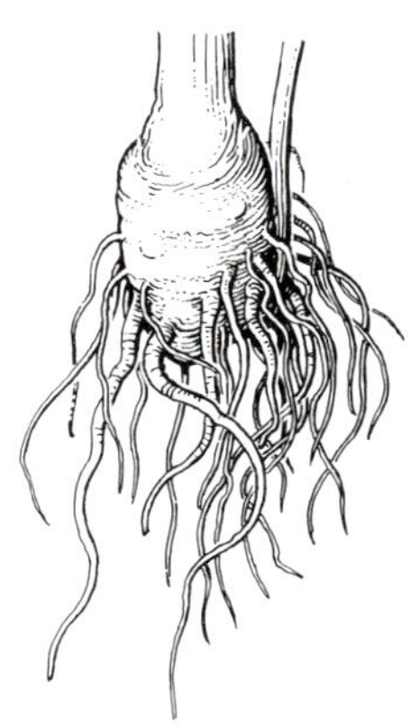

Wurzelstock

Das ausdauernde 15–40 cm hohe Kraut hat einen knolligen Wurzelstock, der einige langgestielte, am Grunde scheidenartig verbreiterte Blätter treibt. Die einfachen Spreiten sind dreieckig, pfeilförmig, grün, manchmal braun gefleckt. Zwischen den Blättern wächst ein 10–25 cm langer Schaft hervor, der am Grunde zarte Deckblätter und an der Spitze einen violetten oder braun purpurfarbenen walzigen Kolben trägt. Der ganze Blütenstand ist von einem tütenförmigen Hochblatt – der bis 15 cm langen Scheide – eingehüllt, die außen hell, gelblich grün oder rot überlaufen und innen violett gestreift ist. Die kleinen Blüten haben keine Blütenhülle. Sie sind eingeschlechtig, im unteren Teil des Blütenstandes weiblich, weiter oben männlich. Außer dieser geschlechtlichen Blüten sind unter und über den männlichen Blüten ringförmig angeordnete Gruppen von zwiebelartig verdickten, geschlechtslosen Blüten vorhanden. Die blütenlose Spitze des Kolbens ist keulenartig verdickt, violettbraun und ragt etwas aus der Scheide hervor. Die Früchte sind runde, zur Reifezeit scharlachrote, süßliche Beeren. Die Blüten erscheinen von April bis Mai.

Der Aronstab ist eine europäische Art der Lehm- und Kalkgebiete. Er wächst in schattigen, feuchten Laubwäldern und Auen, vor allem in Buchen- und Hainbuchenwäldern sowie Hecken, wobei er Nährstoffreichtum und Frische anzeigt.

Alle Teile der Pflanze sind giftig. Beim Trocknen, Dörren oder Kochen verschwindet die Giftigkeit. Die Knollen enthalten bis 70% Stärke, die früher als Portland-„Arrowroot“ oder Portlandsago bezeichnet wurde. Nach altem Aberglauben galt der Aronstab als zauberkräftige Pflanze, die vor bösen Mächten schützt.

Kleine Wasserlinse

Lemna minor

Wasserlinsengewächse
Lemnaceae

Die kleine Wasserpflanze schwimmt an der Oberfläche stehender oder langsam fließender Gewässer. Der Vegetationskörper der Pflanze ist stark zurückgebildet und beschränkt sich auf ein kurzes Stengelglied und kleine, rundliche oder umgekehrt eiförmige, beiderseits flache, ganzrandige Blättchen von 2–3 mm Durchmesser. Sie sind grün, unterseits manchmal mattrot gefärbt. Auf der Unterseite jedes Blättchens entspringt ein fadenförmiges, herabhängendes Würzelchen. Sehr selten entwickeln sich in einem kleinen Hohlraum auf der Oberseite der Blättchen zwei bis drei Blüten, die gleichfalls stark reduziert sind. Sie bestehen nur aus einem Staubblatt und einem Stempel ohne Blütenhülle und sind von einer kleinen Scheide umgeben. Die Pflanzen vermehren sich intensiv auf vegetativem Wege und bedekken oft die ganze Oberfläche von Teichbuchten oder Tümpeln.

Die Kleine Wasserlinse ist von den Niederungen bis ins Gebirge sehr stark verbreitet. Mit Ausnahme der Polargebiete tritt sie fast auf der ganzen Erde auf.

Größere Blätter (von 3–4 mm Durchmesser) mit einem Büschel fadenförmiger Würzelchen auf der Unterseite weist die sehr ähnliche Vielwurzelige Teichlinse *(Spirodela polyrhiza)* auf, die an ähnlichen Standorten, besonders in nährstoffreichen Gewässern warmer Gebiete, auftritt. Die Untergetauchte Wasserlinse *(L. trisulca)* hat dünne, eiförmig lanzettliche, 5–10 mm große, vorn zugespitzte und am Grunde in einen langen Stiel verschmälerte Blättchen, die gabelförmig verzweigte Gliederketten bilden. Sie wächst in ganzen, seicht unter der Oberfläche untergetauchten Beständen an denselben Standorten wie die beiden vorstehenden Arten.

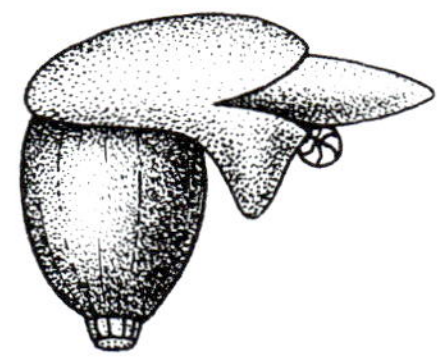

Sehr selten entwickeln sich Blüten in einem Hohlraum an der Blattoberseite.

Ästiger Igelkolben

Sparganium erectum

Igelkolbengewächse
Sparganiaceae

Das ausdauernde Kraut ist einhäusig, 30–120 cm hoch und hat einen kriechenden ausläuferförmigen Wurzelstock. Der Stengel ist steif aufrecht, im oberen Teil zu einem sekundär rispenförmigen Blütenstand verzweigt. Die Blätter sind derb, aufrecht, 1–2,5 cm breit und bis 1,5 m lang, im unteren Teil im Schnitt dreieckig stengelumfassend, mit in der ganzen Länge gekeilten Spreiten. Die kleinen eingeschlechtigen Blüten haben eine schuppige Blütenhülle, die aus drei gekielten Blättchen besteht. Die weiblichen Blüten enthalten nur einen Stempel, die männlichen drei Staubblätter. Die Blüten sind in kugeligen Köpfchen angeordnet. Die unteren Köpfchen sind weiblich und ihre Zahl ist geringer (2–4), die oberen, männlichen sind zahlreicher (10–20). Der Blütenstand ist kürzer als seine Tragblätter. Die Bestäubung erfolgt in der Regel durch den Wind. Die schwarzbraunen, kantigen, bis 8 mm langen, geschnäbelten Schließfrüchte sind in kugeligen, stacheligen Fruchtständen angeordnet. Die Blüten erscheinen von Juni bis August.

Der Ästige Igelkolben ist eine eurosibirische Art. Er ist in klimatisch milden Gebieten Europas verbreitet und reicht von dort bis nach Sibirien, Westasien und Nordafrika. Er wächst in seichten stehenden Gewässern, in Uferbeständen von Teichen und Altwässern, besonders in tieferen Lagen. Oft bildet er dichte Bestände und ist deshalb für die Fischzucht unerwünscht, denn er beschattet die Wasseroberfläche und unterdrückt die Entwicklung des Planktons, das Fischen zur Nahrung dient.

weibliche Blüte mit drei schuppigen Blütenblättern und einem Stempel

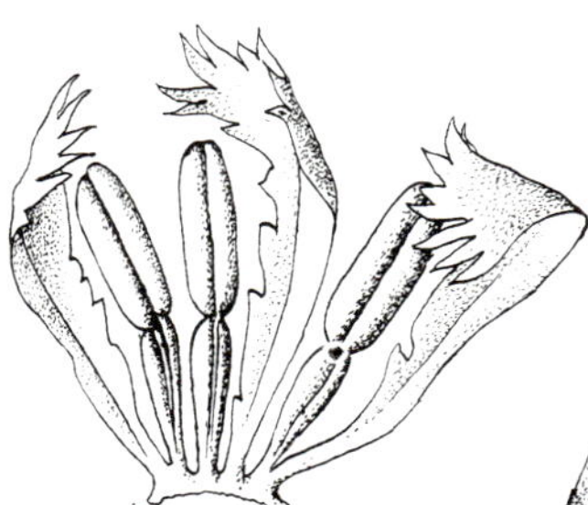

männliche Blüte mit drei Blütenblättern und drei Staubblättern

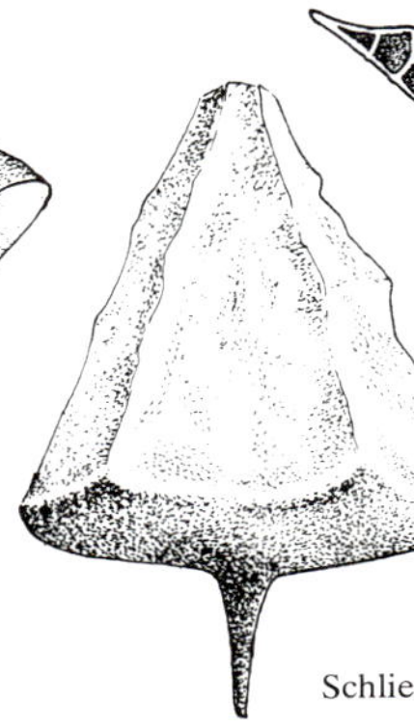

Schließfrucht

Querschnitt durch das Blatt

Breitblättriger Rohrkolben

Typha latifolia

Rohrkolbengewächse
Typhaceae

Das ausdauernde, sehr stattliche Kraut hat einen dicken, kriechenden Wurzelstock. Die stielrunden Stengel sind steif aufrecht, unverzweigt, 100–250 cm hoch. Die graugrünen Blätter sind etwa 2 cm breit und sehr lang, oft überragen sie sogar den Stengel. Der Blütenstand besteht aus zwei walzigen Kolben, die sich dicht übereinander an der Stengelspitze befinden. Der untere Kolben ist 20–30 cm lang und enthält weibliche Blüten. Der obere, bald abfallende Kolben enthält männliche Blüten. Die Blüten haben keine Blütenhülle und bestehen nur aus Staubblättern oder Stempeln, die unten von langen Haaren umgeben sind. Die Frucht ist eine langgestielte, mit langen Haaren besetzte Schließfrucht. Die Pflanzen blühen in den Monaten Juli und August.

Der Breitblättrige Rohrkolben tritt gesellig an Ufern stehender oder langsam fließender Gewässer auf, manchmal auch auf nassen Sumpfwiesen oder ständig nassen Feldern. Er ist auf der ganzen Erde von den Niederungen bis in niedrigere Gebirge verbreitet. Die Pflanze ist sehr auffällig, besonders durch ihre weiblichen Blütenstände. Sie bleiben den ganzen Winter über auf der Pflanze und verstreuen im folgenden Jahr eine Vielzahl kleiner, leichter, mit Flughaaren ausgestatteter Schließfrüchte.

Von der abgebildeten Art unterscheidet sich der Schmalblättrige Rohrkolben *(T. angustifolia)* durch seine schmäleren Blätter und die voneinander entfernten Kolben. Er tritt an ähnlichen Standorten auf.

Die langen, innen schwammig porösen Blätter der Rohrkolben werden zum Abdichten („Verlieschen“) von Fässern verwendet (sog. Lieschkolben), zur Erzeugung von Matten, Spielzeug und Schmuckgegenständen, manchmal auch als Streu und zum Dachdecken.

Register der deutschen Namen

Register der deutschen Namen

Register der deutschen Namen

Register der deutschen Namen

Register der deutschen Namen

Register der lateinischen Namen

Register der lateinischen Namen

Register der lateinischen Namen

Rüc' ' h